U0107054

FRAME ANALYSIS

An Essay on the Organization of Experience

〔美〕欧文·戈夫曼 著
（Erving Goffman）

杨馨 姚文苑 南塬飞雪 译

框架分析

经验组织论

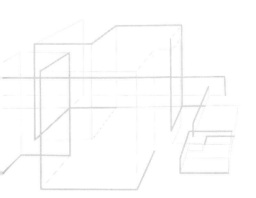

北京大学出版社
PEKING UNIVERSITY PRESS

著作权合同登记号　图字：01-2016-7505

图书在版编目（CIP）数据

框架分析：经验组织论/(美)欧文·戈夫曼著；杨馨等译.—北京：北京大学出版社，2023.8
（戈夫曼文集）
ISBN 978-7-301-34107-0

Ⅰ.①框…　Ⅱ.①欧…②杨…　Ⅲ.①组织管理学　Ⅳ.①C936

中国国家版本馆 CIP 数据核字(2023)第 110144 号

FRAME ANALYSIS: An Essay on the Organization of Experience, Copyright © 1974 by Erving Goffman.
Published by arrangement with HarperCollins Publishers.
简体中文版由北京大学出版社有限公司出版发行
版权所有，侵权必究

书　　　名	框架分析：经验组织论
	KUANGJIA FENXI: JINGYAN ZUZHI LUN
著作责任者	〔美〕欧文·戈夫曼(Erving Goffman) 著
	杨馨　姚文苑　南塬飞雪　译
策 划 编 辑	周丽锦
责 任 编 辑	吕秀丽　武岳
标 准 书 号	ISBN 978-7-301-34107-0
出 版 发 行	北京大学出版社
地　　　址	北京市海淀区成府路 205 号　100871
网　　　址	http://www.pup.cn
新 浪 微 博	@北京大学出版社　　@未名社科-北大图书
微信公众号	北京大学出版社　　北大出版社社科图书
电 子 信 箱	编辑部 ss@pup.cn　　总编室 zpup@pup.cn
电　　　话	邮购部 010-62752015　发行部 010-62750672
	编辑部 010-62765016
印 刷 者	大厂回族自治县彩虹印刷有限公司
经 销 者	新华书店
	650 毫米×980 毫米　16 开本　31.25 印张　512 千字
	2023 年 8 月第 1 版　2023 年 8 月第 1 次印刷
定　　　价	148.00 元

导读：框架之外，别无他物

　　我们既可以说，"框架之外，别无他物"；也可以说，"框架不存在"。原因在于：一方面，一切行为皆因框架的生成而生成，即使是精神病患者的反常行为，也与无法判断框架有关；另一方面，框架通常是在社会行动中生成的，而不是天然存在的。然而，不管以上两种观点有多么大的分歧，它们在现象学语境中都是辩证统一的。因为，这两种观点都认为框架并非客观的存在物，而是一种需要被显现的存在，它的首要特征便是生成性。框架最重要的特点在于，它并不是思维定式、图式、基模这一类主观心理学的概念，而是处于人与社会结构的中间。而率先引导我们以这种方式来理解"框架"的学者，便是 20 世纪最具理论想象力的社会学家欧文·戈夫曼。

一

　　1974 年，《框架分析：经验组织论》（下文简称《框架分析》）一书问世。这时距离戈夫曼的博士论文和成名作《日常生活中的自我呈现》（*The Presentation of Self in Everyday Life*）（1959）的出版已经整整 15 年。此时的戈夫曼已经 52 岁，他对自身社会学理论体系的建设也日臻完善，在学术界，"拟剧论"已经成为他标志性的理论名片。他不仅能够熟练地征用攻读博士学位时便已经熟悉的社会学芝加哥学派的角色理论和当时美国社会学的主流——结构功能主义以及后功能主义，而且开始接触到现象学社会学，尤其是阿尔弗雷德·舒茨（Alfred Schutz）和哈罗德·加芬克尔（Harold Garfinkel）的理论以及实用主义哲学中现象学的维度。除此以外，戈夫曼还从英国人类学家格雷戈里·贝特森（Gregory Bateson）、经济学家托马斯·谢林（Thomas Schelling）等学者那里获得了许多灵感。在充分吸收这些理论资源之后，戈夫曼不再满足于从社会结构与社会组织等传统社会学的核心概念出发去理解社会，也不再满足于"拟剧理论"的前台/后台二元结构，而设法通过克服"社会结构"与"个体行动"的二元对立去建立一种更具整体性的社会学理论。而贝特森提出的"框架"概念，使戈夫曼突然找到了理论整合的突破口。

　　贝特森虽然主要是人类学家，但他在人类学领域的研究并不主流，倒是他从控制论和认知心理学的视角对人类认知和传播活动的研究对社会科学产生了深远的影响。受到格式塔心理学的启发，贝特森于 1955 年在《游戏与幻想的理论》（"A Theory of Play and Fantasy"）一文中提出了"心理框架"（psychological frame）的概念，指出"框架"是一种真实的"存在"，它能够帮助个体把某事物放在关系中去理解其意义。在这篇文章中，贝特森对游戏和真实事件进行了区分，提出了严肃和非严肃的框架。贝特森通过观察猴子的嬉戏行为发现，猴子看似在撕咬和打斗，实际上是在游戏，它们似乎能够清晰地分辨这两种行为的不同意义，即它们知道"撕咬"何时意味着游戏，何时是真正的打斗；而从这一现象可推演出一个有趣的悖论——"个体所从事的行为并不意指这些行为所意指的内容"①。在文章中，贝特森还由动物推论到人，认为人们可能故意在交往中给他人制造框架混乱。

　　贝特森关于"框架"的这些讨论深得戈夫曼的赞许。他表示："贝特森论文中提出的'框架'概念与我想使用的它的含义大致相同。"（第 6 页，引文页码为本书页码，下同）应当说，贝特森的文章已经赋予"框架"一词较为丰富的内涵，但从酝酿《日常生活中的自我呈现》时就开始思考不同情境中个体行动的戈夫曼，显然对"框架"有着更为整体性的思考。相较于贝特森运用格式塔心理学的原理对人们的认知行动进行解释的努力，戈夫曼显然更具有理论野心。

　　尽管戈夫曼表达了他对贝特森框架定义的认可，但他从一开始便坚持了自己社会学而非心理学的立场。戈夫曼师从赫伯特·布鲁默（Herbert Blumer）攻读博士学位，自然受到以乔治·赫伯特·米德（George Herbert Mead）、威廉·伊萨克·托马斯（William Isaac Thomas）和布鲁默为代表的社会学芝加哥学派符号互动论思想的影响，也不可避免地会受到类似

---

　　① Gregory Bateson, "A Theory of Play and Fantasy," in Gregory Bateson eds., *Steps to An Ecology of Mind: Collected Essays in Anthropology, Psychiatry, Evolution, and Epistemology*, London: Jason Aronson Inc. 1987, p.139.

于"情境定义"(托马斯的成名理论)这样具有心理学色彩的概念的影响。然而,他在《框架分析》一书的开篇就指出,"尽管'情境定义'(definition of the situation)几乎随处可见,但通常而言,做出定义的并非置身情境中的人,而是社会"(第1页)。所以,戈夫曼没有像贝特森那样将"框架"仅仅看作人的心灵和认知的问题,而是将"框架"看作另一种与社会结构和社会组织相对应的社会现实。戈夫曼的立场是一贯的,他从没有想要抛弃社会结构,这一点使他与绝大多数第一代社会学芝加哥学派的成员都不一样。其实,当戈夫曼在15年前使用前台/后台、剧班/观众这些概念时,这种倾向就很明显。这些结构性的拟剧论概念体现了"第二个社会学芝加哥学派"对符号互动论的改造,目的是使之更偏向社会学的主流视角。

框架之所以是一种社会现实,与无处不在的初级框架有关,这也是戈夫曼框架分析理论的起点。在戈夫曼那里,初级框架是任何行动者在认识事物时都会自然而然采用的解释基模。这些基模可以是成形的,由实体、假设和规划构成的系统,也可以是一种不成形的视角或理解方式。在此基础上,戈夫曼又把初级框架一分为二,即自然与社会两种不同的初级框架。

自然的初级框架完全不受人控制,没有价值取向和目的,纯粹是物理性和决定性的。"任何有意志的行动者都无法决定其因果,也无法刻意干涉。"(第17页)自然框架似乎构成了人们行动中具有决定性色彩的背景,因为像物理时间那样单向和不可逆的初级框架是无法改变的,所以人们只能在认知上接受确凿无疑的现实。

社会的初级框架则不同,它同样是人们理解事件和行动的背景,但这一框架依托形形色色的社会标准。社会规则具有共识性和规定性,也同样具有强制力和引导性。行动者受制于社会规则,"需要接受社会基于忠诚、效率、经济、安全、高雅、得体、品位等标准对其行为所做的评估"(第18页)。不过,与自然框架不同,社会框架并不是完全无法改变的。原因在于,社会的初级框架"在某种程度上始于心理决策(mental decision)"(第18页)。例如,"天气状况"是不以人的意志为转移的自然框架,但听不听天气预报的指导,那就是另外一回事了。

在戈夫曼看来,自然框架和社会框架之间充满了张力,二者构成了理解某个行动和采取某个行动的完全不同的认知路径。他以下棋为例阐释了这一点：按照自然世界的理解，有足够力量挪动棋盘上的棋子就是下棋；而根据游戏世界的规则，符合下棋规则的走子才是下棋。因此，从前者的角度来看，一个有能力移动棋子的婴儿在棋盘上移动棋子也是在下棋，而从后者的角度来看，那个婴儿显然不会下棋。进一步而言，不同的初级框架之间也充满了张力，社会的初级框架尤其如此，因为存在着围绕不同的社会目的组织起来的各种规则，不同的规则意味着对不同初级框架的选择。所以，每个人的社会行动都会面临一系列的初级框架，哪怕是对周遭事物的"匆匆一瞥"，也需要个体基于自然和社会框架对事件进行确认并应用预期的视角来理解事件（参见第30页）。

写到这里，不过是前两章的篇幅，戈夫曼的理论野心已经呈现出来：他想通过"框架"这个概念及其丰富的内涵，来说明人是如何存在于自然与社会环境之中。框架成为人与环境发生关系的中介，只有通过框架，世界才能被理解和赋予意义，行动者才能通达日常生活的世界。当然，不同的框架帮助行动者建构了不同的环境，并创造出具有不同秩序的世界。这种人与环境的关系显然并不是行为主义所说的那种刺激与反应的关系，相反，在框架的组织之下，人与环境的关系是一种"双向奔赴"的意义生成。在这里，框架理论具有一种本体论的色彩，它并不满足于主客体二元论的贫乏和单调，而是颇具洞见地强调，居于行动者与环境之间的中介恰恰构成了世界生成的起点。所以在《框架分析》一书中，戈夫曼其实非常清楚地摆明了他的立场："框架之外，别无他物。"

二

然而，戈夫曼并没有打算在本体论层面结束战斗，作为一个社会学家，他必然对关于框架的认识论更感兴趣。所以，在《框架分析》中摆弄那些形形色色的框架似乎对戈夫曼更有吸引力。这一部分内容写得极其繁复，取材于不同文本中的个案和场景，有些个案和场景甚至极具新闻性和戏剧性。

戈夫曼对"框架"类型学的论述始于他对"初级框架"的反思。他对这个概念本身的内在张力以及由此产生的含混性并不是很满意，而且他认为，在很多情况下，这个概念并不能很好地解释人复杂的社会行为。于是，他从贝特森观察猴子的结论中推导出另一对二元对立的概念：基调与调音。不过，有意思的是，他一直将贝特森观察的对象称为水獭。也许在戈夫曼看来，是什么动物并不重要，关键是可以借此来隐喻人。然而，水獭是独居性的动物，而猴子是社会性的动物，它们的行动具有不同的社会框架。从这个方面也可发现，戈夫曼关注的起点和焦点是行动者而非环境。在戈夫曼看来，打斗是动物的惯例，可以被视作动物行动的基调。然而，在效仿打斗的过程中，效仿者却不认为这样的行为是打斗，而将其视为游戏，这就是调音。"一些已然在初级框架中获得意义的既定活动，转换为一方面效仿这一活动，另一方面却被参与者视为其他事物的东西。用一个粗糙的音乐概念来类比，这一转换过程可被称为'调音'（keying）。"（第 35—36 页）

"调音"的出现意味着对初级框架所奠定的"基调"的"系统性转换"。调音出现后，非真实的活动出现了，但这种活动对于人类社会而言，不仅客观存在，而且在日常生活中非常常见。"从现实层面来看，完全由初级框架框定的行动……真实地（really）、实际地（actually）、切实地（literally）发生着……舞台表演是这些行动的'调音'，它们不再是切实的、真实的或实际的活动。尽管如此，我们依然可以说，舞台**表演**真的发生了。非真实的活动**真实地**发生着，它们依然符合日常惯例。"（第 38 页）这种表述让人联想到：虚拟世界不是现实世界，但它仍然客观存在着。由此可见，日常生活本身就是由"基调"和"调音"组成的"大杂烩"。调音使人类的行为更为复杂，如果说基调是一种"社会框架"的话，那么调音可以被看作在这个基础上的"文化框架"。

在戈夫曼看来，调音无处不在，且会不断发生，可能会出现对调音的再调音。他在仿真、竞赛、仪式、技艺重演（其实就是演习和练习）和重组（接近于角色的反串）等五种行动中，讨论了基调与调音的关系。事实上，尽管调音无处不在，但它仍然极大地受制于基调限定的框架。"初级框架必须始终在场，否则再调音就会失去其内容"（第 68 页）。如果说调音是一种没有什么恶意的框架转换方式的话，那么捏造则不太一样。"捏造是一种恶意的设计（design），一旦捏造者的阴谋或阴险计划得逞，事实就会被歪曲。"（第 70 页）戈夫曼认为，基于对是否心存恶意的判断，框架的转换可以被分为调音和捏造两种方式。"某个活动片段通过两种方式干扰世界的运行，这种模型的设计包含两种再造方式：调音和捏造。"（第 70页）捏造和调音同样需要从初级框架中获得内容，但调音通常引导参与者对参与之事达成共识，而捏造则会制造差异与分化，而且还会直接导致捏造者的信誉受损。捏造可以是开玩笑和搞恶作剧这样不伤害参与者根本利益的行为，也可以是诈骗和栽赃等可能造成严重伤害的行为。不过，除了性质有些差异以外，捏造毫无疑问也是调音的一种方式。戈夫曼用不同的术语讨论这二者的差异无非是为了在第六章进一步地讨论"对调音的捏造"和"捏造的调音"，并试图在第五章说明戏剧框架的独特之处："戏剧框架算不上一种善意的构造，也不只是一种简单的调音。"（第 112页）然而，戏剧与仿真有根本的区别吗？

笔者认为，把捏造或者戏剧表演作为一种特殊的调音单列出来讨论，其实大可不必，甚至影响了分类学的严谨性和抽象性。把调音作为整体性的文化框架可能会效果更好。戈夫曼的细腻和精致——或者从贬义的角度来说其琐碎——已经严重影响了文本的可读性，他甚至没有忘记讨论打破框架的活动和行为，并且对框架化的实践如何发生失误的过程和错误的类型进行了冗长的分析。尽管如此，这种详尽的讨论向我们呈现了一个伟大的社会学家如何将司空见惯和习以为常的世界陌生化的过程。正是这种陌生化的处理，使我们对人的社会行为有了更深刻的认识。戈夫曼的框架理论也许还有可以商榷的余地，但他这种基于框架的认识和分析视角却是令人赞叹的。

不过，这种对世界陌生化的着迷，直接断送了戈夫曼建立框架理论体系的可能性。在眼花缭乱的事实面前，戈夫曼其实回答不了什么是"框架"、框架到底是不是真实的以及框架有哪些类型等问题。如果说"框架之外，别无他物"，那么这个先在的框架是哪里来的，难道框架及其意义不都是在社会行动中生成和协商的吗？难道真的存在客观先在的框架吗？戈夫曼当然明白，框架从来就不是客观的存在物，而只是人们接触社会的方式，人们通常意识不到它的存在，任何对框架的呈现说到底都只是对框架碎片化的展演。但如果说框架不存在，而是具有生成性和不可穷尽性，那么戈夫曼强调和描绘的这些形形色色，甚至连他自己都难以归类的框架为什么具有那么明显的可见性？为什么框架被戈夫曼描述为稳定的、结构性的和"客观存在"的？由此可见，戈夫曼从未放弃他的拟剧论，他不断地强调着舞台的边界、空间和脚本，这在很大程度上彰显了他的实在论倾向。

约书亚·梅罗维茨（Joshua Meyrowitz）曾经这样评价戈夫曼："戈夫曼

的'社会脚本'表面上看是动态的，但是这种动态需要相应的相对稳定的社会秩序作基础，即固定的规则、角色、社会背景以及固定的团体……在戈夫曼的社会世界中，动态主要是指人物投影在不变的背景中。人们的行为从一个地方到另一个地方可能发生改变，但是其变化的方式相应于变化的场景，通常是不变的。"①梅罗维茨的评价是有道理的，为了强调以框架为起点的世界，戈夫曼太过强调框架的结构性和稳定性了。我相信，戈夫曼自己也意识到了他的认识论探索与他的本体论无法耦合，因而，框架理论的体系化建设在书本的行文过程中被终结了。

三

当然，关于框架的讨论和分歧还远远没有结束。戈夫曼的框架理论一经问世，立即引发了强烈的关注，在社会科学研究领域成为一种高度跨界并被广泛关注和应用的理论模型，尤其在新闻传播领域引发了一场理论震荡。吊诡的现象是，尽管大部分框架研究自认肇始于戈夫曼，但在论述其框架概念时往往蜻蜓点水，旋即转向他处，导致整个框架研究呈现出一种"虽见戈夫曼之身影，不见其框架思想"的奇观。这当然有后继研究者各取所需的问题，但也有戈夫曼本身的问题。

戈夫曼此书问世后不久，一批新闻社会学者直接将"框架"引入了编辑部的田野观察，意欲借此打开新闻生产过程的"黑箱"，重新从社会建构论的视角考量新闻与现实的关系，而"框架"正好成为论述这种建构观的理论工具。其中的经典之一就是盖伊·塔克曼（Gaye Tuchman）在1978年推出的名著《做新闻：现实的社会建构》（*Making News：A Study in the Construction of Reality*），该书率先将"新闻视为框架，探讨这一框架如何构成，新闻工作和新闻工作者又如何组织起来"②。应当说，塔克曼对于戈夫曼的征引是非常正确和出彩的决策，她巧妙地将戈夫曼的"框架组织日常生活经验"的议题嫁接到新闻生产场域，清晰地描绘了新闻记者如何依照新闻机构的组织规程、特定的时空规则、例行的新闻采写流程将无

① 〔美〕约书亚·梅罗维茨：《消失的地域：电子媒介对社会行为的影响》，肖志军译，北京：清华大学出版社2002年版，第2—3页。
② 〔美〕盖伊·塔克曼：《做新闻：现实的社会建构》，李红涛译，北京：中国人民大学出版社2022年版，第7页。

意义的零碎片段转化为具有新闻价值的报道的过程。正是基于框架，"一件事情转化为一桩事件，一桩事件又转化为一则新闻故事"①。在这样的视域下，新闻生产实践呼应了戈夫曼试图描绘的具有主体间性的生活世界，新闻记者不仅获得了能动性的行动者身份，还能通过具身实践获得行动经验，进行意义的生产活动。

如果塔克曼能够用自然初级框架、社会初级框架、调音和捏造等概念来考察新闻生产，这将是一个非常完美的理论故事。然而，事实上，塔克曼对戈夫曼的征用比较粗浅，大多论述只停留在初级框架层面。对于书中关于文化框架的讨论，塔克曼几乎只字未提。这就放过了新闻记者在新闻生产中几乎所有的调音行为、表演行为和捏造行为，而这些才是新闻记者主体性研究最为珍贵的细节。如此带来的结果便是，塔克曼只是进一步强化了框架的结构性和秩序性的一面，却忽略了戈夫曼试图突破传统"结构功能主义"视角的努力，进而使新闻框架逐渐沉淀为一套例行公事般的惯例和套路，而看似充满行动力和能动性的记者不过是按部就班地开展实践，始终受限于组织的规约和结构性的力量。不知是故意为之还是无心疏漏，这种忽略极其政治正确地维护了美国新闻记者的"专业主义形象"，也支撑了这种形象背后的秩序的合法性。尽管如此，塔克曼对框架的征用相对而言仍然可以说是比较忠实于戈夫曼的原意的。

新闻生产社会学对戈夫曼"框架"的改造极大地启发了后续传播研究者对这一概念的理解。不过，基于内容分析［哈罗德·拉斯韦尔（Harold Lasswell）和伯纳德·贝雷尔森（Bernard Berelson）］和效果研究［保罗·拉扎斯菲尔德（Paul Lazarsfeld）］的传统，传播学的"框架分析"逐渐将目光聚焦于表征层面的新闻内容及其效果，诸如话语、内容、结构、字词和语篇构成等显在的内容文本成为组织新闻文本、构建文本意义的框架装置（frame device）。于是，框架变成新闻中的一个个单独的、原子式的话语要素，不仅可以被明确地分类和解析，还可以通过科学的方式进行测量和量化。以框架化理论的代表人物迪特拉姆·朔伊费尔（Dietram Scheufele）为例，他在20世纪和21世纪之交大刀阔斧地整合了所谓"媒介框架"和"受众框架"，将自变量、因变量等科学概念引入"框架分析"，提出了框架过程模型（a process model of framing research），使框架化理论

①　〔美〕盖伊·塔克曼：《做新闻：现实的社会建构》，李红涛译，北京：中国人民大学出版社2022年版，第211页。

变成美国传播理论界近四十年屈指可数的重要理论发现。朔伊费尔的核心关注点是媒介如何通过"框架"影响受众的认知，即如何影响人的决策和归因，进而带来相应的效果①；其实，经典效果理论早已发现框架对"效果"的解释力，在议程设置理论的创始人马克斯韦尔·麦库姆斯（Maxwell McCombs）那里，框架似乎变成了与属性议程设置理论紧密相连甚至等价的附属理论，因为二者都在关注"对某个对象某些方面和某些细节的强调，在何种程度上能够影响人们对那个对象的认识和感觉"②。与之相较，戈夫曼的框架分析生动地描绘了由人与人之间的沟通交流所维系的情境和互动，具有明显的"情境性"和"在地性"，而浮于表征性的文本之上的"框架分析"几乎与此毫不相干，完全褪去了戈夫曼的知识社会学和现象学色彩。毫不夸张地说，效果研究语境下的框架已经将框架视为心理学的图式、基模甚至是偏见的代名词，框架从背景一下子成为前景，从生成本体论回到主客体二元论，这就完全违背了戈夫曼的本意，从戈夫曼的起点走向了戈夫曼的对立面。

需要言明的是，"框架"并非戈夫曼的原创或独家理论，其源头也并非只有贝特森，认知心理学、语言学、行为经济学等不同的研究领域都贡献了丰富这一概念的理论养分，这或许也能解释为何新闻传播学科的框架分析始终处于混沌之中。像"人工智能之父"马文·明斯基（Marvin Minsky）就将"框架"视为组织人脑海中的知识的"数据结构"（data-structure），正因如此，不同的信息节点和关系才会在人的思维中结成框架系统和关系网络，完成知识的表征工作。③ 而丹尼尔·卡尼曼（Daniel Kahneman）和阿莫斯·特沃斯基（Amos Tversky）则通过一场著名的实验证明，如果使用不同表述框架描述相同的决策，将对受众的选择和决策产生不同的影响④，进而将"框架"与风险、收益等不同经济学要素结合在一起，孵化了影响深远的前景理论（prospect theory）。关于"框架"的多学科

① Dietram A. Scheufele, "Framing as a Theory of Media Effects," *Journal of Communication*, Vol. 49, No. 1, 1999. pp.103–122.

② 〔美〕马克斯韦尔·麦库姆斯：《议程设置：大众媒介与舆论（第二版）》，郭镇之、徐培喜译，北京：北京大学出版社 2018 年版，第 83 页。

③ Marvin Minsky, "A Framework for Representing Knowledge," in P. H. Winston, eds., *The Psychology of Computer Vision*, New York: McGraw-Hill, 1975, pp.211–277.

④ Daniel Kahneman and Amos Tversky, "Choices, Values, and Frames," *American Psychologist*. Vol. 39, No. 4, 1984, pp.341–350.

讨论还有很多，复杂之处在于，不同的理论虽有各自的重点和发展语境，但它们并非完全独立，而是构成了层叠嵌套、相互牵引的复杂理论网络。像戈夫曼的"框架"就既带有现象学的色彩，又隐隐透露出认知心理学的倾向，而贝特森的"框架"还杂糅了逻辑学、精神分析学等不同维度。

可以说，《框架分析》是首部试图以系统性和理论化的方式阐述"框架"概念的关键著作，戈夫曼本人在其后期的《性别广告》(*Gender Advertisements*) 和《交谈形式》(*Forms of Talk*) 中所做的框架分析则进一步彰显了他以框架理论撼动传统社会学理论的决心。不过，也正是从戈夫曼开始，"框架"成为一个被广泛使用，但与此同时用法极度混乱的概念，甚至成了日常生活用语。而之所以会出现这样一种局面，除了"框架"这一概念体系本身的复杂性和多样性，还在很大程度上与戈夫曼的模棱两可有关联，这本书行文的晦涩与艰深，也在某种程度上加剧了对这一概念的误读。归根结底戈夫曼在《框架分析》一书中没能区分"行动者框架"和"观察者框架"这两种完全不同的框架，而是将两者混为一谈。

在社会心理学关于偏见的研究中，有一个非常重要的理论解释框架叫作"行动者–观察者"模型。观察者和行动者因为所处的位阶不同而容易形成各自的偏见："在观察者具有的基本归属偏见中，有一个最引人注目的事实，那就是行动者显然并不具有同样的偏见。行动者似乎很强调外在力量的作用。……观察者过分估价了素质上的原因，而行动者则过分估价了情境的原因。"[①]换言之，当个体扮演不同的角色时，他们就会采用完全不同的理解框架。"对于观察者来说，行动者的行动吞没了整个背景，成了图像，因此它也就吸引着我们做出因果的解释。而另一方面，对于行动者来说，与其说行为不如说是情境构成了图像，情境吸引着人们做出因果解释。"[②]所以，相比更容易具有普遍阐释力的角色理论，框架的解释力具有更强的差异化色彩。也就是说，框架理论不可能成为一种中层理论。

以新闻传播学领域的框架研究为例，如果研究者关注的是作为行动者的记者，那么这里的框架肯定指的是记者的认知框架，研究者会像观察者一样关注和解释行动者的主观行动，而作为背景的环境因素则会被忽

---

① 〔美〕J. L. 弗里德曼等：《社会心理学》，高地等译，哈尔滨：黑龙江人民出版社 1984 年版，第 149 页。

② 同上书，第 152 页。

略。但是，如果研究者关注的是文本，那么研究者就会像行动者一样将环境和场景作为前景来解释文本的意义，而主观行动完全会被作为背景略去。从这个意义上来说，塔克曼更关注的是记者对惯例的遵循和调音，而麦库姆斯则更关心文本背后的媒介议程和报道场域中形形色色的力量。作为两种截然不同的在场方式，对"前景"和"背景"的理解决定了研究者对框架的阐释。这意味着，在认识论层面，我们不能笼统地用"框架"的概念把所有社会行动混为一谈。所以，塔克曼和麦库姆斯虽然都在谈框架，但二人完全是在各说各话，并且认为自己的框架理论才是正宗的。

公允地说，戈夫曼在某种程度上看到了行动者的不同角色扮演对框架理论意味着什么，所以他指出："自然框架和社会框架的核心区别在于行动者，尤其是个体被赋予角色。在自然框架的视角下，个体没有什么特殊的身份，他们与场景中的所有事物一样，都受制于决定性的、不受意志干扰的、与道德无关的框架。在社会框架中，个体的形象有所不同。他们被定义为能够自主做出决定的行动者……"（第152页）难能可贵的是，戈夫曼看到了不同行动者之间必然存在感知和理解上的差异，并以此界定了不同框架的根本差别。然而，对于行动者在不同位阶上的差异，戈夫曼却疏忽了。对拟剧问题那么敏感的他，却没能真正区分演员的框架和观众的框架，以至于所有人都坚信，他们都是戈夫曼框架理论的传人，他们说的框架都源自戈夫曼，如假包换。

戈夫曼对于行动者和观察者位阶问题的无视导致的矛盾，集中出现在第七章"框架外的活动"中。在这一章中，戈夫曼讨论了那些不在框架聚焦范围之内的活动。他是这么定义和描述框架外的活动的："大部分活动将通过特定的方式被框架化，并为获准参与活动之人提供一个正式的关注焦点。有鉴于此，其他的活动模式与活动情节（包括狭义的交流）似乎不可避免地会与上述活动同时出现在同一场合，被视为不受正式支配和控制的其他东西。"（第162页）在这里，戈夫曼一方面论证了"框架之外，别无他物"；另一方面又论证了框架之外的活动。造成这种矛盾的根本原因是，对于行动者框架而言可能是框架外活动的东西，却可能就在观察者框架之内。这种做法，与朔伊费尔将"媒介框架"和"受众框架"整合在一起的做法有相似之处。

戈夫曼同样没有区分清楚的问题是，框架是社会行动的联结者还是社会行动的舞台。也就是说，框架到底是一个互动性的概念还是一个结构性的概念？换言之，作为一个二重性的概念，框架在什么场景中扮演互动性角色，又在什么场景中扮演背景性角色？相比拟剧理论时代的戈夫曼，框架理论时代的戈夫曼似乎更重视框架的动态转换和个体对框架规则的僭越，对框架在行动和互动中的联结作用有所论述。但是，他始终没有摆脱那个"舞台"的隐喻，他其实更想说的是，社会行动总是在某种特定的框架和场景中才能被更好地理解。准确地说，戈夫曼并非一个真正意义上的互动论者，他仍然强调作为背景而不是居间者的框架。

梅罗维茨将戈夫曼的理论与马歇尔·麦克卢汉（Marshall McLuhan）的理论联结在一起，写出了他的名作《消失的地域：电子媒介对社会行为的影响》（*No Sense of Place：The Impact of Electronic Media on Social Behavior*），并提出了著名的场景理论。他表示："我认为戈夫曼和麦克卢汉二人的优势和劣势是互补的。戈夫曼侧重研究了面对面的交往，而忽视了媒介对于他所描述的变量的影响和作用。而麦克卢汉侧重媒介的效果，却忽略了面对面独立自主的结构特征。"[1]梅罗维茨的结合应该说是成功的，但这与他所宣称的理由无关。他之所以能够成功地将二者的理论耦合在一起，有如下两个方面的原因：

其一是戈夫曼和麦克卢汉都无视媒介的居间性和互动性，只强调媒介的背景性。所谓背景性，在麦克卢汉那里体现为"产生技术的情景"和"整体的环境"，它实际上强调了技术革新所造就的隐蔽的服务环境，而恰恰是这样的环境对人施加了难以规避的影响。[2] 换言之，这是一种结构性的形塑力。"对麦克卢汉来说，媒介隐没于背景之后，默默地主导着我们的意识。"[3]这一点与戈夫曼将框架作为人行动的背景不谋而合。而讨论公众议程、政府议程和媒介议程相互关系的议程设置理论，则正好与戈夫曼的框架理论背道而驰。议程设置对"框架"一词的征用发生在连接性也就是居间性的维度，因而这一征用就几乎是完全失败的，它为框架创造了另一种内涵。

其二是戈夫曼与麦克卢汉都是泛媒介主义者。不同的是，在戈夫曼

① 〔美〕约书亚·梅罗维茨：《消失的地域：电子媒介对社会行为的影响》，肖志军译，北京：清华大学出版社 2002 年版，第 4 页。

② 〔加〕梅蒂·莫利纳罗、〔加〕科琳·麦克卢汉、〔加〕威廉·托伊编：《麦克卢汉书简》，何道宽、仲冬译，北京：中国人民大学出版社 2005 年版，第 467 页。

③ 〔美〕格拉汉姆·哈曼：《铃与哨：更思辨的实在论》，黄芙蓉译，重庆：西南师范大学出版社 2018 年版，第 220 页。

那里，"框架即媒介"，作为行动者的个体通过框架与丰富多彩的外部世界相联结，如此才能在与他人的互动、协商中组织现实的经验；而在麦克卢汉那里，"技术即媒介"，不同的技术在不同程度上延伸人的感官与知觉，而新技术将迅速渗入原有的社会体系，创制出带有不同文化逻辑的新环境。所以二者的理论才会有耦合的接口。

由此看来，《框架分析》的问世，意味着理论混战的开始而非理论混战的结束，它唤起了社会科学诸多学科的想象力。不过，框架理论被征用能够催生什么样的理论想象，是梅罗维茨式的，还是朔伊费尔式的，恐怕要看我们如何理解戈夫曼了。所以中译版《框架分析》的问世，势必会对当下许多领域的研究产生重大影响，尤其会激发当下中国的媒介化社会场景和数字交往研究的想象力。

胡翼青

2023 年 4 月 18 日于镇江宝华山

致　谢

　　本书的部分内容曾在布兰迪斯大学（Brandeis University）、田纳西大学（University of Tennessee）、曼彻斯特大学（University of Manchester）和爱丁堡大学（University of Edinburgh）的讲座中呈现。1970 年春，全书首次以纽约大学布法罗分校（State University of New York at Buffalo）芬顿讲座（Fenton Lectures）的形式出现。我在过去十年开设了"框架分析"这一课程，选修这门课的学生提交的论文给予我诸多灵感。同时，我要再次感谢李·安·德劳德（Lee Ann Draud）对本书各个阶段的编辑工作的帮助。迈克尔·德兰西（Michael Delancy）批判性地阅读了本书，提出了详细的意见，虽无特殊的赞誉，但我仍采纳了他的诸多建议。戴尔·海姆斯（Dell Hymes）、威廉·拉波夫（William Labov）和乔尔·谢尔泽（Joel Sherzer）为本书提供了社会语言学方面的背景资料。哈珀与罗出版公司（Harper & Row）的迈克·鲁宾逊（Mike Robinson）也在本书的编辑中给予了惠助。

　　此外，我要为获准重印以下资料致以深切的感谢：

Actors Talk about Acting, by Lewis Funke and John E. Booth, Copyright
© 1961 by Lewis Funke and John E. Booth. Reprinted by permission of
Random House, Inc. and Curtis Brown, Ltd.

Associated Press dispatches. Reprinted by permission of the Associated Press.

The Blacks: *A Clown Show* by Jean Genet. Reprinted by permission of Grove
Press, Inc. and Rosica Colin Limited.

The Boston Traveler. Reprinted by permission of the Hearst Corp., Boston
Herald American Sunday Herald Advertiser Division.

The Connection by Jack Gelber. Copyright © 1957 by Jack Gelber. Reprinted
by permission of Grove Press, Inc. and the author.

Dear Abby by Abigail Van Buren. Reprinted by permission of the Chicago

Dobson Books, Ltd., London.

Time. Reprinted by permission of *Time*, The Weekly News-magazine; Copyright Time Inc.

The Times, London. Reproduced from *The Times* by permission.

United Press International dispatches. Reprinted by permission.

Victims of Duty by Eugène Ionesco. Reprinted by permission of Grove Press, Inc., New York, and Calder & Boyars Ltd, London.

We Bombed in New Haven, by Joseph Heller. Copyright © 1967 by Scapegoat Productions, Inc. Reprinted by permission of Alfred A. Knopf, Inc. and Candida Donadio & Associates, Inc.

本书的部分参考文献是本人已出版的著作，我将用缩写形式表示这些文献：

B. P.　*Behavior in Public Places：Notes on the Social Organization of Gatherings*
（Glencoe，Ill.：The Free Press of Glencoe，1963）

E.　　*Encounters：Two Studies in the Sociology of Interaction*
（Indianapolis：The Bobbs-Merrill Company，1961）

I. R.　*Interaction Ritual：Essays on Face-to-Face Behavior*
（Garden City，N.Y.：Doubleday & Company，Anchor Books，1967）

R. P.　*Relations in Public：Microstudies of the Public Order*
（New York：Basic Books，1971；Harper & Row，Publishers，Harper Colophon Books，1972）

S.　　*Stigma：Notes on the Management of Spoiled Identity*
（Englewood Cliffs，N.J.：Prentice-Hall，1964）

S. I.　*Strategic Interaction*
（Philadelphia：University of Pennsylvania Press，1969；New York：Ballantine Books，1972）

目　录

第一章 引 言

　　哲学中有一个古老的传统，这一传统认为，读者视以为真的事物不过是幻影，通过探究作家对感知、思想、大脑、语言、文化、新的方法论、新的社会力量等的论述，就能揭开这一幻影的面纱。诚然，这种思路尽可能地强调了作家及其作品的作用，但正因如此，我们才感到可悲（要推荐一本书，还有什么能比"改变读者所思所想"这样的理由更具说服力？）。我们可以在社会心理学说和威廉·伊萨克·托马斯（William Isaac Thomas）的格言中找到这一传统的最新例证。托马斯认为："如果一个人假定情境是真实的，那么它就会带来真实的结果。"这句话看上去是对的，实则不然。界定情境为真确实会对结果产生影响，但它们在事件的发展进程中起到的作用可能微乎其微；在某些情况下，人们对情境的错误界定所带来的后果仅仅是引人注目、使人难堪而已。世界不完全是一个舞台——剧院当然也不完全是。（你不管是管理着一家剧院还是一个飞机制造厂，都需要找地方停车、接受安检，这些地方最好是真实存在的，并且，最好还能防小偷。）由此可知，尽管"情境定义"（definition of the situation）几乎随处可见，但通常而言，**做出**定义的并非置身情境中的人，而是社会；人所能做的往往只是评估自身处于何种情境，并据此采取相应的行动。的确，我们会亲自与生活方方面面的设定（arrangement）进行协商，而一旦协商完成，我们往往会按部就班地行事，仿佛一切都已得到妥善安置。有些时候，我们必须等到事情快要结束时才会意识到发生了什么，而在一些只关乎自身的事情上，我们可以大大地推迟形成认知的时间。但可以确定，这些绝不是唯一的组织原则。社会生活已足够疑窦丛生、荒唐可笑，不必再希望它变得更加不现实。

　　在"对社会现实的分析"早已声名狼藉的情况下，本书呈现了对社会现实的另一种分析。我试图遵循威廉·詹姆斯（William James）建立的传统，即他于 1869 年首次在《心智》（Mind）杂志上发表的著名文章——《现实的感知》("The Perception of Reality")①中的传统。他不再追问"现实是什么"，而是颠覆性地转向了现象学，强调了如下问题：**在什么样的情况下，我们会认为事物是真实的？** 他引申道，现实(reality)的重要之处在于我们对其真实性(realness)的感知(sense)，而不在于我们觉得某些事物不够真实。紧接着我们可以追问：在什么条件下会产生这样的感知？这一问题涉及一个容易把握的小问题，它与相机本身有关，而与相机拍摄的内容无关。

在对这一问题的回答中，詹姆斯强调了选择性关注、深度卷入(involvement)和避免与现存事物产生矛盾的要素，更重要的是，他试图区分几个我们的注意与兴趣能使之成为现实的不同"世界"、可能存在的"次级宇宙"(subuniverse)和"存在秩序"(the order of existence)［引用阿伦·古尔维奇(Aron Gurwitsch)的说法］。在这些"世界"中，每一种特定客体都具有恰当的存在方式：感官世界、科学客体的世界、抽象哲学真理的世界、神话与超自然信仰的世界、疯子的世界，等等。根据詹姆斯的说法，每一个次级世界(subworld)都"有其特别的、独立的存在方式"②，并且，"当每个世界都以自己的方式**受到关注时**，它们就会成为真实(real)的存在；只有现实会随着注意力的转移而消逝"③。在采取这一激进的立场之后，詹姆斯退缩了；他指出，感官世界具有特殊地位，它是我们用以判断最真实的现实的工具，它保留了我们最鲜活的信仰，其他所有世界都要为它让路。④ 就此而言，詹姆斯完全赞同胡塞尔(Husserl)的老师布伦塔诺(Brentano)的观点，并推论道：如现象学所做的那样，我们需要区分当前感知到的内容和我们赋予这些被纳入知觉的内容的现实状态。⑤

① William James, *Principles of Psychology*, vol. 2 (New York: Dover Publications, 1950), chap.21, pp.283-324.

② *Ibid.*, p.291.

③ *Ibid.*, p.293.

④ 詹姆斯对于"多重世界"的关注并非一时兴起，在 *Varieties of Religious Experience* (New York: Longmans, Green & Co., 1902)中，他也提出了这个问题，只是路径不同。

⑤ "但谁不知道，在不受信任的、无法肯定的、疑问的，或是条件性的命题中，这些观点以同样的方式结合在一个完全可信的命题中。"(James, *Principles of Psychology*, 2:286)对胡塞尔秉持类似观点的还有 *The Field of Consciousness* (Pittsburgh: Duquesne University Press, 1964)：

　　在这些特质中，我们提到了关于呈现方式的特质。例如，一个事物在某段时间被感知，在另一段时间被回忆或仅仅是想象；又或者，当事物的陈述(一个命题的同一事项)被肯定或否定、怀疑、质询，或被认为是可能的。(p.327)

当然,詹姆斯的上述重要分析方法,不过是对"世界"(或"现实")一词的拙劣玩弄。他所指的并不是一般意义上的(the)世界,而是特定的某个人的当前世界(current world)——事实上,正如下文所述,连后者所指的这一世界都谈不上。我们没有恰当的理由使用如此宏大的词。然而,詹姆斯打开了一扇门,通过这扇门,风吹了进来,光洒了进来。

1945 年,阿尔弗雷德·舒茨(Alfred Schutz)在《论多重现实》("On Multiple Realities")[①]这一文章中重拾了詹姆斯的主题,他的观点与詹姆斯惊人地相似,但他更关注的是:当我们要生产一个"现实"的领域、一个"有限的意义领域"时,我们有多大可能会发现那些必须满足的条件。舒茨补充了一个有趣但并不完全令人信服的观点:当我们从某个"世界",比如梦境,被推入另一个世界,比如剧院,我们会体验到一种特殊的"冲击"(shock)。

> 我可以说,现实中有多少种不同的有限意义领域,个体就会经历多少种不同的冲击体验。例如:入睡后坠入梦的世界时的冲击;剧院的帷幕升起,现实世界转换为戏剧世界时,我们经历的内在转换;在一幅油画前,我们的视线为画框所限,进入绘画的世界,我们的看法发生剧烈变化;听到一个笑话,我们很快接受笑话虚构的世界,将其视为与我们日常生活世界中发生的蠢事相联系的真实事件,于是从困惑变成放松大笑;儿童从拿起玩具那一刻起便转入了游戏世界;诸如此类。还有各种宗教方面的体验也是此类冲击体验的例子。克尔凯郭尔在迈进宗教领域时体验到的"瞬间",科学家们决定用一种公正无私的严谨态度审视这个世界,而不是热情地参与这一世界的事务,都属此例。[②]

尽管舒茨也像詹姆斯一样,认为"工作世界"(working world)具有优先地位,但就这一世界的客体特征而言,他的态度明显比詹姆斯更保守:

---

① 这一提法最早出现在 *Philosophy and Phenomenological Research*, V (1945): 533-576;重印版见于舒茨的 *Collected Papers*, 3 vols。(The Hague: Martinus Nijhoff, 1962, 1:207-259.) 稍晚的版本见于"The Stratification of the Life-World," in Alfred Schutz and Thomas Luckmann, *The Structures of the Life-World*, trans. Richard M. Zaner and H. Tristram Engelhardt, Jr. (Evanston, Ill.: Northwestern University Press, 1973), pp.21-98。受舒茨观点影响的著作还有 Peter L. Berger and Thomas Luckmann, *The Social Construction of Reality* (Garden City, N.Y.: Doubleday & Company, Anchor Books, 1966)。

② Schutz, *Collected Papers*, 1:231.

　　我们所谈论的是**意义**的领域，而非次级宇宙，因为它是我们的经验的意义，而非构成现实的客体的本体论结构。①

　　它的优先性归功于我们自己，而非世界：

　　因为我们将会发现，日常生活的世界，即常识世界在现实的各个领域中具有至高无上的地位，只有在这个世界中，我们才可能与他人交流。但常识世界从一开始就是一个社会文化世界，与符号关系的主体间性相关的许多问题都起源于它，由它决定，并在其中找到解决方案。②

　　事实上，无论我们当时的兴趣何在，我们的身体总是会参与日常生活世界，这种参与意味着个体具有影响日常生活世界以及被这一世界影响的能力。③ 因此，与其说一个次级宇宙根据一定的结构性原理而产生，不如说它具备某种特定的"认知风格"（cognitive style）。

　　哈罗德·加芬克尔（Harold Garfinkel）让舒茨的论文（以及舒茨本人）受到了民族志社会学家的关注。加芬克尔进一步扩展了多重现实的观点，其方式是继续寻找规则（至少在他的早期论述中可以发现这一点），而通过遵循这些规则，我们就能生成一种特定类型的"世界"。可以推测，根据适当的规范设计出来的机器可以研磨出（grind out）我们所选择的现实。这种概念的吸引力有目共睹。像国际象棋一类的游戏为遵守其规则的人打造了一个适宜生存的世界，一个存在的层面，以及一群似乎身处无数不同情境，从事着不同行为的角色，通过这样的情境和行为，这些人得以了解自我的本性与宿命。然而，游戏世界的大部分内容可以归结为一小套相互依赖的规则和实践。如果日常生活行动的意义同样依赖一套封闭的、有限的规则，那么对这些规则的阐释将成为分析社会生活的有力方式。例如，（根据加芬克尔的说法）我们可以看到，某种反常行为的意义在于它破坏了我们对周遭一切其他事物的惯常理解，也影响了后续将要开展的行动，进而使我们不断陷入混乱。要揭示日常行为中这种启

---

　　① Schutz, *Collected Papers*, p.230. 也见于 Alfred Schutz, *Reflections on the Problem of Relevance*, ed. Richard M. Zaner（New Haven, Conn.: Yale University Press, 1970）, p.125。在与舒茨相关的问题上，我得感谢理查德·格拉特霍夫（Richard Grathoff）。

　　② 引自"Symbol, Reality, and Society," Schutz, *Collected Papers*, 1:294。

　　③ *Ibid.*, p.342.

发性的、构成性的规则,就要施展社会学家的炼金术——将任何普通的、零碎的社会活动变成一种具有启发性的出版物。需要补充的是,詹姆斯与舒茨颇具说服力地指出了梦一类的"世界"与日常经验世界的不同组织方式,但他们对其他内容的论述颇为牵强。例如:究竟存在多少个不同的"世界"? 如果可以,是否应将日常的、清醒的生活视为一个由规则生产的存在层面? 他们也没有很好地描述日常生活的构成规则。① 我们在方法论层面面临一个尴尬的现实:宣布制定规则似乎是一种开放性的、永无止境的数字游戏。玩家通常会提出五到十条规则(我可能会这么做),但我们没有理由认为,其他人就不会提出另外一千种设想。詹姆斯等学者忽略了一点,即他们往往并不关心一个人对"何为真实"的感知,而总是关注那些吸引自己、使自己专注或沉迷其中的东西;他可能会说这些事情真的发生了,但这样的说法并不真实。如此一来,剩下的就只是日常生活(暂时忽略一点:任何目录都可能无法令人满意地涵盖日常生活的所有内容)与各种仿真(make-believe)*"世界"在结构上的相似性,但我们无法知晓这种关系将如何改变我们关于日常生活的看法。

最近,一些人对詹姆斯和舒茨的思路产生了浓厚的兴趣,从历史上来看,这些人受到的启发起先并不源自现象学传统:他们创造了后来被称为"荒诞戏剧"(the theater of the absurd)的作品,而这些作品几乎完全体现

---

① 舒茨的各种声明似乎迷惑了一些学生,后者将舒茨的观点奉为圭臬。殊不知,舒茨的观点只是一种启示。他对日常生活的"认知风格"的描述如下:

a. 一种特殊的意识张力,即所谓的精明成熟,它源自对生活的全面关注;

b. 一种特殊的"悬置",即对怀疑存而不论;

c. 一种自发性的普遍形式,即工作(一种具有意义的自发性,它基于某种设计而生成,其特征是,通过嵌入外部世界的身体运动来达到预期状态);

d. 一种特殊形式的自我经验(这种自我是作为整体自我的工作自我);

e. 一种特殊形式的社会性(由交流与行动构成的共同主体间性的世界);

f. 一种特殊的时间视角(标准时间源自绵延(durée)与宇宙时间的交互,后者是在主体间性世界中普遍存在的时间结构)。

上述内容至少展现了认知风格的一些特征,它们属于这一特定的意义领域。只要我们对这个世界的经验(无论有效与否)也保持这种风格,我们就可以把这个意义领域看作真实的,就可以赋予它现实意义。(Schutz, *Collected Papers*, pp.230—231.)

* make-believe 在这里表示一种根植于现实,但又不同于现实的状态。此处译为"仿真",强调这类活动与现实活动的关系,但在文中其他地方也根据语境译为"虚构的""假装的""想象的"。——译者注

在路易吉·皮兰德娄（Luigi Pirandello）*的分析戏剧中。格雷戈里·贝特森（Gregory Bateson）的《游戏与幻想的理论》（"A Theory of Play and Phantasy"）①一文有助于我们理解这些内容。在这篇文章中，贝特森直接提出了非严肃性（unseriousness）与严肃性（seriousness）的问题，让我们看到经验是一种多么不寻常的事物。比如，一些严肃活动可被视为一种模型，与这一活动的非严肃版本嵌套在一起；有时，我们或许无法分辨这一活动是游戏还是正在发生的真实事件。［贝特森提出了对于"架构"（bracketing）**这一概念的独特视角（这是一个非常有用的概念），并且认为，个体可以故意在交往中给他人制造框架混乱；贝特森论文中提出的"框架"概念与我想使用的它的含义大致相同。］②约翰·奥斯汀（John Austin）遵循维特根斯坦（Wittgenstein）③的思路再次指出，所谓"真实发生"（really happening）一语颇为复杂，尽管个体会梦到一些非真实的东西，但说"他那会儿真的在做梦"仍然是恰当的。④［我也借鉴了奥斯汀的学生 D. S. 施韦德（D. S. Schwayder）及其著作《行为分层》（*The Stratification of Behavior*）⑤中的观点。］还有一些关于欺骗（deception）、谎言、误认和其

---

　　*　路易吉·皮兰德娄，意大利著名小说家，剧作家，成名于 20 世纪初，擅长以荒诞、疯癫的方式刻画弱者的苦难生活。他的戏剧往往不遵循传统的"三一律"原则，多设置悬念，以一些无关的交谈或生活场景开场，辅以大量旁白，在结尾解开谜团，给人以跌宕起伏之感。——译者注

　　①　*Psychiatric Research Reports* 2，American Psychiatric Association（December 1955），pp.39-51. 重印版见于 *Steps to an Ecology of Mind*（New York：Ballantine Books，1972），pp.177-193。另一种颇为有用的解释可参见 William F. Fry，Jr.，*Sweet Madness：A Study of Humor*（Palo Alto，Calif.：Pacific Books，1968）。

　　**　bracket 是一个现象学术语，意为"加括号""悬搁"。这个概念构成了胡塞尔现象学还原论的基础，意味着将一切本体论领域的、预先设定的存在对象都置入"括号"，以超越自然态度的方式对事物进行考察，从而使纯粹意识显明其身。而戈夫曼在两个意义上借用了该概念：其一，作为动词的"bracketing"更强调从一段持续进行的活动流中截取某个片段，使这个片段从整体的活动中独立出来（有时也在字面意义上使用"bracketed"，译为"包围""纳入"）；其二，作为名词的"bracket"，强调该活动片段的时间、空间边界，即活动起止的端点。因而，戈夫曼并不是完全在现象学的意义上使用该词，书中译作"架构"略表区分。——译者注

　　②　爱德华·T.科恩（Edward T. Cone）在其著作 *Musical Form and Musical Performance*（New York：W. W. Norton & Company，1968）的第一个章节明确地使用了"框架"这一概念，用法与贝特森十分接近，也提出了一些同样的问题，但我的想法与之不同。

　　③　例如，参见 Ludwig Wittgenstein，*Philosophical Investigations*，trans. G. E. M. Anscombe（Oxford：Basil Blackwell，1958），pt. 2，sec. 7。

　　④　例如，参见 chap.7 in his *Sense and Sensibilia*（Oxford：Oxford University Press，1962）。

　　⑤　London：Routledge & Kegan Paul，1965.

他"视觉"效果的研究（至少是相关的出版物），以及一些研究"策略性互动"（strategic interaction）的作品，包括隐瞒和揭露对情境定义的影响方式。巴尼·格拉泽（Barney Glaser）和安塞尔姆·施特劳斯（Anselm Strauss）的文章《意识语境与社会互动》（"Awareness Contexts and Social Interation"）也对我颇有助益。[①] 最后，现代语言学导向的学科把"代码"（code）当成一种方法，它影响并塑造了所有在其应用范围之内的事件。

我广泛地借鉴了上述所有资源，并只想将它们整合在一起。我的视角是情境性的，这意味着我关注的是个体在某个特定时刻感知到的东西，这一时刻通常还涉及其他一些特定个体，也不一定局限于面对面聚会。我认为，当个体注意到任何当下的情境时，都会面临这样一个问题："这里正在发生什么？"（What is it that's going on here?）无论是在对当前情境充满困惑与怀疑时明确地提出这个问题，还是在对情境深信不疑的情况下含蓄地询问，答案都可以从每个人处理手头事务的方式中推测出来。因此，从这一问题开始，本书试图勾勒一个可以寻找到这一问题的答案的框架。

我可以马上告诉大家，"这里正在发生什么？"这一问题是站不住脚的。任何事件都可以根据关注度（focus）进行描述，而个体对事件的关注范围可宽可窄——例如，对一个相关但不完全相同的事件的描述——可集中可涣散。没有人能提出一个理论来特别说明个体关注度的范围和标准。虽然给不出什么特别的理由，但首先，请允许我武断地选择我的范围和标准。[②]

另一个类似的问题与视角相关。当某个活动中参与者的角色不尽相同时（这是一种常见情况），个体关于"这里正在发生什么？"的观点可能会与他人完全不同。不难发现，打高尔夫球对高尔夫球手来说是游戏，但对球童来说则是工作。正如舒茨所说，不同的关注点将会催生不同的动机关联（motivational relevancy）。（此外，可变性因为下述事实变得复杂：对同一件事采取不同视角的个体可能也对此投注了不同范围和水平的关

---

① *American Sociological Review*, XXIX（1964）：669-679.

② 此处的讨论参见 Emanuel A. Schegloff, "Notes on a Conversational Practice：Formulating Place," in David Sudnow, ed., *Studies in Social Interaction*（New York：The Free Press, 1972）, pp.75-119. 作者也对提出"角色"这一概念进行了常规的批评。

注度。)当然,在许多例子中,视角或关注度不同的人乐于承认,他们的视角和关注度不是正式的或"真实的"。球童和指导员都在高尔夫球场工作,二者均认为他们的工作是特别的,因为他们服务于玩高尔夫球的人。无论如何,我都要首先使用这样一种权利,即采用我的视角、我的动机关联,但我会尽量选择一个读者容易认可的视角。

显然,在绝大多数"情境"中,许多不同的事情在同时发生,这些事情可能并不同时开始,也不同时结束。① 当我们询问"**这里**正在发生什么?"这一问题时,单一的阐释和对问题的简单化理解可能会造成偏见(bias),但我必须暂时允许这样的偏见存在。

因此,谈论"当前"(current)情境[正如谈论"这里"(here)正在发生的事情]是为了让读者和作者继续带着这样的印象轻松前行,即他们清楚地了解并赞同自我所想。显然,"当前"所涵盖的时间长短(正如"这里"所涵盖的空间大小)因场合(occasion)和参与者的不同而不同。对于这一问题,参与者似乎可以轻易而迅速地达成明显的共识,但这并不否认下述问题在学理上的重要性:这一共识由何种要素组成,又是如何建立的?在社会科学领域中,我们谈论观察者眼前所发生的事情,是为了打下比以往更坚实的基础。但这一基础仍不牢固,一个关键的问题横在我们眼前:人们如何就"某物"(something)的同一性和"眼前"(before the eyes)的包容性达成表面的共识,而这一问题依然悬而未决。

最后,显然,个体对同一件事或同一个社会场景的回顾和描述往往千差万别。个体在事件中扮演的角色为他提供了一种独特的评估视角,可以帮助他确定这件事的类型。在这个意义上,有人认为,在同一场足球比赛中,双方球迷并不会产生相同的体验;② 在聚会中,对玩得尽兴的参与者而言,聚会"好"的原因,可能对于某个败兴而归的参与者而言,恰恰是其"不好"的原因。

所有这些都表明,我们甚至应该对一种简单的方式感到担忧,这一方

---

① 对这一问题的描述见于 Roger G. Barker and Herbert F. Wright, *Midwest and Its Children* (Evanston, Ill.: Row, Peterson & Company, 1964), chap.7, "Dividing the Behavior Stream," pp.225-273。

② 一篇早期的著名文章强烈地表达了这一观点,参见 Albert H. Hastorf and Hadley Cantril, "They Saw a Game: A Case Study," *Journal of Abnormal and Social Psychology*, XLIX (1954): 129-234。

式假定我们可以用概念辨别和提及活动的参与者,并且不会出现任何问题。无疑,夫妻间的亲吻可以是"男人"对"妻子"的问候,或是"约翰"小心翼翼地避免蹭花"玛丽"的妆容。

我只想声明,尽管这些问题非常重要,但它们不是唯一的问题,在这些问题出现之前,解决方案并没有那么必要。因此,我会让它们保持"沉睡"。

我的目的是从我们的社会中分离出一些可用以理解事物意义的基础框架,并分析这些参考框架的特殊脆弱性(vulnerability)。我将从这一事实入手:对个体而言,当某事在某一时刻显现为"正在发生的事情",真正发生的可能只是笑话、梦境、意外、错误、误解、欺骗、戏剧表演,等等。本书将关注我们对正在发生之事的感知以及是什么让我们的感知如此脆弱,以至于需要重新解读。

下面,我将介绍一些理解本书主题所需的基本概念。这些初始概念颇为抽象,以现代哲学的标准来看,恐怕我的表述过于粗糙。读者一开始必须带着纯粹的疑虑,(我觉得)这有助于我们把握这些不那么可疑的问题。

"片段"(strip)一词将用于指涉从持续进行的活动流中截取的任意切片或切面,它包括一系列真实的或虚构的事件序列,个体主观地卷入这些事件,并始终对这些事件保持关注。"片段"并不意味着被质询的对象自然地切分了活动流,也不意味着进行质询的学者在分析之后切分了活动流;它仅用以指代任何现实状况下发生的事情(occurrence)的最原始的形态,是可以成为研究者关注和分析的起点的东西。

当然,我广泛借鉴了贝特森的"框架"(frame)概念。我认为,情境的定义是根据组织原则(principle of organization)建立的,而组织原则影响了事件(至少社会性事件是如此)和主体在这些事件中的卷入;我使用"框架"一词来指涉我所识别的这些基本要素。这是我对框架的定义。"框架分析"(frame analysis)是一种口号(slogan),指的是用这些概念来考查经验的组织。

在对这些传统议题的处理上,切实有效的做法通常是按照一定的逻辑创造概念和主题:没有什么事情的发生会依赖在它之后出现的事情,无论概念在何时提出,它们实际上都会应用在之后发生的事情上。作者常常抱怨的是，这种线性的呈现束缚了实际上循环发生的事件，理想的情况是同时引入概念；读者则会抱怨，对于那些被精心定义和描述的概念，作者只会在某些时候对它们的意义大作文章，其他时候则弃之不顾。在对框架的分析中，线性的呈现不会造成什么尴尬，对此后不再使用的概念加以定义也不会造成尴尬。事实上，问题在于，概念一经引入，从初次使用开始，就会产生极大的影响，它不仅适用于后文，也会反复影响使用过这一概念的每一章节。因此，这项研究的每个部分将错综复杂地缠绕在一起，直到超过荷载，让我们无法继续探索。这一过程颇似恐怖的单曲循环，在框架分析的语境下，就好像"老麦克唐纳的农场里只有鹪鸪树和杜松树"。

讨论框架将不可避免地涉及讨论本身的地位问题，因为用于分析的概念本身也需要被分析。基于常识，我认为，日常语言和日常写作实践具有充分的灵活性，它们足以表达人们想要表达的内容。① 在这一点上，我赞同卡纳普（Carnap）的观点：

> 一种语言中的句子、定义和语法规则与该语言的形式有关。然而，现在，我们如何才能正确表述这些句子、定义、规则？ 为此，我们是否需要一种"超语言"？ 以及，是否需要第三种语言来解释超语言的语法，以此类推，直到无穷？ 或者，用该语言本身来制定这种语言的语法是否可能？ 后一种情况显然更令人担忧，由于某种自反性的定义，一些矛盾可能会出现，它们与出现在康托尔（Cantor）的超限数聚合论和前罗素逻辑中的矛盾在性质上类似。但接下来我们也会看到，用一种语言本身来表述其语法是可能的，而表述程度取决于该语言的丰富程度。并且，在这种情况下，就不会出现任何自相矛盾的危险。②

因此，即使研究者致力于考察"例子""例证""合适的案例"在人文学科和科学性略逊一筹的领域中的应用，目的是揭穿以上述方式为基础的民间证据理论，他们仍可能需要使用"例子""例证"，而且它们可能不会

---

① 不能说清楚的是"凡你不能说清楚的，留给沉默"这句话。

② Rudolf Carnap, *The Logical Syntax of Language*, trans. Amethe Smeaton (London: Kegan Paul, Trench, Trubner & Co., 1937), p.3.

完全破坏原有的分析。

我们适才转向了自反性的议题,也指出,日常语言为我们讨论这一问题提供了翔实的资源,但特殊的语言学问题不该阻碍我们关注其他要点。方法论的自我意识是充分的、直接的、持久的,它拒斥所有的研究和分析,只关注自反性的问题本身,进而取代了研究领域,而不是对这一领域有所贡献。因此,我将始终使用双引号来表示被标记之词的特殊含义,而不会系统地考虑这样的事实:双引号通常具有众多用法①,它似乎与框架的问题紧密相关,并且我必须假设使用它时的语境会自然而然地引导读者与我达成共识,尽管我们都无法进一步解释这一点。普通语言哲学家给我们的忠告和引导也是如此。我知道,"真实"这一关键概念可能被永久地维特根斯坦化了,以致人们混淆了几种具有细微差别的用法,但我们仍然可以遵循这样的设想:细致(carefulness)能让人逐渐理解构成多样性的基本主题,而多样性本身最初也建立在细致的基础上;当人们需要某个词来描述正在做的事情时,这个词的意义也就自然而然地形成了。

我要进一步提醒大家,你们有充分的理由质疑本书即将进行的分析。如果这不是我的著作,我也会这么做。它过于书面化、过于笼统、过于脱离田野工作,所以很可能只是另一种唯心主义。而且,我自始至终都会强调,接下来的论述无法面面俱到。(我创造了一系列概念,其中一些是基础性的;这些年来,其他作者也一直在这么做,只是收效甚微。)尽管如此,世界上的一些事情似乎推动着我开展本书的分析,因而我强烈地想要勾勒出能够完成这项分析的框架,尽管这意味着我把其他任务处理得一塌糊涂。

另一个免责声明:这本书讨论的是经验的组织(organization of experience)——一种可以进入个体行动者脑海的东西——而非社会的组织。

---

① 例如:I. A. Richards, *How to Read a Page* (New York: W. W. Norton & Company, 1942):

我们都知道,双引号的用法有很多(尽管这样的认知多少有些不成系统):

a. 有时它们只是表示引用,以及引用的开始和结束。

b. 有时它们表示的是,引号内的字词有待商榷,只能表示某种特殊意义或基于某种特殊的定义使用。

c. 有时它们暗示被引用的内容毫无意义,或者那些东西根本不存在。

d. 有时它们意味着用词不当,引号等同于"所谓的"(so-called)。

e. 有时它们只是表示我们所谈论的词语与词语的意义无关,比如:"is""at"两个词都比"above"短,"Chien"(法语)的意思是"dog"(英语),诸如此类。

还有很多其他用法……(p.66)

我并不想讨论社会学的核心问题：社会组织与社会结构。在完全不涉及框架问题的情况下，不少人已经很好地研究过这些问题，并且可以继续这么研究。我所说的不是社会生活的结构，而是个体在社会生活的每一刻所拥有的经验的结构。我个人坚信，社会在各方面都是第一位的，而个体的当前卷入位列第二；但这本书只解决处于第二位的问题。尽管这本书声称要解决某个领域的问题，但它依然存在诸多不足。有些内容本书没有涵盖，也没有必要把它视为本书的局限性。当然，我们可以说，关注个体经验的本质——这意味着要同等认真地考虑所有可能与个体暂时相关的问题——本身具有明显的政治性意味，还是偏保守的那一种立场。本书的分析并未捕捉到优势与劣势群体之间的差异，你也可以认为我直接忽略了这类问题。我认为这么做是对的。我只能说，那些与错误的意识作斗争、试图唤醒人们去争取自己的真正利益的人还有很长的路要走，因为人们睡得很沉。我在这里不打算提供摇篮曲，只打算偷偷溜进去看看人们打鼾的样子。

最后是对本书所用材料的说明。其一，我确实在这本书中使用了很多我曾经在别的作品中分析过的例子：诈骗、欺瞒、骗局、各种各样的表演，诸如此类。还有很多脚注与我写过的很多东西是重复的。[①] 之所以要重复表述，是因为我试图整理自己对于这些问题的想法，以在本书中建构一种总体性的陈述。这就是我的借口。

其二，这本书引用了大量来自报纸与流行传记式读物的趣闻轶事[②]，你们几乎再也找不到比这更没有价值的资料了。很显然，突发事件具有典型性和代表性，但这并不意味着它们会因此变成新闻；只有一些不同寻常的事情才会成为新闻，但即便是这些内容，也会受到温和的作家惯用的编辑暴力的影响。我们关于世界的理解先于这些新闻，这就决定了记者会选择哪些事件进行报道以及如何报道他所选择的事件。人情味新闻（human interest story）带有明显的自身偏好，是对证据的一种讽刺，它们具有统一性、连贯性、针对性、自我完整性以及只能在日常生活中勉强维持的戏剧性（如果真的有的话）。每一则新闻都介于**现实的经验世界**

---

① 因为这样的引用很多，所以我用简写的方式来表示，详细列表见本书致谢部分，第 018 页。

② 罗兰·巴特（Roland Barthes）曾分析过偶然发表的故事（用来充数的内容）及其文学价值，参见 "Structure of Fait-Divers," *Critical Essays*, trans. Richard Howard（Evanston, Ill.: Northwestern University Press, 1972）, pp.185-195。

（experimentum crucim）及其插曲之间，这就是这类新闻的特点。对报道的这种设计完全符合我们的要求——不是基于事实，而基于事件的典型性。这类报道展现了传统认知的力量，这种认知使我们得以应对光怪陆离的社会生活，即人所能触及的最深远的经验。因此，那些看似对我们理解世界的方式造成威胁的东西，其实是对世界的一种巧妙的选择性防御。我们将这些新闻故事抛诸脑后，而它们防止我们在这个世界陷入不安。总体上，我不会以证据或佐证的方式呈现这些轶事，但我会清晰地描述它们，将它们视为一种框架幻想（frame fantasie），这些框架幻想通过讲述者上百次的自由发挥，颂扬了我们对世界的运转方式的信念。我想呈现的正是故事里的东西。

这些材料还有另外一个弱点。这些年来，我一直遵循某些神秘的原则偶然地挑选了它们，这些原则每年都会变化，即使我想也无法将其恢复原貌。这也是对系统性抽样的讽刺。

在材料的来源上，除了拣选上述轶事，我还使用了另一种可能存在同样问题的材料。因为本研究试图尽可能地解决经验的组织问题，无论它们是"真实的"经验还是其他类型的经验，我也利用了以下资料：卡通、漫画、小说、电影，特别是正统戏剧（legitimate stage）。人情味新闻的选择充满可怕的偏见，与之相比，我在此涉及的偏见并不那么可怕。不过，我不得不借鉴其他传统中的作者才会使用的材料，包括批评"高雅文化"的文学与戏剧传统和社会新闻传统，后一种传统试图从商业化的其他经验的表面变化中解读整个社会的本质。因此，不得不说，很多流行作家反复使用过这些材料，他们甚至写得比我更好。我之所以厚颜无耻地涉足这一被他人占先的领域，是因为我个人对此怀有一种特殊的兴趣，即我不认为好小说和坏小说、现代戏剧和古代戏剧、戏剧和歌剧之间在价值上有差异。这些材料在本书阐释经验活动的"片段"的特征时都有助益。我最终引用了一些标杆式的知名作品，也引用了当前流行的小众作品，但这并不是因为它们具有特殊的文化价值或完全值得认可。批评家和评论家们在写作时引经据典，是为了解释这些经典作品是否具有重要性和艺术性。我不能免俗，使用了相同的材料（包括对它们的批评），只是因为它们易于获取。的确，所有人都能轻而易举地接触到这些材料，它们是一种常见经验，一种作者能够假定读者们都知道的常识。

*　*　*　*　*　*

这就是引言（introduction）。写引言可以让作者界定他需要使用的概念。解释、借口、致歉都是为了重构之后的内容，也是为了区分作者自身的不足和作者所写内容的不足，他希望这样能更好地为自己辩护。①就好比，匆忙的行人可能会给路过的陌生人造成小小的麻烦，而这种例行公事的交代肯定能让这个陌生人避免这类麻烦。当然，这样的努力是乐观的，因为它的目的是重塑读者阅读一部长篇著作的方式。[更乐观的是，为一本已经有序言（preface）的出版物二次作序，是对重塑的重塑。]

*　*　*　*　*　*

然而，对序言的评论呢？此时提出这样的话题会如何影响作者与读者（或演讲者与听众）？序言的评论会否影响读者的倾向，使他们不再把作序当成一种行为来进行贬低或者批评？如果序言实际上并非作序者的

———————

① 参见这篇颇为有用的文章：Jacob Brackman, "The Put-On"（*The New Yorker*, June 24, 1967, pp.34-73）。作者在平装版的引言里写了 12 页的内容：

> 更新（updating）。如果"更新"这篇文章意味着用更多时新的笑话和演员来替代已经过时的，并且补充解释下述事物如何形成：伪造的精品店、电视游戏节目、希尔斯公司的做作的服装店、嚷嚷着"这是一本会让你想问'作者是不是在骗我'"的出版商以及无数个似乎在说"我知道你知道我是推销广告，让我们一起来消遣这个产品吧！"的俏皮广告——如果我顺着这样的思路"更新"，如果我要补充解释"蒂尼·蒂姆（Tiny Tim）的婚礼"、保罗·莫里西（Paul Morrissey）的电影和保罗·麦卡特尼（Paul McCartney）的死亡，那么这篇文章将会开始散发不真实的臭味。
>
> ……
>
> 我认为你必须让这样的作品成为文化史的一部分。（不一定是在语法意义上，而是在其最初的意识范围内。）这类作品或许在几个月或几天内是有效的，其有效期如此短暂，又有谁会吹毛求疵？一旦该文章的幻象被毁坏、覆盖或取缔，除非这样的幻象被留存在某处，否则，它的时刻——仅在当时发生和暴露的那一些时刻——将永远消逝。我们所能看到的，只是"被更新"的转述，这些内容被怪异地延伸、贬值和更新，因为这似乎是用十年前流行的发型来展示自己。如果我今天要完成这篇文章（这本身是不可能的），几乎没有什么东西会保持不变。人们在现实世界中可以书写的东西很多，其中，感觉可能是最不可靠的。如果我现在不书写这些新的内容，我怎么么能回头干预那个旧的版本？[*The Put-On*（New York: Bantam Books, 1972）, pp.10-11.]

布拉克曼还认为，符合当前文化兴趣的要素很快就会完全过时，并暗示道，与这些要素相关的著作也很快会过时。他还指出，这类著作的意义在于，首先把人们不太能自觉意识到的事物带入他们的意识，并且认为，重述和再版是老掉牙的事情。我认为他确实说出了一部分事实，而且恰到好处地指出了这类主题的偶然性。读者的兴趣是对文章的当下兴趣，这个要素虽未经阐明，却是毋庸置疑的；读者的兴趣很快就会消失，以至于作者写下的东西再也无法吸引读者的注意。事实上，每一个分析笑话的人都面临着这个问题，因为他今天写下的笑话在明天听起来就过时了。不过，鉴于布拉克曼不得不进行重印，他的引言完成了框架化的工作，将生产者与他的产品分离开来。在这个例子里，他认为这篇文章表达的是他当时的情感，而非现在的情感。

真心话,通篇都经过精心设计,目的是证明序言可能具有欺骗性,读者将作何反应?当读者回顾序言时,是否会重新把序言定义为某种并非序言的内容,而是不该出现在序言中的错误示例?或者,就算作序者承认序言并未真诚地表达他的想法,但人们会不会不相信这种自我坦露,认为作序者不过是在"事后诸葛亮"?然后又会发生什么?

＊　＊　＊　＊　＊　＊

与此同时,本书最后的评论能否让读者在某种程度上宽宥我在评论序言时透露出的幼稚和乏味?就好比在一本分析笑话的书中,读者可以原谅作者引用的笑话不好,却不能容忍作者的分析失当。(现在的一些小说家总喜欢直接在作品中说:"亲爱的读者,如果你已经读到这里,就知道我讨厌这个角色……"但小说家无法轻易改变我们对他的立场的看法。如果他写的是,他想通过这样的方式取得成功,却知道我们不会让他得偿所愿,情况又会怎样呢?)

＊　＊　＊　＊　＊　＊

那些幼稚、乏味的评论呢?我认为,拼错单词的人可以把那个词当成拼写错误的例子,并就此展开分析。但作者能否在写作时摆出一副姿态,称自己的作品只是一种粗俗而肤浅的示例?如果确实如此,他有无必要证明,自己的姿态不是为了阻止事态恶化而在事后想出来的一种手段?

＊　＊　＊　＊　＊　＊

如果我在第一页感谢帮助过我的同事,却写下这么一段话:"另一方面,理查德·C. 杰弗里(Richard C. Jeffrey)对我毫无助益",并且,如果我在接下来的几页继续说,这只是个玩笑,目的是让人们意识到致谢有一种隐含的约束力,那么,对这一目的的解释会被视为一种欺骗——这要么是作者在事后对自己的抖机灵行为进行辩解,要么是作者承认自己诱导读者接受如下暗示:后文将证明,他这么说的理由并没有那么充分。但是,如果就像事实上那样,整件事变成一个问题出现在引言中,需要读者仔细考量引言,而引言因此丧失了其最原始的简单、直接的特点,那又会怎样呢?

综上所述,我是否理解"理查德·C. 杰弗里事实上对我毫无助益"这个问题?这最后一句话是否能帮助我理解这一点?如果它确实有帮助,却使用了条件句,比如上面那句"综上所述,我是否理解……"会产生什么影响?最后这句话会不会把一个断言变成一种例证,使得理查德·C. 杰弗里是否有所助益的问题再次受到质疑?

* * * * * *

如果序言、对序言的评论和对序言的评论的二次评论都受到质疑，那么，用来分隔和区分这些不同部分的星号呢？如果星号的用法符合正字法（orthography）的规范，那么上一个问题是否会削弱这些框架方法——包括将这句话和上句话括起来的星号——的作用？

* * * * * *

如果我在上文说："用来划分不同部分的 * * * * * *……"，这是否恰当地使用了印刷图案？是否制定了一个简单的规则？考虑到正字法专家的动机关联，一些印刷图案在介绍正字法的书中只是一种示例说明，它们本身没有什么意义。同样，地理书也可以从文字转换到地图。但是，在悬疑小说中，如果作者设计让主角从一张撕碎的纸上找到一条密码，同时将密码像地理书的地图那样插入文中向读者展示线索，如此，读者在看到信息的同时也看到了纸被撕碎的样子，此时作者要求读者对非虚构框架进行何种转换？作者有无权利要求读者这么做？当人类学家对隐喻（主要指关于动物的隐喻）的作用进行报告时，如果他说"在将'sheepish'这个隐喻概念引入社会科学领域时，人们总会有些不好意思（sheepish），这或许是因为人们觉得绵羊是柔软且毛茸茸的"[①]是否有些过于可爱？同样，我在序言中耍滑头（dodgy）和我把在序言中玩弄的把戏（trick）写下来（在研究开始时通常不需要这么做）是否相同？"做"这种行为和"把'做'这个行为写下来"是否相同？综上所述，我能否将自己的文本（"如果我在上文说：'用来划分不同部分的 * * * * * *……'；这是否……"）当成某种示例？在最后**这**一句话中，作者是不是不再需要为能否使用真实的星号而犹豫不决，因为一旦某种"可疑的用法"被援引为可疑的用法的示例，别人就不会再怀疑这种用法了。

* * * * * *

如果我想评论倒数第二句话，即那个带有括号和可疑的星号的句子，我是否能引用**那**一句话，即使用明显的、必要的标点符号，让读者轻松地理解我说的内容是什么？这是否触及了印刷文本的极限？

* * * * * *

这就是"框架分析"的内容。

---

① James W. Fernandez, "Persuasions and Performances: Of the Beast in Every Body... And the Metaphors of Everyman," *Daedalus*, Winter 1972, p.41.

第二章　初级框架

一

　　西方社会中的个体在认识某一特定事件时，无论他做了什么，他的反应都暗含了（或实际上采用了）一个或多个所谓的初级框架（primary framework）或初级的解释基模（schemata of interpretation）。我使用"初级"一词，是因为使用者对框架或者视角的运用无须依赖或回溯先前的或"原初的"解释；事实上，初级框架可以将情境中原本无意义的内容变得有意义。

　　初级框架的组织程度各有不同。一些初级框架纯粹表现为由实体、假设和规则构成的系统，另一些初级框架则似乎没有明确成形，只表现为一种理解方式、途径和视角——事实上，绝大多数初级框架都是如此。然而，无论组织程度如何，每一个初级框架都允许其使用者定位（locate）、感知（perceive）、辨识（identify）和标识（label）那些看似无穷无尽的具体事实。框架的使用者可能觉察不到框架的这些组织特征，被问及时也无法完整地描述框架是什么，但这并不妨碍他们轻易而充分地使用框架。

　　在日常的社会生活中，如果无人干预，人们可以明显感觉到自然框架（natural framework）与社会框架（social framework）这两大初级框架的区别。自然的框架把事件视为无目的的、无取向的、无生命的、不受控制的和"纯粹物理性的"。这种事件始终不受人控制，完全由自然因素决定。任何有意志的行动者都无法决定其因果，也无法刻意干涉。这些事件无所谓成功与失败，也无须进行消极或积极的判定。完全的决定论起主导作用。还可以这么理解：通过这种基模感知到的事件可以简单转化为通过一个更为"基础的"框架感知到的事件，一些被所有人共享的前提，例如，能量守恒、单向而不可逆的时间。当然，我们也能在物理科学和生物科学中发现自然框架的"高级版本"①，一个日常的例子是天气预报显示的天气状况。

社会框架为事件提供背景性的理解，这些事件包含智识主体和行动者（最主要是人类）的意志、目标和控制力。这样的行动者绝非一成不变，他们可能受到哄骗、奉承、冒犯和威胁。我们可以将这些行为称为"引导性行为"（guided doing），行动者因此受制于社会标准，需要接受社会基于忠诚、效率、经济、安全、高雅、得体、品位等标准对其行为所做的评估。同时，行动者需要持续管控自我行为，尤其当行动意外受阻或偏离正轨时，需要努力纠正自我行为并弥补过失。这类事件关涉动机与意图，对其进行归因有助于行动者选择可用的社会理解框架。新闻播报中的天气预报就是这种"引导性行为"的例证。因此，社会框架处理的不仅仅是事件，还有行为。（我们认为，社会领域中存在一些可感知的基本区别。例如，人类与动物在目的性方面的差别，后文将详加论述。）我们使用"因果性"（causality）这一概念同时指涉自然的盲目效应和人类的意图性效应，前者是一条无限延展的因果链，后者在某种程度上始于心理决策（mental decision）。②

在我们的社会中，我们会感觉到，如果只尊重自然的设计的话，智识主体有能力适应不断发展的自然世界并充分利用其确定性。此外，除了纯粹的幻想和思考，主体不论做任何事情，都会受到自然约束的持续调节。主体的有效行为需要利用而非忽视这种自然调节。即使两个人是在

---

① 一篇在社会政治学层面探讨道德秩序的文章启发了我们，参见 Edward Shils，"Charisma, Order and Status，" *American Sociological Review*，XXX（1965）：199–213。作者认为：

现代科学在宇宙学、天文学、医学、神经学、地质学、遗传学等方面的基本发现是揭示宇宙基本秩序的重要发现。科学的秩序，就像神学所揭示的秩序一样，自有其律令。与科学真理保持"有规律的关系"，按照"科学的方式"做事，秉承"科学的态度"，这些都是对科学研究揭示的秩序的律令的回应，正如虔诚地敬畏上帝是对神学揭示的宗教秩序的律令的回应一样。（p.204）

② 哲学家的真知灼见无意中揭示了此处想法的肤浅，参见 Arthur C. Danto，"What We Can Do，" *Journal of Philosophy*，LX（1963）：435–445，and "Basic Actions，" *American Philosophical Quarterly*，II（1965）：141–148；and Donald Davidson，"Agency，" in Robert Binkley et al.，eds.，*Agent, Action and Reason*（Toronto：University of Toronto Press，1971），pp.3–25。

下跳棋,他们也必须传递关于走子的信息,这种信息交流也需要利用物理能力——有意识地用声音对话、用手书写。这里的假设是,尽管自然事件不需要智识的介入也会发生,但如果不进入自然秩序,智识行动便不可能有效地完成。因此,在某种程度上,社会导向的任何行为片段都可以在自然基模中得到分析。

我们可以通过两种方式理解"引导性行为"。其一,引导性行为或多或少是所有行为的普遍特征,它受到自然世界的明显操纵,与自然存在所强加的特殊限制相关;其二,这种行为与行动者可能参与的特殊世界有关,当然,这些世界存在很大的差别。因此,棋手的每一次操作都涉及两种截然不同的指导基础:一种完全与物理事物(physical matter)相关,即对棋子而非符号的物理管理;另一种则关乎社会世界,关乎游戏双方的对立位置。其中,"走子"可以通过声音、姿势或邮件来完成,也可以通过拳头、任意手指的组合、手肘等物理方式完成。我们可以将棋盘上的行为简单区分为"策划走子"(making move)和"移动棋子"(shifting checker)。同时,我们也可以很容易地区分出两种情况:一种是糟糕的走子,它错估了双方棋手的战略位置;另一种是糟糕的移动,这个物理性的动作虽然符合当地的社会标准,但做得很差。我们会发现,一个刚刚装了义肢的成年人在下棋时可能会非常关注自己耗费的体力,而一个普通棋手则注意不到这一点。像如何走子这样的决定很容易出错,但它至关重要;一旦做出决定,则落子无悔。此外,也有一些诸如修理水槽、清理人行道之类的引导性行为,这时,行动者持续地、有意识地操控着物理世界,这类行为本身是一种"工具性程序"、一个任务、一种"纯粹功利主义的"活动——这些行为的目的无法脱离实现目的的物质手段。

所有的社会框架都涉及规则,但各不相同。例如,棋子的移动受制于游戏规则,绝大多数规则都适用于任何一个完整的游戏过程;棋手对棋子的物理性移动,也是一种涉及细微身体动作的框架,这一框架(如果确实能用**任一**或**唯一**的框架来描述)可能只会在游戏过程中显露出部分样貌。同样,尽管下棋规则与交通规则都可以用一本小册子解释清楚,但二者仍有区别:棋类游戏以玩家的输赢为目的,其规则围绕这一目的而展开;而交通规则并未限制旅客的出行地点和出行目的,只制定了旅客抵达目的地时需要遵守的规则。

　　总之，我们往往基于初级框架来感知事件，框架是我们描述事件的方式。太阳升起，这是一个自然现象；为了遮挡窗外事物拉下百叶窗，这是一种"引导性行为"。当验尸官询问某人的死亡**原因**时，他想得到的答案是用生理学的自然基模解释的内容；当他询问死亡的**方式**时，他想得到的是一个戏剧化的社会性回答，这一答案很可能涉及对意图的描述。①

　　初级框架是我们所需的第一个概念，我希望它更尽如人意。例如，令人尴尬的是，在活动的任意时刻，个体可能使用了多个框架。（"我们等到雨停了再继续比赛吧。"）当然，个体有时会采用一个与活动最为相关的特定框架，用来回答"这里发生了什么？"（What is it that's going on here?）这一问题。答案通常是用一些初级框架描述的事件或行为。随后，人们会开始担心一些微观层面的问题："我们"（we）、"它"（it）、"这里"（here）分别意味着什么？这种隐含的共识是如何达成的？

　　此时需要深入思考这个问题。当 x 轴和 y 轴能够成为确定某个给定的点的框架，或者棋盘能够成为定位棋子的矩阵时，初级框架的概念就足够清晰了——尽管特定的框架依赖我们对此类框架的理解。如前所述，当人们看到日常生活中发生的平常事件（例如，面对路人的问候或是顾客对商品价格的询问）时，他们很难识别其中涉及的初级框架。的确，我参考的那些传统中的作者的观点已然失效。此处，像舒茨一样谈论"日常生活"，谈论"清醒的、实践的现实世界"，不过是瞎猜罢了。如前所述，这些谈论可能涉及大量的框架，也可能根本不涉及框架。但为了继续讨论，

---

① Marshall Houts, *Where Death Delights* (New York: Coward-McCann, 1967), pp.135－136; 相同的观点见于 Guy E. Swanson, "On Explanations of Social Interaction," *Sociometry*, XXVIII (1965)，作者警告道，这一观察本身并未走得多远：

　　为理解或解释某个经验事件，人们会将它视为其他事件的例证、方面、阶段、结论或原因。概念化是对这种关系的符号化表达。在转译（translation）时，人们将用多个概念指涉一个事件。例如，"挥手"用物理学概念解释是能量消耗，用生物学概念解释是神经肌肉运动的过程，用心理学概念解释是焦虑的症状，用社会学概念解释则是问候手势。

　　尤其需要警惕的是，转译用多个概念解释同一事物，它掩盖了人们识别事物的步骤，即事物从某一秩序（行为互动）演变成另一秩序（社会互动）的过程。"挥手"既可以是焦虑的症状，也可以是问候，就算指出这一点也无法让人知晓两种意义是如何转化的，人们也无法得知为何"挥手"的意义是其中一种而非另一种。转译是一个**多重分类**的问题，我们需要的是相互关联的**意义**。（p.110）

本书将接受（至少暂时接受）下述具有操作性的设想：因为一些初级框架，我们得以理解日常生活中的行为，这些初级框架告诉我们，通过自然的和社会的基模来理解事物并非微不足道的工作，也并非不可能完成的任务。

到目前为止，在描述初级框架时，我只关注了个体为确定眼前正在发生之事所采用的明确的或有效的框架，当然，这是基于个体特殊兴趣的考虑。的确，个体的解释也可能是"错的"，即误导性的、脱离实际的、不恰当的，等等。这些"错误的"解释也会被纳入本书的考量。在此，我只想申明这样一种信念：社会个体能在不同的情境下有效地使用特定的框架。当个体解读特定的活动时，他所设想的要素和进程往往**是**活动本身显现出来的——为什么不呢？社会生活本身常常被组织成个体能够理解和应对的事物。因此，尽管人们并未察觉到社会上可能存在许多其他有效的组织原则，但人的感知与被人感知到的组织之间存在一种对应关系或同构性。和我们社会中的其他人一样，我也认同这种对应关系和同构性。①

二

综上所述，一个特定社会群体的初级框架构成了其文化的核心要素，特别是当人们开始理解认知基模的主要类别、这些类别之间的关系，以及世界上所有行动者和力量（这些解释性设计认为，行动者和力量是松散的）之时。人们必须努力构想出一个包含多个框架的群体框架的意象——群体的信念体系和"宇宙观"——尽管与当代社会生活保持密切关系的学者往往乐于放弃这一领域。注意，在像美国这样的国家，人们对这些认知资源的共享并不充分。即使是观念相似的人，也可能存在观点

①　一些学者可能会认为，我在这里阐释的理念是没有必要的、错误的，他们觉得我应该仅分析一个主题概念，而不考虑其有效性，除非这一问题只是被视为需要进行民族志研究的另一个问题。否则，人们就会把研究主题与研究方法混为一谈。这种立场引出了一个著名的问题，即要求读者区分作者的概括和作者对自己赞同的观点的概括。（我认为作者应该满足这一要求，这种方式往往能让他们成功地阐明问题。）更重要的是，尽管所有的解释性回应都应被视作一个主题，但一些回应恰好为分析提供了一个有用的开端，而不仅仅是分析。

上的分歧。例如,先知、天意等是否存在。① （信仰上帝还是信仰上帝的地方代表的神圣性似乎是当今社会关于终极力量的看法的最大分歧之一。社会科学家往往顾及学识修养而不愿探讨这一问题。）

三

尽管初级框架的概念并不尽如人意,但它确实能促使人们反思下述五个不同的问题,并让人们意识到它们如何影响了我们对世界运行方式的整体理解。

1. "令人震惊的复杂事物"（astounding complex）。某些事件的发生可能会颠覆观察者理解事物的所有方式,因为要解释这些事件,似乎必然涉及某些新型的自然力量（natural force）或者引导能力（guiding capacity）,后者或许还涉及新型生物。来自外太空的访问与通信、宗教治愈奇迹、深海怪物、漂浮术、有数学天赋的马、算命、与死者对话等,都属此类。如前所述,这些惊人事件的发生意味着超凡的自然力量和引导能力。例如:占星术的影响、"超视"、超感官的认知力等。"信不信由你"丛书详细地描述了一些"至今未解"的事件。科学家偶尔也会制造一些新闻,一本正经地

---

① 据美联社报道（*San Francisco Chronicle*, March 4, 1968）,海军陆战队上校戴维·E. 朗兹（David E. Lownds）准许下士 D. E. 伊斯格里斯（D. E. Isgris）使用黄铜探测棒去溪山搜索疑似越南人埋藏的隧道:

这位基地指挥官说:"不论这些东西有多蠢,当然我并不是说黄铜棒蠢,我们都要加以利用。"……

威尔是发现地下隧道所在之处的指挥官,他的部下（26 团一营 C 连）正在使用探测棒。如果探测到隧道,探测棒会交叉或张开,这取决于使用者的个体差异。

这种开放思维不只体现在军队中。在案件陷入僵局时,马萨诸塞州的首席检察官助理约翰·S. 博特利（John S. Bottomly）授权聘用荷兰预言家彼得·赫尔科斯（Peter Hurkos）,帮忙鉴别波士顿连环杀人狂的身份。参见 Gerold Frank, *The Boston Strangler* (New York: New American Library, 1966), pp.87-120。另一个例子是,已故主教詹姆斯·A.派克（James A.Pike）试图联系逝去的儿子,这件事被大肆宣扬（还上了电视）。[参见 *Time*, October 6, 1967; Hans Holzer, *The Psychic World of Bishop Pike* (New York: Crown Publishers, 1970); and James A. Pike (with Diane Kennedy), *The Other Side* (New York: Dell Publishing Co.,1969)。]对英国维多利亚晚期唯灵论的历史论述可参见 Ronald Pearsall, *The Table-Rappers* (London: Michael Joseph, Ltd., 1972)。

补充一点,拥有这些超自然信仰的人通常认为自己在支持一种科学的观点,只不过,这种观点尚未被权威的科学机构所接受。参见"Towards a Sociology of the Occult: Notes on Modern Witchcraft"（未发表文章, 1971）。

关注诸如 ESP、UFO 之类的事物，认为它们受到月相的影响①，诸如此类。许多人都可以回想起至少一件他们无法给出合理解释的事情。通常来说，一旦有令人诧异的事发生，社会个体就希望找到一个"简单"或"自然"的答案，以迅速解开谜团，如此，他们才能在寻常力量和事物的范围内解释这件事，并在自然现象与引导性行为的层面进行理解。无疑，公众对改变他们框架的框架十分抗拒。一些明显无法用传统宇宙观理解的事件会引发公众的骚动（至少会引发波动）。我们可以援引一条新闻说明这一点：

> 阿拉莫萨，科罗拉多州（Alamasco，Colo.）——一匹马的尸检使马主人相信它是被飞碟上的外星人杀死的，因为尸检报告显示，马的腹部、大脑和脊椎腔是空的。
>
> 一位匿名丹佛病理学家说，腹腔内没有器官令人费解。
>
> 周日晚上，来自美国空中现象调查委员会丹佛小组的四名成员在发现尸体的农场里见证了这场尸检。
>
> ……
>
> 当病理学家锯开马的颅腔时，里面空无一物。"很显然，它的颅腔里本应有一些液体。"病理学家说。
>
> ……
>
> 这匹阿帕罗萨马的主人说，他们觉得马是被飞碟上的外星人杀死的。其他几个来自圣路易斯山谷（最近的某个晚上，称自己在这片山谷中目击到不明飞行物的人多达 8 人）的人也表示赞同……②

对于上述事件，我们通常希望看到如下述报道所示的结论：

> 莫斯科（美联社）[Moscow（AP）]——7 年前，一位俄罗斯家庭主妇声称自己能够"指视"，一时间举世震惊，但这一骗局最终为苏联报社揭穿。
>
> 5 位科学家的测试表明，罗莎·库勒索娃（Rosa Kuleshova）夫人其实是在通过眼罩的缝隙偷看。
>
> 库勒索娃夫人在她的家乡已经成为一个名人。1963 年，她说自己能够通过指尖看到事物的事被苏联媒体报道，获得了一定的国际知名度。

---

① 参见 *Time*, January 10, 1972, "Moonstruck Scientists"。

② *San Francisco Chronicle*, October 10, 1967.

委员会解释道，1963 年，苏联科学家用不同的方式遮住库勒索娃夫人的眼睛，再将一道有颜色的光束打在她手上，这项测试让库勒索娃夫人蒙混过关。她其实是通过打光机器发出的"尖锐的沙沙声"推测出光的颜色……①

请允许我再次重申，社会中的一个重要假设是：所有事件（无一例外）都包含在我们惯常理解的信念系统中。我们可以容忍未经解释的（unexplained）事物，但不能容忍无法解释的（inexplicable）事物。

2. 在某些层面，宇宙论的旨趣是我们所能拥有的最大兴趣，它支撑着一项并不起眼的娱乐活动：杂技表演——在几乎不可能的情况下，某些具有坚定意志的行动者指导并控制自身的行为。这样的行为可以在杂技演员、走钢丝的人、潜水员、铤而走险的驾驶员，以及目前的宇航员身上发现。宇航员最能体现这种伟大的行动，尽管他们受益于美国科技的发展。其中也可能包括个人的绝技——通过控制生理性活动来进行表演的技术。例如，自主控制血压或痛觉。在这些绝技中，"动物行为"扮演着重要角色。训练有素的海豹、擅长社交的海豚、会跳舞的大象和会杂耍的狮子都证明，性质不同的行动者也可能完成这些普通的引导性行为，这使我们关注社会中的人类行动者与动物行动者之间的宇宙论界限。同样，动物可能会被迫完成人类特有的实用性任务。例如，一只黑猩猩在高速公路上驾驶一辆跑车飞驰，教会她开车的训练员却在副驾驶座位上睡着了，这引起了人们极大的恐慌；又如，澳大利亚的农民雇用了一支由黑猩猩组成的队伍帮助农场秋收。② 此外，一些学术研究也因为同样的兴趣得到资助，它们的目的在于确立动物与具有引导性行为的能力的人之间的界限。③

---

① *The New York Times*, October 11, 1970.

② 另一些观点也涉及能够完成某种工作的类人猿，参见 Geoffrey H. Bourne, *The Ape People* (New York：New American Library, Signet Books, 1971), esp.pp.140–141。

③ 最能证明这一点的是人们试图与海豚进行沟通，也试图测试人类的社交对猴子的影响。当然，一些学者常常会批判性地检验那些与动物相关的主张，这些主张一旦成立，就会改变我们的初始信仰。参见 O. Hobart Mowrer, "On the Psychology of 'Talking Birds'：A Contribution to Language and Personality Theory," in his *Learning Theory and Personality Dynamics* (New York：The Ronald Press, 1950), pp.688–726。当然，传统的哲学体会在人与动物的本质区别层面提出强有力的主张，如果缺少这项内容，这些哲学体系就不可能完整；直到近期，社会科学和生物科学专业的学者才涉足这一领域，承担起这一责任。

值得关注的是,令人震惊的复杂事物(例如,畸形的人类)和杂技都与马戏团表演密切相关,仿佛马戏团(以及新近的海洋博物馆)的社会功能是向顾客阐明基本框架的秩序和限制。[①] 杂技也出现在类似杂耍的夜场表演中(现在已经越来越少了)。例如,训练有素的狗、杂技团队、变戏法的演员、魔术师,以及稍后将会提及的催眠师(mentalist)。显然,无论观众从这样的表演中能得到什么,关于宇宙论的基础问题都是外行人日常的关注点,而不仅限于实验室研究人员和田野调查者。

3. 现在考虑一下"失误"(muffing),即人的身体或本该按照既定方向发展的其他对象意外地挣脱了束缚,偏离了正常路线或失去了控制,完全受制于自然力量(不只是受到影响),进而破坏了日常生活的秩序。随之而来的是"口误"(flub)、"低级错误"(goof)和当无法通过交谈正确表意时出现的"失态"(gaffe)。(特殊情况出现在个体并无任何过错之时。例如,由于地震,某人打翻了茶杯。)此处,身体保留的是因果律式的自然能力,而不是意图性的社会能力。例如:

> 昨天,一辆车失去控制,撞向了拥挤的海特-阿希伯利人行道。这场事故导致 5 人受伤,其中 2 人重伤。
>
> 这辆车的司机是 23 岁的埃德·赫斯(Ed Hess),家住科尔街 615 号。他因藏有武器、涉嫌持有危险药品受到指控,在近乎歇斯底里的状态下被带到公园站附近。
>
> "我停不下来,"他哭诉道,"到处都是人——4 个、6 个、8 个——但是,天哪,这不是我的错。"
>
> ……

---

① 在我们的社会中,乡镇的杂耍节目所展示的怪物形象似乎与人类启蒙初期的仪式所使用的东西一样。或如 Victor Turner, "Betwixt and Between: The Liminal Period in *Rites de Passage*," in his *The Forest of Symbols* (Ithaca, N. Y.: Cornell University Press, 1967):

> 早期的作家……倾向于把那些出现在启蒙初期的怪诞的、瘆人的面具和形象当成"幻觉、夜惊和梦境"的产物。麦卡洛克(McCulloch)认为,"在原始社会,人类几乎没有区分自我与动物,反而认为两者可以相互转换,因此他们把人类和动物混为一谈……"我个人的观点与之相反:炮制怪物恰恰是为了让初到者清楚地区分现实中的不同因素,正如其文化所构想的那样……
>
> 基于这一观点,萨克拉(Sacra)的怪物与其说是为了恐吓或迷惑初到者,使他们屈服或丧失理智,不如说是为了让他们更生动、迅速地意识到所谓的文化"因素"。我自己见过恩敦布人(Ndembu)和卢瓦勒人(Luvale)的面具,它们结合了两性特征,同时拥有动物和人的属性,还把人类特征与一些自然景观特征结合在一起……怪物让初到者受到惊吓,令他们反思物体、人、关系和他们一直视为理所当然的环境的特征。(pp.104—105)

目击者说，事发时这辆车正在海特街上向西行驶，刚刚经过共济会大道的十字路口，它突然冲出路沿，撞上新利特超市（New Lite Supermarket）的窗户，然后继续在人行道上向前冲了 50 英尺。

……

"我不是故意要伤害他们的，"赫斯啜泣着说道，"但是他们就在我周围——在我的左边、右边，到处都是。"①

注意，在杂技表演时，我们完全能预料到甚至容忍这种失控；但当人们以为无须努力维持控制时，事情就容易出差错。无论如何，事情终将失去控制。②

引导个体行为的明显控制点（locus of control）为我们探讨"失控"提供了一种思路，它实际上暗含着一种区分不同行为类型的方法。一些行为仅借助肢体就能完成，例如：揉眼睛、划火柴、系鞋带、端稳托盘。另一些行为则需要借助肢体的延伸，例如：驾车、锄草，或者拧螺丝刀。最后，还有一些行为似乎始于身体或其延伸，但最终事物脱离了最初的肢体控制，例如，高尔夫球、烟头或导弹往往会落在我们预先瞄准的地方。早期社会化让个体胜任前述的第一种行为，但掌握后两种行为则需通过深度社会化，尤其是职业培训来实现。注意，这种学习程序的后果之一是将世界变成一个明显受社会框架支配的、可以按照社会框架来理解的地方。事实上，城市社区的成年人可能每几个月搬一次家，但他们从不会觉得自己的身体失控了，也不会觉得自己尚未准备好接受新环境的冲击——整个自然环境已被公共或私人的控制手段所征服。无论如何，对于滑冰、滑雪、冲浪、骑行等运动而言，青少年和成年人可以通过艰难地操纵身体的延伸，重新实现对自己身体的引导与控制。这是他们早期成果的再现，尽管一如既往地伴随着诸多失误，但现在是一种娱乐（娱乐是有闲阶级对抗

---

① 报道见于 *San Francisco Chronicle*, April 19, 1968。

② 学习的过程免不了会失误，即便你完全掌握了某件事，偶尔还是会失误。船长在大船的桥上所做的工作为此提供了绝佳的例证。当一艘船入坞停泊，或是要接近另一艘船时，它在水面上划出的波痕是一个优雅的示范，展示了导航者的技巧。不管你身处这艘巨轮的何处，你都能直接看到这个示范。但是，船长需要控制的船相当笨拙且反应迟钝，而且水上的距离很难判断。更难的是，船长可能不熟悉停靠的港口，或者，两艘船之间需要高架索道。除此之外，船长还需要兼顾船上鲜活的生命、船只以及货物的价值，当船长突然"失去眼前的画面"，即不能准确知晓自己身在何方，也不知道发生了什么之时，他可能会惊慌失措地陷入恐惧。海军的纪律就像一个管理严格的马戏团，对失误的焦虑很好地解释了这种纪律。[此处描述的航海问题参见下述未发表文章：David L. Cook, "Public Order in the U. S. Navy"（University of Pennsylvania, 1969）。]

恐惧的方式）。同样值得注意的是,劳雷尔和哈迪*式的喜剧(comedy)明显极具吸引力,展示了大量无能行为和错漏百出的行为。游乐园的飞天椅也允许个体在谨慎操控的环境中放松自己对身体的控制。

4. 接下来要考虑的是"意外事件"(fortuitousness),也就是说,一些重大事件的发生可以归咎于偶然因素。例如,行事妥当的个体遭遇各种难以预料的自然事件;或者,两个或两个以上彼此无关的个体各自恰如其分地行事,却都卷入一场意外事件。尽管行动者能够完全掌控自己的行为,这种情况仍可能发生。这就是所谓的意外、巧合、好/坏运气、事故等,因为人们难以将责任归咎于任何人,所以,此类事件的框架类似于自然框架,只不过,自然力量在这里影响的是社会性的行为。同时也要注意,意外的结果可能令人欢喜,也可能招人厌恶。例如:

> 安曼,约旦(Amman,Jordan)——昨天,一名巴勒斯坦突击队员在一场缅怀仪式上中弹身亡。在周日的一场葬礼上,为悼念以色列空袭中的遇难者,游击队员向天空鸣枪,这名突击队员被流弹击中而亡。①

这种偶然关系(fortuious connection)显然是微妙的,那些以意外来解释事件缘由的人似乎也会对如此简单的解释生疑,或者担心他人对此生疑。当某个意外一而再再而三地发生在同一对象、同一个人或者同一类人身上时,人们的不安会更加明显。② 同理,当意外事件的受益者或受害者是显赫阶级的成员时,情况将变得更加耐人寻味。

---

* 美国早期戏剧节目名,也指该节目的两位滑稽演员斯坦·劳雷尔(Stan Laurel)和奥利弗·哈迪(Oliver Hardy)。——译者注

① *San Francisco Chronicle*, August 6, 1968.

② Roland Barthes, "Structure of the *Fait-Divers*," in his *Critical Essays*, trans. Richard Howard (Evanston, Ill.: Northwestern University Press, 1972),作者认为:

> 此处我们遇见了第二种关系,它清晰地阐明了杂闻的结构:巧合关系。正是事件的重复(无论这件事多么微不足道),突出了事件的巧合性:同一枚钻石胸针被偷了三次、某位旅馆老板只要买彩票就能中奖……这是为何? 事情的重复发生会让我们对未知原因浮想联翩。在众人眼里,偶发事件总是分散的、随机的,它们基本不会重复发生,这一点毋庸置疑:和每件事情相伴的运气和机遇总是千变万化,难以捉摸;如果同样的运气和机遇总是与同一件事相连,那就是为了通过这件事说明什么;重复是为了说明……(p.191)

另一些观点也为此提供了经验证据,参见 Rue Bucher, "Blame and Hostility in Disaster," *American Journal of Sociology*, LXII(1957): 469。

> 此处似乎涉及社会组织的普遍弱点。每个人都归属于一些交叉类别,个体身份由一种或多种共享属性决定。如果好运或厄运降临到特定的个体身上,为理解这些事情,所有人都会仔细寻找这些人的共有属性,尤其是他们的特有属性。如果发现这样的类别很广泛(例如,很多人都可能成为"波士顿连环杀人狂"的目标),人们就会感受到巨大的恐慌与不安。

　　"失误"和"意外"这两个概念具有重要的宇宙论意义。在我们的信念中，个体可以根据自然事件或引导性行为的方式理解和认知这个世界，所有事情都可以按部就班地通过这两种方式加以把握，有鉴于此，我们必然需要一种方法来应对事情的滑脱与松动。失误与意外这两个文化概念就是这么发挥作用的，它们让个体坦然接受那些无法用惯常方式分析的事件。

　　5. 最后一个需要考虑的问题是在"紧张"(tension)和玩笑(joking)中表达的区隔(segregation)。正如贯穿本书的观点，个体完全可以根据他们正式采用的框架来理解其所见所闻，但这种能力有局限性。对某个事件应用某种视角所产生的影响将彻底改变原先正式采用的事件框架，文献记载的一些例子极好地印证了这一点：医务工作者用自然视角而非社会视角来接触人的裸体，这种简单权利的获得经历了一个漫长的发展历程。因此，直到18世纪末，在英国，妇女分娩才受益于产检、明亮的手术室以及科学的分娩方式——尽管有男医生在场，分娩也无须在被子里遮遮掩掩地进行。① 妇科检查在今天仍是一个备受关注的问题：在检查过程中，医生需要刻意使用各种专业术语，以避免涉及与"性"有关的解读。② 另一个

---

　　① Peter Fryer, *Mrs. Grundy*: *Studies in English Prudery* (London: Dennis Dobson, 1963), chap.17, "The Creeping Obstetrician," pp.167-170. 我们不能想当然地认为西方人具有与时俱进的能力，认为他们能够采用自然主义的视角，秉承着纯工具性的、"物理主义"的理念来接受检查和治疗。在当前社会，奴隶不复存在，因此，我们或许不会再遇到下文所描述的那种非人检查，参见 Harold Nicolson, *Good Behaviour* (London: Constable & Co., 1955)：

　　　贩卖奴隶的人通常会在提洛岛(Delos)或罗马卡斯托尔神庙(Temple of Castor)旁运营奴隶市场，他们像马贩子一样展示"商品"，有意愿的买家可以检查这些奴隶的牙齿和肌肉，套上绳子牵他们跑一小段来核验他们的速度。奴隶被关在木头笼子里出售，他们的脚被涂上白漆，脖子上挂着价格和资质的牌子。(p.63)

　　无论如何，我们应该意识到，作为被动的一方，允许他人将我们视为客体是一种行为方式。由舞台化妆师上妆、由裁缝量体裁衣、接受医生的触诊的人的行为方式基本相同。他们响应对方的要求，摆出各种各样的姿势，也可能需要参与一些漫无目的的攀谈，但其他人大多遵循一种普遍认知，即当自己仅被视为一副肉体时，应该作何举动。

　　② 对妇科检查及其无"性"解读的详细研究可参见 James M. Henslin and Mae A. Biggs, "Dramaturgical Desexualization: The Sociology of the Vaginal Examination," in James M. Henslin, ed., *Studies in the Sociology of Sex* (New York: Appleton-Century-Crofts, 1971), pp.243-272。另一种处理方式见于 Joan P. Emerson, "Behavior in Private Places: Sustaining Definitions of Reality in Gynecological Examinations," in Hans Peter Dreitzel, ed., *Recent Sociology* No. 2 (New York: Macmillan, 1970), pp.74-97。埃默森(Emerson)认为，尽管在妇科检查中开玩笑可能直接涉及一些明令禁止的东西，但也有一些微妙的方式能迫使参与者尊重检查中的非医学问题(例如"女性的"矜持)。此处亦可参见"A Simultaneous Multiplicity of Selves," in E., pp.132-143。埃默森的文章启发了我们：人们所采用的认知基模的有效期可能会随着时间的推移而变化，并可能永远无法免受外界解读的影响，事实(感觉上)也确实如此。

例子是,急救时的人工呼吸需要面对如下困难:嘴对嘴的接触明显很难避
开这一行为的世俗含义。① 同样,我们允许骨科医生和卖鞋的店员触摸
我们的脚,但我们首先要把脚清洗干净。或以空手道老师为例,当学生摆
出合适的姿势时,他可以像医生一样用工具触碰学生身体的"重要部
位",来直接判断是否存在"恰当的紧张"。而对这种物理性框架的限制
体现在空手道老师指导女学生的情形中:

> 老师四处走动,通过"触摸"学生的"臀部"和大腿肌肉来检查其
> "姿势"是否正确,但他唯独没有触碰我们的身体。三个月之后,他
> 最终触碰了一个15岁女学生的"臀部",但他仍像躲避瘟疫一样躲
> 着我们这些年长女性。显然,这位25岁的老师觉得,我们这个年纪
> 的女性只会因为一个目的被触摸,有且仅有的那一个目的。②

显然,身体及对身体的触碰都会影响人们对框架的维护,正如人体的
各种排泄物和无意识活动会影响紧张的界限一样。③ 身体似乎总是作为
一种资源而存在,不能只基于某种初级框架进行管控。人的阐释能力足

---

① 参见 Maurice E. Linden, "Some Psychological Aspects of Rescue Breathing," *American Journal of Nursing*, LX (1960): 971–974。

② Susan Pascalé et al., "Self-Defense for Women," in Robin Morgan, ed., *Sisterhood Is Powerful* (New York: Random House, Vintage Books, 1970), p.474.

③ 此处的观点可参见 Mary Douglas, *Purity and Danger* (London: Routledge & Kegan Paul, 1966):

> 但我们已经准备好触及核心问题了:为什么身体的排泄物是危险和权力的象征?为什么巫师要通过流血、乱伦、食用人肉的方式来证明自己的法力?为什么法力被确认之后,他们的法术就主要用来支配和操纵身体边缘的力量?为什么人们认为身体的边缘地带充满力量与危险?
>
> ……
>
> 其次,所有边缘地带都是危险的。如果它们受人拉扯,基本经验的形态就会改变。任何观念结构的边缘地带都是脆弱的。我们理应想到,身体上的孔洞是身体的脆弱性的象征。从这些地方排出的东西明显是最边缘的事物。唾液、血液、乳汁、尿液、粪便和眼泪可以轻易跨越身体的边界。从身体上脱落的皮肤、指甲、碎发和流下的汗水也是如此。将身体的边缘从其他边缘中分离,孤立地看待二者是错误的。我们没有理由认为,个体自己的肉体和情感经验比其文化和社会经验更重要。这是一条重要线索,它解释了某种失衡:世界各地的仪式各不相同,人们对待身体不同部分的方式也不尽相同。在一些仪式中,"月经污染"是一种致命的危险,其他仪式却完全没有这样的说法……有些仪式会把"死亡污染"当成每日的当务之急,其他仪式则对此毫不在意;在一些仪式中,排泄物是危险的,而在其他仪式看来这简直是个笑话。印度人认为,煮熟的食物和唾液易受污染,而布须曼人(Bushmen)却专门收集嘴里吐出的瓜籽,然后烘烤并食用。(pp.120–121)

以让我们区分"挥手招呼一辆车"和"挥手问候一位朋友"的差异，而这两种挥手也有别于"驱赶苍蝇"和"促进血液循环"。这些辨别能力（discernment）反过来似乎又与这样的事实相关：每一种类型的事件都只是整个事件习语（idiom）的要素，而每一种习语都是一个独特的框架的组成部分。这一点不仅适用于西方社会，而且可能适用于所有其他社会。①

四

此处要强调一点。对于我们这样的社会成员而言，初级视角，即自然框架和社会框架不仅影响活动中的参与者，也深深影响旁观者。即使是对事物的匆匆一瞥也需运用初级框架的视角，否则人们几乎不可能猜测过去发生的事情，很难理解当前正在发生之事和预测事态的未来走向。只对某事物匆匆一瞥，随即把注意力转移到其他事情上，这显然不只是因为缺乏观察力。匆匆一瞥这一行为本身能让观看者对某事物进行快速确认，并对此应用预期的视角。当然，我们能够发现在场的他者与事件的动机关联，这本身是一个重要的动机关联。因此，即便是纯粹的感知，也是一种积极的洞察世界的方式。

柏格森（Bergson）在他名为《笑》（Laughter）的优秀作品中探讨了这一论点：

> 任何行为和事件的设定都具有喜剧性，它简单地整合了我们对生活的幻想以及机械设定的深刻印象。②

---

① 婆罗洲（Borneo）社会为此提供了例证：

　　在社会行为情境中，握手、用手臂搂着同性友人（或不会造成乱伦关系的亲属）的脖子是为了建立合适的身体接触的边界。情侣常常在公共场合相互搂着腰来证明彼此的地位。互不相关的社区成员、特殊的朋友或情人则不允许有如此亲密的行为，因为每一种行为形式都意味着打开另一种亲密的触觉体验。只有在女巫师给重病患者进行占卜和治疗时，才允许未婚的异性成年人之间进行触摸或拥抱。在占卜和治疗仪式中，声称具有超自然力的女巫师会触摸病人的躯干和四肢，以找到病灶所在。在大多数情况下，她们会避开性器官的区域。代际政治权力的转接不需要通过身体接触，尽管在某些仪式和巫术准则中，上了年纪的女巫师会与女弟子握手，进行权力的移交，但这只是一种象征性的行为。[Thomas R. Williams, "Cultural Structuring of Tactile Experience in a Borneo Society," *American Anthropologist*, LXVII (1966): 33–34.]

② Henri Bergson, *Laughter*, trans. Cloudesley Brereton and Fred Rothwell (London: Macmillan & Co., 1911), p.69.

刻板、不自觉的动作、心不在焉和不善交际等特质密不可分地纠缠在一起，所有这一切都是塑造和构成人物喜剧性的要素。[1]

每当有人给我们留下他是一个物的印象时，我们都会忍俊不禁。[2]

柏格森指出，如果遇见一个各方面都无法维持人的引导性形象的人，人们常常会发笑。不过，他未能继续深入探讨这一问题并给出隐含的结论，即如果人们已经准备好在一个引导性行为失效时发笑，那他们显然一直在评估他人的行为是否正常，并认为正常的行为没什么好笑之处。总而言之，日常生活中的观察者乐于将自我的参照框架直接投射（project）到周遭世界，自己却意识不到这一点，原因在于，事件的发展通常会证实这些投射的存在，进而使他们的设想消失在平稳的活动流之中。因此，如果一位穿着得体的女士在拍卖行近距离查看一面待售镜子的镜框，并退后几步以检查镜子的折射是否真实，在场者可能会觉得她并不是真的在照镜子，但如果她对着镜子调整帽子，**那么**在场者就会意识到，她只想看看自己的容貌（looking），而墙上的物品与其说是一面镜子，不如说是一面待售的镜子。但是，如果这位女士在试衣间仔细检查镜子而不是审视镜子中的自己，情况可能会相反。[3]

---

[1] Henri Bergson, *Laughter*, trans. Cloudesley Brereton and Fred Rothwell (London: Macmillan & Co., 1911), p.147.

[2] *Ibid.*, p.58.

[3] 我并不是说社会上的器物无法建构稳定的意义，只是说环境可以催生新的意义。炮弹、五加仑的罐子以及废弃的管道碎片可以从实用物品变成装饰灯，然而它们作为后者的价值在于它们始终扮演着前者的角色。最好的结果不是一盏灯，而是一盏有趣的灯。事实上，器物的常规用法可能会消失殆尽，被一种毫不相关的新奇用法所取代，这样的变化并不罕见。比如，爱恶搞的人用按键式电话来弹奏曲子，因为每个按键在被按下时都会发出特有的声调，如此便开启了一种新的可能性（*Time*, March 6, 1972）。

重申一下，物品（或行为）的意义是社会定义的产物，这一定义源于这一物品在整个社会背景中所扮演的角色。相对于较小的圈子而言，这一角色是既定的，可以被修正，但不能被完全重新创造。毋庸置疑，正如实用主义者所言，物品的意义往往通过使用产生，与使用者无关。简言之，并不是所有用来敲钉子的东西都是锤子。

第三章　基调与调音

一

1. 格雷戈里·贝特森从 1952 年开始探访弗雷沙克动物园(Fleishacker Zoo),他观察到,水獭相互打斗(fight)时,把打斗当成一种游戏。[①] 尽管卡尔·格鲁斯(Karl Groos)在《动物游戏》(*The Play of Animals*)[②]一书中已经显露出对动物游戏的研究兴趣,但贝特森明确地提出了这一问题,并赋予了其更加广泛的现实意义。

贝特森注意到,水獭一旦感知到某些信号,就会开始以跟踪、追逐、袭击彼此的方式玩耍,而当它们感知到另一些信号,就会停止游戏。理解这一游戏行为的显著要点在于,动物的行为本身并无意义,这些行为的框架也不会让无意义的事件变得有意义,它们与(我们对游戏的)初始理解形成了对比。这种游戏活动高度模仿了那些本身就具有意义的事物,此时,"打斗"就是一种众所周知的引导性行为。真正的打斗在这里是一种模型(model)[③]、一种可遵循的精细模式(pattern)、一种形式的

[①] "The Message 'This Is Play,'" in Bertram Schaffner, ed., *Group Processes* (New York: Josiah Macy, Jr., Foundation Proceedings, 1955), p.175.贝特森和与会者关于游戏的完整讨论(pp.145-242)也颇具启发性,参见 William F. Fry, Jr., *Sweet Madness: A Study of Humor* (Palo Alto, Calif.: Pacific Books, 1968), pp.123 ff。

[②] Trans. Elizabeth L. Baldwin (New York: D. Appleton & Company, 1896).

[③] "模型"是一个棘手的词,我在这里指的是被**其他**东西模仿的整个设计。但对于这个设计是否足够完美的问题,暂且存而不论。简言之,这个设计是某物的模型(a model for),而非某物的完美典范(a model of)。

基础（foundation）①。显而易见，动物的游戏行为并未完全遵循打斗的模式，而是在某些方面发生了系统性的改变。水獭不断做出类似于咬的行为，但没有一只水獭真的在"咬"。简言之，打斗行为片段转变（transcription）或换置（transposition）成了游戏片段——这是一种几何学而非乔姆斯基（Chomskyan）意义上的**转换**（transformation）。另一个关于游戏的要点是，几乎所有参与其中的人都能清晰地理解正在进行的活动。除了一些棘手的情况，无论是专业的观察者还是普通人都能看出动物是在游戏。再则，动物的游戏行为与我们眼中的人类游戏行为颇为类似。② 事实上，游戏可能是人与其他物种的**共通**行为，只不过，人们往往会因发现人与动物的差异而沾沾自喜，却不愿详细探讨二者的共同点。

自贝特森讨论动物游戏之后，围绕这一主题的研究如雨后春笋般涌现，这些研究阐述了游戏需要遵循的具体规则和前提，借此，严肃的、真实的行为才会转换为游戏。③

　　a. 游戏行为的表演性很强，因此不需要发挥其常规功能也能进行。强大且能力卓著的玩家需要在更大程度上约束自己的能力，才能与较为弱小和无能的玩家配合游戏。

　　b. 游戏中存在一些过分夸张的行为。

　　c. 游戏未必会完全按照活动的编列模式展开，但游戏有起点和

---

① Fry, *Sweet Madness*, p.126, 这里使用了术语"基础行为"（foundation behavior）。

② P. A. Jewell and Caroline Loizos, eds., *Play, Exploration and Territory in Mammals* (London: Academic Press for the Zoological Society of London, 1966), p.2.

③ 此处的部分观点源自 Caroline Loizos, "Play in Mammals," *ibid.*, p.7; 以及同一卷中 T. B. Poole, "Aggressive Play in Polecats," pp.23-24。同时参见 W. H. Thorpe, "Ritualization in Ontogeny: I. Animal Play," in *Philosophical Transactions of the Royal Society of London* (being "A Discussion on Ritualization of Behaviour in Animals and Man," organized by Julian Huxley, December 1966), pp.311-319。

终点，可能重复或暂时中断，也可能与其他活动的顺序混淆。①

　　d. 游戏中存在大量的重复行为。②

　　e. 当游戏涉及不止一个玩家时，所有人都得自愿参与游戏；游戏开始后，任何玩家都有权拒绝游戏邀请，也有权结束游戏。

　　f. 在游戏过程中，角色会不断转换、变化，这将影响玩家在实际活动场景中的主导秩序，使之陷入混乱。③

　　g. 游戏似乎与玩家的所有外部需求无关，并且通常会比它模仿的实际行为持续更长时间。

　　h. 虽然落单的个体可以和非人类替代物展开游戏，但是，一旦有"可用的他者"出现，单独的游戏就会被社交性的游戏取代，在很多时候，这个他者也可能是其他生物。④

---

① Konrad Lorenz, "Play and Vacuum Activities," in *L'Instinct dans le comportement des animaux et de l'homme* (Paris: Masson et Cie, 1956)：

　　它（一只小猫）会突然蹲下，交替抬起后腿，用脑袋做出一个非常有趣的瞄准动作，所有动作都与成年猫捕鼠的动作一模一样。但小猫并不是要捕捉老鼠，而是要扑向它的兄弟姐妹。它会同时用两个前爪抓住它们，并用后爪有节律地推搡它们。在成年猫的世界里，这个动作意味着激烈的搏斗。另一种情况是，一只小猫在跳向另一只小猫时，会突然停下，站在对方身侧，弓起背部，蓬起尾巴上的毛。这个动作意味着对危险捕食者的防御。只有在游戏中，这些情况才会相继发生。这是应对捕猎、对抗性搏斗和防御捕食者时才会出现的固有准备动作，它们相互排斥，至少相互抑制。

高级灵长类动物之间也会发生类似的情况：

　　大多数打斗游戏是由看似极具攻击性的行为构成的，比如，暴力追击、殴打以及快速的逃避式撤退。然而，这些动物的角色将不断变化，它们不会疏远彼此，也不会擒住其他人；即便打斗游戏结束，它们还是会待在一起。这些动作与因争夺所有权而发生的打斗行为截然不同，二者对应的面部表情、发声方式和动作模式迥然相异。当动物们紧握拳头打架时，往往会紧盯对方、皱眉和怒吼，而非嬉笑和跳跃；游戏中的摔跤和碰撞则与之相反。因此，尽管打斗游戏看起来很像攻击性的行为，但它与所谓的"敌对行为"相差甚远，因为后者涉及对所有权、个人领地等的争夺。[N. G. Blurton-Jones, "An Ethological Study of Some Aspects of Social Behaviour of Children in Nursery School" in Desmond Morris, ed., *Primate Ethology* (London: George Weidenfeld & Nicolson, 1967). p.358.]

② 见 Stephen Miller, "Ends, Means, and Galumphing: Some Leitmotifs of Play,"*American Anthropologist*, LXXV (1973)：89。

③ 猪在游戏中对主导秩序的逆转见于 Glen McBride, "A General Theory of Social Organization and Behaviour," *University of Queensland Papers*, Faculty of Veterinary Science, I, no. 2 (June 1964)：96。

④ 参见 Thorpe, "Ritualization in Ontogeny," p.317。

　　i. 游戏中通常会有一些信号，标记着开始与结束。①

　　当人们选择在游戏中使用道具（object），或是用这些道具开启游戏时，游戏的转换力量就能清晰地体现出来。这些物品会像球和气球一样，通过运动维持最初的影响，进而引导产生当前的表象。索普（Thorpe）认为：

　　　　游戏常常与某个物品，即某种"玩具"（play-thing）有关，它们并非严肃行为的正常对象。这些物品可以和身体融为一体，也可以成为身体的一部分。②

　　游戏中的玩具是一种理想的证据，它证明了游戏的情境定义可以完全压制现实世界的普遍意义。

　　2. 只要牢记这些关于动物游戏的观点，我们就能轻松地转向框架分析的核心概念：基调（key）。我在这里指涉的是一系列惯例（convention），通过这些惯例，一些已然在初级框架中获得意义的既定活动，转换为一方面效仿这一活动，另一方面却被参与者视为其他事物的东西。③　用一个

---

　　①　McBride, "A General Theory of Social Organization"："例如，在猪群中，游戏发起者通常会绕着围栏蹦蹦跳跳，然后跑到一头具有'社会主导性'的猪面前，咬住它的后颈……狗在游戏之前通常会识别对方的身份，然后以摇尾巴为信号开始游戏。"（p.98）

　　Miller, "Ends, Means, and Galumphing"：

　　　　……猕猴的社交游戏似乎总是通过"这是游戏"这样的元信息来界定。当猕猴幼崽发起追逐或打闹游戏时，它们常常会轻快地奔走跳跃；然而，猩猩的脸似乎是最为重要的交流区。"这是游戏"信号由两个部分组成：睁大眼睛并快速转动眼珠、张开嘴而不露齿。在我们观察到的所有社交游戏互动中，猕猴会不断地看对方的脸。在整个互动中，尤其在游戏开始、停止或是发生变化时，它们会进行频繁而简短的眼神交流。据观察，面对面的接触似乎是游戏的唯一必要的组成部分。（p.90）

　　②　Thorpe, "Ritualization in Ontogeny," p.313.

　　③　J. L. Austin, *How to Do Things with Words*（New York：Oxford University Press, 1965）. 作者提出的"施行话语"（performative utterance），即具有行事功能的陈述就是一种例证：

　　　　(ii) 其次，作为**话语**，施行话语**也**染上了**所有话语形式**的通病。同样，尽管我们可以对这些问题进行更为普遍的解释，但目前我们刻意不这么做。我指的是，**在一些特殊的时候**，如果这些话语由一个舞台演员说出，或是插入一首诗歌中，或是以独白的形式道来，它们就会变得空洞且无效。这同样适用于任何话语——在特定情况下，这是种巨大的变化。显然，在这些情境中，这些语言的使用具有特殊性，人们并未严肃地使用语言，而采用了**衍生**自其常规用法的方式，这些方式属于语言的**苍白化**原则。这一切我们都不予以考虑。施行话语，无论恰当与否，都需要在正常的情境中才能被理解。（pp.21-22）

　　Leonard Bloomfield, *Language*（New York：Henry Holt & Company, 1946），pp.141-142.作者以"言语移位"（displaced speech）为题关注同样的问题，试图把语言学家和逻辑学家对于陈述的思考应用到所有社会行为上。

粗糙的音乐概念来类比，这一转换过程可被称为"调音"（keying）。①

如果一个人只观察水獭和猴子，他就不会发现很多类似游戏的事物，尽管游戏能让人联想到很多类似游戏的事物。贝特森提到了威胁、欺骗和仪式。在这三种情况中，"看似某物"的东西并不完全如其所示，而只是在模仿该物。然而，当我们把目光转向人类时，我们会发现许多骗人的把戏（monkey business），即大量基调。除了发生在水獭身上的事情，我们也可以依据脚本来**策划**一场打斗戏、**幻想**一场打斗，或是**回顾性地**描述一场打斗、**分析**一场打斗，诸如此类。

这里可以给调音下个完整的定义：

a. 一种涉及多种材料的系统性的转换，这些材料已经根据某一种解释基模获得了意义，如果没有这一材料，调音就没有任何意义。

b. 活动参与者理应知道和公开承认这种系统性的转换，它将彻底重构他们正在从事的事务。

c. 我们可以通过线索来确定转换从何时开始、在何时结束，这是一种"时间架构"（bracket in time），借此可以限定转换的时间范围。同样，"空间架构"（spatial bracket）往往标示了调音适用的空间范围。

d. 调音并不局限于从特定视角感知的事物。游戏可能发生在木工活这类工具性活动中，也可以发生在婚礼一类的仪式性活动中，人们甚至能在雪中玩耍，扮演一棵倒下的树——尽管大家都公认，与用社会基模感知到的事件相比，通过自然基模感知到的事件更不易于受到调音的影响。

e. 对参与者而言，打斗游戏与棋盘游戏似乎是同一类事物。这

---

① 在语言学中，"代码"一词有时指我所说的转译实践，也指"语言变体"和"语域变体"，前者指某一特殊社会群体的语言实践，后者则指特殊社会情境下的语言要求。（此处见 Dell Hymes 的未发表文章："Toward Linguistic Competence"。）语言学家也使用"代码"一词来指代我所说的"初级框架"。在法律上，"代码"指一系列规范，例如交通法规。生物学家也有对于这个词的独特用法。在每一种用法背后，"代码"承载着秘密交流的隐含意义，它是密码学的偶然产物，但密码学似乎也只是这个词的技术用途的起源罢了。有趣的是，密码学中最接近语言学与生物学的概念是"译码"（cipher），而非"代码"。我选择的"基调"一词也有缺点：这个音乐学的类比并不完全贴切，"调弦"（mode）可能更接近我所说的"转换"。注意，在讨论"基调"时，我使用的概念是"惯例"，而不仅仅是"规则"（rule），因为这有利于在必然性、义务、相互依存性等问题上保持开放性。此外，海姆斯和我一样使用了"基调"这个词，见"Sociolinguistics and the Ethnography of Speaking,"in E. Ardener, ed., *Social Anthropology and Language*（London：Tavistock Publications, 1971），pp.47-93。

两个活动越是严肃地进行,情况越是如此。因此,特定的调音所引起的系统性转换只是轻微地改变了它所转换的活动,却完全改变了参与者对正在进行之事的理解。经过调音,打斗或者下棋的行为似乎一直在持续,但实际上,参与者由始至终都会认为,他们从事的只是“游戏”这一行为罢了。因此,调音发挥着至关重要的作用,它决定个体对正在发生之事的理解。

3. 因为个体可以用“他们只是在玩游戏”来回答“这里发生了什么”这个问题,人们获得了一种区分这个问题的不同答案的方式,而这在以前是不太可能实现的。当然,此处涉及的问题不只与个体关注的改变有关。

一种答案指出,个体可能会遇到“引人入胜的东西”(engrossable)*,即是说,他有可能会沉浸于一系列相互关联、相互作用的事件,并因此忘乎所以,深陷其中;这就会引出下述回答:“亚瑟王(King Arthur)拔出剑是要保护自己的妻子圭尼维尔(Guenevere)”,或者“小水獭想要攻击它的母亲”,或者“他的象威胁到了我的马”**。个体可能会用最后一句话回应一个热心肠却乱出点子的人或(通过转换代词)提醒疏忽大意的对手。这些回答是一种以自我为中心的经验定论,会让参与者觉得自己可能进入了一个由活动维持的意义世界——一个可称为**领域**(realm)的世界。(只有一些领域应该被认为是**世界**,也只有某些领域可被认为是“真实的”或是“实际的”。)

另一种可能性是本书所尝试的路径,即通过框架分析来提供一种共识性的答案:“在斯科特(Scott)的小说里,作者让伊万霍(Ivanhoe)这个角色做了各种奇怪的事情”“水獭并不是真的在打斗”“这些人看起来是在玩棋盘游戏”。

在不涉及调音的情况下,即只采用初级视角时,除非个体要反驳他人的怀疑,否则他不可能用框架概念进行回答,例如:“不,它们不只是在游戏,而是真的在打斗。”事实上,如果正在发生的活动是未经转换的,用框架来定义它们就意味着异化、反讽和距离。当基调是游戏时,我们倾向于

---

* 戈夫曼在文中多次使用了 engross 及其变体 engrossment 和 engrossable,以表示引起人的注意、使人沉浸或卷入其中的事物或活动。为保证语句的流畅度,本书根据语境将该词的动词形式译为“沉浸”“全神贯注于”“专注于”等,名词形式则译为引人入胜的事物(engrossable)、专注(engrossment)等。——译者注

** 象、马在这里是指国际象棋中的两类棋子。——译者注

把转换较少的活动称为"严肃的"（serious）活动；然而，如下所述，并非所有严肃的活动都没有经过调音，也不是所有未转换的活动都能被称为"严肃的"活动。

当人们基于某一引人入胜的内部活动领域做出反应时，时间扮演着重要角色，因为戏剧性关联着的事件往往随着时间的流逝而展开，通常还涉及悬念（suspense）。也就是说，哪怕是通过邮件下棋，个体也总是殷切地等待结果。然而，当人们基于框架做出反应时，时间却像是退出或崩溃了，因为同样的表述可以同时形容长期或短期的活动，而活动情节的发展可能被忽略，不再受到特别关注。因此，"他们正在下棋"这样的陈述可能凌驾于发生在两个玩家的策略性情境中的事情，同时抹去人们感知到的细节。

从现实层面来看，完全由初级框架框定的行动是现实/真实活动，它们真实地（really）、实际地（actually）、切实地（literally）发生着。例如，舞台表演是这些行动的"调音"，它们不再是切实的、真实的或实际的活动。尽管如此，我们依然可以说，舞台**表演**真的发生了。非真实的活动**真实地**发生着，它们依然符合日常惯例。但事实上，真实发生着的事件似乎是一种"大杂烩"，它们包含用初级视角感知到的事件，而一旦事件发生转换，它们也将包含转换过的事件。此外，我们还必须考虑以回溯的方式阐释的现实——我们用这种方式定义一些不符合条件的事物。

当然，事情并没有这么简单。一些行为片段明显涉及"调音"，却很难用这一概念表示。通常，人际问候仪式涉及与健康相关的问题，但提问的人未必真的想得到答案。人们可能以亲吻的方式问候彼此，而这种吻不同于两性之间的亲吻，在问候的情境中，它与肉欲无关。男性之间常常相互拍打，但他们显然不是在严肃地攻击对方。只要观察这些仪式便可得知，真正发生着的是问候。可见，一个真实的行为可能包含无关其实际意义的象征性的（figurative）内容。问候的调音可能发生在舞台上或礼仪培训机构中。为谨慎起见，或许"现实的""实际的""切实的"这些词仅可用于表示我们所考虑的活动没有发生转换——人们将其视为日常的、普通的活动。

二

尽管初级框架的分类不尽如人意，但基调的类型化与明细化，以及它们的转换惯例似乎有更大的讨论空间。接下来,我将试着回顾社会中常用的五种基调:仿真、竞赛、仪式、技艺重演、重组。在对原型(the original)和复制品(the copy)进行区分时,我并没有考虑复制品如何影响原型的问题——正如犯罪电影对真实犯罪的语言与风格的重构。

1. **仿真**。我使用这一概念来指涉这样的活动:参与者把它们当成一种公开的表面模仿或排练,这种活动没有经过太多转换,不会产生任何实际结果。据说,从事这类幻想的"理由"在于这些活动带来的即时满足感。它提供了一种"消遣"或"娱乐"。一种尚未被动物实验所证实的严肃哲学认为,参与者在放纵自己之前,通常不会有什么迫切的需求,一旦基本需求或者欲望变得强烈,他们就会匆匆放弃这样的享受(enjoyment)。同时,参与者必须专注于活动的戏剧性话语(存在的最内层),否则整个活动就会失败,变得不稳定。最后,当个体表示自己的所作所为只是"仿真"且"仅供"娱乐时,这样的声明往往具有优先权。他或许不能让别人跟着他一起作乐,甚至无法让人相信他的动机是单纯的,但他迫使别人接受他的行为,拒绝别人仅从表面判断这些行为。

a. "仿真"的核心要素是玩乐(playfulness),这意味着,个体与他者或其他的替代物展开互动时,他们可能受到一些不严肃的模仿(unserious mimicry)的短暂干扰。真实活动片段转换为玩乐所遵循的实践早已体现在对动物游戏的讨论中,此处不再赘述。不过,这里仍然需要补充一些详细的说明。

游戏的功能已被讨论了几个世纪,但几乎毫无进益。不过,由于玩乐在社会交往的某些时刻备受青睐,也许我们可以就"玩乐在活动过程中的位置"这一问题发表一些见解。① 无论如何,(将一些行动)暂时转换成玩

---

① 当有特别的证据表明一种行为不可能是其表面含义时,人们就能激发该行为的玩乐性。例如,一个订了婚的女孩在其未婚夫在场的情况下,被他的好友以开玩笑的方式亲吻,或者一个拳击手在称重时,以开玩笑的方式对着镜头比画出拳的动作。如果一些行为从物理上而言不可能是真的,玩乐也会发生。例如,乘坐反向行驶的火车的两个人,尽管互不相识,却向对方挥手致意。[当索菲娅·洛伦(Sophia Loren)抵达肯尼迪国际机场(Kennedy International Airport)时,她隔着厚厚的玻璃窗向一个工作人员飞吻,以回应他的问候。](*San Francisco Chronicle*, May 26, 1966)对玩笑关系的经典研究证明:严肃的话语可能会暴露对立的立场,尤其在管辖权重叠的问题上。因而,人们可以利用娱乐性的非严肃话语。如果一个小团体的成员参加了一场活动,而另一个小团体的成员精心策划了其中的一个环节,但后者并不在场,那么在场者就可能针对这个活动开玩笑。

乐的做法在社会上比比皆是，以至我们几乎没有意识到这种转换的普遍存在。（在本研究中，我并不想研究玩乐的情境。）

我们如果审视特定的动物物种，就会发现，并非所有攻击性行为都能被调音成游戏。在臭鼬身上，持续的咬脖子、侧翼攻击、防御威胁、尖叫等行为显然是在缠斗而非游戏。[1] 臭鼬没办法不严肃地做出这些动作。此处体现了对游戏内容的限制，在某种程度上，这也是对特定调音的限制。显然，即便是一些公认的游戏行为也可能会失控：

> 如果一只臭鼬已经玩够了，想从游戏中脱身，它会发出嘶嘶声，龇牙咧嘴地警示对手，如此便能让攻击者停止攻击。如果一只动物自身很弱小，对手却很强大、粗暴，那么它只能哀号着等对方停下来。[2]

所以，尽管个体可以把不胜枚举的活动当成娱乐游戏，但在不同的人群中，玩乐依然会受到限制——在整个框架分析过程中，**限制**（limit）是必须考虑的因素。例如，熟人之间因品位相互吸引，但若因此忽略了朋友在生活方面的情况是不妥的。美国城市的黑人青年热衷于玩"对骂"（the dozens）* 游戏，这是一款下流的游戏，因为玩家往往会评论对方的父母（除了谈论其特征之外），以此展示自己作为"侮辱者"的才智。但是，如果侮辱者碰巧谈到某个玩家的父母的众所周知的特征，那么，即使这个冒犯听起来很温和，也会造成不好的联想，从而使游戏失去娱乐性，变成一个严肃的问题。[3] 同样，如果一个乘客开玩笑说自己包里有炸弹，航空乘

---

[1] Poole, "Aggressive Play in Polecats," pp.28-29.

[2] Ibid., p.27.

* "对骂"是流行于非裔美国年轻男人之间的一种游戏。参与者通过一些幽默的言语来侮辱对方，有时候这些侮辱性的词语还需要押韵，一些观众会见证整个游戏过程。这种侮辱游戏在 20 世纪 60 年代推动了美国说唱音乐的发展，并随着黑人权利运动和黑人城市文化的发展受到学者的关注。——译者注

[3] 完整的分析见 William Labov, "Rules for Ritual Insults," in David Sudnow, ed., *Studies in Social Interaction* (New York: The Free Press, 1972), pp.120-169; 以及 Willilam Labov, *Language in the Inner City* (Philadelphia: University of Pennsylvania Press, 1973), pp.297-353。

务员将立马严阵以待，①正如银行柜员不会觉得假扮劫匪是个玩笑，一些当地警察也不会容忍某些夜总会演员的"玩笑"——在拉斯维加斯（Las Vegas）的一家鸡尾酒酒吧里，为了"吓"好女友的打嗝，一个男人按照女友的要求从裤兜里拔出一把点38口径的左轮手枪去戳她的肚子，结果他因为这一"英勇行为"而被捕。②

限制的问题必须考虑到他人，也就是说，限制的问题会随着时间、地点和人物的变化而变化。我们可以以下述这个法国大革命之后的笑话为例：

> 外面，海因德瑞特（Heindreicht）和工人们正忙着架起断头台，负责人的一两个朋友出来散步，并观看他工作。为显示亲切和热情，**刽子手**邀请他们到平台上近距离观看断头台。这些客人被吸引了，海因德瑞特亲切地向他们解释断头台的机械原理，并谦虚地介绍了一些小细节；M. 萨杜（M. Sardou）是一个作家，他也在这一群人中，在大家的哄笑中，他坚持要把自己放在**断头台**上试一下。刽子手成为整件事情的灵魂人物，他抓住这个幽默的作家，把他推到枕木上。紧接着，刽子手把一捆在行刑前用来试刀锋的稻草放在萨杜尔的头

---

① 自称喜欢开玩笑的人现在应该知道，对空乘人员开玩笑说自己包里有炸弹是一件不可原谅的事，但他们可以使用一种更加复杂的框架策略，例如："小姐，我不可以对你开玩笑说我包里鼓起来的东西是个炸弹对吧？"在所有情况中，这些限制本身就受到未经言明的限制，经验偶尔能够说明这一点：

昨天，在俄勒冈（Oregon）郊外33 000英尺高空飞行的美联航航班上，一个漂亮的空姐拦住了一个企图进入驾驶舱的男人，他目光凶横，身体不住地颤抖。

"我手上有炸弹，"他对27岁的玛丽·卢·利德基（Mary Lou Luedtke）说，"我要见机长。"

利德基小姐惊恐地瞥了一眼这个男人的手，发现他拿着一个普通的黄色木块，两端都吊着一条金属带子。

"这是上帝给我的。"那个男人说。

利德基小姐请他坐下，但他拒绝了。

一个男性乘客注意到动静，过来揪住这个"炸弹携带者"的领子，强迫他坐回座位；在后续的飞行途中，这位男性乘客一直轻声和他交谈。

这架DC-8航班从西雅图（Seattle）起飞，于下午1:05降落在旧金山国际机场（San Francisco International Airport）。随后，警察拘留了该男子。（*San Francisco Chronicle*, February 18, 1966）

在极其微妙的情境下，"炸弹携带者"设法找到一种自以为需要严肃对待的行为，但别人却不这么认为。

② Reported by Paul Price, *Las Vegas Sun*, October 27, 1965.

本该放置的地方，刀迅速地落下，在离萨杜尔的头一英寸左右的地方切断了稻草。这样的演示无疑震撼人心！直到（真正的囚犯）特罗普曼（Troppmann）被带入囚场时，军队的士兵以惯常的方式举剑敬礼，让作家回到了原处，每个人都兴致盎然。①

这样的事情在当时尚能为人接受，但如今，行刑仪式本身渐渐变得不可接受。仔细想想亵渎神明风潮（sacrilegious mockery）的衰落。在今天，像18世纪最著名的"地狱火俱乐部"（Hell Fire Club）和弗朗西斯·达什伍德爵士（Sir Francis Dashwood）组建的稳固小团体"复辟修士团"（Restoration Rakes）那样的组织已经不复存在。这些组织每半年就会在莫德梅翰修道院（Medmenham Abbey）周围的废弃建筑里进行为期一周的清修活动。这些废墟经过重修，为天主教仪式提供了一个正经的露营场所，规模宏大，在今天的美国境内几乎没有什么真正的礼拜场可以与之媲美。事实上，据说，上帝的奴仆也是不值得信任的目击者，所以他们往往会挑选足够隐蔽的场所，以免故事传开，冒犯民众。而当时，想要暴力袭击伦敦人并不容易，所以也鲜有人阻止他们的活动。② 现代社会似乎不那么热衷玩乐，至少不那么热衷于个人的玩乐，尽管我们不应低估英国人的能力——他们能够持续地寻找乐趣，以自导自演的方式表达不敬。

b. 随后，我们可以说，玩乐是一种仿真的形式。第二种形式是幻想（fantasy）或"白日梦"（daydreaming）。尽管儿童总是可以集体地、不受限制地参与仿真活动，但通常而言，仿真活动由个人生产，由单独一人维持。个体构想出一些活动片段，根据自己的好恶管理它的发展，使结果符合心意。无论白日梦投射的是过去还是未来，它都是带有警示性或愉悦性的一种幻想。③ 有趣的是，白日梦不像梦，它不仅无法与他人共享，甚至被视为不值得一提的事情。这些纷飞的思绪通常短暂而没有条理，但个体可能耗费大量的时间沉迷于此。（当然，人们每天私下幻想的总时长是最不容易被察觉、最容易被低估的一种资源消耗。）注意，白日梦大概只会发

---

① Alister Kershaw, *A History of the Guillotine* (London: John Calder, 1958), p.72.

② 见 E. Beresford Chancellor, *The Lives of the Rakes*, vol. 4, *The Hell Fire Club* (London: Philip Allan and Company, 1925); Burgo Partridge, *A History of Orgies* (New York: Bonanza Books, 1960), chap.5, "The Medmenhamites and the Georgian Rakes," pp.133–166。

③ J. Richard Woodworth, "On Faking Reality: The Lying Production of Social Cooperation" (Ph.D. diss., Department of Sociology, University of California, Berkeley, 1970), p.26. 伍德沃思认为："幻想的一个主要特征是它**集结**了快乐和痛苦之事。"

生在人的头脑里，鲜有外在的行为相伴而生，主要的例外情况是个体当众的自言自语。

尽管人们通常把白日梦视为私事，但我们依然有必要提到一种后弗洛伊德（post-Freudian）的变体，即临床医生认为值得探究且个体愿意参与其中的自我报告。所谓的投射技术（projective technique）推动了它的产业化。例如，人们设计出"主题统觉测试"（Thematic Aperception Test, TAT）的心理测试方法来唤起受试者对测试材料的幻想反应，受试者相信这些反应由材料唤起，而不是由自己的原有倾向（predisposition）引发。因此，他们认为这些反应能够逃脱惯常的审查。

事实上，通过"投射测试"，测试师能够看到的东西（远）不只是受试者的幻想，后者需要根据要求，围绕特定图画说出自己的幻想。例如，测试师要求参与"主题统觉测试"的人"认真"阅读图画材料，让他们产生不加掩饰的、具有自我指涉性的白日梦，但一般而言，受试者完全达不到要求，或者只能达到部分要求。受试者有时会紧张地大笑，或是从艺术批评的视角评论这些场景，或是把材料中的人物认作亲属或是名人，或是把它们还原成灵异故事，或给出一种刻板的反应（带着单调、乏味的语气），或是把图画中的场景当成流行杂志插图。测试师有时会尽力解读这些行为，将受试者的反应当成某种症状，但至少从表面上来看，受试者眼前那些图画的框架已经被否定了，真正起作用的是其他框架。可见，调音有助于灵活地管理参与者（此处指涉接受诊疗任务的参与者）。①

c. 现在，我们可以考虑一下戏剧脚本（dramatic script）。戏剧脚本——尤其是通过电视、广播、报纸、杂志、书籍与正统戏剧等媒介向公众提供的商业化产品，描绘了个体所有的经验片段（strip of experience），让观众或读者的间接参与成为可能。这种转换语料库具有特殊的意义，不仅是因为它在社会娱乐生活中的重要性，如前所述，也是因为对这些材料的明确分析比比皆是，抑或是因为这些材料本身便于我们深入分析。最重要的是，它们是日常生活的模型，一种未经编写的（unscripted）社会行为的组合脚本，一个能够清晰地揭示日常生活结构的重要来源。因此，源自戏剧作品（dramatic production）的诸多案例将会贯穿整本书的研究。

---

① Erving Goffman, "Some Characteristics of Response to Depicted Experience" (Master's thesis, Department of Sociology, University of Chicago, 1949), chap.10, "The Indirect Response," pp.57-65.

我们尤其可以通过戏剧脚本来阐释框架限制的议题，例如下面这则在约翰·肯尼迪(John Kennedy)遇刺后不久发出的新闻报道：

> 《谍网迷魂》(Manchurian)这部电影讲述了一个精神残疾者试图使用配备瞄准器的步枪暗杀总统的故事，它被这个区域的所有电影院撤档，并将在全国范围内下映；这与辛纳特拉(Sinatra)早年的电影《突然》(Suddenly)的遭遇如出一辙，它的内容也与暗杀总统有关。[①]

同样，框架随着时间的变化而变化：

> 在异族的统治之下，希腊确实诞生了许多新喜剧；罗马人不堪帝国统治的全面压制，纵情声色，溺于喧嚣，一味追求感官刺激。在他们的剧院中，默剧取代了悲剧，喜剧取代了闹剧。当戏剧的唯一目的变成刺激观众的感官，挑逗观众的神经时，戏剧制作者不仅会投入所有财富与技术资源打造奢靡的场景，而且会跌入最底层的恶心和淫秽陷阱。甚至利维(Livy)也把他那个时代的戏剧视为对公共道德与国家存亡的威胁；很快，人们开始在戏剧里看到性表演，舞台上的"行刑"也变成现实(用死囚来代替演员)。[②]

此外，大多数变化缓慢而单独地发生，彼此互不相干，因此在每一种不同的情境中，参与者都会感知到不同的、在当下的情境中持续地发挥主导作用的框架。

在我们的社会中，戏剧作品的道德限制明显与"性"相关。人们普遍认为，书本、舞台和荧幕上不应该描述淫荡下流的活动。例如：

> 萨克拉门托(Sacramento)——昨日，参议院批准并向议会提交了一项由民主党议员劳伦斯·E. 沃尔什(Lawrence E. Walsh)(洛杉矶)提出的法案，将在州立大学校园里表演《大胡子》(The Beard)这类作品的行为定为轻罪。
>
> 该法案规定，任何人在戏剧、动画、电视节目、赞助广告中，或管理州立大学期间，实施"任何模拟或越轨的性行为"都将构成轻罪。
>
> 如果老师或学校管理人员"有意"许可、促成、协助或劝告他人

---

① Herb Caen, *San Francisco Chronicle*, December 2, 1963.

② W. Beare, *The Roman Stage* (London: Methuen & Co., 1964), p.238, 部分引用自 Elizabeth Burns, *Theatricality: A Study of Convention in the Theatre and in Social Life* (London: Longman Group, 1972; New York: Harper & Row, 1973), p.15。

从事类似活动,将负有同等责任,并按轻罪论处。①

无论合法或非法,相当多的文艺作品都对色情问题做出了规定。然而,人们似乎没有关注这样的事实:这些规定不仅适用于"不雅"行为,还适用于在特定的框架中呈现的这些行为。正如人们所料,感觉(sentiment)会因基调的不同而大为不同。某些在电影中具有冒犯性的东西,在小说中则不然。② 在我看来,要对某一既定表征是否合适下定论并说明理由是件很困难的事情,部分原因就在于,我们往往依据原始模式,而不是依据与特定调音相关的框架特征做出解释。

色情本身,即与性有关的脚本是明确的框架问题(尽管不那么恰当),可以和其他"淫秽物"(obscenity)一道被考虑。近期的一项研究提供了一种观点和分析视角:

> 这些反思提出了淫秽的两种初步定义:(1)淫秽公开了私人事务,入侵了亲密的身体过程与行动,侵扰了生理-情感状态;同时(2)使人类的生活退化到亚人类或纯粹的肉体层面。根据这些定义,色情是一种对待或审视人类存在的特定方式,这种存在包括身体层面及其与人类存在其他方面的关系。因此,淫秽的观点不仅与性有关,也与死亡、出生、疾病和诸如进食、排便等行为有关。公开展露这些现象,便淹没或贬低了这些现象背后广泛的人文语境。因此,淫秽的两个初步定义之间具有某种联系:当生活中的亲昵行为暴露在公众的

---

①　*San Francisco Chronicle*, May 10, 1968. 接吻与性交之间的框架差异似乎是盘根错节的复杂问题。人们可以在公开的舞台模拟接吻行为,不触碰到嘴唇,或者像"真正的接吻"一样碰到嘴唇,但只是摆个姿势;无论哪一种情况,舞台上的人都不会感受到"真正的"接吻,此处的接吻是调音过的行为。("社交吻"或亲戚之间的接吻不是用来"体验"的,而舞台上的吻和真正的吻之间的差别可能要回溯到更广泛的事实层面,因为人们对敷衍了事的模仿管理得太好了。)此处,舞台语境和表演框架主导并重构了事件。性交行为似乎超越了戏剧框架(theatrical frame)的能力;舞台上的性交似乎会被观众认为是字面上的性行为而非经过编剧调音的行为。依我们当前的信仰体系来看,真正的渗透无法通过戏剧进行转换。尽管电影框架也涉及框架限制,但它与上述情况不同,我们将在后文进一步讨论这个问题。

②　这样的差异本身也是会变化的。在20世纪60年代后期,电影似乎大大缩小了这一差距;例如,屏幕上的电影《午夜牛郎》(*Midnight Cowboy*)和小说文本一样带有色情味道。在70年代早期,小说似乎在某种程度上恢复了它们的差异并向前推进(或往后倒退,这取决于看待问题的视角);辛西娅·布坎南(Cynthia Buchanan)的《有思想的女孩》(*Thinking Girl*)便是一个例子。最近,赤裸裸地描写性行为的色情电影在观众中获得了越来越高的接受度,这种趋势的影响似乎预示着新一轮的竞争循环。

视野中时，它们可能会贬值；或者说，在公众视野中暴露这些行为的目的就是贬低它们，以及贬损人类。①

简言之，此处涉及框架限制的问题：哪些现实事物能够获准转换成脚本？个中的细节尤为有趣。我们可以谈论身体所能参与的一切活动，但必须有所遮掩并保持距离，如此，我们设想的关于人类终极社会品质的信念才不会被破坏。身体是显化的自我（embodiment），它必须与其生理功能"和平共处"，但是，要实现这种和平，就必须确保这些功能在特定的"语境"中运转。这意味着它们只能成为附属于人类社会经验的内容，无法成为关注焦点。出于情节需要，故事中的人可以吃饭、做爱、受虐，但这只体现了人类戏剧的包容性，而不是一种孤立的展示，更不是一件值得仔细研究的趣事。

2. **竞赛**（contest）。仔细想想诸如拳击、赛马、骑士比武、猎狐之类的运动。这些真实模型似乎是某种打斗（或捕猎、逃亡），但这些运动的规则限制了攻击程度和攻击模式。（考虑一下这两种情境：当两个相互竞争的男性为争夺军队领导权展开一场仪式性的、激烈的拳击比赛时，会发生什么？或者，当热心的长者拉开两个斗殴的年轻人，让他们按规则进行"公平对决"，接受一个非正式的裁判的判定，并允许观众围观，情况又会如何？）

搏斗式（combatlike）竞赛的框架限制非常明显。随着时间的推移，限制将发生巨大的变化，并且被完好地记录在案。这些变化颇具代表性，标志着社会对残酷性与表演风险的容忍度的降低——至少在娱乐情境中是如此。刘易斯市（Lewes）的居民不再把猫"装到篮子里，在盖伊·福克斯日（Guy Fawkes Day）*把它们活活烧死，让猫的哀号淹没在围观者兴奋的吵嚷中"②。斗鸡、纵狗斗熊、打老鼠以及其他血腥活动也是如此，但它们都已被禁止。组织化的拳击运动框架也发生了诸多改变：在18世纪，拳手们只能赤手空拳地比赛；几十年后引入了皮手套；1743年引

---

① Harry M. Clor, *Obscenity and Public Morality* (Chicago: University of Chicago Press, 1970), p.225.

* 盖伊·福克斯之夜，即篝火节之夜，是英国的传统节日，举办时间为每年11月5日。这个节日起源于17世纪的"黑火药事件"，盖伊·福克斯及其同伙因不满詹姆斯一世（James I）的统治，企图将其炸死并摧毁议会大厦，他们成功地将黑火药运至议会大厦的地窖，但最终密谋败露，福克斯及其同伙被控犯下叛国罪。为警告图谋不轨者，维护对宗教和国家的忠诚，人们燃放烟火，焚烧福克斯等叛国者的假人模型，后来逐渐成为传统。——译者注

② Christina Hole, *English Sports and Pastimes* (London: B. T. Batsford, 1949), p.5.

入了布劳顿规则（Broughton code）*；大约在 1867 年则引入了昆斯伯里规则（Queensbury Rules）**。

因此，一些运动可被视为简单的搏斗活动的调音——用行为学概念来说就是仪式化（ritualization）。但很显然，这一视角具有局限性。像曲棍球、网球一类的运动会将竞争双方带入一种结构性的对抗，但运动中使用的特定装备、设定的特定目标只能表示一种初级框架。这种分析视角的窘境在游戏中更为明显。儿童与小羊玩的小游戏"城堡之王"（King of the Castle）①明显指涉日常生活的主导权，但在成人游戏中，这样的指涉便削弱了，揭示特定生命活动中可能存在的神话或历史根源似乎没有多大价值；实际上，它只涉及初级框架层面的问题。

玩乐、运动和比赛之间似乎存在某种连续统（continuum），据此，一些实用行为被转换成娱乐行为。一般来说，人们会在玩乐时把一些物品或个体重构为"玩具"，这样的重构是暂时的，并不彻底；但是，在有组织的游戏和体育运动中，这样的重构是制度化的、稳固的。例如，活动的正式规则可以限定活动的场所。（这大概就是我们所说的"组织化"。）随着这种形式化的发展，游戏的内容似乎逐渐远离对特定的日常活动的复制，而愈发成为初级框架本身。

最后要注意的是，我已经强调过，加诸戏剧作品和体育运动的限制将不断变化，我也列举了佐证这一论点的丰富历史文献，这些材料的价值不言而喻。更重要的是，戏剧与竞赛是引人入胜的事物——观察者可能会沉迷其中，忘乎所以。这些活动生成了一种存在领域，加诸其上的限制就是对这些引人入胜的活动的限制。这些限制的历史是鲜活事物的历史。如果调音有历史的话，或许初级框架也有历史。

3. **仪式**（ceremonial）。婚礼、葬礼、授职仪式之类的社会仪式都是例子。这些仪式中进行着一些不同于寻常活动的事件，但这些事件的具体内容难以确认。正如戏剧一般，所有表演都已预先策划好，人们还可以对即将表演的内容进行排练（rehearsal）；我们很容易区分排练与"真正的"

---

*　杰克·布劳顿（Jake Broughton）是英国 18 世纪著名的拳击家，他在 1743 年制定了最早的一套拳击规则，规定："在比赛过程中，如果一方被击倒在地，30 秒后不能起身，即为失败；当一方倒地后，对方不能继续进行攻击。"——译者注

**　昆斯伯里侯爵在 1865 年制定了一套拳击规则，规定："三分钟为一回合；拳手要佩戴手套；拳击过程中不能出现摔跤和攻击眼睛的行为。"——译者注

①　Thorpe, "Ritualization in Ontogeny," p.316.

表演。在舞台表演中，这样的预演可以广泛地模拟日常生活；但仪式是一种简化，它可以从日常生活的结构中剥离出某一个行为、某一件事，然后通过精心编排来填充整个场合。简言之，戏剧为生活调音，仪式为事件调音。同时，不同于戏剧表演，仪式上通常会区分出专业主持人和观众：前者专门从事这类工作，并期望这样的工作越多越好；后者顶多有参与几次的权利和义务，对他们而言，寥寥几次的参与已然足够，因为在这种"表演性展示"的场合中，他们一劳永逸地完成了一些事情，而这些事情在他们更广阔的世界里有着重要的联系与分支。最后，需要注意的是，戏剧表演者以舞台角色的身份出现，那不是他自己；而仪式的表演者需要代表并展现自己的某种核心社会角色——父母、配偶、公民等。（日常生活中的个体也是他自己，但无须通过如此明显的自我象征方式来展现。）

由于仪式的重要性远远超过戏剧和竞赛，所以人们必须承认，参与者在这些场合中的专注度与敬畏感相差甚远，对于一般的非仪式活动而言尤其如此。此外，随着时间的推移，相同的脚本可能会留存下来，但人们对这一活动的重视程度可能大相径庭，因此仪式可能从充实、热烈走向形式化、空洞。伊丽莎白女王（Queen Elizabeth）的加冕仪式很好地印证了这一点。女王和希尔茨先生（Mr. Shils）对于整个过程的看法显然与怀疑主义者截然不同。[1]

4. **技艺重演**（technical redoing）。人们可以出于功利性的目的公开地表演日常的活动片段，使其脱离平时的语境。由于这种表演有别于日常行为，因而不会产生什么后果。这些演练（run-through）是现代生活的重要组成部分，但社会学专业的学者并没有过多讨论这些事务本身。我将简要地考察这些行为：

a. 在我们的社会中（或许所有社会都是如此），对自己完成某项活动的能力（拥有某项"技能"）的锻炼往往要通过功利性的模拟训练来实现。这种练习是为了让初学者在特定情境中积累表演经验，在这种情境中，他们（仿佛）没有真实地接触世界，他们的行为也不会带来相应的后果。此

---

[1]　Burns 在 *Theatricality*（pp.19-20）一书中很好地论述了这一点。

时出现的差错和失败可能会造成经济损失,但具有教育意义。[①] 这些行为可被称为演习、试用、演练——简言之,"练习"(practicing)。当我们需要完成一个重要任务时,就会进行模拟表演或练习,下面是一个最新例证:

> 在医学教育中,模拟(simulation)是一个新近发展起来的领域,它提供了逼真的临床经验,不需要活生生的病人参与其中。事实上,在这样的研究中,让真实的病人参与进来是不可取的,也是不实际的。模拟技术使用简单的人体模型来练习人工呼吸,或是使用复杂的电脑控制的机器人来再现许多基本的生命功能。登森(Denson)和亚伯拉罕森(Abrahamson)一直在跟进评测一个名为"SIM-One"的人体模型,它可以在全身麻醉的情况下模拟所有基本心肺能力和神经系统功能,能够对正确或不正确的、机械的和药物的治疗做出"恰当的"反馈,还能够模拟反胃和心搏骤停。在"实施"和"维持"全身麻醉的过程中,该单元可以随时停止,指导和修正疗法,防止"病人死亡"或受伤。[②]

当需要熟练掌握一种社会仪式、一场戏剧表演或一份乐谱时,我们就会提及"排练"。不同于其他练习,在排练中,所有部分都会依照脚本集中在一起演练,这样的"最终演练"多少能让人预测在现场表演中将会发生的事情。[③] 许多活动的排练无法严格按照脚本进行,因为并非所有参与者都来自同一团队。一个人可能会在脑海中"排练"自己要在某个场合说的话,但除非他要说的话很长并且可能带来消极的反馈,否则,"排

---

① 一些证据表明,即使是动物也可能进行不同于游戏的练习。见 Rudolf Schenkel,"Play, Exploration and Territoriality in the Wild Lion," in Jewell and Loizos, eds., *Play, Exploration and Territory*, esp. p.18。请注意,练习中有一个不可逆的、未经调音的要素。个体或团队熟练掌握某项任务或某个脚本所需要的排练次数能够体现他们的学习能力、灵活性和动机。

② Daniel O. Levinson, M. D.,"Bedside Teaching,"*The New Physician*, XIX (1970):733.

③ 事实上,当表演最终以录像带而非现场的形式呈现时,人们可以从几次排练中选取几个片段,剪辑合成最终的版本。在这样的尝试中,表演者理所当然地觉得自己不必像在"真正的"表演中一样一直"维持框架";但他们制作的节目将成为最终表演的片段。

以上种种再次引出了真实性的问题。一场政治演讲或许无法证明演讲者实际要做什么,但它确实是一场真实的演讲。电视观众(以及广播听众)听到的演讲与现场观众听到的演讲略有不同,但这种差异也许没有太大的意义。但是,如果一个生病的总统在身体状况良好的情况下在一群支持自己的幕僚面前录下自己的讲话,然后剪辑掉无用的内容,用细碎的独立片段("预剪辑")拼凑出完整的演讲在各个广播网播出,情况将会如何?最终呈现的是一场表演还是演讲?"调音"能否解释这一问题?

练"就是种象征性行为,排练者在一定程度上不过是自欺欺人。同样,电视上的秘密特工故事[例如,《碟中谍》(*Mission Impossible*)]会让主角根据一个详细方案(scenario)来设计与执行行动,但现实中并不存在这种完备的方法,特工无法通过脚本提前预测其他人的临场反应,因此,他们多少只能根据诱导和设想出来的反应开展行动。就算是在军事野战演习活动中,所有参与者的行动**都能**基本保持一致,管理者也需要不时根据正在发生的事情重新确定并调整设计好的行动方针(方案)——走得太远的部队需要放缓脚步,等待落后的队伍追上来。

当某人精心谋划了一项周密的行动时,为了核准时间等内容,他会在脑海中或者在纸上秘密地推演这项行动的一系列步骤,这样的行为就被称为"计划"(planning)。如前所述,我们可以把实验任务、排练和计划当成练习的不同形式,所有这些变体都有别于"真实的经验"(real experience),并且都可能有助于学习,只是效果有所不同。

练习的场所也值得探究。在此,狄更斯(Dickens)给我们指明了方向;费根(Fagan)*教导那些骗来的孩子在模拟的行窃环境中偷手帕,这样的行为一直存在于我们的传统中。像《男人的争斗》(*Rafifi*)**这样的"惊险喜剧"电影也是如此,它把镜头对准计划的实施、计时和排练等行动。无论如何,走私者的情况可能如下所述:

> 一个团伙费尽心思地从英国海外航空公司(British Overseas Airways Corporation, BOAC)的 VC-10 航班订购了三个商务舱座位,这样他们才能训练走私者,让他们带着黄金弯腰坐上几个小时也不会难受,同时确保旅程结束后他们还能自如地站起来,不会一瘸一拐。①

杜勒斯(Dulles)就自己的工作发表了类似的观点:

> 培训学校里的"实操"演习,是为了达到与实弹战斗训练相同的

---

* 费根是狄更斯的著名小说《雾都孤儿》(*Oliver Twist*)中的一个反派角色。他是个衣衫褴褛、阴险恶毒的老扒手,表面上收留无家可归的孤儿,实则把这些孩子当成犯罪工具,逼迫他们行窃。——译者注

** 《男人的争斗》是朱尔斯·达辛(Jules Dassin)导演的一部犯罪电影,讲述了男主角托尼(Tony)因女友出轨而集结朋友制订珠宝盗窃计划,抢劫银行,却因受人威胁,不得不与他人斗智斗勇的故事。——译者注

① Timothy Green, *The Smugglers* (New York: Walker and Company, 1969), p.217.

效果。第二次世界大战期间,在训练战俘审讯员的陆军学校里就进行过这样的开创性工作。学习审讯的新兵被带到一个打扮成敌军军官或士兵的人面前,而对方假装刚刚被俘,还操着一口流利的德语或日语。"俘虏"经过精心挑选,演技必须精湛,他要绞尽脑汁,尽可能地欺骗或是误导审讯者,一如我们在欧洲和远东的真实审讯中会遇到的情况。他要么不说话,要么用一大堆无关紧要的、迷惑性的信息敷衍审讯者。他可能是愤懑的或是粗蛮无礼的,又或是狡猾谄媚的,甚至可能威胁审讯者。经过几次类似的课程之后,审讯者对现实生活中的战俘或叛逃者就有了更充分的了解和准备,不会再被他们唬住。①

同样,斯堪的纳维亚航空公司(Scandinavian Airlines)为了宣传自己的出色工作,在桑讷菲尤尔空乘学校(Air Hostess College,Sandefjord)展示了一张照片,照片中的准空姐在模拟的飞行环境中倒酒,公司的顾客和学员都在场。② 在广播台的演播厅里,制作人也会要求暖场的现场观众练习鼓掌。③

"练习"向我们说明,"真实事物"的意义就在于它不再是纯粹的练习。当然,这只是现实的第一重意义。战争之于军事演习,如同钢琴独奏之于指间练习;但这并不能说明战争和音乐之间的不同存在秩序。

练习的限度是什么?例如,我们对婚礼彩排司空见惯,但在仪式彩排时要走多少台阶,我们知之甚少。我们可能对一场加冕仪式或是教皇任职仪式的彩排的繁文缛节感到惊讶,在我们的印象中,这些人物的地位如此之高,他们本该不愿屈尊参与排练——尽管与平民相比,他们更需要这么做。尽管不常见,但美国总统为女儿的婚礼进行彩排的照片仍会成为新闻。或许我们也会对参与者对一场练习的投入意愿有一些预期。④ 一些意愿实在太弱,不足以成为新闻:

欣克利角,英格兰(合众国际社)［Hinkley Point, England

---

① Allen Dulles, *The Craft of Intelligence* (New York: New American Library, Signet Books, 1965), p.167.

② *Newsweek*, September 7, 1970.

③ 见 Gerald Nachman, "Now a Word from the Audience," *Daily News* (New York), September 11, 1973.

④ *Life*, June 18, 1971.

（UPI）]——在一场模拟军事演习即将开始时，"敌军"因下雨拒绝参练，英国陆军军校的一个军士长认为这完全不是英国人的做派。

罗伊·布莱克莫尔（Roy Blackmore）军士长来自西萨默塞特（West Somerset），他说："一个军官告诉我他的部队不会参与演习，因为他们不想被雨淋湿。"①

一些著名的传记也会提到类似的内容，正如莉莲·吉什（Lilian Gish）对由 D. W. 格里菲思（D. W. Griffith）执导的电影《东方之路》（*Way Down East*）的拍摄方式的描述：

> 冰上和冰周围的场景是在佛蒙特州的怀特河河口（White River Junction, Vermont）拍摄的，在那里，怀特河和康涅狄格河（Connecticut River）并肩流过。冰堆得很厚，必须要把它锯开或是炸开，才能得到每天拍摄电影所需的浮冰。我们在那里拍摄了三周，气温从未超过 0 度。
>
> 为了拍摄安娜（Anna）晕倒在浮冰上的一幕，我想到一个点子，并向格里菲斯导演提出了建议，导演欣然赞同……我提议，当我躺在浮冰上时，要把手和头发垂到水里，然后让浮冰朝着瀑布漂去。格里菲斯导演很满意这个效果。
>
> 片刻之后，我的头发就冻住了，我感觉我的手像被火烧了一般。时至今日，如果我在寒冷的室外待了太长时间，那儿还会疼痛。到最后一组镜头拍完，我已经连续三周每天至少在冰块上躺 20 次。在拍摄的间隙，工作人员会扔给我一件外套，让我可以暂时围着篝火暖和一会儿。②

投入过多或投入过少是框架限制的一个显著问题。不那么显著的一个问题是练习本身的恰当性（propriety）问题。一个笑话是，为显成熟，一些年轻人会在镜子面前练习抽烟。这个笑话隐含的意味是：诸如问候、表白、面部表情等"表达性"行为本不该练习，它们永远是行为的副产品，而不是其目的。基于这种行为理论，我们应该避免教授和练习此类行为，至少要批判性地教授和学习。

---

① *The New York Times*, December 29, 1968.

② Lillian Gish, *The Movies*, *Mr. Griffith and Me*（New York：Avon Books, 1969），pp.233-234.

练习的组织是一个绝佳的案例,它证明,个体能够意识到,在现实中,即使是相当严肃的事情,也涉及调音。因此,美容美发学院会让学员在一些客户头上练习理发技术,这些人冲着便宜的价格,愿意成为学员的"实验对象"。这些顾客一心希望得到高水准的服务(并会在得偿所愿后将此作为值得夸耀的故事宣扬),却没有资格对学员的水准提出要求。

练习有一个有趣的特点。老师和学生可能会发现,将注意力集中于练习任务的某个方面可以收到良好的效果,而有能力的表演者将不再关注这一点。因此,当老师教儿童大声朗读时,孩子们的注意力被持续吸引到单词的发音上,就好像单词的意义暂时无关紧要一般。① 事实上,同样的文本是不同的抽象问题的来源:在上述例子中表现为拼读、措辞,诸如此类。同样,在进行舞台排练时,演员首先要熟练地掌握台词,其后才会演练动作和时间。综上,一个活动片段只是一个起点,人们可以对其采用各种各样的视角和用法,并能发现各种各样的"动机关联"。

练习的另一个特点是渐进性。在行动者习得特定能力的过程中,一开始的尝试往往比他在严肃世界中所走的任何一步都更简单和容易,而最后一步尤其需要集中注意力,才能应对各种各样的困难和紧急情况,并且,这些困难会比他在现实生活中可能遇到的情况更为棘手。② 因此,训练的开始阶段能够让初学者摆脱因自身能力不足而产生的焦虑,而最终阶段是一种设定,使表演者维持一定的专注力和兴趣,随时准备应对现实状况。无论如何,与现实状况相比,练习的世界既是简单的,也是复杂的。

---

① 一篇未发表文章对此进行了有益的阐释:John J. Gumperz and Eleanor Herasimchuck, "The Conversational Analysis of Social Meaning: A Study of Classroom Interaction"。

② 例如:

制造与操作模拟器花费不菲,但前景广阔。急性、亚急性、慢性疾病的重要阶段可以被压缩成几分钟的时间,然后使用操作技术来发展诊断和治疗的技能。心搏骤停、过敏反应休克、糖尿病性酸中毒、充血性衰竭、心肌梗死等常见的重大疾病可以被重复地"诊断"和"治疗",直到医生熟练地掌握这些技能。(Levinson, "Bedside Teaching," p.733.)

然而,学习诉讼方法的学生持有另一种观点,即大多数的规则本身就是不确定的,大多数的法律概念的意义也是灵活多变的。美国的法律知识培训会持续给学生灌输这样的思维方式,进一步强化这一观点。在上诉法院审查的案件中,可能会出现极为复杂的边缘情况,法学生需要辩论已有学说在这些判例中的应用,以不断学习和进步。这种练习的目的之一就是培养学生的法律思维,提高其辩护能力。据说,越是考察疑难问题,越能达成这一目标,而考察简单的问题、直接可用的法律往往收效甚微。[Lawrence M. Friedman, "Legal Rules and the Process of Social Change," *Stanford Law Review*, XIX (1967): 791.]

我们可以在掷骰手的练习中找到另一个案例。正如所料,模拟训练的最终阶段涉及对一系列复杂布局的处理,"赌注"通常会在真正的赌博中可能遇到的更大、更多样。

注意,这些极端情况肯定会忽略一些要点,因为真正的表演的效果往往取决于表演者如何在决定性境况中管理自我,演习只是尽可能模拟真实环境,不可能完全真实。这种困境淋漓尽致地体现在战争演习中:参与者必须严肃对待那些真的会出现在战争中的事物,但他们不可能在演习中使用这些致命的"真枪实弹"。①

b. 对练习的讨论到此为止。技艺重演的第二种形式是"演示"(demonstration)或展示(exhibition)——就一项事务而言,示范者会在脱离日常功能语境的情况下进行演示,让其他人全面、深入地了解这项事务的操作方式。例如:推销员把垃圾丢到地上,向家庭主妇展示真空吸尘器吸走脏东西的工作原理;育儿中心的护士上门向母亲展示如何给婴儿洗澡;战地指挥官向士兵展示大炮的功能;飞行员在高空向乘客展示气压下降时会出现的声音和感觉:

> 下降时,我将会打开气闸来减慢飞机的速度。就像这样(打开气闸,飞机晃动起来)。此时机舱内会出现颤动,这很正常(收回气闸)。

演示可以准确地预测事态的发展,通过这样的方式,人们可以确定后续需要警惕的信号或者需要引导的行为,因而,演示是一种意图性、工具性的行为。注意,演示与练习不同,前者通常由能够熟练表演的人完成,而且通常只会演练那么一两次。当然,这两种技艺重演行为可以同时进

---

① 小说中的野战练习和军事演习引出了另一个问题。如果要完成一场演习,演练"双方"除了必须遵守真实战事的惯例之外,还要满足一些特殊要求。例如,他们必须依赖一些计分设备来确定"伤员"、伤势以及哪些设备受到何种损坏;必须避免波及个人财产,也不能越界;必须使用结束与开始的信号进行控制。当然,为了确保上述规定的落实,他们必须尊重裁判和管理者。但是,如果这场演练的目的在于测试秘密潜入他方的能力、制造意外或战胜保守派对手,即为了不择手段地取得胜利,他们可能会打破军事演习的一些基本规则。此时,欺骗之所以成为一种正当手段,恰恰因为它是错误的。见 E. M. Nathanson, *The Dirty Dozen* (New York: Random House, 1965), pp.425-434; William Crawford Woods, *The Killing Zone* (New York: Harper's Magazine Press, 1970), pp.117-167。

野战军事演习说明了一个没有那么戏剧化的框架问题。军事演习的最大限制不在于弹药,而在于自然环境。在真正的战争中,各种不确定因素混杂于一体:天气、当地人的"友好程度"、短波接收情况、被囚犯堵住的道路、房主逃跑、车辆故障,等等。杀戮和谈话一样,发生在特定语境之下。在实际的演习中,这些因素基本上只能借裁判之口来描述和宣布,与那种用颜色编码装备、用人员标签来区分损坏程度(轻微、严重、彻底摧毁、严重污染)的方法相比,这种模拟方式更不切实际。参见 Department of the Army Field Manual (FM 105-5), *Maneuver Control* (Washington, D.C.: Department of the Army, 1967), pp.51-130。

行。例如,老师在讲台上演示,学生们在台下练习。为了测试求职者对工作的熟悉程度,挑剔的面试官可能会让求职者当场演示那么一两次,在这种情境下,演示获得了超乎寻常的意义,但(至少对表演者而言)其结果同样重要。更复杂的是,一些表演性的运动(例如,花样滑冰、花样游泳、体操)可以在竞赛中演示动作,这些演示既展现了大量的技巧,又是理想形式的示范。

对演示的限制也有一定的意义。首先是对临床教学的限制:医生可能会在真实的治疗过程中利用患者(向学生)展示治疗过程。言外之意是,至少在某些时刻,这种特殊的二元视角并不被许可。

其次是物质(substance)层面的限制。人们认为,一次演示无须耗费太多成本,当然,在多数情况下,现实活动也不会耗费太多成本。因此,太过戏剧化的演示不甚妥当。就连阿比·霍夫曼(Abbie Hoffman)*也这么认为,他援引的新闻报道暗示了这一点:

> 贝尔沃堡,弗吉尼亚州,10 月 4 日(美联社)[Fort Belvoir, Va. Oct. 4(AP)]——今日,美军演示最新的防暴策略和装备。
>
> 背景是"美利坚合众国里奥茨维尔"(Riotsville, U. S. A.),一个混乱不堪的城市实物模型。
>
> 当 3000 余位观众在看台上观看时,一些军人穿成嬉皮士的样子,伪装成这个城市的"暴民",点燃一栋建筑,掀翻两辆车,还抢劫了商店。
>
> 随后,装备着刺刀、戴着橡胶防毒面具的防暴部队赶到现场,用催泪弹控制了这群"暴民"。①

练习中也会出现同样的情况。因此,人们可能会利用过时但依然适航的船舶进行射击练习,或是把这些船用作测试空袭炸弹性能的材料,这两种方式挑战了练习的极限。同样,在训练赛马时,练习和初赛时的管理必须到位,以确保马匹不会受伤,只有正式比赛时才允许出现这种意外情况。

最后,最重要的一点与区隔问题有关。尽管演示一件事可能与实际

---

* 阿比·霍夫曼,美国 20 世纪 60 年代著名的反文化人士、雅皮士运动领导者、早期黑客文化倡导者,擅长黑客技术,热衷于用迷幻药搞恶作剧。——译者注

① 霍夫曼在 *Revolution for the Hell of It*(New York:Dial Press, 1968, p.192.)中引用了这则报道的照片。

做这件事完全不一样,但仍然存在一些遗留问题(carry-over)——尤其在使用"真实的"装备时——这些问题足以中断演示。同时,人们必须期望这些限制发生历史性的变革,正如下述新闻所述:

> 多伦多,8 月 4 日(加拿大通讯社)［Toronto，Aug. 4（Canadian Press）］——加拿大广播公司(The Canadian Broadcasting Corporation)已经解除了对商业广告的禁令。此前,一些电视商业广告被认为过于私密。
>
> 现在,人们可以在网络上看到腰带、除臭剂、胸罩、健康俱乐部、除毛产品和浴室纸巾一类的广告。
>
> 加拿大广播公司的新闻宣传主管查尔斯·斯普拉盖特(Charles Spraggett)说:"几年前,人们觉得在男女都在场时播放这些广告是不礼貌的,但现代人已经逐渐接受了它们。"
>
> 目前,女式三角裤的广告还没有被解禁。①

我想补充一点:有时,理论性的演示与实际的演示之间有着危险的区别,这是与限制问题直接相关的框架问题。在下述例子中,旧金山州立大学(Francisco State College)开设的一门与游击战相关的课程(由学生开展的实验项目)明显触及了框架的限制:

> 一位游击战课程的老师解释道:"这是一次重要的演讲,卡迈克尔(Carmichael)为'黑色力量'运动确立了新的方向,他呼吁黑人自发组织起来成为民族主义者……"这位老师来自实验学校,是一位胸肌发达的次中量级拳击手。
>
> 这场演讲录制于休伊·牛顿(Huey Newton)*在奥克兰(Oakland)举办的生日宴会上。演讲结束后,"战斗老兵"(Combat Veteran)小组登上舞台回顾城市战争的历史策略与实践,讨论了蓄意破坏、间谍活动、反情报活动和武器装备等问题,还重点提及了阿尔及尔战役(the Battle of Algiers)。
>
> 这门不同寻常的大学课程引发了校园争议,州检察长办公室已经介入调查。
>
> 首席副检察长查尔斯·奥布赖恩(Charles O'Brien)说:"如果它

---

① *The New York Times*, August 5, 1957.

* 休伊·牛顿,非裔美国政治活动家和革命家,黑豹党领导人之一。——译者注

是关于游击战的课堂讨论,这是一回事;如果它操练游击战或训练游击队员,那就是另一回事了。"①

事实上,一门与蓄意破坏活动有关的详细课程难免具有指导性和煽动性。因此,"演示"一词有着令人尴尬的歧义。②

c. 在我们的社会中,重复记录事件的做法极为常见,且有增长之势,即人们常常回放现实活动片段的记录,目的是确定过去发生的事情是事实。与之相对,演示是对活动的理想化演练,目的在于学习或示例。记录(documentation)利用的是曾经在现实世界中出现的遗迹(它们没有经过太多转换),这些东西往往不是被刻意记录下来的。标准案例是,书面记录和摄影记录都是现实活动片段的人工制品,如今却被标识为"展品"(exhibit)。最近,录音带和录像带的出现极大地推进了记录的使用。记录的种类繁多:庭审证据、工业频闪观测检验、医学用途的 X 射线影像、时间与动作研究(time-and-motion study)＊、录音演讲的语言学应用、体育比赛直播的回放、历史事件的新闻镜头、战争的摄影报道,等等。

记录的基调可以抑制原初意义,而这种力量是发人深省的。例如,对伦尼·布鲁斯(Lenny Bruce)猥亵行为的审判:

> 庭审现场播放了一个 18 分钟的录音片段,这是伦尼·布鲁斯在 1961 年 10 月 4 日的节目中说出的淫秽之语和猥琐故事,之后,裁决任务交给了陪审团。
>
> "这个节目是一个高级喜剧,"布鲁斯的律师本迪克(Bendich)在开始辩护之前宣称,"我想请求允许观众对这种幽默作出回应。没有人会置之不理的。"
>
> 法官霍恩(Horn)在本迪克陈述到一半时打断了他的话。
>
> "这不是戏剧,也不是节目。我不会允许任何类似的事情发生。"法官回应道。
>
> 霍恩法官随后转向拥挤的法庭上的旁听者:"我要告诫你们,请

---

① 参见 Dexter Waugh 的报道:*San Francisco Sunday Examiner and Chronicle*, April 21, 1968.

② 另一个例子:球类表演赛的演示都不是"严肃的",因为比赛结果并不影响系列赛和球员的个人记录,但一些比赛过程依然激动人心。

＊ 时间与动作研究是科学管理技术研究的一项内容,由弗雷德里克·温斯洛·泰勒(Frederick Winslow Taylor)发起和倡导。这种研究方法以时间为单位,把员工的工作划分成不同的单元,记录这些单元的时间值,并进行分析研究,以建立标准的工作时间。——译者注

控制好自己可能感受到的任何情绪。"

这一警告振聋发聩，现场严肃起来——与之相伴的行为也严肃起来。

无人再发笑，当律师再次展示布鲁斯的幽默言论时，几乎所有人都不为所动。[1]

理查德·拉扎勒斯（Richard Lazarus）的压力研究从实验角度论证了这一点。他们选定一群观众，给他们放映一部关于原始割礼的电影，而这些观众均佩戴着计量心率与手掌皮肤阻力的仪器。[2] 通过改变电影配音，实验者能在一定程度上决定观众使用的视角。其中一种视角是"理智化"（intellectualization），这是一种人类学的思路，可以将现场转换为记录——这种调音明显减轻了大学生的压力。

然而，记录性框架也会受到限制，它们背后有着特殊的利益关系。一个规范性的（normative）问题在于，是否所有记录都可以成为针对个体的证据——尤其是当个体无意的行为成为记录材料的来源时。相应地，人们认为，在个体不知情的情况下，他的行为和声音应该受到保护，免受记录。此外，即使记录获得许可，对这些记录的使用也是个问题。[3] 科教电视节目所拍摄的家庭心理治疗场景就是一个例证。在上述情况中，获得关注的不是记录本身，而是被记录之人的权利以及这种权利背后的利益——有时，他们可能受人诱导，草率地同意公开这些记录。

另一种限制方式更具有启发性，它关乎被记录的行为和记录本身的分离（dissociation）。换言之，如果有人再现了一个应受谴责的、骇人的不当行为，人们是否要把它当成一种未经调音的行为，还是说它本身就是一种调音？记录能在多大程度上摆脱"原罪"（original sin）？乍看之下，人

---

① 更详细的报道见于 Michael Harris, "Lenny Bruce Acquitted in Smut Case," *San Francisco Chronicle*, March 9, 1962。

② 部分见于 Joseph C. Speisman et al., "Experimental Reduction of Stress Based on Ego-Defense Theory," *Journal of Abnormal and Social Psychology*, LXVII, no. 4 (April 1964): 367-380; Richard S. Lazarus and Elizabeth Alfert, "Short-Circuiting of Threat by Experimentally Altering Cognitive Appraisal," *Journal of Abnormal and Social Psychology*, LXIX, no. 2 (August 1964): 195-205。

③ 参见这篇电影评论：Edward A. Mason, M.D., "Safe to Be Touched; How Safe to Be Exposed?" in *Community Mental Health Journal*, II (1966): 93-96。

们或许认为这无须受限,因为每个人很清楚,对过去事件的记录并不是事件本身。尽管如此,二者之间存在值得重视的联系:

　　劳德代尔堡,佛罗里达州(美联社)［Fort Lauderdale, Fla. (AP)］——城市委员会出台了一条新法令,规定"禁止向 17 岁以下的儿童提供有淫秽内容的图书、杂志、录像";法令详尽描绘了淫秽行为的解剖学特征和一些不适合被描述的行为。《迈阿密先驱报》(*The Miami Herald*)报道称,这些描述不适宜刊出。①

　　温切斯特,印第安纳州,12 月 29 日(合众国际社)［Winchester, Ind., Dec. 29 (UPI)］——温切斯特新颁布的反色情法令可能无法生效,因为当地报纸称它的语言不得体。

　　《温切斯特新闻公报》(*Winchester News Gazette*)和《先驱报》(*Journal Herald*)的出版人理查德·怀斯(Richard Wise)在一篇文章中阐明了自己的立场:

　　　　我们并不质疑这条法令本身的合理性,因为宪法规定个人享有购买或出售这些材料的权利。事实上,我们只是在行使我们的权利,即只出版我们认为合理的、有品位的内容,我们觉得反色情法令的语言不够得体。

　　温切斯特的法令只有刊登在一份当地广泛发行的报纸上才能生效,而这唯一的权限掌握在怀斯先生手中。②

　　一篇有关伦尼·布鲁斯猥亵罪的报道给出了另一种说法:

　　《纽约法制报》(*New York Law Journal*)承认,他们没有刊登下级法院的声明,同时也进行了解释:"(法院陈述的)绝大多数的意见(当然可能是出于必要)详尽地引用了布鲁斯在夜总会表演时使用的语言,还描述了大多数人都会觉得不雅和不妥的姿势和活动。《纽约法制报》决定不予刊登这些描述,哪怕是经过编辑的版本。原因在于删除会破坏法律文件的原意,而未经删除的版本并不符合**该报**的

---

① *The Evening Bulletin* (Philadelphia), November 1, 1968.
② *The New York Times*, December 30, 1973. 为此我要感谢米利耶·欧文(Millie Owen)。

发行标准。"①

含有色情内容的报道并非受到限制的唯一记录形式。下述这场关于"沼泽"谋杀案的庭审提出了另一项关于限制的议题：

> 切斯特，英格兰（Chester, England）——昨天，"沼泽尸体案"的庭审现场播放了一段录音，录音中，一个小女孩的尖叫声打破了法庭的寂静。

> 公共旁听席中的女人们不禁哭了出来，另一些人则在播放这段16分钟的录音全程捂着耳朵。

> 检察官埃尔温·琼斯爵士（Sir Elwyn Jones）告诉法官，录音中的声音来自10岁的莱斯莉·安·唐尼（Lesley Ann Downey），她惨遭凶手折磨，并在被害前被拍摄了不雅照片。

> 琼斯指控27岁的仓库管理员伊恩·布雷迪（Ian Brady）和他23岁的情妇迈拉·欣德利（Myra Hindley）录制了这个录音带。

> ……

> 1964年圣诞节的前一天，莱斯莉·安前往一个游乐场，随后失踪。警察后来在奔宁山脉（the Pennines）荒野中的一个浅泥炭墓穴中挖出了她赤裸的尸体。

> 当橡树法院播放孩子的尖叫声时，欣德利和布雷迪面无表情地盯着周围的防弹玻璃。②

很显然，戏剧表演、插图和记录都因一些道德问题——尤其是与性禁忌有关的问题受到限制。显然，只要仔细审视相关许可证的发放，就能从中发现大量与限制有关的问题。以一本专门讨论性的书为例，如以下书评所述：

---

① Lenny Bruce, *How to Talk Dirty and Influence People* (Chicago: Playboy Press, 1966), p.195. 接下来，布鲁斯先生可以继续阐述《纽约法制报》不能公开印刷的内容，因为加诸《纽约法制报》的框架限制并不适用于赫夫纳（Hefner）（花花公子集团总裁——译者注）的杂志。注意，我没有继续引用布鲁斯后面说的话，因为我的框架限制只允许我在下述情况下这么做：如果我不引用布鲁斯的话，就会有所损失，而情况并非如此——尽管我现在正在评论学术著作的框架，有正当的理由引述他的话。

② *San Francisco Chronicle*, April 27, 1966. 这个庭审记录引出了另一个问题：庭审新闻报道也将受到限制。关于沼泽案的相关报道，以及"模仿犯罪"的问题，参见 Louis Blom-Cooper, "Murder: How Much Should Be Reported?" *The Observer* (London), May 1, 1966, p.11。

　　这本书于 1968 年在哥本哈根（Copenhagen）获得出版许可，它大概是丹麦废除性审查后最早出版的一批成果之一。书中包括 42 张黑白照片，两页对开，每一页都用简短的文字说明每种做爱体位的优缺点。这些照片的质量堪忧（显然是有意为之），既没有露出性器官，也没有露出参与者的面部表情。

　　缺少前者似乎无可非议，因为受到了体位的限制；但不展示模特的面部表情有些怪异。例如，一种体位"是为数不多的……能让双方看到性器官……"，且"这种纯粹的心理效应能够显著增强性快感"，这就很好。但插图里的模特避开了这种快感；他们的眼睛和头避开了我们和对方，似乎看着中间某处的电视。①

　　这样的限制应该显而易见，算不上什么新闻。然而，在过去的五到十年里，似乎有一些新证据表明，这些限制非常易变。当前的限制通常具有正当性，也会获得广泛的支持；转瞬之间，也许在下一年，这些限制就会被悄然打破；再往后一年，人们可能就认可了这样的打破。显然，在框架的问题上，如果当下的经验是公正的衡量标准，规则就可以迅速被改变。

　　d. 群体治疗和其他角色扮演活动也值得一提，因为这一领域浩如烟海的文献是现成的材料，有助于其转换实践（transcription practice）的形式化。② 此时，行动者在负责人的指导下重温经历，大概不只是为了阐明主题，也是为了改变行动者对这些主题的态度。

　　e. 无论是哪一种惯例，调音或未调音，都可能有人出于研究和学习的目的，把它当成一种"实验"进行演练。在这种情况下，人们可以检验假设，也可以进行公正的考试、测量和分析。人们会尽可能保留"自然"条件，除非表演不需要这些自然条件。注意，如果要在此处完全应用"基调"的概念，我们必须假定，活动参与者［实验者、受试者（如果有的话）、科学的受众］对正在发生之事达成了共识，即把它当作一种特殊实验。

　　关于限制的问题再次浮现。人们对反活体解剖运动、德国集中营内的医学研究的反应都体现了这一点。另一个例子是一项令人不安的大脑

----

　　① 参见这篇评论性文章：Christopher Williams in *New Society*, October 2, 1969, p.365, of *Sexual Techniques*, by Mogens Toft, with photographs by John Fowlie（Souvenir Press）。

　　② Eric Bentley 对形式化进行了有趣的探讨，尤其充分讨论了不同形式化之间的相似性与差异性。参见 "Theater and Therapy," in *New American Review*, no. 8（New York：New American Library, 1970）, pp.131–152。

中枢实验——通过电流和化学刺激导致受试者产生一系列实验者所期望的情绪和行为变化。上述种种行为亵渎了人们眼中的神圣的心灵，也亵渎了经验。一个重要的当代案例是马斯特斯（Masters）和约翰逊（Johnson）对女性高潮的研究。①

5. **重组**（regrounding）。我们已经回顾了几种主要的基调：仿真、竞赛、仪式和技艺重演。下面将讨论一种更普遍的类型，也是最为棘手的一个概念。个体进行此类行为表演的理由和动机完全不同于普通行动者。"重组"建立在这样的假设上：一些行为动机让表演者以正常的方式参与活动，另一些动机，尤其是稳定的、制度化的动机则让表演者进入一个不同于正常活动的领域。

下述慈善活动为"重组"提供了例证。在这个例子中，处于社会上层的英国王室的公主在一场救助性的义卖活动里充当售货员，一些平常不可能出现的事情发生了：

> 玛格丽特公主（Princess Margaret）在 25 岁时参加了一场在苏格兰巴勒特（Scotland, Ballater）的一个教堂举办的义卖活动。这个活动在一个周末的晚上举办，她守着其中一个卖尼龙袜和睡衣的柜台。一个年轻的男人从一群女人中挤过来，要买一双尼龙袜。当玛格丽特公主问他需要什么尺码时，男人脸红了，说道："我不知道，不过那位年轻女士的尺码和你差不多。""哦，"玛格丽特笑道，"那你得买8 码。"②

正因为与王室成员交谈往往要遵守严格的规定，这个例子最能证明基调重组调音的强大力量——尽管它无法阻止男人脸红，也无法阻止这个事件成为新闻。[我们无须局限于上层阶级的优雅活动。在设得兰岛（Shetland）的佃农社区，星期天是清洗衣物的日子，也是人们得以从繁重的农场工作中解脱出来休息的日子；如果某个妇女的亲人刚去世，她的邻

---

① 首次发表的报告见于 William H. Masters, M.D., "The Sexual Response Cycle of the Human Female," *Western Journal of Surgery, Obstetrics and Gynecology*, LXVII（1960）：57-72。研究人员对社会生活中最私密、最微妙的活动进行各种各样的控制研究，使个体以一种新的方式成为研究对象。以实验为目的的研究增加了对一些行为的限制，我们很难想象这类限制会如何进一步增加。一种批评的声音可参见 Leslie H. Farber 的"I'm Sorry, Dear," *Commentary*, November 1964, pp.47-54，这篇文章和他批评的研究一样有趣。

② *San Francisco Chronicle*, November 5, 1965.

居就会牺牲周末的几个小时替她劳作;劳动还是同样的劳动,但此刻是为上帝而劳作。]同理,樵夫可能把工作当成一种娱乐①或是强身健体的活动。另一个例子是,地位显赫的人在犯错后会从事卑微的工作,把这项工作当成苦修来赎罪。登山是另一种例证,选择攀爬哪一座山的行为(而非珠穆朗玛峰本身)成为世界第七大奇迹:

> 埃里克·希普顿(Eric Shipton)邀请我陪他去珠穆朗玛峰的东南麓探险……我们在人迹罕至的地方攀爬探索了10天,穿越重重困难,见到了雄伟的冰川。到最后,留在我脑海里的并不是我们的成就,尽管它们如此震撼人心,更令我震撼的是希普顿这个人:他在任何情境下都能保持冷静与惬意;他具有旺盛的探索欲,对在下一座山峰或下一个转角会遇见的东西充满好奇;并且,他具备某种卓越的能力,能把高海拔生活下一切不适、痛苦和不幸当成一场伟大的冒险。②

此外,还有一种现代人不再推崇的规定:新手师从某个手艺人、店主或专业人士,给他们当助手,不领工钱或只领取微薄的薪水,换得学习这门手艺的机会。(在这里,对于专业人士而言的"工作",对学徒来说就是练习的机会。)当然,参与式观察(participant observation)的情况——至少在观察者需要事先表明身份时是如此。

尽管还有一些更微妙的形式,但我们已经考虑了大部分明显的"重组"。法律上可能明确区分普通案件与判例(test case),前者主要由原告主张提起,而选择后者是因为它们明确涉及一项原则:涉案律师和法官希望看到解决方案,尽管这样会让名义上的对手卷入超出他们资源和关注范围的事情。

现在来详细研究一个"重组"的例子:"内华达式的托儿"。此处援引这个例子再合适不过,因为"21点"(Twenty-one)或"黑杰克"(Black Jack)*也涉及此类"重组"。有时,调音会在赌场里得到解释与说明。无论如何,托儿都会按照一定的模式进行游戏,但该游戏的每一个环节都存在系统性的差异,这些差异能让我们识别托儿的玩法和正常游戏的玩法。

---

① 参见 Gregory Prentice Stone and Marvin J. Taves, "Research into the Human Element in Wilderness Use," *Society of American Foresters Proceedings* (Memphis, Tenn., 1956), pp.26-32。

② Edmund Hillary, *High Adventure* (New York: E. P.Dutton & Co.,1955), p.50。

* 1936年,美国内华达州宣布赌博为合法活动,21点游戏(又叫黑杰克)首次公开出现在内华达赌场,热度很快超过骰子游戏,风靡一时。——译者注在一场游戏中，如果没有"活跃的"玩家，或是玩家数量不足，为维持游戏正常运转，官方有正当理由雇用他人当托儿。目前业内的观点是，很多玩家不愿进入一场没有人玩的牌局，而托儿制造了一种行动表象。[因此，在博彩游戏中，托儿也叫"发起者"（starter）。]此外，如果一些玩家不愿意与庄家（dealer）"正面交锋"，托儿也会派上用场。（当然，管理者可能会基于一些不光彩的理由使用托儿，但最不容置喙的理由就是在 21 点游戏中避免上述"正面交锋"，这是受到玩家青睐的一种玩法。）① 下面是一些合法当托儿的规则：

a. 整体玩法：

（1）除非顾客主动询问，否则不要提起托儿这回事，要在他们产生误解之前，悄悄告诉他们你是牌局的发起者；②

（2）庄家或赌池的老板让你何时离开就何时离开；

（3）认真玩牌，但不要沉浸其中；

（4）按庄家的要求洗牌、变更座位或离开；

（5）不要在意庄家的失误；

（6）玩得要快。

b. 筹码方面：

（1）每一局赢一个筹码，如果牌是黑杰克，则赢一个半筹码；

（2）将筹码堆在庄家"目"所能及的桌子中间，赢得指定数量后把积攒的筹码交还给庄家；

（3）不要把玩筹码，如非必要，不要触摸筹码；

（4）进入某场牌局时，用你的托儿"纽扣"兑换 10 个筹码（牌局的最低筹码，但不小于 1 美元），当这些筹码"要输光"时，交出所有筹码并找回你的"纽扣"。

---

① 在内华达州前几十年的博彩产业中，托儿有各种用途，例如作弊，帮庄家"拿走"玩家手头的好牌或"留"给他们一张不利的牌，以欺骗玩家。如今，在游戏中"引入"托儿是为了"打破"玩家持续的"运气"，这一做法的全部意义只是引入了原始社会才会讨论的（"运气"）话题。

② 有趣的是，电话应答服务与这一点相似。标准做法是，在接听电话时，应答人员要像专门为来电者服务的秘书一样回答问题。但是，如果来电者要求应答者提供超出服务范围的信息或帮助，应答者就会打破这种被默认的错误印象。此处参见 Julius A. Roth and Mary Ellen Robbins Lepionka, "The Telephone Answering Service as a Communication Barrier: A Research Note," *Urban Life and Culture*, II (1973): 108。

c. 玩牌规则：

    （1）不分牌（split）、不加倍、要买保险；

    （2）手持软牌（"软17"除外）可以要牌，拿到硬牌（stiff hand）时停止要牌。

这些规则①系统性地改变了21点游戏的特点，遵循这些规则，你就可以让人们误以为整个牌局是游戏，而事实并非如此。

三

在讨论初级框架时，一种观点认为，如果某一个问题适用于两种不同的视角，但人们只能使用其中一种时，区隔问题就会产生，且常常伴随着紧张和戏谑。如前所述，调音也会发生同样的问题，且就事件的本质而言，这样的问题经常会发生。例如，全裸的女模特在某种意义上并非真的"赤裸"；她是一个模特、一具裸体、一件可被称为人体塑像的东西，她把自我出借给一种无生命行为。简言之，这就是身体的显化。在这里，正如前文引述的医学案例一样，我们往往会注意到模特活动的尖锐架构，这种架构的作用是确认前后的界限清晰可辨。裸体绘画的规则可能包含这么一条：禁止绘画者在工作期间吸引模特的注意，因为任何交流（尽管双方都准允这样的交流）都会削弱人们对艺术框架的把握，也不利于排除其他解读框架的干扰——尤其是日常相遇时的那类解读框架。

调音似乎因转换程度的变化而变化。当一部小说被改编成一部戏剧时，转换的程度从松散的（或疏离的）到忠实的（或紧密的）不等，这取决于其内容在多大程度上保留了原始文本。一般来说，就复制品的忠实度而言，第一个问题关乎从原始文本到其复制品的调音次数。当一部小说被改编为一部电影，随后电影又被"改编"为音乐剧，我们会认为后者比前者更远离原始文本。第二个问题关乎框架自身：与木偶剧相比，小说可

---

① "规则"一词引出了一个有趣的问题。人们往往倾向于使用"惯例"，而非"规则"。毕竟，托儿可以遵照不同的引导性行为，不同的赌场可能对托儿有着不同的规定。然而，赌场管理者自己更喜欢使用"规则"一词。他们给新手的指导说明也是以规则的形式呈现的，托儿违反规则将会受到处罚。事实上，一些赌场把这些具体做法写成大纲，并在描述时使用"规则"一词。当然，统一使用某个专业术语也可能造成一些麻烦。

能是更为夸张的故事呈现形式。

一些转换活动片段的特定调音实践可以双向进行，正如一部小说能被改编成一部电影，一部电影也可以被改写成一部小说。另一个例证是等价标点符号，它可以让人们在打字稿和印刷文本之间切换自如。显然，打字稿中的下画线和印刷文本中的斜体字是一个意思，人们可以在任意方向进行转换——要么通过打字录入印刷文本，要么把打字稿印刷出来。

但是，在转换的问题上，上述几何学意义上的视角也许并不可取。我们的目的并不是了解一个片段**如何**基于某种转换规则生产另一个片段，而在于了解同一个模型**如何**产生两种活动片段，并使二者以系统化的方式区别于彼此。例如，同一个剧团连续两晚表演同一出戏剧、两个演员演绎同一部分的内容、不同性别（男／女）的演讲者发表同一内容的美式演讲，人们会觉得上述情形颇为合理，也不会把其中一个版本当成另一个版本的调音。在上述例子中，两个版本都是同一个模型的调音，尽管这两个版本之间的转换需要遵循一定的规则，但只有需要从事这些实践的学生才会对此感兴趣。此外，经过转换的复制品——比如，人物的素描漫画、包含常数的数学表达式——可能遗漏原始文本的一些要素。因此，尽管人们能够从原型转向复制品，但后者所能提供的信息是有限的，不足以支撑另一些方向上的转换活动。但无论如何，人们既可以对比同一文本的两种转换，也可以从一种转换转向另一种转换。一出法语戏剧可以被翻译成英语，我们既可以把后者当成基础文本的第二个版本，也可以把它当成法语表达的"英语调音"。

这里隐含了一个更深层次的议题——可逆性（reversibility）。对某个事件的报道和记录不仅是原始事件的缩影或抽象化，也可能影响真实事件的后续发展。例如，总有人会担心，对犯罪细节的报道会招致更多的"模仿式犯罪"。尽管这样的想法在所难免，这样的情况也确实有可能发生，但我们似乎强烈地感受到，报道和记录不应该是被记录的现实事件发生的原因，此处的因果关系是相反的。进一步而言，有时候，我们现在采取行动的唯一目的是为日后提供确凿的书面证据，以免落人口实。我们举办慈善舞会，相关新闻第二天就会见报，推广慈善的是新闻报道而非舞会本身。当然，如果一位身份重要的政治演说家出席了一个不那么重要的社交场合,为该场合增光添彩,那么,发给主要新闻媒体的文字记录可能是这场表演的原因,而不只是其结果。

现在转向一个一般性的问题(尽管它的形式特殊):调音本身极易受到再调音(rekeying)的影响。我们以各种方式讨论过这一点。尽管排练可能"假戏真做",抢劫演练可能变成一场真实的行动,但更有可能的情况是,排练的内容就是一场戏剧表演,即它本身就是个复制品。通常而言,规划建筑方案的人首先要画出这一方案的草图;同样,军队也会例行对演习进行排练:

> 负责演习的军官会要求排练演习,以对计划进行最终的检查。正式演习来临之前,他会提前组织排练,留出时间纠正错误,并重新调整时间表。他首先会细致入微地排练裁判和攻击方,如有需要,他会反复进行排练,让所有人完全熟悉自己的职责。随后,他会开展全面的排练,并按照同样的流程,逐单元排练。排练时,原先筹备、指挥这场演习的人也要到场,他能决定哪些地方需要改动,并批准实地演习。①

因此,"再转换"(retransformation)和"转换"都是我们必须要面对的问题。特定的活动片段不受再调音数量的限制,且人们的活动可能发生多重调音。比如,莎士比亚的戏剧塑造了两个鲜活的形象——哈尔(Hal)和法尔斯塔夫(Falstaff)。在戏剧里,他们在会见亨利四世(Henry IV)之前对这场会面进行了排练,这就是对舞台的调音。②《纽约客》(New Yorker)杂志曾刊登过一则漫画:两位男模特根据摄影师的指示在棋盘边摆出造型,他们看似沉浸在对弈中,实则在为酒做广告。其中一人对另一人说:"我希望我已经学会了这个游戏。"③[这里存在三种有界(bounded)空间:第一个是未经印刷的空白空间,它揭示的是页面对印刷框架的限制;第二个空间是漫画家涂抹或着色的区域,标志着漫画描绘的领域由此开始;第三个则是**在**漫画中绘制的边界,它展现了画中的摄影师通过镜头

---

① Department of the Army Field Manual (FM 105-5), p.26.

② *Henry IV, Part I*, Act Ⅱ, Scene 4.

③ January 30, 1965, by B. Tobey.

框定的内容，这是漫画对人物造型的调音。①]当然，舞台剧可以以不同形式和风格呈现（比如，从古装到现代服饰），其中，任何一种形式都可以被讽刺、嘲讽、戏仿或广泛地表演，目的在于将传统呈现形式本身当成一种实体，一种可资利用的事物。（因此，在比赛中，裁判的作用在于防止参赛者将比赛当成儿戏，敦促他们认真对待比赛，进而对本没有那么复杂的框架结构进行再调音。）

此前，一些观点认为，基调只能转换已在初级框架中获得意义的东西。现在必须对这个定义加以限制。如前所述，**再**调音不仅作用于初级框架定义的事物，也作用于被初级框架定义的事物的调音。初级框架必须始终在场，否则再调音就会失去其内容；只不过，此时被转换的事物是框架的调音。

四

在本章开头，我们区分了未经转换的现实活动和调音，而调音过程既可以用框架的概念进行描述，也可以用最内层活动或模仿式活动的概念描述。现在我们必须找一些概念处理"再调音"的问题，以把握一些复杂的情况。

每一种框架都可能包含再调音，为便于考察，我们可以将活动的每一次转换视作为活动增添了一个**层次**（layer）或**层级**（lamination）。活动具有双重特征。其一是活动的最内层，戏剧性的活动在此处上演，吸引参与者的关注；其二是活动的最外层，即框架的**边缘**（rim），它与活动最内层的

①　从结构上来说，这句妙语显然不是漫画造型的一部分，这部分内容与那位全神贯注的摄影师有关，但它没有出现在摄影师拍摄的图片中。不过，这些文字物理性地嵌入漫画家涂抹的区域，它们不受漫画描绘的场景空间的限制。这些文字可以出现在"被拍摄的"空间的对话框里，却不会造成任何混乱。原因在于，我们一方面把空间当成一种场景再现，另一方面把它当成一种文本再现，这种双重处理方式是漫画框架遵循的基本惯例之一。（此处引自未发表文章：David S. Marshall，"A Frame Analysis of the Cartoon," University of Pennsylvania，1971。）在印刷与漫画的边界问题上，弗赖伊（Fry）进行了补充说明：

漫画框架本身有其特殊的构成——包括语言和非语言。首先，它们出现在杂志和报纸上，这一事实赋予了漫画特殊的复杂性。然后，它们总是被线框或空白的宽边框与其他材料隔开，常常还会有标题标注它们的类别（但这并非必需）。重要的是：漫画所传递的信息是"这幅图不是真实生活的写照"或"这幅图不是真的广告"，依靠这种传统的信息线索，漫画成其所是。客观地说，人们在辨识卡通画时基本不会犯错，这是非常了不起的事情。（*Sweet Madness*，p.143）

复杂性无关,但阐明了这项活动在现实世界中的状况(status)。因此,小说对 21 点游戏的描述有着自身的边缘,这是一种特殊的仿真形式,也可称之为"戏剧脚本";最内层则是人们积极卷入 21 点游戏的领域。戏剧的排练是一种再调音,正如戏剧中上演的排练戏是脚本内容的一部分;但上述两种情形的活动边缘迥然相异,前者是一场排练,后者是一出戏剧。显然,这两种排练在现实世界中有着极为不同的地位。如果某项活动完全由初级框架框定,那么这项活动的边缘和最内层核心将完全相同。当某人说另一个人没有严肃对待某事,或称另一个人把某事当成玩笑,那么这个人的意思是,无论这件事是否存在不同的层级,它的基调都被另一个人变成了玩笑,而这样的转换是不合时宜的。事实上,人们很可能借别人讲的笑话来开玩笑,此时,个体并未认真建立一个框架——这一框架涉及不严肃的调音。最后,通过标出某个特定框架的边缘,我们得以识别不同的框架,例如,"排练框架""戏剧框架",等等。不过,有一点需铭记于心:通常情况下,我们所描述的不是作为整体的框架,而是它所维持的调音。

第四章　设计与捏造

一

调音可以逐次转换活动片段,通过这种方式,活动片段成为其他事物的模型。换言之,调音是展现活动脆弱性*的基本方式。转换还有第二种脆弱性:捏造(fabrication)。这指的是某人或多人有意识地操控一些活动,诱导他人对正在发生之事产生错误的认知。捏造是一种恶意的设计(design),一旦捏造者的阴谋或阴险计划得逞,事实就会被歪曲。可见,某个活动片段通过两种方式干扰世界的运行,这种模型的设计包含两种再造方式:调音和捏造。

此处有必要引入几个概念。操纵者、捏造者或行骗者,指的是设计骗局的人,而蒙在鼓里的人往往受制于人(contained),被捏造或构造(construction)所影响,这些人可被称为受骗者(dupe)、"冤大头"(mark)、"鸽子"(pigeon)**、笨蛋(sucker)、笑柄(butt)、受害者(victim)、蠢货(gull)。当两个或更多的参与者合谋策划一个骗局时,往往要进行秘密交流,即使并非必要,他们也具有私下密谋的动机。这便是串通(collusive communication),合伙的行骗者将构成一张共谋网络(collusive net),将受

---

* 戈夫曼在本书,尤其是在第十二章中大量使用了"vulnerability"一词,意在说明,由于社会活动常常发生转换,受到再框架化的影响,因而总是不稳定的、脆弱的、易变动的。此处将 vulnerability 译为脆弱性,并根据语境将下文中出现的形容词形式"vulnerable"译为"脆弱的""易受影响的"。——译者注

** pigeon 为美国俚语,鸽子易被圈养驯化为信使,因此也被用于指称愚蠢、容易受人蒙蔽的人。——译者注

骗者排除在外。①

捏造和调音同样需要使用模型,即使用某个已从初级框架中获得意义的事物。但是,调音会刻意引导所有参与者对眼下之事达成共识,捏造却追求参与者之间的分化和差异。[讽刺作品与戏仿本身就是一种复制品,如果缺少这一共识,它们就没有任何意义。当然,贝多芬在改编《天佑吾王》(God Save the King)时有意说明了其来源。相反,剽窃者则会秘密地进行抄袭。]

在一场骗局中,"正在发生的事情"是捏造;对受骗者而言,正在发生的事情则是**被捏造出来的**(fabricated)。这种框架的边缘是一种构造,但只有捏造者会这么看待它。

捏造与调音的不同之处在于,它会使人丧失信誉。当受骗的一方发现真相,他曾笃信的"真实"如今变成骗局,"真实"便轰然倒塌,毁于一旦。此处的"真实",正如詹姆斯所说,是人们对正在发生之事的认知,它"主导"并驱逐其他一切理解。

现在需要稍微调整一下概念。欺骗的另一面是未经转换的活动、调音和再调音,这些活动统称为"直接的"活动(straight activity)。捏造的框架经过设计,参与者难以觉察其边缘;但在直接的活动中,所有相关人员都能清晰地认知框架的边缘。

---

① 个体通过框架化的线索管理共谋(collusion),其中一些线索是标准化的,具有社会历史性。例如这一解释:

……眨眼?当然,它依然存在于巡回剧团在北部荒凉谷私下演出的老派滑稽戏里,只是现在人们已经不会把它当作英式生活的主要特征了。善于交际的人会把一个手指放在鼻头,狡诈地眨眼;喜剧演员的眨眼往往值得信任;年轻、活泼的牧师会以愉悦的眨眼默许放宽教区聚会的限度;投机取巧的赌徒会意味深长地眨眼;纵酒作乐之人会对未设防的女性轻佻地眨眼;金融家的眨眼示意和点头一样稀松平常——眨眼不仅从小说里消失了,也基本上从生活中消失了,随之而来的后果便是,生活失去了往日的丰富多彩,愈发拘谨、乏味。[Punch, March 28, 1962,感谢唐·布雷特(Dawn Brett)帮我找到文本。]

共谋渠道一旦建立,就能顺理成章地用于所有与框架相关的意图,例如:警示他人,暗示第三方说的话是谎言,不能仅从表面理解这些话语。因此:

有时,如果黑帮成员想要和其他人谈论在场的第三方,就会使用"船"(ship)、"宾尼"(Binnie)、"小山"(hill)、"每天"(daily)这样的字眼。"扬帆的船"(ship under sail)、"宾尼·哈勒"(Binnie Hale)、"山谷"(hill and dale)、《每日邮报》(Daily Mail)是"谎言"(The Tale)一词的同韵俚语,只是被简化得只剩下开头,但更具隐蔽性。[Jim Phelan, The Underworld, (London: George G. Harrap & Co., 1954), p.161.]

重申一遍，由于框架同时包含参与者的反应和参与者正在回应的世界，因此每个参与者对事件的清晰认知必然具有自反性；要正确看待一个场景，就必须把对这一场景的看法当成场景的一部分。

"失信"（discreditation）*的概念衍生出一些问题。随着新的情境定义确立，原来的定义必将结束。例如，两个人下完跳棋，开始修剪草坪。简言之，人们对情境的理解自然而然地结束了。情境也会被粗暴地打断。例如，人们为了灭火停下手头的跳棋比赛、夏季发生的电路故障使剧院观众不得不离场。此时，参与者与他人共享欢乐时光的愉悦心情可能烟消云散，且注定无法在同一场合重拾这样的心情。一个男间谍的回忆为此提供了示例：

> 夏天，富人们云集里加海湾（The Gulf of Riga），游艇星罗棋布，我在海湾中扬帆度过许多欢乐时光。有一次在周末的出海令我印象深刻，来自施瓦茨豪普特家族（the Schwartzhaeupter）的一位富翁举办了一场盛大的新船入水仪式，我和几个英国朋友一同参与其中。船在德维纳河（the River Dvina）航行时，我们豪饮伏特加；即将抵达波涛起伏的波罗的海（the Baltic）时，大多数乘客喝得迷迷糊糊，摇摇晃晃。尼基·巴林斯基（Niki Balinski）是一个英俊的年轻人，他全程坐在船舱顶，用巴拉莱卡琴为我们演奏欢快奔放的歌曲。他一条腿残疾，戴着沉重的铁制假肢，但凭着出色的演奏和悦耳的歌声，他成为整场派对的灵魂人物。然而，一场突如其来的飓风袭击了我们的船（就是那场让波罗的海闻名于世的飓风），船猛地倾向一侧，正唱着吉卜赛恋歌的尼基从船舱顶掉进海中，沉重的铁制假肢立刻将他拽入白浪之下，他再也没能浮出水面。船上的人被这场可怕的意外吓得惊慌失措，大家搜寻了几个小时却无功而返。回到岸上报警时，大家极力地克制着自己的悲伤情绪。①

---

* 戈夫曼在本书中多次使用"discredit"一词及其变形，例如"discredited""discreditation"，强调个体因捏造、欺骗等行为受到他人怀疑，然后失去信用，名誉受损；在具体的翻译中，我们采用了多种译法，比如将"discredited"译成"受到质疑的""信誉受到损坏的"或"不可信的"，而在此处则用"失信"对应其名词形式"discreditation"，在后文还采用了诸如"丧失信誉""声名狼藉""不足为信"等译法，具体依语境而定。——译者注

① John Whitwell, *British Agent* (London: William Kimber & CO., 1966), pp.66–67.

不过,无论是按部就班的(或"自然的")结束,还是意料之外的中断,表演者都能另择时机重新开始被中断的表演。尽管眼下的情境定义受到干扰,但参与者仍可能通过同样的方式重新定义事物。捏造则是另一种干扰,将彻底改变参与者再次卷入此类活动的能力。

为便于分析,我们可以依据多种标准——持续时间、参与人数或被操纵的材料——对捏造进行分类。因此,动机可以被捏造,意图、手势、意志坚定或意志薄弱的表现、声明、人工制品、个人身份、场景、对话、大型工厂、一阵狂风、事故、偶然事件、一伙打扮成阿拉伯囚犯的以色列突击队员和一群准备突袭劫机者的航空机械师①以及特洛伊木马等也能被捏造。事实上,即使是游猎时看到的丛林也可能是捏造的——比如,打猎向导提前对一群狮子进行训练,让它们在听到一声超出人类听觉范畴的高音哨声后到特定地点捕食。之后的两周内,他带领团队在森林中穿行、狩猎,先是凭借高超的丛林技巧将狮子之外的一切猎物收入囊中,最后引导顾客来到狮子会"突然"现身的捕食之地,让他们掠夺和征服这陌生而危险的原始自然,获得无尽的满足。② 我所说的分类与分析正是针对捏造所造成的这种后果。

二

考虑一下**善意**的捏造(benign fabrication)。此类捏造自称是为了受骗者的利益考量,至少不会损害他们的利益。如果这种设计不小心被揭露,使受骗者对后续操作起了疑心,行骗者的品德也不会受损。善意的捏造本身具有各种各样的形式。

1. 所有社会都存在所谓的"玩笑式的欺骗"(playful deceit),即出于玩笑的目的公然欺骗他人。这样的欺骗是无害的、不严肃的、转瞬即逝的。换言之,受骗者将很快得知这是个"善意的""消遣性的"玩笑,他知道自己的利益没有受损,甚至他自己也曾开过这样的玩笑。在某种意义上,他一直在等待骗局被公开揭露的时刻,以便他能参与到玩笑中,一起

---

① 报道见于 *Time*，May 22, 1972。

② Alexander Lake, *Killers in Africa* (New York: Doubleday & Company, 1953), pp.40-43.

嘲笑此刻已经从他身上剥离的那一部分自我。① 为确保事件被置于正确的框架中，爱开玩笑的人会找到可以共谋的第三方旁观者，让他们从一开始就嬉皮笑脸、半遮半掩地参加这场捏造。如有需要，他们会找到合理的证据表明这只是个玩笑。（如果找不到这样的锚点，行骗者或许会意识到自己玩过了头，只得继续捏造，并设法让被捏造之事永远成为事实。）在上流社会的玩笑中，旁观者也许会保守秘密，始终"绷着脸"，但也会觉得加入这场捏造有些残酷，毕竟，合伙把他人当成"笑柄"是很失礼的事情。②

玩笑式欺骗的内在组织程度和目标性质各不相同。最不正式的是"开玩笑"（kidding），这种欺骗行为只持续一个词、一句话或是一轮交谈的时间，话音刚落，开玩笑的人便会告知对方这只是个玩笑。稍微组织化一些的叫"愚弄"（leg-pull）：受骗者在他人的假意差遣下做了很多傻瓜差事，比如被打发在商店关门那天购物或是被遣去借一把左撇子才会使用的活动扳手。又如，贫民窟的黑人少年常常乐此不疲地假装斗殴，以此戏弄、挑衅巡逻警察。

尽管愚弄一般是无害的、任何社会圈子的人都可能遭遇的行为，但它也可能变味，这体现了转换能力的局限性。受骗者没有必要，也不能把玩笑当回事，但他必须严肃地意识到：那些愚弄他的人认为这样做是被允许

① 我们必须严格区分玩笑式的恶作剧和各种各样的"骗局"（put-on），后者也是一种恶作剧，却不那么单纯。在非正式对话中，如果言说者（speaker）想要卖弄学问（无论多么谦虚和巧妙），他就会故意说错话，诱导他人纠正自己，对方也会在此时意识到自己暴露了好胜心，因为言说者只是假装无知并刻意暴露缺陷。更严重的是，爱开玩笑的人会在受骗者周围构建一个虚假的对话世界，让受骗者误以为自己非常了解对方的立场和性格；随后，爱开玩笑的人继续根据刻板印象补充不太可信的论点并表达感受，直到他离开后，受骗者才慢慢意识到自己一直是个笑柄。同样，爱开玩笑的人会吹捧受骗者，并对后者做出各种保证，直至后者发现自己被耍了。当然，这些灵光乍现可能会演变成小骗小骗。例如，据说，市中心的黑人喜欢"玩游戏""找乐子"和"占便宜"，包括用谎言暂时蒙骗他人、夸大事实或戏弄与自己多少密切相关的人，这种对在场者的恶作剧已经成为一种需要适应的普遍模式。参见 Boone Hammond, "The Contest System: A Survival Technique" (Master's thesis, Department of Sociology-Anthropology, Washington University, 1965)。关于一般的骗局的观点见 Jacob Brackman, *The Put-On* (New York: Bantam Books, 1972)。

② 在罗马的晚餐派对上，玛格丽特公主赞美了萨姆·施皮格尔（Sam Spiegel）的法贝热牌金雪茄盒，柯克·道格拉斯（Kirk Douglas）看到后，故意为难施皮格尔，让他把烟盒当成礼物送给公主，以"加强盎格鲁和美利坚的关系"。据报道，施皮格尔面露难色，但还是奉上了盒子，公主优雅地接受了。报道称，大概十分钟后，公主想结束这场玩笑，却发现烟盒被人从她包中取出，在全桌人手里传递，因此，整个派对变成一场玩笑。在这样一群人中发生的这场玩笑实在过于失礼，报社用三张图片、四个专栏的报道对玩笑的边界展开了讨论。见 *San Francisco Chronicle*, October 17, 1965, report by Roderick Mann from the *London Express*。

的,甚至是恰当的。在小型的社交圈子里,总有人时常被捉弄,也总有某些人(且总是那几个人)免遭此难。

再看看"令人难堪的戏弄"(practical joke),行骗者精心捏造了受骗者的非语言环境,使他对眼下之事产生误解,而行骗者本人往往无法在当场看到结果。(正如柏格森所述[1],行骗者篡改了受骗者的部分世界,即使受骗者像往常一样采取有效的预防措施,"使自己的行为与现实世界保持一致",却依然会"机械般僵硬",难以维持自我的引导性行为。)

接着考虑一下惊喜派对(surprise party),一种常见于美国中产阶级的仪式性捏造。受骗者被带去见一位朋友,却发现等待他的是庆祝者和礼物。较之恶作剧,惊喜派对需要大量的组织工作;较之"令人难堪的戏弄",惊喜派对则明显缺乏敌意——受骗者对活动情节稍加回忆便能接受这个阴谋,也能接受它给生活带来的乐趣,何乐而不为呢?[2]

不管如何大操大办,惊喜派对通常只为一人举办。玩笑式的捏造(即便只是场恶作剧)可以针对更广泛的目标,例如某个群体。这类捏造常被称为闹着玩(lark)或戏弄(rag):

> 剑桥市,马萨诸塞州(Cambridge, Mass)——昨天一早,哈佛大学(Harvard University)的学生收到了"哈佛大学要放弃校际橄榄球赛"的消息,众人皆惊。
>
> 这则头条新闻来自哈佛大学校报《哈佛深红报》(*The Harvard Crimson*)特刊,里面引用了哈佛大学校长内森·M. 普西(Nathan M. Pusey)的原话,表示校董会已经批准,这个赛季后不再将橄榄球纳入校际比赛项目。
>
> 然而,整件事都是一场精心策划的恶作剧。
>
> 这份单页"特刊"来自《达特茅斯报》(*The Dartmouth*)——哈佛"藤校姐妹"的校报。周六,哈佛大学在橄榄球比赛中以 14∶0 完败达特莱斯学院。
>
> 《达特茅斯报》的联合编辑纳尔逊·利希滕斯坦(Nelson Lichten-

---

① Henri Bergson, *Laughter*, trans. Cloudesley Brereton and Fred Rothwell (London: Macmillan & Co., 1911), pp.10-11.

② 电视节目《这是你的生活》(*This Is Your Life*)是这种情况的商业化版本,预先选定的嘉宾因一些故人的出现获得"惊喜"。

stein)透露,他们的工作人员在夜里将这份周日"特刊"送到了哈佛大学和拉德克利夫学院的宿舍。[1]

还有一种玩笑式的欺骗是"矫治性恶作剧"(corrective hoax)。这类捏造往往涉及广泛的观众(通常是广大公众),其目标是寓教于乐。观众通常很容易上当受骗,这正是问题的所在。这个问题隐含着这么一种观点:管控公众利益的人已经被冻结在自己的角色中,无法正常发挥角色的功能。因此,行骗者有时希望社会原谅他们所有的非法行径,因为这种恶作剧具有教育性意味,也无人因此获利。但是,恶作剧的直接目标对象(受骗者)往往不会用善意的视角看待这种事。这样的例子比比皆是:

> 昨天,在鲍威尔街(Powell street)和萨特街(Sutter street)上演了一场虚假犯罪,目的是证明,在光天化日之下实施暴力抢劫只是小菜一碟。
>
> 乐天派俱乐部(Optimist Club)策划了这场表演,以提醒公众警惕旧金山的街道高发的危险犯罪行为。
>
> ……
>
> 事情按计划进行:麦金尼小姐(Miss McKinnie)从萨特街拐入鲍威尔街,此时,(乐天派俱乐部的)克雷莎莉亚(Cresalia)靠近她,从她身后抢走她借来的价值185美元的染色法国兔毛大衣和价值285美元的金手镯,然后逃向联合广场。
>
> 这场表演已提前告知警方。[2]

矫治性恶作剧似乎特别适合记录在案,因此留下了数量可观的文献,其中大多数是传记类作品,也有一些特殊的类型。[3] 在现代社会,体现这种捏造的最极致案例是"无畏舰恶作剧"(dreadnought hoax)*——职业行

---

① *San Francisco Chronicle*, October 25, 1965.

② 详见 Maitland Zane, *ibid.*, July 13, 1966。

③ 引自 Curtis D. MacDougall, *Hoaxes* (New York: Dover Publications, 1958)。

* 无畏舰恶作剧是指,1910年,霍勒斯·科尔组织一小群文人(包括男扮女装的伍尔夫)乔装打扮成一个阿比西尼亚使团,假意要向英国皇家海军购买大量装备,在无畏号战舰受到舰长的隆重接待。这群人用黑色颜料涂黑皮肤,斥巨资购买华丽的珠宝服饰,用拙劣的方式模仿阿比西尼亚的语言,尽管漏洞百出,但依然没有受到舰队军官的怀疑,直至三天后,这群人自觉无趣,将事情告诉了报社。——译者注

骗者霍勒斯·科尔(Horace Cole)、弗吉尼亚·伍尔夫(Virginia Woolf)和几个朋友欺骗英国旗舰的海军上将,故意在喝茶时透露了一个皇家使团——包括两位阿比西尼亚(Abyssinia)*王子即将到访的消息。① 注意,愚弄需要找到可靠的共谋者来确保效果,但这不足以维系一场精心策划的骗局,行骗者必须使用具有法律效力的手段(将盖有时间戳的供状交给值得信赖的人,或是将可能泄密的名字倒着拼写),这样一来,当有人发现端倪,他们还能提供充分的证据。② 哪怕只有一个受骗者,一旦矫治性恶作剧开始实施、公共机构和媒体开始卷入,事情就很难收场。③

玩笑式捏造(playful fabrication)有一个明显的界限,一旦超出这个界限,受骗者的道德和精神素质就会被质疑,人们会指责他"缺乏判断力"。无论如何,玩笑式捏造的界限不需要通过法律来划定,打破限制的人也不会触犯法律。愚弄不能太复杂,也不能让受骗者误以为社会情境发生了重要的变化而开始重新调适——无论这些变化源自受害者因受人诱导而产生的不切实际的、很快就会被证伪的幻想,还是一些无凭无据的坏消息(比如,失业或者爱人去世)。

2. 紧接着的是"实验性恶作剧"(experimental hoaxing),即以方法论为基础进行人类实验的行为,被试对实验内容毫不知情,甚至不知道正在进行的是何种实验。向被试保密可能是一种保护措施,以防他们故意改

---

* 阿比西尼亚,埃塞俄比亚联邦民主共和国的旧称。——译者注

① Joseph M. Hone, "The Abyssinian Princes Who Outwitted the British Navy," in Alexander Klein, ed., *Grand Deception* (New York: Ballantine Books, 1955), pp.112-115.

② 例如:

一些参与过第二次世界大战的退伍军人未按规定在1923年之前申请津贴,但罗德岛参议院(Rhode Island Senate)仍给每人发放了一百美元。为终结或至少揭露这一乱象,1936年,一位共和党成员在民主党控制的立法院内提出一项法案,提议向第十二机关枪营的伊万·O. W. 特耐斯巴(Evael O. W. Tnesba)中士发放津贴。立法院一致同意即刻审议,一位民主党参议员对此表示支持,法案得以通过。直到有人将机枪手的名字倒着念(Evael O. W. Tnesba 这一名字倒着拼写即为 absent O. W. leave,意为"缺席、离开"——译者注),这一决议才被重新考虑。(MacDougall, *Hoaxes*, p.280.)

同样,芭芭拉·怀特纳(Barbara Whitner)(*Time*, October 5, 1970)组织了十一位同伴,证明任何人都能在加利福尼亚州得到福利救济,因此,一些不该领受救济的人也得到了该项福利。她显然进行了一些控制:"为了保证他们不被起诉诈骗,这群人在所有的支票、食品救济券和免费医疗卡上写上了这么一行字'任何时候都不可用于抵押——行骗者股份有限公司(Cheaters, Inc.)'。"

③ MacDougall, *Hoaxes*, pp.285 ff.

变自己的反应,例如,自我肯定或者迎合实验者,让实验者得到想要的结果。实验结束后,实验者通常要告诉被试刚刚"实际上"发生了什么,并争取后者对实验的支持。① 如果实验具有科学价值,被试也没有受到实际伤害,他们就能积极接受发生在自己身上的一切。通常情况下,某些表面上的被试"实际上"是实验控制的一部分,他们被称为托儿(shill)、替身(ringer),或是同谋(confederate)。甚至可以说,几乎所有在高等院校主修心理学的学生都曾在实验中受过骗,当然,不少人也当过托儿。

不难发现,被试"受骗"本身就是一种明显的实验。在这种情况下,实验性恶作剧显然是对活动调音的捏造,因为实验本身是对现实活动的调音。② 就像再调音可能会发生,调音的捏造亦然;调音的捏造将导致框架获得两个分层,这两个层级都有别于未经转换的事件,而其中之一则有别于直接的活动。

最近,实验者设法在自然环境、街头和公共建筑里搞恶作剧。实验者依次接触被试,假装偶遇,使后者对眼下之事产生短暂的错误印象。实验结束后,被试也不会发现实情,因为这种骗局短暂且微不足道,被试通常乐于帮忙。③ 例如,为了修订语言调查中未得到反馈的部分,一位优秀的语言学家向被调查者隐瞒了自己正在调查发音问题(如果他们得知此事,就可能调整自己的说话方式),并使用如下计策来获得反馈:

---

① 这是阿施(Asch)在 1951 年进行群体压力实验时的声明。因为发布得早,这份标准的声明让人倍感新颖。实验涉及七个"行骗者"和一个"受骗者":

访谈结束时,每个被试都清楚地获悉了实验目的,也了解了自己和大多数人的角色……此外,实验者必须在充分阐明实验条件之后才能让被试离开。实验者必须解答被试的疑惑,说明如此设置实验情境的原因。[S. E. Asch, "Effects of Group Pressure upon the Modification and Distortion of Judgements," in Eleanor E. Maccoby et al., eds., *Readings in Social Psychology*, 3d ed. (New York: Henry Holt & Company, 1958), pp.175-176.]

② 为避免一些特定因素的影响,实验者往往会将被试抽离后者眼中的现实世界。换言之,被试将面对一个通过严格的随机抽样产生的世界。例如,被试以为自己正在玩一个射弹珠游戏机,但事实上,小球被偷偷藏进特定的洞中,目的是控制游戏结果、考察被试应对这些标准情境的反应。或者,被试以为自己正与另一个被试交流,但后者其实是实验的合作者,他基于不同的可能性回应被试。而且,实验者将引导被试相信自己正对着隔壁的另一个被试答话,但事实上,实验提前设置了对被试行动的回应。因此,与他互动的不是一个人,而是某个研究设计。[后一个例子参见 Richard and S. Lynne Ofshe, "Choice Behavior in Coalition Games," *Behavioral Science*, XV (1970): 337-349.]尽管实验者基本尊重人的身体,却不关注被试的经验,后者实际上也需要得到尊重。

③ 涉及公共秩序的实验和一些恶作剧颇为相似。比如,艾伦·芬特(Allen Funt)和他的电视节目《真实镜头》。只不过,芬特需要在法律上获得被摄者的使用许可。

美国语言调查（ALS）电视访谈通过使用五项变量来获得未做出回应的被试的信息。它原本是为那些拒绝参与常规 ALS 访谈的人设计的，后来被应用于田野调查时没能接触到的人。

如果被试没有电话或没有登记电话号码，ALS 电视访谈将以面对面的形式进行。如果被试之前已经拒绝过某个访谈者，那将由另一位访谈者来访问他。如果被试的电话号码登记在册，ALS 电视访谈将通过电话进行以电视为主题的访谈……在访谈前半程，我们会询问被试从不同频道看到的电视画面的质量。研究者会对已经拒绝常规 ALS 访谈的人进行筛选，选定一个可能给出最多反馈的人。实验设计的每个问题至少抽取一个特定变量样本。

"你觉得哪一个频道的接收效果最好？哪个最糟？你最常看的频道是什么？最不常看的呢？"

通过这些问题，我们将获得一些发音样本，比如，**four** 中的"r"、**thirteen** 中的"th"，包括将在第十章中讨论的两个辅助变量：**nine** 的元音发音和 **thirteen** 的第一个元音。

考虑到变量"eh"通常不会出现在短期观察中，我们抽取了"bad"一词。

"你认为这个情况**很糟**（very bad）还是**不太糟**（not so bad）？"

为了获得统一的答案，我们必须在提问中使用"bad"一词。同时，为减少提问对被访谈者的影响，调查者刻意强调"很"（very）和"不太"（not so）这两个词，含糊不清地念出"bad"一词，以模糊访谈者真正使用的变量。[①]

目前提到的这些实验具有一些典型的特征：持续时间短、局限在特定的空间。此类实验还存在其他可能的形式。用于"治疗"的评估研究涉及更多人，支持更多重操作，所以更能体现框架限制的问题。[②]

实验性恶作剧和另一种社会科学方法——隐秘的参与式观察——形

---

① William Labov, *The Social Stratification of English in New York City* (Washington, D.C.: Center for Applied Linguistics, 1966), pp.182–183.

② 在这里，社会学家和心理学家都是欺骗者。参见 La Mar Empy and Jerome Rabow, "The Provo Experiment in Delinquency Rehabilitation," *American Sociological Review*, XXVI（1961）：679–695。

成了有趣的对比。① 就后者而言，被观察的活动不像实验性的活动那样出于研究的目的被创造出来；而且，事情就算败露，也不会破坏整体活动，只会破坏真实参与者和观察者的社会关系，让参与者无法像往常一样看待观察者。如果观察者暴露了身份，他可能以科学研究为借口进行辩解，但通常难以服众。此后，观察对象可能因此耿耿于怀，这显然无可厚非。

迄今为止，实验性恶作剧频发于各大高校，但其正当性问题尚未得到足够重视，这也不难理解。② 但近来，医学伦理问题引起了公众对道德底线的关注。例如，一个涉及"隐瞒"的问题：实验者有权向被试隐瞒身份，或者在身份暴露时继续隐瞒实验目的；另一个问题涉及实验的各种风险：被试可能在完全不知情、未同意的情况下面临危险。例如，切斯特·索瑟姆医生（Dr. Chester Southam）的癌症研究③、斯坦利·米尔格里姆（Stanley Milgram）有关威权服从的心理学研究。④ 当然，这些担忧表明，德国集中营建立的医学实验模式在人们心头留下了挥之不去的阴影。

3. 作为一种职业培训的辅助方法，"训练式恶作剧"（training hoax）方兴未艾。新手以为自己正在从事一项真实的工作，最后才发现，活动受到秘密控制，与真实世界相隔绝。（据说，英国情报机构的"训练技巧"是直

---

① 对此案例的报道可见 Kai T. Erikson, "A Comment on Disguised Participant Observation in Sociology," *Social Problems*, XIV (1967)：357-366。

② 正如之前强调的那样，这种恶作剧并不完全是恶作剧，因为实验框架并未创造一个测试被试的环境，而是创造了这么一个环境：被试试图发掘实验者想从自己身上得到的信息和能让实验成功的条件，即实验对被试的要求。见 Martin T. Orne, "On the Social Psychology of the Psychological Experiment：With Particular Reference to Demand Characteristic and Their Implications," *American Psychologist*, XVII(1962)：776-783；Robert Rosenthal, "On the Social Psychology of the Psychological Experiment：the Experimenter's Hypothesis as Unintended Determinant of Experimental Results," *American Scientist*, LI(1963)：268-283；and Neil Friedman, *The Social Nature of Psychological Research：The Psychological Experiment as a Social Interaction* (New York：Basic Books, 1967)。

③ 参见这篇报道：John Lear, "Do We Need New Rules for Experiments on People?" *Saturday Review*, February 5, 1966, esp. pp.65-70。这个特殊议题关注的是，为了研究排异反应，医生向一个老年患者注射基本无害的癌细胞，但患者并不知情。与这一系列问题相关的文献集参见 Jay Katz et al., *Experimentation with Human Beings* (New York：Russell Sage Foundation, 1972)。

④ 见 Stanley Milgram, "Behavioral Study of Obedience," *Journal of Abnormal and Social Psychology*, LXVII, no. 4 (1963)：371-378；"Some Conditions of Obedience and Disobedience to Authority," *Human Relations*, XVII (1965)：57-76。在明确告知电击危害性的情况下，实验者要求被试对另一个人（实际是托儿）实施电击，以对被试施加压力。

接让情报人员亲身体验饥饿、严寒和严刑拷打。)①或者,受训人员知晓内幕,却在毫不知情的大众面前开展训练。有时,被欺骗的人会在练习结束后得知真相,例如,情报组潜入地方机构练习窃取文件,并在任务结束后汇报安保工作的不足。有时,这个秘密不会被揭穿:三年级的医学生可能在医院实习,但患者对此一无所知。一本侦查员手册推荐了如下训练步骤:

> 在侦查员眼中,经验无可替代。就算没有真实任务,侦查员也要练习隐藏或尾随技巧,找到工作的感觉。在开车时留心观察陌生车辆在视野中停留的时间是非常简单的事情。在外出散步时,要把测试自己能够秘密尾随一位路人走多久当成有趣的游戏。就算被路人发现,你也没什么损失。②

读者可能会在书中看到对某个英国黑社会人物的如下描述:为确保自己能在光天化日之下临街抢劫一位财务人员,劫匪在不同的地点绑架了一些人,以测试作案计划的时机。而被绑架的人并不知道发生了什么,甚至当他们被捆着扔在大街上时也一头雾水。③

4. 有一类捏造与训练式恶作剧颇为相似——为了测试对象的忠诚度和人格而欺骗不知情的人。这种"重要考验"(vital test)的经典案例是:全知全能的上帝允许撒旦(Satan)引诱约伯(Job)("看哪,凡他所有的都在你手中,只是不可伸手加害他"),尽管灾祸降临,约伯仍始终坚持自己的信念。在考验结束时,考验者对约伯的家族、财物和房产无计可施。因为坚持原则,约伯获得了两倍于其原始财产的奖赏和长期的资本收益。此类考验与演示类似,但被操作的"设备"是个人,并且,为了使考验有效,他必须被蒙在鼓里。

"重要考验"最常使用的伎俩是信息控制:怀疑同伴的忠诚性的人会刻意透露一些策略性的信息,通过观察信息最终是否被泄露,来判断对方是否真的背叛了自己。情报人员用这种手段考验职员的忠诚性,据说有

---

① 见 Greville Wynne, *The Man from Moscow* (London: Hutchinson & Co., 1967), pp.92-95。

② Jacob Fisher, *The Art of Detection* (New York: Sterling Publishing Co., 1961), p.96. 当随机选中的对象发现自己被尾随后,他会全面反思自己的生活,试图寻找原因;他原本轻松的心情会发生什么样的转变无疑是个有趣的问题,但费希尔(Fisher)并没有进一步说明。

③ Phelan, *The Underworld*, pp.81-82.

时甚至危及性命。例如，故意把突袭某地的计划告诉不受信任的间谍，突袭目标是否有所预料就成了检验该间谍忠诚性的证据。（针对这种考验制定假设性的反击策略已经成了情报评论员的谈资，他们关注的问题是：为了保护秘密的通信渠道，政府需要在多大程度上防止内部人员向敌人透露秘密计划。）一些执法部门为此提供了例证：

> 苏格兰场（Scotland Yard）（芝加哥警方情报部门的俗称）的警察怀疑一些初审法院职员在警察提交搜查令申请时窃取信息，给诈骗犯通风报信。于是，苏格兰场在法官的电话上安装了窃听器，随后让一位警察去法官的办公室申请搜查令。几分钟后，他们窃听到法官的书记员致电犯罪团伙在市区的办公室，透露了警察即将进行突击检查的消息。①

大型组织也会进行"重要考验"，以测试雇员的诚实、效率和礼节，但只有在涉及某个全新的组织时，这样的考验才会成为新闻：

> 阿雷格里港，巴西，9 月 14 日（美联社）［Porto Alegre, Brazil, Sept. 14（AP）］——当两名警察发现偷车的嫌疑人是他们的主管——中校佩德罗·阿梅里库·利尔（Pedro Americo Leal）时，他们大为震惊。事后，利尔解释说，这是在测试他们的警惕性。
>
> 主管向他们表示祝贺，并建议他们可以提高反应速度，否则也不用追他两条街区。不过，他们比另外两名警察幸运，后者值班期间在一个房间里关着门睡觉，被利尔抓了个正着。②

除了非个人组织，家庭中也会进行这样的考验：

亲爱的阿比（Abby）：

> 罗伊已经和我在一起三年了。我们之间并非儿戏，因为我们都已年过半百。
>
> 罗伊好几次提到结婚，但没有明确具体时间。
>
> 我总怀疑罗伊与其他女人纠缠不清，但他一直说我多虑了。因此，我决定考验他。我以其他女人的名义给他写了一个便条，说我曾

① Samuel Dash et al., *The Eavesdroppers*（New Brunswick, N.J.: Rutgers University Press, 1959），p.221.

② *Philadelphia Inquirer*, September 15, 1968.

在某处对他一见钟情,邀请他在特定时间和地点见面。我在约定时间去了"约会地点"躲了起来,清楚地看到精心打扮过的罗伊等在那里!

这是否意味着,他一有机会就会去见其他女人?[1]

对于综合性的组织来说,"重要考验"的特别之处不在于它本身,而在于组织总能将这种活动合法化。

"重要考验"不仅在现实生活中有着重要的意义,也在我们的幻想中发挥着作用。当某件不同寻常的事发生,结局却不尽如人意之时,人们常常会将其视为命运强加给自己的"重要考验",只要否认事实并非如此,就能让自己从这一事件的影响中解脱出来。这意味着世界上的确凿事实的松动(后文将会详细探讨)。这是一个丈夫对一位社会学者转述的经历——他的妻子正在精神病院住院治疗,她是这么看待医院的:

> 呃,她觉得自己不该被安排在第一住院部——她觉得,医院应该把病人区分得更细致。我告诉她这是治疗的一部分。前七天到十天,院方对患者施加了些许刺激,以观察患者的反应。比如那个当啷作响的暖气,(他露出会心的微笑)我就知道它是医院有意为之,它不是巧合,而是诊治计划的一部分,是为了观察患者会有什么反应。当然,也可能是我搞错了,或许暖气真的出了什么问题——但是我真的很怀疑。[2]

5. "家长式构造"(paternal construction)是一种更高级的欺骗和捏造,目的是维护受骗者的利益。但是,如果受骗者发现了实情,他可能会拒不接受这种行为,至少在一开始会有所抗拒。造假的目的在于安抚受骗者,使他乖乖听话,易于被人掌控,这些目的往往就是这类构造的原因。最常见、最基本的例子就是日常的圆滑世故:人们倾向于向他人隐瞒可能令其不悦的东西。此处涉及的构造并未经过精心策划,只出现在短暂的对话中。当然,还有一些更为复杂且经过精心设计的欺骗方式:

> 昨天,美国联合航空公司(United Air Lines)的一架喷气式客机因前轮缩回、无法降落而在旧金山(San Francisco)上空盘旋。此趟

---

[1]　*San Francisco Chronicle*, March 27, 1968.

[2]　引自 Sheldon Messinger 的田野笔记, Harold Sampson, Sheldon L. Messinger, and Robert D. Towne, *Schizophrenic Women* (New York: Atherton Press, 1964)。

航班搭载 93 人，延误 40 分钟。

"飞机在降落过程中略有颠簸，"飞行员告诉 85 位乘客，"但无须担心。"

……

快到晚上七点时，这架喷气式飞机才轰鸣着冲进机场，仅靠主轮安全着陆。飞机滑行了约 250 米，机头被跑道刮得火花四溅。

……

"太可怕了，"女乘务员杉本（Sugimoto）说，"从西雅图起飞时我们就知道飞机发生了故障，但不能告诉任何人。"

弗吉尔·沃恩（Virgil Vaughan）是飞机的机长，他来自丹佛（Denver），时年 56 岁。他呷着黑咖啡解释道："我们离开西雅图时就知道前起落架出了问题，但我们仍然决定起飞。它可能在飞行途中恢复正常。为什么要告诉乘客？这只会让他们徒增担心。"①

近年来，在（美国）国家安全局（National Security Agency）等机构组织的安全研究项目的管理中出现了一种特殊的家长式欺骗（paternal deceit）：各类专家要对特定任务完全保密，即使面对爱人，也要进行必要的掩饰。他们可能需要隐瞒项目经费的来源、参与者的身份、工作地点和时间、使用的材料。相应地，许多时候他们还得与世隔绝地展开行动。但是，他们可以通过同伴了解每天发生的事情，也不会因此感到不悦。回溯来看，这些专家保护了众人的利益，因而，他们的保密行为能够得到他人的体谅。

当然，标准的家长式欺骗出现在治疗、医学和精神病学的情境中，医学界常常向将死之人或危重病人隐瞒坏消息。患者对情境的定义很大程度上基于他如何解读"别人对（to）他做了什么、为（for）他做了什么"。在这个语境下，错误的或不充分的信息将制造出一个完全虚假的世界。因此，如何（how）吐露真相、何时（when）吐露真相是备受争议的医学话题。以撒谎的方式为非专业人士提供专业意见的做法在现代医学领域比比皆是，例如下面这个略显极端的案例：

在使用电烙术进行包皮手术时，不幸的事发生了——由于电流过强，患者的整个阴茎组织被烧伤并坏死、脱落。

---

① *San Francisco Chronicle*, November 6, 1964.

患者的父母……迫切想知道自己能够做些什么，为此备受煎熬，但始终找不到解决办法。这时，一位熟知变性手术原理的整形外科会诊医师提议，让孩子变性为女孩……

到了手术时间，我们第一次在约翰斯·霍普金斯（Johns Hopkins）大学的心理荷尔蒙研究部门见到这对父母。基于为雌雄同体宝宝进行变性手术的经验，我们给他们提供了一些预后咨询以及如何照料"新女儿"的建议。更重要的是，他们从咨询中获得了信心，逐渐接受了孩子的新性别——他们的孩子将拥有明显的女性特征。他们全面了解了孩子未来需要完成的医疗项目以及女儿长大后对其进行性教育的方法，也获得了许多关于孩子自身的指导信息——随着孩子逐渐长大，她对自我信息的需求范围会不断扩展，这些信息包括如何向亲友、兄弟姐妹解释这一切。最终，当这个孩子结了婚、想要拥有一个完整的家庭时，父母可以告诉她，她可以通过收养成为母亲。①

我认为，医学领域的家长式捏造基本上是重复性的、模式化的。其中，精神病治疗具有突出的戏剧性。例如"治疗陷阱"（treatment trap）：关系亲近的人布下迷魂阵，找各种借口把"准患者"骗到医院、机构或法律部门。这可能是一种"惊喜派对"或"突然袭击"：

昨日，特洛克市（Turlock）市长的儿子被立案调查，罪名是"使用致命武器袭击他人"。

根据警察局局长约翰·维亚伦戈（John Viarengo）的介绍，伊诺克·克里斯托弗森（Enoch Christoffersen）今年21岁，在家门口用强力步枪连开三枪，又在逃跑途中用步枪和手枪劫持了斯坦尼斯洛斯县（Stanislaus & county）的五名官员、十名警察。

克里斯托弗森是市长的儿子，曾因女友遭遇交通事故而抑郁成疾，并在莫德斯托州立医院（Modesto State Hospital）接受治疗。

他的朋友保罗·卡尔森（Paul Carlson）（21岁），主动邀请克里斯托弗森去"钓鱼"。

二人开车前往奥克代尔（Oakdale），三名便衣警察乘坐伪装过的车紧随其后。

---

① John Money and Anke A. Ehrhardt, *Man and Woman*, *Boy and Girl* (Baltimore：Johns Hopkins University Press, 1972), pp.118-119.

维亚伦戈局长称，二人的车一到奥克代尔，便衣警察就制服了克里斯托弗森，把他关进了地方监狱。①

6. 另一个亟待考虑的极端情况是纯粹策略性的捏造。按照定义，策划善意捏造的人不会因其欺骗行为受到道德谴责，被骗者的基本利益也没有受损。这意味着，捏造包含两种要素：与欺骗者的声誉相关的道德要素和策略性要素。例如，比赛中，运动员可以（甚至必须）在比赛中使用误导性的假动作、佯攻和隐秘的小动作，这些行为就是所谓的纯粹"策略性"的秘密设计。在某种意义上，参赛者只需要注意误导性的行为是否奏效，他们的道德品质并不会因此受到影响。（的确，后文将会提及，比赛中的误导是一种权利，侵犯这一权利可能触犯法律——就算不构成刑事案件，也可能构成民事侵权。）同样，这些"小动作"确实会损害运动员在赛场上的利益，但这种损失本就是竞技的一部分，无须严肃对待。这些行为只会在开玩笑的情况下唤起"正义的愤怒"。尽管现在不太确定，但这样的分析也适用于商业组织或国家之间的竞争。我们认为，公司或国家有权在竞争中相互隐瞒，要么对真实的计划三缄其口，要么误导他人的行动方向。当然，被蒙在鼓里的一方的核心利益将受到严重损害。有趣的是，尽管最终的结果影响深远，这些参与者仍然倾向于使用游戏用语，在游戏规则允许的范围内保持距离，进行反讽。下文将进一步说明。

三

本书探讨了各种各样的善意的捏造，在本质上，玩笑式捏造、实验性恶作剧、训练式恶作剧、重要考验、家长式构造和策略性捏造（stragetic fabrication）都不会损害受骗者的利益——尽管不是全然无害，但至少不会损害他们最根本的权利。作为一个整体，这一分类是为了回应我们社会中的人所作的区分，而不是我认为的其他任何区分方式。但是，被框架化的活动（framed activity）的结构和组织显然并不是问题的全部，相关的问题还包括公民针对这些行为所持的道德立场。

接下来要讨论第二类捏造：**掠夺性**捏造。在该构造中，一方会明显地

---

① *San Francisco Chronicle*，February 26，1965. 注意，在文中，"钓鱼"一词用了双引号，意味着这不是"真的"钓鱼；而"朋友"一词未加双引号。

损害另一方的个人利益。此处的"个人利益"等同于群体压力（community might）。

1. 掠夺性捏造的绝佳范例是自然本身。通过自然选择的作用，生物体在难以捉摸的自然环境中发展出优秀的自我保护和猎食手段，比如，保护色、拟态和恐吓。[1] 在社会生活中，这些策略就是骗局。

掠夺性捏造的多样性无须详述，关于此类构造的材料浩如烟海且尽人皆知。我只想提及其中几种不同的类型。显然，这两种捏造截然不同：一些捏造被法律允许，**甚至**有助于实现法律正义，例如，警方的审讯团队故意捏造一些说辞来获得供词；一些捏造行为游走在法律之外，终将受到受害人的指控。（间谍活动中的捏造是混合性的：对雇用间谍的人来说，这是合法活动；对蒙在鼓里的人来说，这是非法行为。）在稍显善意的捏造中，只欺骗一两人的骗局和欺骗广大公众的骗局也截然不同——后者的典型案例是南海公司（the South Sea Company）的股票骗局。[2]

不同于善意的捏造，诸如设置骗局、虚假宣传、乱贴标签、打牌作弊等掠夺性捏造将会招致法律制裁，使捏造者承担刑事或民事责任。这里涉及一个学理性的问题：为什么有些商业活动受制于此类禁令，而另一些同样歪曲事实的活动却不受限制？这种思路将导向复杂的法律问题，但我无意在此深耕。对于商业促进局（Better Business Bureau）明令禁止的一些掠夺性捏造，联邦贸易委员会（Federal Trade Commission）也会采取相应措施；另一些则不会。许多违规行为并不会被起诉。例如，为了获得债务人的联络方式、家庭住址、工作场所、银行地址等信息，"追债服务"会将伪造的政府调查问卷附在信件上——信封上还有美国鹰标志，标注着华盛特区的地址——让债务人误以为这些信件是官方通知。[3] 如果债务人对此进行投诉，这种把戏无疑会招来法律制裁和诈骗指控。同样，追债者在电话中声称自己代表政府机构的行为也是违法的。不过，如果追债者只是给债务人打电话，声称自己在为电视节目挑选参赛者、进行市场研究调查、确认保险条款的细节，事后他们便能辩称，这些行为只是债务行

---

[1] 例如，H. B. Cott, *Adaptive Colouration in Animals*（London：Methuen & Co., 1940）；Adolf Portmann, *Animal Camouflage*（Ann Arbor：University of Michigan Press, 1959）；and Roger Caillois, *The Mask of Medusa*, trans. George Orish（New York：Clarkson N. Potter, 1960）。

[2] 见 Virginia Cowles, *The Great Swindle*（New York：Harper & Brothers, 1960）。

[3] 对追债服务的研究可参见 Myron Brenton in *The Privacy Invaders*（New York：Crest Reprints, 1964），pp.29-30。

业惯用的无害技巧，而这一行业完全有权催收债务。此类信件和电话都涉及捏造，但未必都是违法行为。

2. 显然，这样的控制（containment）与涉事者的人际关系相互影响。例如，下述家常案例：

> 亲爱的阿比：
>
> 我有时禁不住吓，但当我从两个女儿的包里都发现了避孕药时，我竭力保持了冷静。她俩一个 21 岁，已经订婚；另一个 19 岁，恋情稳定。
>
> 我没有当场发飙，也没有告诉她们的父亲，不然他可能把她们赶出家门。但我也为此苦恼不已。
>
> 我告诉她俩我已经发现了这件事，她们都很尴尬。我没有说教，只说我觉得这种行为很愚蠢。当然，她们说这种事情现在很常见，是这样吗，阿比？
>
> 我无法通过断绝她们的联系或阻止她们约会来惩罚她们，我该怎么办？①

在这个案例中，我们发现，家庭中出现的控制是盘根错节的复杂问题。当某个人以不光彩的方式发现了别人的秘密，他同时也暴露了自己得知此事的方式，因而将破坏双方的关系。毕竟，在这个故事中，母亲得先承认自己翻了别人的钱包。进一步说，面对同一个事实时，发现者将被迫与当事人结成一个欺骗联盟（至少事实如此），除非他把消息告诉所有利益相关者。在上面的故事里，母亲为女儿保守秘密的行为实际上隐秘地破坏了她与丈夫之间的团结关系。

这个故事还有一个要点：发现了避孕药意味着发现了婚前性关系，这证明两个女儿一直表现出的贞洁是假的。不过，在今天，这种关于自我的假设基本不会影响两个女儿在母亲面前的呈现，因此，这个故事中没有出现根本性的名誉受损，真正受损的只是母亲对女儿的印象。但是，母亲可能在意的是，在一切重要的事情上，两个女儿应该对她毫无保留，而母亲的这一发现意味着她的信赖反而成了两个女儿欺骗她的手段，这无疑是不光彩的。

上述问题启发我们重新思考虚伪（falseness）的概念。

---

① *The Evening Bulletin* (Philadelphia), July 22, 1971.

试想,一个有家庭、有工作,还住在黄金地段的年轻人,因为吸食可卡因突然被抓并被起诉。他所建立的社会信誉无法掩盖其吸毒的事实。在吸毒被捕之前,他拥有良好的声誉,这层道德外衣成为其内在品格的可靠标志,人们通过他的言行举止判断他的为人。但在他被捕的一瞬间,他就会明白,法律仅将他体面的外表视作伪装,因为这种外表与他的吸毒行为和内在自我不相符。事实上,他自己可能也是这么想的。因此,被捕使他陷入混乱,彻底破坏了他平常维持的自我呈现风格。值得注意的是,"虚伪"与细节上的华而不实完全不同,它关乎人们对人之本性的信念和"被捕"的意义。在某种程度上,正是因为这样的信念,他人的过往容易被重新、随意地解读,进而暴露这个人一直在欺骗别人的真面目。如果我们始终坚信个体既有虚伪的一面也有值得信赖的一面,那么,名誉受损和社会控制的戏剧性就会减弱。

3. "构造"涉及两个相关方:一是进行操纵的捏造者,二是在捏造的世界受到误导的受骗者。但这不是唯一的可能性。事实上,还有一种更为典型的、不一定具有掠夺性的构造。为了欺骗第三方,捏造者故意捏造出第二方,使第三方对第二方产生完全错误的认知。虽然第二方没有上当受骗(事实上也不太可能受骗),但他也是受害者。由于第二方本身被以错误的方式呈现出来,因此很难令第三方信服。这便是与"直接捏造"相对的"间接捏造"。

间接捏造的典型例子是,用不光彩的伪证栽赃和诬陷他人:

> 伦敦(London)——昨天,法庭认定一位号称"罪犯克星"的警长患有精神疾病,受此牵连,一批服刑犯人的案件被重启调查,20多名"苏格兰场"警探的职业生涯恐受影响。
>
> 上周,有人指控侦缉警长哈里·查利诺(Harry Challenor)与三名低级警员在去年夏天给自己逮捕的犯人做伪证,法院在对此进行调查时发现哈里患有精神疾病。①

这一点和研究者于1966年在美国三个大城市进行的观察式研究的结论相似:

> 观察人员还发现,在对市民进行调查时,一些警察随身携带着从市民手里没收的手枪和刀具,这样就能在必要时把这些武器放在现

---

① *San Francisco Sunday Chronicle*, June 7, 1964. "plant"一词在形容人时意为"卧底",即被安插在某个组织内佯装内部人员的眼线。

场，证明自己动粗是正当防卫。①

另一种情形是高价收买对方的间谍，终止他们尚未执行的任务，如此一来，间谍反被自己原本的对手给雇用了。

栽赃是一种间接捏造的方式。另一种方式是捏造者设计一种特殊情境，令受害者自发做出（对他自己而言）有损信誉的行为，而捏造者完整地记录下这些行为。

第三种间接捏造的方式最为简单：披露有损信誉的事实。受害者是否真的做出了有损信誉的行为并不重要，只要捏造者有能力让能够败坏其声誉的罪名成立即可。"苏珊娜与长老"（Susanna and the Elders）（二人最早出现在犹太教和基督教的历史中）*的故事是这种模式的例证：苏珊娜是一位受人尊敬的已婚女士，她曾严词拒绝两个长老的求爱，为了报复她，两个长老想方设法诬陷苏珊娜与情人通奸。最终，他们的奸计没能得逞，因为智者丹尼尔（Daniel）碰巧经过，他分别核验了二人的证言，推翻了他们的说辞，而丹尼尔根本没有接受过警察学校的培训。当然，如果说年轻女士容易被老男人诬告，那么，与之相对，老男人也容易被年轻女孩诬告：

> 今日，警察依法逮捕了六个来自托里斯达尔（Torresdale）的女孩。她们曾报警称，邻居在万圣节送给她们的苹果和糖果中夹藏了剃须刀片，但这完全是女孩捏造的故事。

> 接到女孩的报警后，警察在托雷斯达尔的立顿菲尔德住宅区逮捕了时年52岁的杰克·托马斯（Jack Thomas）。他被指控故意伤害和虐待未成年人，现关押在市拘留所，保释金高达一万美元。②

由此可见，某些指控（例如强奸指控）常常是不实的。可以确定的是，指控者和被指控者都将受到怀疑。③

---

① Albert J. Reiss, Jr., "Police Brutality: Answer to Key Questions," *Transaction*, July-August 1968, p.10. 警察有时候用"框架"一词来形容这一技巧，可见 Jonathan Rubinstein, *City Police* (New York: Farrar, Straus & Giroux, 1973), pp.388-390。

* 苏珊娜与长老是《圣经》旧约《但以理书》中的一个故事：巴比伦一位犹太富商的妻子苏珊娜为人贤淑，因容貌极美受到当地两个长老的觊觎。长老偷窥了苏珊娜沐浴，并要挟她与其同欢，苏珊娜严词拒绝并拼死抵抗。两个长老害怕罪行被揭露，于是诬陷苏珊娜不贞洁，欲利用自己的地位和权力判处她死刑。后来苏珊娜被先知所救，洗刷了冤屈，喻示着贞洁与美德的胜利。——译者注

② *The Evening Bulletin* (Philadelphia), November 5, 1969.

③ 见 Gail Sheehy, "Nice Girl Don't Get into Trouble," *New York Magazine*, February 15, 1971, pp.26-30。

一旦廓清了直接捏造与间接捏造之间的差异,我们就会发现,在间接捏造时,个体可能做出对自己不利的伪证,而这种情况不太可能出现在直接捏造中。此时,个体扮演着双重角色:诽谤他人的捏造者、被诽谤中伤的人。为博取公众眼球,一些人会假装认罪,使自己臭名昭著。众所周知,一些被大肆宣扬的案件会引来虚假供认。例如,在战时承认自己是间谍将有效地博得关注;[①]如果女性报警称自己遇袭或遭遇强奸,媒体往往会使用引号标明她们的原话(这些标记是新闻界常用的一种不太温和的框架手段);像守夜人这种被忽视的公职人员,偶尔会在武装袭击之后假装余党来引人注目。[②]"纵火骗保"是一个极端的、边缘的案例,纵火者点燃住处时抱有骗得保险的侥幸心理。注意,对自我而言,在社交前台吹嘘自我也是一种伪证,但人们对此看法不一,因为这种行为有助于维护传统意义上的自我利益,并未使其受损。

一种观点认为,无论间接捏造通过何种方式进行,不管是栽赃、设计还是公然指控,捏造者都能让受害者在他人面前丧失信誉。例如,一些人有权通过研究、秘密录音、他人供述等方式揭露事实,令受害者颜面扫地。无论这件事真实与否,知情者都能用声誉**威胁**或敲诈受害者,逼他们做一些违心之事。例如,"花钱消灾"、泄露雇主的秘密、为盗窃做内应,等等。[③] 与

---

① 例如,第二次世界大战期间,来自怀特岛村(the Isle of Wight)的奥格雷迪夫人(Mrs. O'Grady)伪造了自己是纳粹间谍的证据,成功使自己被捕。参见 Vernon Hinchley, *Spies Who Never Were* (London: George G. Harrap & Co., 1965), chap.4, "The Trial of Mrs. O'Grady," pp.70-84。

② 参见这篇报道:*San Francisco Chronicle*, December 17, 1964。

③ 关于敲诈的观点可参见 S., pp.75-77 和 S. I., pp.73-74。注意,敲诈具有一种特殊的社会的(几乎是道德的)特征:受害者有充分的理由想要遮掩勒索者声称自己知道的内幕,但如果受害者坚决不屈从于敲诈者,对方就算泄密也得不到任何好处。对于敲诈者而言,一个声誉受损的、固执的受害者只对维持敲诈的价值有好处,特定的敲诈者并不会因其对行业声誉有所贡献而感动——尽管他应该如此。两个长老出于恶意威胁了苏珊娜,但恶意无法在缜密组织的敲诈行动中占据一席之地,只会给人留下充满敌意的印象。简言之,敲诈者必须表现出一副如果对方不听从吩咐,自己就会泄密的样子,事实上,如果对方坚决不从,敲诈者也无计可施。所以,为达到目的,敲诈者必须表现得让人信服,仿佛上述困境根本不存在一样。

正如麦克·赫普沃思所述[Mike Hepworth, "Deviants in Disguise: Blackmail and Social Acceptance," in Stanley Cohen, ed., *Images of Deviance* (London: Pelican Books, 1971), pp.198-199],在实施不光彩的行为时,一个人的帮凶可能反过来变成这个人的敲诈者——前提是他这么做,就会比对方的损失小。(这个故事的寓意是,如果一个人一定要犯罪,最好和比自己更好的人搭伙。)据观察,敲诈与勒索不同,后者威胁的是生命和财产,而不是名誉。警察和联邦调查局往往维持着庞大的信息系统,这为我们提供了一个有趣的边缘案例:以泄露他人过往行为进行威胁的方法可能有助于获得信息,但同时,施加威胁的机构也会付出相应的代价。

武力胁迫不同，即使受害者不在现场，间接捏造的胁迫也能起效，这就是敲诈的特殊策略价值之一。

我之所以详细论述间接捏造，是因为它连接了日常生活与行骗者搭建的纸牌屋（house of cards）。在处理日常事务时，个体会向不同的同伴呈现自己的社会面貌，基于此，他人形成了对个体的社会价值、道德标准的看法和期待，而坦诚并公开自己在处理事务方面的失败就是其中的一种标准。因此，如果期望落空，人们会认为个体坚持了错误的立场，就算他不是故意的，也让同伴陷入了一个虚假的世界——因为同伴对他的看法构成了他们世界的一部分，而这部分世界已经坍塌了。因此，就算个体没有捏造一个骗局，甚至没有**做**任何事情，只要他不符合别人对其品质和行为标准的期望，就构成一种欺骗。敲诈者热衷于揭露（或操纵）一些惊人的秘密，[①]这种秘密一旦被泄露，被敲诈的人就会受到法律的制裁，与亲近的人也会反目成仇。当然，普通的窘事也有敲诈的价值。由于人们可以轻易地编造失当行为、栽赃、作伪证，真正的秘密并不是必要的。关键的秘密可以被捏造出来，哪怕受害者没有欺骗身边的任何人，他也会受人怀疑，给人留下似乎真的做过这些事情的印象。因此，个体之所以能够自信地认为自己在他人眼中是正直的，不是因为他确实是这样的人（哪怕他确实如此），而是因为还没有人故意组织信息败坏他的信誉。

四

迄今为止，本书只考虑了个体与真实世界脱节的一种方式，即被善意的捏造或掠夺性捏造所蒙骗。但是，上当受骗是日常生活中稀松平常的事情，正是个体应对欺骗的努力，才使其与现实世界保持一致。

基于常识，我们可以推断出另一种可能性："无可厚非的错误"（understandable error）。我们认为，个体的感觉和感知可能会影响他对正在发生之事的现实理解，但只要造成这种错误的是一些特殊的因素，并且个体能够积极地从外部世界获得纠正错误的信息，人们就完全可以理解这样的错误。（事实上，在西方人的宇宙观里，"真相终将大白"是基

---

① 情报人员会制作一份单期报纸，谎称受骗者在搏斗中失手打死了人，让受骗者自愿成为和他们合作的特工。见 Pawel Monat, *Spy in the U. S.* (New York: Berkley Publishing Corporation, Berkley Medallion Books, 1963), p.177。

本信念。)此时可以提及"错觉"(illusion)。欺骗和错觉是两种不同的形式。

捏造无论是善意的还是掠夺性的,都会将捏造者和受骗者划入完全不同的阵营,否则捏造者很难隐瞒策略性的信息或说谎,也很难不受人怀疑。但是,如果要充分拓展错觉和欺骗所属的类别,就必须超越这一观点。

还有一种略显模糊、尚不成熟的观点:个体可能通过不同的方式积极地对抗自我建立有效框架的能力和适应现实世界的能力。在一些情况下,个体被同伴或对手误解,却能从中获益;或者,他们自己可能不会被眼下之事所迷惑,因为他们有意为之。事实上,若不是受骗者积极配合,他自己不太可能上当受骗。注意,这种自我诱发的失衡主要出现在感知而非行动层面,因为行动很快会受到他人的纠正。①

如果说,**欺骗**是捏造者故意炮制的谎言,捏造者自己并不会上当受骗,而**错觉**是自我产生的误解,没有受到任何人的故意诱导,因而情有可原,那也可以说,**自我欺骗**(self-deception)[**或妄想**(delusion)](如果不是凭空产生)是个体头脑中产生的错误想法。②

与正常的行为人相比,陷入妄想的人会被认为是在人的基本特征层面出现了缺陷。具备任何一种古怪特征的人都会做出一些奇怪的举动,而且只有他自己对这些行为的框架浑然不觉。我们可以将一些缺陷视作日常行为的转换,而另一些缺陷则只可能是对行为的掩饰。

1. "梦"是一种有趣的自我欺骗形式。③ 在梦中,每个人都是自我的欺骗者。梦的特别之处在于,即便他人也能成为梦中的主角,也能知道个体正在做梦,或被做梦者告知梦的内容,但只有梦的主人能够了解并回忆梦中发生的事情。梦还有一些有趣的特征。从某种意义上说,做梦者能完美地参与所有戏剧化的情节,这一点的重要性从未得到足够的重视。众所周知,梦中的捏造极为自由:在梦中,任何肆意的胡闹被当作原始的模型,梦中的任何人物都可以变成其他角色,还能同时出现在许多不同的

---

① 此观点源自 Lee Ann Draud。

② 见 Amelie O. Rorty,"Belief and Self-Deception,"*Inquiry*,XV(1972):387-410,感谢 Amelie 在这个问题和其他哲学问题上对我的帮助。

③ 将梦视作一种经验,就可以分析梦与其他经验模式的异同。参见 Norman Malcolm, *Dreaming*(New York:Humanities Press,1959)。

地方;我们很难想象梦中有什么原则性的限制。不过,做梦的条件十分严格:做梦者必须真的睡着,一旦他被弄醒,梦境就会立刻坍塌,这证明梦始终只是一个梦——做梦者很容易被唤醒。(考虑到这种简单的脆弱性,梦有点儿像愚弄。)

这将引出一个新问题,这一问题关乎梦的世界(梦中发生之事最内在的戏剧性)与未经捏造的做梦环境(例如,房间、做梦者)的关系。

显然,即使做梦者的梦中会再现自己做梦时身处的房间,这种再现与房间本身也属于完全不同的领域。"做梦"这一行为确实发生在现实的空间,但梦中的房间是被梦见的,它不存在于物理的空间中。①

做梦者无法在梦境中加入任何不属于自己的东西,他从过去岁月的点点滴滴中获取做梦的材料,近期发生的事情,甚至当下发生的事都能成为梦的材料。梦会在一定程度上防止做梦者被眼前的干扰惊醒,这一点毋庸置疑。原因在于,有一种合理的观点曾指出,做梦会在某种程度上重新框架化那些可能破坏梦境的事情,比如,尖锐的卧室关门声在梦中变成了枪声。(这是一个缩影,极好地体现了框架重构事件的作用。)

最后,除了梦的内容,做梦者在梦中可能发挥的积极作用也颇具争议。当一个人做噩梦时,他会以"这只是梦"来贬低梦的真实性,甚至可能把自己从梦中唤醒。另一种情况是,一旦梦醒,做梦者就会迅速遗忘梦的内容;哪怕没醒,遗忘也会发生。(框架分析敦促我们将这些可能性与另一种完全不同的可能性区分开来,因为做梦者可能**梦到**自己从梦中被唤醒,或者梦到他正让自己从梦中醒来。事实上,一些研究梦境的学者声称,只有这样,梦境才能被参透。②)

2. 对"做梦"的探讨直接启发了我们对"游离状态"(dissociated state)——比如,神游、梦游等行为——的思考。据说,在这种精神恍惚的情况下,个体的行动意图可能违背其正常的认知和批判能力,因此,他无法为自己做出的事"承担责任"。(例如,杀人犯声称自己因梦游产生错

①　见 Margaret Macdonald, "Sleeping and Waking," in Donald F. Gustafson, ed., *Essays in Philosophical Psychology* (Garden City, N. Y.: Doubleday & Company, 1964), pp.250-251。

②　*Ibid.*, p.262.

觉才失手杀人。)①在做梦的情况下,只要唤醒做梦者,错觉就会终止。神思游离的行动者仍具有正常的行动能力。与之相对,尽管做梦利用了现实世界的事物,但做梦者不需要因为自己在梦中转换了这些事物而感到难堪。

3. 还有一种与做梦截然不同的自我欺骗是所谓精神病式的捏造(psychotic fabrication)。此时,个体对自我的欺骗并不是发生在梦中,而发生在由他人维持的世界中。事实上,正如所谓的妄想反应,精神失常的人可以说服别人(至少暂时)相信自己的想法。②但一般来说,他无法在这种构造中被唤醒,因为他的幻觉不是在梦中产生的。不过,精神失常与梦境的相似之处在于个体可能会苏醒。这种苏醒被称为"顿悟"(getting insight),据说精神疗法可以实现这一点。当然,在我们对精神失常的认知中,"苏醒"不一定会出现,个体可能会永远困在"病"中。

人们可以尝试描述将精神失常的人视为无能的、有缺陷的行动者的意义,也可以制定将正常行为转换为旁观者眼中的失常行为的规则。框架分析可以应用于此。有观点认为,精神病患者会做出一些令人无奈的事情,比如,完全按照字面意思来理解一些隐喻,至少从表面上来看,他们是这样做的。③(我曾见过一位精神疾病患者在靠近一名友善的医务人员时做出了一个带有敌意的恶作剧动作,经过调查,我才明白,这个

---

① *King V. Cogdon.* See Richard C. Donnelly, Joseph Goldstein, and Richard D. Schwartz, *Criminal Law* (New York: The Free Press, 1962), pp.551-552. 精神病学的文献常常把各种各样的失忆症与游离状态相提并论。据推测,失忆的人因为精神动力学层面的问题,切断了自己与部分生平细节的联系,但保留了其他方面的全部能力,或许还能对自己的行为负责。失忆症的社会重要性体现为,它是电视连续剧和其他歌剧剧本中必不可少的情节;正是在戏剧中,人们确信失忆是可能发生,并且能够发生的事情。

② 见 C. Lasègue and J. Falret, "La Folie à deux ou folie communiquée," *Ann. Méd. Psychal.*, XVIII(1877): 321-355, available in translation by Richard Michaud in *American Journal of Psychiatry*, supp.to no. 4 (1964), pp.2-23. 可以佐证这一点的一篇佳作见于 D. H. Ropschitz, "Folie à Deux," *Journal of Mental Science*, CIII (1957): 589-596. 此文再次提到精神病院中的一位医学博士患者在向护士长求爱成功后暂时接管医院管理工作的过程。

③ 见 Harold Searles, "The Differentiation between Concrete and Metaphorical Thinking in the Recovering Schizophrenic Patient," *Journal of the American Psychoanalytical Association*, X (1962): 22-49。[也见于 his *Collected Papers on Schizophrenia and Related Subjects* (New York: New York University Press, 1965), pp.560-589.] 又见 Gregory Bateson, "A Theory of Play and Phantasy," *Psychiatric Research Reports* 2, American Psychiatric Association (December 1955), pp.39-51; 重印版见于 Bateson's *Steps to an Ecology of Mind* (New York: Ballantine Books, 1972), pp.177-193。

动作需要加引号，它只是某个医护人员以前给病人讲故事时用过的一种姿势。）

4. 精神病症将主体置于社会框架的世界和在这些框架内发生的现实活动中，但这样做完全不合适。我们可以将它与另一种有趣的自我欺骗——所谓的"歇斯底里症"（hysterical symptom）相比。理论上说，个体会假装身体不适，这是一种可用自然框架（此处指身体-医学框架）界定的行为，但此时，个体的一部分自我正在欺骗另一部分自我。如果这种情形确实存在，"全面康复"（genuine regression）将成为另一个例证。

5. 最后来考虑催眠术。催眠师的积极干预或许有其必要性，但催眠仍然隐含着一定程度的自我欺骗。值得一提的是，进入、开始和结束催眠状态都有非常清晰的规则，这无疑提供了一种框架化的惯例模式。根据马丁·奥恩（Martin Orne）的说法：

> 不同的催眠状态具有一些共同的特征：催眠后失忆；当个体接收到指示信息后，特定的运动系统的功能将会失效。个体可能会产生感知错觉——所有感官都可能出现或积极或消极的幻觉；个体可能出现明显的记忆错乱或记忆改善的情况，也可能增强对自主神经系统功能的控制。[1]

至于这些行为特征会如何影响处于"游离状态"的个体角色，我们将在本书的其他部分进一步讨论。

五

区分了善意的捏造和掠夺性捏造后，我们可以引入另一种分类——他人诱导的（无论其动机是善意的还是掠夺性的）捏造和自愿接受的捏造。现在，不妨想想捏造对社会结构的影响。当特定的捏造发生在范围更广阔的社会活动流之中，二者构成何种关系？

如果从这么一项活动开始讨论：这项活动预先规定了卷入程度，即个体参与活动的态度和深度，那么对其他卷入的考察也会变得简单。首先，如前所述，像看门人、舞台工作人员、记者、服务员、仆人一类的人员可能

---

① Martin T. Orne, "The Nature of Hypnosis: Artifact and Essence," *Journal and Abnormal and Social Psychology*, LVIII(1959): 278.

只会非常局限地卷入特定事务的某一方面,因为他们有权将整个活动视作这一类活动的又一实例,所以他们不用卷入戏剧性的主要情节也能应付此事。当然,这些"边缘人"可能知道"真正"发生的事情,也知道这些事情与他们无关。

其次,尽管每项活动都有最恰当的卷入程度,但个体的卷入程度具有相当大的灵活性,感到无趣(boredom)是一种卷入界限,"过度卷入"则是另一种。在人们的相遇和互动中,几乎每个参与者都会使用一些圆滑的策略,表现出赞同对方的样子,而这一举动可能需要他暂时脱离原本轻松的卷入状态。

此外,在参与某个场合时,每个人必然带有(不尽相同的)个人风格,用框架术语来说,即"演绎"(rendition),一种特定形式的微调音(mini-keying)。同样,参与者在某个瞬间流露的情绪将轻微地转换他从事的一切活动,不过,对于正常的参与状态来说,这些影响通常很容易被接受。

有时候,人们可以容忍许多人带着一些"不纯"的目的参与活动。在日常社交场合中,即便是遵守规则的参与者也怀有形形色色的复杂目的,如果完全披露这些想法,参与者之间的信任就会被破坏。当我们发现某位热心参与集会的保险代理人(或殡葬从业者、政治家、牙医)是为了扩大社交圈,而不是被公共精神驱使,我们只会对集会和生活感到些许悲伤,并不会对集会和生活失去信任。

例如,在美国社会的风俗中,年轻人热衷于通过高尔夫球运动向职场前辈展示自己上了道;当他与社会地位更高的人打双组比赛时,他会巧妙地管理自我的参与——不为展示球技,只为提升前辈对自己的好感。从高尔夫球运动中获益的想法或多或少符合人们对这项运动的期待,它是人们参与这项运动的合理意图之一,是一种以运动为掩护的常规操作。我们可以欣然接受严重残障人士把这项运动当成爱好,即便他们只是为了证明残障人士也能打高尔夫球;也可以接受底层人士试图融入高尔夫球俱乐部的努力,即便他们只是为了象征性地打破俱乐部完全将底层人士排斥在外的状态。这要求佩尼科夫斯基们*尽可能地利用运

---

* 奥列格·佩尼科夫斯基(Oleg Penkovskiy)是一名苏联间谍,因在冷战期间为英美提供情报而闻名。他在古巴导弹危机中为美国提供了苏联核武器的真实数量信息,美国因此坚持强硬态度,最终成功逼迫苏联撤军。戈夫曼在此处用"佩尼科夫斯基们"指称从事间谍活动的人。——译者注

动带来的便利：

> 大多数体育俱乐部都对公众开放，包括外国人。高尔夫球是富人最为热衷的运动。间谍在高尔夫球场碰面就像在其他体育俱乐部一样容易。在工作日，高尔夫球场的人很少，此时，情报官和间谍会来到球场（两人通常在不同的时间抵达，间隔二三十分钟），各自开始打球，在约定碰面的时间相见，例如，打到第十六洞（总共十八洞）时或其他什么时候。周末则不适合接头，因为周末的高尔夫球场常常人满为患，许多球员聚在一起比赛，单人比赛是不被允许的。高尔夫球场往往建在森林或是公园边缘，有许多隐蔽的区域适合碰面。有时，他们也会在俱乐部大楼的餐厅里碰头。

> 要在高尔夫球场接头，就得先了解那里的环境，最起码得了解比赛规则，知道怎么打高尔夫球。因此，学生们得趁自己还没毕业学会这一运动。①

在不同的行业领域，如果某项工作对服务人员有特殊的要求，需要他们掌控顾客，那么日常活动与捏造之间的界限将更加扑朔迷离。

例如，在内华达赌场，赌台老板扮作起哄的围观者，一边像公关人员一样表现出一副风趣幽默、毫不关心赌局的样子，一边监视着发牌员和玩家。同样，发牌员假装自己只是一个友好的、完全不关注玩家输赢的工作人员，而事实上，经验丰富的发牌员会时刻留意作弊的人、赌局的水平、最大面值筹码的分布情况、这一轮牌局中自己获得的抽成、赌客私底下的暧昧举动、监控器所能拍下的行动范围等。当然，这种警惕不会破坏老板和发牌员的信誉。（与之相对，如果发牌员想跟某个玩家合谋，在监控器的眼皮底下"圈钱"，因而表现得极其谨慎；或者，如果老板一边对某个可疑的玩家笑脸相迎，一边打电话叫来摄影师，假装拍摄这个玩家身边的人，实际上是想偷拍这个玩家；在这些情况下，一张明显的共谋网络展开了运作，这与所有的构造一样，是容易受到质疑的捏造行为。）

同样，城市里的杂货店有时也用这样的手法对付盗贼：

---

① Oleg Penkovskiy, *The Penkovskiy Papers*, trans. Peter Deriabin (Garden City, N.Y.: Double-day & Company, 1965), pp.116-117. 佩尼科夫斯基先生同样描述了将汽车旅馆当作秘密碰头场所的方法，这利用了汽车旅馆方便出入的特点(pp.118-119)。但是，除过夜之外，汽车旅馆的用途非常广泛，因此可能很难明确哪些使用方式是错误的、有损声誉的。

雇用便衣侦探。他们看似在走廊漫步，实则紧跟着某个可疑的
消费者。

安装多种机械监控设备。例如，拐角处的镜子、装有双向镜的
"诚实塔"（honesty tower）。通过双向镜，侦探可以看到店里发生的
所有事情。

把更贵重的商品移到店门口，让店员时刻紧盯它们。①

显然，这意味着，店主对顾客露出的友好的微笑之下可能隐藏着一些
严肃的忧虑。不过，守法的顾客似乎对这样的监视司空见惯，也不觉得这
样的安排会破坏他们与店主的关系，正如赌场员工也知道有线监听设备
的存在，但他们心甘情愿地接受管理者对交谈的窃听。

注意，在所有情况中，个体干扰、质疑他人的权力与活动的参与人数
存在某种关系。一个没有卷入剧情的观众没必要诋毁这场演出，但一个
没有和别人调情的人则可以诋毁他人的调情。

另一个问题是：当某人被拆穿后，人们可能只会怀疑某个更大整体中
的部分事物，这一"更大整体"本身未必受到影响。只不过，当我们考虑
眼前到底发生了何事时，脑海中浮现的就是这个"更大整体"。当玩家在
赌场里玩"21点"游戏时，如果他发现发牌员暗中盯梢作弊者，这多少有
损他与发牌员的关系，但牌局本身不受影响。如果玩家发现他曾经同情
的伙伴其实是个"托儿"，那么他与后者的关系将受到影响，但游戏本身
不会。但是，当"托儿"参与赌局时，发牌员可以把他当作一个方便的"垃
圾堆"，把一些不想发给玩家的牌都塞给"托儿"，以进行"二次洗牌"。此
时，"托儿"的调音巧妙而彻底地转换为构造。同样，如果婚礼派对的宾
客发现与他在礼品桌边攀谈的人是一名私家侦探，后者受雇于保险公司，
能够娴熟地应对各种派对，他会觉得这场对话忽然失去了意义，甚至会重
新审视派对保安的礼服，视之为一种制服或伪装，但作为法律事实和社交
场合的婚礼不会因此受到破坏。在海德公园（Hyde Park）为维多利亚十
字勋章获得者举办的典礼上，英国女王亲切地靠近一个坐轮椅的人，对他
说了几句鼓励的话。事后，她发现那人只是个不修边幅的停车员，身体健
康，也没有从军经历，只是"闹着玩"②。对于王权而言，**这种**特殊行为当

---

① Reported by Sylvia Porter, *San Francisco Chronicle*, February 8, 1965.

② 停车员、轮椅、女王屈身弯腰的照片可参见 *The Washington Post*, June 28, 1956。

然有损声誉，但它不一定会给整个海德公园的派对蒙上阴影。

　　然而，就算现实的崩塌不会干扰它发生于其中的社交场合，它也可能影响一些比仪式事件更为持久的事情。声誉受损具有回溯性和未来性，它可能影响一系列过去和未来的相关事件。当某个"冤大头"恍然大悟，看清了一场大骗局的来龙去脉，洞穿了事实真相，那么，他也看穿了与这场捏造有关的一系列过去的事件和未来会发生的事件。例如，某个贪污公款的人在过去两年一直扮演着前途可期的会计角色，他凭借精湛的技巧瞒天过海，某天突然卷走了公司的 20 万美元，而后销声匿迹，导致这家经营了 113 年的公司不得不宣布破产。这样的行为将彻底摧毁他这两年维持的关系、工作业绩、职业生涯、个人身份，尤其是事业。① 一个德国纳粹军官假装自己支持工人的抵抗运动，然后逮捕了其中一个工人，此时，工人对军官说："祝贺你，**上校**，你的游戏（game）玩得很好！"②此处的"游戏"可能意指一些人为的、包罗万象的东西，关键在于，它不仅包含逮捕时发生的互动，也包含帮助建立这种错误信任的一切互动。在内华达赌场，如果玩家发现发牌员在自己获胜时克扣赢钱，他可能会换一张牌桌接着玩。然而，如果他发现，在自己连胜之后，赌场管理者没到预定的换人时间就更换发牌员，他就会开始怀疑整个赌场的公正性，并考虑换一家赌场。如果这种情况反复发生，他甚至会考虑放弃在这个州赌博。

　　显然，一场骗局会催生一个持续的活动组织，而这种活动组织将成为被诋毁的对象。无论诋毁声誉的事情何时发生，它都会"向后"和"向前"影响整个活动，持续时间或长或短，但总归会有影响。

　　在此，我们可以锁定一个基本概念：**猜疑**（suspicion）。当某人发觉自己参与的活动片段超出了能力范围，无论这种感知正确与否，他都难以理解眼前起作用的框架，猜疑的感觉就会产生。我们必须区分猜疑和另一种重要的感觉——**怀疑**（doubt）。个体并不是因为担心自己"受到控制"才产生怀疑，而是在意自己采用的框架或调音，这些都是维持活动正常运转的要素。个体经验被框架化的同时必然伴随着怀疑和猜疑，我们难以想象毫不猜疑或怀疑的公民的存在，也难以想象不经过框架组织的经验的存在。

---

　　① *San Francisco Sunday Examiner and Chronicle*, October 31, 1965, and *San Francisco Chronicle*, April 28, 1966.

　　② E. H. Cookridge, *Inside S. O. E.* (London: Arthur Barker, 1966), p.180.

最后是与指涉系统有关的问题。一些捏造具有大骗局固有的特征：将许多纯系伪造的零碎活动片段拼凑成一个场景。基于这种认知，我们会发现，捏造者可能将一些直接活动视为一个整体元素，从而增强捏造的真实性。例如，行骗者在一家银行遇到了自己的目标，他把目标带到一个暂时无人打扰的私密房间，这个房间就变成捏造中的一个真实场景（捏造这一场景的成本很高昂），这样的场景既是真实的，也是虚假的。正如下述例子：

> 伦敦——30 岁的女演员瓦妮莎·雷德格雷夫（Vanessa Redgrave）在表演时不小心扯破了演出服上衣，她半裸着起舞，震惊了在场的观众。
>
> 摄像机镜头拍下了雷德格雷夫小姐的舞姿，还有观众的尴尬反应——这些观众是临时雇来的电影演员，他们完全没有意料到这样的事会发生。
>
> 这件事发生在周三，是她的新电影《伊莎多拉》（Isadora）中的一个场景……①

我们必须严谨地描述这件事：《伊莎多拉》真的是一部电影，它不是伪造的。其中不属于电影的内容是：在真实场景中产生并被拍下来的观众的反应，这不是剧本的设定，而是真实的反应。事实上，还有一种更复杂的情况：对于扑克牌玩家而言，效果最好的虚张声势往往是无意为之，即玩家看错牌的真实行为。同理，这是赌博场景中的直接活动，却发挥着虚张声势的作用。②

---

① *San Francisco Chronicle*, December 8, 1967.
② 在精心设计的阴谋中利用"自然活动"的例子可参见 *S. I.*, p.43。

第五章　戏剧框架

因为戏剧语言早已深刻嵌入本研究所根植的社会学,所以我们首先从与戏剧相关的问题开始讨论是有价值的。同样,我们能在舞台上看到许多令人尴尬的事情。所有字词**都**像一个舞台,我们**确实**每时每刻都在其上或是昂首阔步,或是焦躁不安,这便是我们所拥有的全部时间。但是,舞台到底是什么样的? 居于其上的人又有什么样的特征?

一

在狭义上,"表演"(performance)是一种将个体转换为舞台表演者的设定,后者成为扮演"观众"角色的人所观看的客体:观众会不带恶意地、全面地审视他们的表演行为。[①] (相反,在日常面对面互动的框架中,人们在观看对方时必须表现出足够的尊重。)在合理的情况下,表演进行的舞台区域与观看者就座的观众区域之间通常会有一条界线。核心的理解是,观众既无权利也无义务直接参与发生在台上的戏剧表演,尽管观众能通过某些方式来表达自己对表演的欣赏,但表演者在舞台上呈现的角色往往会视这些行为如无物。在特定的时刻,观众可以公然为演员鼓掌喝彩,并接受演员的鞠躬或同等的回报。参与者的数量是一个特殊条件:尽管戏剧需要最大限度地考虑视线与声音传输等物理要素,但表演几乎不受限于演员阵容(the cast)和观众规模。

我们可以根据纯粹性(purity)——观众对表演的排他性要求——来区分不同的表演。

戏剧脚本、夜场表演、各式的个人演出、芭蕾舞和多数交响乐都是纯

[①] 表演的另一种定义参见一篇未发表文章:Dell Hymes, "Toward Linguistic Competence," 1973。"在某种意义上,如果行为者接受或认为自己有责任对表演进行评估,那么表演就是所有行为的属性。"

粹的。没有观众,就没有表演。少数纯粹的表演是临时发生的。例如,在家庭圈子里,客人在聚会时轮番弹钢琴或弹吉他,为身边的其他客人助兴;一个健谈的人向朋友讲述一个冗长的故事;父母给孩子讲睡前故事。这里使用"个人"(personal)一词,是因为表演者通常需要为自己创设场景和道具,但不需要按照预先设定的议程进行表演。

可供人们观看的竞赛和比赛是另一种纯粹的表演。举办拳击比赛的社会场合至关重要,这事关入口处能卖多少门票;尽管如此,整个赛事的成败仍取决于对抗双方的表现,仿佛比赛才是观众前往观赛的动力。因此,参赛者必须卖力地让比赛看起来险象环生,仿佛这场比赛的目的不只是娱乐观众。团队排名、个人表现纪录、奖金等因素塑造了这些比赛的非表演性特征,也指出了一些重要的问题,而参赛者必须真的进行比赛,才能解决这些问题。(正因如此,以破纪录为目的的系列赛事即便没有观众在场也能进行。)当然,这些行动发生在环形竞技场或运动场上,而非舞台上。正如我们所料,任何一种运动或比赛类型,无论是无人问津的、只有一些临时观众观看的比赛,还是收视率惊人的冠军赛,都是完整而连续的。

像婚礼、葬礼这样的个人典礼属于稍微不那么纯粹的表演。这些场合通常也有观众(watcher),但他们的身份是受邀到场的见证者或宾客,无须(为仪式)付费。补充一点,广义上的比赛结果通常被视为娱乐生活的一部分,在某种意义上它们并不严肃;典礼则为本身就属于严肃世界的一部分的事物提供了一种仪式性的认证。

就表演的纯粹性而言,演讲和交谈是极为复杂的混合类型,二者兼具指令性(听众可能需要对此负责)和娱乐性,并且灵活多变。一种情况是空袭前军官为飞行员举办的讲解会或客座专家在外科手术室为医学生提供的演示;另一种情况是校园脱口秀中的政治分析。(一种有趣的混合介于两者之间,即"才华横溢"的演讲者一面逗乐观众,一面隐瞒了几乎所有正在发生的事情。)

我认为,工作表演(work performance)是最不纯粹的演出,它们出现在建筑工地或排练场地,观众可以看到劳动者公开展示他们的工作,这些行为通常不会掺杂表演成分。[1] 如今,电视上的现场新闻报道把世界(包括战争)当成工作表演,使公众不得不成为所有事件的观众。

表演的这些区别指的是活动的正式面貌,而非其潜在特征和意图。

---

[1] 现在人们可以买到记录交响乐队的排练的商业唱片,这也许是为了让听众近距离了解乐队指挥的工作。人们想知道这些活动片段与真实活动的区别。

在脚本化的戏剧捏造中，一场政治审判可能会被呈现为一场直接的竞赛。更加本土化的例子是电视节目的定时性给拳击比赛、职业摔跤比赛带来的转变。当我们轻蔑地说某人在进行一场"真正的表演"时，实际上是在指责这个人在"作秀"，即在一些根本不需要表演的事情上倾注过多心思，进行太多设计。我们需要从概念层面为"表演"一词"减负"，尤其是在讨论比赛时。为了清楚地说明框架，人们可能会说，由电视转播或通过其他方式摆在观众眼前的桥牌比赛是被呈现出来的；如果它出现在有脚本的电影中，那就是一场戏剧性的比赛；如果它由作弊者组织，就会变成一场被操纵的比赛。由此推断，在观众眼里，一部关于桥牌舞弊的戏剧将呈现出一场戏剧化的、被操纵的比赛，而一个关于轮滑比赛的新闻剪辑片段则是再现了一场被操纵的比赛。

有一点需要重申。在讨论正统戏剧表演时提及表演者与观众的互动（interaction）很正常，但这个简单的结论遮蔽了理解这种互动所需的分析，也遮蔽了对话的参与者也在互动的事实，还遮蔽了"互动"一词适用于人们想要区分的一切事情这一事实。首要的议题是框架，而不是互动。在对话时，言说者无论说什么，都会得到另一个参与者的直接回应，这两种回应都是同一层面的存在。在表演中，只有合作的演员才身处同一存在层面，才能直接回应彼此，而观众的回应是间接的、随意的，他们通常在一旁欢呼打气，但不会中断表演。我们可以探究更多的相关议题。

二

现在来考虑表演的亚种——在现场呈现戏剧脚本的舞台表演。我们用"剧本"（play）指称剧作家写作的文本，用"演出"（playing）指称在特定观众面前从头到尾演完一场戏剧的过程，用"作品"（production）指称特定的剧班成员在任意一场戏剧表演场景中付出的努力，用演出场次（run）指称演员经过持续的一段时间的准备后向观众呈现的整套表演。一场演出可能不只涉及一次表演，还涉及戏剧制作的经济学。[1] 这是因为，戏剧艺术的铁律是这么运行的：观众只需集中注意力、充分理解表演，并且付费观看，而演员有权利在下一晚的观众面前进行同样的表演。

至少在西方社会，剧院是区分基础概念的一种理想方式，它能让我们

---

① 例如，有的日本歌舞伎剧场（Kabuki theater）会演上一整晚，但西方的戏剧演出很少出现这种情况。

区分表演者或演员和他所扮演的舞台角色(character)。最能说明这一点的例子是约翰·吉尔古德(John Gielgud)和他扮演的哈姆雷特(Hamlet)。

在思考非舞台的(unstaged)现实社会生活时,戏剧意象似乎指引着我们区分个体和个体的身份(capacity),后者指的是个体在一系列给定场景可能发挥的专业化的功能(function)。很简单,人们会说,约翰·史密斯(John Simth)是一个优秀的水管工、糟糕的父亲、忠诚的朋友,诸如此类。

如果我们意识到吉尔古德在舞台上的行为不同于史密斯在他店里(或家里和政治集会中)的行为,就可以这么形容二者的差别:哈姆雷特的刺杀行为并非真实的,而是仿真的;但修水管(或投票)是真实的行为。虽然我们用同一个词"角色"(role)*统称台上台下的活动,但这显然不会妨碍人们理解某个角色到底是真实的还是只是一种舞台表演。

但是,这些阐释并不充分,对"角色"一词的阐释尤其如此。史密斯作为个人或个体所拥有的是个体身份:他是一个实实在在的有机体,拥有独特的识别标志和生活的"小圈子"。他是任岁月流逝而保持不变的客体,拥有在这段时间旅程中累积的记忆①和个人的生平细节。他具有职业性、家庭性等多重身份和功能,这些身份和功能是其个人身份的一部分。当吉尔古德出演哈姆雷特时,他呈现的是哈姆雷特作为儿子、情人、王子、朋友等虚构的或脚本化的身份,尽管如此,这些身份通过单一的传记线索被串联在一起。但是,吉尔古德实际上以舞台演员的身份亮相,这只是他诸多身份中最著名的一种,也是他按约参加排练或股东会议时所使用的身份。

问题在于,我们倾向于用"角色"一词指称吉尔古德的职业,指称吉尔古德扮演的哈姆雷特这一舞台角色,甚至指称哈姆雷特作为儿子或王子的特殊身份。这么一来,现实和戏剧的区别就与个体身份与专业化的功能、剧中人物和身份的区别混淆了。我应当将"角色"一词等同于专业的身份或功能,它同时出现在现实生活中和舞台上。"个人"(person)一词

＊　role 和 character 在本书中都指"角色",这里将 role 意为"角色",将 character 译为"舞台角色"。原因在于,role 更强调整体意义上的社会角色,突显作为行动者的个体的身份、职能、专业和地位等自性要素,而 character 强调的是个体经过修饰的、扮演出来的角色,多指呈现在舞台、小说、电影等脚本化的、戏剧性的作品中的人物形象和角色。role 的范围明显比 character 更大,戈夫曼有时也混用这两个概念,笼统地表示用 role 表示所有角色。——译者注

①　近期,外科移植手术的风靡让一些哲学家重新关注身体连续性的假设,并提出诸多质疑。参见 D. Parfit, "Personal Identity," *Philosophical Review*, LXXX (1971): 3-27; Amelie O. Rorty, "Persons, Policies, and Bodies,"*International Philosophical Quarterly*, XIII (1973): 63-80; David Wiggins, *Identity and Spatio-Temporal Continuity* (Oxford: Basil Blackwell, 1967)。

指涉的是传记式的主体,而"人物"(part)和"舞台角色"(character)指涉该主体的舞台身份。有趣的是,在日常事务中,人们不会时刻留意个体在生活中扮演的角色,即传记主体;人们往往更关注他在一些特定关系中扮演的角色,比如政治角色、家庭角色等。相反,戏剧中的"人物"备受关注,而舞台角色这一特殊角色反倒不那么受关注。

更麻烦的是,如前所述,个体在舞台表演中至少会呈现出双重自我:演员(actor)(他需要用到提词设备,需要与其他剧团成员合作,需要得到观众的响应)和舞台角色。但是,作为"戏剧观众"的个体呢？这些人由哪些部分组成？

其中一种戏剧观众角色是"戏迷"(theatergoer)。他预订并付费购票,按时(或迟到)看剧,在表演完毕后热烈地响应谢幕。他也会在幕间进行中场休息。他需要维持非戏剧的现实活动:他花在看戏上的钱和时间都是真实的——正如演员通过一场场表演获得真实的收益,提高或削弱自己的声誉。然而,戏迷看戏鲜有"真实的"理由,他不愿暴露看戏的动机;"戏迷"是相对于戏剧演员而言的一种角色。

每个作为戏迷的个人都具有一些其他的特点。他参与了舞台上的非真实世界。戏剧角色的互动构建了这个非真实的世界,而戏迷间接参与其中,产生共情与共鸣。他彻底沉浸在戏剧中。他被提升(降低)到剧作家塑造的人物和主题的文化层次,欣赏着一些自己不太熟悉的典故、不太擅长的婚姻关系、未曾体验的各种生活方式;他在现实世界中哪怕面对着与角色类似的人,也不会采用剧中人那种妙语连珠的对话方式。此时,有人可能会提及旁观者(onlooker)的角色,但这个词更适合概括那些短暂的、公开的、未经批准的替代性参与,这种参与发生在舞台之外的现实世界。重要的是,观众的旁观行为不像舞台表演,它不是对真实事物的模拟或演绎。换言之,台下的旁观并非戏剧的模型。旁观从一开始就是戏剧框架的一部分。

通过"笑声"(laughter)可以很好地甄别戏迷与旁观者,二者的区别再次表明,我们必须明确反应的语法规则(syntax)。如果舞台角色的滑稽表演逗笑了观众,观众将产生共鸣并发出笑声;如果演员在舞台上犯错、被绊倒,或以脚本以外的方式中断了演出,观众也会发笑。然而,这两种笑截然不同。① 在第一种情形中,个体作为旁观者而笑,在第二种情形中则作为戏迷而笑。此外,虽然舞台角色——这些人物表面上处于另一存

---

① 参见 Susanne K. Langer, *Feeling and Form* (New York: Charles Scribner's Sons, 1953), p.341。

在层面——听不到这两种笑声,但两种笑声对演员的影响不尽相同:共鸣式的笑声会使他停下表演,回应观众的热情;另一种笑声则会使他尽可能快地说完台词。当然,这两种笑声迥异于舞台角色**演出来的、能被彼此听到的**笑声。注意,当某个观众的笑声感染了其他人,让其他观众跟着笑起来,没有人会觉得尴尬;但是,如果某个舞台角色的笑声惹得观众哄堂大笑,这就严重违反了语法规则。

可能有人会说,戏剧观众可分为两类:戏迷和旁观者。如果人们把目光转向其他观众,也会发现同样的双重区别,并且为这种二分法提供了额外的理论支撑。例如,关注书面文本的观众,也可以被称为读者。就旁观者而言,情况大抵相同;观看戏剧和阅读剧本包含一些相同的经验。观众角色(audience role)的情况则因观众类型的不同而大为不同,毕竟,去剧院看戏和拿起一本书之间没有太多的共同之处。

三

舞台作品的显著特征是,观众最终的喝彩声将揭开仿真世界的面纱,让人们回到现实。① 至此,演员不再扮演舞台角色,观众不再与剧情产生

---

①　表演开始时,观众会在著名演员登台时热烈鼓掌,这样的喝彩并不指向舞台角色,而指向演员本人。演员则通过这样的角色来回应观众,例如,表现出愉悦的情绪或是在某一时刻定格于某个高难度动作,后一种方式更能体现戏剧片段的传统本质。在表演过程中,一个高难度的动作会得到满堂喝彩,戏迷并非沉浸于剧情,而是为演员的技巧所折服。在歌剧中,观众"打破"戏剧框架的做法被进一步制度化。有趣的是,惯例也随时间的流逝发生了翻天覆地的变化,参见 Kenneth Macgowan and William Melnitz in *Golden Ages of the Theater* (Englewood Cliffs, N.J.: Prentice-Hall, 1959):

在 19 世纪的最后十年,现实主义尚未取得胜利。从本质上说,几乎所有表演都是个体才能的华丽展现。如今,人们仍会在演员完成出色的表演后退场时为他鼓掌,但在以前,观众习惯于在一段情感饱满的台词之后鼓掌,打断表演。在歌剧中表演咏叹调时,如果喝彩声足够响亮,演员可能会重复一次同样的表演。因此,过去的绝大多数戏剧表演都缺乏整体性,剧里剧外都迥异于日常生活。(p.119)

即便我们能够接受场景和表演之间的暂停,但我们不可能接受在整部戏结束之前打破戏剧营造的幻象并且维持破碎的幻象。这里的"我们"指的是世界上的绝大多数人。因此,下文如此解读一场歌舞伎表演:

说完独白,他(主角)昂首阔步走上舞台,抽出一把长剑杀死了试图袭击自己的流氓。通过这种浮夸的方式,他拯救了一个陷入无助的可敬之人。战斗结束后,主角走到靠近**花道**(hanamichi)的位置,帷幕在他身后落下。在帷幕前的一个狭窄的平台上,他以演员而非剧中角色的身份向观众讲话,表示感谢。之后,他又重回角色身份,以肩扛剑,沿着**花道**走下舞台。[Shūtarō Miyake, *Kabuki Drama* (Tokyo: Japan Travel Bureau, 1964), p.88.]

共鸣,作为演员或表演者的个体直面作为戏迷的个体。并且,演员和观众都明白台上台下真正发生了什么——尤其在木偶戏的表演中,如果操纵木偶的人出现在观众面前,他们一直小心维持的幻象就彻底破碎了。[1]此时,无论舞台上表演过什么内容,人们都不会觉得它是真实的,只会将它视为一种再现,一种善意地让旁观者间接卷入戏剧世界的再现。(的确,演员照例穿着全套戏服谢幕,但他们不需要再费心维持与服装对应的舞台角色的个性,而是慵懒、松懈地充当着衣架子;他们摘下帽子、丢掉围巾,似乎表明这身装束不再意味着任何真实的东西。)简言之,仿真已经结束。

当然,观众如果近距离看完谢幕,就会发现,演员在谢幕时的表现几乎和舞台**角色**的表演一样模式化,只是模式的秩序略有不同。我们会对模式化的谢幕感到有些尴尬,对舞台表演则不然。(同理,流行歌手在演唱两首歌曲的间隙与观众进行的闲谈可能也是脚本化的,但观众会觉得这种闲谈不属于歌曲框架,而是一种非官方、非正式的直接交流。)此外,根据任何事物都能发生再转换的基本原则,人们应该能够预料到,颇具说服力的谢幕场景可以被脚本化,在一部关于正统戏剧的电影中被表演出来——这样的例子数不胜数。日本传统歌舞伎表演蕴含的框架更加复杂,例如《暂》(Shibaraku,しばらく,由男性表演者反串女性的讽刺戏)。男性坤角*也会穿着男人的戏服演出,但在谢幕问候观众时,他会显露出一些微妙的女性化的举止。[2]

上述问题都不需要特别仔细地思考。但是,当人们要描绘演出**期间**和演出**中**(during and within a performance)发生之事的特征,当戏剧的内在领域得以维持时,传统的理解思路鲜有助益。我们需要抽丝剥茧地对此进行分析。

四

要理解戏剧(或其他任何戏剧脚本)内部世界的组织,就必须厘清个体与其他行为的关系。在现实世界和日常活动中,人们可以准确地预测

① Gerold L. Hanck, "A Frame Analysis of the Puppet Theater"(未发表文章:University of Pennsylvania, 1970)。

* 男性反串女性角色的演员被称为男性坤角,应为"onnagata",此处作者的原文是"omnagata",似为笔误。——译者注

② Miyake, *Kabuki Drama*, pp.88—89.

一些自然事件,但人际交往的结果必然是变幻莫测的。对于一些影响自身的事件,个体必须等候命运的安排,等待这些将至未至的事情。而在仿真世界中,个体可以在脚本里自由地编写未来之事,尽情地展开叙事。显然,捏造者可以通过捏造"颠倒世界"(play the world backwards),即提前筹划一些事情,使它们在未来发挥作用,而这些事情通常是不受任何人控制的、由命运或机遇决定的问题。①

这些不同设定对应着不同的信息位阶(information state)。"信息位阶"指的是个体如何看待事情为何这样发生、事情现在的影响力如何、相关人士有何特征和意图、可能会产生什么结果等问题。② 简言之,每个舞台角色在每个时刻都被赋予了一个方向、一个时间视角和一种"视野"(horizon)。例如,在一场骗局中,受骗者并不知道他会碰巧遇上一个将成为自己同伴的人,也不知道他们都会碰巧遇上一个貌似受骗者的人。而行骗者仿若上帝般的存在,他们知道自己"真实的"个人和社会身份,也知道自己身上将要发生的事情,还锚定了下一个要骗的目标——除非发生一些无法预见的事情。当然,受骗者也可能清楚自身的处境,只是对新认识的同伴缄口不言。

在戏剧的内部领域,剧作家、制作人、筹办人和演员共享关于内部事件的同一信息位阶:他们都知道这些事件与什么有关、会向何处发展。排练让一切更加清晰。同时,相比于人们对现实世界的认知,戏剧相关人员的这种认知更为直观,因为剧作家预先设定了事情的发展方向。在表演时,不同的舞台角色将表现出彼此处于不同信息位阶的样子,仿佛他们的信息位阶不如演员与剧团工作人员那样全面。注意,要从舞台戏剧的内部领域获得任何意义,演员必须假装接受不同的信息位阶(这些位阶不同于其他角色和制作人)。只有在制片人不知道戏剧的结局,也不知道其他舞台角色了解戏剧的一些情境特征时,舞台角色在舞台上说出的话语才有意义。③

如果只考虑根据脚本进行表演并履行职责的演员自身,我们就可以说戏剧是一种调音,而表演是一种仿真。简言之,**在戏剧中**,扮演主角的演员假装不知道反派的后续行动,扮演反派的演员则假装自己能够对主

① 参见"Normal Appearances" in *R. P.*。

② 参见 John von Neumann and Oskar Morgenstern, *The Theory of Games and Economic Behavior* (Princeton, N. J.: Princeton University Press, 1944), pp.51–58。

③ 用约翰·冯·诺伊曼(John von Neumann)的话来说,戏剧就和打牌一样,"优先性"并不意味着"预先性"。

角隐藏自己的意图，尽管他们都知道完整的剧本，也了解各自的分工。这意味着，至少一些舞台角色将会欺骗其他角色，并且，所有人都假装不知道戏剧的结局，因而，如果只考虑演员及其真实的信息位阶，这场戏剧就是捏造的调音。

因此，就演员本身而言，他们是在表演中互相欺骗。如果把观众也加入这幅图景，问题将变得更为复杂。戏迷对剧本的结局和走向了然于胸，这不足为奇，因为他要么已经读过剧本，要么在别的地方看过这出戏，但这并不是首先需要关注的问题。我们首先要考虑作为旁观者的观众，他们是获得正式许可的偷听者，剧作家赋予了他们一种特殊的、与戏剧内部事件相关的信息位阶。这一位阶既不同于剧作家的位阶，也多半不同于戏中各种舞台角色的位阶——尽管部分舞台角色的信息位阶与观众相同，发挥着在舞台角色之间传递信息的桥接作用。①

身为剧院观众，我们不得不像舞台角色一样，假装自己对戏剧的认知有限；而作为旁观者，我们要表现得很有风度，假装自己对结局一无所知——事实可能确实如此。不过，这不是寻常的无知，因为我们不会像往常一样努力克服这种无知。我们乐于探寻这种具有短暂欺骗性的、使人蒙在鼓里的情境。简言之，我们被转换成了非现实的戏剧世界的合作者。为了维持这种有趣的未知性，我们乐此不疲地与他人合作，就算是早就读过、看过这出戏的人，也心照不宣地保持着这种合作关系，尽可能使自己回到无知的状态——这是旁观者对戏迷的最终胜利。（注意，按照新闻业的惯例，评论员不得透露结局。）当帷幕落下，玩笑便结束了，每个人都知道戏里戏外"发生了什么"。

可以说，戏剧是观众自愿维持的善意捏造，因为观众对待披露（disclosure）的方式类似于他们对待一场大方得体且妙趣横生的愚弄的方式。不过，愚弄伪造了现实活动，而戏剧以各种直接调音——戏剧性的人类行为的公开模型——为材料，观众不会相信台上发生的是真实的生活。就悬念而言，剧本颇似纸牌游戏。在牌局中，每个玩家都对别人手里的牌一

---

① 事实上，每当制作人向观众再现一些材料的片段时，他们可能向观众提出了一个动态发展的观点，当剧情发展到下一个阶段时，该观点也会随之发生变动，需要制作人巧妙地搁置他对材料的现有观点。查尔斯·菲尔莫尔（Charles Fillmore）在探讨叙事学时指出（参见未发表文章："Pragmatics and the Description of Discourse"），即使是非虚构小说的写作，作者也可以说"这一问题将在后续章节中详细讨论"。此时，作者实际上是在坚持自己的观点，目的是提醒自己"这个问题已经讨论过"……

无所知,玩家主动参与游戏,自发进入游戏情境,保持悬念,直到结果大白于天下。在剧院里,如果全体演员、评论家和观众都遵守这一规则,**真正的**悬念和披露将如期出现。区别在于,纸牌游戏领域中的材料并不是生活的模型,而是事件本身——尽管这些事件微不足道。更重要的是,除非有人出千,否则每个玩家不仅**无法**知道对方手里的牌和牌局的最终结果,而且**不能**知道。他不能说:"我拿了一手好牌,明晚还要继续玩这手牌。"同理,体育赛事的设计(包括障碍设置)确保其结局不会,也不可能被提前披露。通过谨慎地操纵模型般的环境,悬念有了真实的基础。

重申一遍,台上台下的人都知道,舞台角色及其行动并不真实,但观众会搁置这样的认知。作为旁观者,他们的兴趣与同情心使他们尊重舞台角色对自己命运的无知,在悬念中等待故事的展开。①

---

① 尤内斯库(Ionesco)在一个剧本中阐明了这一点:

乔伯特(CHOUBERT):没错,没错。从古希腊到今天,人们写出来的所有剧本都是惊险小说。戏剧总是逼真的,也总是侦察性的。每出戏都是一次调查,总有一个完满的结局。它是一个谜语,谜底在最后一幕才会揭晓,有时候会更早。你苦苦寻觅答案,最终找到它,还不如开头就告诉我们答案。

马德莱内(MADELEINE):你要举一些例子说明。

乔伯特:比如那部神迹剧,它讲的是从火刑中拯救圣母玛利亚的故事。如果你忘了故事里的那些毫无用处的"神的干预",这部剧看起来就像一则新闻报道,讲述了一个女人让几个流浪杀手杀害了自己女婿的故事,而且没有提及原因……

马德琳:没有提及原因……

乔伯特:警察在调查后,揭开了罪犯的真面目。这就是一部惊险小说、一出自然主义的戏剧,适合在安东尼剧院演出。

……

马德琳:经典戏剧如何?

乔伯特:经典戏剧就是精练的侦探戏剧。就像自然主义。

[Eugène Ionesco, *Victims of Duty*, in his *Three Plays*, trans. Donald Watson (New York: Grove Press, 1958), pp.119–120.]

更严肃的分析是伯特兰·埃文斯(Bertrand Evans)对信息位阶的详细分析,参见 *Shakespeare's Comedies* (Oxford: Oxford University Press, 1960)。他将剧作家对意识(舞台角色和观众的意识)的控制放在核心位置,并认为,剧作家有三种思路:就对事实信息的了解而言,观众要么比演员了解得更少,要么有着相同的了解,要么了解得更多。侦探小说的作者选择了第一种路径,莎士比亚的喜剧则属于第三种。他说:

……如果一出喜剧需要表演两个半小时,那么大部分时间,我们都会把注意力集中在那些视野不如我们完整的人身上,他们对与自己相关的情境事实的感觉要么是完全错误的,要么是不充分的,如果他们了解了我们知道的真相,他们的言行会大不相同。(p.viii)

此外,纵使观众获知的信息超过了某一个(或更多)舞台角色,这种认知仍然是不完整的;因为在某种程度上,当关注焦点从"观众要发现什么"转变成"舞台角色要发现什么"时,观众必须对舞台角色在最终获知真相时的反应保持无知。

我并不是说戏剧是纯粹的侦探小说，即使侦探小说也不止如此。原因在于，"暂时隐藏最终的结果"本身是有目的的，那就是表明宿命或命运本身就能自圆其说，就算不能让舞台角色遭到应有的报应，这些宿命和命运也有其意义。正如朗格（Langer）所说：

> 戏剧表演是一种建构性的行为表象，其中包含了一段整体的、不可分割的虚拟历史；在表演完成之前，它以一种未完成的形式呈现。这种对将至未至之物产生的持续幻觉、在所有惊人之事发生之前逐渐清晰的情境的生动再现，就是"悬念的形式"。人类命运在我们面前徐徐展开，它的统一性体现在开场白甚至是无声的动作中。因为在舞台上，我们看见的是一个行动整体，但在现实世界，除非通过自省（建构性的反思），我们无法看到它们。在戏剧中，行动以简单而完整的形式出现，伴随着明显的动机、方向与目的。舞台行动并不像真实的行动，它没有混杂不相关的其他行动与各自的利益，舞台角色也不具有未知的复杂性（无论它们原本可能多么复杂），因此，我们完全可能看到一个人的感觉变成激情的过程，而这些激情通过台词与动作得以表达。[①]

五

因此，我的观点是，戏剧框架算不上一种善意的构造，也不只是一种简单的调音。无论何时，将真实活动的台下片段转换成舞台片段必然涉及转换实践的语料库。现在，我想要详细讨论一些惯例，这些惯例体现了面对面的现实互动与戏剧中的互动的区别。

1. 舞台具有明显的空间边界，这条边界清晰而随意地将世界切割成两个部分：戏剧世界和舞台之外的世界。（当然，许多社会活动都被限制在一个封闭的、架高的空间内，但除了仪式之外，这些活动的开展并不受边界的影响，仿佛边界内外的事件都拥有相同的存在秩序。但戏剧表演的情况并非如此。）同时，戏剧的结局可能与现实生活的结局类似，但戏剧

---

① Langer, *Feeling and Form*, p.310.

　　即使是新闻报道，也可以把叙事悬念留到最后一段——尽管读者很清楚事件发生在报道之前。新闻报道可以用振聋发聩的结尾阐明一个道德或命运的主题。更重要的是，就算导语巧妙地概述了整个报道的情节、清晰地展现了报道的全貌，报道也可以通过逐渐披露情节的方式展开，仿佛读者不需要结合刚刚得知的信息，就能卷入悬念一般。

的开端似乎完全不同于非舞台的活动。通常情况下,帷幕会在戏剧开始时被拉开,舞台角色不会注意到自己突然间闯入了人们的视野。电影则采用一种更为平缓的方式,将旁观者渐渐引入这一领域。

2. 如果在开放的空间为观众表演戏剧,那么观众的头顶就不再有天花板,四周也不再被墙壁环绕——如果认真审视这种情况,人们会发现这是种不可思议的设定。① 此时,舞台角色的行动暴露无遗,但这不是问题的关键,毕竟,同时暴露的还有许多其他行动;关键在于,舞台角色无法避免自我的行为暴露,也无法在行为暴露后进行补救和调整。

3. 言说互动在生态学的意义上是开放性的;(舞台)参与者没有直接面对彼此,(当不止两个参与者时)也没有围成一个最适宜的交谈圈,而是站在一个开放的角度,让观众能确切地看到他们的相遇。

4. 在某些时刻,某个人会居于舞台的中央,成为全场的焦点。(为此,他通常会从椅子上站起来。)而其他舞台角色,尤其是那些没有和中心人物对话的人,往往会被安排在观众焦点之外的地方,他们的行动微不足道,其结果便是,言说者吸引了大部分观众的注意力。

5. 观众会始终尊重表演中对话的轮替,还会等到另一个舞台角色回复之后才做出反应。例如这个案例:

> 采访者:你给自己设定了什么样的生活方式? 嗯,就让我们谈谈《亲爱的说谎者》(*Dear Liar*),这肯定不是一个好演的舞台角色。
>
> 康奈尔(Cornell):这是有史以来最难演的一个舞台角色。只要你没说话,就得听别人说。我敢说,哪怕是表演独角戏的人,比如出演《人生阶段》(*The Ages of Man*)的约翰·吉尔古德,都不会像扮演布赖

---

① 当然,这不是必需的:

让观众在室内看剧是一种现代惯例,这可能使希腊人和罗马人感到震惊。他们的基本惯例与现在完全不同,他们的戏剧舞台是开阔的街道或其他场地;普通公众聚集在街道或田野上看着矗立于街道对面或是开放空间的建筑。只有发生在露天的场景才能被呈现在舞台上。在地中海国家,许多事情发生在室外,而在我们国家,这些活动在室内进行,这就使得举办宴会、如厕或街上的一场密谈必须发生在室内,否则根本无法在舞台上演——这是最真实、充分的理由。[W. Beare, *The Roman Stage* (London: Methuen & Co., 1964), p.178.] 比埃尔继续探讨了这种披露实践:

(希腊与罗马的)剧作家不得不采用这一惯例作为权宜之计,这恰恰证明了惯例自身的有效性。如果必须公开发生在室内的事情,舞台角色就得在门口偷窥,然后转述自己看到的事情。(pp.178-179)

相反,在西方戏剧中,发生在室外的事件必须通过这种策略来披露。

恩·埃亨(Brian Aherne)和我那个舞台角色那么辛苦。如果你在谈论你自己,就像我现在正在做的那样,我可以停顿一下。我可以不慌不忙地说,可以仔细考虑过再说,也可以在某个特定的场景后穿过舞台再回来。但是,两个人在戏剧里的对话不是真正的对话,而是工作,我要时刻注意布赖恩的言语,他也一样。我们不能先于观众做出反应。你很难恰到好处地控制时机。当布莱恩说出一些搞笑的事情,我就会很想笑。但如果我笑了,观众的注意力将立马转移到我身上,不再发笑。所以我必须等观众有所反应之后才笑。你得一直控制自己的反应。如果你累了,你可能会自然地对着什么微笑或大笑,或者掏出你的手帕——我不得不这么做,因为我感冒了——但你必须牢记,只要做了这些事情,观众就会分心,所以你永远都不能放松,永远。①

正因如此,观众的反应嵌入了舞台互动系统,成为其中的一部分。②

---

① Katharine Cornell, in Lewis Funke and John E. Booth, *Actors Talk about Acting* (New York: Random House, 1961), pp.203-204.

② 当然,有鉴于这种插话惯例,我们可以清楚地了解下面这对演员制造出戏剧新闻的方式:

采访者:您的团队成功合作的秘密是什么?

伦特(LUNT):我也不知道。我猜是我们每个人都对彼此感兴趣。另外就是我们在一起说话的方式。从《卫兵》(*The Guardsman*)这场戏开始,我们就像现实生活中的人那样对彼此说话。例如,我开始一段演讲,中途林恩(Lynn)根据我们商量好的暗号适时开始发言。不过,我会继续讲几句。当然,你不能在莎士比亚的戏剧里这么做,但在室内喜剧里,在现实主义的戏剧中,这样的方式更有效。要怎么说会更清楚呢?我们所谓的同时……

采访者:不需要等……

伦特:是的,不用等一句话说完,我们现在的交流就是我说的那种方式。我们在一起交谈,对吧?你听到我在说什么,我也听到你在说什么。嗯,我们在舞台上的时候,你看,你必须非常、非常小心地完成对话,因为我们要对台词。所以当我说出"到下一个房间来吧,我会准备好的"这句台词时,你需要捕捉到的暗号是"下一个房间"这几个词,然后你就可以接着说"好的",随后我会继续说:"我会准备好的",就这么自然地接下话茬。当然,我必须放低我的声音,以确保她能听到。这样说明白了吗?

采访者:这样的互动可能是所有演员都梦寐以求的。

伦特:恰恰相反,他们觉得这不可能实现。他们觉得我们不可能做到。我们第一次在伦敦演《随想曲》(*Caprice*)时,他们就因为我们同时说话而怒火中烧,这让我们倍感压力。但那次演出非常成功。我们首次以这种方式完成了表演。我不清楚我们是怎么做到的,但它自然而然地成功了,因为我们都非常了解彼此,也非常信任彼此。尽管有的时候我会受到指责,我也会因一些小事指责她,如抢台词、笑场等。"你为什么讲得这么快?""你为什么不……"

(Lynn Fontanne and Alfred Lunt, *ibid.*, pp.45-46.)

"一次一人"(one-at-a-time)的规则在广播剧中尤为明显。广播剧中的所有事件都依赖口头传递的信息,因此不容许任何插嘴和打断行为。[参见未发表的文章:John Carey, "Framing Mechanisms in Radio Drama" (University of Pennsylvania, 1970)。]

6. "披露性补偿"（disclosive compensation）是贯穿整个互动过程的基础转换实践。在非舞台的、真实的互动中，言说者自身和听众都能自发卷入对话。这显然是因为言说者已经删减了一些特别不适合与听众分享的、老生常谈的、"无趣"的话题。接着，他最大程度地精简话语，言简意赅地引导听众的认知。对于一些新来的听众或是没插上话的人，他可能会在一开始发表一些明确的、有针对性的评论，但这么做更主要的是出于礼貌——这样的好意会让对方觉得自己不是局外人。偷听者注定只能听到对话的只言片语，而非连贯的、有意义的对话流。（事实上，如果交流者发现有人偷听，他们就会有意识地使用高度简化的秘密代码。）而在剧院中，舞台互动经过系统的设计，面向大规模的观众群体，观众只能获得与戏剧角色同等的认知。要是台上的人像在日常生活中一样直接对着观众说话，并且通过填充、删减等不同的方式调整对话，戏剧的幻觉就会完全消失。舞台角色之间的对话面向满场的陌生人，观众无法插嘴。但是，如果不给观众提供任何信息，戏剧很快就会失去受众。戏剧需要系统地处理的事情，是让观众获得他们所需的秘密信息，这样，虚构的戏剧世界才得以维持，进入一个不属于自己的世界。（事实上，戏剧采用了许多特殊的方法，例如旁白、独白、超出常量的疑问句、自我忏悔、给予信任等，这一切都是为了向旁观者提供必要的附带信息。[①]）因此，舞台互动的系统管理依赖这些附带的信息提示方式。

7. 相比日常生活中的对话，戏剧中的对话显得冗长而夸张。演员拔高音调，像高声朗诵一样说话，部分原因可能在于，演员有义务对着观众表演，并保证观众能够听清声音。同样，剧作家的语言表达能力、文化水平也应该高于平均水平。人们在日常生活中的交谈往往是自然的、非表演性的，与之相比，剧作家必定会花费更多的时间设计恰当的、精练的、丰富多彩的、全面的陈述。日常互动者可以设法开启一个早已准备好的话题，剧作家则能理所当然地持续进行这样的控制。

8. 在现实的面对面交谈中，双方只要处于一段稳定的关系中，就无法

---

① 参见 Elizabeth Burns, *Theatricality：A Study of Convention in the Theatre and in Social Life*（London：Longman Group, 1972；New York：Harper & Row, 1973），chap.5, "Rhetorical Conventions：Defining the Situation," pp.40-65。注意，与此形成对照的是电影编剧，他们可以倒叙和快进。

获得多少新鲜的信息，除非这段关系已经濒临破裂。两人之间的问题不会在当前造成太大的影响，他们之间可能甚至不会发生其他重要的事情。哪怕他们交谈时有不相干的他人在场，只要他们"表现得自然"，与周遭的环境保持一致，旁人可能会无视两人之间正在发生的事情。因此，对于特定对话之外的事物而言，两人的对话起不到任何作用。戏剧互动多少延续了这种方式，却又将这种方式视为一种具有重要意义的掩饰，其依据是：没有什么事情会毫无预兆、毫无意义地发生。这意味着观众不需要选择自己关注的内容；对他们来说，舞台上发生的一切都合情合理。正如朗格所说：

> 事实上，在戏剧开始时，我们几乎不了解站在我们面前的人，他们的每一个动作、每一句台词，甚至服装和步伐，都有别于我们的日常感知。因为我们从未像与现实中的人相处一样与他们交流，所以我们会把表演情境中的每个细微的动作都视为舞台角色和身份的特征。我们不必在戏中寻找有意义的事物，也不需要做选择——只要是舞台上呈现的事物，都有其意义，不需要我们**全面地**进行审视。站在我们面前的舞台角色是一个具有连续性的整体，与其所处情境相辅相成：舞台上的情境和舞台角色是可见的、透彻的、完整的，但它们在现实世界中的原型并非如此。①

因此，我们假定观众能看到整个舞台，不会错过舞台上的任何动作。（毕竟，三环马戏团只有在规模足够大的情况下才称得上是三环马戏团。）然而，当观众欣赏整个舞台时，舞台表演者会表现得仿佛他们没有注意到观众一样。

如果我们对比舞台与银幕，会发现许多有趣的东西。舞台设计会让一个人占据中心位置以吸引观众的主要注意力，此时他**整个人**或多或少都显露在观众面前。在电影中，空间框架的边界要灵活许多，可以使用远景、中景、特写等。通过改变镜头角度和距离，演员的一个微小

---

① Langer, *Feeling and Form*, p.310. 伯恩斯（Burns）提供了另一种观点：

此外，观众应该关注在舞台上发生的所有事情。在日常生活中，旁观者可以选择自己想要关注的人与事。但对观众而言，这种选择是由戏剧家、制作人和演员共同决定的。观众响应他们的符号语言，接受他们对现实的看法。（*Theatricality*，p.228.）

姿势会被放大,填满观众的整个视野,确保观众不会错过这一姿势所表达的含义。

<h1 style="text-align:center">六</h1>

我描述了八种转换实践,它们使整个舞台互动区别于其现实生活模型。稍后我们还会考虑其他类似的惯例。无论如何,这是本书始终要强调的第一个观点:观众具备一种突出的能力,这种能力能让他们专注于一种转换实践,哪怕这一实践与他们想象中的原型有着根本性和系统性的差别。这涉及一种自动化、系统化的修正,在这一过程中,甚至连修正者本人都没有意识到自己采用了这种转换惯例。

为了进一步说明个体进行转换的能力,我们可以暂时把目光转向广播剧中呈现的戏剧脚本,即广播剧框架(radio drama frame)。① 这一框架受到媒介的限制:过去,女高音演唱家的高音可能使发送器的导管爆裂,因此低音唱法风靡一时;②当音高达到一定程度时,广播就无法处理更尖锐的声音,所以一些音效(如枪声)无法在广播中使用。③

作为戏剧互动片段的来源,广播有一个基本的特征:听众无法选择性地无视广播传递的声音。在现实生活中的鸡尾酒会上,人们的窃窃私语完全淹没在其他嘈杂的声音里,但广播听众无法开辟出自己关注的领域。人们在现实生活中能够实施的行为,导演必须(以几乎相同的水平)在广播剧中和舞台上实现。因此,广播剧中出现了如下惯例:

> 在广播剧中,空间信息会在一幕剧开始时专门引入,随后退隐或完全消失。有别于日常生活中的"厨房混响",我们不能无视广播对话中的混响。这些声音通常在表演者念出最初几句台词时被引入,随后消隐。同样的规则也适用于空间转场。将场景从城市切到乡村可以通过这样的信号实现:
>
> 曼:我敢打赌,乔(Joe)和多丽丝(Doris)在乡下绝不会那么热。

---

① 此处我大量引用了此前引用过的一篇未发表文章:John Carey, "Framing Mechanisms in Radio Drama"。

② *Ibid.*

③ *Ibid.*

（音乐渐入，鸟的啁啾声，音乐渐出，鸟鸣始终伴随着对话。）

乔：唔，多丽丝，乡下的天气确实很舒服。

在这三句台词中，鸟鸣声会渐渐消隐，但它们可能会在场景切回城市前再次响起。[1]

还有一种惯例是，广播的背景音频流会保留一两种低频音。这些例子体现了自动修正的力量：在广播的世界里，听众只能听到一些暂时突出的声音，许多背景音都难以识别，但他们不会因此而沮丧。但如果这种情况突然发生在现实世界里，很多人都会惊慌失措。

对这些惯例的需求的背后有一些值得深究的东西——所谓的"多渠道效应"（multiple-channel effect）。当一个人直接看到一个现实的场景时，场景中的事件倾向于以多种渠道呈现其自身，只是人的关注焦点会时不时从一个渠道切换到另一个渠道。这些渠道之所以能发挥这样的功能是因为视觉的特殊作用。人们听到、触摸到、嗅到的东西都能吸引他们的注意力，但只有看到这些刺激源后，他们才能够快速识别和定义（快速框架化）正在发生的事情。要想**表演出**个体所处的情境，就要复制这种多样性，但这谈何容易？在广播剧的主角所处的领域，他能通过视觉定位自我所见、所闻、所触、所嗅，听众却只能依赖听觉。

因此，广播建立了一种惯例，为那些无法传递的东西提供了功能性的等价物。声音约定俗成地替代了那些通常只能通过视觉传递的东西。例如，通过控制音量、调整说话者与麦克风的角度与距离等方式，广播能让听众感觉到说话者与舞台中心的距离。同样，

在既定场景中，通过设置切近的、遥远的、居中的等不同距离的声音，制作总监可以非常精确地告诉听众广播中的场景的规模。在一个广播剧的场景中，如果你听到下述声音：门应声而开，一个男人在空旷的木制走廊上走动，大声地说了句"你好"（Hellooo），几秒后回声响起，这种惯例就意味着：这个场景发生在一个很大的空间中。[2]

---

[1] John Carey，"Framing Mechanisms in Radio Drama."

[2] Albert Crews，*Radio Production Directory*（New York：Houghton Mifflin Company，1944），p.67，引自 Carey，"Framing Mechanisms in Radio Drama"。

第二种解决方案是使用口语的伴奏来锚定（anchor）其他声音，确保观众能将原本孤立的其他声音辨识为舞台角色或来源。［"好的，彼得［（钥匙转动的声音），让他们试试开这个锁。"］然而，在通常情况下，自然的对话不会以这种模式进行。在广播中，评论和解释都经过了筛选和剪裁，以便把声音限定在伪装成"纯粹"交谈的语境中。同样，听众系统地忽视了这种伪装。

除了"多渠道效应"之外，广播框架中还有另一个组织经验的要素：一些相似的现象会在语法上发挥不同的功能。这个问题的要点在于事件的领域位阶，而解答这一问题需要使用框架分析的视角。以下是两个例子：

第一，在日常生活中，音乐是生活背景的一部分，人们可以在工作时播放唱片，或者不得不忍受随处可闻的缪扎克（Muzak）*。在广播剧对社会生活的转换过程中，音乐也可以在框架内（in-frame）充当背景音，例如被搬上舞台的缪扎克。（框架内的音乐能为听众设定场景，它的首次进场往往引人注目又响亮；在开演后，为了让听众听清对话，背景音乐会渐渐消隐。）但音乐也能成为广播剧框架的一部分，它发挥着"桥接"（bridge）的作用，是场景转换的指示信号。此时，音乐之于广播剧，就好比幕布之于舞台剧。这种音乐不是"嵌入"一幕剧，而是"嵌于"场景**之间**，它们将几段完整的情节衔接起来，是在框架中组织不同材料的"标点符号"。因此，音乐在广播剧中的应用完全不同于它在其他语境中的应用。此外，还有一种用以预告或标示戏剧性动作的音乐，它相当于听觉版的字幕，适用于某个场景中发生的特殊事件，尽管它与串场或结束表演的音乐同时停止，但它的指涉没那么完整。它不同于背景音乐，主角"无法"（cannot）听到它。① 也就是说，在语法上，广播剧中至少存在三种截然不同的音乐类

---

* 在西方，商场、超市、银行、电梯间等公共场所都会播放缪扎克音乐，这种音乐安静、柔和，很适合作为背景音乐，故而也被称为"衬托音乐""电梯音乐"。由于这类同质化的音乐循环往复地播放，有人就会将它视为一种无趣的、枯燥乏味的音乐形式。——译者注

① Eileen Hsü，"Conflicting Frames in Soap Opera"（未发表文章：University of Pennsylvania，1970）。对这种多重使用机制的阐释见于 Carey，"Framing Mechanisms in Radio Drama"：

音效的淡出同样告诉听众，音乐要么是一种转场媒介，要么发挥着强调情绪的作用，要么是舞台表演的一部分。例如，通过建立一种音乐和麦克风之间的视角，导演可以暗示音乐是在舞台上发出的；通过固定麦克风的位置，同时让音效淡出、让音乐在两个角色之间交叉淡出，导演可以暗示，音乐是用于转场的；通过固定麦克风的位置，让音乐在一个场景不断淡入、淡出，导演可以暗示，音乐表达了这一幕场景中的人的感受，或者听众应当有怎样的感受。

型,同样的音乐作品可以用于这三种情况。① 我们大可以说同一段音乐在不同的语境中听起来完全不一样,或在不同的场景中有着不同的定义和不同的动机关联,但这是一种**多余的**(unnecessary)含糊回答。就其框架功能进行分析显然更具解释力。②

第二个例子涉及音量。在广播剧中,声音的消隐是一幕戏或某一集结束的信号,这意味着广播剧将换个时间或地点重启,或意味着这一集结束了——剧院常常用落幕表达这一点。达成这一效果的方式是音效的淡出,即减弱传输功率,或是让演员或其他发声源远离麦克风以降低音量。不过,远离麦克风造成的声音消隐在听觉上有别于音效的淡出,它往往意味着演员的离场。

无论是背景音乐的淡出(为了避免对言说者造成干扰),还是远离麦克风(表示"离场")造成的声音消隐,对于听众来说,框架仍在继续发挥作用,仍在生产一系列引人注意的事件,并且这些事件是正在展开的故事的一部分。然而,尽管听众可以听到音乐的过渡和音效的淡出,但这些声音并不属于某个场景生产的"意义领域",它们只是场景切换的开始,是框架之外的东西。

七

所以说,戏剧框架和广播框架之间存在系统性的区别。二者与想象出来的真实模型的距离都只有一个层级,只是二者的转换涉及不同的惯例。我们可以将小说中的事件当作戏剧的第二种参照物并加以考察。

---

① 音乐剧赋予了音乐第四重角色。音乐剧中的角色不仅能够演唱音乐或歌曲,还能够进入音乐的表达,仿佛他不需要正式转变成表演者的角色,也能进入戏剧的行动流。此时,这些音乐的领域位阶与背景音乐的位阶相同,但更加突出。这些歌曲的歌词和它们表达的情感与剧情的进展有关系,但二者在多大程度上相关就不得而知了。剩下的音乐剧角色在音乐流逝的过程中所做的事情本就很复杂,他们的行为与音乐表演一样不同于戏剧动作。这就是"纳尔逊·埃迪综合征"(Nelson Eddy syndrome)。我们能够(或几乎能够)忍受音乐剧,就再次证明了框架实践的灵活性之大。音乐剧也会在某个时刻设计定格动作,同时插入其他有声或无声的有趣内容,比如跳舞转圈、乐器演奏。

② 对漫画的组织与对音乐的组织形成了一个颇具启发性的对比。在漫画中,人物说话的文字框占据一定的空间,但这一空间和描绘场景的空间完全不同,文字框的空间被场景空间包围,不占用场景的任何真实空间。

　　首先,小说和戏剧确实与其他类型的戏剧脚本一样有着相同的重要特征。然而,在现实生活中,每个参与者对不同活动的认知都是个性化的、独特的,他们关注的细节范围略有不同,也可能对自己能够感知的东西不甚了解。但在戏剧领域则不然。戏剧脚本中出现的东西都经过预先选择,然后再成为观众必须选择的内容。其结果就是所有观众成员都接受了相同的信息量。

　　其次,在戏剧与小说中,受众会认为,作者选择说明的内容就是他们需要知道的全部,目的是让他们准确把握剧情的发展。这种思路预设作者完整地描述了场景,没有遗漏任何应该让受众知道的信息。[①] 在最后一个场景出现之前,受众不会比故事中的角色知道得更多,而这样的无知对受众来说是恰当的。在故事的结尾,小说和戏剧应当向受众披露一切有助于他们理解故事意图的内容。剧情的展开是如此,人物性格的展开也是如此:

　　　　在阅读小说时,我们需要知道的关于某个小说角色的一切内容都由小说本身揭示。在小说结尾时,我们对小说角色的认知达到一个静止点。此时,由这个小说角色引发的所有疑问都得到了解释。如果这些问题没有解决,如果这部小说故意塑造了一个模糊难辨的角色,那么模糊性就会成为它的静止点。我们不得不停驻于此,停在我们读到的这个点上。这种模糊的结尾已是小说的终点,不像在现实生活中,我们还能设法消除这种模糊性。在这个意义上,我们可以说,小说的角色因小说而存在,而非小说因其角色而存在。[②]

　　与这个充分的设想相关的还有另一个设想。前文已经提及,戏剧台词以其他确定的交谈为幌子,为观众提供必要的背景信息。剧本与小说中存在类似的策略:当前出现的一些事件看似偶然,却是后续剧情发展的关键。因此,舞台角色看似足智多谋地利用现有手段解决了问题,其实是

　　① Wayne C. Booth, *The Rhetoric of Fiction* (Chicago: University of Chicago Press, 1961), pp.52-53. 布斯的观点非常具有启发性,我受益良多,在书中多处引用了他的观点。

　　② Martin Price, "The Other Self: Thoughts about Character in the Novel," in Elizabeth and Tom Burns, eds., *Sociology of Literature and Drama* (London: Penguin Books, 1973), pp.269-270.

偷偷利用了先前暗中准备的东西，如此便当场展露了他的聪明才智。①
其他诸如勇敢、果断的个人品质也是如此。为了模拟现实生活中存在的
个人品质，戏剧和小说必须完全忽略现实生活的一个核心特征：个体不得
不使用一些材料应对瞬息万变的情境，但这些材料通常不是为了应对该
情境而提前准备的，他不可能提前知道哪些材料能起效。

　　现在可以转向小说框架和戏剧框架的差别。理论上，要将戏剧转换
为小说只需要遵循这条规则：以客观的、作家的口吻，用书面文字描述观
众看到、听到的一切。反过来，小说家也可以撰写一部完全可以通过戏剧
演绎的小说，方式是让舞台角色向观众念出台词，通过视觉和听觉的方式
全方位地展示小说的内容。（复杂之处在于：戏剧的旁观者可以直接看到
演员的行为表达，并自行解读；而在小说中，作者必须向读者解释小说角
色的行为表达，若非如此，读者就难以描述这种行为。）当然，通常没有哪
个小说家会因此限制自己，但也有短篇小说的作者这么尝试过。原因在

---

　　① 　一个间谍故事为此提供了例证，参见 Michael Gilbert, *Game without Rules*, New York：
Harper & Row, 1967。一些悍匪［科特（Cotter）等人］肢解了女主角葆拉（Paula）的狗，以此威胁并
勒索她的父亲。下述"背景"有关葆拉和她的朋友理查德·雷德梅因（Richard Redmayne），他们
被派到乡下，为科特的袭击埋下了伏笔：

　　　　理查德心想，住在这里最愉快的事情就是努力让这个地方重返生机。整整两周时间，
　　他和葆拉、严厉的梅森太太（Mrs. Mason）清洗、除尘、冲刷、抛光、喷涂。葆拉展现了出人意
　　料的能力。首先，她拆卸并清洗了自家的电机和发电机。接着，从诺维奇（Norwich）运来的
　　一卡车技术用品的帮助下，她提高了电机的输出功率，让昏暗的电灯泡亮得像接在电源上
　　一般。
　　　　"我父亲告诉我不要害怕电，"她说，"电和水一样。你可以看到水从水龙头里流出来，
　　形成一股稳定的水柱。如果堵住一半出口，它的力量就会翻倍，就像这样。"她手里拿着一
　　根水管，冲刷着院子里堵塞的排水沟。当她捏住水管的末端时，一股细长的水流喷了出来。
　　　　"没错，"理查德迅速躲开水柱，"你用不着示范，我知道它的原理，我只是不知道它也能
　　用于发电，仅此而已。"
　　　　葆拉说道："明天我要让梅森太太给锅炉添点儿燃料，我要把水管接到大仓库里。我需
　　要一个合适的水龙头来增强水压，到时候你就能看到强大的水柱能做些什么。你知道吗，
　　如果水流够大，水压够强，我们能用水柱来切割金属。"（pp.74—75）

当然，还需要设置故事的高潮：

　　　　葆拉意识到危险近在眼前，她突然转身，双枪同时开火。第一枪完全打空，第二枪正中
　　司机胸口。开枪之后，她扔掉一支枪，不慌不忙地伸出一只手抓起水管，迅速扭开水龙头。
　　　　一股滚烫的水流从喷嘴里喷涌出来，又细又尖，像针一样，似乎在空中凝了一会儿。当
　　科特弯腰捡枪时，水流正喷在他脸上，他只得跪着向前爬，灼热的、冒着蒸汽的水流也跟着
　　他喷了下来。（同上，p.79）

于,小说框架为作者提供了剧作家不具备的基本特权;作者顶多是选择性地放弃了这些特权。

在戏剧表演中,一个舞台角色会对其他舞台角色的行为做出解释性的反应(解读),而在观众的眼中,这种解读就像一个真实的个体在日常的互动中解读另一个人的行动一样,片面且易错。但阅读游戏的基本原则是,小说(包括长篇和短篇)作者具有权威性,读者完全接受和认可他们对主角的行动意义的解读。有趣的是,一个成年读者可能会花费数年来写作,论述小说的作者在人物塑造方面的过人之处和败笔,然而,当他阅读小说时,绝不会停下来思考作者的处理方式是否符合他的所思所想。

进一步说,剧作家必须通过舞台角色的台词和肢体动作来讲故事,这些设计时刻伴随着剧情的发展。而虚构小说的作者享有两项基本特权:其一,他可以选择"视角",以角色之外的人物立场或其中一个角色的视角来讲述故事,甚至会为此创造一个特殊的小说角色。[1] 小说作者还可以在每个章节或部分之间切换视角,或对同一行为片段采取多重视角。视角本身可以是空间性的,叙述者基于某个小说角色的视角,随着该角色的移动描述物理场景;视角也可以是时间性的,小说角色可能对当时或即将发生的事情一无所知——如前所述,作者可以改变叙事的视角或信息位阶,甚至"进入"小说角色的未来,暗示他已经知道哪些事情将会发生;视角还可以带有文化性,比如,作家以某个小说角色可能使用的口吻、风格和语气发表评论。[2]

其二,与剧作家不同,小说家享有直接获取信息来源的特权,无须借

---

① 此处参见 Booth, *Rhetoric of Fiction*, esp.chap.6, "Types of Narration," pp.149–165; Norman Friedman, "Point of View in Fiction: The Development of a Critical Concept," *PMLA*, LXX (1955): 1160–1184; Michel Butor, "The Second Case," *New Left Review*, no. 34 (1965), pp.60–68.布托尔认为:

　　如果小说的角色完全知道自己的全部经历,也愿意让别人讲述或者自己讲述这些经历,就必须使用第一人称,为讲述提供证据。但一般来说,他是被强迫讲述的:要么是因为他在撒谎;要么是因为他对我们或对自己隐瞒了什么;要么是因为他没有掌握事件的所有细节;要么是因为即使他掌握了这些细节,也没有能力以正确的方式把它们组合起来。证人所说的话将使用第一人称,并以碎片化的形式出现在一个以第二人称讲述的故事中,而正是第二个故事激发读者形成了阅读感受。(p.64)

② 此处引自 Boris A. Uspensky's "Study of Point of View: Spatial and Temporal Form," a preprint from his *The Poetics of Composition: Structure of the Artistic Text and the Typology of Compositional Form*, trans.Valentina Zavarin and Susan Wittig (Berkeley: University of California Press, 1974)。

助正在发生的可感知场景。他也不需要通过演员的台词和身体动作来介绍相关的过去事件和对未来事件的预言。他可以直接告知读者舞台角色无法表达的思想与感受，无须借助独白这样的权宜之计。小说家可以设计相关情节，让小说角色联想自己与当下情境相关的过去的经历，再偷偷转换视角，扩展小说角色的思绪，为故事添加大量的情节。事实上，这种方法适用于任何小说角色：

> 看来，码头工人要去拿刀了。约翰（John）知道自己该做什么。作为一个男孩子，他也爱玩刀，还想方设法收集了很多刀具。他曾练习过扔飞刀，也掌握了持刀的最佳姿势。在他住处的六个街区以外，有一个西班牙黑人聚居区，街区边界上的一个帮派收养了他。帮派成员发现约翰天赋异禀，便将他们毕生所学倾囊相授。渐渐地，他能根据别人的第一招迅速判断对方的实力。因此，现在的他毫不担心自己。他苦涩地想到，玛丽肯定知道出事了，却不知道问题出在哪里。

想象一下，如果剧作家要在舞台戏剧中呈现这些内容，他需要做些什么？补充一点，小说家可以明确地引用别人的真实或虚构的文本，将它们写进自己的故事［比如，引用**国会议事录**（the Congressional Record）中的演讲词］，从而给读者一种知识渊博的感觉：

> 斯迈思（Smythe）少校想起了那条向上游动的蝎子鱼，他大惊失色却又无可奈何，大声喊道："我被它蜇到了，可恶！ 天哪，我被它蜇了！"
>
> 他一动不动地坐着，低头看着自己的身体，突然想起他从研究所里借出还未归还的《危险的海洋生物》（*Dangerous Marine Animals*）。这是一本在美国出版的书，里面记录并描述了蝎子鱼的毒刺。他小心翼翼地抚摸着刺痕旁边的白色区域，随后又戳了戳。没错，皮肤完全被麻痹了，皮下开始抽痛。很快，抽痛变成尖锐的刺痛。紧接着，疼痛将蔓延全身，痛感如此剧烈，以至于他倒在沙滩上，尖叫着满地打滚，才能减缓痛苦。他会口吐白沫，然后精神错乱、抽搐，直到失去意识。紧接着就是心脏衰竭和死亡。根据书里的说法，这个过程只持续 15 分钟——这就是他仅剩的、垂死挣扎的绝命 15 分钟！ 当然，如果他脆弱的心脏能够承受，普鲁卡因、抗生素、抗组胺剂等药物可

以治疗这种毒。眼下他手边没有这些药物。就算他还能爬上楼梯，回到屋里，就算卡休萨克医生（Dr. Cahusac）有这些现代药物，医生也不可能在一个小时之内对他进行小波分析（Wavelet）①*。

作者也可以通过开设作者评论栏目**来发表见解，解读他笔下角色的行为，或者在连贯的叙事中表达自己的态度和腔调，后一种方式更为巧妙，也更难避免。

我已经阐述了舞台上的互动如何区别于日常互动、广播与小说如何区别于戏剧表演。这些观点与流行的观念一致，即我们应该区分日常生活与想象的领域。然而，本书引入的概念为我们提供了质疑这种分野所需的理论材料。

---

① Ian Fleming, *Octopussy* (New York：New American Library, Signet Books, 1967), p.53.

* "小波分析"是一个医学术语，即对生物体的某些小波信号（如心电波信号、脑电波信号）进行图绘、分析，以诊断病情。——译者注

** 类似于编者按。——译者注

第六章　捏造的结构问题

一、　再转换

　　前文界定了初级框架的概念,也讨论了基于这些框架组织起来的活动片段。它们受到两种基本转换类型和复制过程的影响,每一种转换与复制都能给世界带来大量复制品:经过调音和捏造的活动。无论"事实"是什么,它都受到这两种重组模式的影响。再者,调音本身将受到再调音的影响,这是对转换的转换。当然,现在我们必须意识到,捏造也会通过各种方式进入再转换过程。事实上,本书已提及诸多有关构造的例子,但尚未提及再转换。

　　根据目前的定义,框架化活动的最内层必定是具有或可能具有未经转换的现实这一地位的事物。这种活动如果并未发生,只是作为调音的模型而存在,就可以说它发生了一种转换,产生了两个层次或层级——模仿的与被模仿的、复制的与被复制的。这种活动的外层,即框架的边缘确立了现实活动的地位。未经转换的事件及其调音这两个层次共同构成了一个相对简单的分层(layering)。分层往往很粗浅,只有两个层次,毫不深奥。但框架的分层无论深浅,都是构成框架结构的重要元素。正因为这种分层的存在,我们才能合理地使用"结构"这样的术语。

　　分层可能具有不同的形式。将一根圆木锯成两段是未经转换的工具性行为,而魔术师在观众面前把一个女人"锯"成两半则是捏造。魔术师在后台测试新装置是对构造进行调音,正如他对书中的魔术手法的演示,亦如我通过框架分析讨论这件事。阿维斯(Avis)汽车公司的女销售的顾客服务构成了实际的、细碎的社会现实,但如果公司秘密指派一名侦探检查这些员工的服务是否达标,她们就将面临"重要考验",其他人对她的直接活动的所作所为就变成了捏造。例如这则整版广告:

"喂,小妞,我要一辆红色的普利茅斯(plymouth)敞篷车。别跟我扯什么要预约,也别告诉我你这儿只有小轿车。要么你就像广告里说的那样,努力帮我搞定这部车,要么我就去别家。"

这就是我们 X 先生公司的经营之道:刁难阿维斯公司的姑娘们,看她们脸上的笑容会不会消失。

……

我们公司的密探并不友善,但个人能力卓越。

调查结果上报给总裁后,努力为客户解决难题的雇员能得到 10 美元奖励,达不到要求的人就有麻烦了。[①]

这则广告体现的是捏造的调音。同样,服药是未经转换的工具性行为,药物实验则是一种调音。若要进行科学的控制,研究者就得尽量在被试不知情的情况下进行分组,让一组服用药物,另一组服用安慰剂。同样,研究者必须隐瞒自己的实验假设。因此,研究者有必要对调音进行捏造。但实验可能会产生另一重层级——马丁・T. 奥恩(Martin T. Orne)认为,被试会揣摩研究者的意图,故意给出研究者希望看到的结果。为了验证这一点,奥恩用下述方式对实验进行调音(在我看来卓有成效):

我们选择了一组与实际的被试条件相同的人,要求他们想象自己就是被试,向他们展示实验的房间和设备。我们还向他们解释了实验步骤,让他们获得和真正的被试等同的信息,但他们只是被告知了实验过程,并未真的参与其中。例如:在某次伪造的"药物实验"中,研究者告诉参与者,所有被试都会拿到一片药,随后还向他们展示了药片,给他们读了实验说明。事后,没有参与实验的"参与者"也需要提供数据,甚至还要参加后测实验、填写评分量表,参与一切真正的被试参与过的活动。[②]

这就是一个对调音的捏造进行调音的例子。

人们既然能对捏造进行调音,自然也能对调音进行捏造,在后一种情

---

①　*San Francisco Chronicle*, February 14, 1966.

②　Martin T. Orne, "Demand Characteristics and the Concept of Quasi-Controls," in Robert Rosenthal and Ralph Rosnow, eds., *Artifact in Behavioral Research* (New York: Academic Press, 1969), pp.155-156.

况下，框架的边缘就是捏造而非调音。据说，在纽约 42 号街，一些行骗者往往打扮低调，他们偷偷在暗处现身，鬼鬼祟祟地兜售廉价的手表和戒指。他们不问任何问题，显然是在与违反法律法规的潜在客户勾结；他们卖的东西购自合法渠道，购价低廉却能真实反映其价值。又如，企图越狱的战俘想要计算自己冲过两栋监狱建筑物之间的空地的时间，以使之恰好与狱警的换哨时间一致。于是，他们开始进行"跑跑停停"（stop-and-start）的练习：

> 这几天，我们每晚都在高级军官的营房（剧院街区）附近进行"音乐训练"。音乐是信号，我们得让看守的哨兵习惯这样的噪音……道格拉斯·巴德（Douglas Bader）是音乐指挥，他的牢房在三楼，可以俯瞰德国人的庭院，还能看到所有监视我们的哨兵。于是，巴德一直盯着窗外的动静。晚上七点半，院子里的车离开后，他就开始训练。从八点开始，巴德严格控制演奏人员的节奏，等哨兵走到合适的位置，即我们能走完既定路线时，他们才会暂停奏乐。他们不需要在哨兵每次转身时停止奏乐，但乐声一停，就意味着我们就可以行动了。之所以谋划这样的信号系统，是因为一旦进入空地，我们就几乎没有任何掩体了，外墙的一角倒是可以充当掩体，但它也会遮挡我们观察哨兵的视线。①

为框架结构增设层次，却没有改变框架边缘的状态的例子不胜枚举。扑克一类的纸牌游戏允许虚张声势（善意的捏造），但"发第二张牌"*的行为会把善意的捏造转换为掠夺性捏造，把整场牌局变成欺骗玩家的骗局。如果发牌员在家里练习发第二张牌——无论是否派得上用场，专业发牌员都习惯这么练习——那就是对善意捏造的掠夺性捏造进行调音；私下向"潜在的"雇主演示这种"手法"亦是如此。

注意，调音本就是未经转换的事件的模型，因此，完成调音易如反掌；但是，与最初的转换相比，对调音进行再转换或再调音似乎更容易。任何容易让未经转换的活动受到转换的影响的因素，也容易让转换受到再转

---

① P. R. Reid, *Escape from Colditz* (New York: Berkley Publishing Corp., 1956), p.165.

* "发第二张牌"指发牌员不按顺序发牌堆最上面的牌给玩家，而是从下面另抽一张牌的作弊行为。——译者注

换的影响;转换发生后,再转换可能会接踵而至。例如,为了销售吸尘器,售货员使用吸尘器来展示其清洁效果,进而将打扫这一实用行为转换成演示,而转换的这个性质决定了它能够再度发生转换:例如,某些人可以打着演示吸尘器的幌子,不怀好意地潜入他人的住宅;而主妇放推销员进门,只是想让他免费用吸尘器给自己清理地毯。值得一提的是,这种情况在医疗界更加典型。人们担心,一些人可能假冒医生的角色,牟取不正当收益:

> 俄克拉何马州(合众国际社)[Oklahoma City(UPI)]——上周,警察追查到俄克拉何马州的一名 21 岁的收款员,后者一直假扮医生行骗、猥亵家庭主妇。
>
> ……
>
> 警察在加斯里(Guthrie)逮捕嫌疑人时,他正设法让一位 26 岁的母亲脱下衣服接受"体检"。
>
> 最近几周,俄克拉何马州还有另外三名主妇因类似的事件报警。其中一位受害者称,有名年轻男子声称自己是医生,负责检查由蚊虫传播的疾病(脑炎)。这三名主妇都表示,她们脱完衣服才对他产生怀疑。[①]

当然,也有人担心,拥有正当资质的医生也可能滥用职权,将非医疗行为转换成处方:

> 洛杉矶(Los Angeles)——一位家庭主妇向一名精神科医师提起了渎职诉讼,要求对方赔偿十万美元。该主妇称,该医师给她开具的治疗方案是与他发生性关系,还要求她为这种"治疗"付费。
>
> ……
>
> 这位 33 岁的主妇是两个孩子的母亲。她在诉讼中说,她曾对这位医师深信不疑,后者以缺少性生活的理由说服她,提议让自己成为她的性伴侣。但在她接受了几个月的"治疗"后,该医师不再收取诊疗费,这让她感到"担忧和懊悔"。

---

① *Las Vegas Sun*, November 26, 1964.

基恩（Keene）女士说，当她恳求医生停止治疗时，对方便嘲笑她的性能力，还对她说自己与她发生关系只是因为她"太容易上钩"。说完，他甩给她 225 美元。[1]

在我看来，比事件更重要的是与主体有关的框架紧张，如玩笑、漫画、故事等。特里·索瑟恩（Terry Southern）的小说《糖果》（Candy）就是一个很好的例子，它基于重组，描绘了所有与"性"密切相关的活动是怎样被鼓吹为瑜伽运动，并声称这样就能够实现对身体功能和感官的完美控制的。特瑟恩借助喜剧制造了虚假的重组，这种方式为读者顺理成章地接受色情作品（pornography）提供了掩护，因为读者可以对文本进行框架化，将这部小说视为对披着文艺外衣的色情作品的讽刺。

人们使用伪装的基调掩盖骗局时，受骗者可能并不在场，受骗的或许是"整个社会"，也或许是其他隐秘的监察机构。应对童子军色情作品禁令的标准计谋是打着艺术课程的幌子提供裸体表演。近期，纽约 42 号街一带出现了更高级的伎俩：

今年，打着"教育体验"的旗号，纽约从西海岸引进了模拟性爱表演。公告牌上写着：顾客并非观看性爱表演，而是学习其拍摄方法。为了达到更加逼真的效果，主持人拿着一个家用摄影机拍摄假

---

[1] *San Francisco Chronicle*, May 25, 1966. 正如所料，近期，一个精神病学家开始研究治疗何时结束和患者何时回归真实生活中的问题，其结论可能会获得广泛关注。〔参见 Martin Shepard, M. D., *The Love Treatment: Sexual Intimacy between Patients and Psychotherapists*（New York: Peter H. Wyden, 1971.）〕

这一切都印证了捏造的调音。医生确有可能以进行正常的医疗程序为借口来实施不正当的行为（捏造），这种情形确实令人担忧。因此，我们必须区分非必要的医疗行为（例如医院为了完成手术指标，给病人进行非必要的手术）和纯粹的捏造。

塔科马，华盛顿（Tacoma, Wash.）——昨晚，由八位男成员、四位女成员组成的陪审团判定罗伯特·E. 贝姆医生（Dr. Robert E. Boehme）罪名成立，因为他在妻子住院期间试图通过注射药物的方式杀死她。

……

贝姆的妻子玛丽今年 33 岁，去年 6 月 30 日，她因头部受伤入院。罗伯特趁机给她注射有毒药物，因此受到指控。（*San Francisco Chronicle*, February 7, 1966.）

通过注射屠杀集中营里的囚犯的行为同样适用这类框架结构，二者的区别在于，只有病人对真相一无所知。

另外，儿童在过家家游戏中也会扮演医生，他们所维持的框架结构甚至比上述框架结构更复杂。尽管游戏中使用的药物非常幼稚，但儿童表现出来的框架能力已经非常成熟。

的电影布景,时不时停下来像导演一样发号施令。①

既然调音可以被转换成捏造,捏造当然也能被转换成其他捏造。简言之,控制会变成再控制。因此,捏造似乎特别容易倍增,掠夺性捏造尤其如此。例如,强奸犯会使用这样的技巧:

> 今年,杰克·佩顿(Jack Payton)承认自己在去年 2 月 14 日袭击、强奸和抢劫了一位 35 岁的护士,还袭击了其他三位女性。他因此被捕入狱。杰克现年 48 岁,家住靠近拱门的北威尔顿街(North Wilton Street)。
>
> ……
>
> 一些受害人称,强奸者戴着滑雪面罩,持刀接近她们,声称自己刚刚犯下一桩抢劫案,胁迫她们掩护自己甩掉警察。
>
> 实际上,他把这些女人拖进了小巷或空房间并实施了强奸。②

日常生活中也有同样的例子。如果某个家庭或组织成员要做一件在别人看来是不忠诚的事(例如,离家或离职),他会在合适的时机到来之前假装无事发生,欺骗与自己一起生活或工作的人。当其他人看穿了这种不忠行为却一声不吭时,就是对他的伪装进行了伪装。

不过,"再捏造"未必都源于掠夺性捏造,善意的捏造也会再次经受掠夺性捏造:一些病人认定自己因为错误的理由被强行送入精神病院,事实可能确实如此。自我欺骗也可以被捏造。如果假装生病是对自然事件的捏造,目的是让人们用自然框架理解这个自然事件,那么,为了获得精神病的诊断证明,一些人可能会假装自己出现了妄想,这是对捏造的捏造。例如,为了逃避兵役,这些人假装自己患上了精神疾病。这种情况与从业者口中的"直接分析"形成了有趣的对比:

> 病人的妄想是为了得到缥缈之物或不可得之物的一种欺骗。他无意识地编造、撒谎、共谋和伪装,使出了浑身解数。妄想的产生未

---

① *Time*, October 19, 1970.值得注意的是,肯·凯西(Ken Kesey)组织了一群"快活的恶作剧者(Merry Pranksters)。他们乘坐校车在全国各地旅行。有时,他们会把别人对剧团的检查和控制拍摄成电影,应付当地的法律和居民。这让当地人搞不清楚该对这群恶作剧者使用何种框架,即无法确认眼前发生的是真实的活动,还是在拍电影。凯西们利用了这样的反应,将它们拍入电影中——即便这样会破坏他们竞争对手拍摄的警察电影。Tom Wolf 对此进行了精彩的分析:*The Electric Kool-Aid Acid Test* (New York: Farrar, Straus & Giroux, 1968), esp.pp.68–104。

② *Philadelphia Inquirer*, January 23, 1969.

必伴随着焦虑。一旦病人丧失了焦虑感，就证明他的病情不可遏制地恶化了。所以，只要病人一直在妄想，最终就会陷入精神错乱。面对这种情形，我迅速采用了"以错觉治疗错觉"的方法：

这种疗法需要受过专门训练的助理的协助。例如，某个患者认定自己的父亲被州法庭判处了死刑。我召集了她的家人，伪造了一份政府取消死刑的通知……

还有一些妄想症患者觉得自己是当代的政客、历史伟人或神圣的宗教人物。这类患者通常不信任医生，为了打消他们的疑虑，你要假装对他们的"身份"深信不疑。在基督和三位一体（The Holy Trinity）（圣父、圣子、圣灵）面前，你得跪着在胸前画十字；在摩西（Moses）、亚伯拉罕（Abraham）和其他圣人面前，你要像《旧约》传统规定的那样恭敬。[①]

当然，治疗不是进入和引导妄想系统的唯一理由。希特勒的首席特工明显找到了其他理由：

然而，找到被囚禁在马德里纳小岛的墨索里尼（Mussolini）并不难，难的是让希姆莱*相信这件事，因为他只相信他的巫师。为此，他的部下小心翼翼地准备了一场降神会。最终，一个大腹便便的秃顶老巫师在被神灵附身后，告诉了希特勒（the Reichfuhrer）**墨索里尼的囚禁地点。

此事绝非例外，施伦堡（Schellenberg）***曾不止一次雇用这些神叨叨的巫师来打消希姆莱作决策时的犹疑。[②]

---

① John N. Rosen, M.D., *Direct Analysis* (New York: Grune & Stratton, 1953), p.22. 比较一下路易吉·皮兰娄在《亨利四世》（*Henry IV*）中的舞台骗局：男主角对爱人的不忠深感失望，于是假装精神失常，声称自己是中世纪的国王，让昔日的爱人在他的私人精神病院陪他演对手戏。亲友们以为只要配合男主角的妄想就能安抚他，但男主角只是在通过欺骗他们来宣泄自己的愤恨。

* 即海因里希·希姆莱（Heinrich Himmler），曾是纳粹德国秘密警察首脑，对犹太人大屠杀负有主要责任。——译者注

** Reichfuhrer 意为"元首"，此处指希特勒。——译者注

*** 即瓦尔特·施伦堡（Walter Schellenberg），纳粹德国负责国外政治情报的头目，希特勒的亲信之一。第二次世界大战末期，施伦堡看出德国必败，便利用希莱姆与西方单独媾和，共同对抗苏联。——译者注

② Gilles Perrault, *The Secrets of D-Day*, trans. Len Ortzen (London: Arthur Barker, 1965), p.133.

让我们把目光聚焦于日常生活。一些服务人员(不只专业巫师)会接一些明显不靠谱的"案子"来牟利。一个私家侦探曾因这样的任务遭到起诉:

> 昨天,私家侦探伊弗·科恩(Ivr Kohn)因涉嫌欺诈被警察逮捕,理由是,一位悲痛欲绝的母亲花了两万四千美元委托他寻找已经去世的儿子。
>
> 地方检察官办公室透露,这位母亲名叫伊丽莎白·史蒂文斯(Elizabeth Stevens),今年70岁,她38岁的儿子威廉于1961年10月开枪自杀。两年后,这位母亲委托科恩寻找威廉。
>
> ……
>
> 科恩的代理律师詹姆斯·珀塞尔(James Purcell)说:"她无法接受儿子已经去世的事实。"
>
> "科恩很快发现她儿子已经过世,还劝她不要再浪费钱。"珀塞尔补充道。
>
> 但是,证人告诉大陪审团,史蒂文斯女士在1963年10月到1965年8月一直住在琼斯街41号的旅馆。在此期间,她向科恩支付了两万四千美元。①

这种现象在交易中也很普遍:

> 昨天,一家电子公司总裁告诉参议员说,自己做了一笔大生意,将窃听器卖给了一个"妄想变成詹姆斯·邦德(James Bond)"的男子。②

同样,商店老板会倾听顾客的需求、肯定顾客的选择、鼓励顾客购物,但人们不会觉得商店老板是在鼓励和支持顾客的妄想——尽管人们也说不清为什么这种特殊的控制可以免受责备。同样,用随和而人道的方式对待精神病患者被视为警察的本职工作:

> 在直接与病人打交道时,警察会假装建立并维持正常对话的情境。他们会将病人的话、指责和抱怨当成事实来对待,不会打断或无

---

① *San Francisco Chronicle*, June 11, 1966. 在此我要感谢霍华德·S. 贝克尔(Howard S. Becker)。私家侦探是心理治疗行业的无名英雄。在没有治疗师时,他们乐意认真对待那些情绪低落的人,尽管这份关心掺杂着费用和利益,但无论如何,医生也需要收费。

② *Ibid.*, June 10, 1966.

视这些荒唐言论,而是采用了不予置评的办法,把注意力集中在关于日常事务的交流上。这种手段让所有情境看上去都是正常的。例如,一位焦躁、慌张的中年女士报案称自己被手持骇人武器的邻居追杀。警察没有质疑这位女士为何相信世上存在这样的武器,也没有质疑那个愤怒的邻居的动机是否合理,而是认真地"敷衍"了她,仿佛这是个严肃的报案。警察搜查整个房间都没有发现任何射击的痕迹,但他们还是认真记录了这件不可能发生之事的各种细节,并提醒这位女士以后对类似的可疑事件保持警惕。[①]

二、 再控制的本质

一种普遍的观点认为,大骗局是最典型的"捏造的捏造":无辜的受骗者受到贪念的误导,协助了一场(他们以为的)金融诈骗;真正的罪犯潜藏在幕后,他们在当下的情境中临时制作了复杂的道具,扮演着对受骗者而言完全虚假和陌生的角色。如果这种观点属实,世界会比现在安全得多。

1. 仔细想想我们社会中再控制(recontainment)的标准形式。

a. 第一是"秘密监视"(secret monitoring)。当个体维持着一个可疑的立场(因此维持着某种捏造),他自己在一些场合或情境中的行为可能会使他露馅,使他失去信誉。为了维护信誉,他也许会控制看到了这些行为的目击者。[②] 在这个语境中,(监视者的)看和听具有破坏性的力量——破坏的不是被偷看或被偷听的行为,而是个体在其他时候的行为。监视者通常不会让被监视对象发现自己的监视,这构成了一种"再控制",即监视者的当前行为被监视对象的后续行动设置了陷阱。

典型案例是警察和其他政府机构对嫌犯的窃听,保险机构也会这么做:

---

① Egon Bittner, "Police Discretion in Emergency Apprehension of Mentally Ill Persons," *Social Problems*, XIV (1967): 288-289. 这种"做戏"(暂且不论其实际的发生频率)与那种温柔的、贴心的"支持"存在有趣的差异,后者通常发生在与带有强烈不满情绪的对象的交流过程中。

② 此处,日常语言也有歧义。当我们说一个行动不足为信时,既指它可能被其他的信息证伪,也指它会破坏其他行为。也就是说,这样的行为要么本身受人怀疑,要么会使其他行为受到怀疑。在本研究中,我更倾向于前者。因此,一个**不可信的**行为可以证实另一个**不可信的**行为。

　　默文·克莱顿（Mervin Clayton）僵硬地坐在椅子上，他的脖子无法转动，想要望向别处时，只能小心翼翼地转动整个上半身。

　　昨天，他告诉市退休局，他的脖子在去年 12 月执行消防任务时受伤，至今仍然无法左右转动，每次勉强转头都会使背部和胳膊"极度疼痛"。

　　此时，侦探理查德·拉斯马森（Richard Rasmussen）走进来，播放了一段克莱顿的家庭录像。

　　在这段 5 分钟的录像中，49 岁的克莱顿在斯阔谷（Squaw Valley）的一个小木屋外优雅地铲着雪，他能搬动原木，能整齐地码放这些木头，能打理花园，甚至还能开车。

　　"这是连家庭主妇都能完成的工作，"克莱顿仍然保持着僵硬的姿势辩解道，"这不能证明我还能承担消防员的工作。"

　　但市退休局否定了他的说法，撤回了每个月发给他的 542.01 美元退休金，要求他回单位工作。①

不可信的证词与法律息息相关。因此，对可疑之处进行秘密监视能够获得法律授权，但秘密监视他人羞于展示的隐私则不然。后一行为通常缺乏正当理由的支持：

亲爱的阿比：

　　我知道不该偷看别人的信件，但在我偷看了女儿男友写给她的信后，至今仍觉得沮丧和心痛。我女儿今年 22 岁，在大学城工作，正和一个男学生稳定交往。她把那个男孩带回来过几次，他看起来挺不错的。女儿多次谴责奉子成婚的女孩，但她自己的罪孽更深重：我们是天主教家庭，不信奉节育的观念，但她一直在避孕。她去教堂忏悔过，但从那个男孩的信来看，她还在坚持避孕。②

从此处开始，我们自然而然地转向了被视为不当行为的监视——在适当的情况下，别人有权使用一些策略隐瞒自己的秘密，只要不破坏角

---

　　① *San Francisco Chronicle*, September 7, 1967. 要跟上监视界的技术发展并不容易。1967 年以来的监视艺术发展过程可参见 Alan F. Westin, *Privacy and Freedom* (New York：Atheneum Publishers, 1970), chap.4, "the Listening and Watching Devices：New Techniques of Physical Surveillance," pp.69-89。

　　② *San Francisco Chronicle*, November 4, 1965.

色,保守秘密并无不妥,但不当的监视剥夺了这项权利。例如,纸牌不透明的牌背就是为了让玩家能够相互隐藏自己的秘密(牌面),以此迷惑对方:

> 代表世界最高水平的金拉米纸牌(gin rummy)玩家因为天花板上的监视器损失了一百万美元。
>
> 自 1961 年以来,在比弗利山的"修士俱乐部"(Friars Club)看似密不透风的墙背后,多个老板都从他人的巨额赌博损失中获益。
>
> ……
>
> 针对赌博诈骗的指控,联邦大陪审团已经调查一月有余,尽管公诉书没有公开,大部分调查也还在秘密进行,但陪审团已经发现了一种新模式。
>
> 他们在这家俱乐部的两间棋牌室都发现了开在牌桌上方天花板的窥视孔,躲在暗处的观察者能利用这一视角,用望远镜看清玩家手中的牌。观察者配有一个类似莫尔斯电码发射器的电子信号装备,他的同伙坐在棋牌室里,只要在胳膊或腿上绑上"电键"(tapper),就能把信号器传输过来的内容转换为无声的拍子,变成只有同伙才能明白的密码。①

形形色色的监视打破了人们对社会生活的基本设想。人们期望找到能够确保隐私的一隅,那儿只有熟识的几个人或同类人在场。因为所有人都对事实心知肚明——所以在场某些人的举止不可能符合标准。而这种地方恰恰最适合窃听。这就是一些学校会在卫生间放置单面镜的理由②:如果校园有毒品交易,就可能在这个场所进行。(这是对后台进行窃听。)进一步说,只要给犯罪嫌疑人提供一个类似的私密空间,他们便会放心地讨论策略性的秘密。③ 同样,在纸牌游戏中,玩家有权(甚至必须)藏起手牌,以防止别人看到自己的牌面。这种为玩家保守秘密的游戏设置反而促进了不当监视的兴起和发展。

最后来考虑日常生活中的特定行为。在日常生活中,个体习惯于在

---

① *San Francisco Chronicle*, July 4, 1967.

② 见 Bill Cooney 的文章:"'Spy' Mirrors in School Washrooms," *ibid.*, November 19, 1963。

③ Westin, *Privacy and Freedom*, pp.112–113. 该文回顾了利用秘密监视为一些人提供非法数据的行为,这些人的目的在于提高销量、优化服务、提高服务员的水平等。

不同场合的观众面前进行自我表演,如果他在其他场合、其他时候和其他观众面前遵循另一套行为标准的表演被完全揭露,那么,他第一次在众人前的表演就可能失去可信度。不过,墙、距离和观众区隔等因素阻碍了交流,确保上述情况不会发生。因此,**任何**为他人所不知的监视都可能让个体丧失信誉;任何形式的秘密监视都能破坏后续活动,将后续活动转换为不可信的表演。①

我曾指出,正在进行虚假的表演的人容易受到秘密监视的影响,一旦表演内容被监视者掌握,他的表演就会受到怀疑。不过,监视者主要关注的并非正在秘密监视的活动,而是因监视内容而声名扫地的后续活动。现在我们必须提及两个先决条件:

第一,如果两个人有私交,而其中一人监视了另一人,那么二人的私人关系将受到质疑,因为这样的监视不会出现在一段成熟的关系中。

第二,仔细想想被监视的场景。如果毫无戒心的表演者发现自己一直维持的表演露了馅,就一定会费力掩饰自己暴露的行为,表现出慌里慌张、笨手笨脚和后知后觉的样子。简言之,他们的行为陷入混乱,恨不得时间倒流,让自己谨慎、得体地重演这些行为,但这是不可能的。一位女士声称自己因车祸致残并向保险公司索赔,后者为了求证雇了密探监视她,最终拍到一张能证明她安然无恙的照片。在照片中,这位女士一击打倒了全部保龄球。② 这么一来,不仅她在法庭上的表现不再可信,而且,如果她在打保龄球时发现了密探,游戏也会戛然而止。同理,如果某个人在制订犯罪计划时被人偷听,那么,计划就很难成功。这也解释了下述情况:为了查证老师的政治立场,学生在父亲的默许下偷偷录制老师的讲课过程,激怒了老师;此时,老师与学生家长的关系以及当前课堂的进展都会失去控制。③

---

① 可见"Normal Appearances" in *R. P.*, pp.286-303。一个有趣的例子是电视报道中发生的意外事件,尤其是对那些没有先例的事件的报道。在肯尼迪总统(President Kennedy)的国葬上,一些远离逝者的亲人和核心仪式的宾客要么窃窃私语,要么走神,或微笑,或大笑,或兴奋不已,或困惑。诸如此类行为违背了当时官方的道德观。移动摄像机捕捉到的这些行为使人们在其他场合表现出的虔诚受到质疑,这无疑会促使官员在正式场合更加谨慎。

② 案例见 *The Boston Globe*, November 24, 1966。

③ 报道参见"Hell Breaks Loose in Paradise," *Life*, April 26, 1963。还有一个类似的事件:一位三个孩子的母亲假扮成初中生,严厉抨击了一位教师的教学质量,导致该教师愤而辞职。(*San Francisco Chronicle*, October 9 and 12, 1963.)

b. "秘密监视"是一种"再控制"，"渗透"（penetration）则是另一种形式：间谍不再忠于自己的团队，通过合法途径（而非偷偷摸摸）进入社会，致使团队的核心机密和不光彩行径曝光。渗透的方式要么是策反一名信誉良好的成员，要么是"潜入"（infiltration）①：近年来，毒品滥用、政治激进主义的发展聚焦于渗透组织、群体和社会环境的实践：

> 琳达·霍比（Linda Hobbie）女士就读于新泽西州麦迪逊市的菲尔莱狄更斯大学（Fairleigh Dickinson University），她表面上是该校电影专业的特招生，实际是暗中监视吸毒学生的警方线人。警方发现有学生过量吸食毒品之后，就把她安插到了学校。②

> 大西洋城（Atlantic City），8 月 17 日——今天，一名伪装成高三学生的年轻警察在学校及周边社区进行了毒品突击检查，总共逮捕了 37 人。
>
> ……
>
> 这名 25 岁的警察和在校生一样，每天去大西洋城高中上课，在那里展开了为期 9 个月的调查。今早 5 点，他开始进行突击检查。
>
> 在整个调查过程中，只有校长威廉·方斯（William Faunce）知道他的身份，并一直为他保守秘密。方斯先生说："他完全融入了学生，还很受欢迎。"③

需要补充的是，由于公众追捧"内幕"，一些记者为此渗透进组织和社会运动。例如，《〈生活周刊〉记者化名加入"委员会"，独家披露内幕》（"A *Life* Reporter Who Joined a 'Committee' Incognito Tells an Inside Story"）一文揭示了这种做法：

> 九月，《生活周刊》记者萨姆·安杰洛夫（Sam Angeloff）以自己的

---

① 潜入的历史尚待书写。可以确定的是，托尔克马达（Torquemada）和黎寒留（Richelieu）发明了多种派驻间谍的方式。成立于 1810 年的警察组织——保安局率先系统地使用了潜入手段，并将这一手段推广至刑事领域（与政治领域相对）。在创始人欧仁·维多克（Eugène Vidocq）的领导下，保安局为全世界提供了刑事情报组织的模型。美国最早通过潜入的方式打入犯罪团伙内部的人是平克顿（Pinkerton），他从 19 世纪中期开始从事卧底工作，在南北战争期间，他的组织被雇用于间谍活动，从而扭转了间谍活动通常常用于国内事务的做法。

② *Boston Record American*, March 17, 1967.

③ *The New York Times*, August 18, 1967.

中间名"托尼"为化名加入了加利福尼亚大学伯克利分校[the University of California(Berkeley)]的反战越南日委员会。为了解委员会组织示威游行的流程,他花了四周时间协助组织游行。①

在社会学研究中,参与式观察也需要一定的"潜入"技巧。原因在于,就算研究者已告知研究对象自己正在做研究,研究对象也不可能知道研究者具体要收集哪些事实,更不清楚自己的哪些表现会因这些事实而受到怀疑。

作为一个过程,渗透常常被归入政治、犯罪和产业阴谋的世界,颇似故事中才会发生的事。但是,日常生活中的渗透同样重要。目击者透露的第一手八卦就是一种背叛和渗透。例如,无论妻子对情人透露与丈夫有关的什么事情,情人都已经渗透了她的家庭圈子。当然,情人的主要目的也许并不是打听这些消息,它们只是二者关系的附带收获或代价。②

c. 考虑完"渗透",我们很容易想到另一个过程:"诱捕"(entrapment)。在诱捕活动中,**卧底**(provocateur)谎称自己是个值得托付秘密的人,诱导交流对象做出某种有损信誉的事。诱捕是一种积极主动的渗透方式,相较于被动地等待违法行为(或是可用以攻击受骗者的事情)的发生,诱捕者会主动诱导此类活动发生:

> 里诺(合众国际社)[Reno(UPI)]——昨晚,法庭确认律师哈里·巴斯舍(Harry Busscher)教唆他人作伪证罪名成立。去年二月,他在一场戏剧性的庭审中被地方检察官逮捕。
>
> ......

---

① *Life*, December 10, 1965.
② 情人的策略地位颇为有趣。他(使用语法意义上的性别)不仅获得了本不该得到的信息,还能以相对安全的方式泄露自己的信息。因为接受者不能在不危及她试图维持的地位的情况下转述这些事实,也就是说,她不会向一个不可能获得这类消息的人吐露。因此,合法关系在策略上的弱点在于,在这种关系中泄露或透露的事实很容易被出卖。当然,情人关系也有一些策略上的弱点。随着时间的推移,出轨的妻子可能会用自己的所作所为来刺激丈夫,或者,更常见的是,她会向丈夫坦白,并提供证据,证明她正在努力再给这段婚姻一个机会。这种对背叛的背叛有时不会再受到背叛,此时,被蒙在鼓里的是情人,而不是丈夫。还有另外两种可能性:出轨的妻子可能会秘密地承认她已经坦白了,从而让情人恢复了一点儿先前的锋芒;或者,和好如初的夫妻商量好后告诉第三者,婚外情已经曝光(通常已经结束),而且目前夫妻双方一致对外。这一通知已经得到了双方的认可。总之,最终的结果是,情人失去了发言权。

被捕时，巴斯舍在地方法庭为一桩离婚案件辩护。休庭时，一位证人称，巴斯舍曾制作伪证，让某位客户达到内华达州的居住标准，以赢得离婚诉讼。

这位客户名叫本·伍德（Ben Wood），来自加州（California）奥克兰。他在庭审中作证称，自己其实是地方检察官的卧底。在内华达州离婚法规定的居住期限内，他其实一直待在加州。但是，巴斯舍称能替他"安排"，让他在六周内在内华达州离婚。①

记者和商业促进局也经常使用"诱捕"的手段应对剥削性的交易——无论这些交易本质上是否可疑。记者可能会假扮成一对对房子感兴趣的夫妇，到佛罗里达州暗访强买强卖的房产机构。他们走完了整个销售流程，甚至体验了装有窃听器的密室，却不购买房子，只带走了一些畅销的商品。② 舞蹈学校、婚介所、所得税代理服务③、上门推销杂志的人也值得怀疑。精神病院也会滥用这种方式，声称自己既是精神病院，又是普通医院。④ 电视修理工也需要小心防备，一些伪装方式是法律允许的：

> 纽约（美联社）［New York（AP）］——在明知电视能够正常使用的情况下，特雷莎·希思（Teresa Heath）和琼·斯蒂夫罗（Joan Stephroe）分别打电话给菲利普的电视租赁和维修服务部要求检修。
>
> 事后，希思小姐检举称，该服务的运营商菲利普·施瓦茨（Phillip Schwarts）将电视带回厂里维修，送还时报价50.3美元，还偷偷用一些二手零件替换了电视里的新零件。
>
> 斯蒂夫罗小姐则检举施瓦茨以一些毫无必要的修理项目为由向她收取46美元。昨天，施瓦茨被控以轻盗窃罪、虚假广告罪和阴谋罪。

---

① *Las Vegas Sun*, December 12, 1964.

② 见 Al Hirshberg, "Hard Sell in Boom Land," *Life*, November 13, 1964。这篇文章的副标题是"一对想买房子的夫妇在佛罗里达州开普勒市受到特别礼遇"，更确切的表述可能是"一对寻找新闻爆料的夫妇在佛罗里达州开普勒市受到特别礼遇"。

③ 见 Owen Edwards, "Many Happy Returns," *New York Magazine*, March 15, 1971。

④ 见 Ann Barry, *Belleview Is a State of Mind*（New York：Harcourt Brace Jovanovich, 1971）。

　　希思和斯蒂夫罗这两位家庭主妇其实是曼哈顿区检察官办公室雇用的侦探,因为办公室曾接到对施瓦茨维修服务的投诉。[1]

　　回顾一下三种再控制手段:秘密监视、渗透和诱捕,它们都与道德、法律相关,受到严格的限制,也伴随着与这些限制相关的各种争议。尽管从事再控制活动的理由各异,但它们不是正当的途径,始终存在伦理上的问题。

　　目前,秘密监视备受争议。例如,1965 年,参议院的一项调查披露,许多城市的国税部门一直使用"监控室"让市民辨认敲诈犯,税务员借机获知纳税人可能会与律师分享的秘密。这种违规收集信息的手段被曝光之后,美国国税局局长承诺进行整改。[2] 随着微型无线电发信器的出现,一个新问题浮出水面:这些发信器可以被隐蔽地安装在某个热心的告密者身上,这样一来,他就成为移动的麦克风,能将设法偷录的一切对话传送给远处的接收器。1971 年,联邦最高法院批准用这种手段对付犯罪行为,监视因此获得合法性。[3]

　　诱捕受到的法律[4]和道德的限制比秘密监视更多。人们深知,任何人都不应该过度引诱潜在的罪犯将犯罪行为付诸实践。当然,(人们觉得)卧底也不该主动实施会被起诉的犯罪行为,而实际上有人已经这么做过,譬如"旅行家汤米"(Tommy the Traveler)＊这种老练的警方卧底。[5]

---

[1]　*The Evening Bulletin* (Philadelphia), December 30, 1971.

[2]　见 *San Francisco Chronicle*, July 14, 1965。

[3]　*Time*, April 19, 1971.

[4]　执法人员的诱捕受到相当严格的限制。参见 Wayne R. LaFave, *Arrest* (Boston: Little, Brown and Company, 1965),作者讨论了便衣警察与妓女打交道的方式:

　　有经验的妓女不仅能认出便衣警察,还能熟练地避免发表任何包含三个(法定证据)要素的言论。因此,警察很难给妓女定罪。法官常常驳回这类起诉,理由是,"诱捕"妓女的情境本身很可疑,未必符合上诉意义上的"诱捕"定义。

　　根据警察的说法,以下情况都会被驳回:警察在诱捕时开了一辆凯迪拉克,因为"所有人都知道警察只开廉价车";警察伪装成出租车司机或者蓝领工人;警察拿到妓女的电话号码,打电话约她;妓女没有和警察搭讪,警察主动把车停在她旁边;警察在诱捕前给妓女买酒或先与她待了一段时间。(p.458)

＊　汤米·唐艾(Tommy Tongyai)是为纽约州警察部门和联邦调查局工作的卧底,他以"旅行家汤米"为绰号,冒充"学生争取民主社会组织"成员,鼓励抗议者绑架一位议员,还主动给组织提供制作燃烧瓶的培训,最终煽动两个学生炸毁了霍巴特学院的一栋大楼。——译者注

[5]　汤米在多所大学里的更多活动报道见 *Time*, June 22, 1970。

尽管再控制活动受到种种限制，我们也不该忽视下述事实：大部分参与"再控制"的人以种种方式与执法机构联系在一起。的确，在我们这个时代，人们普遍认为戏剧演员是软弱无力的，只有稳重的男性阶层的优秀代表才能展现真正的表演，这些艺术家们在危险重重的环境中伪装自己，而专业的演员永远无法接受这一点。这其实是一种自以为是的想法，事实上，法律会为这些"业余专家"保驾护航。否则，我们难以解释下述情况：警察要求高中老师在学生谈论大麻时加入其中并透露自己有这方面的需求，最终在校园毒贩那里购买了半打大麻。这一系列举动帮助警方顺利逮捕了一群毒贩，其中就包括四名学生。① 当然，这个问题不只涉及法律上的许可。有些卧底服务于政府，无论受骗者怎么想，人们都会欣然接受甚至赞许公职机构的这种伪装。这种影响深远的许可是一种框架惯例，它将个人利益转换成奉献，使伪装者免受道德惩罚，就像一场席卷整个世界的游戏，对手或许根本意识不到他已经被卷入游戏。

上述对再控制的限制也适用于被出卖的人。问题在于，潜在的罪犯理应获得克制自己的机会，除非他自己主动地实施犯罪行为，否则就不算有罪。不过，从框架分析的视角来看，诱捕的另一重限制，与最后一种情况一样有趣：由于一些舞台角色的行为本身具有破坏性，**诱捕者**应该避免扮演哪些舞台角色？这种限制的背后是对转换的限制的理解。例如，一些不体面的行为会让行为者背叛自己（的信念），只要实施这些行为，行为者（的信念）就会受到玷污，因为这些行为会产生真实的影响，而不仅仅是一种构造。

> 塔拉哈西市，佛罗里达州（Tallahassee, Florida）——昨天，有消息称，警方让一些男大学生充当诱捕同性恋的诱饵，遭到佛罗里达州立大学校方和当地政府的抗议。
>
> "我们确实有必要揭露不正常的性关系，但不应该把大学生牵扯进来，这太荒谬了。"教导主任哈里·戴（Harry Day）博士说，"我希望这种事情不会再发生。"
>
> 这一消息流传数周，最终得到警察局局长弗兰克·斯托特迈尔

---

① 报道见 *San Francisco Chronicle*，June 6, 1965，题为"警方如何智破伽利略高中贩毒团伙"。新闻没有透露这个优秀的"演员"后续是如何处理与学生的关系的。

（Frank Stoutamire）和副局长罗伯特·梅格（Robert Maige）的确认：每个兼职揭发性犯罪的卧底都能得到 10 美元的报酬。[①]

2. 作为再控制的形式，秘密监视、渗透和诱捕与经典骗局有一个特殊的区别：即使行骗者需要伪装成其他的人物，但他也不需要使用大量的道具。此外，那些想要控制他人的人不仅暴露在伪装或隐藏自己的人面前，也暴露在那些只要本色演出就能顺利行骗的人面前。

当个体谋划非法行为或者掌握了重要机密时，他们就会面临着被搭档背叛的风险。同样，如果个体试图贩卖违禁品、利诱他人背叛组织、从事各种形式的敲诈勒索，在设局欺骗他人的同时，个体自己也容易遭到陷害。受骗者只需要报警，按照警察的要求在时机成熟之前配合行骗者就会反过来变成攻击者。他们无须伪装自己，无须获取道具，也无须伪造身份，只需要按部就班地继续扮演自己的角色、进行日常活动，因为他们早已拥有全部道具，也知道事情的来龙去脉。[②] 这样一来，我们的重点就不再是秘密监视、渗透、诱捕等活动本身的脆弱性，而是精心设计这些再控制活动的人的脆弱性。

当一个人上当受骗时，捏造者就获得了支配受控者的权力，而一旦骗局败露，这种权力就会失效。不过，当一方发现自己受骗，他可能公开谴责对方，也可能采取其他策略。譬如，更合理的策略是受骗者暂时假装无事发生，从根本上扭转情境，把行骗者变成受骗者。这样一来，所有人站在同一立场的机会就不存在了，另一重框架分层不可避免地被制造出来。当某人发现骗局却不揭露时，骗局会给他留下只存在于认知层面的主观印象，但当事人仍能采取实际的策略，对事件流产生客观影响。当察觉骗局的人以什么事情也不做的方式设下陷阱时，上述情况就会发生。此时，"假装无事发生"、对所有的事情秘而不宣变成了一种策略性的行为，一种事件流中的特殊时刻——行为主义的客观视角几乎完全忽略了这一基本事实。

可见，专业监视者、渗透者、诱捕者在让他人变得脆弱的同时也获得了某种脆弱性。如果潜在的受骗者不想让行骗者得逞，他只需弄清

---

① *San Francisco Chronicle*, December 29, 1965.

② 见"Normal Appearances," in *R. P.*, esp. pp.270-277。

真相,同时不揭穿骗局,照常行事,想方设法将对手引入歧途。如此一来,业余的受骗者也能打败专业的行骗者,让后者上当受骗。这意味着,框架可以被逆转。[1] 不过,一般来说,逆转框架的无辜者也许并不无辜,若非他公然实施一些可疑的行为,那他一开始就不会受到监视、渗透或诱捕。因此,这里涉及的实际是对再控制的控制,一种比大骗局层级更丰富的活动。

尽管框架逆转常常见诸新闻报道,但它们在现实中并没有那么常见。例如,人们以为公开使用录音机采集隐私就能免责,这是一种刻板印象。利用已经暴露的特工有意(如果他已经转换阵营)或无意地传递错误信息也是如此。除了"幽灵妓女"讲述的经典故事,一些假扮诱捕者的策略也被记录了下来。正如著名的法国无赖皮埃尔·奥奈(Pierre Aunay)所述:

> 在其他场合,他假扮毒贩,假装用几包"货"卖得一万二千美元,引诱两位美国缉毒局特工设陷阱抓他。但那些东西只是糖粉,特工们扑了个空。[2]

在间谍文学中,野心勃勃的潜入者是框架逆转的首选目标。例如,外国特工为了潜入某个情报机构而申请进入该机构工作,他就必须准备好接受接二连三的面试,在面试中证明自己是按照正常程序找到的工作。如果他受到怀疑,在收集到完整的证据之前,面试官可以轻而易举地对他隐瞒真相:

> 按照联邦调查局的要求,我把他叫来办公室面试了三次,以此拖

---

① 此类"局面扭转"或"逆转"未必都是消极行为。以下述间谍小说为例:

我们目前从事的活动叫"逆转"。让间谍跟踪另一个间谍可能出现五种结果:a.跟踪者自始至终没被发现,被跟踪者浑然不知地将他带到目的地(不过,这种情况很少发生,间谍不太可能始终注意不到尾随者);b.被跟踪者发现了尾随者但不声张,并设法制造麻烦阻挠对方,不暴露真实的目的地;c.被跟踪者发现并制止尾随者,确保甩掉对方后独自前往目的地;d.被跟踪者不仅发现了尾随者,还羞辱、挑衅他(例如,我就是这么对待年轻的亨格尔,我知道他不是敌人,但也没什么区别。如果只想看到对方面红耳赤的样子,就可以羞辱、挑衅尾随者);e.被跟踪者发现并赶走尾随者之后,反过来跟踪对方——这就是所谓的"逆转",即跟踪者反被跟踪。[Adam Hall, *The Quiller Memorandum* (New York: Simon and Schuster, 1965), pp.147-148.]

② *Time*, January 26, 1968.

延时间;同时,联邦调查局正在检查他的通话记录,想找到足以逮捕他的确凿证据。面试结束时,我握着他的手说有需要会联系他,心里却感觉自己是个叛徒。我知道,他一走出办公室就会被联邦调查局羁押。我不知道在他身上会发生什么。[①]

有趣的是,据报道,地下组织也可能需要完成深藏不露的框架逆转任务。这则轶事发生在一群身处斯德哥尔摩(Stockholm)的英国官员身上,他们隶属于第二次世界大战期间的伦敦-欧洲(London-Europe)地下组织:

> 一个越狱犯——就叫他韦尔斯(Wells)吧,尽管这不是他的真名——给我们带来了棘手的问题。他按正常路线来到瑞典,但他对越狱的解释非常可疑。
>
> ……
>
> 我们对此疑虑重重。伦敦方面称,他们强烈怀疑韦尔斯是一个叛徒,德军故意让他逃走,好让他在英国为德国提供情报。
>
> 麻烦的是,韦尔斯不得不在斯德哥尔摩滞留更长时间——我们接到伦敦方面的预警信号后,接连几天都没有飞机可以载他回苏格兰。在一周多的时间里,知晓这一秘密的人不得不对他演戏,佯装友好、假意赞许,但这实在难以维持且令人不悦。这对于赖特先生(陆军武官的机要秘书)来说格外艰难,他也看到了伦敦方面的电报,却不得不与韦尔斯待在一起。当时,赖特夫人准备在一家慈善机构的协助下举办晚宴,韦尔斯提议说,他可以在宴会上表演魔术,赖特夫人对韦尔斯的阴险一无所知,便欣然同意,还感谢了韦尔斯。当我们看到韦尔斯穿着租来的燕尾服,在舞台上完美地表演魔术时,那感觉简直糟糕透顶,仿佛自己是在死刑犯监狱值班的狱警。最终把他送上飞机时,我们如释重负,打心底里祝他好运——他需要这种祝福。[②]

3. 到目前为止,本书讨论了一些明显的再控制形式(包括秘密监控、渗透、诱捕)及其特殊的脆弱性。还有一种形式是**连环控制**(serial con-

---

① Robert Hayden Alcorn, *No Bugles for Spies* (New York: Popular Library, 1964), p.34.

② Ewan Butler, *Amateur Agent* (London: George G. Harrap & Co., 1963), pp.125-127.

tainment）：想要实施阴谋的人反被计划外的其他人所骗。"在墨西哥的华雷斯城（Ciudad Juarez），两名扒手趁教徒安德烈斯·基诺内斯（Andres Quinonez）在教堂祈祷，从他口袋里偷走了装有 13 美元的钱包，随后，躲在后排的警察一把抓住了他们。"①接着，我们讨论了第二种结构，即框架逆转：行骗者已被人察觉而自己浑然不知，还企图继续行骗；受骗者假装被蒙在鼓里，设法控制欺骗自己的人。此外也有别的设定，例如，莎士比亚的戏剧中常见的**互相控制**（mutual containment）。还有一种**控制的竞争**（containment competition）：双方都想欺骗对方，也都知道彼此的意图，但都在想方设法戳穿对方的骗局。② 这种对控制的竞争类似于虚张声势的扑克游戏，也会出现在"现实"世界中，正如下述"入店行窃"行为：

> 作家和商店雇用的侦探都看到一名男子偷了一个价值 24 美元的蛇皮钱包。尽管这人形迹可疑且引人注目，但侦探没有立刻逮捕他……侦探的猜想完全正确，小偷想在"扔掉"商品（把钱包踢进隐秘的角落）之后被抓捕或者暴力拒捕，逼迫侦探弄伤他（这种情况以前就发生过）。他甚至会安排一个口碑很好的证人站在关键位置观察他受到的"伤害"，这样一来，他就有机会成为向商店索取巨额赔偿的原告。至少在这个特殊的情况中，侦探发现小偷确实"扔掉"了钱包，他把钱包放在口袋夹层，使之一碰就掉。所以，即使被捕，小偷身上也找不到赃物——他能装成被过于敏感的侦探"误会"的无辜

---

① *Time*, April 20, 1953. 第二个例子是，在 20 世纪 60 年代的内华达州，一些赌客用计算机策略玩 21 点，且胜率很高，当时的赌场对此束手无策。计算机策略是一种非常学术化的方法，能使用这个技能的人大多是研究生和大学教师，但他们深受电影中的"赌王"和其他玩家的影响，赌博方法和风格与其他人格格不入。因此，发牌员常常把他们当成游客，给他们提供帮助和指导，或者干脆嘲笑他们。掌握计算机策略的 21 点玩家欣然接受了这种误解，这样就能防止发牌员采取针对"电子计数器"的措施。这些新来的"专家"伪装出一副正直可靠的样子，成功地骗过了发牌员。因为这些玩家总是会比周边人玩得更久——如果不是真的赢了——离他们最近的赌场老板就会不动声色地盯着他们。常见的情况是，发牌员以为自己逮住了一个好骗的玩家，实则被后者玩弄于股掌之间，就像赌场老板平时欺骗玩家一样。

② Herbert Asbury 在美国赌博史 *Sucker's Progress*，（New York：Dodd，Mead & Co.，1938）中刻画了一个英雄模范："……詹姆斯·阿什比（James Ashby）是一个瘸腿赌徒，他在竞争相对较少的领域充分发挥才能，几乎骗过了所有赌伴。"（pp.205-206）至少在小说中，台球赌客也拥有同样的声誉。同样，安乐尼·谢弗（Anthony Shaffer）的小说《非常冲突》（*Sleuth*）将"竞赛式欺骗"延伸至舞台和电影中。

受害者,商店也将因为小偷巧妙安排的"误抓"而惹上官司。①

　　形形色色的"再控制"提醒我们,经典骗局具有多样性:一个团队可以分成两伙人以牵制彼此,其中一伙假意与受骗者合谋欺骗另一伙。最后一种再控制形式是**循序控制**(sequential containment):行骗者告知受骗者他被骗了,而这样的揭露只是为了进一步行骗。下面的例子是对一个颇受欢迎的心理学专题实验报告的回顾:

> 　　在这项具体研究中,每一位 S[参与哈佛心理学中心(Harvard Psychological clinic)研究的 22 位哈佛大学本科生]需要花几星期时间撰写一篇关于个人人生哲学的文章。研究者告诉他,他将与另一位 S 见面并展开讨论,驳斥对方并捍卫自己的理念。然而,另一位 S 实际上是经验丰富的律师,他与每一个 S 碰面,根据特定指示驳斥他们,挑战他们的人生哲学,指出文章中前后矛盾的地方,迫使他们更改或撤回自己的报告。每一场长达 12 分钟的对话都会被完整地录下来,供 S 事后观看回放,使其形成一种自我对抗(confrontation)。第一次回放时,表面上只有 S 一人观看(其实有人全程观察他的举动);第二次是让 S 和 E 一起观看,E 会在关键时刻暂停影片,询问 S 某个动作、姿势和言说习惯的意义以及他在那一刻的感受,让他对自己童年时经历过的类似事件进行自由联想;最后一次观看是在一年半之后,这时,S 需要再次唤起自己在强压下与他人展开辩论的感受。②

三、 转换深度

　　从未经转换的活动(无论它由自然框架还是社会框架定义)开始,我们厘清了两种基础的转换——捏造与调音,并考察了"再转换"这种具有多重经验层级的结构。现在,本书要思考一个特殊的问题:一个活动片段

---

　　①　Mary Owen Cameron, *The Booster and the Snitch* (New York: The Free Press, 1964), pp.28-29.

　　②　这是 Leonard D. Eron 在 *Contemporary Psychology*(November 1963)中对 Gerhard Nielsen 的 *Studies in Self Confrontation* (Copenhagen:Munksgaard, 1962)的回顾。

能够支撑多少重层级？事情能发展到何种程度？框架结构能有多复杂？多复杂的框架结构能有效地解释我们的经验？

先从下述这类经验可能具有的复杂性谈起——这种经验的最外层（框架边缘）是严肃的掠夺性捏造。极端情况无疑体现为间谍活动，尤其是应对疑似叛变的间谍的活动。例如，间谍被他的刺探对象发现，为了自保，他不得不出卖原雇主。此时，原雇主试图控制对方的努力毁于一旦，反而受到他人的牵制。随后，该间谍可以向原雇主坦白自己已经被策反（或已经暴露），同时在另一阵营继续假装自己确实已经背叛了原雇主。如果那些以为他们已经策反该间谍的人再次识破他的这重伪装，他可能会尝试再次逆转。①

这种转换具有明显的局限性。逆转次数过多的话，没有人会再相信彼此。此时，雇主或对手可以通过对情报的甄别和评估来衡量间谍的价值，他可能确实提供了关于对手的有效信息，也可能蓄意提供了误导性信息。

还有一类转换的框架边缘是调音，顶多是非常短暂的玩笑式捏造。例如莎士比亚的戏剧，从最内层开始，哈姆雷特用以唤起国王良心的戏中戏是一个发生在过去的事件片段［贡扎果（Gonzago）谋杀案］，该片段被调音成戏剧，它对哈姆雷特来说是真实的，而我们看到的是戏剧对现实的框架化。包括国王在内，戏中戏的观众理应与演员，即熟悉《哈姆雷特》戏剧的剧团保持一种公开的默契——一出戏剧正在上演。台上的观众无须知晓戏剧的结局，只需卷入不断展开的剧情，仿佛它是真实发生的一般。但在帷幕落下时，台上的观众将撤回自己对剧情的卷入，他们会清楚地意识到，整个过程不过是演戏而已。然而，在这种情况下哈姆雷特选择性地改编了剧本，这种特殊的变动，尤其是他对其中十几句台词的篡改，将戏剧的调音转换为一种掠夺性捏造，变成了如果国王事先知晓他会陷入什么样的境地，他一定会予以谴责的东西。所以，我们看到了一个被捏造的戏剧框架，但当然，这种框架本身也是莎士比亚作品的一部分，是演员在观众面前表演的一场戏剧。在舞台上扮演观众和演员的演员与制作人平等地共享信息位阶。因为这部戏剧是《哈姆雷特》，观众可能都知

---

① 有关逆转的偶发事件见 *S. I.*, pp.56-58。

道剧情的发展和结局,但台上的观众必须假装自己不了解剧情和结局,后者的自我管理方式有别于真正的观众。所以说,框架的最内层是真实发生的事件片段,由此开始转换为戏剧作品,再转换为诱骗国王的构造,再继续转换——因为所有情节都发生在戏剧中,而不只是通过戏剧来呈现。对《哈姆雷特》浩如烟海的文学评论是对上述一切转换的调音。

　　喜剧通过设计"笑点"来展现活动的多层结构,这比莎士比亚的戏剧更加深刻。例如,在电影《爱情与盗窃》(*Love and Larceny*)中,曾经犯过罪的男主角金盆洗手,找到了一份合法工作,退休后还能领取全额退休金。他不但结了婚,还住进了漂亮的新公寓。某一天,一个可疑的男子上门兜售一款廉价烛台,这烛台是偷来的赃物,卖家和这对夫妇对此心照不宣,他们之间的讨价还价违反了合法秩序。这一框架的内核是"关于销售的讨论",但它经过了系统的再框架化。因此,尽管它表面上是议价,但活动双方都对框架的转换心知肚明,也知道买卖的物品是一件赃物。这对夫妻回到屋里取了些钱,回到门口买下这个烛台,此时,老套的坑蒙拐骗戏码再度上演,卖家用便宜货替换了好烛台,这是骗局中的骗局。然而,男主角本身就是偷盗行家,他识破并揭穿了卖家的诡计,这时,三人再次共享同一个参考框架。卖家的捏造行为造成了三人的分歧,因而受到质疑。骗局曝光后,男主角引导卖家与自己聊天,谈论他们都知道的地方和人,仿佛他们来自同一个社区。聊天时,男主角暴露了自己曾经犯下的罪行,接着,卖家露出真面目,逮捕了男主角。原来他是个警察,"销赃"只是幌子,在他的身份被识破、重回真实的直接活动时,他真正要做的是诱捕主角夫妇。卸下伪装也是一种伪装。当卖家第二次亮明身份后,这场骗局就真的结束了,两个男人就此离开,男主角戴着手铐,挥泪告别众人。然而,在他们下楼坐上车后,我们才惊觉,卖家其实是男主角的同伙,他们合伙演戏是为了让男主角摆脱自己的合法妻子。也就是说,对骗局的第二次揭露其实也是捏造,而这一次,只有男主角的妻子被蒙在鼓里。当然,由于整件事都是电影情节,它不过是玩笑式的捏造。而在电影拍摄的过程中,"彩排"又将生产框架的另一个层级。

　　这是限制转换深度(transformational depth)的另一个基础。在普遍产生怀疑之前,没有人会考虑这些活动达到了几个框架层级,而是会问,如果观众只想要附和着一起做戏并享受认知的复杂性,表演者也乐意配合演出，那么，在人们产生怀疑之前，事情能推进到何种程度？

有两种观点与之相关：其一，阴谋（intrigue）本身会变得很复杂，因为整个互动都有脚本，参与各方能准确制造出自己想要的效果，得到意料之中的反应。相反，一些完全知晓这场阴谋的人就算根本没有落入陷阱，也会假装中招，刻意做出受骗的反应。在现实生活情境中，如果只有一方可以按照剧本行事，这种事情不可能发生，①诸如此类。其二，旁观者需要依赖框架线索才能厘清整件事情，表演者则要依赖旁观者的反应能力，确保他们能对表演中刻意设计的信号做出反应。当然，旁观者也乐于这样做。

最深的分层一般出现在小说、戏剧、电影等脚本化的呈现形式中，在某种程度上，它们并不真实。② 但这种不真实无法掩盖这一事实：在

---

① 我们还需要讨论和能力相关的问题。框架变复杂的方式有两种：集中式和扩散式。集中式激发了一种"行动决策"（action-decision），正如"夏洛克·福尔摩斯（Sherlock Holmes）应该何时下火车才不会遇到莫里亚蒂（Moriarty）"这一问题。此类模式涉及一个博弈论中常见的镜像问题："他觉得我觉得他这么觉得"。在博弈论中，真正的策略情境可能变得像剧本一样复杂。扩散式的复杂性则激发了一系列的连锁问题：捏造者设计针对他人的活动时，首先要预测对方的反应，根据预期反应准备好应对措施，再预测对手对**这些**措施的反应……如果所有互动都有脚本，这种线性的设计也能发挥作用（例如喜剧或是间谍小说的框架）；但要是只有其中一方按照计划行事，事件的序列就不可能顺利推进。互动一旦开始，任何打破预期的偏差都会打乱后续计划的步骤。具有"缜密的"策略思维的人试图通过应急计划来解决这一问题，即在所有需要决策的关键点计算好对手可能出现的所有反应，制定周密的应对方案，但这种矩阵式思路同样面临重重限制。

在戏剧脚本中，应对捏造的偶发事件通常会诉诸武力，而真实世界不允许捏造者将处决作为应急计划。密谋者必须突破一系列"检查点"、阻碍和各种烦琐的设备来达成目的。他们有时会以误导的方式通过检查点，有时则通过武力来平衡。但无论如何，他们都必须面对对方难以预测的反应。此外，团队可能不得不分成几个小队，以不同的方式突破不同的检查点，因此他们不仅需要完成一系列的行动，还要密切保持同步。

② 文学中的梦具有类似的复杂性。例如：

18世纪维也纳剧场的丑角，汉斯乌斯特（Hanswurst）的一个插科打诨印证了这种内心世界的转换。这个插科打诨探索了某种意识状态："我"和可能或可能不是"我"的事物被一种"无"分隔开，带来令人绝望的困惑，但生活依旧按照汉斯乌斯特的"我"难以理解的意图继续进行。汉斯乌斯特躺着睡着了，梦见自己在做梦；在第二个梦中，他又一次梦见自己在做梦；在梦中梦的梦中，他梦见自己醒了，于是又睡回去，再次梦见自己惊醒，还必须强迫自己睡着才能继续做梦；他梦见自己又睡着了，还因自己没有做梦而气醒，他在失眠中度过了剩下的夜晚，但这种梦中的清醒也是一个梦。

[William Willeford, *The Fool and His Scepter* (Evanston, Ill.: Northwestern University Press, 1969), pp.62-63.]

观看表演时,观众始终可以根据相关的框架线索解读正在发生的事情。**这种**宝贵的经验告诉我们,在应对真实的事件和虚构的事件时,人类拥有至关重要的能力。① 电影评论家贝拉·巴拉兹(Belá Balázs)的话可佐证这一点:

> 阿斯塔·尼尔森(Asta Nielsen,德国女演员)曾经扮演一个受雇引诱有钱男人的女人。她知道雇主躲在窗帘后窥视她,于是假装自己正在恋爱。阿斯塔的表演天衣无缝,情绪饱满到位。尽管我们知道这只是表演,是虚假的表象,但在这一幕戏中,阿斯塔真的爱上了那个年轻男子。她的表情几乎没有变化,一直流露出"爱意",生动又逼真,那么,她还能通过什么方式表现出自己真的爱上了对方? 她的表情发生了难以觉察却非常明显的细微变化——几分钟前,她还在假装恋爱,此刻却真挚地表达出一种深情。随后,阿斯塔突然想起自己还处于监视之中,绝不能让窗帘后的男人发现自己真的坠入了爱河。所以,阿斯塔现在得假装自己在演戏,于是她脸上出现了第三重变化。一开始,她假装恋爱;随后,她真挚地流露出爱意;由于她不能陷入真正的爱情,因此再次演出虚假的爱意。但此时,这种对爱意的伪装才是谎言,她谎称自己在说谎。通过她的面部表情,我们可以清楚地看穿这一切,看穿她的双重伪装。这时,她的真实面孔之上出现了另一张看不见的面孔,就好比言语可以通过对意念的联想表达无法言说和无法亲见之事,而这些未经言明的信息只有特定的言说对象才能理解。②

---

① 之所以说"人类能力",可能是因为我们最擅长这么做。不过,这种能力其实是一种自然本能。在格雷戈里·贝特森的著作中,动物不仅能够传递"这是游戏"的信号,还具有判断这一行为是不是游戏的能力。常言道,狗能分清自己是被人踢倒还是被绊倒——尽管这两种伤害造成的生理疼痛可能完全相同。见 H. Hediger, in *Studies of the Psychology and Behaviour of Captive Animals in Zoos and Circuses* (London: Butterworth's Scientific Publications, 1955):

> 就对与情感刺激相关的表情和训练信号的解释能力而言,动物通常远优于人类;至少目前来看,动物能直接分辨真伪。多数情况下,人类的表演和伪装在训练时对动物不起作用。要取得满意的表演效果,训练员的表情与之直接相关的训练信号必须真实;这些信号必须与动物原本的情感内容相关。动物往往不会回应无意义的手势和浅显的模仿。(p.125)

② Béla Balázs, *Theory of the Film*, trans. Edith Bone (New York: Roy Publishers, 1953), p.64. Kaye Miller 向我介绍了这一文本。

当然，这整个场景都是电影情节，演员无意欺骗和诱导观众。尼尔森女士的表演让观众明白，她在表演"撒谎说自己在撒谎"；观众能接收到足够多的信号，进而揭开她的层层伪装。

四、 行动者的转换

自然框架和社会框架的核心区别在于行动者，尤其是个体被赋予的角色。在自然框架的视角下，个体没有什么特殊的身份，他们与场景中的所有事物一样，都受制于决定性的、不受意志干扰的、与道德无关的框架。在社会框架中，个体的形象有所不同。他们被定义为能够自主做出决定的行动者，在法律上有能力采取适当的行动，并且在道德上也有义务这样做。在社会框架中，个体扮演的角色十分特殊，并且这一角色与广泛的内容相关。普通行动者具有诸多属性——诸如正确认知的能力、个人意志、一系列成人具有的能力、记忆力、与他人共情的能力、诚实、可靠、稳固的社会身份和个人身份等属性通过多种方式在人际交往中发挥作用。

因此，如果需要重新定义一个行动者，使之拥有上述常规属性以外的属性，这个行动者所参与的活动就会受到非常大的影响。

在日常生活中，我们可以同时采用社会和自然的视角看待他人，还能毫不费力地将这两种框架紧密结合在一起。因此，医师可能会同时获得患者的两种信息：体征（sign）和症状（symptom）。前者是客观的生物学指标，而后者是患者的主观陈述。例如一台投币式称重计，书面的使用说明书和投币槽是为具有健全的能力的行动者设计的，而弹簧是为被称重的东西设计的，无论后者是不是活物。

然而，在这种常规分类之外还存在其他情形：从社会框架的视角来看，一些人的（部分）行为并不合格，因此，我们要用自然框架看待他。比如，他像死了一般、他烂醉如泥、他被愤怒冲昏了头脑、他丧失了理智、他年少无知、他正在梦游、他只是在沉睡。① 后面将提到，人们在选择自然或社会视角时会出现分歧，但这并不是因为某种错误，而是因为框架自身

---

① 睡觉是一种"轻微的失能"。只有当睡着的人无法被刺激唤醒时，他才会丧失社会能力。

的不足,以及建立或排除某种框架视角所依赖的决策规则的缺陷。[1]

　　行动者的身份问题还出现在其他语境下。公然假装失能(disqualifi-cation)是一种常见的行为。例如,有人会开玩笑说自己喝醉了、精神失常或鼾睡;又如,儿童玩"雕像"(statue)游戏时需要在旋转之后静止。[最近,这个游戏变成名为"寻找外星人"(take-me-to-your-leader)的机械游戏,人们在其中扮演被引导的对象,而非提供指引的行动者。]马戏团的小丑这份工作让各种"失能"表演成为惯例。[2] 这种公开的表演与某人开玩笑说自己睡着了的行为没有多大差别,表演者想用开玩笑的口吻揭露这一骗局,这样一来,受骗者就会把骗局看成善意的,仿佛他们从未受到严重的欺骗一般。

　　由此我们可以探讨一个更受人瞩目的问题:一个健全的人假装自己在某些方面失能,以此欺骗自己或他人,达到本无法达到的目的。这种行

---

　　① 　在这些宇宙论难题中,最典型的例子是对精神失常的治疗,西方社会的疗法完全基于自然框架而非社会框架理解病情。一种情况是,医生称患者的大脑存在功能缺陷,因而,人们普遍认为不该对这样的患者使用社会框架,因为社会框架只适用于具有完全行为能力的个体;另一种情况可能是轻微的"精神神经机能病"(psychoneurosis),此时可以所谓的社会标准对待患者。不过,两种情形都可能造成巨大的分歧。人们在看待一个可疑的行动者时,并不会限定自己只使用自然或者社会的视角。人们在许多法律[例如《麦克诺顿条例》(*McNaghten Rules*,此处为戈夫曼拼写错误,应为 *McNaughton Rules*——译者注)和《德拉姆法》(*Durham*)]中都发现了这种两难,但对此束手无策。对于精神疾病及其治疗的描述可见 Thomas S. Szasz, "Some Observations on the Relationship between Psychiatry and the Law," *AMA Archives of Neurology and Psychiatry*, LXXV (1956): 297‑315; "Psychiatry, Ethics, and the Criminal Law," *Columbia Law Review*, LVIII (1958): 183‑198; "The Insanity Plea and the Insanity Verdict," in Thomas S. Szasz, ed., *Ideology and Insanity: Essays on the Psychiatric Dehumanization of Man* (New York: Doubleday & Company, Anchor Books, 1970), pp.98‑112。为精神异常辩护的文集可见 Richard C. Donnelly, Joseph Goldstein, and Richard D. Schwartz, *Criminal Law* (New York: The Free Press, 1962), pt. 6, pp.734‑854。

　　② 　例如 Sidney Tarachow, "Circuses and Clowns," in Géza Róheim, ed., *Psychoanalysis and the Social Sciences*, vol. 3 (New York: International Universities Press, 1951):

　　　　小丑做着令人难以置信的蠢事,却从不吸取教训,连儿童都觉得他们很蠢。他用扫帚打扫聚光灯投下的光,但从未成功;他追着自己头上悬挂的装饰球走;他与另一个小丑陷入无休止的争吵,但凡其中任何一个小丑在任何时候表现出一丁点儿智慧,问题和争吵就能迎刃而解。其他小丑做出荒诞而幼稚的举动:一人不停地摔盘子,另一人不停地吃东西,还有一人极其肮脏。有时,那个脏兮兮的小丑以情景喜剧的形式满足他的超我——他脱下一件件脏衬衫,最终露出一尘不染的干净衬衫。他们幼稚而毫无纪律,表现出强烈的侵略性和受虐性。他们互相踢打、争吵、摔绊,表演着低俗的闹剧。他们取笑当局,模仿马戏团的领班,甚至模仿警察、拳击手和消防员。(p.179)

为的后果无法用玩笑来消解或抹除——玩笑让人们对事件达成一致的看法，但这种行为本质上是一种掠夺性捏造，可能对参与者造成非常恶劣的影响。可见，这种行动者的转换会使情境定义横生枝节。意识到这一点后，我们就能更好地理解"行动者"这一概念在事件框架中起到的核心作用。

例如"装死"这种极端情况。最典型的"装死"发生在动物世界①，"装死"（playing possum）*一词就是这么来的。人类装死的例子可以参见这则新闻：

> 普莱瑟维尔（Placerville）——昨天，普莱瑟维尔的一名潜水员讲述了他在一条白鲨的口中装死求生的经历。事情发生在这周六的博德加湾（Bodega Bay）……
>
> 潜水员洛根（Logan）告诉当局，他当时正在18英尺深的水中寻找鲍鱼，突然感觉有东西咬住了他的腿。他立刻转身，发现这个东西竟然是一条鲨鱼。
>
> ……
>
> 洛根回忆道："我看到鲨鱼后，顿时浑身瘫软，随即开始装死。最终，它松开了嘴。"鲨鱼松嘴后，洛根很快就浮上水面，向附近船上的三名同伴大声呼救。②

> 亚斯康市，韩国（Ascom City, Republic of Korea）——我［陆军一等兵戴卫·L. 比比（David L. Bibee）］靠着装死活了下来，当朝鲜人扯下我的手表时，我一动不动。
>
> ……
>
> 当时，一枚手榴弹在我身边爆炸。我整个人都被掀飞了，从50英尺高的山上滑了下来……
>
> 恍惚中，我听到朝鲜人说话的声音。他们拿走了我们的弹夹和

---

① 见 Hediger, *Studies of the Psychology and Behaviour of Captive Animals*, pp.52-53。他还指出，狐狸的装睡是一种捕猎策略（p.150）。同样的故事是，狼装疯引诱鸭子靠近自己。［见 Farley Mowat, *Never Cry Wolf*（New York: Dell Publishing Co., 1971）, pp.75-76。］

* 英文原意为"假装一只负鼠"。——译者注

② *San Francisco Chronicle*, July 29, 1968.

步枪,其中一人向我走来,用一束红光照着我的脸。借着光线,他发现了我的手表,于是顺手扯走了……

　　我是唯一的幸存者。战友们都已遇害,我能活下来的唯一原因就是装死。①

认真装死意味着个体完全丧失了作为行动者的能力。与之形成对比的是假装身体失能的捏造行为,包括以下两种常见的捏造形式:

第一种是"装病"(malingering),即假装身体不适,逃避不愿意做的事情。在动物世界也能找到此类捏造的经典案例。② 行动者可能会根据需求描述自身症状,迫使其他人压制社会框架,只采用自然框架解读佯装者的部分特殊行为。如果一个人身体健康,却没有向人挥手致意,他就会受到社会基模的批判;但如果这个人的手缠着绷带,哪怕他疏于问候他人,受伤的手也能恰到好处地代替社交礼仪,因为人们将根据医学思路解读这一行为。装病有时也叫"偷懒"(goldbricking)*,这种适应性很强的技术几乎存在于所有从属性很强的群体中。在美国种植园生活的"光辉历史"中就能找到"装病"的例子。③

第二种假装无能的途径是"歇斯底里症"(hysterical illness)或者"转换反应"(conversion reaction)。通过这种方式,无论在场目击者是否怀疑(或者根本不存在目击者),个体都可能自欺欺人地认为自己出了问题。这种策略不像弗洛伊德(他研究"疾病",创造性地将性心理创伤确定为疾病的根源)时代那么常见,但只要歇斯底里的反应在医学上得到了验

---

　　① Reported in *The Boston Traveler*, November 3, 1966.

　　② 意图的问题再次显现。当个体假装身体不适时,他可能 a.知道自己在做什么,并且 b.会在相关人员离开时停止装病。假装失能的动物(比如,假装瘸腿的金鸻)也会在猎物或是猎食者离开现场之后停止表演,但这不能证明动物能意识到它们采用了自然框架。但是,赫迪杰(Hediger)认为,与人类持续接触并受人类影响的动物也会模仿人类,假装失能:

　　阿希尔(Achille)是巴塞尔动物园(Basel Zoo)的一只四岁的大猩猩,它擅长众多把戏。比如,为了与人接触,它会把手臂伸出装有空调的笼子的金属网顶,装作手被卡住。饲养员卡尔·施泰姆勒(Carl Stemmler)屡次跑过去帮它脱困,后来才发现它是为了找人陪伴而做戏。(*Studies of the Psychology and Behaviour of Captive Animals*, p.150.)

　　* Goldbricking 本意为"镀金",它源自一种古老的骗术,即在廉价金属和其他物质表面涂一层薄薄的黄金,使之能卖出与实际价值不相称的高价。如今,该词常用于描述人偷懒或逃避应做的工作。——译者注

　　③ Raymond A. and Alice H. Bauer, "Day to Day Resistance to Slavery," *The Journal of Negro History*, XXVII (1942): 406–410.

证,人能欺骗自己这一观点就得到了支持。[1] 此外,现阶段也没有令人满意的方法明确诊断"装病"和"歇斯底里"。[2] 注意,人们在装死或装病时利用了我们对框架的认知和宇宙论信仰,即社会框架随时可能为意外和变故让步,让自然视角暂时主导对该领域的解读。

这种捏造的特点是,医学上的失能只剥夺了个体的某些能力,而不会影响他的其他能力,这就造成了有问题的能力和正常能力的分野。这种可能性有别于催眠、醉酒、精神错乱等行动者的转换的形式,后者往往意味着行动者**全部**社会能力的衰退或丧失。

描述行动者的转换的规则和前提对本书颇具吸引力,因为对这些内容的呈现和感知已经形成惯例。例如催眠。被催眠的人会觉得自己的许多能力都受到了影响。催眠行为具有清晰的架构:开头有一段催眠师指导性的冗长介绍,结尾则由催眠师发出解除催眠的信号(有时只需打个响指)。个体一旦"进入催眠状态",意志将变得薄弱,他会按照催眠师的要求,迷迷糊糊地重新认知周遭事物(包括他自己)。他的行为宛若梦游者,言语空洞无力,但不会做出违背道德标准的事情。所有催眠都有时间限制。任何感觉形态和记忆改变都可能引起幻觉,但个体在催眠结束后会遗忘这段经历,无法像正常情况下那样回想经历。不过,如果催眠师在催眠时给出恰当的指示,并在催眠表面上结束后释放恰当的信号,被催眠者也可能顺着催眠中的暗示采取行动。基于上述规则,人们可以制造出类似催眠的行为,而且,正是利用了这些规则,人们才能炮制出"假装催

---

① 主要参考 Joseph Breuer and Sigmund Freud, *Studies in Hysteria*, trans. A. A. Brill (1895; Boston: Beacon Press, 1950), and Sigmund Freud, "Some Points in a Comparative Study of Organic and Hysterical Paralyses," in *Collected Papers*, 5 vols. (London: International Psycho-Analytic Press, 1924), 1: 42-58; "Fragment of an Analysis of a Case of Hysteria," in *Collected Paper*, 3: 13-146; *The Problem of Anxiety* (New York: W. W. Norton & Company, 1938)。当代的阐释可见 Frederick J. Ziegler and John B. Imboden, "Contemporary Conversion Reactions," *Archives of General Psychiatry*, VI (1962): 279-287。布鲁尔-弗洛伊德(Breuer-Freud)的专著开篇便提出了一种震撼人心的精神分析观点:

> 经验告诉我们,**与前文提及的透明现象一样,自发性歇斯底里症或者说歇斯底里症的自发性伴随的各种各样的症状与因果创伤直接相关。**关于这些因果因素,我们可以参考神经痛和各种麻醉(通常持续数年)、挛缩和麻痹、歇斯底里发作和癫痫痉挛。每个观察者都认为这是真的痉挛、癫痫发作和抽搐、持续呕吐和厌食(甚至拒绝营养供给)、各种视觉障碍、反复出现的幻觉及类似疾病。(pp.1-2)

② 见 David J. Flicker, "Malingering: A Symptom," *The Journal of Nervous and Mental Disease*, CXXIII (1956): 26-27。

眠"的行为。

　　还有一种行动者的转换是同性恋,尤其指男同性恋。如果个体实施特定的直接性行为或加入了同性恋社群,我们就可以认为他是同性恋。此外,同性恋还有一些其他特征:一种脂粉气的(swish)、做作的(campy)、娘娘腔的(effeminate)男性行为风格,尤其要关注这些特征与上述两种同性恋证据一同出现的情形。而这种同性恋风格的定义是对普通男性行为的转换,该转换模式以当前社会对女性行为的刻板印象为模型。(这里勉强维持着一种平衡,使同性恋的转换明显有别于其他个体行为,例如:个体在医学意义上获得另一性别,开启新的行为方式。这是关乎终身的严肃问题,本质上有别于那些以开玩笑的方式模拟与自己无关的年龄特征、阶级和种族的行为。)同性恋转换和承认自己是同性恋也可能构成捏造,例如,表演者伪装成同性恋、假装失能,以逃避他不愿承担的兵役。

　　行动者的转换引出了框架限制的问题,这体现了其特征。在我们社会的非正式圈子中,人们能以开玩笑的方式在公众面前佯装发疯、醉酒或同性恋者,只要这种玩笑是暂时的,并且发生在所有行动者都具有(或都不具有)正常能力的圈子中,就不会受到强烈反对。有时,这种表演方式能在非正式互动中赋予人们极大的灵活性,让他们暂时脱离自我,说出他在正常情况下无法言说的事。当然,也有一些人关心被佯装的群体的尊严,因而反对这种轻佻的行为。今天,戏仿一个种族或民族的风格已经不像十年前那么受欢迎(除非戏仿者生来如此),人们也开始质疑那些调侃同性恋的滑稽表演——"表现得像个同性恋"和真正的同性恋者所受到的非难并不相同。但是,人们就算不认可这些佯装行为,也只是出于对公平或高雅的品位的追求,佯装者并不会被其行为玷污。

　　当我们从玩笑转向戏剧框架时,限制的问题变得更加棘手。直到最近,在戏剧和电影中呈现同性恋人物依然是禁忌,人们无法区分演员与其扮演的人物的声誉,扮演同性恋的人会被怀疑是同性恋。

　　在掠夺性捏造中,行动者的转换受到最严格的限制。在特殊情形下,如果战俘丧失了语言能力或发疯,他的同胞不会因此轻视他,反而会称赞他。在一般情况下,正常人并不适合扮演这种舞台角色,各种各样的处罚和精神病学解读巩固了表演和舞台角色之间的这种"固有"联系。也就是说,人们可以出于娱乐假扮疯子、病人、哑巴或同性恋者,可若是在掠夺性捏造这种严肃语境下这么做,这种假扮就会严重影响行动者的信誉。

不过,近年来,对于一些令人印象深刻的假扮,人们的态度明显与过去大有不同:相比于年老一代,年轻的男人更愿意假装心理失调或同性恋来逃避兵役,哪怕是在朋友和熟人面前,他们也颇为坦荡。

另一方面,如果人们能够模仿所有行动者的转换,一个问题就会浮现:哪些模仿通常经过了各种各样的转换? 绝大多数"看上去已死"的人确实是死了,尽管活着的人肯定会做些什么,但死者不会有任何反应。殡仪员接收死者后,尸体就会发挥它应有的作用。[①] 同样的道理或许也适用于那些看起来睡着了或神志不清的人。但对其他转换而言,这种观点就不可靠了。众所周知,人们会因为各种各样的目的而装疯[②],但我们无法确定,那些成功被认定为精神错乱的人如何习惯性地进行这种模拟。精神病人将在多大程度上坚持他们心目中的精神病人的行事风格,即他们会在多大程度上积极表现自己而不只是做自己? 像美国印第安人这样的次级社会群体成员往往被视作"非成人"(nonadult),即像儿童一样不值得信任。这也是印第安人的策略性共识,他们可能会利用别人对印第安人没有责任感的刻板印象,佯装不负责任来获得自己想要的东西。[③]那么儿童呢? 他们会在什么时候停止孩子气的行为?

不过,最终的问题并不是刻意的佯装。男人常常把女人视为有缺陷的行动者,认为她们在各种体力活动中不具备"正常的能力",而被如此对待的女人常常也会肯定这种评价。这一观点对男女双方来说都是一种

---

① 死亡时间也是一个有争议的问题,因为医学界对"死亡"的定义没有形成**完全**统一的意见,现代医学技术甚至让这些问题变得更加复杂。医院工作的民族志研究能够解释人们应用框架时所采用的必要性和不可靠性,但我们不可能把所有的社会学旨趣都置于这一框架定义的问题之下。民族志是一种有用的方法论工具,它假定社会学的研究不关心物理或生物事件"本身"可能是什么,更关心社会成员如何理解和利用它。同时,我们有必要追问,事件如何使社会理解它,又如何以参与者不理解的方式塑造社会生活?

② Ernest Jones, "Simulated Foolishness in Hysteria," in his *Papers on Psycho-analysis* (Toronto: Macmillian Co. of Canada, 1913), pp.141–153; A. C. Cain, "On the Meaning of 'Playing Crazy' in Borderline Children," *Psychiatry*, XXVII (1964): 278–279; Benjamin M. Braginsky, Martin Grosse, and Kenneth Ring, "Controlling Outcomes through Impression-Management," *Journal of Consulting Psychology*, XXX (1966): 295–300.

③ Niels Winther Braroe, "Reciprocal Exploitation in an Indian-White Community," *Southwestern Journal of Anthropology*, XXI (1965): 166–178, 更完整的内容载于其博士论文 "Change and Identity: Patterns of Interaction in an Indian-White Community" (Department of Anthropology, University of Illinois, 1970)。

毋庸置疑的信念，一种自发的、长期习得的行动能力，他们并未受到任何蒙蔽。然而，这种信念是"真的"失能，还是只是通过制度维持的信念？

五、　被捏造的框架

迄今为止，几乎所有围绕捏造，尤其是行动者的转换展开的讨论都认为，尽管一些特定活动能通过捏造来组织，但它们也有可能真的发生在现实生活中。不过，像"超视"、外太空类人生物的来访、星象这样的事情也许并不可能发生，因而被捏造的不仅是行动发生的场合，还有行动本身的**可能性**。由于此类可能性涉及神秘力量，有悖于我们关于物理世界运转的整个经验知识体系，因而可以说（正如我所言），被捏造的是框架本身。因此，人们可以声称自己被神灵附身，受制于体内那个人的意志和力量而行动。这种人要么欺骗了自己，要么同时欺骗了自己和观众，要么只是在欺骗观众。但当所谓的"附身"发生时，总有人上当受骗。[1] 所有催眠都是这么运作的[2]，精神失常的行为也是如此[3]。同样，酒后的举止是一种社会行为，它根植于人们对醉酒之人的行为方式的清醒认知。醉酒的人往往能获得一定的权利，还不用承担责任。[4]

---

[1]　附身一类的框架行为惯例可参见 T. K. Oesterreich, *Possession*, trans. D. Ibberson（New York：New York University Press, 1966）；也可见于 Alfred Métraux, *Voodoo in Haiti*, trans. Hugo Charteris（New York：Oxford University Press, 1959）。一旦访客被附身，宿主便能接触亡灵、预见未来、治愈疾病，展现出非自然的能力。和做梦一样，被附身的人会在接到一些信号后苏醒。不过，与做梦（催眠）不同的是，苏醒后的个体对附身期间发生的事情深信不疑。

[2]　我认为，被催眠对象逐渐被带入一种社会情境，此时，他觉得自己有义务维持这样一种观点，即催眠是真实存在的，人会逐渐进入催眠状态。催眠中的"角色扮演"理论可参见 T. R. Sarbin, "Contributions to Role-Taking Theory：I. Hypnotic Behavior," *Psychological Review*, LVII（1950）：255-270；Martin T. Orne, "The Nature of Hypnosis：Artifact and Essence," *Journal of Abnormal and Social Psychology*, LVIII（1959）：277-299；J. P.Sutcliffe, "'Credulous' and 'Skeptical' Views of Hypnotic Phenomena：Experiments on Esthesia, Hallucination, and Delusion," *ibid.*, LXII（1961）：189-200。在最近的一篇文章 ["Goal Directed Fantasy and Hypnotic Performance," *Psychiatry*, XXXIV（1971）：86-96] 中，尼古拉斯·P.斯帕诺斯（Nicholas P.Spanos）用类似框架的方式指出，被催眠对象与催眠师的合作并非为了自愿扮演被催眠的人物，而是自愿在自己脑海中寻找一种幻想场景，并在那样的场景下开展合理的行动。

[3]　见 Thomas J. Scheff, *Being Mentally Ill：A Sociological Theory*（Chicago：Aldine Publishing Company, 1966）, esp.chap.3, "The Social Institution of Insanity"。

[4]　Craig MacAndrew and Robert B. Edgerton, *Drunken Comportment*（Chicago：Aldine Publishing Company, 1969）.

有趣的是，根据精神分析学说，个体在承受一定的精神压力时，可能会退化（regress）得像个儿童。一篇该领域的论文向我们描述了"儿童般的行为"：

> 当我们测试他（一个十五岁的患者）的反应时，他像个懵懂无知的胆小儿童，对此愤怒不已。没过多久，他开始号啕大哭，泪眼婆娑地抓着妈妈的裙子，哭喊着"我要回家，带我回家"，像个伤心欲绝的婴儿，完全拒绝我和他妈妈的安抚。因此，他妈妈不得不带他回家。测试就此告终。他的言语变化与儿童的行为完全一致，因为早期儿童言语的特征就是用前舌音代替后舌音。①

> 他的愚笨展现了儿童的一切特征，即完全丧失责任感、不达目的不罢休的淘气、言行荒谬、愚蠢和近乎低能的无知。②

当然，我们不能把这样的行为当成是大龄儿童的行为，它是正常的成年人效仿儿童所做出的成人行为，就像他在游戏和表演中坦诚而公开地做出一些儿童般的举止一样。在欧内斯特·琼斯（Ernest Jones）看来，这种行为与儿童行为类似，但不是真正的儿童行为：

> 继弗洛伊德之后，我在其他文章中指出，有时，歇斯底里的成年人表现出的某种"愚蠢"与一些骄纵的儿童表现出的过度孩子气完全一致。这些症状往往是紧张地咯咯笑、失控大笑或暴哭。儿童这么做是为了欺骗长辈，让后者相信自己"幼稚得令人无法理解"，进而忽视他们的存在。③

无论这样的"退化"是真实的儿童行为，还是行动者对自己眼中的儿童行为所做的模仿，人们对这类行为的传统认知都一样——行动者并没有刻意谋划、制造虚假的印象，他其实没有意识到自己在模仿。然而，问题在于自我欺骗是否真的存在过。任何情况下发生的"退化"都可能是个体故意装出来的行为。

进一步而言，在我们的社会中，当人们基于理性质疑一个捏造出来的框架时，就会出现一种特殊的娱乐方式，这种娱乐模仿超自然的框架，但没有人能证明它们受到这种框架的支配。今天的"心灵秀"（mind show）

---

① Ernest Jones, "Simulated Foolishness in Hysteria," pp.145-146.

② *Ibid.*, p.150.

③ *Ibid.*, pp.150-151.

和一些魔术表演就是这么运作的。① 当然,在十年前,魔术师、通灵师表现得仿佛自己在做"真实的事情",这就好比今天夜店里的催眠师仍然宣称自己真的能催眠一样。

最后一个明显的问题是,如果一个陌生社会的大部分人都认可某个框架的有效性,而我们(至少是我们当中的一部分人)认为这个框架无效,情况将会如何? 我们能否说它实际上是一种捏造?

和亡者交流是一种特殊的信仰,它关系到灵魂的本质和某些人的力量,为我们提供了一种可能的阐释和答案。在某些社群中,有相当多的成员相信人能与死者交流。因此,学者完全有可能认为,这种信仰有着实际的社会功能,拥有通灵这种特殊天赋的个体扮演着真实的社会角色,这些角色的行为对施术对象产生了真实的影响。然而,可以确定的是,这些看似有用的交流并不是真的,无论如何,活人都无法与死者交流。无论这种通灵信仰在某些社会中多么牢固,但即使对当地人而言,这种信仰也不像正常交流那么可信。② 微妙的是,对于一些重要的社会议题,社会上可能并不存在检验相关框架是否有效的方式。特定的信仰可能不是关键问题,与之相悖的参考框架也可能并不存在。或者说,人们可能对现有的其他解释不感兴趣,又或者,当有人做出这样的解释时,人们根本就不关注。

---

① 相应地,催眠师使用的术语从"超自然"(supernatural)变成了"超常"(paranormal)。我参考了 Marcello Truzzi, "Towards a Sociology of the Occult: Notes on Modern Witchcraft"(未发表文章,1971)。

② 这种观点会被视作种族中心主义,即将西方的科学信仰天真地延伸到拥有完全不同信仰体系的社会中。但这种相对主义也很幼稚。西方科学可以被视为一种普遍的经验主义和理性表达,而每个社会在不同方面都具有一套经验体系,否则社会的成员将永远无法实现持续的再生产。

第七章 框架外的活动

大部分活动将通过特定的方式被框架化,并为获准参与活动之人提供一个正式的关注焦点。有鉴于此,其他的活动模式与活动情节(包括狭义的交流)似乎不可避免地会与上述活动同时出现在同一场合,被视为不受正式支配和控制的其他东西。换言之,参与者[循着某条故事线(story line)]从事着一系列活动,这些活动涵盖一系列框架之外的事件,它们以某种方式从属于主要的行动。

当然,个体可以对自己宣称关注的事物报以表面的尊重,而事实上,他们的核心注意力放在了别处。的确,对这种表象(appearance)的管理本身能够分散人们的注意力,产生一种特殊的互动张力。[1] 然而,这些有趣的问题并不是此处的重点,我主要考察的是人们必须(或有义务)把什么东西当成自己的正式的关注焦点,而不是人们是否表里如一。

此处采用了一个意象:在任何情境下,个体都觉得自己能遵照活动的故事主线行事,但在不同的环境下,他能处理的问题的范畴截然不同。对于参与者来说,这是某种能力;从情境本身的视角来看,这是渠道(channel)或是"轨道"(track)。使用同样的隐喻,我们可以考察从属性活动(subordinated activity)的某些渠道——以(至少)看似独立的方式来管理的行动或事件。

一

所有活动片段都有一个重要特征:无论实际上还是表面上,参与者都能够"无视"(disattend)相互矛盾的事件,即撤回对这些事件的全部注意力与意识。参与者的这种能力,情境中的这一渠道,涵盖了一系列可能分

---

① 其中一个观点源自"Fun and Games,"*E.*, pp.41-45。

散个体注意力的事件,其中一些事件因当场发生而干扰了个体对活动的适当卷入,另一些事件虽然主要发生在其他场合,但仍对个体的卷入构成一定的威胁。

一些"无视"的极端情况能帮助我们了解这种设定的意义。例如,无视一个发生在远处的重要事件:

北京(Peking)——昨晚,加纳总统夸梅·恩克鲁玛(Kwame Nkrumah)公开无视了推翻其政权的政变,宣布他将继续肩负起"和平越南的使命"。

恩克鲁玛受邀在中方国宴上致辞时紧张而严肃,仿佛他的祖国无事发生,而事实上,加纳军方已经掌握了政权。

政变发生于恩克鲁玛从缅甸飞往北京的时段内,但东道主中国出于礼貌,未就政变问题发表任何公开评论。

恩克鲁玛仍穿着黑色长袍,与中国领导人的着装方式接近。他在晚餐后登台发表关于增强亚非团结的演讲。

……

这位被废黜的总统在演讲后获得了礼貌但并不热烈的掌声。

……

整个晚宴被一种不自然的、反常的、几乎不真实的气氛所笼罩,这种情况此前从未出现在外国政要对北京的官方访问中,而北京通常严格地把控着这类访问的礼仪程序。①

在下述案例中,个体必须无视发生在自己周围的事情:

马克·拉德(Mark Rudd)从靠近过道的座位上站起,缓慢而从容地走向圣保罗教堂的祭坛。5天前,马丁·路德·金(Martin Luther King)在孟菲斯遇刺,副总统戴维·B.杜鲁门(David B. Truman)将在此为他致5分钟的悼词。此时,哥伦比亚大学社团的几百名学生正整齐地挪动到各自的座位上。拉德转向右边,闯进合唱队,挤到副校长身前,走到了话筒面前。杜鲁门停下脚步,他的声音也从话筒消失了。

"杜鲁门教授和柯克校长(President Kirk)对马丁·路德·金的

①　*San Francisco Chronicle*, February 25, 1966.

悼念是一种道德侮辱。"拉德倚着讲台，平静地说道。他质问道，学校领导怎么能一边阻挠本校黑人和波多黎各工人组建工会，一边悼念一个至死都要团结环卫工人的人？当权者怎么能一边窃取黑人聚居区的土地，一边颂扬一个为人类尊严而斗争的人？哥伦比亚大学怎么能一边处罚本校参加和平抗议的学生，一边赞美一个宣扬非暴力不合作的人？"杜鲁门教授和柯克校长对马丁·路德·金的悼念是一种道德侮辱，"拉德重复了一遍，"我们要抗议这种侮辱。"说罢他走下讲台，耸了耸肩，穿过中央通道，走出了主教堂的大门，迈进四月的阳光里。在场的四十个人跟着他走了，而杜鲁门回到麦克风前，继续念着悼词，仿佛什么也没发生。①

还有一个与阅兵场的军事纪律有关的代表性案例：

> 伦敦——昨日，一位伦敦的女游客在圣詹姆斯宫外看到一位纹丝不动的哨兵时突然发出了一声尖叫。
>
> 哨兵被刺刀割伤了手，一时间血流如注。但他站着一动不动，眼睛直视着前方，紧紧抿着上唇。
>
> 这位发出尖叫的女士和另一位女士跑了过去，拿手帕当绷带给哨兵包扎了手。
>
> 但他始终一动不动，直到一个巡警报告了上级军官。另一个哨兵到广场替换了伤员，后者退场时仍旧昂着头，抿着唇。②

我们可以从这则轶事推论出：如果某个整体的设计（例如舞台编排）要把个体同化成自身之中的一个统一元素，它就必须要有一种排除错误的机制，还要能够同化排除错误的过程本身。这就好比，潜艇需要使用特殊的船闸，既保证潜艇里面的东西能够出去外面，又不会让水从外面进来淹没舱室。因此，当舞者因表演时突然抽筋而不得不离开舞台框架时，舞台可能会临时设计一个落幕，或者让盛装打扮的其他人为其遮掩。

> 第一次看到见习修女在教堂里昏倒时，她瞪大眼睛看着这个可怜人，但这样的行为显然不合规矩。那位见习修女穿着白制服，双膝跪地昏倒在众人中间，小日课经从她手上滑落，就像被扔出去一般掉

---

① Jerry L. Avorn et al., *Up Against the Ivy Wall* (New York: Atheneum Publishers, 1969), p.28.

② *San Francisco Chronicle*, June 17, 1962.

在地上。但其他修女和见习修女都没有抬眼看她,而是继续埋头祷告,这片刻工夫,她周围的姐妹们像是冷漠的怪物,全然不顾这位瘫倒在地毯上、不省人事的同伴。随后,加布丽埃勒(Gabrielle)看到主管社区健康事务的修女从过道走下来,拽了一下就近的一个姐妹的袖子,后者连忙帮她将那个昏倒的见习修女扶进过道里,她们沿着过道前行,两侧的 100 个脑袋没有一个回头看一眼,那 200 只眼睛也不曾挪开圣坛一瞬。①

阅兵场的礼仪引出了"无视"这一普遍问题。令人遗憾的是,据称,每当个体以某种角色加入某项活动——无论是作为表演者还是人体机器(human machine)——他们始终要直面自我的生理机能,例如抓挠、打哈欠、咳嗽、轻微挪动,或者"生理释放"(creature release)一类的次要卷入(side involvement)。个体可以通过四种常见方式应对这些细微的紧急情况:其一是抑制。在中产阶级社会,人们在所有社交场合都得抑制住放屁的冲动。其二是假装无事发生。(这两种方式常见于阅兵场合,它们与一种正式机制联系在一起,扮演特定角色的人可请求暂时离开队列,完全脱离框架去"释放"一下。前文已经讨论过这种机制,在这种机制中,失去行动能力的个体无法妥善地靠自己退出某项仪式。②)其三是表演者侧身或弯腰,用身体遮挡自己的不当行为,免得被别人发现。其四是给自己充分的自由,按照自己感到舒服的方式行事,或是公开请求他人允许他这么做,也就是说,他扮演的角色还未严格到容不得他短暂失神的地步。在后两种情形中,表演者关注自身的生理需求,但共同在场的其他人对此并不在意。(演讲者可能在开口前暂时脱离框架,向熟悉的观众致意,或是礼节性地问候主持人;他也可能在合适的时候停下来抿一口水,擦擦眼镜,整理整理讲稿。相应地,他也能够维持一定的框架外的次要卷入,例如,玩弄他的钢笔,摆弄讲台上的其他东西。)

在阅兵实践中,哪怕是最细微的分心也不允许出现,相反,在跳棋这类正式游戏中,棋手几乎不用遵守任何规则;下棋的过程也很容易就能与令人分心的干扰性活动分离开。无论是棋手还是他的对手,都必须关注游戏实况,同时在合适的时机镇定自若地将棋子放在其选定的位置上。

---

① Kathryn Hulme, *The Nun's Story* (London: Frederick Muller, 1957), pp.37-38.
② 一个基础的例子是几个世纪前在学校使用的传统手势——儿童可能会竖起一个或两个手指来寻求他人原谅。

除棋手的身份外，他也是一个活生生的人，有权参与其他大大小小的次要活动和从属性活动。也许人们会觉得，棋类游戏大多经过巧妙的设计，玩家无须借助其他正式的帮助就能卷入游戏。但更确切地说，棋类游戏的"主角"不是棋手，而是棋子，所以下棋的人能以各种方式走神——毕竟，棋子本身就如训练有素的士兵，它们并不会擤鼻涕、挠痒痒或是擦拭烟斗。

阅兵场和棋类游戏是两种极端情况，它们都能与戏剧表演形成对照。戏剧甚至比阅兵场更严格，它要求表演者控制、规避所有临时产生的生理释放和次要卷入。但另一个与之相关的事实是：戏剧中的这些干扰（disruption）具有特殊的句法价值。无论场景对特定角色有何要求，舞台上投射的都是一个完整的"自然"人，一个完整的身份。因此，演员必须适时表演一些生理释放，因为显然，如果演员想要展现一个真实而丰满的人物，就必须将自己和角色的典型差异融入舞台角色。不过，在舞台上，这些细微的动作和表情都被巧妙地转换成预先设计好的互动流，根本不是真的次要卷入。要是演员在表演时实在没能克制住自己，他也能设法将干扰融入自己饰演的舞台角色，使这种冲突变成脚本的一部分。同台的演员也会心照不宣地与他合作，帮他掩饰，适时调整台词和行动，将意外"自然地"融入表演。不过，要是这种补救失败了，情形就会非常尴尬，甚至会比在阅兵场或其他正式场合更令人难堪，因为此时陷入尴尬的是一种身份，而非角色，同时也影响了其他演员存在的行动层面。[1]

在很多场合，不仅是特定的事件会被无视，特定的人也会被无视。一般来说，卫兵、守门人、技术员都是被忽视的人（nonperson），他们就算以某种相关的方式在场，也会被当作不存在的人。（在商务、政治、学术会议上，在场的一位年轻女士可能只是做些递送咖啡和纸张、为屋里的人传递外头的信息、接听电话等杂活，她的行走、谈话、落座等举止都只会占用尽

---

[1]　同样，如果观众发现某个演员忘了台词，还听到提示者提醒他们，那么，不仅演员的台词功底会受人诟病，整场戏剧营造的幻象也会破灭。问题的关键在于这种错误发生的句法层面。我们可能在日常生活中使用比喻的说法，调侃人们像演员忘词一样需要他人提醒，但在舞台之外，日常生活中的失误不像演员忘词一样严重影响尚未发生的现实。比如，丈夫介绍自己的妻子时突然忘记了她的名字。当然，在学校表演的儿童可能会制造各种各样的意外，但他们不会因此受到困扰，观众也完全能够接受这些失误，因为没有人会被儿童的表演吸引，他们关注的是这些可爱的小演员的努力，而非演出效果。同理，儿童也会在现实生活的互动中犯错，并为此感到难过。某种程度上来说，这就是被"当成"儿童的意义。

可能小的空间,她所做的一切都是为了不引人注目。)当然,也有一些人是例外。在 1967 年的奥克兰反战大游行(Oakland antiwar demonstration)中,一些自称医生、牧师的人希望自己能够置身事外,但他们也受到了警方的攻击。事后,他们正式地投诉警方,抱怨警方没有尊重他们作为事件无关者的权利。[①]

如果认真审视转换过的互动(例如舞台上的互动),我们就会发现,在正式的活动领域和活动中的舞台角色之间存在着一条泾渭分明的界限,活动中的事物受到这条界限的严格限制。相对而言,活动中的参与者更具灵活性,他们能够无视不属于主流领域的事物。在非西方的戏剧中可以发现一些极端情况:

> 日本的文乐木偶戏(Bunraku puppet)是与观众感知密切相关的最极端案例,它要求观众无视那三个明显在场的操偶师。显然,若不依赖选择性无视的锚定力量,观众就无法欣赏表演。[②]

> 欧洲观众常常在观看中国戏剧时感到惊讶和唐突,因为他们总能看到身着便服的人在台上走来走去;但对于本地观众来说,这些工作人员的打扮足以表明他的在场与表演本身无关,就像引座员会进入我们的视野一样。[③]

当然,不只观众会无视一些事物,演员扮演的舞台角色也会完全无视舞台另一侧的戏迷(例如骚动不安的人、迟到者)和旁观者(在拳击或棒球比赛中,狂乱的欢呼声和嘘声将被统一无视)。

这些注意力分散(disattention)的范围不尽相同。据说,激战中的士兵在受伤时感受不到任何疼痛,在返回大本营之前,他们甚至察觉不到身上的任何异常。我曾经在拉斯维加斯赌场亲历了一次失火事故,浓烟和气味从二楼散出来,整个赌场警笛四起,消防员全副武装冲上二楼。尽管越来越多的浓烟溢了出来,但直到消防员离开,一楼的庄家仍在发牌,玩

---

① 参见 Terence Cannon, "Barricades in Oakland," *The Movement*, November 1967, p.3。

② Gerold L. Hanck, "A Frame Analysis of the Puppet Theater"(未发表文章:University of Pennsylvania, 1970)。

③ Susanne K. Langer, *Feeling and Form* (New York: Charles Scribner's Sons, 1953), p.324. 自朗格写下这些话以来,一些剧作家和导演照葫芦画瓢地采用了这些舞台实践,旨在制造新的噱头。没有人会想到,一些已被弃用的做法会因为它不会被采用而重新给人们带来新鲜感。因此,我们有理由谈论一些戏剧实践或传统,而不是一些硬性的规则。

家们无动于衷。另一个晚上，还是在这家赌场里，我看到一个女调酒师和顾客打了起来，她从背后撕烂了客人的衬衫，还把他赶了出去，但其他人自始至终都没有抬头看一眼。与之相对，对于在苏格兰乡下路边的田野里劳作的人来说，任何细微的事物，哪怕是一只鸟、一只狗、一个路过的游客，都会让他们分心，成为他们驻足瞻望的充分理由。而在剧院的舞台上，演员不会搭理迟到的人，也不会受到人们晃动手镯、咳嗽、擤鼻涕、揉搓糖纸、不合时宜的鼓掌、晃动椅子等动作的干扰。但是，他们一般无法容忍拍照的干扰，这种情况常常发生在一些音乐会的演奏家身上：

> 在安德烈斯·塞戈维亚（Andres Segovia）独奏的过程中，还是出现了最愚蠢的事：一个不安分的观众居然突然站起来想要给他拍照——这位大师立刻停止了演奏，语无伦次地喊道："（拍照是）不允许的，拜托了！"①

此外，在剧院中，尽管观众在一段时间内只会关注一个言说者，但同台的其他演员还是会同时进行一些旨在被观众看到的活动。不过广播剧中不存在这种复杂性，因为（如前所述）我们在听觉上的辨识能力似乎不如视觉。

人们对分心（distraction）的管理能力很大程度上因时间和地点而异。相对于18世纪的观众，今天的观众更难容忍剧院中细微的噪音。纵观西方戏剧的历史，当代的戏迷所受的约束是最严格的：

> 人们坚信，所有的戏剧都要给观众提供连续的情绪体验和层层递进的悬念，尽管绝大多数西方戏剧确实如此，但整个近代欧洲剧院的历史都充斥着观众席的混乱、演员的进进出出、剧院中的吃吃喝喝。例如，英国王政复辟时期的剧院对吃、喝、玩牌等行为司空见惯，甚至还会发生决斗或幽会。②

当然，有史为证，过度的分心也会导致暴乱，导致戏剧框架的瓦解。即使按照今天的标准来看，这些分心也确实过分。

> 舞台座椅就是暴乱的最大诱因。在约翰逊时代，这些"十二便士的椅子"是一些有头有脸的年轻人狂热追捧的奢侈品。这些"勇士"

---

① 报道自 Herb Caen, *San Francisco Chronicle*, March 24, 1968。

② Mordecai Gorelik, *New Theatres for Old* (New York：Samuel French, 1955)，p.62.

（gallant）不仅相互问候,还不分时机地向观众发表长篇大论,甚至经常直接干扰演员。例如,佩格·沃芬顿（Peg Woffington）曾在扮演科迪莉亚（Cordelia）时被激动的观众抱住了腰;西伯夫人（Mrs. Cibber）在《罗密欧与朱丽叶》（*Romeo and Juliet*）中表演的殉情戏也屡次使观众陷入疯狂,以至于一百多个观众和她挤进同一个墓穴。①

我们需要思考,除了绝对音量（absolute volume）,是不是一些声音本身就难以被忽视。② 在我们的文化中,不规律的声音比规律的声音更容易使人分心。更重要的是（稍后将会提及）,在某些框架内听到的带有歧义的声音似乎也会使人分心。

二

如前所述,任何活动都会以特定的方式被框架化,与此同时,另一些活动流则会被人们系统地无视,并被排除在框架之外,得不到任何关注。通过松散地借助一个特殊的意象,我们可以说:承载着故事线的主要轨道与被无视的轨道紧密相连,二者同时发挥作用。现在,我们必须对第二种框架之外的活动流加以考察。相比于第一种活动,这第二种活动对整个活动的影响甚至更为重大。

一些涉及共同参与（joint participation）的行为包含符号流（stream of sign）,它不属于活动内容,却发挥着调节、限定、接合以及管控活动要素和阶段的作用。此时需要提及定向信号（directional signal）。通过隐喻式的引申,还可以讨论包含这些信号的轨道。③

最典型的定向线索（directional cue）是书面标点符号,因为它包含了一个惯例的语料库,一套代码,需要人们有意识地（通常是非常有意识

① 　Stephen Tait, "English Theatre Riots," *Theatre Arts*, XXIV(1940): 97.

② 　参见 John Carey, "Framing Mechanisms in Radio Drama"（未发表文章:University of Pennsylvania, 1970）。

③ 　这一概念源自格雷戈里·贝特森,尤其是他对"元传播"（metacommunication）的讨论,见 Jurgen Ruesch and Gregory Bateson, *Communication* (New York: W. W. Norton & Company, 1951):

　　同样重要的是识别动物之间的下述信号:a.唯一的意义在于确定对方信号的信号;b.要求重复信号的信号;c.表明接收信号失败的信号;d.给信号流分段的信号;等等。(p.209)

因此,贝特森将定向轨道（directional track）限于交流活动（也包括关系管理）,但似乎确实可以把这个概念推广到这样的活动中。

地)学习。这些标记能很好地描绘定向流(directional stream)的特征：它不会成为人们关注的焦点,却严密地组织着那些受到关注的内容。[1]

连接词(connective)[2]是一种有趣的定向线索。连接词在所有活动,尤其是在言语活动中发挥着至关重要的作用,能让人们定位是谁在此刻做着什么。在面对面的交谈中,倾听者能通过判断声音在两耳间的相对强度,识别讲述者的个人风格,或是通过观察言说者的唇动来建立这种"定位"。在进行电话交流时,人们常常因为陌生感而无法识别对方的声音,此时就需要进行社会分类(性别、年龄、阶层等)。电话一经接通,通话者就要迅速自报家门,而且默认电话两头都只有一个人在说话,这些因素都限制了定位的问题。小说里也有连接词,例如"他说""他回应道""他答道"等在句子前后出现的标签。(有趣的是,读者展现了一种良好的能力,可以等到一句完整的话结束之后再产生对连接词的需求。)小说偶尔也会用一些纯粹的空间设定来替代这些标准的连接词,尤其是在对话内容能体现说话者身份的情况下。

连接词的问题我们稍后将详加阐述。此处的要点在于：尽管连接词在书面对话中无所不在,且非常刻板,但它们几乎毫不起眼,哪怕被人注意到,也不会像文本那样成为人们做出刻板判断的依据。

连接词能够连接行动者及其行动,另一些方法则能够连接行动者的陈述和他人的回应。在日常的交谈中,时间顺序可以很好地解决这个问题,就像在戏剧和电影中一样。木偶戏是日常交谈的"远亲",其中的互动也由时间连接。在小说和剧本中,空间顺序与时间顺序的功能相同：在西方社会,阅读从左上角开始,按照从上到下的顺序,一次一行,每行的阅读则从左到右。阅读顺序即是行动顺序。在漫画中也能找到两个与时

---

① 研究句法的现代语言学路径为框架分析提供了一个成熟的可用范例——如果这样的口号可以成为一种噱头。单词之间的序列位置建立了两种主要的结构：名词短语和动词短语。在这种结构中,其中任何一个位置上的单词都可以切换到另一个位置上。因此,每一个语段(segment)都涵盖了对另一个语段所包含的全部内容的解读。一个语段是否包含着一个名词、一个短语、一个从句、一个句子、一个段落或是整个世界,这是无关紧要的事情。序列位置为如何组织句子的内容提供了方向,但它本身不需要受到直接的关注,只是确立了起划分作用的括号应置于何处。同理,对每一个主要的语段都能应用同样的分析模式,直至达到最小的构成要素。

② 参见"Shifters, Verbal Categories, and the Russian Verb," Russian Language Project, Department of Slavic Languages and Literature, Harvard University (1957), 罗曼·雅各布森(Roman Jakobson)在上述文章中也使用了术语"连词"(connector)。在此,感谢戴尔·海姆斯提供了这一信息。

间顺序有相同作用的等价物：人们需要按照从左到右的顺序阅读每一格漫画（漫画格又叫"框架"）。每一个漫画格左侧的舞台角色会被视为首先开口说话的人，当读者的视线从左到右移动，他们会最先注意到这个舞台角色，其他舞台角色的话语和行动则会被视为对第一个舞台角色的回复（或"回应"）。但实际上，读者可以同时看到所有人物的台词和行动。

　　以此来看，用空间顺序替代时间顺序似乎是一种令人瞩目的进步，但对事件的言说和叙述而言，时间顺序是内在的、固有的，它本身就已是一种引人注目的转换——它非常重要，但许多学者及其所在的学科都没有意识到这一点。口头或书面呈现的互动片段极度推崇对时间顺序及其功能性替代物的使用，第一个行动者的行动（move）被完整描述后，第二个人才会开始回应。实际上，在第一个行动者"结束"（finish）之后再让第二个人"开始"（begin）是一种转换惯例。这样的"结束"正是书面或言说叙事所需要的。但是，**真实的**互动不需要这样的等待过程。当第一个行动者还在行动时，第二个人就开始回应。[这句话本身就是个好例子，在我说"第二个人就开始回应"时，我已经**说完**了"当第一个行动者还在行动时"这句话，如果我颠倒这个从句，说"第二个人在第一个人还在行动时就开始回应"也能表达相同的意思，但这句话依赖同样的转换实践。这是因为，我已经**说完**了"第二个人就开始回应"，才说一开始发生了什么。]①这些错置的"结束"一方面源自我们对阅读内容的理解，另一方面也体现了我们接受转换的能力。注意，研究互动的学者显然更擅长记录这些按时间顺序进行的"陈述-回应"复合体，即"先有行动，后有回应"的顺序模式，而不是同时发生的诸多复合体方面。

---

　　①　我们可以很容易从时间顺序切换为空间顺序，因为二者都需要某种转换。正如伯里斯·A. 乌斯朋斯基（Boris A. Uspensky）所述：

　　　　电影的蒙太奇手法与这种"用空间行为重组同时发生的事件"的方式颇为类似：例如，影片可能会先呈现一个讲笑话的男人的脸部特写，接着呈现听众开始发笑的脸部特写；这似乎意味着，观众的笑不是与讲笑话的行为同时发生，而是发生在笑话讲完之后，但其实它们是同时发生的。["Study of Point of View: Spatial and Temporal Form," a preprint from his *The Poetics of Composition: Structure of the Artistic Text and the Typology of Compositional Form*, trans. Valentina Zavarin and Susan Wittig (Berkeley: University of California Press, 1974), p.26.]

　　同样，我们也可以从面对面交谈切换到电话对话，这样的转换突然增加了时间顺序，也骤然减少了会话的交叠。

在交谈时,定向轨道的核心要素是修饰语(qualifier)、标记(marker)等一类宽泛的行为类别,这些行为通过副语言、姿势、身势语等方式贯穿整个话语片段。手势就是这样起作用的。但(如贝特森所述)更核心的仍然是那些告知我们交流系统如何运作的符号(sign)。例如,人们对"调控行为"(regulator)的当前理解:

> **调控行为**是另一种非言语行为。这种行为能够维持、调节两个或两个以上互动者之间的说与听的重复性。它要求言说者连续、重复、细说、加快语速、表达有趣、不开黄腔、给别人发言的机会等,也要求倾听者在交流中集中注意力、适时等候、适当予以回应等。调控行为和说明行为(illustrator)都与对话相关,后者主要与言说的时时起伏缠绕在一起,前者则与对话和交流的节奏相关。最常见的调控行为是点头,它相当于**嗯嗯**(mm-hmm);其他调控行为包括眼神交流、身体微微前倾、细微的姿势改变、挑眉和一大堆其他琐碎的非言语行为。①

此外,这些调控行为让言说者知晓人们是否在倾听,也提醒倾听者是要接过话茬还是要婉拒言说者的邀约。由此可见,定向流包含着来自行动者和执行者的线索,尽管这些线索本身无须得到全面的审视,也有助于调节活动。用英格维(Yngve)的话来说,这就是"后渠道"(back channel)。②

注意,被无视轨道(disattend track)所承载的内容与表象一样,可以被掩盖和清除,定向线索则不然,只有将它们牢记于心,它们才会发挥作用。

---

① Paul Ekman and Wallace V. Friesen, "The Repertoire of Nonverbal Behavior: Categories, Origins, Usage, and Coding," *Semiotica*, I (1969): 82. 同时参见 *I. R.*, pp.34-36。

② Victor H. Yngve, "On Getting a Word in Edgewise," Papers from the Sixth Regional Meeting of the Chicago Linguistic Society (Department of Linguistics, University of Chicago, 1970):

> 事实上,言说者和他们的倾听者一样,都同时参与了听和说的过程。这有赖于我所说的"后渠道",通过这一渠道,言说者可以接收到类似"对""唔"的简短反馈,而无须让渡说话的机会。倾听者当然也不只是在听,他们偶尔也会开口,通过后渠道传递简短的信息。后渠道显然非常重要,它把握着交流的质量。(p.568)

另见一项颇具启发性的研究:Adam Kendon, "Some Functions of Gaze-Direction in Social Interaction," *Acta Psychologica*, XXVI (1967), esp. pp.42-47。需要补充的是,人们越是将录像带和其他微观分析应用到口头互动中,就越会发现,倾听者常常在不经意间卷入其他活动,而这种次要卷入调节了言说者当下的行为,同时也受到言说者当下的行为的调节。

这是因为,定向线索会产生一种框架效应,它们建构(或戏剧性重构)了在其之前和之后出现的事物,此时,哪怕是最安静的不当行为也可能让人觉得嘈杂。通常会被轻易无视的东西一旦被当成定向流的一部分,就会变得不稳定。例如:在户外政治集会中,人们通常会无视狗的乱吠声;但如果这条狗碰巧在一个人刚发言完毕之后乱吠,它的叫声就会被当成对这些话的评论。换言之,如果狗叫声正好出现在需要回应对话的时候,就会造成难以控制的尴尬局面。在这种情境下,笑和憋笑就成了家常便饭。我们稍后将讨论,当定向陈述不知不觉地混杂到故事主线中,类似的混乱也会出现。

三

现在来讨论下述情况:个体能够通过阅读、倾听、理解来获取信息,他们不会因为特定的故事线而过度分心。高速公路边的广告牌就是一个例子。另一个例子是,一些必须发布的"重大公告"会以文字流的形式从电视或电影屏幕的最底部或最顶端闪过。此处便引出了交叠渠道(overlay channel)的概念。此类信息和定向线索一样,以一种分离的方式受到管理。不同的是,它们与故事线无关,因此能够清晰地说明注意力或认知是如何被一分为二的。

四

当个体参与某项活动时,他就会置身于(be situated)与此相关的情境,并且能够在一定范围内直接目击这些场景,还有机会在大致相同的范围内进行直接观察。这种"场所性"(sitedness)的后一种含义与个体的监察(auditing)能力一道生成了一系列要点,人们只能通过这些要点获得正在发生之事的证据。否则,他们的感知会遇到阻碍,即受到**证据边界**(evidential boundary)的阻扰,难以察觉边界之外的事物。一场活动可能会让个体从某事中分心,或变成定向线索发挥作用;它也可能隐藏某些事情,让事情越出参与者的证据边界。注意,如果说定向线索和交叠交流(overlayed communication)"**似乎**"(as if)处于框架之外,那么,证据边界之外的事物就是**真的**处于框架之外，至少是一种可感知的刺激物。

如果以面对面互动的特定场景为主要参照，人们就可以设定标准的证据边界。其一，后台活动。后台活动发生在场景之前和之后，或与场景相关的背后，同时（可能）与当前场景不相容。

其二，行动者自身。它至少通过两种途径发挥证据边界的作用。个体的想法和情感源自身体内部，尤其源自他们的大脑。这些"内心状态"（internal state）通过他们有意无意的肢体表达、面部表情与语言得以显现。因此，我们可以把个体的表皮（epidermis）视为一种屏幕（screen），一些"内心状态"的迹象透过表皮方能表达；但表皮也可能遮掩一些东西，比如，个体刻意展现一副"正直的"面孔或者舞文弄墨，巧言令色。同一个"表皮屏幕"能让个体在他人尚未察觉的情况下接收台上台下的秘密信号。身体既是个体内在之物的"屏幕"，也是一种"屏障"（barrier），能防止站在同一侧的人直接看到另一侧的事物，或防止站在个体身后之人看到其面部表情。正是因为隐藏在身体"盾牌"之后（也是因为自我的介入），个体可以秘密地向在场的盟友或是幕后同谋发送信号。我将其称为隐蔽渠道（concealment channel）。

众所周知，掠夺性捏造很可能依赖参与者在特定情境下进行秘密交流或开展行动的能力。接踵而至的问题是，本身没什么分歧的活动是否也依赖这种隐秘的设定？

其实，舞台表演就是一种赤裸裸的欺骗，我们使用的"幕后"这一根本隐喻正源于此。关键是，就算我们对舞台演出的非真实性心知肚明，在听到提词员的声音时，观众仍会感到尴尬；提词员提供的是定向线索，但没有人会把这些线索当成**仿佛**（as though）在框架之外的事物（客观地说，这些线索肯定处在框架之外）。同样，我们都知道广告代言人一般不相信自己的广告，他也确实只是在念台词而非即兴谈话，但如果电子提词器突然出现在荧幕里，观众还是会觉得自己的卷入被打断了。① 在木偶戏中，

---

① 提词装置的演变具有特殊的意义，演变的过程体现了工程技术与互动经验的特殊结合。早些年，演员只能时不时睨眼偷瞄提示词。现在，人们可以把清晰的提词板置于摄像机镜头前（或直接放在说话者与现场观众之间），只有演员才能看到它。这么一来，演员表面上看着镜头监测器或观众，实际上看着脚本。（这一点和一些关于大众传媒的不为人知的观点源自约翰·凯里，在此表示感谢。）

木偶无法自己上台演出,但在某些传统中,操偶师站得很远,提线的可见性极弱,这就能够加深观众关于木偶在自己表演的错觉。①

现实中的非正式的面对面对话("自然的交谈")似乎与戏剧脚本和捏造形成了鲜明的对比,此时,隐蔽渠道起到了一定的作用。参与者需要运用一些技巧隐藏"真实的"想法和感觉,这必然要利用证据边界。此处假设观众之间也存在区隔,原因在于,如果其他不合时宜的人突然加入了互动,那么观众的许多反应就可能会变得不足为信。这种情况不会经常发生,当然也不是问题的关键,但观众的反应确实存在差异,并且,这些反应还可能会遭到怀疑。简言之,甚至日常交谈也是一种建构。

舞台是一种最具观赏性(best-appreciated)的证据边界,几乎从所有感知的角度屏蔽了发生在帷幕升起之前、落下之后和表演时在后台发生的一切事物。非正式对话(包括广播里的对话)的设定是:姿势外形和身体表皮同时发挥着屏幕与屏障的功能,它们与个体内在的想法和感受息息相关。此外,我们还要继续考察在其他活动中维持的证据边界。例如,电话交谈明显只能依靠声音,因此打电话的人可以与身边的人进行无声的共谋,随心所欲且明目张胆地传递夸张的共谋信号。②

另一种更值得我们考量的设定是正式的纸牌和棋牌游戏。国际象棋和跳棋被定义为"全信息"(full-information)游戏,棋手必须将出棋意图牢记于心,希望自己的策略不会被人看破。棋手无须说话,只需控制自己的肢体动作。但他们也能佯装,在走子时故布疑阵,让对手揣测这步棋隐含的意义,进而使其对棋局失去头绪。在纸牌游戏中,玩家只知道自己的手牌,并且通过非透明的牌面隐藏自己的部分或全部牌,这既是对手的权利,也是搭档的义务。因此,作为屏幕的身体延伸到纸牌上,肉体和纸牌在表面上变成一个单独的整体,建立起新的证据边界。③

显然,活动的屏幕功能——隐蔽轨道——与参与者的接收能力紧密

---

① Hanck, "A Frame Analysis of the Puppet Theater". 例如,一些木偶师会在舞台前放上一张细线网,它能很好地模糊观众的视线,让他们看不到操偶线。

② 参见"Tie-Signs," in R.P., pp.220-222.

③ 只是表面上如此。事实上,在桥牌游戏中,把自己的牌透露给搭档是一种恶劣行径,这么做的人可能会丧失信誉并受到排挤,因而它并不常见;但是,通过叫牌、出牌等方式不当地向搭档透露信息的行为则十分常见,通常也能被人们所容忍。

相关。当一个视力正常的人与一位盲人对话时,前者自然能在对话中短暂分神,但他无法在与普通人面对面交流时使用这种特权。当个体只需要在老师、父母这一类特殊行动者面前按规行事时,隐藏的区域将无限扩大。例如,在一个偏僻的十字路口,车主环顾四周,发现周围没有警察,于是"闯红灯",这就把眼前的整条高速公路转换成了一条隐蔽轨道。[①]

<h1 style="text-align:center">五</h1>

我已指出,个体能在任何互动流中维持一条故事主线,也能维持前文提及的四种从属性渠道。这意味着个体具备一种良好的能力:对那些认知范围内的事情,在有调节线索的情况下,不给予外在的关注,也很少给予内在的关注。这并不是说个体在任何时候都只会假装对故事线感兴趣,而是说,个体在情境中塑造并管理自己,以便自己能够在任何必要的时刻一边面对一些已经发生的、分散注意力的事情,一边游刃有余地卷入主要的活动——哪怕他需要通过隐蔽渠道来传递秘密信号。这种能力可以让个体应对一系列的干扰(无论这些干扰是否在个体的意料之中),同时最大限度地降低个体对干扰的关注。可以说,这样的能力是互动能力的基本特征,会随个体"经验"的积累而发展。

个体在故事线中最自然、最令人信服的卷入,往往比表面看起来更有纪律性。因而,下述情景并不罕见:政治演说家完全无视为其调整麦克风的主持人,也无视媒体摄影师在他前面和观众席中间频繁亮起的闪光灯。同样,在脱口秀中,表演者看似"自然地"参与谈话,实则牢牢把控全场的时间节奏,也密切关注着相机镜头、即将到来的话题切换、其他演员突然插话等细节。不同于面对着现场观众的演讲,在录音机前讲话的人在更换磁带时会直接暂停滔滔不绝的讲话。[②] 当媒体摄影师要求官员重复一种行为(例如,签署一项议案、接待某个重要的访问者、参与奠基仪式等),

---

① 不同的规则对行动系统的影响各不相同。 在下国际象棋时,人们绝不希望看到任何违反规则的事情发生。 在教室里维持的秩序中,人们完全可以预见违规行为。

② 参见 *The Maltese Falcon*,达希尔·米克特(Dashiell Hammett)举了一个陈年旧例,或者说一个案例的调查:萨姆·斯佩德(Sam Spade)正激烈地反驳咄咄逼人的地方检察官,一番慷慨激昂的陈述过后,"他站起来,转头对速记员说:'孩子,你都记下来了吗? 我是不是讲得太快了?'"

他通常会照做,但这种能力和意愿反而讽刺了他的真实行为,暗示这些行为本身不过是一些能够被随意重复的表演。①

六

1. 区分不同的从属性轨道或许只是一个开端。但就像其他与框架相关的事情一样,从属性轨道的结构本身将通过不同方式进行转换、再生,这确实带来了一些便利。这些渠道为应对某一种活动而建立,也常常出于同样的理由被用于处理另一种材料。

举例来说,几乎在所有非舞台的活动中,参与者都会卷入一些框架之外的活动。例如个体会为了舒适而稍作调整,而其他人总会接受并无视这样的举动。同时,这些举动可以作为微妙的定向线索发挥作用,而且常常如此。注意,这些举动也可以是策略性的,个体或多或少能够控制它们,同时透露出自己无意如此。行动者能利用这些细微的次要卷入在情境中表明立场和态度:他能够在必要的时候否认,收到信号的人则能选择视而不见。以这样的方式,行动者可以表达各种各样的负面情绪:拒绝为正在发生之事负责、蔑视同伴参与者、执意离开或终止对话、表示"厌倦"等。个体用这种看似无害的方式"攻击情境"(attack the situation),迫使在场之人关注一些他们原本没必要关注的事情。反之,他也可以热情地表示对接受者的支持,尽管这种支持并非发自肺腑。他们可以通过"请教"(take)"爆发"(burn)、"疑惑"(fishy look)、脸红、怒视等各种方式表示同情或赞许。这些线索是对他人接受程度的反馈,言说者可以根据这些线索决定是否要策略性地调整话术,哪怕是在他正在讲话之时——这是言说者的自由。

总之,在日常的社会互动中,他人行为的接受者(见证者)会以某种姿态表明与对方行为相关的立场和态度。即使不能使用任何话语,他们也能设法将自己对这件事的态度具象化。他们甚至可能在邻居正在做事时对其评头论足。(也有人认为,达尔文以自画像的方式解释了威胁或服

---

① 因为这些镜头已被视为整个事件的象征,并且策划这些事件的人越来越重视媒体报道,所以不愁没有这样的照片。在这里,太过稀松平常的事情往往被我们忽视,因为我们从未意识到这些照片源自未经转换的现实。国家元首之间的问候是两国关系的一种象征,这是值得探讨的重要问题。会议上抓拍的照片是这一象征的调音,而新闻照片可能是这种转换的转换,因为(如果不重拍的话)拍摄对象会根据相机的需要调整自己的姿势。

从的姿势，也强调了动物和人进行调音与捏造的能力。）他们通过一些不易察觉的表达（如细微的次要卷入）来提供这种后渠道回应。因此，动物本性要求我们时不时地进行生理释放，如果没有这种本性，我们可能不得不发明类似的替代物；无疑，无论我们拥有何种动物性（beastliness），都会受到鼓励，因为我们需要借助这种动物性达到一些目的。

2. 人们可以利用无视轨道，这让我们注意到另一个问题：如前所述，哪怕当行动者正在进行某项事务，旁观者的持续反应和态度也能让他调整自己的行为。当这些"后渠道"的态度表演发生在隐蔽轨道而非定向轨道中时，第二种功能就出现了。原因在于，个体通过这种方式管理后渠道，使自己勇敢地面对逆境，向自己或第三方目击者表明自己不该被戏弄或轻视，但而唤起这种表演的互动对象没有理由觉得自己被冒犯，也不需要进行回应。

正是在这种自救的、手势几乎无用的语境下，证据边界发挥了特别重要的作用。原因在于，当对手转过身去，从属的一方可能就立刻暴露了自己对他的态度和立场。事实上，有很多专门的，不会当面做出、只在背后表露的手势能达到这一目的，例如戳鼻子、吐舌头。而且，年轻人比成年人更钟爱这些表里不一的小伎俩。

不过，证据边界不是非有一堵墙或非要对手转过身去才能形成。证据边界的设定能让个体从他正在关注的周遭事物中获得后渠道的定向线索，也能让他在看穿或听到一切后假装若无其事，而且，他可以天衣无缝地表演这种"无知"，不会透露出半点端倪而让别人怀疑自己只是在表演。所以说，面对面互动的结构带有"混合动机"（mixed motive）的性质，与互动双方心照不宣的密切合作相关。

3. 现在转向另一个复杂的问题：有人认为，无视轨道是组织个体经验的一种特殊渠道或轨道，它包含周围发生的看似毫无关联的各种事件。各种各样的次要卷入是这一渠道可能包含之物的例证；场景的背景特征则是另一种例证。有鉴于此，人们自然会利用无视轨道进行秘密的交流活动，像共谋者（或曰秘密同伙）之间使用的"高级信号"（high sign）就会利用与当前事物毫不相关的行为。例如：

> 船上的赌徒基本不会单独行动，而通常以三到六人的规模结伴旅行。这群赌徒在登船之前乔装打扮，假装互不相识。他们拦住一个人，软磨硬泡地要他参与赌博游戏。当有人成功诱骗到一两只"肥

羊"时,其余人总会在旁帮忙支起牌桌。但要是一个行骗者加入了一场由经验丰富的玩家组织的诚信赌局,以传统的方式作弊就会让行骗者面临很大的风险。"他们的同伙会坐在一个能看到对手的牌的位置,用手比画一系列要点给他传递信号。"这些信号包括打手势、以特定的方式转动手杖的顶端、吐烟圈、大嚼烟草块以及其他能被想到的几乎所有的作弊手法。①

这类信号不一定要利用身体。比如,在银行里:

> 保安在整个银行里穿行,特别仔细地检查保险库区域。如果所有东西都没有异样,他就会用信号提醒其他雇员,示意他们能安全地进入银行。这个信号是我们的信号委员会(它独立于我们的保险库委员会,以及我们常说的第一互助银行下属的30多个其他的委员会)建议的,通常是把一个废纸篓倒扣在桌上、在烟灰缸里点燃一支烟、将一把椅子靠在桌旁———一些简单可见的预先、准备好的方式,就跟老华纳兄弟电影中的桥段一样。②

这个问题具有结构性的意义。任何活动周围必然会发生一系列持续很短时间的事件,这些事件只是偶然地与主要的事件同时发生,二者不存在进一步的关联。③ 例如,挠鼻子、把手放在某个位置、触摸衣服的特定部位和其他让自己感到舒服的动作。这些偶然同现的事物极易控制,也是一种非常适合用来设计互动密码、传递策略性信息的材料来源。不难理解,在打桥牌时,搭档之间可以用这种编码方式秘密地传递手牌信息,因此,我们必须意识到,在游戏中作弊是很常见的事,同样常见的是,无论正确与否,玩家都会怀疑有人在作弊;同理,无论正确与否,玩家都会怀疑有人受到了这样的怀疑。④

① Herbert Asbury, *Sucker's Progress* (New York: Dodd, Mead & Co., 1938), p.205.

② "The Problem with Robbing Banks",作者是"Morgan Irving",由 Charles Sopkin 审核。*New York Magazine*, September 10, 1973。

③ 关于"关联性"的讨论见"Normal Appearances," in *R. P.*, pp.310-338。

④ 一个绝佳的例证是1965年发生在布宜诺斯艾利斯(Buenos Aires)世界桥牌锦标赛中的丑闻:英国队的特伦斯·里斯(Terence Reese)和鲍里斯·夏皮罗(Boris Schapiro)被指控使用手指信号互通手牌信息。在他们叫牌时,这套信号会告诉对方自己手持的红心牌数量。新闻发布后引起了争议。人们认为,这样的丑闻时有发生,玩家可以轻易地通过一些信号作弊,最终的解决方法只能是重新划定证据边界,让玩家叫牌时看不到彼此,同时,叫牌本身也可以使用按钮码的方式,摒弃口头表达形式。参见 *The Observer* (London), May 30, 1965; *Life*, June 4, 1965; *San Francisco Chronicle*, May 25 and 27, 1965, and August 10, 1966。

七

至此，我们已经考虑了经验轨道的复杂性，当框架内的活动（"受官方关注的活动"）本身就是现实活动的转换时，这个问题将变得更加复杂。我们必须进行初步的讨论。

从证据边界的概念延伸出去，可以得到另一个概念：**参与位阶**（participation status）。当两人进行非正式交谈时，双方显然享有相同的能力和特权：双方都能倾听、说话，并且都有权进行这两种活动。也就是说，双方都享有完全的参与位阶。以此为参照，我们马上可以提出其他的可能性。

首先，参与者之一或双方可能有着语言或听力方面的生理障碍，或是彼此之间语言不相通，这种情况很常见。因此，从有效性的角度出发，我们要考虑部分能力受限的参与者。还有一种可能性是：传译者（interpreter）有着特殊的参与位阶，他能（且只能）为对谈双方转述信息，否则双方就无法建立联系。

在参与者不知情的情况下，他们的行为可能会被人窃听或监视，这种有意或无意的行为要么借助电子设备进行，要么通过"自然"手段实现。自然手段包含两种可能性：获准参与互动的人秘密地记录互动中发生的一切；活动中的人伪装成框架之外的人或不起眼的旁观者，利用距离优势进行窃听。

其次，摆设位阶（toy status），即某些似乎处于框架之中的存在物。此类存在物可能是人类，也可能不是；它们是行为或评论的对象，但就其听说能力而言，它们处于框架之外（可以被忽视）。这一位阶可能相对固定，例如婴儿的位阶；也可能很短暂，例如某个丈夫当着妻子的面随意议论她，仿佛她不在场一般。

最后还有这种情况：参与者可以在私下自言自语，或者，如果有一个以上的其他人在场，参与者则会用一种秘密的、共谋的方式与他人沟通，建立一个不同于他公开呈现的自我的自我。

显然，即使是在非正式对话的语境中，参与位阶也可能天差地别。在考察演员-观众的互动时，问题变得更加复杂。

当人们进行体育运动、玩棋盘游戏、修车或建造楼房时，旁观者经常会公开观看整个过程，并基于这样的旁观者位阶受到自己注视之物的折磨。(拳击场就是这么应运而生的。)当有人遭遇意外事件或当众吵闹时,这类旁观者位阶就会出现;的确,公开观看的权利伴随着在公共场所陷入麻烦的代价。当然,一些体育比赛是特意组织起来供人观看的。注意,这种公开观看将任务与比赛转换为表演,但它们并不属于戏剧,至少在表面上,这些公开的活动根本无意取悦观众。我们可以用一个与框架相关的理由来说明赛场上的表演者(无论是否愿意)必须忍受他人旁观的原因:眼神回避法则。这种法则与视觉领域相关,适用于作为社会人的个人,而不适用于作为体育运动或比赛参与者的个人。正如参赛者有权置身体育运动之外,以各种方式维持从属性的活动,也有权完全卷入体育运动,展现出非常奔放的情感;观众也有权注视他、喝彩鼓励他,或者对他发出无礼的嘘声,因为他们关注的是体育运动的自我分离领域(self-dissociated realm),在这种领域,运动员有权利也有义务脱离其严肃的自我。上述情形在棋盘游戏和纸牌游戏中更为突出。这些游戏中的舞台角色是一种象征,尽管一定程度的回避是对玩家的尊重,但游戏中的每一步都将在众目睽睽下接受检视。事实上,在打桥牌时,向对手和搭档隐藏手牌是基本的要求,但玩家也会容忍"旁观并乱出主意"(kibitzing)的行为。观局者可以把所有人的牌"看"个遍,也能在牌局结束后和玩家讨论;有玩家因突发情况不得不暂时离场时,观局者甚至可以接手他的牌。毕竟,桥牌是二对二的团队游戏,而非个人之间的博弈。玩家甚至可以雇用某个委员会(或是电脑)来决定一手牌的打法。①

　　戏剧表演也有旁观者,但他们发挥着更大的作用。和观看体育赛事的人一样,观看戏剧的人也会被台上的演员无视,但他们完全知道舞台框架内发生的内容。然而,如前所述,舞台互动是公开的、娓娓道来的、集中的,因此观众能最大限度地"窃听"信息,这是戏剧观众有别于其他所有观众类型的独特之处。不过,剧院观众对戏剧的回应,以及这一舞台角色所能发挥的作用都是有限的,但比起那些围观挖掘现场的人,观众至少对戏剧心存**某种**期待。

---

　　①　友好的、业余的扑克牌局也可能允许观众查看玩家的底牌,但更高阶的牌局一般不会允许这种行为发生。扑克牌局的核心特征是"隐藏",玩家需要刻意隐瞒底牌并欺骗对手,但第二方的观看容易泄露内情或是微妙地干扰这种隐瞒。同样,玩家玩牌时惯用的模式至关重要,能看到底牌的观局者处于有利地位,可以了解玩家的出牌习惯,不需要像对手一样加码看牌;如果这个观局者与自己了解的这个玩家一起加入牌局,就可以利用这些信息为自己牟利。

这些"公然窃听"的剧院观众角色非常重要，它证明了，一旦经验被转换成舞台作品，与之相关的新的角色就会出现。合唱团①、"演说家"② 和其他可以轻易融入表演的中介性和评论性的角色再次说明了这一点。中介人（mediator）——以舞台角色的身份参与戏剧的特殊观众——可以对戏剧的各方面进行评论，还要直接关注舞台角色，观察演员是否投入表演。中介人是会说话的脚注。开场白和尾声也能发挥这样拓展性的架构作用；默片中的字幕也实现了同样的效果。木偶戏则是体现这种自反性的另一个例子：

> 叙述者（the narrator）是在木偶背后发出声音的人，木偶的想法和计划通过他才能表达。同时，叙述者也是观众的向导，为观众阐明木偶间的复杂情感戏。他既属于舞台，又超越舞台，既是演员，又是生活的评论员，他借助木偶戏的微观世界揭露人类世界的种种弱点。③

---

① Kenneth Macgowan and William Melnitz, *Golden Ages of the Theater* (Englewood Cliffs, N. J.：Prentice-Hall, 1959)指出：

> 默里（Murray）指出，对希腊剧作家而言，若要正确理解合唱团，就该把它视为一种帮助而非阻碍。合唱团既不是演员也不是旁观者，而是与观众的一种联系，使观众觉得自己更深度地参与了戏剧演出。合唱团是一种表演工具，用以表达对伟大或可怕的行为的完整而终极的情感。它将演员的情感转译成不同的媒介。它使观众体会到的情感，是剧中的舞台角色无法完整感知到的或是寻常话语无法述说的。合唱团将粗糙的痛苦变成诗歌，甚至变成抚慰人心的神秘感。（p.16）

② 对这个角色的解释见于 Samuel Chappuzeau, *Theatre français*, 1673，但彼时这一角色显然已经衰落：

> 演说家有两种基本的功能。他的任务是面向观众发言和进行宣传，两种行为联系紧密，遵循着几乎同样的规则。戏剧结束之际，他向观众发表演讲，博得观众的好感，对观众的支持和关注表示谢意，宣布接下来将会上演的另一出戏，用恭维的方式热情邀请观众继续看剧……根据规定，这样的演说应该是即兴的、言简意赅的。但有时，如果现场有国王、亲王、王室血统的某些王子在场，或需要介绍戏剧的机械装置时，演说家也会提前打草稿。此外，在下述情形中，他也会提前备稿：为新戏剧宣传时、在受难周前的周五代表剧组发表告别演说时、复活节之后剧院重新开业时、需要重燃观众看戏的激情时……在平时的宣讲中，演说家会发出新剧的预告，让观众有所期待……[A. M. Nagler, *A Source Book in Theatrical History* (New York：Dover Publications, 1952)，p.183.]

与演说家发挥类似作用的角色包括电影院的试映或预告片，或是在正式午宴开始前简要发布一些商业广告的仪式主持人。

③ A. C. Scott, *The Puppet Theatre of Japan* (Tokyo：Charles E. Tuttle Company, 1963), p.42, cited in Hanck, "A Frame Analysis of the Puppet Theater."

　　印刷文本及其编辑惯例也可能会出现类似于在舞台角色和观众之间插入一个其他角色的情况。作者不仅会在文中使用标点符号和脚注（这是定向轨道的一部分），也会在文中使用插入语和括号，用另一种声音、另一个角色或框架来评论自己的文本。编辑与评论员则遵循另一套惯例，对整个文本和指向性的评论提出自己的意见和看法。因此，人们会看到 Ed.这样的缩写，如果它出现在脚注之前或之后，就会把脚注从作者的框架转移到其他人的框架中。同样，"［］"通常意味着括号内的内容源自作者之外的另一个人；而尽管"斜体字为原文所有"（italics in the original）这一句指出了被引用的原始文本，但这句话本身是另一个人的表述。"［*sic*］"（原文如此）的标志意味着某句引用与原文完全一致，即便出现明显的错误（或用法），也是原文本身的问题；还意味着，有人（引用这句话的作者之外的人）知道，读者很可能误以为作者的引用有误，实际上是被引用的原文有误。当然，省略号意味着，是引用者而非被引用内容的作者省略了引文的一些内容；斜体或引号则被用来表示不同于作者的其他观点。①　并且，这些观点或许还混杂着其他观点，通过指涉文本某些方面的符号来维持，但绝不是为了让读者发现。这一系列舞台之外的标记能够让编辑和作者围绕特定文本展开对话；另一套标记则使校对者与印

---

　　①　这种惯例的目的是处理各种需求，并始终依据同一标准将其划分为不同层级，使之分别对应不同的作者身份。这种元语言能力虽然可以触及，却显然不可能完全实现。因此，如果作者引用了一些通常被视为感叹词的符号，而不是"*sic*""［］"之类的生成文本的符号，就会出现问题。同样，当作者引用其他作者的部分文本，如果这部分文本本身就有脚注，那么，作者是去掉脚注上标，还是保留脚注上标但去掉脚注内容，还是同时引用脚注并保留上标？如果作者采取最后一种方式，那他要把这些脚注放在哪里，才不会让人误认为这是自己的脚注呢？（事实上，一些学者只会在恰当的时候改动一个词或去掉一句话，但他们却准备去掉脚注，这说明了，引用者似乎让自己局限于一种观点，并只对这个观点的正确性负责。）将一种正字法转换成另一种时，也会出现类似的问题。例如，打字稿中的下画线对应着印刷稿中的斜体字，二者可以相互转译。那么，当印刷稿本身就带有下画线或黑体字的排版文稿时，我们应该如何将它转换成打字稿？

　　注意，用来组织句子（与对句子的注释相反）的正字法符号本身不能单独发挥作用，一些符号（例如，引号）具有多重含义，有时不能通过上下文加以理解。例如，在一行的末尾拆分单词需要使用连字符，但如果一个带有连字符的单词恰好出现在行末，处理方式也是如此，这就可能混淆连字符的含义。

刷商能够对话。① 一页打印出来的手稿文本可能带有作者为自己或者编辑标记的勘误说明和详细建议，也可能带有挑剔的读者与编辑的评论和修改意见。付梓前的草稿也会带有给打字员的说明和打字员向作者提出的疑问。在上述这些情形中，人们依靠各式书写工具、墨水颜色、字迹差异和各种符号系统区分不同的留言者。这不仅是为了厘清谁对谁说了什么（毕竟，六个柔声细语的人想在黑夜里交流将是一个问题），也是为了区分不同的框架。尽管这样的文本有时让人摸不着头脑，但我们在处理这些混乱情况时表现出来的游刃有余意味着，我们似乎拥有一项卓越的能力，即尽管每种观点是在不同层面讨论同一材料的不同方面，但我们依然可以接受多种并存的声音。

已出版的剧本创造了充分利用不同声音的自然情境。先来探讨一下定向轨道。例如，小说中用连接句"约翰说：'不。'"来处理的内容，在戏剧中则是让扮演约翰的舞台角色说"不"。（如此，声音便发挥了连接词的作用。）剧本的处理方式则是直接将舞台角色的名字置于页面左侧，加上句号或冒号等标点符号，并在这些符号后面附上台词。作者也能在对话的开头添加说明，在剧本和/或不同幕剧、场景的开头写下指导表演的意见，或在剧本正文之前专门为其撰写一篇长序言。除了作者之外，编辑或译者也会在文本的某些部分通过脚注进行评论。诚然，除了提供舞台指导之外，剧作家也可以在脚注中说明各种戏剧作品所使用的舞台策略，比如，尤内斯库在剧本《责任的牺牲者》（*Victims of Duty*）②中的评注。

个体转述信件的情形清晰地体现了框架外的文本内容和框架外的交

---

① 这些符号系统无论如何都不是完全制度化的，印刷工、厂商、编辑等不同群体有各自的使用喜好。为使之标准化，期刊和出版社有时会出版一系列指南，详细地说明符号及其用法。在编辑和校对这些符号使用指南时，工作人员可能会遇到一些特殊的问题，原因在于，尽管期刊和出版社选择这些符号的部分目的是区分打字稿和印刷稿，但是，一旦这些符号本身必须出现在文本中时，这种区分就会失效。这是一个非常普遍而细微的框架问题，稍后将详细讨论。

② **虽然侦探的位置没有变动，但他的声音录音从舞台的另一个角落里传出来。接下来念独白时，肖伯特站着一动不动，双手垂在身侧，不露声色，但身体因为绝望不时颤抖。[1]**

　　1. *作者注：在实际表演时，让侦探抬头直接说话的效果可能会更好。*

　　［Eugène Ionesco, *Victims of Duty*, in his *Three Plays*, trans. Donald Watson（New York: Grove Press, 1958）, p.136.］

　　注意，我在此处必须和尤内斯库一样使用脚注的上标符号；如果我的脚注上标刚好也是"1"，那么读者就可能感到困惑。

谈的差异：当某个人向速记员转述一封信的内容时，他可以通过副语言的线索来区分信件正文的内容和对信件内容的评论。

八

此外，再创作材料（re-created material）为真实的活动创造了更多的参与位阶。更重要的是，我认为，这些转换让标准的参与位阶和对证据边界的特殊使用成为可能；也让框架之外的渠道的**表演**成为可能，人们借助这些表演渠道做出远超自身能力的事情。因此，舞台上的互动片段与非舞台的互动存在系统性的、巨大的差异，然而，我们必须意识到，前者可以在某种程度上替代后者。

现在看看"独白"这种框架之外的舞台声音。按照惯例，登台扮演某个特定舞台角色的演员可以走到舞台中央大声说话（他的声音要洪亮到能让后排观众听到），向观众袒露自己的想法。西方的戏剧框架中存在两种略显不同的独白：一种是朗诵或演讲，人们在台下的生活中绝不会沉浸于此，除非是他自己正在练习朗诵或演讲；第二种是沉思（muse），一种与自己对话的方式，它可能出现在台下的生活中，但在舞台上，沉思需要大声进行。

在日常生活中，自言自语（独白）的人可能是在掩饰自己的失误，原因在于，日常互动的框架要求不参与对话的个体保留自己的想法，而自言自语就像脱口而出的真话或不加掩饰的表情一样打破了这一规则。然而，对剧作家而言，独白可以推动故事线的发展，指明剧情的发展方向，是一种保证故事的连续性的便捷方式。但是，使用独白就要扩展传统的证据边界，让剧中人不再独自沉思或沉默，而是对着整个剧场的观众发表演讲。通过这种结构性的夸张手法，个体向观众透露了自己的想法。当然，这种公开披露自我的独特性在某种程度上与另一个事实相平衡：个体在披露自我时面对的不是处于日常参与位阶的人，而是被严格限制为剧院观众的人。

有时，独白可以与直白（direct address）（或戏剧之外的发言）相对照。直白通常发生在下述情形：一个舞台角色暂时离开舞台框架，顺着剧情发展方向对观众讲几句话。这些话被设计为直接的陈述，而非间接的朗诵或沉思。它的意图可能是唤醒观众、阐述戏剧的道德寓意、解释情节中某个复杂的转折、因戏剧分为两场而道歉、总结演完的剧情、预告即将上演的内容。直白在中世纪的道德剧中颇为常见，那时的西方观众群体尚未完全发展起来。到了 17 世纪初，这一形式已完全衰落，但西方戏剧已经发展成为相对独立的领域。这些变化极好地印证了框架实践因时而变的特点。①

我们接着考虑物理屏障（physical barrier）这个简单的问题。其实，在非正式的互动中，就算没有窃听器，人们也可能会受到意想不到的监控。例如"隔墙有耳"（next-booth）——两人特意避开利益相关方的眼线谈论策略性问题，却仍被有心之人听见。相比之下，尽管偷听时有发生，但人们在密会时被人看见的可能性更大。舞台上可以用一种简单的权宜之计来展现这种偷听：设置一个合适的屏障，用剧情、脚本来解释某人在屏障后偷听的理由。在《无事生非》（*Much Ado about Nothing*）一类的剧本里，这种设计是主要手段。

现在，让我们转向私语（aside）和共谋的问题。在非舞台的互动中，人们可能会无视同伴，调整姿势，压低声音，短暂地宣泄他们的"真实"情感，仿佛这些行为可以证明自己承受了巨大的压力。同样，参与者会跟别人串通，小心翼翼地向他人隐藏自己的行为。因此，在日常事务中，私语和共谋都会出现（并且比人们想象的更多，稍后我将说明），但这些行动被精心设计、隐蔽和调节，从而制造出这样一种假象：所有参与者都积极参与了交流的整个进程。

当然，戏剧框架可以让人们以一种非常独特的方式利用这些资源。

①　此处的材料参考了 Anne Righter, *Shakespeare and the Idea of the Play*（London：Chatto & Windus, 1964）。莱特认为，罗马戏剧发生了同样的变化，因为特伦斯要求观众接受没有序幕的戏剧，就像在日常生活中一样。而早期的剧作家普劳图斯（Plautus）[以及阿里斯托芬（Aristophanes）]则采用各种各样的方式打破了戏剧的幻象。如下所述：

此外，普劳图斯采用了延迟序幕的方法。他通常把自己的喜剧当成完全独立的戏来演出，在确立了戏剧距离的假象后再设法打破它。一些舞台角色假装看不到观众，这就跨越了舞台世界与现实世界的屏障，仿佛他们只是"出于礼貌向你概述这部戏的情节"。显然，普劳图斯认为，相比通过对话向观众传递信息，这种直接而具体的信息传递方式更容易吸引观众的注意。与此同时，一些解释性的材料如果突然打破了戏剧的幻象，就会给观众留下生动的印象。其中一些违规方式很简短，目的只是委婉地讽刺那些因自满而走神的观众。（pp.47-48）

赖特的第二章（pp.43-65）追溯了直白的变迁历程。

现代小说似乎也发生了类似的变化。19 世纪，作者[例如，乔治·艾略特（George Eliot）]可以随意改变框架，向读者讲述自己在构建特定的小说角色或情境时遇到的问题。当代小说家偶尔也会这么做，但他们的机智之处在于不会经常使用这种方法。

如果要在戏剧中安排这些行为，就要设计得足够明显，这样剧院的所有观众才能都看见。"足够明显"意味着这些行为不太可能出现在舞台以外。戏剧只要求舞台角色遵守规则，无论舞台上的私语和共谋（包括直白）有多明显，只要跟自己扮演的舞台角色无关，他们就得装作无事发生。换言之，脚本里的隐蔽渠道承载着比平常更多的东西。这样我们就能理解，在康格里夫（Congreve）的戏剧《两面派》（*Double Dealer*）中，某个舞台角色对观众念了一段独白，另一个舞台角色悄悄走到他身旁偷听这段话，再以直白的方式大声评论，可独白者竟对此一无所知。同理，当舞台角色带着邪恶或玩笑的意图偷偷接近另一个舞台角色时，前者通常会发出明显而吵闹的声响，但后者将对此视而不见。

有人认为，现实互动会通过遮蔽、控制音量等方式制造屏障，但如果要在舞台互动中呈现这些东西，就只能通过表演。在一些电视节目中，失散多年的亲人被带到寻亲者面前，后者惊喜万分，但这种节目效果需要借助另一种屏障才能实现，而这可能是真实的——镜头之外的主持人向观众解释来龙去脉，让观众能够了解情况。知识竞猜节目有时也会使用同样的分屏方式（split-screen effect），主持人用画外音公布答案，而参赛者竭尽所能，假装自己在努力地回想答案，这就是一种电子共谋。

脱口秀节目主要采用了一种介于戏剧与广播之间的共谋策略。脱口秀栏目组可能会故意让事情发展到给"嘉宾"带来负面影响或违背公共广播道德标准的地步。随后，主持人利用这种人为制造的不安全感，避开嘉宾和"道德维护者"的视线，用眼神示意观众参与共谋。此时，观众半信半疑，以为自己参与的共谋既非调音，也非捏造，而是真实的事情。

摔跤比赛（和轮滑比赛）提供了另一种有预谋的——通常是恶意的——共谋思路。为了凌虐主角，反派破坏规则，主角在受尽折磨之后义愤填膺，借助违规手段宣泄愤怒。但主角和反派都只能在裁判的视野之外、观众的视野之内打破规则，让观众而非裁判了解真相。当然，这种共谋需要依赖裁判、冒犯者和被冒犯者在时间和地点上的高度配合。

毫无疑问，摔跤比赛的微观生态是脚本化的，它精心设计、制造了比赛中出现的裁判盲点。棒球比赛较之则更为严肃。当投手准备向垒手投球时，他可能被摄像机镜头捕捉到，镜头的角度为电视观众提供了一个绝佳的机会，使他们能比场上的选手更早发现投手的真实目的——截住一垒安全离垒的跑垒员。同样，摄像机也能够捕捉到跑垒者在别人（通常是投手）的视野之外偷垒的过程。在上述情况中，表演者和观众之间的联合（coalition）是由摄像机制造出来的。①

　　所有类型的表演必须为观众提供连续性，即持续引导观众了解正在发生的事情，这就很好地解释了为什么人们要操纵参与位阶和制造渠道。例如，戏剧中难免有独角戏，演员只能依赖直白、独白和具有戏剧意义的姿势来表演。② 如果台上只有两个人，其中一人将扮演直言不讳的舞台角色，另一人则根据脚本进行回应，进行半压抑的、侧面的自我交流，这就把某种被视为"正常"反应的态度具象化了。不过，戏剧夸张地放大了这些本该被无视的反应，让观众能够轻松地看到、听到，而唤起这种反应的舞台角色本身却对此浑然不觉。这种夸张的具象化涉及两个要素：其一是"流露"，通常是偷偷地展示自己刚刚听到或目睹之事的后果；其二是"意图展示"（intention display），即描述自己当下行为的意图（此意图受刚刚发生之事的影响）。③ 哪怕两个主角正在近距离交谈，这种效果也能产生。如果第三人在场，"串通"就会替代上述两种情况。也就是说，维持戏剧连续性的方式取决于这一幕剧中的舞台角色的数量。但只要上述过程顺利完成，观众就往往意识不到这种机制的转换。

----

① 此观点源自 Michael Wolff。

② 在电影中，如果只有一个舞台角色在场，为保证剧情的连贯，导演常常使用一些非常刻板的套路。当主角抵达某个找寻已久的地方，他会检查一张纸条，或在镜头转向门牌或铭牌时抬头；在目送朋友离开时，他会摇摇头，仿佛在表达对朋友离开的态度。

③ 电影通常会更夸张地展示意图，但是，正如巴拉兹所述，这样做并无必要：

　　电影，尤其是有声电影，会把舞台角色间的对话和无声的角色表演区别开来。在后一种情况中，电影可能会在对话中间插入一段静默的独白，让人们意识到独白与有声对话之间的区别。在真实的舞台表演中，一个活生生的演员至多说出一些违心的话，就算每一位观众都知道这是假话，与他对话的舞台角色会假装什么也不知道，而这只是戏剧表演的惯例。但在电影的特写镜头中，我们能透过演员面部肌肉的细微变化看穿他灵魂深处的东西，哪怕是最具洞察力的搭档，也无法感知这些内容。[Béla Balázs, *Theory of the Film*, trans. Edith Bone（New York：Roy Publishers, 1953），p.63]

此外，无论在戏剧还是在电影中，当一个舞台角色以伪装的身份出现在别人的面前（这在虚构的世界中很常见，在真实世界中则不然）时，表演者可能会逐渐向观众卸下伪装，暴露真实的面目，却对剧中人物保持伪装。这种形象的二重性也是为了保持连续性，确保故事情节始终吸引观众。同样，如韦恩·C.布思（Wayne C. Booth）所述，如果一个舞台角色对另一个舞台角色撒谎，剧作家首先必须决定是否要让观众知晓这一谎言；如果要让观众知晓（这是常见的处理方式），就要用明显而确凿的方式展现这个谎言。[*The Rhetoric of Fiction*（Chicago：University of Chicago Press, 1961），p.64.]因此，作为旁观者的我们不假思索地接受了这么一个奇怪的设定：妻子通过表情管理骗了她的丈夫，却骗不了我们——从未见过这个女人的我们。

我的观点是,涉及舞台互动的戏剧脚本可以在舞台上展现从属性渠道(subordinate channel),这些渠道的功能有助于保证剧情的连续性或达到类似的效果。此时,事情变得更加错综复杂。问题的关键是组织水平(level of organization),这个问题在句法分析中很常见,但在别的经验分析中则不然。

在面对面的互动中,大规模的骗局严重依赖隐蔽渠道。行骗者必须通过共谋和物理性的证据边界偷偷地解决组织性的问题——何时开始互动、如何管理互动过程等。因此,不同的轨道各自需要处理的问题发生了变化。戏剧的现场演出也是如此。原因在于,在舞台互动**中**拓展性地利用从属性轨道的做法也适用于戏剧表演。如果个体是较高层次的组织者,能够审视整个舞台的管理过程,他就会发现,(像捏造那样的)隐蔽渠道必然带有定向线索,其中,提词员就是一个主要来源。的确,这一渠道也必须带有情节安排:演员在正式演出之前已经开始了"表演"——在接到开始的信号**之前**,他们镇定自若地在舞台两侧候场,就像共谋者等待加入一场骗局一样。

这是因为,毕竟,舞台表演的整体任务关乎扮演舞台角色的演员,而非舞台角色本身。注意,舞台角色不能忘词,但日常互动中没有这种规定。个体可能会忘记名字、日期或是其他容易遗忘的事物——顺便一提,健忘也能被编成剧情。同样,一个真实的人不可能不按时出现,因为他们在日常生活中不会以这种特殊的方式犯错;当然,他们也会迟到,甚至经常迟到,但这是另一回事。例如,他们可以为迟到解释、道歉或找借口,但这些补救工作不必被纳入脚本,因为现实生活没有脚本。只有按照脚本规定的时刻出场的人——演员、复杂仪式的参与者和行骗者之类的捏造者——才会错失线索。

所以,只出现在日常的现实活动中的从属性活动的轨道在舞台作品中发生了变化,如果以同样的方式对待这两种情况,人们就难以理解这种轨道的变化。原因在于,二者涉及两种不同的水平或秩序,两种不同的指涉系统,两种不同的戏剧框架要素:一种与正在表演舞台作品的演员有关,另一种与舞台互动中的舞台角色有关。我们必须顺着这样的思路对问题进行分类,才能继续展开有益的分析。一个演员可以暗中提醒另一个**演员**他的假发松了,这种微妙的表情是真实的旁白,是迫使前者通过拙劣的无声姿势进行表演的一种结构模型,仿佛这是事先安排好的高级信号。

九

我此前提到过,活动主线可以与框架外的活动渠道同时进行,这让仿真的组织变得灵活:每一种框架之外的渠道都会被表演出来,同时其初始功能被不断拓展。此外,出于讽刺或幽默的目的,从属性渠道本身也能成为关注焦点和故事主线的一部分,就像哈代在百老汇无助地与劳莱共谋,或者像旧式电影所描绘的那样,小镇的信息以交叠渠道的方式在屏幕上不断闪现。

这告诫我们,框架并没有在"什么是有意义的"问题上施加过多限制,而是向我们敞开了可变性(variability)。换言之,接受组织前提的变化似乎是人的一项非常基本的能力。这些组织前提一旦发生变化,整个活动片段将有别于它所模仿的,但又具有一定意义的其他活动片段。这些系统性差异可以得到修正,不至于扰乱人的感知;与此同时,个体依然维持着自己在故事线中的卷入。基于此,我们可以进一步探讨舞台活动和它的仿照物之间的差别。

几个世纪以来,不同文化背景下的舞台风格日新月异,不同舞台的道具的真实性,道具之间在真实性上的一致性都存在巨大的差异。(例如,根据不同时期的特点设计戏服本身就是相对现代的理念。[1]) 当然,有的道具可能是真的,例如香烟,有些则不然,例如墙壁和窗户。[2] 不过,这些

---

[1] 正如麦高恩(Macgowan)与梅尔尼茨(Melnitz)所述:

欧洲戏剧花了 75 年的时间才完全接受这个显而易见的理念[麦克林(Macklin)在 1773 年提出]:历史剧的戏服应与它表现的时代和人物保持一致。20 世纪的制作人用现代布景和现代服装编排《哈姆雷特》和其他一些老剧本,这是一种大胆的尝试。"现代服装"和传统场景一样,常见于 18 世纪下半叶之前的戏剧中。直到 1810 年到 1850 年,历史的准确性才大致建立起来。(*Golden Ages of the Theater*, pp.109−110.)

[2] 在非西方的舞台艺术中,情况显然也是如此,正如戈雷利克(Gorelik)对中国古典戏剧的讨论:

乍一看,这种传统主义似乎有些极端,但深入反思后,我们会发现很多虚幻的要素。当舞台角色表演坐船的戏时,舞台上并没有船,只有一个摇晃的动作,还有划船的桨。当舞台角色表演骑马时,舞台上也没有马,但演员骑在想象中的马背上的动作与现实中的骑马动作高度一致。乞丐可能穿着丝质的破烂衣服,只不过与其他舞台角色的戏服相比,他们确实是衣衫褴褛。化妆和服装是有差别的,所以我们能区分不同的舞台扮相,比如将军的盔甲或僧侣的长袍。桌椅不仅被用作象征符号,也发挥着实际的功能。舞台上的演员很自然地使用着扇子、剑、弓箭、鼓、长笛、茶壶。我们几乎不可能清晰地区分哪些物品只是象征,哪些物品是真实的使用物。近年来,在西方戏剧的影响下,道具的数量急剧增加,绘画布景也被引入戏剧,女演员开始扮演女性角色——在此之前,这些舞台角色的正统扮演者都是男性。(*New Theatres for Old*, p.60.)

道具的混用并不会让人感到困扰。

　　无论舞台布景中的各种道具的真实性如何变化,至少在同一部戏剧中,舞台角色始终与观众保持着某种意义上的物理距离。电影中则未必如此。在格里菲斯用特写镜头吓坏观众之后,我们便能忍受相机镜头的剧烈变化和近距离的特写,还能津津有味地享受电影情节。这就像在日常生活中,我们用透视法观看固定尺寸和形状的物体,而无须考虑它与我们的距离或观察视角一样。在默片中,我们有慢速播放的字幕(确保人人都能读懂它们),只要字幕能覆盖主要的情节,就能保证电影剧情最低限度的连续性。这些文字被分成两种模式:"分镜字幕"(continuity title)涉及对整体表演的插入式的评论(在喜剧中通常是讽刺性的);少量的"对白字幕"(spoken title)则来自当下的对话。影迷们可以毫不费力地将这些轨道中的材料组合成单一的经验。①

　　电影(尤其是默片)大量使用隐蔽渠道来承载故事情节,演员几乎变成一台将无声的情感具象化的机器,这种静默并不只是因为 30 年代之前的电影都没有声音,也是因为,如果不同的舞台角色处于不同的信息位阶,那么"秘密"的表演就需要瞒着一些人进行。此外,行动和话语是重组经验流的最根本的手段,舞台角色之间通过行动和话语传递的信息都是预示性的,带有不同程度的威胁、告知的意味,就算某些舞台角色需要对此保持"无知"(ignorance),这些信息也能告知或提醒观众"当下发生着什么"。预告未来之事也要通过这种手段。②(电影中的角色似乎能够懵懂地意识到自己身处一个可预知的世界——他们确实如此独特——因此默认了预兆的意义。)

　　具象化当然不是指引电影方向的唯一方式。毫无疑问,摄像机是最重要的装置,它从一个点切换到另一个点,迫使观众跟随镜头,引导观众审视由导演营造的启示性场景,这些场景为观众提供后续信息,维持不断发展的情节的意义。(电视谈话节目的镜头切换有时就没那么流畅:一些

---

　　①　不过,当然,这种灵活性也受到限制,这些限制本身与"品位""教养"紧密相关,巴拉兹无意间说明了这一点:

　　　　电影可以唤起观众的思想,但不能把现成的思想符号、表意符号投射到屏幕上。这些符号具有明确的传统意义,比如,问号、感叹号、十字符或卍字符;它们只是原始的象形文字,比我们的字母表更不方便,也算不上什么艺术。(*Theory of the Film*, p.129.)

　　②　讨论见于"Remedial Interchanges," in *R.P.*, p.132。

人可能会在镜头还没切换到他人身上时就停止说话,陷入沉默,另一些人则可能在镜头尚未落到他身上之时就开口,因此破坏了行动流的自然性和流畅性。)

在戏剧中,另一种利用框架提供指引的方式(另一种体现框架的灵活性的例子)是:建立和维持舞台角色的社会身份的技术。在美国电影中登场的外国人很少会说母语,通常操着一口带有相应"口音"的英语。口音代表着他们的"外来性"(foreignness)。[①]（法国人、德国人、俄罗斯人、意大利人都有他们自己的口音,而一些不知名小国的演员就不得不带着听起来像外国人的外国口音说话。)尽管戏剧中常常出现非英语国家的人用英语与以英语为母语的舞台角色交流的场景,但此时的口音不会显得不自然;当以英语为母语的舞台角色不在场时,戏剧中也会出现两个外国人用带有口音的英语交流场景。事实上,他们没有任何理由这样做。[②] 然而,电影的这种设定不会对观众造成任何困扰,观众完全能将这种口音翻译成外国话。有趣的是,漫画和其他文本有时会使用某种措辞方式达到同样的效果。这能让人联想到外国人常用的措辞方式。这种情况类似于文本从排版版本转换成印刷体时所遵循的惯例。此处的原文本是指外国人的说话方式:口音是电影对这种说话方式的转换,而不同的字体风格则是漫画对这种说话方式的转换。

我想表达的是,戏剧脚本允许人们操纵框架惯例,因为这些惯例深嵌于框架的组织,人们可以一边维持观众的卷入,一边管理(几乎)所有事物。

因此,我们不难理解,现代电影和戏剧给我们带来了诸多变化,二者孜孜不倦地创造着令观众卷入其中的行为和反应。例如,在桑顿·维尔德

[①] 这也是一种阶级性的设定。在美国电影中,一口"纯正的"纽约或新英格兰口音是不列颠民族的象征。在英文版的希腊戏剧中,伦敦腔代表着劳动阶级的希腊人,"(英语)标准发音"则代表更高的阶层。

[②] 《霹雳神探》(*The French Connection*)这部美国电影使用了一种巧妙的方式,让两个擅长英语的法国人用法语交流,同时用外国电影的字幕技术进行翻译。这个例子很好地说明了,尽管一些规定非常不自然,但同样能产生真实的自然效果。早期的一些电影也使用过同样的技巧。

(Thornton Wilde)的《我们的小镇》(*Our Town*) * 中,演说家角色,即一位坐在舞台一侧协调戏剧世界和观众的评论家重新出现。电影《阿飞外传》(*Alfie*)更新了我们的理解:借助叠加摄影(分屏、角落嵌入的镜头)技术,主角一边进行着手头的动作,一边脱离某一重舞台角色身份,以另一重舞台角色身份面向观众直白,一人分饰两角。在艾伦·艾克伯恩(Alan Ayckbourn)的戏剧《另一半如何去爱》(*How the Other Half Loves*)中,登场的两对夫妇同时共用一套布景,仿佛他们看不到另一对夫妇一般(尽管其中一方的妻子可以给另一方的丈夫打电话),而剧作家不会因此被诟病。

显然,框架惯例有着很强的灵活性,戏剧中的一些舞台角色可以通过协同互动来吸引观众。在观看木偶戏时,观众乐于接受的一些戏中的一些表演装置,这一点更好地体现了我们在这方面的能力:

> 手持木偶能在舞台上做各种各样的动作,若非惯例使然,它们就会被当作异类。木偶从舞台的底部进场和退场,用双臂而非双手取物;它们也许是会说话的、能用嘴叼起东西的动物木偶;它们要么在说话时完全不动嘴唇,要么连嘴都没有;它们移动脑袋时会带动整个身体;它们用头撞击舞台以增强效果,表达兴奋的情绪;它们没有腿,不能坐下来;它们以惊人的移动速度在舞台上穿行却不发出任何声音;它们用乱七八糟的声音对话,却自称可以完美地理解彼此;它们可能根本不会说话,却假装能与其他木偶或人类助手沟通。如果不做过多思考,我们会认为木偶的上述种种行为会造成观众的恐慌和迷惑,但由于这些行为已经形成一种舞台惯例,所以早在木偶剧表演开始之前,这种令人困惑的行为已经转换为有意义的正常行为。①

---

* 《我们的小镇》是怀尔德 1938 年创作的经典话剧,以两个家庭为主线,叙述了一群人平凡而快乐的生活。女主角艾米莉因难产离世,当她的灵魂重回故园时,她才意识到平淡是生活的真谛。——译者注

① Hanck, "A Frame Analysis of the Puppet Theater." 汉克补充道:

> 中国的皮影戏表演展现了一种特别有趣的舞台惯例。因为皮影是扁平的,通常只会向观众展现一个轮廓。这给操作者带来一个特殊的问题:当皮影需要转身时,操作者要快速地翻转皮影,再将其重新贴回屏幕,这样就可以把皮影翻转过来。从观众的视角来看,皮影会暂时消失,然后面朝相反的方向重新出现。这种操作完全不会影响观众的观影体验……

我们还需要考虑框架化的组织的另一个方面。在小说中，只要读者通过某个连接词识别出其中一个言说者，就足以将部分的内容锚定为与此人相关的内容，直至下一个言说者出现——至少就小说中的对话而言是如此。显然，我们很自然地认为，一个连接词后面紧跟着一定数量的话语，所以对连接词的识别适用于这些全部话语，直至新的连接词或非言说内容出现为止。默片的字幕亦然，单条字幕可以应用于整部电影。

在小说的对话中，与言说者相关的不仅仅是话语的轮替。一般来说，作者会记录下某个小说角色的行动对另一个小说角色的影响。正如电影中的两种回应形式：第一种是"（情感）流露"或"动作"。玛丽说话后，约翰的反应可被描述为震惊、吃惊、喜形于色、困惑、为难、妥协等。第二种是"意图展示"或"回复"（一种更现实的形式）。

我们审视对话就能发现，每个小说角色对另一个小说角色的反应可能包括：（1）只有一个动作；（2）只有一句回复；（3）一个双阶进程：先有动作，再做回应——

> 1. 这让约翰停下了脚步。
> 玛丽几乎笑了出来。
> 2. "为什么？为什么非得是现在？"他恳求道。
> "原因重要吗？"妻子答道。
> 3. 他的脸色变得苍白，声音低沉下来。"别这样。"这时她真的笑了起来，"没用的。"说完她便离开了房间。

无论互动中发生的是单阶还是双阶行为，人们都倾向于在小说角色行动之时解读其行为，仿佛这些行为的复杂程度足以反映这个人的全貌。问题是，尽管结果看似非常自然，通常也很"真实"，但这种关于互动的观点是**非常狭隘**的。每个参与者的回应都完全面向当时当地的情境，而他们在这一情境中的情感和行为反应将得到非常简单的、整体性的解读。[①]同时，"情境"可能会因发言者的轮替而不同，例如国际象棋比赛中可能

---

① 在轮到某个舞台角色说话时，把他的基本戏剧动作视为一个"动作"或一个"回复"的方式同样可以应用于摔跤运动员的表演赛。只不过，摔跤运动员的"动作"需要使用他的整个身体，而不是脸和手，并且，他通过斗士般的猛烈撞击，而不是通过语言和在舞台上的快速穿行来"回复"对手。二者的相同点并非偶然，因为我们正是从摔跤表演找到了一些能够辅助社会互动分析的概念。

发生的情况。

　　另一种需要考虑的灵活性是技能(skill)问题。技能是舞台的一个显著特征,尽管不同剧班的技能和特长不尽相同,脚本的"质量"也参差不齐,但是,差劲的班底和糟糕的剧本偶尔也会让观众眼前一亮。例如,在心理剧中,没有**任何**表演资质的人不依靠脚本也能登台演出一场好戏。这再次印证了,观众具有强大的调整和校准能力,能让自己沉浸在戏剧表演中。

　　同样,这也解释了观众如何热衷于观看不同严肃程度的戏剧:从普通戏剧到讽刺剧(satire)、奇幻剧、情节剧(melodrama)①、滑稽戏(burlesque),再到其他混合形式的任何剧种,所有这些剧种都不存在表演场次和表演时长上的区别。事实上,同一部戏剧可以混合不同的剧种,却依然能够吸引观众。比如,《糊涂侦探》(*Get Smart*)系列电视剧以滑稽搞笑的方式,诠释了传统的间谍剧和依靠真实悬念的悬疑剧。的确,在不改变戏剧特征的情况下,相同的戏剧内容可以在某个时候以严肃的方式呈现,在其他时候则被诠释为某种滑稽的经验。例如,60年代的《蝙蝠侠》(*Batman*)

---

①　例如,Michael Booth, ed., *Hiss the Villain* (New York: Benjamin Blom, 1964):

　　在戏剧材料的处理上,情节剧注重外表,流于表面,不进行深层的探索。这种方式使情节剧形成了两个最为显著的特点:刻板的舞台角色和僵硬的道德对比。不断出现在情节剧中的主要角色类型是男性/女性英雄、反派、男性/女性喜剧演员、老翁、老妇人和(通常是喜剧性的)性格演员。其他的角色类型时有出现,一些次要的角色也会以其他方式登场,但一个世纪以来,情节剧的整体轮廓始终未变。当情节剧的边界变得模糊,尖锐的道德对比不再出现,这种独立的情节剧形式便消失了。整栋建筑的地基摇摇欲坠,难以为继。

　　情节剧的其中一个套路是男女主角必然遭遇不幸,受到迫害,然后被迫分离,他们的痛苦必须绵延不断,直到整部戏快结束时,他们才会带着快乐与荣光重新出现。女主角要比男主角遭受更多迫害,因为反派的主要目的是争夺女主角。事实上,男主角对女主角几乎没有帮助,他要么身陷囹圄,要么远渡重洋,要么被绑在山洞里,要么手无寸铁,自身难保。在情节剧里,通常只有反派和男性喜剧演员拥有智慧、计谋和思想。(p.10)

布思对这种特殊转换的消亡发表了看法:

　　没有人能精确地说出情节剧衰落的日期。这种剧种在第一次世界大战后渐渐衰落,事实上,早在第一次世界大战前的二三十年前,它就显露了衰败的迹象。令人费解的是,当情节剧在城市中停演之后,它还苟延残喘了很长一段时间,一些表演一直延续到第二次世界大战之后。不过,现在的情节剧只是以一种滑稽剧的形式或刻意的"复古"形式存在。没有人会再编写情节剧的剧本。这不是在否认现代戏剧(例如恐怖片)中的情节剧元素,但纯粹的情节剧已经不存在了,即便它还存在,也无法靠其内在精神吸引受众。(p.38)

系列电影对 40 年代内容的复兴。[①] 有时，所谓复杂程度的变化就是框架的变化，一旦这种变化得到观众认可，就能彻底改变观众接受同一部戏剧作品的方式。[②]

十

我始终认为，尽管戏剧角色被形形色色的参与位阶支配，也受到变动不居的轨道或渠道的影响，但我们依然能够沉浸于他们的舞台互动，为自身塑造鲜活的经验片段，这是一种天赋般的能力。精神病院的某些行为进一步说明了这一点，因为我们可以从这些行为中发现许多能够印证不同参与位阶和其他框架分析要素的内容。

试想想下述情况：

1. 在所有的日常互动中都保持沉默，甚至会刻意避开走道、避免和工作人员打照面的患者，在舞会上却变得能说会道，彬彬有礼；

2. 在日常交谈中结结巴巴的患者，沉浸在其所扮演的心理剧角色中时，却变得口齿清晰（就像一个口吃的舞台演员在用方言说话时就不会结巴一样）；

3. 在日常对话中不着边际并且矫揉造作的患者却能在医院的剧团中理智而完美地扮演主角；

4. 一个过于疏离他人，无法与任何人进行正常交流，总对他人保持沉默的人，却能通过本民族的语言或写作传达必要的信息；

5. 一个热衷表演自己和另一个不在场他者的故事的患者，却总让听众觉得患者是在表演与听众自身相关的故事。

通过审视这些怪异的精神病行为，我们会发现，这些患者也没那么特立独行。原因在于，这些行为涉及的只是非典型的框架实践——如有理由，人们很容易会这么做，进而持续做出一系列疯狂的行为。由于特定的

---

① 评论见 *Time*, November 26, 1965；这条评论后来成为蝙蝠侠系列电影的重印广告（*San Francisco Chronicle*, "Date Book," December 9, 1965），这本身是一个有趣的再调音。

② 据我所知，最能印证这一点的是 20 世纪 70 年代对 20 世纪三四十年代拍摄的禁毒电影［比如《大麻烟疯潮》（*Reefer Madness*）］的重映。在大学和嬉皮士社区的重映剧场，零星几个顾客会安静地打开电视，零散地坐开，一边被动地观看一部揭示"吸食大麻最终只会让人在狂欢中走向毁灭"的电影，一边低声轻笑。

领域需要通过维持这些惯例才能建立,所以,一旦惯例被打破,这一领域也会受到攻击。框架视角允许我们做出疯狂的举动,并让我们意识到这些举动并不是那么疯狂。

本章之后,我们可以继续审视真正发生在日常互动中的事情是什么,已在现实中成为常识的"工作世界"又是什么——正如我在最后两章中的尝试。

第八章 活动的锚定

一、 引言

如前所述,活动的参与者会按照初级框架的规则或前提来感知活动片段,无论这个框架是社会的还是自然的。以这种方式感知的活动为两种基础转换——调音和捏造——提供了模型。这些框架不仅关乎认知层面,在某种意义上,它们还对应着活动本身的组织方式,尤其是那些直接关涉社会行动者的活动。此处涉及组织的前提,但人的认知只能借助某些方式触及这些前提,却无法直接创造或生产它们。在理解当前正在发生的事情之后,个体会使自己的行为与这种自我理解相适应,并且会发现,持续运转的世界也支持这种适应。这些在认知上和活动中得以维持的"组织前提"就是我所说的活动的框架。

本书也曾指出,解释者应用特定的规则进行解释并为此做出恰当的行为调整的活动,简言之,为解释者组织事件的活动本身位于一个物质的、生物的和社会的世界中。我们可以用想象性的词语来描述仿真的地点,但只能**在**现实的世界说出这些词语。当柯勒律治(Coleridge)梦到《忽必烈汗》(*Kubla Khan*)*时,"做梦"的行为发生在非梦世界,他必须在"自然的"时间流中开始和结束梦境,要躺在床上,睡上几乎一整晚,当然还需要一些药物助眠,以便顺利地进入梦乡。可想而知,他还需要充分控制睡眠环境:空气、温度、噪音都与他能否继续做梦密切相关。(试想一下,让飞行中的宇航员顺利入梦需要合理组织哪些物质条件?)我在本章想要讨

---

* 柯勒律治是英国著名浪漫主义诗人,《忽必烈汗》是他根据梦中所见写下的片段诗。据柯勒律治的说法,在 1797 年夏天,他因身体不适服用了助眠药物,受到睡前阅读的那篇忽必烈大汗建造宫殿的游记的影响,在睡梦中写下了二三百行的长诗。醒来后,他立刻提笔记录,却因友人来访中断思路,最终只记下五十四行,这便是所谓的片段诗《忽必烈汗》的由来。——译者注

论的正是这种在舞台之外的日常活动中被框架化的相互啮合、交错的活动。

框架与发生框架化的周遭世界的关系是复杂的。例如，两个人坐在游戏桌前，决定是下国际象棋还是玩跳棋。游戏将会生成一个让玩家沉浸于其中的领域，但国际象棋和跳棋对应着完全不同的领域；不同的游戏角色将进入完全不同的剧情。不过，当陌生人、雇主、看门人、警察来到玩家身边，他们一眼就能看出两人是在玩棋盘游戏。游戏与周围的日常世界的互嵌主要体现在这种相对抽象的分类上，因为游戏所涉及的事物包括电灯、室内空间、游戏时长、其他人公开观看的权利以及在某些情况下打断玩家并要求他们推迟游戏或改变游戏地点的权利、玩家给妻子打电话说他因为要玩游戏所以会迟归的权利。这些事物以及其他形形色色的细节必须在持续运转的世界中找到一个栖身之处，一个相对独立于游戏发生之处的地方。总的来说，嵌入这个世界的是转换模型，而非被转换的内容。当然，这种独立性并不是绝对的。国际象棋和跳棋之间的区别也会对游戏之外的世界产生不同的影响。在美国，人们会认为下国际象棋的人更有修养，玩跳棋的人则得不到这种认同。而且，如果游戏桌上只有一套国际象棋、一套跳棋，那么，当一对玩家选择了其中一款游戏，别的玩家就不得不玩另一款。无论选择哪一款游戏，玩家都必须事先了解其玩法与规则。（当然，他们还得有和对方玩游戏的欲望和意愿，但这些心理前提对国际象棋和跳棋而言没什么区别。）重申一遍，类似的论点适用于任何自我陶醉的、想象的活动。[①] 任何领域的东西都能填满一个空杯子，但杯柄属于现实领域。

[①]　齐美尔（Simmel）将"杯柄"（The Handle）视为艺术品进行了案例说明，见 Georg Simmel et al., *Essays on Sociology, Philosophy and Aesthetics*, ed. Kurt H. Wolff（New York: Harper & Row, 1965）：

> 现代艺术理论始终强调，绘画和雕塑的重要任务在于描绘事物的空间组织。如果欣然接受这一观点，就无法辨认下述事实：绘画中的空间是一种完全不同于人所体验的真实空间的结构。在真实的空间中，物体可以被触摸，但在画中它只能被观看；人们所处的每一寸真实的空间都是无限绵延的一部分，但人在一幅画中体验到的空间是一个自我封闭的世界；真实的物体会与周遭围绕或盘旋的一切事物产生互动，但艺术品的内容切断了这些联系，只是把自身的元素融合成一个独立的整体。因此，艺术品的生命超越现实，尽管它取材于现实，但从现实的角度而言，它打造了一个至高无上的领域。尽管画布和颜料是现实的一部分，但它们构成的艺术品存在于想象的空间中。正如人无法触摸气味，艺术空间也无法触及现实空间。（p.267）

可见，任何有关游戏与周遭世界的互联关系的讨论——关于框架边缘的讨论，都会引出一个明显的悖论。至于对持续运转的世界的主张会在何处停止，又会在何处被游戏接管的问题，玩家和非玩家都有自己的理解，这种理解是玩家从外部世界带入游戏的东西中的一部分，也是游戏必不可少的一部分。关键是，内部活动结束、外部活动接管的交界处——框架的边缘——会被个体一般化并纳入自己的解释框架，进而以递归的方式成为框架的一个附加部分。总之，将一项活动与外部世界分离的想法反而揭示了这项活动与周遭世界之间的必然联系。

对于另有所图的人而言，这一悖论正是一种残酷的生活事实。当两个赌徒抛硬币时，他们必须借助充足的光线才能看清下落的硬币，却不一定需要零食和卫生间。然而，如果游戏持续更长的时间，他们可能就必须依赖后一类服务，因为不管个体从事什么活动，他都会在一段时间后产生与其扮演的角色无关的基本的温饱需求。物资设备也要时常翻修、维护。（因此，赌场必须派人替换用旧的牌，清洗用脏的筹码。）但需要注意的是，在很多时候，无论服务所支撑的活动领域以何种秩序运行，制度都为人和设备提供了它们应得的服务，这些服务是社会固有设施的一部分。事实上，玩家与他们在不同的活动中使用的设备可以交叉使用同样的服务。此类例行服务被人们视作理所当然，而忘记了背后需要满足的条件。然而，有一类特殊的服务，即让我们长时间脱离社会制度性的补给的活动提醒了我们：我们的行为是被锚定的。例如，家庭的露营旅行、登山探险和军队作战。在这些时候，我们必须随身携带这些制度性的设备，并且有意识地开展后勤工作，而这些事项就像活动的故事线一样需要被纳入计划。[①]

框架活动如何嵌入持续运转的现实世界这一问题与活动如何被调音、（尤其是）如何被捏造这两个问题密切相关。威廉·詹姆斯给了我们追问的理由。

詹姆斯问道，"在何种情况下，我们会认为事情是真实的？"他认为现

---

① 军事演习是一种特殊情形。后勤工作是军事事务的重要部分，包括提供给养、提供医疗服务、确保通信顺畅以及对各种随行设备的管理。但实际上，由于演习中的人往往无法享受上述制度性服务，因此，真正的补给、医疗设施和通信渠道必须得到保障，而且要小心地避免与演习的情形混淆。注意，在演习时，后勤部门承担的任务越重，进行的训练越多，在实战中，对后勤的需求可能就越大。

实本身并不充分,真正起作用的是说服(convincingness)原则。(他的答案并不尽如人意,但确实提出了"世界如何因我们联结在一起"这一问题。)有人觉得,当一些看似发生的事情实则并未发生时,上述原则就能得到验证,情况确实如此。但一个根本的困境旋即产生——那些想要误导他人的人恰恰会利用确定性大做文章。原因在于,尽管一些证据比其他证据更难造假,因此尤其适用于检验周遭世界的真实性,但人们越依赖这一点,他人就越有理由伪造这些证据。换言之,对揭露骗局的方式的研究,基本等同于对捏造方式的研究。矛盾的是,活动片段嵌入世界的方式与捏造骗局的方式大同小异。因此,要理解人们产生日常生活感知的方式,可以借助一些更容易为人所知的内容,即现实被模仿和/或被伪造的方式。

二、 片段化惯例

1. 以特定方式被框架化的活动,尤其是集体组织的社会活动,往往通过一套特殊的边界标记或某种约定俗成的架构①与正在进行的周遭事件流区分开来。这些标记在时间上出现在事件前后,或许在空间上也是有界限的。换言之,存在某种时间架构和空间架构,它们像木质画框一样,

---

① 此处需要厘清该词的用法。在本书中,架构并不是一种启发性的工具,而是现实经验之组织特性的构成部分——尽管某些经验片段会比其他经验片段更清晰地展现这种特性;与"自然"相比,社会更常运用它。在我看来,现象学传统中的架构并不是指活动情节的自然边界,而是指研究者自我强加的边界,他们出于某种自觉的意识检验目的停止经验流,进而抑制在这段经验内关于基本原理和力量的任何先在预设。("片段"就是以这种方式被截取的。)此处,我们可以参考胡塞尔的权威说法:

　　因此,所有和这个自然世界有关的科学,虽然它们对我而言从未如此坚定,虽然它们让我惊叹与敬佩,虽然我从未曾否定它们,但我与它们是全然分离的,我完全不使用它们的标准,也不会使用科学体系的任何主张,尽管它们有着完美的证据价值,但我并不会将它们作为我的理论基础——只要遵从科学自身的理解,它们就是关于这个世界的现实的真理。只有将它置于括号之中,我才会接受它。这意味着,只有对科学秉承修正式的看法,在断裂的语境而非科学的有效命题中,我才会承认并利用它的有效性。[Edmund Husserl, Ideas: General Introduction to Pure Phenomenology, trans. W. R. Boyce Gibson (London: George Allen & Unwin, 1952), p.111.]

　　尽管胡塞尔的名言在确已建立的、实际的科学研究中似乎行之有效,但将其应用到社会科学中似乎引发了一些不满情绪。这一点无可厚非,因为理论的应用者声称自己是在构想社会学概念,分析社会预设等。给他们的工作加上架构,实际上是声称自己做得更好。

既非活动内容的构成部分，也非活动的外部世界，而是并存于内部与外部世界。前文提过，这是一种自相矛盾的情形，但我们不能因为它过于复杂而避而不谈。例如起止性的时间架构和边界性的空间架构。典型的例子是西方戏剧中的一套装置：演出开始时，灯光熄灭，铃声响起，帷幕升起；演出结束时，帷幕落下，灯光亮起。（这套信号普遍应用于西方社会，而中国传统戏剧使用的是一块名为"惊堂木"的木板。①）演出期间，表演的世界受限于物理空间，被舞台的边界所包围。②

还有一些显而易见的例子：用小木槌宣布开庭和休庭就是一种简单的时间架构。把真实的活动拍成电影时，镜头焦距的变化也能制造出独特的空间限制：

> 正常情况下，人的目光能覆盖他面前的广阔区域，而对导演来说，他只能在摄像机拍到的有限空间内观看并进行建构；这一空间受限于快速而固定的边界，但这些可以明确表达的边界必然会让空间结构失去灵活性。在拍摄过程中，若是演员离镜头过近，或动作幅度超出镜头所摄空间的要求，他就容易在镜头中消失。例如，如果演员低头坐着，与镜头保持一段固定的距离，当他必须抬头时，只要他的动作幅度出现细微的偏差，观众就只能看到他的下巴，别的部位则被挤出镜头——用专业术语来说，它们被"截掉"了。这个例子再次凸显了这一必要性：导演得为他要拍摄的每一个动作精确计算所需的

---

① Shūtarō Miyake, *Kabuki Drama* (Tokyo：Japan Travel Bureau, 1964), p.71.

② 玛丽·道格拉斯（Mary Douglas）在《洁净与危险》（*Purity and Danger*）（London：Routledge & Kegan Paul, 1966）中提供了有关架构作用的说明：

> 对作为个体的我们来说，象征性的日常表演有几个作用。它是一种聚焦机制，一种记忆和控制经验的方法。首先，仪式用于聚焦，它提供了一种框架。那被标出的时间、地点激活了某种特殊的期望，正如"很久很久以前……"这句老生常谈的开头一样，制造了一种接受奇妙故事的情绪。我们可以基于微小的个人案例思考框架的这一功能，因为最微不足道的行动也能传递重大的意义。框架与围模（boxing）限制了经验，将个人想要的主题纳入其中，把侵扰性的主题排除在外。（pp.62-63）

道格拉斯随后引述了玛丽昂·米尔纳（Marion Milner）的陈述［"The Role of Illusion in Symbol Formation," in Melanie Klein et al., eds., *New Directions in Psychoanalysis* (London：Tavistock Publications, 1955)］，我扩充了她引述的原文：

> 在研究一些促进或阻碍绘画的心理因素时，我已经对框架的作用产生了兴趣。框架划定了内部与外部的不同现实。不过，时空框架同样划定了一种特殊的精神分析现实；在精神分析中，正是因为这一框架的存在，"移情"这一创造性幻想的充分发展才成为可能。（p.86）

空间。这种必要性不只适用于特写镜头。如果没拍到演员的全身，只拍到身体的三分之二，就会造成严重的失误。电影导演孜孜以求的就是能够清晰地在矩形的画面中分配各种镜头素材及其运动，让人一眼就能看明白；或是安置好所有内容，让屏幕的直角边界既不会扰乱构图，又能完美囊括所有要素。[①]

片段化[*]惯例也能标记一场、一系列演出的开始与结束，由此便有了"首演之夜""谢幕之夜"等活动——好运电报、鲜花等。不过，这种高级架构大部分都未能形成规范。[②]

调音信号无疑是情节实践的典型例证，贝特森口中的"这是游戏"这一信息就是一个例子。（为捏造而设置架构更为微妙，这是因为，就这些设计的本质而言，骗局在受骗者入场前开始，在他离开后结束，这样就能确保受骗者看不到等待着他的现实，也看不到捏造者如何处心积虑地为他设置错误的架构。）当然，许多运动和比赛将架构的规则仪式化，部分原因是确保"公正"，让所有参赛者拥有平等的机会。这些设定成了架构惯例的模型，例如：冰球比赛以投掷冰球开局，足球比赛以踢球开局，摔跤比赛以快速握手开局，拳击比赛以对碰拳套开局。

2. 尽管刚刚提到的那些架构是最明显的一类，但它们主要与娱乐生活相关，我们应该把注意力投放于架构日常运转的地方。例如，数学领域使用的印刷括号"（ ）"就是一种简洁有力的架构，它能划定任意长度内容的边界，其中所有项都以同样的方式同时转换。在紧接左括号且在括号之外的位置插入的数学表达式决定了转换的方式。包含的数学符号越多，用到的括号就越多。而人类根据框架进行思考和行动的能力被浓缩、精炼，相当于在括号之外又加了一个括号。句法组织中的架构实践不像数学中的括号那么简洁，却更为重要，它决定了句法元素如何排序、标点符号在何处使用、言说时哪些词语要结合在一起、由此构成的组合单元将

① V. I. Pudovkin, *Film Technique and Film Acting*, trans. Ivor Montagu（New York：Bonanza Books, 1959），pp.80-81.

* episode 原意为情节、片段、插曲，戈夫曼用这个词指代具有一段从活动流中截取的、具有明确时空边界的活动。因该词在本书中的用法几乎等同于 strip，故在一些地方译为"片段"，其余地方则根据语境进行了灵活的处理，例如，小说情节、故事情节、电影片段等。当该词用作动词时，也译为"截断""片段化"。——译者注

② 关于爵士乐表演的闭幕演出，见 Ralph J. Gleason's column（headed on that occasion, "They Go Out Swinging," *San Fransico Chronicle*, February 27, 1963。

扮演何种句法角色等问题。在数学和语言学（括号可以采用其"字面"形式，正如我此时的用法）中，运算符号和它所转换的括号中的内容也会被视为一个整体，被置于一个新的括号中进行再转换。这一共同主题在数理逻辑的记法和运算中备受推崇。

如果将要发生的活动的定义较为模糊或脆弱，并且容易造成框架紧张，架构的问题就会突显。因此，如前所述，在医疗场所、美术课堂出现女性裸体时，我们需要借助一些方式解释、澄清观看视角。在这两种情况下，穿脱衣物往往具有私密性，但病人/模特可以脱掉或穿上病号服/长袍来暴露或遮挡自己的裸体。也就是说，穿脱病号服/长袍的行为清晰地标示了裸露活动的特定情节，哪怕是在难以辨别的情况下，也能确保人们采取自然的框架看待人的身体。当然，前台-后台架构也会催生这样的情节：

> 脱衣舞酒店的后台活跃着一群世界上最漂亮的尤物，当看到舞台一侧有个陌生男人在场时，她们一边遮挡身体一边快步离开。在台上表演脱衣舞的女孩在下台走回更衣室时，会立刻红着脸遮住自己的胸部。"毕竟，我和你不熟！"说来也怪，她们每晚都要在上百个色眯眯的陌生客人面前展示自己。"但在台下不一样。嗯，这是隐私。"[①]

或许，开启某个活动的架构比结束该活动的架构更重要。正如对数学符号系统的讨论，我们可以合理地假设，起始架构（beginning bracket）不仅开启了一段情节，还确立了一个信号位置（slot），规定了这段情节中的材料将进行何种转换。常用的类似信号还有"引言""序言""定向评论"等。莎士比亚的《亨利五世》（Henry V）的开场白最为著名，是利用戏剧框架的最清晰的例证。至于这三十四行文字的效果如何，是否发挥了其应有的作用，我们不得而知，但这些文字明确地阐释了戏剧框架的任务，也完美地阐释了这一悖论——开场白既是戏剧世界的一部分，也是外界对戏剧的评论。[②] 结束架构（closing bracket）发挥的作用似乎更小，它反映了这样的事实：整体而言，相较于建立一个框架，结束一个框架要容易得多。收场白往往试图总结已经发生之事，确保对其采用了正确的框架。更重要的是，商业性的戏剧演出为观众提供了一种替代性的经验，观

---

① Murray Hertz, *Las Vegas Sun*, September 14, 1961.

② 在现代社会，开场白的消亡印证了框架实践的历史转变。尽管现代戏剧仍然使用类似开场白的客套话，或进行有意的仿古（例如，维尔德的《我们的小镇》），或使用某种噱头［例如盖尔伯（Gelber）的《接头人》（*The Conneltion*）］，但我们似乎已经放弃了开场白，不会再期望它能够发挥多大的作用。

众需要通过收场白来确认戏剧已经结束而不是遭遇了技术性的故障,随后对整体的剧情做出全面的点评。

片段化惯例(episoding convention)的校准功能有两点值得展开讨论。其一,诚如引言所述,写引言的人十分信赖引言的力量并对此充满信心,认为它可以重新框架化引言之后的内容(后记则试图重构在其之前的内容),因此,在发表讲话或演讲时,发言人会强调自己很高兴来到现场,谦虚地表示自己不值得被如此介绍。他会开个小玩笑,表明他即将扮演的角色不会让自己骄傲自满,随后言简意赅地将自己发言的内容定位在更广阔的语境之中,通过谦虚的措辞奠定了演讲的风格。如果这些例行的套路奏效,他将如愿成功重构即将发生的一切,为整个活动增加一个额外的层级——人们听到的只是演讲者的一种特殊的处理,并非他能表达的全部。(事实上,一些演讲的主要功能似乎是展演,演讲者通过这种方式高谈阔论一些事不关己的内容,并借此为这种特殊的自我控制提供了一种模型。)当演讲没能奏效时(这种事情很常见),观众会发现演讲者很难与发言内容脱离干系,他构建演讲框架的努力始终停留在框架中,破坏了演讲原本要达到的目的。与之类似,结束语能为演讲增加一个层级,改写之前发生的一切,让演讲者获得赞誉;当然,结束语有时会适得其反,进一步破坏这场演讲。

其二,既然"开场白"能设定舞台和后续活动的框架,我们就有理由认为"先发制人"具有重要的战略意义。例如:

> 我们唯一一次与法律擦肩而过的经历发生在逃跑的过程中。那时,我们三人挤在车前座上,后座塞满了东西(赃物)。突然,我们看到一辆警车从街角驶出,从我们车旁呼啸而过。他们只是在巡逻,但我们从后视镜里看到他们在掉头,我们知道,他们马上要打开警灯叫我们停车——他们路过时发现我们是黑人,他们深知黑人在此时此地根本没什么正经事要做。
>
> 情况危急。那段时间发生了多起抢劫事件,我们知道,我们绝不是唯一的作案团伙。但我也知道,白人一般觉得自己比黑人聪明。在警灯闪烁之前,我让鲁迪(Rudy)停车,下车朝他们招手,走了过去——这事我以前也干过。在他们停车后,我站到车旁,装出迷糊的样子,语无伦次地问他们罗克斯伯里(Roxbury)怎么走。他们给我指完路就离开了,我们顺利脱险。[1]

---

[1] *The Autobiography of Malcolm X* (New York: Grove Press, 1966), pp.144-145.

3. 现在需要考察的是，当个体即将扮演某个角色或舞台角色并参与某项活动之时，片段化惯例规定了一些可供其使用的方式，能让个体证明自己确实正在如此行动。上文已经讨论演讲者如何扮演其角色的例子。在催眠（或至少被认定为催眠）的情况下，开始情节的方式就是让被催眠的对象进入催眠角色的方式，而结束情节的方式则是让他从催眠中苏醒，回归"他自己"的方式。在伏都（Voodoo）巫术中，"人"与"灵"的转化过程展现了此类舞台角色的转变：

> 伏都信徒对神秘的催眠术的解释很简单：罗亚（loa，灵）进入人的意识，首先赶走人的灵魂中的"善的大天使"（gros bon ange）（人拥有的两个灵魂之一）。在大天使被驱逐时，人会颤抖、痉挛，这些症状的出现标志着催眠的开始……
>
> 催眠开始阶段的症状属于精神病理学范畴，其主要特征与常见的"歇斯底里症"的临床特征相吻合。被催眠的人一开始会给人一种运动系统失去控制的印象。他们因间歇性的惊厥而晃动，身子前倾，仿佛被弹簧弹出来，疯狂转圈，随后身体逐渐僵硬，摇晃蹒跚。他们艰难地稳住身体却一次次失去平衡，最终在半昏迷的状态下摔倒。有时，这些症状是突发性的，有时则有一些预兆：空洞茫然或极度痛苦的表情，轻微的战栗，急促的呼吸，冒汗的额头，紧绷而痛苦的脸。
>
> 某些情况下，被催眠的人会昏昏欲睡，连眼睛都睁不开，似乎莫名困倦。但这种状态不会持续太久，他会因痉挛带来的惊厥而突然清醒。[①]

有趣的是，剧院理应让观众像被施了魔法一样直接理解舞台上发生的事情，而如何扮演舞台角色恰恰是演员不会表现出来的内容，原因在于，在舞台上，舞台角色与演员本该融为一体。（如前所述，初次亮相的明星会因为台下如潮的掌声而停顿，这是他暂停扮演舞台角色，而非塑造该角色。）

4. 正如框架中的其他要素，片段化惯例的差异不仅存在于不同的文化之中，也存在于同一社会的不同时期。众所周知，西方社会的戏剧框架

---

① 参见 Alfred Métraux, *Voodoo in Haiti*, trans. Hugo Charteris（New York：Oxford University Press, 1959），pp.120–121：

> 这一初期阶段很快就会结束。习惯了附身的人会迅速出现这些紧张症状，他们颤抖着、摇晃着做了几个机械的动作，随后突然完全进入催眠状态。但是，当一场仪式正热火朝天地进行，需要人瞬间进入被神灵附身的状态时，这些丰富的前戏也可以被省去。（p.121）

他还无意间证明了，当一种受到质疑的解释被重新框架化成学科语言时，这种框架本身将遭到其他学科的质疑。

会因时而异,片段化惯例的变化则是一个特例。据说,伦敦剧院于 1917 年引入了煤气灯,并于 19 世纪 60 年代推行了煤气电火花闪光灯,这些技术实现了观众席的灯光明暗变化,为戏剧演出的开始和结束提供了信号。[①] 利用幕布来标识演出开始和结束的惯例也历经变化:

> 奇怪的是,人们常常忽视那些用于快速转换场景的精巧装置。直到 19 世纪 70 年代,场景转换还完全在众目睽睽之下进行,并且是一种消遣。人们乐于观看不同场景魔术般切换的过程。几十年前,这种设计一直应用在盛大娱乐表演和哑剧的转场中。那么,为什么罗马剧院、文艺复兴和王政复辟时期的剧院都有幕布? 当时的幕布只被用来遮盖第一幕场景或者结束演出。直至 1800 年左右,英格兰剧院里也没有"大幕",观众看到演员全部离场时,就知道演出已经结束了。直到 1881 年,英格兰的剧院还没有遮挡场景转换的幕布。之后,亨利·欧文(Henry Irving)引入了所谓的"幕帘",用来遮挡《科西嘉兄弟》(*The Corsican Brothers*)中摆放大型道具的 135 名舞台工作人员、道具管理人员和煤气工。[②]

5. 到目前为止,上文讨论的表示开始和结束的时间架构都应被称作"外部架构",因为许多活动中还存在内部的架构,这些架构表示在一项持续进行的活动中发生了短暂的停顿,而停顿时流逝的时间属于框架之外。戏剧场景或剧幕切换的瞬间就是一个经典的例子,赛事的不同季、轮、局和中场休息则是另一种例子。

内部架构的结构本身存在巨大差异。一些架构被事先安排在持续进行的活动中,表示一段计划中的、短暂的停顿,例如临场休息。这些停顿适用于框架内的所有人,而不仅仅是特定的参与者,例如第七局棒球赛的休息时间、第二幕演出的幕间休息。相反,一些特定的人可以使用事先未安排好的架构,并有权暂时搁置进程,处理个人的突发需求。在事先安排好的、适用于集体的架构和未经安排的、适用于个体的架构之间,也存在一些中间形式。此外,历史上也存在二者相互转换的情况,现代办公室的茶歇时间的制度化[英国的"上午茶"(elevenses)在这方面最为先进]就

---

① Kenneth Macgowan and William Melnitz, *Golden Ages of the Theater*(Englewood Cliffs, N. J.: Prentice-Hall, 1959), p.113.

② *Ibid.*, p.31. 在罗马戏剧中使用幕布的历史,可见 W. Beare, *The Roman Stage* (London: Methuen & Co., 1964), Appendix E,"The Roman Stage Curtain," pp.267-274。

是一个很好的例子。

不同活动的内部架构千差万别。在许多体育运动中，一旦发球，就不能轻易暂停，但网球比赛涉及更多的是暂停，而不是重新开始。性行为可以随时重新开始，而大自然具有让人们停止行动、进行中场休息的唯一权利。

内部架构不仅因活动而异，也因文化而异。格雷戈里·贝特森举了一个恰当的例子：

> 演讲术一类的正式技巧颇具社会影响力，但在巴厘岛的文化中，这类技巧几乎不存在。要巴厘人持续关注某事或煽动群体情绪的做法不仅令人生厌，也几乎不可能实现，因为在这种情况下，对方的注意力会迅速转移。在大多数文化中，讲故事伴随着持续的言说输出，但这种情况也不会在巴厘岛发生。巴厘岛的言说者常常在讲完一两句话之后稍微停顿，等待观众询问一些情节上的细节，并在回答完观众的问题之后再继续讲述。在这一过程中，与言说内容不相干的互动显然消解了言说中不断累积的紧张情绪。[①]

架构化惯例和角色周期之间的关系值得思考。以任意一个特定的有组织的社会活动场合为例，该活动的外部架构的特征在某种程度上似乎源自其内部架构。但从另一个更广阔、更包容的角度来看，某些外部架构也可被视为内部架构。就某一天的工作而言，下班时办公室中的告别仪式无疑是外部架构；在更长久的事业层面，告别仪式则是内部架构，说明某人仍在持续扮演工作者的角色，而且这种角色扮演只会在工作日下班后、周末和假期才停止。同理，对个人而言，戏剧的每一场表演都是一个连续整体（一轮演出）的一部分，因此，除了首场演出和闭幕演出，每一场表演的开幕和落幕都只是内部架构。

6. 内外部架构的区别只是讨论的起点，我们还需阐明一些亟待解决的结构问题。在夜间戏剧表演这类社会事件中，架构化的过程关乎参与者的准备和定位，并且会产生一定量的标准化的表演前/后的活动。这便是肯尼思·派克（Kenneth Pike）阐明的"游戏"与"景观"的区别，即一场戏剧性的游戏、竞赛、婚礼、审判与包含这些进程的社会情境或事件之间的区别。[②]（一个夸张的例子是，在最终录制开始前，脱口秀节目的导演

---

① Gregory Bateson, "Bali: The Value System of a Steady State," in Meyer Fortes, ed., *Social Structure: Studies Presented to A. R. Radcliffe-Brown* (Oxford: Oxford University Press, 1949), p.41.

② Kenneth L. Pike, *Language in Relation to a Unified Theory of the Structure of Human Behavior* (Glendale, Calif.: Summer Institute of Linguistics, 1954), pt. 1, pp.44-45.

会指导录影棚里的观众提前热场。）也就是说，正在进行的正式活动，即"内部"事件的暂停不一定是该活动进程所处的社会事件的暂停。以戏剧为例，只有在当观众还没开始观看、暂停观看或刚刚结束观看时，他作为"旁观者"的身份才会主导观看活动。注意，从景观切换到游戏，即从"内含其他事件"变成"被包含的事件"，通常也涉及框架的变化；被包含的事件或内部的事件有望生成一个领域，其组织比日常生活中所呈现的领域的组织更为狭隘。只要细细审视正式的社会进程，我们就能发现，正式开始和结束的架构本身就包含在该进程所处的社会情境的非正式架构之中。①

---

① 当内部正式的活动本身不那么形式化时，一个有趣的结构问题就会出现。一些研究聚会的学者可能认为，"正事"不会从第一个客人到场就开始，甚至在多数情况下压根儿就不会开始，或者说从未开始。事实上，在派对上迟到的人可能会遇见早退的人，这意味着派对没有什么正式程序，也不太需要特别的内部程序。我们很容易可以确认派对开始的顺序，例如：a.主人准备接待客人；b.一两个客人最先抵达，承担一部分协助主人的工作；c.第二批抵达的客人可以与第一批客人交谈，顺便说一句，他们不得不应付一些自己原本不愿意与之打交道的人；d.当抵达派对的客人达到足够数量时，就构成群体，他们能够自由选择交谈对象。我们也很容易确认派对在何时接近尾声。不过，我们很难定义什么是派对的中间阶段。但是，研究形式的学者 F. 斯科特·菲茨杰拉德（F. Scott Fitzgerald）采取了肯尼思·派克的立场：

　　酒吧的氛围达到高潮，酰筹交错间，鸡尾酒的芳香飘溢到外面的花园中，空气中充满欢声笑语和嗔闹谩骂，自我介绍在此时毫无作用，素不相识的女人们热情地打着招呼。

　　太阳下山后，灯光愈发耀眼。管弦乐队正演奏着黄色鸡尾酒音乐，歌剧的调子越唱越高。笑声越来越热烈，人们肆意宣泄着情绪，随便一句玩笑话便让众人开怀大笑。每当新客人到来，人们就迅速交换舞伴，迅速打成一片。女孩们自信地在酒吧里游走，这在那些结实、稳重的客人中显得格外醒目；在某个欢乐时刻，她们成为人群的焦点，带着胜利的微笑，在炫彩的灯光下、不停变换的面孔前和震耳欲聋的音乐声中穿行。

　　突然，一个戴着宝石项链的吉卜赛人抓起一杯鸡尾酒，鼓足勇气一饮而尽，就像弗里斯科（Frisco）一样挥着手，在铺着帆布的舞台上独自起舞。人群突然安静下来，随后，乐队指挥顺势为她改变了音乐伴奏；有人误传她是"富丽秀"（Follies）明星吉尔达·格雷（Gilda Gray）的替身，台下爆发了一阵窃窃私语。派对正式开始。[The Great Gatsby (New York：Charles Scribner's Sons, 1925), pp.40-41.]

根据菲茨杰拉德的观点，当情绪相互感染时，派对就"开始"了，这种情绪推动所有参与者朝着一个愉快的方向跳脱自我。当然，在社交派对和桥牌派对上都会出现这样的景观，但只有后者能够确保内部活动发生在架构之内。事实上，一些有组织的社交场合具有正式的核心活动，与之相比，社交派对的特征是，其内部活动具有不稳定性。教室中的教师、法庭上的书记员、俱乐部会议的主持人多少能让人从闲聊回到手头的工作，但是，派对主持人无法让派对按顺序进行。（注意，尽管这些引导者可以决定何时结束正式进程，但他们无权组织进程结束之后的事情，也无权结束景观。）从进程开始之前切换至进程之中的研究可参见 Roy Turner, "Some Formal Properties of Therapy Talk," in David Sudnow, ed., Studies in Social Interaction (New York：The Free Press, 1972), pp.367-396。

景观与游戏(派克的术语)的区别会使架构的问题更加复杂,原因在于,将主要的注意力放在外部领域或者内部领域可能会让个体产生截然不同的感知。室内音乐会的播报员就是一个例证。

室内音乐会既是景观,又是社会事件,它可能在音乐家正式登台之前就已经开始了。如果要在广播上转播这场音乐会,就要保留音乐会原有的一些形式。因此,在广播开始之前以及音乐家演奏之前,播报员必须说些什么,中场休息时亦是如此。他可以发表"相关"评论,描述礼堂内正在发生的事,总之必须说些什么。这是因为,在播报员看来,"冷场"是不可原谅的事,而播报员有这样的想法是合情合理的事情。(原因与框架化有关:如果没听到连续的声音,正在收听的听众会以为自己的收音机或者广播电台出了问题,潜在的听众则会认为他们调到这一频道时什么都没有。)然而,播报员无法获知音乐家登台和演奏的精确时间,因此他们必须准备一份可以灵活调整的台本,根据需求缩短或延长口播时间。如果音乐家因为某些原因迟迟没有登台演出,播报员就会焦头烂额,他也知道这种时候什么都不说会更好,但还是不得不一遍遍重复已经说过的话。现在提出一个关键的问题:音乐家给乐器调音时,播报员如果愿意,可以为听众接通舞台上的麦克风,这是因为,尽管音乐家还没有开始演奏,但他调音时发出的声音也是会出现在音乐会这一社会场合中的信号。能告知听众一个社会事件正在顺利进行,也能说明内部活动即将在恰当的时间开始。对于演奏者来说,这些声音的功能与乐器相同;对于听众来说,它们是无用的噪音;但对播报员而言,这些刮擦声的存在令他心怀感激,它们是该社会场合的要点的一部分。值得一提的是,定弦标志着音乐(内部事件)即将开始演奏,定弦之后的寂静意味着音乐家已放置好乐谱,正在集中注意力为接下来需要密切协作的活动做准备——这是第二个,也是最后一个信号。定弦与寂静这两个事件共同发挥着起始架构的作用,但这只是意味着音乐的开始,而非音乐会场景的开始。

此时可以注意到,我们使用了"正式"(formality)这个非专业术语来描述一种社会事件,在这一事件中,外部的非正式开始与内部的正式开始在时间和性质上相差甚远,同时,这个术语也意味着对最内部的表演的保护。日本的年度相扑比赛是一个极端案例:一天的活动可能会从下午 2∶30 开始,到下午 5∶30 结束,其间会进行 20 场比赛,但每场比赛仅持续 10 秒钟,剩下的时间都被与真实的相扑活动相关的繁文缛节所占据。① 西班牙斗牛表演开始之前举行的仪式也是一个相关案例。

可以预料,随着时间的推移,活动进程前后的事情会发生重大的变化,并且,这些变化将告诉我们这项活动在整个社会中的地位的变化。以绞刑为例:

> 从新门监狱(Newgate)到泰伯恩刑场(Tyburn)只有三英里路程,但随着囚犯游行示众的时间的增加,围观人群的行为逐渐失去了控制,警长不得不下令终止游行。尽管这是一个重要的传统,警长也很怀疑自己有没有权利这么做。1783 年,他们下令在新门监狱门口处决犯人,所以犯人只有走一段路才能到达绞刑架。当年的 12 月 3 日,新门监狱进行了第一次处决,绞死了十个人。泰伯恩刑场的游行旧传统消失之后,取而代之的是另一个制度化的新传统——监狱长官要招待受邀观看处决的高官和贵宾吃早餐。很快,邀请函变得言简意赅——"8 点执行绞刑,9 点吃早餐。"②

时至今日,这一整个传统表演已经日薄西山,鲜少出现。就算这样的表演偶尔出现在一些地方,也只有官员才能成为观众,而且活动进程前后的内容都缩短了。没人能保证自己还能看得尽兴。

7. 我们需要进一步审视景观和游戏之间的关系、社会事件和内部活动之间的关系。显然,这种双重设定起到了缓冲的作用,在时间上更为灵活。一旦景观开始,参与者似乎就能更安心地等待"真正的"事件,即有望在景观中生成的一个存在领域的到来,但这一领域往往并不是"真正的"领域。(通过相同的设定,服务员可以借助点单或是给顾客端一杯水这种更简单的方式来安抚顾客,如此一来,晚餐开始的时间就会大大早于正式进食的时间。)人们也能根据活动的突发情况适时调整这种等待,缩短或延长等待时间。原因在于,在某种意义上,等待时间是"时间之外的时间"(time without time),服务于内部活动的便利性。当然,这种时间必须控制在一定范围内:"正事"开始得太快,参考者可能会心生不满;但如果等待的时间太长,参与者一定会产生不满。因此,这种缓冲的灵活性受到严格的限制。在各种体育运动中,暂停受制于各种规则,所以,虽然暂停的时间本身不被算入比赛,属于景观而非游戏,但这些限制是内部进程

---

① 相关报道见 William Chapin, *San Fransico Chronicle*, February 1, 1963。
② Justin Atholl, *Shadow of the Gallows* (London: John Long, 1954), p.51.

的一部分。

这些讨论迫使我们进行令人生厌的概念区分。标志着事件开始和结束的外部架构本身具有两种类型：一种与景观有关，另一种与内部的正式事件有关。但我们必须意识到，内部架构更加错综复杂。

通过审视戏剧脚本对于时间①的处理，我们就能理解内部架构的问题。

让我们从传统开始讨论——亚里士多德为悲剧确立了三一律的规则，其中关于时间的规则是故事必须发生在 24 小时之内。大量文献研究了这一时间规则。在 17 世纪的法国，这条规则被严格遵守，而在法国大革命之后，它就不被重视了。② 因此，我们可以直接考虑这一事实：每一幕戏都依照"真实的"时间和"自然的"进程展开，③但是，两幕戏之间流逝的时间可以不同，两幕戏也可以从同一个时间点开始——只要不是倒叙。④

---

① 这种处理方式可参见 Richard Schechner in "Approaches," in his *Public Domain* (Indianapolis：Bobbs-Merrill Co.，1969)，pp.74-81。也可参见 Elizabeth Burns, *Theatricality：A Study of Convention in the Theatre and in Social Life* (London：Longman Group, 1972；New York：Harper & Row,1973)，chap.6, "Rhetorical Conventions：Space, Setting and Time," pp.66-97。

② 此处参见 W. L. Wiley, *The Formal French* (Cambridge：Harvard University Press, 1967)，pp.112-119：

在法国，悲剧不仅受到"三一律"的严格限制，还受到法国人认为这一剧种所必需的其他限制。其中包括：禁止在舞台上使用暴力，杜绝一切低俗喜剧的场景(悬疑剧偶尔会插入一些喜剧性的调剂情节)，避免使用不得体、不高雅的语言。(p.119)

③ 电影具有不同的框架化惯例。在电影中，一个场景中的行为过程可以在不同时间中呈现——通常比现实时间短，有时则相反——因为人们可以剪辑电影片段，或者把不同的电影片段拼接成最终呈现的事件流；还可以在一秒钟中呈现不同数量的框架。当然，这样的操作是有效的，因为观众可以根据一系列简短的镜头进行推断。普多夫金(Pudovkin)较早地讨论过戏剧和电影的差别，还对这一差别产生的历史做出了有益的评述。在这种情况下，摄影和剪辑技术的出现使电影背离了"拍摄戏剧舞台"的实践(*Film Technique*, pp.52-57)。贝拉·巴拉兹认为：

电影可以用 5 秒的快镜头呈现一千米的赛跑，然后用 20 个急速变化的特写拍摄最后的百米冲刺，展现参赛者争相狂奔、面红耳赤、气喘吁吁、不相上下的样子，直到他们抵达终点。这 20 个镜头可能持续 40 秒的时间，比在**现实**中跑九百米耗费的时间更长，但我们会觉得时间很短；从我们的时间视角来看，我们只观看了短短一分钟，仿佛时间被显微镜放大了一般。[*Theory of the Film*, trans. Edith Bone (New York：Roy Publishers, 1953), p.130.]

④ 这与漫画框架的惯例形成了有趣的对比。正如 Boris A. Uspensky 在 "Study of Point of View：Spatial and Temporal Form"[a preprint from his *The Poetics of Composition：Structure of the Artistic Text and the Typology of Compositional Form*, trans. Valentina Zavarin and Susan Wittig (Berkeley：University of California Press, 1974.)]中的观点：每一个单独的画框都短暂地定格了一段叙事的时间，当读者从一个画框切换到另一个画框时，他们会跳越跨度不同的叙事时间。(p.16)这样的切换过程有点儿类似于戏剧场景的切换，但后者似乎跳越了更大跨度的时间。

剧作家也能自己选择故事的起点,无论是过去、现在还是未来。这一切都能阐明戏剧框架中的时间规则。

当然,现代西方戏剧允许剧作家决定幕与幕之间的时长,电影导演在设计转场时也具有同样的权利,只是必须"令人信服":

> 在舞台的帷幕落下之时,剧作家想在幕间设置多长时间,就能设置多长时间。有些戏里的两幕戏甚至相隔一个世纪。但电影中的场景不会被帷幕或者幕间休息分隔开,却仍要表现时间的流逝,赋予影片某种时间视角。这是如何实现的?

> 如果想让观众意识到场景之间的时间流逝,电影导演会在两个场景间插入一个在别处发生的场景。等观众"回到"前一个地点时,时间已经流逝了。[1]

画面淡出也和时间的流逝有关:

> 画面淡出也能表示时间的流逝。如果我们看到一艘船渐渐消失在地平线外,这种画面的节奏就意味着一段时间的流逝。如果画面也同时淡出,就会在船只消失带来的时间流逝感之上又增加一种难以名状的时间流逝感。这是因为,这样的镜头同时展现了两个动作:船的移动和镜头光圈的移动,也展现了两种时间:船消失的真实时间和因画面淡出而产生的电影时间。[2]

甚至空间也能发挥同样的作用:

> 电影能统合时间效果和空间效果,这种有趣的关联值得深究。前面提到,电影可以在两个场景中间插入一个发生在不同地点的场景来表现时间的流逝。根据观影经验,插入的场景的发生地和原场景的发生地相隔越远,我们会觉得时间流逝得越多。如果电影镜头从发生在房间里的某个场景,切到发生在客厅的另一个场景,随后又切回房间中,我们会觉得只过了几分钟。房间内的场景也能继续进行,我们不会觉得时间发生了断裂。如果电影在发生在同一个房间里的两个场景之间插入了非洲或者澳大利亚的场景,那么,原来的房间里的场景就很难继续进行,因为观众会觉得时间过去了很久,哪怕被插入的

---

① Balázs, *Theory of the Film*, p.121.

② *Ibid.*, p.145.

遥远场景的镜头时长远远不如上文提及的客厅场景的时长长。[1]

现在，当我们回到现实的戏剧表演中，就能理解上述一切的意义。我们可以把戏剧开始和结束时落下的帷幕视为游戏的外部架构，因为帷幕似乎并未隔绝景观与周遭世界，只是隔绝了游戏与景观。幕间休息也是如此发挥作用的，它并没有让戏迷回到戏剧场景之外的世界，只是让观众从内部事件撤回了景观中。（的确，这就是幕间休息也会受到观众注意的原因。）因此，幕间休息时落下的帷幕必然被视为游戏的内部架构。不过，舞台上的场景中断和电影里的画面淡出并不是为了实现这种转换，而是为了实现另一种不同层次的转换，后一种转换持续发生在虚构的世界中，即内部事件的领域。其中，被标记的是戏剧情节的开始与结束，而非戏剧表演的开始与结束，我们可以勉强称其为内部架构。

最后，还有一种令人为难的情况：单个标记（例如，落幕）可以同时作为不同的活动秩序的架构发挥其作用。因此，幕间休息时落下的帷幕不仅意味着戏剧活动的暂停，**也**意味着戏剧情节即将告一段落。

8. 最后一点：我们不仅是说，正式的进程很可能被包含在某种社交场景中，而且是说，尽管在该场景中被管理的内部事物是灵活多变的，但处于外部的社会场景本身可能是始终不变的。"开场白"连接了社会场景和眼前的正事，通常在知名人士引起观众的注意之后发表。无论是对政治演说家、歌舞杂耍明星、庭审法官，还是乡镇会议主持人而言，开场白都能达到这一效果。同样，结尾的掌声也能表示演出已经结束。

三、 表象通式

1. 如前所述，无论个体何时参与活动情节，参与活动的"个人""个体""玩家"和他在活动中的角色、身份和功能之间都存在明显的区别。我们需要理解这两种要素之间的关系。换言之，理解**个人-角色通式**（person-role formula）*。特定框架的性质与它所维持的个人-角色通式的

---

① Balázs, *Theory of the Film*, p.122.

　* Formula 一词在不同的语境下有着不同的含义，可翻译成"准则""配方""公式"等。戈夫曼在书中主要强调个体-社会角色、社会角色-舞台角色之间并非完全分离，而是在一定程度上相互影响，相互渗透，有时甚至可以相互转换。"通式"或"公式"的译法更能体现二者之间的对应和转换关系。——译者注

性质息息相关。个体与角色之间不存在完全的自由，也不存在绝对的限制。但无论该通式位于连续体的何处，它都意味着被框架的活动嵌入了持续运转的世界。

在描述个人与角色的分离时，人们不该带有关于"个人"和"角色"的基本性质的先在观念。一种观点认为，尽管角色是"纯粹的"社会问题，但扮演角色的个人和个体不仅仅是社会性的，后者更加真实，更具生物性，更加深刻，更加真实——这是种可悲的偏见，不能放任其腐蚀我们的思想。玩家及其扮演的角色最初都是不确定的，二者都可以在社会层面得到解释。

但我们也不应被生物学和"动物基质"（animal substratum）的形象迷惑。母亲的社会角色必然与生物学问题相关。一些前卫的女性会在某一年认为，生物本性促使她们成为母亲；在下一年则会认为，不可抗拒的政治教条使女性处于从属地位——后者在我看来更有道理。而且，人在某种语境下是"个人"或"个体"，在另一种语境下则是"角色"或"身份"。正如我们可以说女人是或不是一个母亲，也可以说总统是或不是一个女人。个人-角色通式涉及如下问题：

a. 选角（cast）。如果给定一个需要扮演的角色，那么，能够胜任这一角色的人会受到何种限制？这个问题的答案几乎与社会学的观点一致，我们无须费心再提供一个答案。很明显，此处的限制可能涉及所谓的社会因素，即扮演角色的人所要具备的首要或次要的资格，这些因素由社会的年龄分级、性别类型、阶级和种族分层体系组织起来。例如，20世纪 60 年代，梵蒂冈（Vatican）规定，玛丽·贝尔纳黛特修女（Sister Marie Bernadette）不能参与底特律大学的任何事务，[1]但为了推进肯尼亚的传教工作，米夏埃尔·特蕾斯修女（Sister Michael Therese）可以担任飞行员。[2] 在上述两个例子中，两位修女都成了新闻人物，这样的新闻就与个人-角色通式有关。此处需要应用双重视角：正如角色扮演要求个体"附带"某种社会资格，公众对个体社会属性的期待也会限制个体自身对

---

[1]　*San Francisco Chronicle*, March 16, 1966.

[2]　*Ibid.*, March 17, 1966.

角色的选择。①

选角不仅涉及社会因素，也涉及"技术"因素，顺便说一句，这些因素纯粹是合理的社会层面的考量。每个成人角色都需要具备一些资格和能力，这些资格和能力无法从工作中获得，只能由参与活动的人带入场景中。同样，这意味着，个体和角色之间是相互选择、相互关联的。

b. 除选角的问题之外，我们还必须考量社会标准的问题，它们具有广泛的适用性，也个体施加了诸多限制。这些标准关乎角色扮演者在工作时的物质条件，因为它们会影响健康、舒适和安全程度，也关乎扮演者的其他角色扮演义务。② 这些标准的适用性不尽相同，例如童工法和产假。儿童可以登台扮演舞台角色，但如果是巡演或长期的表演，法律就会提出相应要求，以确保儿童能接受持续的特殊教育。我无意质疑这些不同的标准是否可取，我只想指出，它们强化了角色对表演者的限制，也间接限制了个体的角色选择。

c. 接下来考虑"责任"问题。当个体积极地扮演着特定的角色时，他会按照角色的要求做出某种行为，那么，当他不再扮演这一角色时，他应该为这一行为承担何种责任？例如，当一个人按照上司的命令做出了性质恶劣的行为，他能否以"奉命行事"为由少承担一些责任？

毫无疑问，关于责任的一个核心的框架问题与我们对个人权利的理解有关，即如果个体能证明其意志和理性受损，他的行为责任能否减轻？我们在讨论行动者的转换时已经涉及了这个问题。如果一个人在吸毒、醉酒和冲动的情况下犯罪，他通常不用承担与完全刑事责任人相同的行为责任。但是，他不仅要为吸毒、酗酒和冲动的行为负责，也要为此受到惩罚，相应的惩罚也许会轻一些，但有时也重于"正常的"行为人需要接受的惩罚。

---

① 在电视节目《明星猜猜看？》(*What's My Line ?*)中，有一群专门负责提问的"行家"，他们会问一些笼统的问题(嘉宾只能回答"是"或"否")，目的是看谁能在多长时间内猜到嘉宾的职业。节目会提前告知观众答案，这便激发了宇宙论层面的张力，因为每位嘉宾看上去都不像从事自己那类工作的人。实际上，他们刻意打破了那些广为人知的个人-角色通式。当然，这种形式带来了一些意外的娱乐效果。例如，一些"行家"根据不相关的问题，歪打正着地猜中了嘉宾真正的职业，让观众体会到冒险的意义。这样的节目说明，表象很容易造成误解，单纯的意义也会受到潜在的冒险式解读的破坏，但我认为，更重要的是，如果要刻意制造这样的框架问题，就必须维持成本高昂的大规模运作。

② See *E.*, pp.141–142.

责任和行为能力不足的问题引出了精神障碍的问题。如前所述,西方的宇宙论在这方面并未给人们提供一个令人满意的通式。当某个医院的精神病人犯了罪,他通常不需要为自己的行为承担法律责任。被捕后,他不用接受审判,不用进监狱,但要回医院。他不仅要为犯病时的所作所为负责,还得对"发疯"本身负责——回到医院之后,他可能就会意识到自己要承担什么样的后果。

一个更耐人寻味的问题是,一些人因患有精神性幻想症而免受法律的惩处。麦克诺顿条例(McNaughton Rules)就是一个例子[1843年,被控谋杀的丹尼尔·麦克诺顿(Daniel McNaughton)因精神错乱被判无罪。针对上议院对此判决的疑问,英国首席大法官做出了回应,构成了该条例的内容。*],其中的第四条最能说明这一点:

> (4)如果一个人罹患妄想症而对既存事实失去了理性的判断,并因此犯罪,能否予以免责?①
>
> 这个问题的答案取决于妄想的性质。按照之前的假设,如果他只是对部分事实产生妄想,尚能理性判断其他事实,那么我们必须假设他妄想的内容是真的,在同等的情境下考虑他的责任。例如,如果个体产生了幻觉,以为另一个人正在杀害自己,而他正当防卫反杀了对方,那么他将免受惩罚。但是,如果他产生的幻觉是另一个人侵犯了他的人格和财产,而他自己为了报复这种所谓的伤害而杀害了对方,那么他就会受到惩罚。②

围绕在更广阔的世界中锚定行为的问题,还产生了诸多有益的讨论。实际上,一些法官认为妄想的人的确身处一个被想象出来的领域,也理所

---

* 1843年,丹尼尔·麦克诺顿开枪杀死了英国首相罗伯特·皮尔(Robert Peer)的私人秘书爱德华·德拉蒙德(Edward Drummond)。麦克诺顿在庭上辩称皮尔策划谋杀自己,还时刻跟踪他,于是他"正当防卫",杀死了皮尔。陪审团最终以"精神分裂"为由裁定麦克诺顿无罪。该判决引起了强烈的社会震动,上议院对该案件展开了辩论,对王座法庭(Queen's Bench)的法官提出了五个有关精神疾病的辩护标准问题,法官对第二、第三个问题的回答构成了所谓的"麦克诺顿条例",主要内容是:如果被告因患精神病失去理性,不知道自己行为的性质,无法辨认自己行为的是非,就应免除其法律责任。——译者注

① Richard C. Donnelly, Joseph Goldstein, and Richard D. Schwartz, *Criminal Law* (New York: The Free Press, 1962), p.735.

② *Ibid.*, p.737.

当然地认为,处于这种领域中的个体仍有义务按照现实世界的法律规范自身,仿佛法律能在想象的领域生效一般。这种观点似乎有些异想天开,但一些学者指出,至今也没有人改进了这种观点。[①]

　　d. 最后一个需要考虑的因素与框架外的行为有关。在扮演任何角色时,扮演者显然有权利保留或隐藏一个不同于被扮演出来的自我的自我——角色让位于个人。正如前文所述,无论角色扮演者出席的场合有多正式,他都有权适当地扭动、挠痒、吸鼻子、咳嗽,或者稍稍整理自己的衣冠,以获得更舒适的体验。在扮演角色时,个体也能捏造一些暂时离场的理由,使自己脱离角色,例如以接电话、去洗手间为由暂时离场。这种进行框架之外的行为的权利,完全可被视为对角色要求的一种限制。请容许我再次重申,至少在分析这类行为时,我没有针对人类行动者必然拥有的生物学基质做出任何假设。近年来的风尚是,几乎所有人都有权让自己穿得相对"舒适",这传达出一种信念:人无须过分拘泥于角色的形式。我们已经学会了接受首相在演讲时用脚踢讲台,接受总统暴露自己的行动。这种权利背后隐含着一种风尚和一种对当地文化的理解——回顾几代人之前的美国社会,我们会发现,那时的人们甘愿默默忍受烦琐的着装规范及其带来的不适,还觉得这理所当然。

　　个体能够跳出角色,在生物本能层面获得最低限度的舒适。但这不是促使个体进行框架外行为的唯一理由。我们还需提及另外两个理由:其一,当个体发现自己必须参与一项完全不适合自己的活动,且该活动与他的角色毫不相干、毫无助益时,他就会以开玩笑的方式转换自己的行为,做出不严肃的、儿戏的事情,让角色脱离整个情境。这是一种重新建立个体与角色之间的松散联系的方式,这种松散性必然存在,而且很容易被发现,因为个人与角色往往缺乏灵活性。

　　其二,当个体不得不受到自然框架的限制,把自己当成一个物品,或者像一个物品一样被人对待时——比如只能任由医生、理发师或化妆师摆布时——他可以开个小玩笑,流露出些许框架紧张。而且,更重要的是,他要是表现得完全像个物品,摆布者也会反感。换言之,个体就算要

---

　　① 例子可见 Sidney Gendin, "Ⅲ. Insanity and Criminal Responsibility," *American Philosophical Quarterly*, X (1973): 99–110。

像物品一样顺从于摆布，也不能过于随意。一份妇科检查报告为此提供了明证：

> 有些患者不知道何时应该坦然地展示私密部位，何时应该像别人一样进行适当的遮挡。患者可能表现出"不合时宜的"矜持，不让医务人员查看需要检查的私密部位。但如果患者完全接受裸露的行为的医学定义，也可能招来麻烦。如果患者像露出手臂和腿一样随意暴露乳房、臀部和下体，就显得不够自重。医学定义只有在必须实施特定的医疗行为时才能发挥效力。①

一些患者愿意让没有穿白大褂的医生给自己看病，但不愿意医生看到自己衣冠不整的样子。例如，在接受手术或者分娩时，患者经常拒绝或者试图拒绝摘掉假牙——仿佛他的牙齿也是自我展示的一个基础通式。

2. 我已经列举了一些限制个人向角色转变的方式，也讨论了选角实践、更广泛的文化标准、个人责任、角色之外的权利，这些特征就算与角色扮演者无关，社会角色也无法摆脱它们。上述理解也适用于我们的职业、家庭生活中发生的日常事件。我们可以把这一通式当成整体，将其与调音、捏造中使用的通式进行对比，因为下一个关键问题不是角色或身份，而是这一整体的转换，即剧中人物或舞台角色。换言之，我们从个人-角色通式转向了**角色-舞台角色通式**（role-character formula）。如果要考察后一种通式，就要特别关注一些组织层面的问题。

我们可以从各种简单的舞台形式（包括电影）开始讨论。如果把舞台表演视为一种职业性的角色，那么，就会出现这样的情况：一些人会被禁止从事一些职业，例如上文所到的修女的例子。更标准的例子是女性演员：

> 在 1580 年到 1640 年间，西班牙的戏剧和表演与英国有诸多相

---

① Joan P.Emerson, "Behavior in Private Places: Sustaining Definitions of Reality in Gynecological Examinations," in Hans Peter Dreitzel, ed., *Recent Sociology No.* 2（New York: Macmillan, 1970）, p.87. 正如埃默森所言，"在妇科检查中维持的现实并不只是医学定义，也是主题与反主题的失调"。（p.91）此处也可参见 "A Simultaneous Multiplicity of Selves," in "Role Distance," *E.*, pp.132-143。

似之处，也有诸多不同。在 1660 年英国王政复辟前，伦敦的女性角色一直由男孩扮演。从罗哈斯（Rojas）对西班牙公司的描述中可以得知，男孩和女性一般出现在粗俗的地方舞台。在马德里，直到 1587 年，女演员才获准在公共剧院中出演舞台角色。①

此处的问题并不在于女性可以扮演**什么**舞台角色，而在于她们是否有权扮演**任意**一个舞台角色，即是否有权参与戏剧框架，在戏剧表演中获得一席之地。考虑到不同社会类属的表演权利，某些社会成员只能扮演特定角色的问题依旧存在。简言之，"舞台角色的权利"问题与"角色的权利"问题，即人们参与应用某个框架的权利和通过特定方式参与这种框架应用的权利是并存的。原因在于，如果某些舞台角色可能会贬低或者拔高扮演它的演员（在一定程度上说，这个人的角色是演员），甚至会影响演员本身和他未来可能会扮演的戏剧人物，那么，舞台角色扮演的灵活性就会消失。例如西班牙历史上的宗教戏剧，一种在教堂中表演的**圣礼剧**（auto sacramental），它体现了框架规则的转变：

① Macgowan and Melnitz, *Golden Ages of the Theater*, p.52. 注意，这些限制适用于戏剧框架。对框架的分析让我们意识到，基调只要稍有改变，就会产生另一套不同的限制。业余的剧班可以让非专业的演员扮演特定的舞台角色，在选角时拥有较大的自由度，但这对专业的剧班来说是不可能的。因此，家庭剧、中学剧和大学剧有机会邀请一些出身名门的演员，但商业剧班请不到。所以，当奥顿（Orton）的戏剧《厄平厄姆营》（*Erpingham Camp*）在剑桥演出时，查尔斯王子（Prince Charles）扮演了一名随军牧师，还被拍了一脸的奶油馅饼（*Life*, December 13, 1968）。同样，这种框架倾向会让我们期待慈善性的戏剧中看到一些早已退隐的演员。一些不完全是戏剧的舞台表演可能采用与正统戏剧完全不同的个人-角色通式，例如：

　　"假面舞会"是最后一种戏剧性的娱乐形式，它在伊丽莎白时期得到发展，在前两任斯图亚特国王时期达到巅峰。这种舞台源自意大利文艺复兴时期的宫廷表演。在 1512 年的主显节之夜（Twelfth Night），年轻的亨利八世（Henry VIII）"模仿意大利人的做法，戴上面具加以伪装，此前，英国从未有人见过这玩意"。在这之前，"化装舞会"和舞池盛典也出现过，但假面舞会是首个有王室参加的娱乐活动。亨利八世的女儿伊丽莎白也很享受假面舞会（"假面舞会"的名字是她从法国人那里学来的），她和父亲一样，喜欢哑剧（pantomime）……
　　一些假面舞会在律师学院（Inns of Court，英国自中世纪起进行法律教育的机构——译者注）举行，但多数情况下在王宫举行……侍臣、专业的歌手和舞者一同参与其中。亨利王子（Prince Henry）在一片寂静中"登台"扮演《奥伯龙的假面舞会》（*The Masque of Oberon*）中的舞台角色，查尔斯一世（Charles I）和王后也在一些场景中扮演角色。相比于戏剧，詹姆斯一世的王后安妮（Queen Anne）更喜欢假面舞会，她还在《黑人的假面舞会》（*The Masque of Blackness*）中涂黑脸，扮演十二位黑人女性中的一位。（Macgowan and Melnitz, *Golden Ages of the Theater*, p.88.）

1473 年,一个教会会议颁布了一条法令:禁止怪物、面具、淫秽形象和"亵渎神职的下流诗句"出现在表演中。类似的法令也许还有很多,但粗俗的台词屡禁不止——这些台词就算不出现在教堂表演里,也会出现在街头表演中。在 17 世纪和 18 世纪,人们对圣礼剧的攻讦与日俱增,外行人员与神父都猛烈抨击**圣礼剧**的专业演员。一位匿名作家的抵制理由是圣礼剧让女演员扮演圣母:"还有……这个女演员演完这个舞台角色,又在一部**喜剧**里扮演旅店老板的妻子……只需戴上女帽或挽起裙子",还一边唱着低俗的歌曲一边起舞。"扮演救世主的演员摘掉胡子,嚷嚷着'莫利来了',蹦蹦跳跳地走上舞台。"神父也发起了类似的攻击:"像维纳斯一样放荡的演员,却在戏(剧院)中和私生活中扮演最为纯洁的圣母,这无疑令人反感。"这样的攻讦声一直延续至 1765 年,在查尔斯三世(Charles III)颁布皇家法令禁止一切**圣礼剧**表演后才消停。①

另一个例子是,1973 年,玛丽莲·钱伯斯(Marilyn Chambers)以母亲的形象出现在象牙雪牌(Ivory Snow)洗涤剂的包装盒上,这原本无可争议,直到她曾演出硬性色情片的事被公之于众。

显然,在考虑戏剧一类的活动时,我们需要谨慎地确认自己关心的是职业本身还是这一职业要求个体在特定场景中使用的传记式伪装,二者受到的限制并不完全相同。

当然,现代戏剧的特征之一是,演员与舞台角色形成了一种几乎完美的松散关系。一旦个体成为演员,就无须对自己在任何场景中扮演的舞台角色负责,除非该角色会影响他在行业中的地位,使他更容易或者更不容易受到角色定型的影响。戏剧对演员的基本要求是,他们能够扮演任何类型的角色,但我们也会要求演员与舞台角色在性别②、年龄、种族③和社会阶级(这种情形比较少见)上保持一致。进一步来说,正如前文提及的问题,一些演员不愿意扮演同性恋的角色。近来,这种关系

---

①　Macgowan and Melnitz, *Golden Ages of the Theater*, pp.45–46. 省略号和括号是原文所加。

②　一个例外是:早期广播倾向于让女性为儿童角色配音。

③　有趣的是,近年来在美国和英国的商店使用黑人假人模特的做法依然遭到南非国家的强烈抵制。参见"Clothes Dummies Stir South Africa," *The New York Times*, January 4, 1970。

有所变化，但这未必说明社会提高了对这种社会角色的接受度（或许确实如此），而是直接反映了框架惯例的变化。对于这个例子而言，这种变化也直接体现了戏剧脚本的力量的增强，使演员能够与舞台角色区分开来。

与性有关的角色扮演也受到一个明显的限制。此时，人们必须注意框架惯例的改变在这个问题上的复杂性。舞台或银幕上的"露骨表演"涉及两个问题：制片人呈现哪些内容可以免受惩罚？演员参演哪些内容不会使自己的声誉受损？近年来，硬性色情电影逐渐合法化，这似乎反映出影片内容已经发生了很多变化。在由杰拉德·达米亚诺（Gerard Damiano）执导的电影《琼斯小姐内心的魔鬼》（*The Devil in Miss Jones*）中，女主角在浴缸中割腕自杀，其饰演者乔治娜·斯皮尔文（Georgina Spelvin）不会被视为实施过这种极具辨识性行为的人。自杀只是剧中角色的要求，任何扮演这一舞台角色的演员都要做好"自杀"的准备。然而，琼斯小姐在地狱等待任务时也做了一些行为，尽管这些行为也是剧本的要求，但斯配尔文小姐无法轻易与之划清界限，至少目前如此。当然，公然接受（甚至追求）坏名声本身就是通向合法化的一步；一些演员在当前已颇负声誉，但他们仍愿意接受坏名声，这既是框架惯例变化的原因，也是框架惯例变化的表现。戏剧框架能够强化角色与舞台角色的区别，建立职业声誉并不是唯一的方式。1973 年，一位兼职女演员在电影《驱魔人》（*The Exorcist*）中扮演被恶灵附身的女孩，当时她只有 14 岁，来自中产阶级家庭，是一个土气的九年级学生。据《新闻周刊》（*Newsweek*）报道："她浑身浴血，脸和身体沾满脓液和残骸，声嘶力竭地说着脏话（这些话是银幕上出现过的最下流的话），踢着医生的下体，疯狂攻击她的母亲，对着前来驱魔的神父呕吐。"该杂志表示，这名小演员和家人泰然自若地拍完了电影，始终保持着清醒和体面。[①]（对电影角色而言，做出这些行为的并非"她自己"，她只是魔鬼的载具，这一事实划清了女演员与电影角色的界限，她只是舞台角色的载具。）然而，打破戏剧或电影框架的意愿并不是虚假的，这样的行为与其他任何有道德风险的行为一样真实

---

① 参见"Clothes Dummies Stir South Africa," *The New York Times*, January 21, 1974。

而严肃。①

就角色-舞台角色通式而言,戏剧舞台和电影之间存在有趣的差异:

> 导演最为艰难的工作之一,是寻找不可或缺的演员。此人要有良好的外形条件,生动的表达能力,还得符合电影场景的要求。必须牢记的是,正如我前文所述,一个人无法在电影中"扮演一个舞台角色",他必须具有一系列真实的特质并能够清晰地呈现这些特质,才能对观众产生特定的效果……演员是银幕所需的表演素材,他在现实中所具备的特质对舞台而言不可或缺,我将随意列举一些例子说明这一点。

> 假设我们要塑造一个老人的形象。在戏剧中解决这个问题的办法很简单。只要在年轻演员的脸上画上皱纹,就能让台下的观众觉得这是个老人。但在电影中,这种方式无法奏效。为什么?因为真实的、鲜活的皱纹是深深镌刻在人脸上的沟壑。当满脸皱纹的老人回头时,灯光照在皱纹上,观影者不仅能看见深色的皱褶,还能看到皱纹的阴影以及不同位置的光打在脸上所产生的不同明暗效果……

> 戏剧能通过化妆实现这一点,是因为舞台上的灯光可以保持不变,也不会制造出太多阴影。

> 通过这个例子,我们就可以判断导演所寻找的演员本身的外表要在多大程度上契合场景。可以说,电影演员多数时候都在扮演自己,导演的工作并不是强迫演员创造不属于他的东西,而是让演员尽

---

① 例如,1968 年,清纯型女演员苏珊娜·约克(Susannah York)在《谋杀修女乔治》中(*The Killing of Sister George*)演出了五分钟的女同性恋亲热场面,当时,这种情节触犯了对电影框架的限制。下文是诺拉·埃夫龙(Nora Ephron)对约克小姐的访谈:

你觉得自己被利用了吗?

"不,鲍勃(Bob),导演奥尔德里奇(Aldrich)才这么觉得。他和我们所有人一样担忧。我非常恐慌。如果缺乏信任,你无法进行那种表演——至少我不能,除非喝醉了,但我不喝酒。不过,两三天之后,你可能会建立一些信任。我非常焦虑,对我和科拉尔·布朗(Coral Browne)来说,那是一段难捱的时光。我觉得,演员是最脆弱的职业。如果你是一个作家,人们看到的是你的书;如果你是一个画家,人们看到的是你的画;但如果你是演员,人们看到的是**你**,包括你的脸、你的皮肤和你的身体。嗯,观众可以看到一切,可以端详你的脸和身体。不过,没有人能侵蚀你的思想。我最担心的是,这个场景会让我失去自我,就好像一些阿拉伯人特别害怕拍照,因为他觉得拍照会夺走他的灵魂。我可能说得太多了。我觉得这个场景也许侵蚀了我的灵魂。事实就是,我赤裸裸地暴露了自己……无论你理智上怎么想,你都会觉得受到了侵犯。"(*The New York Times*, December 29, 1968.)

可能鲜活、生动地利用自身的真实特性展现内在于他的东西。①

一部电影的平均时长为一个半小时。在这期间，观众眼前会涌现无数个他可能记住的面孔，这些面孔围绕着电影主角，都是精挑细选的银幕形象。尽管主角才是情节的中心，但情节的完整表达和价值有赖主人公周围的配角。这些角色只会在观众眼前出现六七秒，因此，他们必须给观众留下清晰而生动的印象……电影需要的是这样的人——观众看了他六秒后就能描述他："他是个无赖；他心地善良；他是个傻瓜。"这就是导演在选择人力素材时必须攻克的难题。②

无论不同舞台类型之间的角色-舞台角色通式有何区别，无论目前存在何种限制，这一整套设定都削弱了舞台角色及其扮演者的关联，提供了一些无关联的模式。其他捏造与调音也提供了类似的模式，但稍有弱化。

我们再次以声誉问题为例，但这次要讨论的是声誉如何限制了个体在舞台之外的佯装行为。例如，如果个体实施了一个有分寸的恶作剧，他并不会因这种组织现实的方式而受到持续的影响，这正是"分寸"的含义所在。如果个体实施的恶作剧失去了分寸，即过于复杂、鲁莽，造成了严重的损失或伤害，就会影响他的声誉。同样，个体有时能通过佯装精神失常或假扮同性恋者成功地逃避兵役，但他们成功的原因可能是，调查他们的精神病专家认为，真正的精神病患者很难策划这样的表演。此类精神病学观点进一步强化了我们关于佯装会受到限制的论断。不过，当然，这并不是一段容易书写的历史。

另一个相关因素与公职人员的尊严有关。考虑到这一点，一些公职人员会觉得，无论是在多么不严肃的情境下，他们都不应该做出一些轻率的行为。1967 年，加利福尼亚州州长以荣誉会员的身份加入洛杉矶俱乐部(Los Angeles Club)时做出了下述行为：

> 入会仪式的其中一个环节是，让 57 岁的州长在 600 位观众面前，蒙着眼睛坐在一辆木马上，并把右手放在一盘炒鸡蛋上。在工作

---

① Pudovkin, *Film Technique*, pp.107-108. 在我看来，普多夫金有些忘乎所以。导演的工作并非找到一个适合这个舞台角色的人，而是要找到这样一个人：这个人在台下的形象很快就能让人联想到舞台上需要展现的特质。无论是在台上还是台下，这些特征本身可能完全取决于观察者的价值判断。

② *Ibid.*, p.113.

人员念出他做演员时干过的一长串丢人往事时,他必须回答:"我认账。"①

然而,如果他当选了总统,这种仪式可能就不太合适,哪怕这类仪式已经把疯狂、不得体的行为制度化了——至少在美国是如此。这提醒我们,所谓的疯狂行为的含义之一是,某一类人参与了一项有损尊严和体面的活动。② 纽约市市长认为以下做法是合适的:

> 林赛(Lindsay)自诩的"镇静"也受到影响,但他很快恢复了幽默,以出人意料的方式为这场政治发言人出演的年度音乐讽刺剧画上了句号。林赛一直是一位演艺圈的狂热爱好者,他戴上草帽和白手套,拿起手杖,和一位专业搭档跳了一场踢踏舞。"或许,"他打趣道,"我拯救了这场表演。"③

同样,如果林赛当选总统,他可能就不能表现出这种良好的体育精神。美国总统可以作为观众,带着善意观看嘲讽政府的讽刺剧,尤其是华盛顿新闻俱乐部(the Press Club of Washington, D. C.)执导的作品。但是,总统上台表演是受到限制的。当一场由黑人出演的音乐剧《我爱红娘》(Hello, Dolly)在华盛顿公演时,约翰逊总统(President Johnson)夫妇在舞台上与珀尔·贝利(Pearl Bailey)、凯伯·凯洛威(Cab Calloway)手牵手唱着"你好,林顿",这显然是美国总统第一次出现在舞台演出中,当时的政治新闻报道很好地讨论了总统登台表演应受到的限制。④ 当然,这并不意味着"身居高位的人"的规则不能改变或无法改变,下文将对此展开更多的讨论。

现在来看看传记式伪装的问题。当个体在一个特定的基调或构造中开展活动,并扮演一个舞台角色或人物(一整个虚构的人格,而不仅仅是

① *The New York Times*, July 27, 1967.

② *Life*, October 23, 1970. 报道刊出了一张密尔沃基(Milwaukee)南区的一位商人的照片:他穿着T恤,卷着裤脚,嘴里叼着玉米棒芯,赤着脚,坐在摇椅上,想通过窨井盖的孔洞从下水道钓鱼,旁边还放着一个桶。当地警察微笑着看看他,毕竟他们都知道他正在进行美国退伍军人协会的入会仪式。因为入会仪式在制度性的层面赋予了人们跳出框架的权利,它们对框架施加的社会限制不同于普通的社会限制。

③ *Time*, March 18, 1966.

④ *Life*, December 8, 1967. 尼克松(Nixon)在1968年的竞选活动中参加了罗恩和马丁(Rowan and Martin)的节目《笑料》(*Laugh In*),并说出了该节目的招牌口号:"快告诉我!"(Sock it to me.)据说,尼克松与节目组签订了协议,要求节目组在选举结束之后不得再播放这段视频。

一个角色），此时，他需要对自己的行为承担何种责任？也就是说，个体所扮演的舞台角色的行为对个人提出了何种要求？

被催眠或者梦游的人不用承担行为责任，因为此时他扮演的舞台角色处于迷离状态。当伏都教徒被"罗亚"附身和操控时，神与被附身的人之间的关系也同样松散：

> 被催眠的人不必为自己的言行举止负责，他不再作为一个人而存在。被附身的人可以畅所欲言并免受惩罚，但在"正常状态"下，他需要再三思索自己能否说出这些观点。①

有趣的是，从附身中苏醒的人会说自己忘了被附身期间发生的事。灵媒似乎也会说他们与自己扮演的舞台角色是分离的。

然而，个体与其伪装之间的松散关系似乎并不典型。个体还受到内心羞耻感和分寸感的约束。任何伪装对便衣警察来说都不过分，因为他们的真实身份不会让他们一直停留在暂时扮演的便衣角色中。尽管如此，警察还是会厌恶某些伪装，尤其是假扮同性恋者。

此外，个体内心的约束也会受到官方机构的制裁，因此，不管角色扮演者自己心里怎么想，哪怕他有权进行其他的伪装，他都会在某些特定的伪装上受到限制。下面这则新闻体现了对策略性监视的限制：

> 纽约（美联社）[New York（AP）]——司法部部长拉姆齐·克拉克（Ramsey Clark）签署法令，禁止联邦调查局探员在未来的调查中假扮新闻记者。
>
> 7月8日，克拉克在写给哥伦比亚广播公司华盛顿新闻部负责人比尔·斯莫尔（Bill Small）的一封信中透露了这项法令。昨天，信的内容被公开。
>
> 斯莫尔代表三大广播网抗议称，7月17日，联邦调查局探员伪装成电视台的新闻记者，调查新英格兰非暴力行动委员会的女性成员在华盛顿烧毁兵役应征卡的事件。
>
> 美国广播公司的记者欧文·查普曼（Irv Chapman）报道称，联邦调查局探员伪装成记者的目的是为之后的起诉收集录像证据。查普曼在一个新闻广播中指责道，探员的行为"有损我们的职业声誉"。②

---

① Métraux, *Voodoo in Haiti*, p.132.

② *San Francisco Chronicle*, July 11, 1968.

另一个例子是,法律禁止个体冒充异性。我们特别关注一点的原因是,这些法律的具体范围迫使我们仔细考察框架。下面是某本关于拘留的书里的一个脚注:

> 1958 年,底特律修改了治安人员条例,规定"任何穿着异性服装出现在街道、小巷、高速公路、人行道、桥梁、高架桥、隧道、轨道、林荫路、其他公共道路和场合、公众经常出入或开放予公众使用的私人处所或其附近的男性"均构成违法。但是,本条例不适用于"任何合法举行、从事、制作、展示、提供或参与娱乐、展览或表演的人"。底特律市条例,第 223 章,S 8-D,修订于 1958 年 7 月 29 日。[1]

此处也反映了框架概念的重要性,因为在正式的法律限制背后,我们有时也能发现一些与个人有关的基础预设。

3. 接下来,让我们回到剧场,重新讨论个人、角色和舞台角色。前面提到,当我们说一个演员年龄太大,不适合扮演某个舞台角色,或是在选角时会自然而然地考虑演员的性别时,这意味着,舞台角色表现出的一些恰当的行为对演员而言是"自然的"。也就是说,这些行为与该演员的台下行为相一致。这种并非源自表演的契合性与台词一样必不可少。萨特(Sartre)为热内(Genet)＊的小说《女仆》(The Maids)写的序言就是一个有力的例证:

> 热内在《繁花圣母》(Our Lady of Flowers)中说:"如果要拍一部有女性角色的戏,我会选青少年来扮演这些角色。我要在演出时把海报钉在座椅左右,把这件事告诉所有观众。"人们可能会用"热内偏爱年轻男孩"来解释这一点,但这不是根本原因。事实是,热内一开始就想要**从现象的根源入手**。当然,女演员也可以扮演索朗热(Solange),但这不是彻底的"去现实化"(de-realize),因为她不必通

---

① 　Wayne R. LaFave, *Arrest* (Boston: Little, Brown and Company, 1965), p.469.

＊　让·热内,法国荒诞戏剧作家、小说家。他自幼流浪,靠行窃为生,曾因此多次入狱,在监狱里写就《繁花圣母》《玫瑰奇迹》《盛大的葬礼》等小说。20 世纪 50 年代前后,他开始进入剧作家的行列,创造了《阳台》《黑人》《屏风》和《走钢丝的杂技演员》等戏剧。热内认为,现实中的人远不如表象来得真实,因此他经常在戏剧中影射现实的虚幻性与虚伪性,试图揭露,人世间的一切皆为谎言与骗局。——译者注

过表演"成为"一个女人。她柔软的身体、慵懒优雅的步伐和银铃般的声音都是自然的天赋，它们共同构成一个实体，使女演员能够按照自己觉得合适的方式塑造形象，让自己看起来像索朗热。热内希望这种女性化的东西本身变成一种表象，一种虚构的结果。戏剧的幻象不是索朗热，而是**索朗热这个女人**。①

显然，萨特的立场是，扮演索朗热的女演员（比如在这部剧第一次公演时）可以"自然地"表现出女人的样子，她实际上就"是"一个女人，这样的存在超越了戏剧框架，不受戏剧框架的限制。但是，在台上、台下表现出的女人的样子只是一种社会定义的形象，不比"女仆"这一职业角色更"自然"和"必然"。萨特想要告诉我们的不是自然——无论"自然"可能意味着什么——而是他自己也说不清道不明的，关于戏剧框架的限制的偏见。

另一个观点。鉴于上文对角色-舞台角色通式的论述，随之发生的"角色固化"（typecasting）并不难理解——如果一个演员"非常适合"、经常扮演某个或某类舞台角色，久而久之，他便被该角色所定义，不仅在舞台上与该角色保持严格的一致，在台下也逐渐被他扮演的舞台角色形塑。（事实上，相较而言，西方对角色固化的理解只提供了一种可能性。在日本，这种与舞台相关的传统已经存在了几个世纪之久，某一类舞台角色的扮演者还得到了全国的公认和授权。此时，台下观众可能会对舞台角色，尤其是男性旦角产生强烈的认同感。）人们可能会忽略贯穿本研究始末的框架化过程的特征，即框架化的过程本身也可能会变成再框架化的对象。在职业摔跤比赛中，表演者得扮演"正义摔跤手"或"恶棍"的形象，若该形象受到公众追捧，摔跤手就会卖力地让自己在每一场比赛中的表现都符合这个舞台角色的特征，以强化这种角色固化。这种做法不仅让每场比赛都变得虚假，还会让表演者精心设计和维护的风气在一场场比赛中延续，不断增强比赛的表演性的价值。换言之，超越特定表演的品质本身可以通过适当的表演来维持。更有说服力的例子是斯坦威尔剧团（Standwells），该巡回剧团有 5 个木偶，接连 11 个季度都在曼哈顿进行系

---

① Jean-Paul Sartre, Introduction to Jean Genet, *The Maids and Deathwatch*, trans. Bernard Frechtman (New York: Grove Press, 1954), pp.8-9.

列表演。① 尽管 5 个木偶只由两个男性操纵,但每一个木偶都会让人觉得具有独特的人格,这决定了舞台角色的选择和表演的风格:5 个木偶都通过"他"或"她"扮演的舞台角色,以独特的方式大放异彩。粉丝的邮件和电话留言等都不是针对某一出戏剧中登台的舞台角色,而是针对这些舞台角色背后的"表演者"——尽管大家都知道,所有"表演者"都是相同的两个男人。这就是对框架限制的调音。

最后,我们的社会(其他社会可能也是如此)秉持着这么一种观点:特定的个体能在不同场景中扮演不同的角色,他不会因为一人分饰多角而感到尴尬。(因此,我在上文简单地使用了"相同的两个男人"这一说法。)事实上,对任何特定角色的扮演都有一个基本的前提:就算扮演者始终与角色保持一致,他依然具有连续的生平传记,独立而连续的个人身份,这些要素超越了他的表演。卖鞋的售货员可以为自己的亲戚服务,尽管这种情况打破了"观众区隔",可能会令人尴尬,但开个玩笑或给个折扣就能消除这种尴尬。原因在于,也许亲戚正是因为这个售货员才选择这家鞋店,对方不会因为在鞋店看到他而吃惊。② 具体来说,在扮演某个角色时,个体并未获得一个个人的、传记式的身份——舞台角色或剧中人物——而是获得了部分社会类属和社会身份,并且借此获得一部分个人身份。然而,伪装某种角色另当别论。当个体冒充医生、记者或异性时,这种虚假的角色扮演会让个体获得一个虚假的人格或个性。正是在这个意义上,我们所讨论的"角色"锚定了表演者的生平传记。

四、 资源的连续性

任何发生在人们能够解释和组织的活动流中的事物都会利用一些材料,这些材料源自世界,具有可追溯的物质延续性,最终必将回归世界。玩家会在棋局开始时从棋盒里取出棋子,在结束时将它们放回棋盒。就算玩家和棋子在下棋时被烧成灰烬,这些灰烬也是一种可识别之物,是曾

---

① 参见 *Time* 的评论,"Mini Music Hall," January 4, 1971。

② 讨论见 *E*., esp. p.141。

经发生之事的物理转换。[在戏剧《鸡尾酒会》(*The Cocktail Party*)*中，如果扮演西莉亚·科普尔斯通(Celia Coplestone)的艾琳·沃思(Irene Worth)**真的**被**蚂蚁吃掉了，她就不可能每晚都回场谢幕；就算她真如观众期待的那样被蚂蚁吃掉了，她也会留下能够识别的衣物、扣带。]每一个卷入框架活动的个人或人造物都具有连续的生平传记，即在该事件发生前后都可追溯的生命(或生命的遗迹)，而且，每一个传记都具有能够被识别的独一无二的连续性，即具有自我同一性。① 因此，业余演员会借用道具，将舞台布置成维多利亚时期的风格，等最后一场演出结束，在观众离场之后，他还得把借来的道具归还给好心的邻居。

物质守恒的基本物理定律为资源的连续性(resource continuity)提供了科学的解释，这些物理原则适用于任何情形。与之相关的社会含义是，雁过留声，我们所生活的世界始终具有残留性。一旦某件事情发生，就会永久地留下痕迹，只要对此进行充分的研究和质询，我们就能发现与事件相关的记录。世上不缺残留物，只缺寻找它的理由。如有理由——例如，以需要历史文献为由进行查找——对这些残留物的回溯就会给人留下深

---

　*　《鸡尾酒会》是艾略特的诗剧，讲述了一对经常举办鸡尾酒会的夫妻的故事，西莉亚是男主角爱德华的情妇。在牧师兼精神病学家赖利的点拨下，西莉亚意识到自己的爱情是个错误，为救赎自己，她前往一个名为"印度小岛"的地方进行传教，却被当地土著抓走，在离一座蚁丘很近的地方被钉死在十字架上。此处戈夫曼应该是用"被蚂蚁吃掉了"指称西莉亚的悲惨命运。——译者注

　**　艾琳·沃思是扮演西莉亚·科普尔斯通的女演员。她是美国著名戏剧演员，出生于 1916 年 6 月，2002 年 10 月去世。她一生出演过 60 多部戏剧，参加过 10 次全球巡回演出，还参演过数十部电影、电视剧、广播剧。——译者注

　①　只要**其中一些**传记是有效的，这种连续性能在多大程度上得到证明就不是问题的关键，因为这部分有效的传记完全能够满足需要。因此，在艺术的某些分支中，艺术鉴定可以围绕与该艺术品的价值不太相关的元素进行，参见 Nelson Goodman, *Languages of Art* (Indianapolis: Bobbs-Merrill Co., 1967)：

　　　要成为真品，版画必须来自特定的印版，但不需要艺术家亲手刻制。而且，就木版画而言，艺术家有时只需要在木版上作画，让其他人负责雕刻——例如，霍尔拜因(Holbein)的木版画常常由卢茨尔伯杰(Lutzelberger)主刀雕刻。艺术家亲自创作的艺术品的原真性(authenticity)与作品的创作历史有关，这一历史有时相当复杂，但未必包括了原创艺术家的最后制作环节。(p.119)

　以雕塑为例，其制造过程明显是不连续的。例如，**铸模复制**就是在未经授权的情况下对原作进行浇铸。如果 12 个铸模得到了创作原件的艺术家的授权，那么它们就是"真品"；如果第 13 个铸模没有获得艺术家的授权，就算它在保存原模型的店铺中被人买下，那它也是"赝品"。不过，建立这一事实的脉络只与决策的历史相关，与艺术品的价值无关。

刻的印象。① 如果一个人深信某事已经发生,却无法向他人证明这一点,他的世界就会迷失基本的方向。《贵妇失踪案》(*The Lady Vanishes*)这类故事就利用了这一主题。

"资源的连续性"的假设构成了伪造(faking)和模仿(impersonation)这两个概念的基础,前者关乎物质对象,后者则以人类为对象。而大量文献详细阐释了这两种行为及其意义。②

资源的连续性的其中一种有趣的表现形式是"风格"(style),即维持一种可识别的表达。因此,当个体参与某个活动片段时,他的行为表达能够表明参与活动的是他,而非其他人,他对一种标准的社会惯例的表演必定是一种演绎。此处的"风格"是一种转换,即借助表演者的特征,对活动片段进行系统性的修改。这涉及一个普遍问题。特定的演员、剧团和不同的戏剧时期都有各自的风格,特定的语言社区也有其语言风格,这就意味着当把一种语言翻译为另一种时,词汇和语法方面的限制并不是一部优秀的译著要克服的唯一限制。③ 不同文化中的绘画(pictorialization)风格也不尽相同:

> 对第五王朝(Fifth-Dynasty)时期的埃及人来说,他们直接再现事物的方式与 18 世纪的日本人的方式相差甚远,而这两种方式都不同于 20 世纪初期英国人的方式。在某种程度上,三者都要学习如何解读各自风格的绘画。但当我们以自身为参照系时,往往会忽略这种相对性。④

电影也是如此。纳瓦霍人(Navaho)像做实验一样拍摄业余电影,他们拍出来的东西明显不同于美国人近期拍的作品;他们把镜头片段组合

---

① 参见一个颇为实用的一般资料来源:Robin W. Winks, ed., *The Historian as Detective* (New York: Harper & Row, 1970)。

② 下面这段对伪造艺术的分析相当精彩,参见 Goodman, *Language of Art*, pp.99–123。作者也提到了资源连续性的问题:

> 关于原真性的第二个问题难以捉摸,我们可以用简单的一句话总结出一个大致的答案:一件艺术赝品就是谎称自己拥有该作品(或原作)所必需的生产历史的物品。(p.122)

③ 关于语言风格的讨论可参见 Dell Hymes, "Toward Linguistic Competence"(未发表文章,1973)。

④ Goodman, *Language of Art*, p.37.

成序列,这完全不同于我们的操作方式。简言之,一种不同的"叙事风格"①。棋手也有自己的风格,例如,苏联棋手下棋的风格和美国棋手完全相反。各国的外交官也会有各自的风格,至少有各自的风格倾向。②盗窃团伙也有自己的风格,即独特的**作案手法**。男人和女人打扑克牌时风格也不一样。③ 事实上,我们可以把所有所谓的"广泛的角色"都视为风格,即"符合"特定年龄、性别、阶级等的行事**方式**。

我们可以将风格视为一种调音,一种对事物的公开转换,这一事物以其他事物或其转换为蓝本,不过,这种转换需要满足一些条件。风格往往涉及非常细微的调音或转换,就结果而言,这种转换可能让人觉得某种风格的活动与另一种风格的活动几乎没有差别——但并非所有调音都是如此。进一步来说,按照定义,"调音"是一种公认的转换。如果刻意塑造风格,我们反倒会觉得它不足为信。例如罪犯的**作案手法**,作案者再怎么竭力掩盖自己的真实身份,风格还是会让他露出马脚。

当然,我们也能通过风格辨识他人的身份和作品。因此,在需要确认身份的情况下,风格就会成为一个核心的问题。注意,风格也能被系统地伪造。更常见的情况是,个体出于玩笑模仿他人的风格。讽刺和戏仿就是标准的例子。塑造别人的形象时,我们也能利用他人的某些风格(包括一些我们自行推断他可能具有的风格)构建其个人形象。因此,风格是表演者赋予其行为的东西,也是我们自认为已经感知到的东西。

于是,风格可以被视为任何特定活动的属性,活动的生产者将这样的属性赋予所有的活动产品,而这种属性本身以某种方式在生产者身上延

---

① Sol Worth and John Adair,参见一项有益的研究：*Through Navaho Eyes* (Bloomington：Indiana University Press，1972)，esp. chap. 9，"Narrative Style," and chap. 10，"Sequencing Film Events."

② 见 Fred Charles Iklé，*How Nations Negotiate* (New York：Harper & Row，1964)：

　　西方国家的外交官接受的训练和文化传统各不相同。这些差异也许体现在谈判的方法上,不过,这并不足以构成清晰可辨的谈判风格。更重要的是,政府结构的差异是限制谈判方式的国内因素。当然,这也因事而异。美国的外交官的普遍特点是,他们对舆论极度敏感,这或许源自美国的文化因素与政治生活的特征。法国外交官倾向于详细阐述历史和哲学主题,以此支撑谈判策略,这大概是因为法国的教育非常看重综合性文章的写作。相较于大多数西方国家而言,德国和美国的外交官更强调法律层面,这大概是因为在波恩和华盛顿,律师在对外政策的实施中发挥着重要作用。(pp. 225-226)

③ T. Uesugi and W. Vinache，"Strategy in a Feminine Game," *Sociometry*，XXVI (1963)：75-78.

续。当然,其他属性也有类似的连续性。扮演哈姆雷特的演员势必要了解这一舞台角色,但他不用专门学习戏剧英语,除非这个"王子"还在念高中。我们可以推测,专业演员的职业角色确保他知道自己该如何以这种方式说话,并确保他能将这种能力运用到自己饰演的任何舞台角色中。在他成为专业演员并学习戏剧英语时,他大概也不需要学习英语——至少不用从头学起,原因在于,无论他扮演的是专业演员、律师还是坏透了的小偷,他都可以把**这样的**语言能力运用到所有舞台角色中。此外,他只要演过一次哈姆雷特,往后再扮演时,就不用花太多时间背台词,记忆在某种程度上发挥了作用。选角导演也会认真地考察演员的记忆力,因为这是个体带给角色的一种资源。因此,对于政府和企业而言,那些能接触到策略信息的员工带来了一个特殊的问题。作为雇员,他们可以辞职、被辞退或者退休;但当他们结束职业生涯时,他们无法像上交钥匙一样上交记忆,这是管理者一直头疼的问题。[①] 近期,总统办公室忧心忡忡,因为他们曾经雇用的女服务生、厨师、司机、工作助手和阁僚纷纷开始出版回忆录,爆料**甚至**诋毁总统。[②]

　　一项活动显然无法完全重塑它所利用的个体。如前所述,就算某些活动会限制个体的社交属性,让他们最大限度地卷入当时当地的活动,比如国际象棋和桥牌游戏,这些活动也无法重塑个体。因此,如果参赛者的技术水平不达标,他就很难自发地投入比赛。此外,尽管桥牌一类的游戏会强制随机发牌,玩家之间也完全不交流,长期搭档的玩家还是会有很大的优势。在任何情况下,只要活动包含任何一种材料(包括个体),就会与持续运转的世界产生千丝万缕的联系,活动的资源来自这一世界,也终将回归这一世界。

---

　　① 　对此,相关部门可能会尝试采取法律保护措施。见 Allen Dulles, *The Craft of Intelligence* (New York: New American Library, Signet Books, 1965):

　　　情报工作给个体和家庭造成了实际的困难,部分原因是,所有秘密情报工作都必须在保密条件下进行。每个雇员都必须签字宣誓,保证自己在受雇期间不向任何未获授权的人泄露工作中获知或做过的所有事情,即便他离开政府职位,这一约束也持续有效。(p.168)

　　英国的《官方机密法》(*Official Secrets Act*)具有类似的功能,它是一种重要的手段,将国家利益置于这样的理念之上:个人需要与角色保持适当的分离和脱节。

　　② 　见 Hugh Sidey, "Memoirs Come to Market," *Life*, February 13, 1970。

五、 无关联性

现在来考虑活动与环境之间的关系，这种关系起初可能根本不存在。这种观点对应着下述设想：每项活动都发生在某种环境下，但这一环境中也接连发生了其他事件，这些事件纯属偶然，与我们讨论的事件毫无关联。就算某个行动者认为自己可以利用周遭环境的一些元素，并基于这样的想法直接使用了这些元素，他也可以认为，在许多情况下，他所使用的东西存在于此的原因与自己无关。[①] 总之，周遭环境中的某些元素与我们"无关"，这也是我们与周遭环境的一种联系。

在第一章，我们就用了一系列术语来命名这样一种信念——极为相近的两个活动之间或许并无关联。"运气""意外"这类概念可以形容这种出乎意料的事情，它们可能会给我们带来或好或坏的影响；"疏忽大意"指的是那些会产生不良影响、本该预先避免的意外，个体对此负有一定责任；"偶遇"则指曾经有交集的两人不期而遇；最后，"巧遇"（happenstance）指的是计划之外的相遇，邂逅的双方因此产生联系。

在任何特定的时间中，无关联性（unconnectedness）都是通过空间获得的，并且会随着时间的推移而增强。然而，时间维度上的无关联性与资源的连续性相关，我们只要在时间层面追溯情境中的特定元素，就会发现一些并未直接卷入当前活动的来源。理论上，从一把椅子可以追溯到那棵被加工成木材的树，但树的生长并不是为了制造这把椅子。在某个商务会议上，这把椅子能方便与会者就座，但人们从某个商店采购这把椅子时，未必就是为了给与会者坐。相反，如果给椅子装上窃听器，那么，通过回溯这把椅子的过去，人们很快就能找到可以证明无关联性已经被破坏的证据。

最后补充一个观点。在前几章里，我们讨论了"无视"的过程，也讨论了参与者在活动中通过"无视"来处理一系列事件的能力。现在我们可以进一步明确，参与者之所以可以无视一些事件，是因为他们认为其他事情与眼前之事毫无关联。正因为被无视的事件和进行中的活动之间缺少刻意设计的联系，参与者只需预测这件事的大致过程，让它自然而然地发生，就可以顺理成章地无视这一事件。

---

① 更细致的考察见"Normal Appearance" in *R. P.*, pp.310-328。

六、 人类

在某种程度上,个体的行为是持存(perduring)自我的表达和结果,这一自我隐藏在特定的角色之后,会在任意时刻显露出来。如果不认同这一观点,世界中的行为将无从锚定。毕竟,在每一次与个体打交道的过程中,我们都能感觉到他作为一个人的个性和道德品质。我们希望他的所有行为始终如一,被打上独一无二的风格烙印。如果每一个活动片段都深嵌于周遭世界并由周遭世界锚定,因而这个片段必然带有生产它的环境的痕迹,那么,我们有理由认为,个体在当前情境中说的每一句话、做的每一个动作都根植于他的传记和个人身份。个体本身隐藏在当前扮演的角色身后,向外窥视。的确,这是将我们对他人的看法进行框架化的常见方式。这样的自我值得喝彩,但现在,我们需要排除杂音,冷静思考。

让我们从一个简单的例子谈起。一部流行的广播喜剧的特点是,其演员阵容是固定的一小撮人,随着剧集的播出,每个舞台角色都发展出了丰富多彩的个性和专属于自己的角色身份,他们渐渐为人熟知,像鲜活的人一般亲切。正是这些广播名人在每周的节目中扮演着特殊的舞台角色,每个人都形成了独特而清晰可辨的口音和说法方式,并且,他们每周都必须投入地扮演当周必须扮演的舞台角色。这种喜剧的幽默之处在于,我们熟知的这些表演者必须向舞台角色的特质让步,尽管在本质上,这种让步并不大。广播剧不会公开选角过程,但会提前公布舞台角色,所以广播的第一句话就会告诉观众"谁"要扮演这个舞台角色,巧妙地提醒观众不要轻信这个角色。表演者要是发现自己即将扮演的舞台角色非常不适合自己,也能找个滑稽的理由短暂地卸下面具,在某一刻任性地恢复真实的自我,再重新进入舞台角色,制造出夸张的喜剧效果。

如今,这部剧的粉丝开始意识到,每个表演者在扮演舞台角色时表现出的"个性"或多或少带有表演的成分,至少是为了更充分地塑造某类可能存在的典型人物。事实上,听众仔细看看演职员表就能发现,该广播剧的部分内容与斯坦威尔的木偶剧类似,因为整个节目只有三到四名演员,每人要扮演两个甚至更多舞台角色,还要模拟每个舞台角色的不同口音。而这样的差异本身可以为了戏剧效果而故意制造出来。

以小说(长篇和短篇小说)为例。如前所述,作者可以决定自己在多大程度上公开介入故事。他可以通过特定的舞台角色发言；只要他愿意，他就能通过非人物的方式持续发表评论，表达自己的想法。正如作者笔下人物的说话方式能够体现书中角色的个性，作者写作小说的方式也能体现自己的个性与信念。读者阅读小说的重要体验之一是与作者的接触，这是因为，读者能通过小说感受作者良好的精神风貌、渊博的知识和高尚的道德情操（作者确实必须具有这些品质，否则就不会拥有广泛的读者群）。同时，作者也会暗示，读者正是欣赏这些品质的伯乐，否则作者一开始就不会写作。此处，戏剧框架和小说框架并不相同：剧作家只能通过舞台角色来呈现自己想表达的东西，舞台角色的美德只属于该角色本身，而非剧作家。① 这一原则也适用于小说家，只是程度较轻。②

　　然而，读者与作者的这种"接触"可能只是错觉，人们只能通过文本，顶多借助书内附的照片了解作者，但很多与作者有关的内容从未出现在他的作品中。更何况，小说中的任何内容都不是天然的、未经粉饰的表达。毕竟，作者和编辑在闲暇时需要对文本进行处理，纠正这个文本在品位上的偏差和知识性的错误，及时发现拼写错误、语法错误、重复、不当的双关、被"过度"频繁使用的某个词和一些写作怪癖。作者可以转变或调整措辞方式，在修改稿中努力去除初稿给人留下的印象。作者必须像排练乐曲一样揪出弹错的音符，重新演奏正确的曲子，否则，一些吹毛求疵的读者很快就会发现错误并提出批评。因此，作者通过文字传达出的自我的思想和情感的品质是一种费心创作的"人工产物"，这和剧作家用文字为某个舞台角色创造的品质一样。作为读者的我们都知道作者笔下的

---

① 参见 Patrick Cruttwell 对一篇文章的有益评论："Makers and Persons," *Hudson Review*, XII（Spring 1959-Winter 1960）：

　　……戏剧角色必须解释自己的行为和语言——但在小说或叙事诗中，这样的机会往往会留给作者，他通过评论和解释告知读者如何看待这一章节和这个人物：这就是个体通常会介入叙事的地方。（p.496）

② 克拉特韦尔（Cruttwell）补充了对个人日记的讨论，尽管这些日记（显然）不是为了发表而写（*ibid.*, pp.487–489）。此外，沃尔特·吉布森（Walter Gibson）在一篇很有价值的文章["Authors, Speakers, Readers, and Mock Readers," *College English*, XI（1950）：265–269]中指出，书评这种文学形式或多或少将他人的作品当成了回应的靶子，以此向读者证明自己是一个才华横溢、全面发展的评论家，而读者正是欣赏他这种回应的伯乐。于是，这种写作方式催生了虚假的作者（吉布森称之为"伪作者"），他可能与真正的作者相去甚远；也催生了虚假的读者，同样，他也可能与真正的读者相去甚远。吉布森认为，装腔作势的作者吸引了装腔作势的读者——这是一种互相确证的伪装。

人物及其个性品质是虚构的,但这种心态导致我们以为自己感知到的作者是真实的,我们对我们感知到的自发的东西做出反应,对我们感知到的未经算计的东西做出反应,对作者作为一个有机个体的特质做出反应。这意味着作者的作品最终变成塑造其自我形象的东西,他在小说情节中提供的材料,公众感兴趣的话题和其他作家的努力也变成某种的伪装。上一句话或许经过作者的审慎编辑,但他并不会否认这一点。①

因此,在小说甚至是非虚构写作中,从文字中浮现的作者的形象(在某种程度上)只是写作的人工产物,而非从行动者到行动的有机表达的结果。同样,这种形象的投射所依赖的渠道,不是承载故事线的渠道。实际上,作者依赖的是从属性渠道,即无须直接关注的那方面话语。因此,作者给人留下的印象是间接传达的,可被感知的,而不是作者直接声明的——这就是沟通渠道的特点,也是人的特点。

现在,让我们回到真实的面对面的人际互动中。同样,我们会发现,作为持续存在的自我实体的个体,与其此刻恰好扮演的角色存在区别,但正是这种差异肩负了传达个性的重任。② 而且,这种"角色距离"主要在从属性轨道中运作。从个人身份到当前角色的风格延续体现了另一重意义:个体行为根植于或锚定于某种超越自身的东西。尽管如此,我认为这并不是我们寻求解释的首选之处。

或许我们可以从文学作品中找到方向。正如吉布森的观点:

> 大部分老师都指出,我们不应该天真地把爱情十四行诗中"情人"表达的态度和十四行诗诗人(sonneteer)自己可能或不可能在现实生活中展现的态度混为一谈。描述十四行诗人可以使用一些历史技巧,但文学老师最终只会关注言说者——通过声音或伪装与我们交流的那个人[有时可称其为"诗人"(the poet)]。对文学研究而

---

① 我只是模仿了吉布森的做法。下面摘录了他写的两段书评,二者在我看来颇具说服力;他在第一段进行陈述,在第二段中应用了前一段中提到的分析:

第一篇文章摘自最近一期的《党派评论》(Partisan Review),第二篇则摘自《纽约客》,没有人会对此感到惊讶。不失公允地说,这些演讲者口中的"伪读者"代表了这两种期刊的理想受众。显然,无论如何,编辑的大部分工作是定义杂志的"伪读者",而编辑的"方针"是决定或者预测消费者乐于想象的自我角色。同样,在杂志摊翻看一堆堆杂志的人想必也会关心这样一个问题——我今天要假装自己是谁?

这篇文章的伪作者引以为豪的成就之一是,他们也是《纽约客》和《党派评论》的伪作者。

② 讨论见"Role Distance," *E.*, p.152。

言,这个言说者才是"真正"有意义的人,因为他只由语言构成,他的整个自我通过文字跃入我们的眼帘,展现在我们面前。[1]

小说创作者(maker)和作家(writer)的情况和十四行诗诗人一样。我们无法将故事中的某个特定人物与作者(author)相提并论,因为他创造了不止一个人物,每个人物都可能持有一部分能够映射作者的主张。但是,正如我们会对某个舞台角色形成印象一样,我们也会对作者形成或收集一个印象。正如我们依赖特定人物的言行举止形成对该人物的印象,我们也倾向于依赖小说本身的全部内容形成对作家的印象。当然,作家的声誉可能先于我们对特定作品的反应,但我们不一定会提前了解作家,因为我们可以通过手头现成的印刷品得出结论——我们从文学八卦(无论出版与否)中了解**作家**,通过作品了解**作者**。[2]

在与真实的人进行现实互动时,情况也是如此——同样,每个人会对当下必须扮演的角色有所反应。在这些正式的伪装背后,一些事物会发出难以遮掩的光芒,或通过其他方式彰显自身的存在。这种被创造出来的对他者的感觉、对超越角色的个人的感觉是且必然是在当时当地的情境中产生的。人们也**能**从外部获得信息,但对于该情境中产生的**某种**反应而言,这些信息并不是必要的。这种个人与角色的反差、个体向外窥视的空隙和个人的效应并不像角色本身一样依赖当前情境之外的世界。参与者真正的身份是什么并非问题的关键,因为就算答案昭然若揭,其他参与者也很难发现这一点;关键在于,参与者在与其他人互动时,能让后者感觉到一个什么样的人隐藏在角色背后。用吉布森的话来说,其他人关心的是诗人,而非十四行诗诗人;他们关注的是作者,而非作家——他们关心的是与参与者的直接行为流形成反差的东西。通过自己搜集到的信息,他们会发现参与者在当前情境之外的模样,但参与者所处的每一种情境都会给其他人带来这种印象,这就是"情境"的作用。这也是情境(比如小说)引人入胜的原因。在某个情境中收集的个体信息或许会出现在

---

① Gibson, "Authors, Speakers," p.265.

② 图书的献词可能是个例外,它给人的感觉是作家利用作者的渠道间接传达(或宣传)个人信息。这是一种涂尔干式的(Durkheimian)转折,仿佛这种自愿付出的辛劳给了作家某种特权,要求他必须公开地展示自己独立的个人生活,而参与他私生活的人也有权获得读者的认可。这让人不禁联想到这一情形:当丈夫面对竞选的成败时,他总会感谢在背后助他一臂之力的妻子。

其他情境中，但这并不意味着这些信息具有相同的指向，只是它们的本质会让人以为它们的指向相同。

无论一篇犀利的评论是讽刺的、诙谐的还是哲理性的，它的作用都不是揭露或者遮盖评论者的持久本质，因为一篇评论（或小说）很难做到这一点。它的作用是确立了一种观念，即互动者本身具备某种形象，例如独具上述情感特征的诗人或者作家。同时，此类情感特征当然也能够属于诗人、作家或其他形象。

你会发现，在剧作家的设计中，舞台角色置身于一个观众能够看到的在地情境，在其中行走坐卧。剧作家指导着他们的言谈举止，使他们展现出特定的风格。这就是让戏剧艺术获得创造性的奥秘。原因在于，最终，这些舞台角色会以某种方式给人留下最真实的印象，仿佛他们获得了真正个人品质，并使这些品质深入人心。然而，为什么一个舞台场景不足以产生这样的效果？因为那些材料正是我们用以创造自我品质的材料。

此时，框架的递归特征再次呈现在我们眼前。我们在某个场景中使用的资源必然具有一定的连续性，它们在场景出现前就存在，在场景结束后依然存在。然而，正如这些资源是现实的一部分，对资源连续性的观念也是现实的一部分，它发挥着额外的作用。当国旗或其他仪式性道具在仪式上发挥作用时，人们没有任何"客观的"理由否认其神圣性；但是，在制造这些物品的过程中，或者当人们使用完这些物品，将其存放起来等待下一次仪式时，人们会以寻常的态度对待它们。在大多数时候，情况都是如此。不过，仔细观察就会发现，在非仪式性的场合，人们就算以寻常的方式对待旗帜，也会尽可能地小心谨慎。[1] **这种**连续性也不是物质强加给我们的，而是由我们在精神层面对物质连续性的**观念**所施加的。圣迹、遗物、纪念品、剪下的发绺等物品确实与它们所纪念的东西保持着物质上的连续性，但它们的情感价值和个性是由我们对资源连续性的文化信念所赋予的。同样，也正是因为这些信念，我们自己才获得情感价值和个性。

---

① 就国旗而言，我们甚至不需要仔细观察。国家是具有现实神圣性的实体，大多数国民都主张在非正式场合持旗时需遵守"国旗礼仪"，还制定了法令来处罚"亵渎国旗"的行为。参见 Sasha R. Weitman, "National Flags: A Sociological Overview," *Semiotica*, VIII (1973): 337. 关于对宗教圣物的日常管理的研究可见 Samuel Heilman, "*Kehillat Kidesh*: Deciphering a Modern Orthodox Jewish Synagogue" (Ph.D. diss., Department of Sociology, University of Pennsylvania, 1973), esp. pp.101–115。

第九章　常见问题

从失信的角度出发,我们已经讨论了两种基础的框架化。在第一种框架化中,所有的参与者都清楚"正在发生之事"以及"与个人相关之事";并且形成了对这些事件的正确认识。此时,个体可能简单地采用了某种初级框架或进行了各种调音——简言之,他参与的是一种"直接"活动。在这种情况下,新的事实不会有风险,也不会让人丧失信誉。① 第二种框架化则涉及某种导致欺骗的外部构造。这种框架有一个特殊的弱点:由于不可信而带有破坏性。它的结构特征是,参与者被划分为知情方和受骗方两个阵营,双方对正在发生之事形成了不同的看法。因为捏造者会全身心地维持欺骗表演,所以骗局往往会持续很长时间,一些构造可能会让受骗者一辈子深陷其中。最后一个复杂的问题是,如前所述,人们明显可以欺骗自己,比如做梦、患上妄想症——至少,他可以表现得让别人以为他在欺骗自己。

此处,直接活动中的卷入与欺骗、妄想形成了对比。这一对比将我们的注意力从前面提及的可能性——**错觉**——转移开来。错觉并非个体有意产生的,也无须借助任何人的帮助,却阻碍了个体卷入直接活动。正如个体遭遇捏造时的情形,情境可能会崩塌瓦解、化为乌有,但此时不足为信的是情境定义,而不是定义情境的人,除非此人觉得自己的行为不像平常一样那么谨慎和容易辨识。这是因为,此时并没有人通过自我呈现刻意地欺骗他人。所以,这是一类特殊的情境——"错误的框架化"(misframing),这种情境既带有源自直接活动的无辜性(innocence),也带有源自捏造的崩塌性(collapsibility)。这就是本章的内容。

---

① 一些掠夺性捏造存在于调音和善意的捏造之中,就像戏中戏一样,在对这些情况进行分析时,我们需要格外留心。这种内部的捏造容易受到质疑(通常很强烈),但它带来的崩塌性本身就是仿真世界的一部分,是一种公认的表演。失去平衡、脱离戏剧框架的是舞台角色,而非演员或戏迷。此处受到质疑的行为经过转换,不同于现实生活中的行为。

一、 歧义

个体完全可能会怀疑正在发生的事情,尤其当他在某个时间独自且短暂地经历某事之时。此处我们讨论的不是某种**随意的**怀疑(例如,个体抛出一枚硬币,不知道哪面朝上;又如,在黑暗中,个体看不清手表上的时间究竟是 2∶10 还是 3∶10),也不是那些创造性的、令人无法准确感知的图案。这些图案一会儿是兔子,一会儿是鸭子,一会儿是个花瓶,一会儿是两个人的侧脸轮廓(取决于人物和背景的关系)。这是能引起视错觉的图形。相反,我们关注的是围绕情境的定义所产生的特殊疑问,我们也可称其为困惑(puzzlement),因为人们总以为世界不会给出一个模糊难辨的情境定义。个体一旦被迫采取某些行动——这种情形非常常见——就会对当前的情境产生不确定和犹豫的感觉,进而产生歧义(ambiguity)。注意,此处的歧义本身具有双重含义:其一,当下正在发生之事是什么;其二,当不止一件事发生时,正在发生的是哪一件事。前者涉及模糊性(vagueness),后者则涉及不确定性(uncertainty)。

在西方社会,我们经常将消除框架歧义的任务交给专家。如果一个男人在酒吧斗殴中身亡,我们会请验尸官来确认他的死亡是由击打所致,还是因动脉瘤破裂而致,后一种原因将其死亡限定在生理框架而非社会框架内。①

歧义的种类可以根据与其关联的框架要素进行区分。

---

① Marshall Houts, *Where Death Delights* (New York: Coward-McCann, 1967), p.193. 我们总会设法弄清楚死亡的原因,这方面框架的框架很好地解决了这个问题。在我们看来,意外事故、自杀、凶杀、自然原因或战争都会造成死亡。(西方有一种特殊的死亡方式,常见于冒险小说:为了群体的利益,一位无私的幸存者跳下超重的救生船,以这种方式献出生命,而不是被夺走生命。)当人们选择了一种原因来解释某个人的死亡时,一些颇为尖锐的问题就会随之产生,因为其他原因也可能与此人的死亡相关。然而,这个问题与主要死因与其他原因的区别无关,也与死因是否穷尽的问题无关,更不是暗指框架只是另一种任意设计的分类方式。从社会运作的角度来看,这种分类不只是一种构想,而且是一种有益的构想。我们整个社会组织都支持这样的分类并与之保持一致。这套分类与支撑它们的社会一样真实,和社会系统的其他方面一样具有客观性和事实基础。同理,人们可以用与框架相关的几种可能性解释其他明显的歧义,不同的社会组织赋予了这些框架不同的特性。例如,某位客人回到酒店的房间后,发现屋里还有别人,他可以根据社会经验来推测对方是自己在晚会上邂逅的同伴,还是酒店管家、工作人员、走错房间的陌生人或小偷。客人会暂时对"这个人是谁"的问题感到困惑,但他的困惑只限于一个很小的可能性范围,他很快就能想到绝大多数的可能性。闯入者也会利用这些可能性掩饰自己在场的"真正"原因,而这个原因通常也处于同样的可能性范围之内。

第一种歧义涉及初级框架。[1] 当听到门外有动静时，个体可能一时难以分辨它是自然事件（一根树枝被风吹到门上）还是社会事件（敲门声）。如果他感觉后背被什么东西碰了一下，他可能一时之间不能确定是自己不小心撞上了某幢建筑、一个栅栏，还是一个老朋友在问候他，或是一个陌生人想吸引他的注意，或是有一把枪捅着他，抑或是一阵神经性的刺痛。当电话另一头的声音突然消失，他可能也不知道那头的人是被技术故障打断了，还是突发心脏病，或是压住了话筒，或是他被全副武装的劫匪劫持，或是他以为通话已经结束而挂断了电话，抑或是因为他生气了；等等。[2] 如果整个纽约的灯都熄灭，这个人不知道这是技术性故障，还是敌人袭击所致，抑或是遭到了他人的蓄意破坏。[3] 司机将手伸出窗外挥动时，别的司机也不确定他是要转弯，还是在跟朋友打招呼。在上述情形中，事件的意义产生了歧义，但问题的关键在于人们采用何种理解框架，而且，被选用的框架往往和其他潜在的可用框架相差甚远。注意，歧义事件通常很容易让人分心。在舞台下窃窃私语的人容易成为其他观众关注的焦点，仿佛他们身上具有一种吸引所有注意力的力量。人们必须处理有歧义的问题，否则他就会一直对他周遭发生的事件的性质感到困惑。

初级框架引发的歧义通常持续很短的时间。因为这些框架是组织活动的基础框架，整个组织的构成要素彼此勾连，人们可以快速地从外部信源获取大量信息来解决自己心存疑虑的问题。这似乎是人类生活的一个特征：我们卷入的任何活动都要遵循这种基本的运行秩序。此外，在初级框架的层面，持续很短的时间的歧义很常见。当然，一些歧义会涉及多个

---

① 一个值得关注的观点见于 John Austin, *Sense and Sensibilia* (Oxford: Oxford University Press, 1962)：

　　有时，普通人宁愿说自己的感觉被骗了，也不愿承认自己被感觉骗了——例如，手速快得骗过了眼睛。然而，这种情况数不胜数，普通人至少难以确定这些情况的边界（如何确定边界的问题通常需要学者来解决），也很难确定在哪些情况下可以自然地采用"被感觉欺骗"的隐喻，哪些情况则不然的问题。但是，能确定的是，任何普通人都想要区分下列情况：a.感觉器官错乱或反常，或因为种种原因没能发挥正常功能；b.知觉的中介（更常见的说法是知觉状况）在某种程度上出现异常或状态欠佳；c.对某事的推断或构想出错，例如误判了自己听到的声音。(p.13)

② 只有倾听者发出"嗯嗯""哦"之类的声音，才能从听觉上消除这些可能的解释。

③ 参见 A. M. Rosenthal and Arthur Gelb. eds., *The Night the Lights Went Out* (New York: New American Library, Signet Books, 1965), and the cover story in *Time*, November 19, 1965。

并存的框架。某人搬完家后打开行李,发现自己放进包裹的东西不见了,他会认为这个东西在别的包裹里,或者被搬家的工人给偷了,或者被错送到使用同一辆车的别人家里,或者它从一开始就没有被打包进来。这些各不相同的解释在他脑海中竞相浮现,不断冲击他的信念。

歧义不仅伴随着初级框架出现,也伴随着转换出现——此处我们强调的是不确定性而非模糊性。调音有时也会有争议,(当电话铃声响起时,它是"真的"铃声还是电视剧中响起的铃声?)更常见的问题与捏造有关。如前所述,猜疑似乎是每个社会都会出现的一种歧义。在我们面前出现的人是否表里如一?从表面上看,与他相关的场景可信吗?人们通常不会完全不信任他人及其外表,但常常**怀疑**某件事的真实性,尤其会突然怀疑他人对过去某件事的信念和意图是否真实。

愚弄、骗局一类的善意的捏造极易招致这种暂时的怀疑。例如,如果总统决定给普通公民打电话却没有发布通知,也没提醒拥戴他的政策的媒体人,那显然,人们在接到这种白宫来电时就会怀疑自己被骗了。[①] 不过这种怀疑与非严肃性无关。事实上,像警察这类职业很容易怀疑报案人的严肃解释。[②] 同理,市民已经开始怀疑报纸为其所有者所做的一切报道,怀疑它们只是吸引公众关注的宣传表演,而不是单纯的报道。当一个室内设计师半裸着被钉在汉普特斯西斯(Hampstead Heath)公园的一个十字架上时,一些人认为这是某种激进宗教派别的行为,但这一反应也可能(就像过去那样)被另一种反应证伪,即这其实是个宣传噱头。[③]

"事故"(accident)也是令人们对捏造产生疑问的重要来源,因为事故会让人们相信,一些引导性行为确实会伪装成意外事件。例如,两个叙

---

① 参见 *Life* report by Hugh Sidey, "'This Is the White House Calling,'" April 2, 1971。相应地,人们在给名人打电话时,即便有正当理由,也很难让接线员相信自己不是骗子。

② 参见 James Q. Wilson, *Varieties of Police Behavior* (Cambridge: Harvard University Press, 1968):

> 巡警多疑的心理特点和行为不仅源自职业本身的危险性,也源自他对受害者"合法性"的质疑。警方更愿意相信一个中产阶级的受害者受到街头袭击(如抢劫)的合法性,但若是中产阶级的受害者遭遇了入室行窃,其合法性就会在一定程度上被削弱(这**也许**是一种"骗保"策略);如果遭遇盗窃的是底层民众,合法性会更弱(警察会怀疑失物本身就是偷来的);底层受害者遭到人身袭击最不具有合法性(这可能是他们自找的)。(p.27)

此类怀疑与框架,尤其与转换密切相关,关键的问题在于:人们义愤填膺地向警察提出的投诉到底是自我情感的真实表达,还是基于各自利益的伪装。

③ *San Francisco Chronicle*, August 30, 1968. 显然,相关团队想要兜售这个活动的照片。

利亚飞行员驾驶的喷气式战斗机降落在以色列北部的机场跑道上，除非他们能证明自己不是逃兵，只是技术拙劣的导航员，否则这个事件就会带来某种不确定性。①

也就是说，框架及其转换都会产生歧义。疑问的第三个来源关乎框架的锚定，尤其关乎对场景中的传记式要素的识别——其中，与人相关的要素至关重要。我们司空见惯的情形大约是，一个人接到电话，听到一个陌生的声音，对方热情地喊出了他的名字，期待自己被认出来。人们在街头偶遇某个许久未见、几近遗忘的朋友之时，也会发生这种情况。

因此，框架分析是我们识别歧义来源的基础。它指引我们追问：在何种情况下，歧义会一直存在？一个（稍后会深入讨论的）答案是：当行动者的意图是某个场景的重要组成部分，但他去世了，无法直接展示这个意图。例如自杀导致的死亡，尤其当死者过于年轻，不具备考虑其行为后果的社会能力之时，问题就会变成：这是经过深思熟虑的自杀行为，还是一个严肃的自杀事件，还是一个玩笑式事件，抑或是一场纯粹的事故？② 突然失踪的个体也会留下悬而未决的问题，直至他被找到。顺便一提，后一种歧义在很大程度上受限于人类的搜寻机制，尽管从家人和朋友的视野中消失的事常有发生③，但人一般很难从所有人的眼皮底下消失。当谋

---

① *The New York Times* in the *San Francisco Chronicle*, August 14, 1968.

② 例如，一个八岁的男孩在卧室衣柜里用领带自缢身亡（*San Francisco Chronicle*，February 25，1966）；一个四年级的孩子"因受罚被关进衣帽间 30 分钟后身亡，死因是，衣架勾住了他的衬衫衣领"。（*ibid*，November 15，1967.）

③ 参见一则新闻报道：*San Francisco Sunday Examiner and Chronicle*，January 30，1966：

　　里奇菲尔德，康涅狄格州（美联社）——［Ridgefield，Conn（AP）］昨日，弗雷德·格罗斯费尔德（Fred Grossfeld）的父亲关闭了杂货店，开始全力寻找他 19 岁的儿子。

　　这位父亲名叫伊斯雷尔·格罗斯费尔德（Israel Grossfeld），他说："哪怕耗尽我一生的时光，我也要找到我的孩子，除此之外我别无所求。"

　　小格罗斯费尔德是麻省理工学院（Massachusetts Institute of Technology）的高才生，他已经失踪整整 50 天。某天深夜，他在学校参加完一场桥牌比赛之后离奇失踪。

　　他的双亲悲痛不已，四处印发附带孩子照片的告示——这个年轻人中等身材，戴着深色的框架眼镜。

　　昨天，格罗斯费尔德太太说，她和丈夫觉得儿子"可能被杀害了或者被外国间谍绑架了"。

　　"他非常聪明，也许这就是他被绑架的原因。"她说道。

　　格罗斯费尔德太太还提到了另一种可能性："弗雷德的精神可能出了点问题。"

　　"我觉得他还活着，"格罗斯费尔德太太说，"哪怕追到天涯海角，我也要找到他，也会去见任何能帮助我的人。"

杀案发生时,找到受害者的遗体是重中之重,尽管这会令人不安,但只有这样才能让逝者得到体面的安葬,并且妥善地解决框架的问题。

二、 框架化过程中的错误

各种各样的歧义,包括模糊性和不确定性,都对应着一些错误,即个体自己对眼前事物被框架化的方式形成了错误的认知(error in framing)。人们很少停下脚步来厘清正在发生的事情,而常常囿于某些错误的前提,信以为真并据此采取行动。他对一些事物采取了错误的框架。如果人们用错误的方式化解歧义,就会一错再错,好比人们在发现错误之前会有片刻的怀疑。

一些错误源自行动者的错觉,例如将带线的风筝当成飞行中的鸟。不过,这种误读至少推动了行动的早期规划和执行。然而,感知与行动之间的区别与我们讨论的问题无关。重申一遍,关键的问题在于行动者不仅仅是犯了错(例如计算时加错数字),而且是进行了“错误的框架化”,进而陷入持续的、源源不断的、系统性的错误,做出误导性的行为。原因在于,如果我们能通过一个能够明确阐述事实的框架来感知事实,“如果**经验一个对象相当于面对一种存在秩序**”①,那么,对事实的错误感知就会引入一种根本不适用的视角,这种视角建构出一套完整的、符合期待却完全无效的语法。行动者随后会发现,自己不是用错了词,而是用错了语言。事实上,这个隐喻也是一个现成的案例。如果像维特根斯坦所说,“要理解一句话,就要理解一门语言”②,那么,这似乎意味着说一句话要以一整门语言为前提,还要默默地理解其用法。如果一个人精通英语和德语,他身边的人也具有这种双语能力,那么当这个人听到“nine”的发音时,他可能会以为别人在用英语交谈时提到了数字“九”;事实上,他听到的是否定句,即德语的“nein”(不)——他听到了正确的声音,却用错误的框架做出了反应。③

① Aron Gurwitsch, *The Field of Consciousness* (Pittsburgh: Duquesne University Press, 1964), p.381.

② Ludwig Wittgenstein, *Philosophical Investigations*, trans. G. E. M. Anscombe (Oxford: Basil Blackwell, 1958), pt. 1, sec. 199.

③ 这个例子来自 Yehoshua Bar-Hillel, “Indexical Expressions,” *Mind*, n.s., LIII (1954): 370。巴尔-希勒尔(Bar-Hillel)记录了日常交谈的“索引性”和简洁性,二者是导致歧义和错误的重要原因。(后面还会讨论同音异义和隐喻的问题。)

此前，我们分析了歧义的不同来源和类型。现在，让我们用同样的方法来考察与框架相关的典型错误。

1. 首先是与初级框架相关的错误。当我们发现自己犯下了根本性的错误，初级框架的组织意义和我们对正确判断眼下之事所许下的坚定承诺，就会化为尴尬和懊恼。例如，实习护士想用吸管给一个脸上缠着绷带的患者喂水，却发现病人已经死了，所以才一直不口渴。这种始料未及的情况会让她十分沮丧。① 当某个人在离开商店时以为自己绊到了店员的脚而道歉，但他低头一看，发现自己绊到的是一块地毯，根本无须以社交礼仪对待，他就会觉得很尴尬。下述故事具有一定的新闻价值，但也可能是虚构的故事。

> 芝加哥（合众国际社）[Chicago(UPI)]——北区学校（North Side school）的地下室里传来声音："救命！救命！请帮帮我！"
>
> 担忧的居民叫来威廉·迪亚兹（William Diaz）警官。迪亚兹朝地下室喊道："到门这边来。没有人会伤害你，你很安全。"
>
> 没有人走出房门。迪亚兹撞开门，发现里面是学校门卫的宠物：一只八哥。
>
> 迪亚兹说，这只鸟因自己被人发现而闷闷不乐。它看到迪亚兹后改变了策略，用不堪入耳的脏话咒骂警察。②

我们完全可以理解上述种种尴尬。如果每个活动都有一个结构逻辑，都涉及一张由各种假设构成的复杂网络，那么，任何基于错误框架的卷入或是因为活动框架中的任何特定要素而产生的错误，都会让行动者与事件建立一种极不恰当的关系。

当我们以为只需采用自然框架，并使其凌驾于社会框架时，框架的问题就会变得相当尖锐。因此，人们常常需要决定自己是要将个体的行为视作一种成熟的引导性行为，还是将它视作某种症状；同时，人们也必须决定，他们是要采用决定论还是唯意志论的视角来评估个体行为。这种框架困境具备一定的社会意义，但我们仍需注意，当我们选择采用有限责任或完全责任的视角时，一个简单的错误框架化也会发生：

---

① David Sudnow, *Passing On* (Englewood Cliffs, N.J.: Prentice-Hall, 1967), p.87. 作者还告诉我们："当人们告诉实习护士，她刚刚为其输液的患者早已去世时，她不安地哭了好几分钟，还不停地颤抖。人们不得不让她休息了半小时，以让她从悲痛中缓过来。"(p.88)

② *The Evening Bulletin* (Philadelphia), June 22, 1970.

据戴夫·奈尔斯(Dave Niles)在旧金山广播电台(KNBR)报道，在鲍威尔街(Powell St.)，一个人脸朝下趴在街道上，导致几个街区发生交通堵塞。一个瘦小的老太太从一辆抛锚的有轨电车上爬下来，开始对他做人工呼吸——此时他转过头，说道："唔，女士，我不知道你在玩什么游戏，但我是在修电缆！"[①]

当人们可以借助不同的依据减轻个体的责任时，也容易产生错误的框架化。例如，从轻度肺炎到严重的肺病都会让人"陷入精神错乱状态，使人做出一些疯狂之举，就像'失去理智'或是喝酒喝断片一样"[②]。癫痫导致的痉挛症状也很像醉酒，并且，这类疾病具有不可预见性，容易被人误解。[③] 例如下述报道：

突然，只坐了半厢乘客的电车嘎吱嘎吱地停了下来。

司机冲到车厢后部，俯身查看一位倒在自己座位上的中年妇女。几秒钟后，惊恐的司机松了一口气。

"我猜她喝醉了。"他对聚集在周围的其他乘客说。车厢内的所有乘客都觉得有道理，因为这个妇女的呼吸中带着明显的酒精味。司机试着把她从座位上扶起来时，她开始呕吐，用含糊不清的声音说着些什么。[④]

四小时后，在最近的一家警局的醉酒牢房中，这个女士死于脑出血，她滴酒不沾，只是使用了漱口水，警察并未在她的血液中检测到任何酒精的成分。

2. 除了关于初级框架的错误之外，还有一些关于基调的错误。"错误的调音"(miskeying)常常会被媒体报道：

伦敦——昨天，一个手持拐杖的男人在特拉法加广场(Trafalgar Square)附近的一条繁忙的街道上看到警察正在追赶三个人。

他认为，在警察追捕劫匪时自己应该仗义援手。但他只想当个无名英雄，于是举起拐杖打破了一个人的头，然后消失在人海中。

---

①　Herb Caen, *San Francisco Chronicle*, November 29, 1967.

②　Houts, *Where Death Delights*, p.261.

③　E. Henrich and L. Kriegel, eds., *Experiments in Survival* (New York：Association for the Aid of Crippled Children, 1961), p.101.

④　*San Francisco Chronicle*, December 17, 1964.

伤者是 30 岁的演员迈克尔·麦克斯泰（Michael McStay），他被送往医院缝合头上的伤口。昨晚，他一边揉着自己疼痛的脑袋，一边感慨电影中的场景太过真实。

"我承认这是一种职业风险，"他说，"但我确实觉得他欠我一杯酒。"①

错误的调音常常发生在下述情况中：当某件危险的事情发生时，当事人以为这只是个玩笑，部分原因在于，人们常常用这种事情开玩笑。

昨天下午，一名劫匪突然用点 45 口径的自动手枪对准了公民联邦储蓄和贷款协会的一位出纳员。在这种情况下，这位金发的女出纳员竟然放声大笑，事后连她自己都觉得惊讶。

"这不好笑，"凶神恶煞的劫匪警告 25 岁的卡萝尔·吉尔伯特（Carol Gilbert），"把你的钱都掏出来。"

吉尔伯特于是拿出了一叠混杂着 5 美元、10 美元和 20 美元的钞票，共计 3500 美元，而劫匪将钱塞进了自己随身携带的棕色行李箱。事后，吉尔伯特告诉警察，她一直希望这件事只是个玩笑。②

或者：

凡奈斯（Van Nuys）——周日清早，32 岁的售货员肯尼思·A. 林德斯特兰德（Kenneth A. Lindstrand）参加了一场在洛杉矶郊区的豪

---

① *San Francisco Chronicle*, May 23, 1966. 有时候，肇事者也不一定是人，参见这篇报道：*The Times*（London），August 5, 1970：

一头德国牧羊犬咬死了三周大的女婴凯瑟琳·霍华德（Kathleen Howard）。昨天，萨瑟克区（Southwark）的验尸官在尸检后披露，事故原因可能是牧羊犬误把女孩当成了自己的橡胶咀嚼玩具。

孩子的祖父乔治·霍华德（George Howard）住在伦敦福雷斯特山史坦斯岱路，经他证实，这条狗有一个腊肠狗玩具。"这个玩具被狗咬时，会发出像婴儿一样的啼哭声。这让人不寒而栗，我就把这个哇哇叫的玩意拿走了。我觉得它可能误把孩子当成了玩具。"

……

婴儿的母亲，19 岁的凯瑟琳·霍华德夫人哭着说："这是凯瑟琳第一次去花园。"

一位警长说，玩具狗的胸部有被狗咬过的痕迹，这也是受害婴儿被咬的部位。

……

最终，这起事故被定性为意外死亡。

② *San Francisco Chronicle*, May 18, 1966. 类似的错误调音也可能短暂地发生在被抢劫的人身上。见 Robert Lejeune and Nicholas Alex, "On Being Mugged: The Event and Its Aftermath," *Urban Life and Culture*, II（1973）：265。

华公寓里举办的万圣节化装舞会。

林德斯特兰德居住在马路对面,是少数没有穿万圣节服装的人之一,只跳了几支舞就离开了。当他重新出现在舞会上时,一个拿着枪的男人正在追赶他。

宾客们哄堂大笑。

"这枪看起来像个玩具,"另一位客人布鲁斯·凯恩(Bruce Cane)说,"我看到它冒火光了。"

林德斯特兰德倒在地上痛苦地滚了好几分钟,所有人都看着他笑,甚至没注意到袭击者已经逃之夭夭。

最终,一个客人走过去摸了摸林德斯特兰德的脉搏,大叫道:"他没有心跳了!他死了。"

警察询问了在场的每一个人,但没有人能提供关于杀手身份的线索。①

正如我们所料,现代美国犯罪史上的一场赌场抢劫也导致了错误的调音。这件事发生在 1947 年克利夫兰(Cleveland)郊外的莱克县(Lake County)芒兹俱乐部(Mounds Club):

上午 12 : 15,宴会的第二场演出在黄绿相间的餐厅举办。宾客济济一堂,玛丽·希利(Mary Healy)和彼得·林德·海斯(Peter Lind Hayes)是这场演出的焦点。

希利小姐登台扮演希尔德加德(Hildegarde)*。当她演到把海斯从一张圆桌上拖下来的戏份时,一个穿着破旧的绿色军制服的蒙面人从厨房闯了进来。

蒙面人带着一把全自动手枪,朝着天花板开了一枪。观众见表演如此"逼真",爆发哄堂大笑。希利小姐意识到枪击不是表演的内容,她立刻冲回化妆间,一直躲在里面。

另外三个蒙面人冲了进来,其中一个戴灰帽子的似乎是头目。观众仍在喝彩,以为这是娱乐活动,甚至觉得钱花得值当。直到劫匪

---

① *San Francisco Chronicle*, October 31, 1967. 银幕上最受欢迎的谋杀悬疑剧常常把高潮戏设在游乐园、马戏团或者化装舞会,这样一来,主角的困境和追杀者的预谋就会被错误调音,而宴会上的人则会以为这种戏剧性的追杀是故意扮演的、无伤大雅的事情。

* 北欧神话中的女武神,是奥丁的女儿,也是奥丁最欣赏的女武神。她常常被塑造为人类的保护者,负责将在战斗中阵亡的最勇敢战士的灵魂带到瓦尔哈拉。——译者注

又一次开枪扫射天花板，人们的笑声才戛然而止。①

有趣的是，人们常常使用鞭炮之类的装置模仿严肃的声音，导致后者被人们误以为是不严肃的声音。例如，摩洛哥的哈桑国王（King Hassan）在王宫举办42岁生日宴会时遭遇了一场有预谋的武装政变：

> "所有人都听到了突如其来的爆炸声，"罗克韦尔（Rockwell）大使说，"但大家都以为那是鞭炮声。直到一个人拖着流血的腿，摇摇晃晃地从穿过敞开的门走上露台。"②

用"错误的调音"概括这些错误显然过于笼统。芒兹俱乐部的顾客、凡奈斯公寓里的客人、哈桑国王宴会上的宾客的经验都"被升调"（upkeyed）了，他们对事情进行了过多的分层处理，却没能真正了解眼前发生了什么。这个概念会让我们联想到另一种相反的错误——"被降调的反应"（downkeyed response）。例如：

> 罗伯特·克里斯托弗（Robert Christopher）发誓自己再也不玩玩具了。
>
> 克里斯托弗今年23岁。
>
> 在某个周五下午，他坐在一辆车里等朋友时，看到座位上放着一把玩具冲锋枪。他百无聊赖，就拿起这把橄榄绿色的枪，将它探出窗外，还扣动了扳机。
>
> 嗒嗒嗒嗒……
>
> 不幸的是，他的车正停在利顿储蓄贷款协会（Lytton Savings & Loan Association）位于帕洛阿尔托（Palo Alto）市中心的办公室附近。
>
> 一名职员听到"开火"的声音，向外张望时看到克里斯托弗拿着枪。
>
> 几分钟内，6个警察围住这辆车，其中一人谨慎地靠近敞开的车窗，命令道："把它交出来。"
>
> 克里斯托弗照做了。③

---

① Hank Messick, *The Silent Syndicate* (New York: Macmillan, 1967), pp.230-231.显然，在六个月内，上演这出戏的"喜剧演员"受到了公正的审判和清算。

② *The New York Times*, July 12, 1971.

③ *San Francisco Chronicle*, July 18, 1965.

在这种情况下,开玩笑的人发现事态失控了,因为其他人用错误的方式应对他的玩笑,完全没有对该活动片段进行调音。然而,当玩笑被现实事件赋予真实性时,它就会脱离个人意志和信念,进而带来无法挽回的不幸。例如这个致命的恶作剧:

> 昨天早上,家住奥克兰 14 号大街 3112 室的弗兰克·N. 希克斯(Frank N. Hicks)(28 岁)正饶有兴致地和妻子芭芭拉(Barbara)(27 岁)玩着俄罗斯轮盘游戏。
>
> 在床上躺了一会儿后,希克斯拉开橱柜抽屉,取出一把点 38 口径的左轮手枪,检查了弹药筒。
>
> 随后,他恶作剧般用枪指着太太,扣动了扳机。
>
> 枪只发出"咔嗒"的响声,放了一个空枪。
>
> 随后,他再度检查枪膛,对准自己右侧的太阳穴,并扣动扳机。枪声响起,一颗子弹射穿了他的脑袋。
>
> "他比任何人都诧异,"希克斯太太歇斯底里地哭着,"他死的时候,脸上还带着疑惑的神情。"
>
> 据其亲属反映,希克斯曾经在军队"进进出出"11 年。[1]

> 布兰福德,英格兰(Blandford,England)——昨天,铁路工人在铁轨附近发现了一名 17 岁的学生,他来自一间男校,被绑在铁轨边,堵着嘴,双腿都断了。
>
> 警察说,他被绑在轨道上,被火车轧断了腿。
>
> 当局认为,这个孩子可能是校园霸凌事件的受害者。
>
> 斯蒂芬·哈格里夫斯(Stephen Hargreaves)(受害者)对发现他的工人说:"他们绑住了我。"但他无法说出更多的信息。据报道,他在索尔兹伯里皇家医院(Salisbury Royal Infirmary)得到了良好的救治。[2]

读者会注意到,我到目前为止讨论的被升调和降调的反应,主要与公开的玩笑有关。一些玩笑从一开始就被设计好了,却没被当成玩笑;另一些则根本不是玩笑,却被当成了玩笑。此时,我们可以毫不费力地从这些

---

① *San Francisco Chronicle*, August 10, 1966.
② *Ibid.*, Septernber 25, 1964.

错误转向对捏造机制的思考，即从无伤大雅的玩笑和其他善意的捏造发展成掠夺性捏造的过程。不过，我有意排除了个体与故意欺瞒他的世界的关系。如果个体被别人欺骗，就会对正在发生之事产生错误的认知，但这种谬误（wrongness）并不是此处所指的"错误"（error）。同样需要排除的是，个体坚信自己在欺骗别人，而事实上，别人正在小心翼翼地操纵事情的发展，行骗者没有发现自己已然暴露，也没有发现被控制的人是他自己而非别人。当个体以为有人要骗他，而事实并非如此时，我们才可以说与捏造相关的错误发生了。

我想补充的是，武器和爆炸物常常出现在框架错误的故事中，因为这些装置具有一种特殊的框架化能力，能够把普通活动转换为给人带来不幸的事情（当人回想此事，自然而然就会产生这样的感觉）；简言之，出现误差（erroneousness）。①

迄今为止，本书援引的错误调音案例都涉及粗暴的行为和喧嚣的人群，但框架分析可以运用于任何一种经验，包括纯粹的思想活动。例如，逻辑学家对"使用与提及"（use and mention）这一框架议题的探索。在陈述句中，我们用名称指代某个对象，但"名称"显然不是"对象"本身。然而，逻辑学家和语法学家所陈述的"对象"只是名称以及通过名称构造出的陈述。现在，为了区分名称与其指涉的对象，我们需要使用一些框架工具，例如引号、冒号和紧随其后的插入语、粗体字、（与"冒号"的使用相关的）拼写符号。我们能以这种方式离开对象世界，在语言维度对这些对象调音，进入一个层级更加丰富的世界。

奎因（Quine）阐述了在逻辑层面区分使用与提及的必要性：

> 引用是一种更加形象的、便捷的方法，但它有一种反常的特征：基于逻辑分析的立场，每一个完整的引用必须被视为一个单独的词语或符号，衬线或音节算不上是其组成部分。引用不是一种**描述**，而是一种**图形符号**（hieroglyph）；它不是通过描述来指定其对象，而是

---

① 另一种情形也能使日常现实"去现实化"，即把日常活动转换为不严肃的，至少是不真实的事情。例如，如果与个人的日常生活计划紧密相关的人在外出工作时突然去世或不辞而别，而不知情的当事人仍然按照原计划行事，这种结构性的讽刺就会产生。医院通常会在患者死亡后尽快通知其直系亲属，以免亲人以错误的方式，在错误的人那里得知消息，避免他们陷入虚假的现实，空悲切。见 Sudnow, *Passing On*, chap.6, "Extensions Outside the Hospital," pp.153–168。

通过描画(picturing)。一个完整句子的意义并不依赖构成这个句子的单词的意义。①

奎因认为,如果在提及的层面使用一些逻辑符号,它们将作为逻辑连接词衔接两个相邻的陈述句,但其他符号只是(或理应)表达与这些陈述句本身相关的内容的一种方式。每个这样的陈述句都会成为一种形式标记、一种陈述句的"名称"。这就是对陈述句的调音。另外,他在一篇社论中提出,错误的调音常见于以下情况:

> 弗雷格(Frege)似乎是第一个意识到引号的重要性的逻辑学家,他认为,审慎地运用引号才能避免混淆使用与提及[转引自《算术法则》(*Grundesetze der Arithmetik*),第1卷,第4页];可惜,他在这方面的忠告和优秀示范被其他逻辑学家无视了整整三十年。②

不难理解,在某些情况下,有关使用与提及的框架澄清很可能会失效。例如,作者想暗示某个词(或短语)不是自己的常用词,他就会用引号标出,表示它只是某种用法,而不是一个真的被使用的词。然而,有时,个体是否要对一个概念负责的问题关乎品位与情感,关乎作者想要塑造何种自我形象,与语法无关。

3. 除了框架、调音和捏造的错误之外,另一些错误与情境中的传记身份要素相关。这之所以是一个框架问题,是因为在很多活动中,准确辨识个体的身份(无论是社会身份还是个人身份)是建立系统的社会互动的前提。③ 此处的经典案例无疑是认错人导致的牢狱之灾:

> 罗阿诺克,弗吉尼亚州(Roanoke Va.)——昨天,在一场戏剧性的庭审过后,一名曾因抢劫银行被判入狱15年的男子被宣布无罪释放。

---

① Willard Quine, *Mathematical Logic*, rev. ed. (Cambridge, Mass.: Harvard University Press, 1965), p.26.

② 同上。一些能够证明逻辑学家有所疏漏的例子见于 Rudolf Carnap, *The Logical Syntax of Language*, trans. Amethe Smeaton (London: Kegan Paul, Trench, Trubner & Co., 1937), pp.158-159。John R. Searle, in *Speech Acts* (Cambridge: Cambridge University Press, 1970), pp.73-76,作者认为,一些逻辑学家过于审慎,试图澄清却混淆了整件事。这意味着框架化的实践尚不足以为所有领域达成认知上的一致提供基础,但也意味着这些分歧能在该领域的著作中引发争鸣,并逐渐得到澄清。

③ 剧作家制造喜剧效果的手法是,让一个舞台角色在"虚假的"伪装下出场,其他舞台角色不知情,但观众心知肚明。通过这种简单的方式,剧作家建构了一个会被完全颠覆的世界。

去年 4 月,29 岁的约翰·爱德华·玛什(John Edward Marsh)被联邦法院陪审团判定犯有抢劫罪,原因是,他从位于弗吉亚州温切斯特市的商业储蓄银行(Commercial and Savings Bank)分行抢劫了 1.4 万美元。11 月 9 日,联邦调查局在里诺逮捕他,自那时起,他一直被扣押在监狱。

玛什的定罪依据是银行经理罗克西·R. 霍克曼(Roxy R. Hockman)和银行出纳员卡罗琳·希克森(Caroline Hickerson)的指认。然而,在昨天的法庭上,二人出庭承认自己认错了人。

重启调查此案的关键是,6 月 7 日,查尔斯·A. 劳里茨(Charles A. Lauritz)毫无征兆地认下了这宗抢劫罪。他今年 40 岁,曾经是一个警察,现在是弗吉尼亚州费尔法克斯市的一个建筑承包商。

随后,这个案件被重启调查。

......

达尔顿(Dalton)法官说,玛什可以因之前的错误判决得到赔偿金。

"这显然是我们的错,"达尔顿法官在他的闭庭陈述中说,"我们肯定会尽快采取措施来补救错误。"[1]

纵使人们只是认错了某个物理对象,也会陷入一个被错误框架化的复杂活动流:

弗雷斯诺(Fresno)——上帝会(Church of God)雇了五个人将牧师的住所搬迁到新地址。他们忙碌了一天,完成了准备工作。

他们拆下所有电线和管道,用千斤顶抬起整个建筑,准备进行跨镇搬迁。正当他们准备开始移动建筑时,多伊尔·R. 扎卡里牧师赶过来,看了一眼便大叫道:"停下！ 这是基督教堂(Church of Christ)！上帝会教堂在马路对面！"[2]

4. 前面的章节曾指出,任何活动片段都能在不同的轨道中得到组织,例如主要轨道或故事主线,以及各种从属性轨道。这种轨道假说提出了一个强有力的观点:对每一条轨道的管理都可能发生明显的错误,即错误的框架化。

---

[1] *San Francisco Chronicle*, June 23, 1966.

[2] *Ibid.*, July 23, 1965.

首先是无视轨道：

新泽西州,帕特森(合众国际社)[Paterson N. J. (UPI)]——昨天,三个蒙面劫匪抢劫了一辆银行运钞车,劫走了511 000美元。他们提前埋伏在罗马天主教会的牧师住所内,趁隔壁举行葬礼时抢劫了这辆车。该车刚准备取走教堂在周日募捐到的资金。

在等运钞车来取钱时,劫匪绑住了四个牧师和一个教堂司事,还堵上了他们的嘴,并从教堂偷走1100美元。一个牧师试图逃跑,被劫匪飞身扑倒。

另一个被堵着嘴的牧师试图发出叫声求救。住在二楼的牧师听到了声音却没有理会。他说,这是因为发出怪叫的这位牧师常常"放声高歌"。①

关键在于,这种类型的"歌唱"常常被当作与情境不相干的事物而被无视。

其次是与定向轨道相关的错误框架化。例如,行动者把定向材料当成正文的一部分：

邮递员告知一位家住韦斯特波特市(Westport)的女士,无须在地址里加上"R.F.D.2"这几个字。这位女士便将这事转告给邦威特·特勒百货公司(Bonwit Teller)和其他人。不久后,她收到了百货公司的账单,地址栏上写着：

希拉里·琼斯(Hilary Jones)太太

去掉R.F.D.2

韦斯特波特市,康涅狄格州。②

秘书的工作也印证了这一点：速记时,他们会把对文本的评论也记进正文里。如前所述,由于需要记录的活动流的线索与不需要记录的部分只存在微妙的差别,而秘书几乎不会犯错,这无疑令人惊讶。

最后,一些超出参与者掌控范围的东西也会发生错误的框架化,比如无意间的暴露、证据边界的失效。"曝光幻想"(exposure fantasy)就是一种典型的错误框架,即对"毫无准备地出现在公众场合"感到焦虑,它(以及

---

① *San Francisco Chronicle*, December 22, 1964.

② 参见 *The New Yorker* 的"漫谈城市"专栏。

隐蔽渠道)在舞台表演中尤为显著。例如,在广播时,如果人们以为附近的话筒已经关闭,于是发声说笑,就会导致广播中出现不该被收录的杂音。相应地,电视节目里也会出现意外的搞笑镜头:一些演员误以为镜头没拍到自己,或者误以为身边的摄像机已经关机。在上述情况中,播放设备展现出将非舞台行为转换为舞台行为的某种能力。当然,当一场舞台表演正在进行时,一些人可能会误以为它是一场排练或未经转换的活动,进而在观众面前暴露一些通常会对他们隐藏的事物。

克拉夫特剧院(the Kraft Theater)正在进行一场电视广播直播,当整部戏剧中最激动人心的悬疑时刻即将抵达高潮时,一个声音——"**是谁订的黑麦火腿三明治?**"——盖过了所有演员的声音。一个送外卖的男孩无意间闯进了录制厅,没有任何人注意到他。[1]

一些刻意向观众隐藏的定向线索(通常会用提词器暗示台词)也会被错误地框架化。

许多广告公司会在广告的脚本上做标记,强调广告的重点。请听这位紧张的新手播音员如何播报他的第一支商业广告:

柯林斯面包(Collins Bread),慢烘细烤——强调这一点,用真诚的语气读这句话——每一块面包都被均匀地烤成棕色,集美味、健康和助消化于一体。要是商店老板问起——强调这一点——记得一定要选择柯林斯面包。[2]

前美国小姐贝丝·迈耶森(Bess Meyerson)在一档流行网络电视节目《巨额回报》(*The Big Payoff*)中担任联席主持人。在节目采访进行的过程中,制作组递给她一张便笺,提醒她参赛者将前往伦敦(London bound),而她可以利用这点为采访增色。然而,贝丝以为便笺上是参赛者的名字,便这样说道:"女士们,先生们,让我向你们介绍伦敦·邦德先生(Mr. London Bound)!"[3]

---

① Kermit Schafer, *Prize Bloopers* (Greenwich, Conn.: Fawcett Publications, Gold Medal Books, 1965), p.53.

② Kermit Schafer, *Pardon My Blooper* (Greenwich, conn.: Fawcett Publications, Crest Books, 1959), p.113.

③ *Ibid.*, p.62.

在框架发生歧义的情况下,我们可以根据引发框架化的争议的要素来辨明错误的框架化。人们会追问,在何种情况下,错误的框架化将长期存在？ 如果只考虑这一点:个体基于错误的设想所采取的行动本身自相矛盾,很可能让个体察觉自己的错误(以及犯错的方式),那么,我们可以推测,错误的框架化并不像框架的歧义,甚至不像一些短暂的错误那么常见。不过,某些与初级框架有关的错误可能会长期存在:

> 圣芭芭拉(Santa Barbara)——过去六个月间,曼纽尔·A. 瓦伦西亚(Manuel A. Valencia)总感觉出租房的沙发有些凹凸不平。
>
> 沙发上有一块奇怪的凸起,就算没有人坐在上面,它也会时不时移动自己的位置。
>
> 昨天,瓦伦西亚夫妇发现这块凸起突然消失了。
>
> 经过一番搜寻,瓦伦西亚夫妇在嗡嗡作响的冰箱下面发现一条七英尺长、20 磅重的蟒蛇。
>
> ……
>
> 动物园管理员推测,这条被遗弃的蟒蛇可能在公寓里昼伏夜出,捕食老鼠。饱餐让它变得非常懒惰,所以它并不介意白天被人坐在身上。
>
> 爬行动物专家提醒,这条蟒蛇可能吃过一顿大餐,才能蜷缩在沙发里整整六个月。
>
> 在那段时间,瓦伦西亚夫妇暂住在亲戚家里,未能发现这条蛇。[1]

三、 解释与争议

1. 据说,青少年在内城区的恶作剧和嬉闹在行政人员和受害者眼中,就是破坏公物与盗窃。尽管其中一方会据理力争,试图先说服对方,给这件事下定义(至少会以强制力博取他人的尊重),但如果双方意见无法达成一致,即理论上无法让所有人卷入同一种框架,时间就会白白流逝。[2] 在这种情况下,围绕"如何定义已经发生或正在发生的事情",持不同意见

---

[1] *San Francisco Chronicle*, December 13, 1967.

[2] 著名案例参见 Frank Tannenbaum, *Crime and the Community* (New York: Columbia University Press, 1938), p.19。

的一派将公然与另一派争论,随之而来的就是框架争议(frame dispute)。

　　然而,这些都是造成框架争议的例外情况。更常见的是短暂的争议,它源自某种马上就会被承认的错误,而且往往是当事人一方或双方犯下的善意的错误。

　　此处要讨论争议的另一种基础,一种完全有别于前面两种情况的秩序。下面将详尽地展开讨论。

　　本书开头提到的"失误"和类似的事故也是与框架有关的问题,也曾指出,一些偶然性的因素也会让独立的行动流与事件流建立明显的关联。因此,后面的章节也会提到,人们可能会误以为自己上当受骗,进而开始怀疑周遭世界。在本章,歧义和错误也成为框架失效(frame failure)的源头。当被框架化的日常活动流因日常的原因而失效时,人们就会觉得自己在这个世界中切实的参与被切断了(至少是暂时被切断了)。

　　当框架失效时,人便无法安然立足于日常的活动之流,他可能会承认自己的失败,把错误的框架当成借口,为自己的无能、过失和无端的猜疑辩解。其他人也会接受这些解释(account),以减轻自己在他犯下并承认的错误中的责任。这些解释也会招致争议,至少会招致相关方的怀疑。框架争论(frame debate)由此产生,但发生在更高的秩序(higher order)层面,因为当事各方已在"本该如何理解事情"的问题上达成了一致,但在"为何没能按照这种方式理解事情"的问题上产生了分歧。

　　形形色色的司法机构是处理框架争议(无论该框架基于何种秩序)的重要手段,它们有权听取双方的论点,并做出判决。正如派克所言:

> 　　在我们的文化中,一些专门的法律程序可以区分物理上相似但性质不同的事件,还可以用不同的文化惩治措施处理这些事件:这个人在入室抢劫时是否携带了武器? 这个司机撞到人时有没有闯红灯? 暴行是蓄意的,还是一时冲动? 肇事者是精神失常,还是本性凶残? 囚犯是真的想越狱,还是被守卫误会,或者是假装越狱,抑或是被迫越狱? 对于非法律性的活动也有一些界定问题的标准:这是真正的理由,还是掩盖懒惰、不负责任的行为或恶意行为的借口? 盘子真的碎了吗?[1]

---

① Kenneth L. Pike, *Language in Relation to a Unified Theory of the Structure of Human Behavior* (Glendale, Calif.: Summer Institute of Linguistics, 1954), pt.1, p.13.

　　2. 框架争议,尤其是更高秩序层面的争议会带来一些基本的问题。如果与错误的框架化相关的托词可以证明一个人的清白和无辜,那么,同样的托词也会被人当成一种逃避现实行为责任的手段,即一种逃避惩罚的方式。无论这个人有没有这样做,其他人都会怀疑这个人只是以框架为借口给自己开脱。(毕竟,这就是更高秩序层面的框架争议可能存在的原因)当然,无论有无凭证,别人都可以对这个人的解释持怀疑态度,而这个人也可以怀疑(可能正确,也可能不正确)别人并不相信自己的解释。最后,相信他的人会装出怀疑的样子(反之亦然),而当事人自行对此做出正确或错误的猜测。这些可能性为框架化过程所特有,它们构成了经验组织的一个基本特征、一种基本滑脱(slippage)。(因此,人们如果怀疑一个人的解释,就会对两类截然不同的事情心存疑虑:那人所呈现的事实以及他是否相信自己呈现的事实。因为我们知道,在这个世界上,无辜也可能是一种诱导。)如果我们不关注这种容易产生争议的怀疑游戏,就难以进一步思考更高秩序层面的框架争议。

　　个体对事件的错误框架化具有衍生性(breeding)。他不仅可能会继续进行一系列错误行为,而且,当他试图为自己辩解时,解释本身将会招致他人的怀疑,也会让他自己怀疑自己是否得到了信任。可以预料的是,当某人误以为自己错误地框架化了某个事物,他会陷入不受信任的绝望,甚至拒绝纠正错误。例如,超自然事件的目击者可能会决定忘掉整件事。因为框架的这种性质,事件也具有一种容易遭人怀疑的基本的松散性,而这种松散性将同时影响行动者和目击者的主张。或许,每一个社会在某种程度上都存在这种怀疑游戏。

　　也就是说,我们不能只把无辜当成内在于行动者灵魂的品质,而应把它视为行动者与某类事件的关系,这类事件因他人对该行动者的行为的错误框架化而产生。

　　3. 与歧义和错误的框架化一样,框架争议也可以指向框架中的不同要素。例如,每当有人声称自己发现了超自然的力量时,就会产生关于初级框架的争议。

　　　　阿卡尤坎,墨西哥(Acayucan, Mexico)——周日,约1000名愤怒的农民赶走了他们教区的牧师,因为该牧师拒不接受农民关于"神迹降临"的说法。

　　　　警察介绍说,最近的一场风暴过后,人们发现一棵倒下五年之久的古树重新焕发了生机。

目击的农民确信他们见证了一场神迹，便在树前祈祷，还要求教区的牧师在树下建一座教堂，举办庆祝弥撒。

牧师拒绝后，村民威胁要对他处以私刑，并把他赶出了小镇。[①]

同理，下述问题也会招致框架争议（不那么激烈的那种）：是否要将特定的行为当成某种症状，是否要以自然框架的视角看待它，是否要将其视为某种应受谴责的引导性行为。例如，犯罪理论就没能在这个问题上达成一致，而是基于不同的分析思路分成了两大阵营。[②] 一种将罪犯视为需要治疗的病人；另一种则用道德框架审视罪犯。在现实中，针对同一种刑事犯罪行为，一些司法管辖区将其视为某种心理障碍，另一些司法管辖区则将其认定为需要承担责任的恶劣行径。（此外，如果有一种制度化的机制来处理以这两种方式定义的犯罪行为，如果有专家在职业层面致力于用这两种不同的方式来对待这些行为，那就能建立框架争议的制度基础。）一个常见的例子是，当一个想偷走未付款的商品的人被抓包时，他可能会辩称自己因忧思和痛苦而患上了健忘症，这种说辞会让陪审团考虑被告是否像那种偷东西的人。[③] 以下报道就是一个典型案例：

> 昨天，《旧金山纪事报》（*The Chronicle*）了解到，美国陆军为一位战争英雄洗刷了近十年来的冤屈，一定程度上恢复了他人生的尊严。
>
> 对于小维克托·M. 亨格福德（Victor M. Hungerford Jr.）来说，这意味着他可以删除自己那段不光彩的退伍记录。他将恢复少校军衔，并因身体残疾荣休，补发的退休金可能高达 5 万美元。
>
> 亨格福德原本辉煌的军旅生涯以不光彩的方式终结于 1954 年的 7 月份。
>
> 他因擅离军队和写空头支票的行为受到指控并被逮捕。1955

---

① *San Francisco Chronicle*, July 26, 1966.

② 例如，参见 Walter B. Miller, "Ideology and Criminal Justice Policy: Some Current Issues," *Journal of Criminal Law and Criminology*, LXIV (1973): 141–162。

③ 例如 *San Francisco Chronicle* 在 1966 年 4 月 26 日和 27 日对海迪·拉玛尔（Hedy Lamarr）入店行窃案的报道。在对越轨行为的分析中，有人指出，问题不在于个体做了什么，而在于被赋予行动权利的人对事件采取的视角。然而，当其他视角也得到充分的审视时，对事件的判断明显将包括对现有视角或框架进行选择的过程，有时也包括了利用其中某个视角或框架弱化或增强另一个的过程。框架的框架是给定的，而在贴标签的过程中，创造性元素将受到特定初级框架或特定转换的适用性的限制。

年年中,他在军事法庭受审,被判在隆波克(Lompoc)的军队监狱服刑一年。

刑期结束后,这段不光彩的被开除经历仍被记录在案。

如果不是因为亨格福德一直保持着写空头支票的习惯并因此在1959 年被送进联邦监狱,这段经历可能永远不会得到澄清。

在被送入特设牢房之前,亨格福德前往瓦卡维尔(Vacaville)的联邦医疗机构进行例行检查。

他告诉医生,从 1950 年 7 月 16 日起,他就一直被剧烈的头痛所困扰,那时,他曾在朝鲜率领士兵冲锋,因炮弹爆炸的冲击而陷入昏迷。

在军队医院里,他也说过自己饱受头痛困扰的事,也反复向退伍军人管理局医院的医生倾诉此事。

但医生们认为头痛是他自己造成的,认为这是因为他无法适应和平时期的军队生活。

不过,联邦医院的医生决定更加谨慎地对待亨格福德的抱怨。

1959 年 12 月 5 日,一个神经外科医生给亨格福德的大脑进行了X 射线检查,证实了他们的猜测——亨格福德的脑部某个区域可能受到了损伤。

随后的手术进一步证实了这一点。医生在手术中发现,亨格福德大脑的伤势可能是炸弹爆炸产生的剧烈冲击造成的。

······

今年初,他决定赌一把,相信美国陆军会承认错误。他通过梅尔文·M. 贝利(Melvin M. Belli)律师事务所递交了申诉书,要求军队重审他的案件。

程序漫长而痛苦——他在医院里待了三个月,接受了一系列 X射线检查,军医一再复核 1959 年的脑部检查结果。在评估结果出来前,他还受到了反复的讯问。①

借此我们可以观察到,上述戏剧性的新闻故事如何证明了我们框架的框架化——即使它报道的是框架的误用(misapplication)。

4. 在庭审争论与其他框架争议背后,人们常常能看到某种"不光彩

---

① *San Francisco Chronicle*, by Paul Avery, November 23, 1964.

的情境"（compromising circumstance），在这种情境中，眼前发生的事情让旁观者形成了对起作用的力量的错误印象，这种印象有损活动参与者的声誉，因而他们需要寻找理由，对此进行解释。低级喜剧热衷于使用"不光彩的情境"这一主题，电影《劳来与哈代》（*Laurel and Hardy*）在这方面尤其折磨人。还有下面这个家庭生活中的例子：

> 亲爱的阿比：
>
> 不是我，而是我姐姐遇上了麻烦——她住在一个安置小区里，邻居都非常友善。
>
> 一天，一个邻居带着便携式电子按摩器找上门，对我姐姐说他老婆不在家，想麻烦我姐姐给他做背部按摩。
>
> 姐姐说她很乐意帮忙，请他进了门，因为天气很热，姐姐还给了他一瓶啤酒。
>
> 他脱掉衬衫，姐姐开始给他做背部按摩。当听到我姐夫回来的声音时，邻居惊慌失措地躲进衣柜，却忘了拿衬衫。姐夫看到衬衫和啤酒瓶暴跳如雷，在屋里四处搜寻，并在衣柜里找到了那个男人。姐夫把他揍了一顿，还把我姐姐赶出了家门。第二天，姐姐像个傻子一样回了家，姐夫依旧火冒三丈，六个月都没理她。现在姐姐问我该怎么办，我无计可施，不知道您是否有什么好的建议？①

当然，事先避免容易产生的误会是人们通常会采取的行事方式：可能会误解他人的人会小心翼翼地进行试探，而可能会被误解的人则会用直白的言行说明情况。譬如：

> 新蒙特吉（New Montgy）。昨天清晨（距离圣诞节还有四天），霍华德·扬（Howard Young）看到一个女人正在翻垃圾桶。他温柔地对她说："这个季节干这个有点儿太苦了，需要给你点儿钱吗？"女人回道："管好你自己吧，我不小心把圣诞卡掉在这儿了。"②

不过，事情一般没有这么简单，原因在于，无论如何评估他人所处的情境，路人一般会径直地走过垃圾桶，而有正当理由翻找垃圾桶的人，要么干脆不这么做，要么事先采取措施避免自己被误解。因此，社会控制的

---

① *San Francisco Chronicle*, by Paul Avery, August 29, 1965.

② Herb Caen, *San Francisco Chronicle*, December 22, 1964.

制度化手段保证了人们可以顺利地应用解释框架。[例如,国际象棋选手只是想稍微挪一下棋子在棋盘上的物理位置,而非深思熟虑地走子,他可以说"J'adoube"(法语:我摆正一下棋子),就能以正式的方式消除所有歧义。]重申一遍,对我们来说,重要的不是误解会发生,而是它们鲜有发生,这种现象隐含着一个事实:人们通常会事先采取措施减少误解的发生。因此,这种谨慎和良好的意识创造了一个世界,在这个世界中,框架作为一种解释手段,即使不能自然而然地起作用,也能以人为设计的方式起作用。

除了不光彩的情境,偶然联系(incidental connectedness)更加普遍。例如,无辜者误入犯罪现场,还拿起作案工具在上面留下了指纹。这个指纹误导了警方,导致他被逮捕。当"共在性"(alongsidedness)出现时,它就会被当作一种引导性行为。不难理解,警察侦查手册之类的书籍总会引用几个"招致框架错误的事件情境"案例:

> 周日清晨,某小镇的主干道上发生了一场意外事故,这件事故说明了一个道理:在彻底调查清楚之前轻易得出结论是很危险的。当时,一名警察正在人行道上行走,他看到一男一女站在一个街区外的巴士站台边的人行道上温和地争论着什么。事发地在商业区,当时大街上只有他们三人。警察没太在意,转而查看一家商店的橱窗。突然,他听到玻璃粉碎的声音和一声闷响,然后就发现那个女人倒在了人行道上,男人俯身看着她,右手拿着一个破酒瓶。警察冲过去时,女人已经死了,男人紧张地表示他什么也没做。然而,除了他们三人外,街上再无他人。男人坚持自己的说法,表示他们正在说话时酒瓶突然砸下来,而他只是用手抓住了瓶颈。显然,酒瓶中曾装满了酒。……男人被控谋杀,但警察仍在调查这件事……五天后,真相大白。周六夜里,几名商店员工在装饰完商店橱窗后,便去七楼房顶的一个小房间打牌,以打发夜晚的时光。他们喝了几瓶酒,这瓶威士忌不知怎的就被放在了窗户敞开着的窗台上,没有人知道它是被人不小心推下去的,还是自己掉下去的。甚至,当这起"谋杀案"见报时,他们也没有联想到这件事,因为谁也没有想起这个瓶子。①

---

① Captain Juby E. Towler, *Practical Police Knowledge* (Springfield, Ill.: Charles C. Thomas, 1960), pp.112-113.

5. 框架争论通常与疏忽大意的主张有关——个体会称，尽管自己有嫌疑做出某个应受谴责的行为，但自己根本没有这么做，而只是失去了控制，称不上有罪。例如，某个执法人员在追赶并成功逼停一辆黑人驾驶的车后仍开枪杀死了对方，他是这么辩解的：

> 洛杉矶——昨日，杰罗尔德·M.博瓦（Jerold M. Bova）警官供认，他被伦纳德·戴德维勒（Leonard Deadwyler）东倒西歪的车撞得摔了一跤，于是"本能地抓起"配枪，"无意识地开枪"杀死了戴德维勒。①

车里的两个乘客讲述了故事的另一个版本。（由于他们被指控醉酒，因此证词的力度有所削弱）：

> 戴德维勒太太和弗格森（Ferguson）作证，警察拦住他们时，戴德维勒正载着她火速赶往综合医院（General Hospital）。身怀六甲的戴德维勒太太感到一阵腰疼，她以为这是分娩的阵痛，便催促丈夫开快点儿。
>
> 他们的车被逼停后，警察拿枪对着乘客的窗户，射杀了戴德维勒。②

另一种情况与无罪的主张无关：事件之间的偶然联系引导个体做出了某个行为，带来一个意料之外的后果。例如，某人带着步枪和望远镜打猎，他瞄准了同伴右侧某处的位置，却一枪打中了同伴的脑袋，杀死了他。③ 此外还有一种情形：误认（misidentification）——它是一种情有可原的人性弱点，与不道德的意图无关。

> 坎特伯雷，英格兰（Canterbury；England）——在昨天的庭审中，一名男子因把占卜师的水晶球据为己有而受到指控。他解释道，自己误以为它是一瓶啤酒。
>
> 马尔科姆·坎米亚德（Malcolm Cammiade）现年21岁。他说，当时他正在一家酒馆喝酒，在寻找卫生间时摔了一跤，跌进了帘子后面的杜-巴里太太（Madame du Barry）咨询室。杜-巴里太太是一位75

---

① *San Francisco Chronicle*, May 26, 1966.

② *Ibid.*

③ *Ibid.*, December 2, 1967.

岁的占卜师,据说可以预知未来。

　　"我放下手里的啤酒瓶后,顺手捡起了这个球——我以为它是我的瓶子。"他对庭审人员申辩道。最终,他被有条件地释放了。①

　　无论是基于某种无关联性,还是自我的疏忽大意,个体的无罪主张都涉及框架限制这一特殊问题,即托词有多大的说服力,能在多大程度上证明个体是无辜的。答案(正如上一个案例)似乎是:很大程度上。毕竟,"很多人都可能碰巧路过"犯罪现场。例如,警察逮捕了一个女贼,在她的胸罩里找到了价值 1350 美元的钻石和绿宝石胸针,而她的内裤里还藏着价值 1300 美元的钻戒、两块男式腕表、一个黄金和钻石手镯以及一个空的戒指盒。女贼可以声称自己对盗窃案件一无所知,表示自己也不知道这些珠宝为什么会出现在她身上,只记得她在喝醉之前正和一个男人共进晚餐。② 人们当然不会相信她,可问题是,在这种糟糕的情形下,捏造出这种解释自有其价值,它是一种间接证据——就算某人和某事之间存在**明显的**联系,此人依然能全盘否认这种联系,并声称事实并非如此。

　　6. 另一种有趣的框架争议是与调音相关的主张。一些人会声称,尽管他们从事的一些活动的看似未经转换,但其实经过了调音,或者即将被调音。不管这一主张是否有效,人们都会尽力避免承担与之相关的责任和惩罚。以贝里根(Berrigan)和基辛格(Kissinger)的对话为例:

　　　　在庭审问询环节,法官询问牧师,是否如政府指控那般计划绑架基辛格并引爆供暖管道。

　　　　"我们没有计划这么做,"他回应道,"这是一场讨论。我们只是和其他数百万人一样,想知道在美国有没有可能发生像在魁北克、乌拉圭一样的政治绑架。"

　　　　……

　　　　"数百万人都会在某些时刻萌生类似的念头。这并不意味着他们会行动或计划行动,但为什么他们不能这么想? 为什么他们不能这么讨论和调查一番?"③

　　在所有"免责声明"的调音中,"只是开玩笑"似乎是最有力的托词。

---

①　*San Francisco Chronicle*, December 21, 1967.

②　*Ibid.*, October 21, 1965.

③　*The Evening Bulletin* (Philadelphia), January 24, 1972.

它适用于任何语境,也是人类历史中最泛用的托词。还有许多典型案例能体现框架的限制性。在此,我引用了瓦拉奇(Valachi)*的报告,这个报告说明了从一个失败的偷袭中全身而退的必要性。

> 思忖再三后,杰诺韦塞(Genovese)和米兰达(Miranda)决定把事情托付给科萨·诺斯特拉(Cosa Nostra)**的专业人士,还和他们签了合同。接下来发生的一连串荒谬事件,让瓦拉奇每次想起都笑得直不起腰。鲁波洛(Rupolo)听说博奇亚(Boccia)被谋杀后,就开始实施第二步计划。一天晚上,他约加洛(Gallo)去布鲁克林看电影。离开影院后,趁二人并肩走在街上,鲁波洛突然掏出枪,对准加洛的头扣动了扳机。第一枪打偏后,鲁波洛又开了一枪,还是什么都没打中。面对加洛的质问,鲁波洛心虚地搪塞说这只是一个玩笑,枪里根本没有子弹。之后,两人一同到朋友家拜访,鲁波洛趁机检查自己的枪,发现撞针已经生锈,于是给枪上了油。离开朋友家后,他们一起走过几个街区,鲁波洛再次向加洛开枪,尽管成功击中,却只让加洛受了点儿轻伤。此时,加洛终于确定鲁波洛是暗杀者。最终,鲁波洛被判九到二十年监禁。①

有趣的是,受害者有时也会把事件解读为"开玩笑",以保护那个看似友好的攻击者,为他做无罪辩护,防止别人伤害他。哪怕受害者和冒犯者之间的关系并不亲近,人们也可能做出这样的解读。关键在于,没有任何一种解读能让人满意。

> 亲爱的阿比:
> 我有一个女性朋友,我俩都是 15 岁,彼此间经常串门。她父亲给我的第一印象很亲切,应该是个好爸爸。但他做的一些事实在不妥,比如用手摸我,试图亲我。他从来不会在别人面前这么做,我想躲开他,但他女儿被他支走了。我说服自己把他的行为当成是玩笑,

---

* 瓦拉奇,著名黑手党告密人,是第一个在公众面前公开自己美国黑手党成员身份、第一个公开揭露美国黑手党存在的人,他的经历被多次改编为小说和电影。——译者注

** 科萨·诺斯特拉是黑手党组织英文名"Cosa Nostra"的音译,其意为"我们自己的事"。这个黑帮组织源自意大利,创始于 19 世纪末,最初的宗旨是为贫苦人民伸张正义,但后期拓展到美国之后渐渐独立于原先的意大利黑手党,开始走私酒品、非法酿造、进行各种违法犯罪活动。——译者注

① Peter Maas, *The Valachi Papers* (New York: Bantam Books, 1969), p.156.

但还是打心里害怕他。我不想失去朋友,但要是告诉我妈妈,她一定会剥了他的皮,我该怎么办才好?①

同样,既然人们可以在事后用"开玩笑"来逃避做错事的惩罚,那么,他也可以从一开始就安排好自己的所作所为,在需要解释时表示自己只是在开玩笑。换言之,人们能在行动前为自己找好借口。我们甚至可以认为,个体的行动就是按照这种方式**设计**的。事实上,无论是否如此,这种解读都为行动提供了一个理由。又如下述"家庭琐事":

亲爱的阿比:

我妈妈似乎爱上了她的新女婿。好吧,"爱上"这个词似乎有些夸张,她似乎总想和我姐夫产生身体接触。"布比"(Boobie)(她这么叫他)好像不知道事情有多糟糕。他 33 岁,我妈妈 48 岁(但看上去年方 30),妈妈时常坐在他大腿上,挠他的后背,抚摸他的脖子,或者邀请他一起跳舞。这太恶心了。

我姐姐因为丈夫和妈妈相处愉快而高兴不已。可是,我妈妈是离异的单身女性,却如此热情,这让问题变得严重了。我们该怎么做? 要不要提醒姐姐看清事态,管管自己的丈夫?②

借助安全的暗示进行交流是一种标准的技巧,它遵循同样的设计:通过这种技巧,个体能够让那些值得信赖、不会陷害他的人恰当解读他的用意,帮助他实现自己的目的,也能用"我是不得已才开玩笑"敷衍那些持反对意见的人。③

与开玩笑相关的主张(与调音有关)和与玩笑式欺骗相关的主张(与善意的捏造有关)没有太大的区别。下面这个例子涉及夫妻间的关系,为后一个主张提供了例证:

杰克·F. 威尔逊(Jack F. Wilson)今年 23 岁,是个忠厚老实的丈夫。他的妻子名叫特里,今年 20 岁,顶着一头红棕色的头发。昨天,两人刚刚复婚。

---

① *San Francisco Chronicle*, February 15, 1966.
② *Ibid.*, November 20, 1967.
③ 一种极端的情况是,为测试这种不严肃的情境定义的作用,一个人可能会主动承认自己有嫌疑的罪行,因为人们通常认为,没有人会用开玩笑的方式承认他面临的严肃指控。(*S. I.*,第 57 至 70 页讨论了这种用"坦诚"误导他人的策略的局限性。)

……

一个奇怪的事件随着罗杰·帕金斯（Roger Perkins）的到访公之于众。罗杰来自东帕罗奥图（East Palo Alto），是特里第一任丈夫的朋友。他来到地方检察官在圣何塞（San Jose）的办公室，出示了一份手写合同。

合同上只有一段话，是特里的笔迹：若威尔逊夫妇出售房产，珀金斯有权获得一半的钱，还能在杰克死后获得一半保险金。

于是，地方检察院的特别调查员贺拉斯·博伊兹顿（Horace Boydston）立刻来到威尔逊家"钓鱼执法"。他打扮成杀手进行调查，并向上级报告说，威尔逊夫人确实正打算实施这一计划。

杰克是门洛帕克（Menlo Park）温斯洛普实验室（Winthrop Laboratories）的一名仓库管理员，也是一个兼职赛车手，他闻讯立即给妻子聘请了一个律师。

辩方律师想用如下说辞说服陪审团，即整件事情只是一场骗局，威尔逊太太正打算适时揭穿珀金斯的谎言。①

注意，任何形式的"开玩笑"都不见容于法律陈述。不过，无论诚实与否，此类伎俩在法律案件中依然常常使用。例如这项关于窃听的研究：

梅森承认，某些"有心人"会把他的设备用于敲诈而非工作。他提到一个案例：一位住在洛杉矶的年轻女士邀请好莱坞高级中学的校办主任到自己的公寓做客，她在公寓的沙发下偷偷藏了个录音器，录下了主任的不雅言行，并以此敲诈对方。然而，这位校办主任直接报警并对她提起了诉讼。这个女士被捕后很快就被无罪释放，因为她故作正经地表示，录音事件只是一个玩笑，目的是让校办主任娶她。②

7. 个体可以辩称自己的行为是无意的、非严肃的，以此来重构行动的意义，减轻自己应负的责任。正因如此，他也可以声称整件事是一种严肃的善意捏造，比如实验（experimentation）、重要考验等。他还能说自己"受到了构陷"，表明自己中了他人故意设计的陷阱，进而陷入了虚假的、糟糕

---

① *San Francisco Chronicle*, August 22, 1964.

② Samuel Dash, et al., *The Eavesdroppers* (New Brunswick, N.J.: Rutgers University Press, 1959), pp.190—191.

的情境。此时发生的捏造并不是善意的，也不是为了证明自己无罪的人故意制造的。现实中的一些构陷可能会彻底重构受害者的周遭世界，它们打开了一种可能性，无论多么微小，一个人关于自己受到了构陷的主张都是有效的，无论有无凭据，这个人都可以说是有人恶意设计了这个构陷：

> 伦敦——昨天，一个美国年轻人因从伦敦的莫斯科纳罗德尼银行（Moscow Narodny Bank）偷走 6 万多美元受到指控，被英国中央刑事法庭判处三年监禁。
>
> 布赖恩·克里斯托弗·特雷尔（Brian Christopher Terrell）来自得克萨斯州休斯敦，现年 23 岁。他以苏联和美国的间谍自居，借此牟利近 7 万美元。他辩称，在自己的双重间谍身份暴露后，俄方伪造了对他的盗窃指控。陪审团驳回了他的陈述。[①]

我们还要考虑到，除当事人之外的其他人也可以对一个行为是真实的还是捏造的产生争议。例如，"自杀未遂"的人到底是真的想结束生命，还是只是做做样子以引起他人对自杀行为的关注，进而帮助减少真正的自杀事件？框架争议可能导致如下后果：

> 本月上旬，至少五个年轻人试图在布朗克斯的斯波福德青少年中心（Spofford Juvenile Center）自杀。
>
> 昨天，市议员罗伯特·I. 波斯特尔（Robert I. Postel）在一份报告中指出：
>
> > 难道这些自杀未遂事件还不能证明斯波福德的环境十分恶劣吗？还不能证明改革迫在眉睫吗？还是我们必须等到孩子死亡才采取措施？
>
> 负责管理这个劳教机构的副主任华莱士·诺蒂奇（Wallace Nottage）在一次采访中承认："我们这里已经发生多起类似事件。"然而，他认为这些年轻人并不是真心想要自杀，而是想要借此搬离拘留中心。[②]

如果争论始于尸体，而非自杀的意图，那么框架争论的基础仍然是可用的。对此，最好的见解可能是：能够证实个体真的想要自杀的情境通常是人为制造的，其首要目的是向他人和自己证明自杀行为的严肃性，尽管

---

① *San Francisco Chronicle*, June 1, 1965.

② 报道见于 Grace Lichtenstein, *The New York Times*, November 22, 1970。

事实可能并非如此。①

8. 框架解释和框架争论涉及的主要问题是，个体应该应用何种框架和转换？或者，如果有的话，何种错误的框架化牵涉其中？大多数争论都没有对社区中现有的框架化设定的框架提出异议。阿卡尤坎的本地农民坚信有神迹发生，但被牧师断然否定。尽管如此，在以后的日子里，牧师仍然会继续让这些农民表达类似的想法。由此衍生出一个更深层次的问题——关于我们的宇宙论本身的问题。毕竟，我们可以向阿卡尤坎的农民强调，神灵对自然界的干预不可能，也不会发生。同理，当一些人看到从外太空坠落到地球的物体，会认为这是有意识的外星来物，但地质学家会认为，这个物体是无法被引导的，因为人类无法触及外太空的任何事物。法学家也可辩称：尽管大脑损伤会影响人的行为，但我们不能把伪造支票这种特定的社会行为完全归咎于此，也不能完全排除由此类活动构成的引导性行为的意义。

相较于假定人们拥有宇宙论的共同信仰的辩论，与宇宙论相关的争议似乎更需要专家以半官方的身份做出裁决。当然，这些宇宙论的拥趸为了平息事件，往往坚持采用"自然的"解释，它允许我们在不改变任何初级框架或其关系的前提下继续前行。这些认知秩序的捍卫者往往颇受尊重，这也合情合理。② 在此，我们能看到日常事件与法律、科学、艺术领

---

① 一种观点认为，自杀的问题本身处于不同相关方的建构之中，人们注定无法查明（有效的或无效的）在特定情境中"真正"发生的事情。民事机构肯定会犯错，公共政策也会把一些非意外的死亡定性为意外，而把一些严肃的自杀定性为"做样子"。确实，陷入困境的人更容易铤而走险，这让一些学者以为自杀行为会随着时间推移而持续存在。再加上对自杀的分析离不开意图分析，而意图只有死者本人清楚。而且，意图瞬息万变，在某一刻萌生的坚定意图会在下一刻减弱。集体实施的自杀行为也可能含有对赌的成分。然而，在微观的分析中，坚定的意图将融入一个由难以证实的不同目标所组成的松散网络，如果基于这个理由质疑自杀的意图，就是在质疑每一个行为，因为每一个行为都需要人们根据意图进行理解。这是种有趣的质疑，原因在于，虽然它只是从侧面抨击了与自杀相关的传统观点，但它引导人们重新评估整个社会生活。在我引用的故事（以及这本书的观点）中，市议员和劳教机构官员之间仍然存在分歧，但他们很可能通过自己构建的民间解释体系解决分歧。事实是，人们的意图常常被当成幌子，而声称自己有正当意图的人会担心自己被他人怀疑，这样的事实本身是一个有力的论据，也是一个无可争议的问题。另一篇文献强有力地反驳了这个观点，参见 Jack D. Douglas, *The Social Meaning of Suicide* (Princeton, N.J.: Princeton University Press, 1970)。

② Edward Shils, "Charisma, Order and Status," *American Sociological Review*, XXX (1965):

个人的魅力与对秩序的需求息息相关。这种人格魅力源自秩序创造、秩序披露、秩序发现等权力领域，它回应了一个更强大的权力秩序。(p.204)

因此，法官、立法者、律师、内科医生、科学家、艺术家都受人尊重。

域的官方最高上诉法院之间的关系。简单来说,这些机构不只注重维持标准,也注重澄清框架(clear the frame)。下面是一个"里程碑式"的决策案例:

> 华盛顿哥伦比亚特区——昨日,哥伦比亚特区最高法院裁定,长期酗酒者不能被判"公共场合饮酒罪"。
>
> 法院以 8 : 0 的票数通过这项判决,哥伦比亚特区联邦上诉法院表示,慢性酒精中毒可作为反驳这项罪名指控的证据,因为被告在醉酒后失去了自制力。
>
> 法院裁定,失去自制力的被告缺少定罪所必需的犯罪意图,因此不能依律对他进行处罚。①

另一种情形关乎"个人表达"。美国宪法规定,只有在可能造成明显而即刻的危险的情况下,言论自由才受到限制。* 例如,个体在拥挤的礼堂中开玩笑地大喊"着火了"。但是,如果某个退役士兵为了表达自己对战争的态度,在公共会议上仪式性地点燃征兵证,我们要如何解释这种情形? 他是在表达反战,还是在参与反战?② 尽管这个问题通常由法官裁定,但法官的判决也未必能服众,也并非所有人都认同法官的裁决权。此外,近期还有两个可能引起初级框架争论的新闻事件:一是天主教会逐渐减少了对"神迹"的关注;二是可能存在不明飞行物,即由类人生物引导的太空飞行器。而第二个事件已超出官方裁决的范畴,变成了一种秘密军事调查。

四、 澄清框架

当个体发现自己对正在发生的事情产生了疑问或者做出了误判时,正确的解读通常很快就会建立起来。有时,他会敏锐地审视周遭环境,收集可用以解决问题的信息。当然,他也能直接索要这些信息。一般来说,其他人也会对事件进行解释或干预,以确保个体能够正确解读这一事件。

---

① *San Francisco Chronicle*, April 1, 1966.

* 原文的表述并不准确。美国宪法第一修正案对言论自由做出规定,但"明显而即刻的危险"这一表述出自 1919 年"斯查克诉合众国案"判例。而在 1964 年"纽约时报诉沙利文案"后,这一规则被推翻,美国司法领域确立了"政治公众人物"的概念与"实际恶意"原则。——译者注

② 参见 Loudon Wainwright 的报道:*Life*, March 4, 1966。

[如果电视的声音突然消失，观众会感到疑惑，但他们很快就能看到屏幕上显示的简讯："电视音频信号传输有误，您的设备（电视）无须调整。"]与简单的错误框架化所造成的误解相比，如果个体被自己或他人所控制，他对事实产生的错误认知和立场可能会持续更长的时间，有时可能耗费他的一生。不过，他也可能并终将"看清"（see through）事实。如此便可称，个体与框架之间的关系被澄清了（cleared）。

值得详述的是，有组织的骗局为行骗者而非受骗者提供了一种清晰的框架关系。所谓"清晰的框架"（clear frame），指的是这种设定：活动的**所有**参与者与框架的关系都是清晰、明确的。此处有意对"澄清个体自身与框架的关系"与"参与一个清晰的框架"（该框架对所有人而言都是清晰的）进行了区分。一个清晰的框架不仅意味着每个参与者对正在发生之事的看法都切实可行，也意味着每个参与者对在场的其他人的看法，包括其他人对参与者的看法都相当准确。①

能够澄清框架的信息有各种各样的来源。面对歧义与差异，感到困惑和疑惑的个体会敏锐地审视周遭环境并保持警惕，直到弄清事情的来龙去脉。有时，他也会公开寻找事实来解决问题。当他觉得自己可能或已经被误导了，他就会不断进行解释和说明，并采取其他干预手段来澄清情境。另外，捏造者也会策略性地、刻意地向他人展示自己的行为。[例如，摄影师冯特说："保持微笑，你上《真实镜头》节目了。"或者，消防员说："注意！我是警察局的格林警官，我有你家房子的搜查证。"]这种行为展示也许是无意的，或者是基于下述原因：捏造者意识到自己即将被抓个现行，于是表现出一副诚实的样子，希望在事实揭露时不会有更多的损失。在做梦时，一旦梦醒，做梦者的幻觉便戛然而止。当然，第三方也能干预此事。例如，要是丈夫出轨了，妻子可能接到带有这种开场白的电话："我是您的一个朋友……"有时，官方的行动也需要澄清框架：

芝加哥（Chicago）——过去整整 10 天，34 岁的克莱尔·斯特尔

---

①　在后一种关系中，我们会发现一些问题。这是因为，一个有效发挥着作用的共识会在这段关系的递归性边缘产生疑窦。如果仔细观察就会发现，任何简单的共识都暗含歧义。如果两辆车在结冰的路上发生了轻微的磕碰，两个司机都把该事件框架化为完全偶然的、无人有过失的事故；相较于其他解释，意外的可能性当然更大。因此，框架是清晰的。但是，如果两人不下车讨论这件事，他们就不会知道双方达成了共识，当然，也不可能知道彼此都知道对方也这么想。（同理，他们也无法得知双方如何产生了分歧，更无法得知彼此是否是对分歧产生的方式达成了一致。）交流，尤其是面对面交流似乎打破了这些层次，至少给人一种分歧不复存在的感觉。

马泽克（Claire Stelmaszek）始终对逮捕和拘留保持沉默，她的朋友和邻居无法理解她，她的孩子也被嘲笑、骚扰。

但在昨天，这位勇敢的母亲受到了高度赞扬，她帮助警方破获了一起黑帮组织的赌博案件。

警方透露，斯特尔马泽克太太是 4 个孩子的母亲，她在南区经营着一家酒馆，假装与黑帮合作来帮助警察破案。

两个月来，有三个犯罪团伙的成员想在她的酒馆后面安装用于赌博的骰子桌。

斯特尔马泽克太太报警后，警察意识到他们可以趁机了解更多犯罪集团渗透合法商业活动的技术，就让她协助抓捕行动。

警方在酒馆里安装了录音设备，录下了自 5 月 10 日起犯罪集团成员威胁他人以及操纵赌博活动的细节。

据此，警方逮捕了斯特尔马泽克太太和其余 18 人，并对她的身份保密。

事后，斯特尔马泽克太太被保释并决定保持沉默。

"尽管保密的时间越长越好，但邻居的行为已经干扰到她的生活，所以我们选择立刻公开她的身份，证明她的清白。"警督爱德华·贝里（Edward Berry）说，"对她来说，最艰难的是不能告诉孩子真相，这对孩子们来说很残忍，但他们始终信任母亲。"

贝里称，因为母亲被捕，几个年幼的孩子遭到同学嘲笑。[1]

斯特尔马泽克太太在大陪审团面前作证之后，真相终于大白。

当然，上述不同的信息来源仅此而已。在框架得以澄清之前，可用的证据必须能够在精神层面上重组个体的主观认知。克利福德·比尔斯（Clifford Beers）* 提出了一个颇为有益的观点：分层是在主观层面被诱发的，这种分层使人从一个世界切换到另一个世界，而前一个世界中的所有

---

[1]　*San Francisco Chronicle*, May 20, 1965. 有趣的是，这篇文章的副标题是"芝加哥的女英雄"（Chicago Heroine）。对于以犯罪谋生的人来说，这整个行动是一个很好的例子，呈现了他们需要面对的意外事件。如果这种"自我设定"和计划与左翼政治行动有关，一些读者就会对英雄主义产生怀疑。

*　克利福德·比尔斯，美国精神卫生专家。因为哥哥患有癫痫，他一直生活在对癫痫的恐惧之中，最终因精神崩溃入住精神病院。在住院的三年间，他受到非人对待。痊愈之后，他立志从事预防精神病的职业，并将自己在精神病院的所见所闻写成《一颗找回自我的心》（*A Mind That Found Itself*）一书，开启了一场轰轰烈烈的现代心理卫生运动。——译者注

要素都是错误的，只为给人留下某种假象；后一个世界中的事物则更接近它们呈现出来的样子：

> 下午，病人和往常一样去户外"放风"。我也一起去了，在草坪附近闲逛，频频用期待的目光望向大门，我知道，我期盼的人很快就会从这道门走进来。不到一个小时他就出现了，我远远地看见了他，好奇地上前和他打了招呼。此时，一个念头在我脑中挥之不去："这次他又会撒什么样的谎？"
>
> 那人迎面朝我走来，他与我记忆中哥哥的模样相符，却已不再是我认识的那个哥哥。这种感觉比两年前更加强烈，我们握手时，我猜他是个侦探。寒暄过后，他掏出一个皮夹，我立刻认出这是我在1900年生病住院之前随身携带了七年之久的皮夹——他从里面取出我之前写给他的信。
>
> "这是我的通行证。"他说。
>
> "幸亏你带了它。"我冷冷地说道。此时，我又瞥了一眼皮夹，再次握住他的手。这一次，我确信自己握住了哥哥的手。
>
> "你不想看看它吗？"
>
> "没那个必要，"我答道，"我相信你。"
>
> ……
>
> 这是我的意识得以重新调整的辉煌时刻。至少，我的精神磁体的分子开始转向正确的思考方向。总而言之，我的意识找回了自我……
>
> 在我看到那封信的那一刻，一切都变了。在我抑郁成疾的798天，我脑子里形成了成百上千个错误印象，它们仿佛都在一瞬间得到了修正。非真实变成真实，过去那个正常的世界又回来了。在我脑海里，某种不知疲倦的想象力编织了一张巨大的网，但我突然意识到，它们不过是幻觉制造的陷阱，而我几乎不可救药地将自己裹缠在里边。[①]

生活中一定存在另一种与这一框架修正类似的经验：个体恍然大悟，误以为自己弄清了整件事，因为他会突然觉得自己没有理由怀疑周围的

---

① Clifford Whittingham Beers, *A Mind That Found Itself* (New York：Longmans, Green & Co., 1908), pp.78-79.

任何人,但事实恰恰与此相反。

显然,当个体识破一个捏造时,作为整体的框架却不一定(甚至不可能)被澄清。世界上最古老的策略之一就是识破骗局的人假装自己被蒙在鼓里,而后继续采取行动,进而扭转框架,获得更大的优势。① 也就是说,他从欺骗他的人那里获得了清晰的框架,让后者的框架失去了清晰性。如果识破骗局的人拿着证据与捏造者对质,捏造者未必会承认自己的所作所为,甚至可能会矢口否认,并进行抗议、辩解或者反诉,以这些手段为缓兵之计,引发框架争议。例如,有经验的法律顾问会建议嫌疑人无论如何都不要承认别人对他的指控,即便他的罪行已经昭然若揭。(与之相对,在善意的捏造中,真相的披露和对质确实会让捏造者坦承自己的所作所为,进而彻底地澄清框架。)可以预料的是,当捏造被揭穿时,如果捏造者不愿承认或供述罪行,人们可以用功能性等价物替他们认罪。例如,前文曾提及,庭审和其他官方听证会中的框架争论就能提供类似的设定,最终的判决实际上为所有人澄清了框架。在经典的侦探小说中,侦探在进行最终推理时会召集事件的所有相关人士,还会叫上一两个警官,形成类似"庭审"的场景。但在小说里,被突然揭穿伪装的反派可能会仓皇而逃或直接动手,这就证实了侦探的质问和分析。

框架澄清还涉及两种可能性较小的情形:第一种是无谓的坦白和自我暴露。个体以为自己的伪装已被识破,便主动澄清框架,最终却发现别人根本不知道他的秘密。

> 布雷布(Blabbe)——昨晚,一辆车摇摇晃晃地驶入 19 号大街后,违规左转开向欧文大街(Irving avenue)。6 点 15 分左右,一辆警车逼停了它。
>
> 司机莱昂纳德·索佛罗(Leonard Soforo)是一个 22 岁的电影音效师,他主动走进警车对警察说:"好吧,被你们逮到了。"这让警察大吃一惊。
>
> 皮特·塔塞夫(Pete Tasseff)和阿尔·霍尔德(Al Holder)警官说,索佛罗承认了自己在公寓里种植、吸食大麻并使用致幻药的行为。

---

① 见 *S.I.*, pp.54-55。发现他人的不正当行为和单纯的怀疑之间存在显著的差别。在后一种情况中,人们通常不会袖手旁观,而会直接对质,怀疑别人的人会觉得对方应该给出一个令人满意的解释。

随后，警察搜查了他位于柯勒律治街 85 号的公寓，果然发现两棵小号的大麻植株以及一个装满液体的罐子。索佛罗承认，瓶中装的就是致幻药。[1]

第二种情形在某种程度上与第一种相反。个体以为自己发现了别人的阴谋，便公开揭露对方的行径，想为大家澄清框架，最终却发现对方是无辜的，从而不慎暴露了自己作为揭露者的身份。因此，已故的约瑟夫·瓦拉奇当年作为一名大陪审团的证人在纽约皇后区（Queen County）法院出庭作证时，受到 20 个美国司法官和 300 个城市警察的保护：

> 在庭审时，一名准陪审员腋下夹着小提琴盒在法庭上走来走去，给庭审增添了一丝幽默感。长期以来，黑手党杀手都用这样的琴盒隐藏致命武器。
>
> 这位陪审员名叫尼古拉斯·达米科（Nicholas D'Amico），警卫拦下了他六次，要求查验他的琴盒，要他证明里面确实是一把小提琴。他解释道，自己是一个音乐爱好者，非常珍视这把琴，所以总把它带在身上。[2]

审讯人员也犯了同样的错误。他们对受审者表示，自己知道后者做了某种行为，但后者实际上知道自己并没有这么做，还由此察觉了另一个事实：审讯人员只是假装对他坦诚相待和假装了解事实。

五

显而易见，我们对事件的框架化可能会导致歧义、错误和争议。（同样明显的是，个体可能利用这些反应来掩盖自己与事实的关系。在框架的问题中，此类扭曲在所难免。）我们确实会犯下严重的错误，但正如贯穿本章的论述，此类错误大多只是例外。我们具有感知、辨识框架相关问题的卓越能力，这似乎是拯救我们的原因——当然，其他人也会谨慎地采取能够被明确定义的行为，这也有所助益。我们已在"转换深度"那部分内容中描述和颂扬了这种辨识能力。此处可以提供另一个例证：个体能够细致地辨识非舞台活动和舞台活动，甚至在这两种活动混合在一起时，这

---

[1] *San Francisco Chronicle*, June 8, 1964.

[2] *Ibid.*, October 17, 1963.

种能力依然能够发挥作用。下面这个报道描述了电影《草莓宣言》(*The Strawberry Statement*)在加利福尼亚州斯托克顿(Stockton, California)拍摄时的情形:已下班的警察和消防员显然扮演了执勤者的角色,学生示威者则扮演了示威者的角色,报道拍电影过程的电视摄影师则扮演了摄影师的角色,真正的警察在斯托克顿市政厅(电影中的大学取景地)执勤,保卫城市资产。在这种混乱的角色语境里,下述报道清晰地呈现了当时的情境:

> 那晚我看到了现场的情况。一个临时演员恰好是太平洋大学(University of Pacific)黑人学生会的主席。在拍摄间隙,他滔滔不绝地对着聚在市政厅大厅的学生演讲。他强调,学生的加班没有得到应得的报酬,于是煽动学生罢演。米高梅电影公司(Metro-Goldwyn-Mayer Inc.)的某个小职员试图阻止他未果,因而恼羞成怒,最终动真格叫来现场的一名白人警察逮捕那个黑人。警察先是确认了这个黑人的行为不是电影的内容,随后采取了行动。
>
> 此时,扩音器的声音响起:"国民警卫队和警察请注意,进入大楼时不要喧哗,不要叫喊,直接转身出来。"随后哨声响起,警笛呼啸;700多名学生跳起来并开始嚷嚷,警察耸了耸肩,走出了镜头。
>
> 我猜那场戏进行得非常顺利……
>
> 其中一个演员踩到一片玻璃,两个人过来帮他包扎。其中一个人帮他擦掉了脚上的血,另一个人则把更多的血抹在他的下巴上。[①]

---

① James Kunen, "Son of Strawberry Statement," *New York Magazine*, January 12, 1970, p.47.

第十章　打破框架

一

截至目前,我们已经讨论过个体及其感知。他可能准确地感知到了正在发生的事情,即获得了准确的框架;也可能被欺骗、蒙蔽或产生了错觉。基于上述感知,他会采取一系列言语上和身体上的行动。本书认为,个体在活动中采用的框架为他构建了活动的意义。

然而,框架不仅组织着活动的意义,还组织着个体在活动中的卷入。在纷繁杂乱的活动中,参与者不仅能感知到"正在发生的事情",还会被这些事情吸引,(在一定程度上)自发地、专注地沉浸其中。

所有框架都包含了一种规范性的期待,即希望个体充分而深入地卷入框架组织的活动。当然,个体在不同框架中的卷入程度各不相同。对于有些框架(例如交通系统),个体只需时不时保持专注,在需要避免一些突发事件时集中注意力。而别的框架(例如性交的框架)规定了个体的卷入同时包含了字面意义和象征意义。但在所有情形中,个体的卷入都受到一定的限制,这些限制定义了什么是不充分的卷入,什么是过度卷入。个体在工作和玩乐时使用的材料往往千差万别。我们可以根据这些材料对个体注意力的吸引程度来对它们加以区分,桌游和纸牌游戏一类的材料似乎专为"专注"而设计,这是判断这类材料和其他材料的差别——包括日常世界提供给我们的材料——的标准。

卷入是一个精神生物学的过程,在这一过程中,主体多少会意识不到自己的感觉和认知注意力的方向——这就是"专注"一词的含义。越是需要特别关注的事,个体越不能刻意地这么做(至少整体上是这样),因为这一意图会引入一个不同的关注焦点,即"让自己对某件事保持特别的关注"。在我们的分析中,个体必须自发地专注于一个焦点并据此行动,不能刻意为之,这意味着只有恰当的卷入才能产生恰当的行为。而且,只是大致地辨认出我们所参与的活动还远远不够。例如,一个欧洲人能准确识别出正在播放的是印度音乐,甚至知道演奏时使用了萨罗达琴和塔布拉双鼓,但此时的他已经不自在地离开了音乐本该为他构建的世界——他跟不上节奏,也无法投入音乐,他置身于音乐之中,却游离其外,产生了一种不愉快的体验。

卷入是一种环环相扣的责任。如果参与者在某项活动中没有按照规定保持注意力,其他参与者就有可能发现端倪并开始揣摩这一违规行为的意义,同时思考自己要对这一行为做出何种反应。一旦别的参与者**萌生了上述想法**,他们的注意力就会从自己本该专注的事情中跳脱出来。也就是说,一个人的不当行为会导致其他人行为的失当。因此,无论个体是过少还是过度参与某事,他都得掩饰自我的卷入,最大限度地减少自己对其他参与者的干扰。①

虽然,个体在活动中的卷入或多或少受到限制;但也无法否认下述事实:人们可以容忍一些偏离规范的行为。只要个体能够有效地遮掩自己的行为,许多偏离规范的行为将免受惩罚。事实上,这些偏离几乎是所有捏造的构成要素。

要强调的是,沉迷于某事(专注)无法让我们区分未转换的活动片段和转换过的活动片段:读者沉浸于小说中的某个章节与他沉浸于“真正的”经验片段的感觉是一样的。当詹姆斯和舒茨说某些东西在“流行之后成为现实”(real after its fashion)和“多重现实”(multiple realities)时,他们真正想表达的是:现实事物可能让人沉迷其中。②

---

① 进一步的讨论见“异化的互动,”*I.R.*, pp.113-136。

② 威廉·詹姆斯解释说:

因此我们可以说,艾凡赫并没有**真的**迎娶丽贝卡(Rebecca),撒克里(Thackeray)对他提出的这个要求是**错误的**。真正的艾凡赫的世界是斯科特为我们写下的那个世界。**在那个世界**,艾凡赫**没有**和丽贝卡结婚。那个世界中的对象由完全确定的关系编织在一起,人们既可以肯定也可以否认这些关系。当我们沉浸在小说中,我们会把其他世界抛诸脑后,而此时,艾凡赫的世界就是我们的绝对现实。[*Principles of Psychology*, vol. 2 (New York: Dover, 1950), pp.292-293.]

(如前所述,詹姆斯提供了一个模棱两可的观点:“然而,当我们从对小说着魔的状态中清醒过来,会发现一个更加真实的世界,它使得艾凡赫以及所有与他有关的东西都复原到虚构状态,并将它们降级为次级宇宙之一⋯⋯”)

二

人们总是期望自己能够运用既有的活动框架来处理这一活动中的所有事情（应对并控制这些事情），但总有一些事情会超出他们的掌控，个体无法忽略这些突发情况，也不能有效地对其应用既有的框架。参与者因此感到困惑和失望。简言之，框架的适用性和人们对框架的控制都出现了破裂。在前面的章节中，我们已经讨论过各种各样的案例。

能够扰乱活动的组织和打破活动框架的东西有很多，人的身体显然就是其中之一。例如：某人穿着没扣扣子或是不合身的衣服、客人在地毯上滑倒、孩子碰倒花瓶等。同样明显的是，当个体错误地框架化某事，他随后的行动就会打破这个框架，但他自己可以保持冷静和镇定。细想一下，个体在维持捏造行为时，往往面对着一种特殊的困境：个体无法依赖其行为与行为发生的场景之间的关系，因为这种关系并未得到妥善的管理，通常情况下，人们无须费力保持二者的一致，但在捏造时，个体必须刻意地这么做。此时不仅会出现完全不同于参与者行为失误的框架破裂，捏造者经过深思熟虑和冷静谋划的行为也可能出现滑脱，打破捏造者设计的活动框架。捏造者没必要在捏造时投入不恰当的情感，只需要用行动破坏场景得以维持的认知假设。

在其他情况下，例如剧本化的舞台表演中，原本不受干扰的框架也会被打破。这些活动通常希望观众卷入表演情境并沉浸其中，直到他们大致相信人物与舞台场景之间形成了自然的关系——这种关系无须演员刻意维持就能和谐一致。但显然，舞台场景与人物之间的相互支持经过精心设计，是事先计划好的——编剧写好剧本，敲定了表演的每一个细节。当然，这些策划也可能会失败，演员可能会发现，不仅场景会突然无法支撑他的表演，他遵循的剧本也可能进一步破坏他苦心经营的表演。这样一来，就算个体没有错误地卷入某事，现有的活动框架也可能被打破。（在台下的生活中，我们只需要完成某个动作，但在舞台表演中，我们得兼顾整个场景。）同样，操偶师也会碰到这些情况：一个木偶的提线断了或者和另一个正在表演的木偶缠在一起；木偶的某个部件脱落，或是离开"地面"走了几英寸；木偶张嘴的时机有误，与后台的配音不同步，或是应错了名字。还有一种情形是，音效师不小心把他含在嘴里用来改变音调的"尖叫嚣"吞了下去。① 又如，政客在演讲时发现，自动提词机逼得他们时而讲得过快，时而说得太慢。而广播员肯定读到过措辞有误的台本，并曾因为其中一些不可能出现的句子或想法而头脑空白；或者因为时间有限而不得不加快语速，暴露了平时广播时的装腔作势。在某些"现场直播"的广播节目中，音效出问题会带来一些麻烦：

> 歹徒："好你个卑鄙小人，既然你落到我手上，我要一枪杀了你。"
> （寂静无声）
> 歹徒：（意识到音效控制师那边可能遇到了一些问题）"我改主意了，我要割破你的喉咙。"
> **两声枪响传来——音效控制师已经解决了麻烦。**②

在上述种种情形中，我们会发现，人的身体和当前场景中的其他任何事物一样，可能无法维持它自身所处的框架。但我们要考虑的难点涉及人体的特殊部位：带有表情的脸部，因为这个部位需要我们处理一些意外的情况。人可以迅速变换面部表情，不同的表情之间往往有着微妙的差别。人的面部能够在瞬间做出机敏的反应，并且必须会有所反应。［事实上，我们也可称其为"面部框架"（facial frame），因为个体的面部表情通常要与正在进行的活动框架保持一致。］正是通过这种表达（它比任何方式都要常见），个体必须关注眼前的场景，并适当地参与其中。但人的面部表情本身就是易变的、不稳定的，甚至会因为一场迎面吹来的风而变形。因此，我们必须审视这一反应性"屏幕"的功能。

当个体参与情境定义时，尽管活动本身可能在继续进行，但一些情况会让他突然挣脱自身所处的框架。这种脱离（disengagement）有两种形式。

在第一种脱离形式中，个体暂时脱离框架的行为得到了授权和许可，他使用内部架构正式地暂停了活动；或者是个人行使了短暂放松自己的权利，例如演讲者暂停片刻，喝了口水。以这种方式脱离框架的人重新卷入活动的情形并不罕见。也就是说，在个体扮演某种角色时，观众会尊重他享有的超越角色的一些权利，这些权利基于个体自身的需求，容许个体

---

① 此处引自 Gerold L. Hanck，"A Frame Analysis of the Puppet Theater"（未发表文章：University of Pennsylvania，1970）。

② Kermit Schafer，*Pardon My Blooper*（Greenwich，Conn.：Fawcett Publications，Crest Books，1959），p.9.

在某些情形下脱离框架。换言之，这是一种有序的脱离。

第二种脱离形式和面部表情有关，它破坏了恰当的、谦恭有礼的卷入状态。这种脱离没有获得任何授权，行动者一般也很难回到恰当的卷入状态，很难重新受到活动框架的控制。而且，当他突然仓促脱离原初的卷入状态，其他参与者在活动中的卷入也会受到干扰——请再次注意这种倍增效应（multiplying effect），任何让个体打破框架（break frame）的东西都将产生某种行为效应，让别人也跟着这么做。个体不恰当的卷入会成为他人效仿其行为的借口。现在考虑一下面部框架的破裂：

1. 最可能发生的情况是：个体的互动者角色被彻底颠覆，这种自我移除（self-removal）模式让个体（至少暂时地）无法扮演任何组织性的角色。在任何社会中，个体似乎都会被快乐、伤心或愤怒的情绪淹没，或是因恐惧和惊慌而逃避某事——这就是"情绪失控"（flooding out）。[①]（此处尚未说明的事实是：无论活动中有多少参与者，从一个人到所有人，他们的情绪可能同时失控——这是个情绪传染的过程，它将要么减轻，要么加剧情绪失控的影响。）一种流行的观点认为，我们应该同时考察这两种情况。

> 几个月前，我从车里出来时，因为左臂夹着手提包和两大本书，就用右手关门。车门"砰"的一声关上时，我突然感觉到一阵钻心的疼痛，原来是我的大拇指被门夹了。我本该告诉大家，理智引导我放下手提包和书，迅速用左手打开车门，但事实并非如此——我紧紧抓着妨碍我行动的书和包，仿佛它们粘在我的身上。我像一头受伤的美洲狮一样朝我的同伴尖叫着，直到他从离我几码远的地方冲过来救我。强烈的痛苦让我像个傻瓜一样失去了理智。

> 恐惧是另一种令人不悦的心理状态，它与痛苦类似，会降低人的理智思考能力。大家都听过这个悲惨的传说：飞机失控下坠时，飞行员惊慌失措，仿佛手被冻结在操纵杆上，以至于无法从正在坠落的飞行室中逃脱出来，最终命丧黄泉；或是这种情形：司机即将撞上一列高速行驶的火车时，惊恐万分，无法从油门上抬起自己的脚。

> 上周日，胡安·马雷查尔（Juan Marichal）和约翰·罗斯伯勒（John Roseboro）在烛台公园（Candlestick Park）引发了一场著名的骚乱，当然他们不是被痛苦或是恐惧所驱使，却同样处于一种令人丧失

---

① 见"Fun in Games," in E., pp.55–61。

理智的情绪——暴怒的控制下！

　　道奇队（Dodger）的球员故意把球打到了巨人队（Giant）球员的头上。原本这件事顶多引发肢体上的冲突，但恰好马雷查尔手中握着球棒，他长期郁积的情绪突然失控爆发——马雷查尔原本是个温和的人，但在熊熊怒火中，马雷查尔"仿佛冻在了球棒上"。

　　罗斯伯勒逾越了投手的权利，失去了理智，将棒球扔向马雷查尔的头；马雷查尔也失去了理智，用那根罪恶的球棒狠狠地敲打罗斯伯勒作为报复。这样的打斗可能会致命，但幸运的是，两人的争斗最终演变成荷马式木偶戏《潘奇和朱迪》（*Punch and Judy*）*中的情节。两个人都没受太重的伤。①

　　更常见的情形是，人们没能抑制住爆笑的冲动，进而情绪失控。我们有时也会将这种情形称作"崩盘（或迸发）"（breaking/cracking up）。赫布·凯恩（Herb Caen）的故事能够说明这一点：

　　　　这个（巴赫咏叹调）乐团包含男高音让·皮尔斯（Jan Peerce）、女高音艾琳·法雷尔（Eileen Farrell）、另外两个优秀的歌手和一个室内乐队。他们的表演庄重而严肃：每个人都身穿黑色礼服，端庄地坐在舞台的直背椅上，完全契合巴赫的庄重风格。

　　　　某个唱段开始前，皮尔斯在后台热身，他唱过一个又一个比高音C更高的音阶，法雷尔小姐惊讶地听着，问道："你是怎么做到的，让？你是如何不费吹灰之力唱上那些高音的？"

　　　　"艾琳，这很简单，"他微笑着说，"我只是想象有一个冰激凌蛋筒在戳我的屁股。"

　　　　几分钟之后，巴赫咏叹调乐团登台，严肃且得体地落座。皮尔斯开始了他的第一段独唱，但在法雷尔小姐低声说了句话后，他再也唱不上去，绝望而又无法抑制地笑了出来。表演无法继续，那种优雅的

---

　　*《潘奇和朱迪》是英国家喻户晓的儿童木偶戏，后被英国作曲家哈里森·伯特威斯尔（Harrison Birtwistle）改编为歌剧。该剧讲述潘奇生性残忍，因为一点儿小事杀死了自己的孩子，他的妻子朱迪用木棍从身后袭击他，也被他夺棍反杀。潘奇入狱后被判绞刑，居然在绞架前哄骗刽子手，使刽子手情愿自己把头伸进绞索。随后，向他索命的魔鬼也遭他百般戏耍。《潘奇和朱迪》在国际音乐界享有盛誉，被称为"20世纪歌剧的里程碑"与"英国真正意义上的现代主义歌剧"。——译者注

　　①　Doris Kurry in *San Francisco Chronicle*, August 28, 1965.

情绪荡然无存。法雷尔小姐低声说的是："那个冰激凌是什么口味的？"①

当个体的情绪失控时，他常常习惯性地努力遮掩发生在自己身上的事情，最常见的形式是以手掩脸。这种方法没什么用，但依旧在不同的文化中随处可见。②

现在的问题是：个体的情绪会在哪些情况下"失控"？有几种可能，其中一种是：个体觉得自己被迫扮演了一个不符合自己本质的角色（尤其是过于正式的角色），而且，就算框架破裂，他们也不会受到严厉的惩罚。正如杰拉尔德·萨特尔斯（Gerald Suttles）笔下的贫民窟青年：

> 如果街道工作者想给街头男孩介绍些正儿八经的角色，比如总裁或秘书，男孩会觉得他们很逗。让人们不协调地"扮演自己的角色"实在太难了，这足以"让他们崩溃"。因此，就算他们被选中去办公室工作，大多数男孩也会发现自己无法严肃地"板着脸"。③

据报道，在海军驱逐舰上，第一次经历和伙伴换班仪式的新兵也可能会崩溃。④ 参与式观察者也面临同样的问题：在回应一些无法用现代标准解释的、令人难以置信的言语和行为时，尽管民族志研究学者常常受到震撼，但他必须表现出一副泰然自若的样子。正式的社交场合的客人也面对类似的困扰，尤其是在一些必须始终保持庄重、肃穆的情况下。因此，维持善意捏造的人，比如搞恶作剧的人，很容易因为控制不住笑意而露出马脚，儿童也会比赛谁最先笑出来或谁最能保持一个固定的身体姿势和面部表情。⑤ 演员也会经历类似的事情，例如，琼·麦金托什（Joan Macintosh）评价自己在《狄俄尼索斯在69年》[*Dionysus in 69*，理查德·谢克纳（Richard Schechner）执导]中扮演的舞台角色时如是说：

---

① *San Francisco Chronicle*, November 8, 1964.

② 一些图片佐证见于 Irenäus Eibl-Eibesfeldt, *Love and Hate* (New York：Holt, Rinehart & Winston, 1971), pp.50-51。

③ Gerald D. Suttles, *The Social Order of the Slum* (Chicago：University of Chicago Press, 1968), pp.185-186。

④ David L. Cook, "Public Order in the U.S. Navy" (未发表文章：University of Pennsylvania, 1969)。

⑤ 在未发表的演讲中，哈维·萨克斯（Harvey Sacks）对名为"纽扣，纽扣，纽扣在谁手里？"的儿童游戏进行了颇具启发性的描述。他认为，这种需要保持面无表情的游戏有助于培养出善于伪装的成年人。

　　对我来说,狄俄尼索斯的第一场演讲是最难的一部分。我要毫无保留地展现自己的脆弱,还要对观众强调我是一个神,这无疑荒唐又虚假。我不相信,观众也不相信。所以我表演时的眼神变得很呆滞,肢体动作像在防御一般僵硬。当我和 RS 一起彩排时,我告诉他我觉得自己的表演像在骗人。他对我说,我应该让这些痛苦和欺骗爆发出来,而不是设法掩盖这些情绪,否则我的表演就会变得虚伪。这对我来说很难,我总害怕发生一些不可控之事。但我发现,在我变得坦诚后,笑声和欢乐就能释放出来。我能告诉这 250 个观众:我是一个神,正是这件荒唐的事情让我发笑。于是,观众跟着我一起笑了。渐渐地,我获得了支撑我继续表演的力量,对自己的嘲讽和不信任感也随之消失了。[1]

　　显然,在这些例子中,我们讨论的是框架带来的限制,尤其是对行动者进行框架转换的能力的限制,而这样的转换正是行动者必须维持的。

　　无论个体要进行的活动是善意的捏造还是掠夺性捏造,他都会设法在关键时刻维持"正常的表现",但这样还是会带来一个问题:如果他心存戒备,极力克制情绪,就会显得鬼鬼祟祟,进而露出马脚。

　　有趣的是,个体的情绪失控常常发生在这些时刻:当个体的肢体活动受到限制时,(譬如试穿服装、为肖像画当模特、身着一套笔挺的服装或待在狭窄的通道内时,他必须一动不动)他们常常忍不住笑出声,或者一直开玩笑。由于个体无法对自我行为进行微调,也无法像平常一样灵活地维持行为与整体情境的一致,他就会嘲笑自己所处的整体环境,让自己变得可笑,以此保留自己作为表演者的部分主动性。[2] 同样,当个体必须设想自己未来的陌生样貌时,他们也会忍俊不禁,正如某位法学学者所言:

　　　　与遗嘱执行有关的仪式通常崇高而肃穆。仪式通常会在大型律师事务所的办公室里举行,流程简短、快速而准确。但许多客户还是

---

① 　Richard Schechner, ed., *Dionysus in 69*: *The Performance Group* (New York: Doubleday & Company, 1970), umpaginated.

② 　我们要严肃看待精神病院给精神病患者使用的背心、湿包裹和束身衣等物品。精神病院的监禁容易导致病人暴怒,所以要加强对这些不可控因素的控制。这可能导致自我和身体的疲惫。有人认为,使用这种医疗工具是缺乏同情心的表现,这既是对那些授权使用这些工具的人而言,也是对被这些工具作用的人而言。更多观点认为,那些需要从这些医疗工具中解放出来的患者可能恰恰在寻求使用这些工具。

会尴尬地咯咯笑，并刻意地拿他们即将到来的死亡开玩笑。[1]

注意，这些滑稽行为可能会发生非常微妙的转变：个体开始实施类似于舞台表演的行为，不再扮演某个角色，而是扮演整个虚构的人格，原因在于，扮演后者似乎比扮演前者更滑稽可笑。

正如某些情况会让人情绪崩溃一样，还有一些情境会让参与者面临其他不同于情绪失控的风险，并让其中一些人（有时是所有人）意识到框架的不稳定性：

> 速度是支配绞刑执行的人性基础，它不仅指让人死亡的速度（没有什么比瞬间死亡更快速），还指进行必要的行刑准备的速度。后者同样提高了技术效率，因为它缩短了囚犯意识到正在发生之事后崩溃的时间，这也是皮尔波因特（Pierrepoint）先生很少晕倒的原因。如果囚犯在临刑前晕倒或挣扎着抵抗，就难免会妨碍处决的顺利执行，执行人员肯定对这种情况头疼不已。但是正如皮尔波因特先生对委员会说的那样："99%的囚犯都会平静地赴死。"因为囚犯并没有患上歇斯底里症，所以相当信赖牧师。一个目击者称："我认为牧师的工作非常出色，他们能让囚犯在极短的时间内冷静下来。"[2]

当然，这也折射出特定人群受到的由各种各样的调音带来的限制。1965年，克里斯汀·迪奥（Christian Dior）把他的**高级时装**系列带到华沙（Warsaw），许多人都对这位会讲波兰语的设计师笑脸相迎。然而，无论是他的服装，还是人们对这些裙子的恭维，都明显与现实脱节，这导致观众无法像对模特表演进行调音一样认真地看待它们。[3] 例如下述情形：

---

[1]　Lawrence M. Friedman, "The Law of the Living, the Law of the Dead: Property, Succession, and Society," *Wisconsin Law Review*, CCCXL(1966): 373-374.

[2]　Justin Atholl, *Shadow of the Gallows* (London: John Long, 1954), p.127. 当然，理解绞刑的要点在于，它是一场发生在舞台上的隆重仪式，只要死刑犯意识到自己是主导整场表演的人，他就对自己和观众都能接受的事实进行了调音——这是一个有序的、被弱化的现实，大家都能坦然视之，不会引发太大的情绪失控。可以说，这种现实像缰绳般束缚了本该感到遗憾的群体情绪。有趣的是，这种杀人仪式有时与野蛮人的行为方式形成了对比，但我认为，我们的行为更加残酷——面临死刑的人被迫遵守秩序，保持缄默，而我们却对此加以赞赏。死刑犯就像战场上的士兵，被迫同意并支持杀死自己的行动，将秩序置于生命之上。这样的做法在那些以社会的名义写作、布道或是立法的人眼里并无任何不妥之处，但要他人礼貌或勇敢地接受死亡无疑强化了道德教条对人的绑架和束缚，而这远远超出了道德教条对人的基本要求。

[3]　*San Francisco Chronicle*, December 9, 1965.

维也纳(Vienna)——演员们正一动不动地站在维也纳城市剧院(Vienna's Stadt theater)的舞台上,这是一座艺术圣殿,贝多芬的《费德里奥》(*Fidelio*)和许多名作都在这里首演。

而在周一晚上,美国生活剧院公司(Living Theater Company)*的一位先锋派演员在舞台上大吼道:"越南!"另一位则喊道:"华盛顿特区,停止战争!""救济穷人!""即刻自由!"

另一些演员则在分发手纸,擤着鼻涕,甚至开始吐痰。

这都是剧作《神秘》(*The Mysteries*)的情节。这部由美国人朱利安·贝克(Julian Beck)和他的妻子朱迪丝·马利娜(Judith Malina)主管的公司创作的戏剧时常引发争议。

对于部分观众来说,这样的情节实在让人受不了(too much)。有人称,大约30位穿着燕尾服的戏剧观众涌上舞台,想证明"任何人都能完成这样的表演"。

他们和演员打了起来。剧院里到处都是尖叫声,直到帷幕落下之后秩序才恢复。①

下述例子是某个人对第一次去剧院的经历的回忆,他初次维护戏剧框架的努力再次证明了个体能力的局限,但这只是基于个人经历而言:

"戏在哪里表演?"

我父亲问道(他也是第一次参加这种游园会)。别人向他指了指帷幕,我们就坐了下来,目不转睛地盯着幕布。幕布上方用大写字母写着一行字:"今日上演席勒(Schiller)的《强盗》(*The Brigands*)——一部震撼人心的戏剧!"下方还有一行小字:"本剧纯属虚构,请勿惊慌。"

"'虚构'是什么意思?"我问父亲道。

"就是热空气。"父亲答非所问。

他自己也满腹狐疑,转身想问旁边的观众这些强盗是谁,但为时已晚。

---

* 生活剧院公司诞生于20世纪50年代的美国,由朱迪丝·马利娜和朱利安·贝克创建。生活剧院公司的理念是,戏剧艺术不应与生活割裂。因而,他们倡导用戏剧反叛现实,用新的戏剧观念反叛戏剧传统。比如,生活剧院公司的一些戏剧会让演员穿着日常服装坐在观众中间,让观众参与剧情的创造和推进过程。——译者注

① *Ibid.*, December 1, 1965.

三声敲击后，帷幕拉开了。我立刻惊讶地瞪大了眼——天堂在我眼前徐徐展开：男女天使来来往往，他们穿着花衣，戴着翅膀和金饰，浓妆艳抹。他们拔高嗓门大吼大叫，我却压根儿听不懂；他们变得怒火中烧，我却不知道为什么。接着，两个体型骇人的巨人突然登场，他们似乎是兄弟，开始激烈争吵、大声辱骂，甚至想要杀死对方。

父亲一边竖起耳朵听着，一边不满地咕哝着。他局促不安地在椅子上扭动，如坐针毡。他掏出手帕，不断擦拭着额头上淌落的汗水，当他意识到这两个豆秆儿一样瘦长的人是不和的兄弟时，他狂躁地站了起来。

"这是什么滑稽玩意儿?"他大声嚷嚷着，"我们回家!"

他抓住我的胳膊，把我拽走了，匆忙间还弄倒了两三把椅子。[1]

正如所料，框架化的能力会随时间而改变，也不一定总是按照个体期望的方向发展。正如哈罗德·尼科尔森（Harold Nicolson）对古罗马的消遣方式的评论：

马戏团对动物和人类的暴行变得愈发残忍。在共和国时期，庞贝举办了一场屠杀大象的表演，震惊了马戏团的观众。他从摩洛哥南部引进了一群训练有素的盖图利安（Gaetulian）* 硬汉，让他们用标枪瞄准动物的眼睛，展开了一场拙劣而漫长的屠杀。鲜血像瀑布般顺着大象的腿流下，它们举起象鼻，痛苦地吼叫着。观众从椅子上站起来，强烈要求结束表演。西塞罗（Cicero）对这一情境的评论是，这一不愉快的场景莫名引起了观众对大象的怜悯："仿佛动物和人类情感相通。"到了帝国时期，马戏团观众的神经就没那么敏感了，他们非常享受观看裸体男女慢慢被野兽撕咬的过程。[2]

当人们发现自己错误地框架化某事，还基于错误的假设建构自己的认知并采取一系列行动时，他的情绪很可能会失控，进而打破自己一直费力维持的框架。同样，无论个体扮演的是光明正大的旁观者，还是可以被

---

① Nikos Kazantzakis, *Report to Greco* (New York: Simon and Schuster, 1965), pp.76—77.

* 盖图利安，即古罗马时期生活在地中海沿岸的柏柏尔部落游牧民，主要分布在阿特拉斯山脉和西撒哈拉沙漠。据古希腊历史学家斯特雷波描述，他们擅长养马，身披兽皮，靠吃马肉、喝马奶为生。——译者注

② Harold Nicolson, *Good Behaviour* (London: Constable & Co., 1955), p.82.

礼貌性忽视的人,他们的观察或观看都涉及某种不言自明的框架假设。如果被观看的人中断了活动,这些观看者就会被逮个正着,他们的面部框架也会因此被打破。这很好地解释了柏格森关于幽默的观点:**"如果人体的态度、姿势和动作让我们联想到一个简单的机器,人体就会变得荒唐可笑。"**①当个体第一次在磁带里听到自己的声音②或是第一次在影片里看到自己时③,他们的情绪都可能失控,比如哈哈大笑。他不是在扮演他人或旁观者的角色,因为这是他自己在说话,但也可以说不是他自己在说话,他已经被磁带和影片中的另一个自己取代。下述自然的案例证实了这一观点:

> 昨天,内华达州州长格兰特·索耶(Grant Sawyer)笑称,这是他政治生涯中最荒诞的时刻。
>
> 这位年轻的州长计划在拉斯维加斯名为"致敬旧金山"的午宴上担任主讲人。然而,索耶姗姗来迟,直到司仪念完他的讲稿,他才走进宾客云集的圣弗朗西斯酒店的壁画厅。
>
> 朱利安·穆尔(Julian Moore)是拉斯维加斯弗兰蒂尔菲德利储蓄信贷银行(Frontier Fidelity Savings and Loan of Las Vegas)的高级副总裁,他已经代替索耶发表了演讲,但还是在阵阵欢声笑语中正式地介绍了索耶。然而,索耶不知道自己的演讲已经结束,径直走到麦克风前。穆尔连忙下台,边走边在州长耳边低语了几句。
>
> "你已经读了我的讲稿?"索耶难以置信,直接对着话筒说出这句话。
>
> "这下可难办了!"他对哄堂大笑的观众说道。④

在这个例子中,个体的自我出现了重复,他发现自己不必再扮演即将扮演的角色,同时,以他的形象扮演的角色与他无关,所以这两种自我都

---

① Henri Bergson, *Laughter*, trans. Cloudesley Brereton and Fred Rothwell (London: Macmillan & Co., 1911), p.29.

② 加州大学旧金山分校的保罗·艾克曼(Paul Ekman)在新几内亚拍摄了一部电影,记录了石器时代的人听到自己的录音之后的反应,由于这些人都是第一次听到自己的声音,他们崩溃了,久久没有回过神来。埃克曼的行为不应该被原谅。

③ 约翰·凯里认为,西方文化中的个体更可能在听到自己的声音而非看到自己的影像时爆笑,大概是因为我们已经习惯了在镜子里看到自己。

④ *San Francisco Chronicle*, October 16, 1965.

无法推动后续活动的发展，后续活动也无法维持这两种自我。观看模仿者带来的乐趣（稍后再谈）与之类似。

2. 本书详细地考察了这一可能性：个体作为互动者的角色被颠覆、瓦解，没能扮演好任何特定角色。以此为参照，我们还发现：某些旁观者看似处于框架之外、未被卷入活动，实则隐秘地参与其中。在这种情况下，他可能会突然失去对这种伪装的控制，公开进入公众的视野。[1] 一位美国驻俄外交官在他的自传中描述了他与负责监视他的盯梢者在莫斯科道别的场景，这印证了上述观点：

> （应俄罗斯的撤离要求）我们在月台上和几个朋友道别，离别的场景令人动容。我向来不喜欢这种告别方式，因此，当列车服务员关上火车门时，我反倒松了口气。这时，我隔着月台往外一看，发现盯我梢的那个人就站在那儿，倚着柱子，双手插在雨衣口袋里，专注地凝视着我。他神情落寞，正暗自神伤。我想他也不希望换工作，下一个监视对象可能比我还要难搞，他会更难适应。火车摇晃着启动了，当缓缓驶出车站时，我一时冲动，将身体探出车窗外，直视着他，向他挥手，想要鼓励他。令我惊讶的是，他立刻从口袋中掏出双手，在空中挥舞着，咧开嘴笑，露出了一口金牙。更好笑的是，他笑到一半时仿佛突然意识到自己的行为有失妥当，于是立马敛起了笑容，又把手插回了雨衣口袋。[2]

3. 因此，当个体打破框架时，干扰活动组织的情绪失控、情感泛滥可能发生。另一种可能是：在转换基调的基础上，个体的行为可以维持角色的组织。换言之，个体在特定框架中的经验本身能够在他身上产生一种累积的反应循环、一种汹涌激增的情感，使个体拉大或缩小与原初活动的距离，进而增加或减少反应框架的层级。人们在此处拥有的不仅是"被升调"或是"被降调"的反应，还是始自恰当的定义并生成了这些转换的情境：这些情境展现了基调在管理个体的信念和感受时的局限性。

---

[1]　具体讨论参见"Fun in Games," in *E.*, pp.63-64。

[2]　John Whitwell, *British Agent* (London：William Kimber & Co., 1966), pp.138-139.

a. **降调**。最典型的例子是,当游戏中的某些模拟行动变成真实行为,游戏就会脱离人的掌控。一位研究儿童游戏的行为学家的观点说明了这一点:

> 有时候,逃跑过程会"变成现实"。如果一个儿童跑了很久都没人把他追回来,他就会越跑越快,并渐渐地扬起眉毛,停止微笑,而他的笑声会变成一种更连续的叫声,一种颤抖着的尖叫。[1]

同样,职业拳击比赛也可能"失控",一些选手可能会遭到过于频繁和过于猛烈的攻击,而这种行为超出了拳击比赛的框架范畴,甚至会危及生命。[2] 职业摔跤表演也会以这种方式发生降调,带来意想不到的结果:摔跤手发现自己挂彩了,鲜血真的从自己身上流了出来。[3] 在这些体育项目中,观众往往忘乎所以,直到他们撕下面具,公然参与到活动框架中:

> 伊斯坦布尔(Istanbul)——据土耳其警察称,昨天的一场足球赛演变成双方球迷的暴力冲突,造成至少 39 人死亡,约 600 人受伤。
>
> 目击者说,球迷用刀、链条、石头和球棒打斗,还有一些人被推下看台。
>
> 观众设法逃出场馆时,靠近出口处发生了多人踩踏事件。
>
> 目击者称,事件发生于安纳托利亚高原(Anatolian Plateau)的中部城市开塞利(Kayseri)的一场球赛现场,开塞利队主场对战锡瓦斯队(Sivas)*。比赛开始 20 分钟后,开塞利队进了一球,骚乱便开始了。
>
> 锡瓦斯队的球迷对比分感到愤怒,他们冲进开塞利队球迷的看台,酿成了这场打斗悲剧。激烈的打斗持续了好几个小时。[4]

---

[1]　N. G. Blurton-Jones, "An Ethological Study of Some Aspects of Social Behaviour of Children in Nursery School," in Desmond Morris, ed., *Primate Ethology* (London: George Weidenfeld & Nicolson, 1967), p.359.

[2]　1962 年 3 月 24 日,埃米尔·格里菲思(Emile Griffith)和本尼(基德)·帕雷特[Benny (Kid) Paret]之间的一场致命的次重量级拳击赛就是一个很好的例子。参见 *San Francisco Chronicle*, March 26 and 27, 1962。显然,帕雷特瘫软在围栏绳子上之后还被狠狠地揍了 22 下。(注意,在与框架相关的事实中,典型的例子可能同时是一个恶劣事件。)

[3]　参见这篇报道:*Life*, December 2, 1957。

*　开塞利与锡瓦斯均为土耳其城市。——译者注

[4]　*San Francisco Chronicle*, September 18, 1967.

同样,与会者也可能打破会议框架,此时的降调体现为:事情从相对克制的口头争执转变成更直接的肢体暴力:

> 纽约——昨天,41 岁的海事联合会(Maritime union)领导人杰西·M. 卡尔霍恩(Jesse M. Calhoon)向警方自首。起因是警方接到一家船运公司的报案,这家公司的经理说卡尔霍恩在和他谈判时跳上会议桌,踢了他的脑袋。[①]

练习快速阅读的人也会有同样的体验:他们刚开始读得很快,几乎注意不到自己读了什么,但没过多久,他们会发现自己卷入了文本,不知不觉放慢了阅读速度。校对员也会受到这样的影响。互动中的学生经常遇到同样的问题:刚开始,他们只想关注场景中的某一个元素,但很快,他们会发现自己像往常一样卷入了整个场景,不再关注他们自己设定的观察焦点。内华达州赌场里的托儿会觉得自己能轻而易举地跟游戏保持一定的距离,但面对特定的牌组时,他有时也会发觉自己就像个真正的玩家一样,正全神贯注地思考"下一张牌会是什么"。在军事演习中,裁判员的任务之一就是"将全体参与者的注意力集中在演习的训练方面,而非获得虚假的'胜利'或是'失败',只有在必要时,裁判员才会适当地引导参与者,避免演习失败"[②]。当一位语言学家要求贫民区的线人向自己演示他们常用的辱骂用语,这种演示也会慢慢变成真正的谩骂。[③] 播音员在现场直播时本该与报道内容保持一定的情感距离,尽可能客观地报道事件,以为观众提供连续的实况转播,但他有时也会忘乎所以,像观众一样直接卷入被播报的活动——至少会比往常得体的播音行为更直接:

> (人群的吵闹声)
>
> "还有 28 秒——中锋回传——看起来像是在传球——确实是传球!"

---

① *San Francisco Chronicle*, June 6, 1965. 老练的谈判者会在关键时刻假装框架破裂,这种情况确实有可能发生,而且正是我们可以通过框架分析预测到的情况。

② Department of the Army Field Manual (FM 105-5), *Maneuver Control* (Washington, D.C.: Department of the Army, 1967), p.95.

③ 威廉姆·勒波夫在宾夕法尼亚大学的演讲中提到了这一点。

（尖叫）

"他来了——他得了 10 分！20 分！30 分啦——他做到了——"

（尖叫）

"他疯了，他疯了，疯了！——看那混蛋跑得多快！"①

降调最著名的例子可能是与戏剧表演相关的事实或传说。有些演员过分沉浸在其所扮演的舞台角色中，把戏剧性的基调转换成了真实的东西：

英国，泰恩河畔的纽卡斯尔（Newcastle-on-Tyne），10 月 2 日——昨晚，在表演戏剧《奥赛罗》（*Othello*）中的一个谋杀场景时，演员奥森·韦尔斯（Orson Welles）*把苔丝德蒙娜（Desdemona）的头狠狠地撞在床上，引发了一些观众的低声抗议。

演出结束后，韦尔斯先生称，他觉得自己可能过于沉浸在戏剧表达的情感中，把戏剧当成了现实。

扮演苔丝德蒙娜的演员古德伦·缪尔（Gundrun Muir）也说："他的行为并没有恶意。"②

周一晚上，女高音演员安娜·莫福（Anna Moffo）参演的歌剧《拉美摩尔的露契亚》（*Lucia di Lammermoor*）在底特律的大都会歌剧院（Metropolitan Opera）进行巡回演出。在安娜表演完露契亚死去的这幕戏后，由于过分投入舞台角色的扮演，她在谢幕时晕倒了。一位给她检查的精神科专家说，她陷在舞台角色里，甚至认为自己也死了。但事后，她很快便恢复了。③

降调有时与个体的激情卷入无关。认知上的紧张也可能造成简单的

---

① 引自 Schafer, *Pardon My Blooper*, p.106。美国广播史上最著名的事件发生在齐柏林飞艇**兴登堡号**（*Graf Zeppelin Hindenburg*）抵达时，播音员赫布·诺里森（Herb Norrison）在直播过程中目睹飞艇突然着火爆炸的场景，直接惊呼出声，并因此被解雇。但此类惩罚现在已经不太可能发生。

* 奥森·韦尔斯，著名导演、编剧、演员。他既是《奥赛罗》的主演，也是该剧的导演，同时是后文提到的广播剧《世界大战》的改编者。——译者注

② *New York Herald Tribune*, Paris ed., October 3, 1951.

③ *San Francisco Chronicle*, May 23, 1962.

框架破裂,例如下述例子中的口误:

> 在雷蒙德·马西(Raymond Massey)主演的电视剧《伊利诺斯州的林肯》(*Abe Lincoln in Illinois*)中……演员们纷纷向其饰演的总统告别时……一个演员大喊:"再见,马西先生!"[1]

在现场表演时,观众和演员一样容易受到降调的影响。现在的新闻常常报道这样的事情:

> 纽约,3月12日——在昨晚的演出中,一位年轻的打字员因为不满百老汇戏剧《愤怒的回顾》(*Look Back in Anger*)中的一个场景,跳上舞台,越过舞台灯袭击了男主角。
>
> 这位打字员名叫乔伊斯·盖勒(Joyce Geller),今年25岁,她一边哭喊着"他抛弃了我,他抛弃了我",一边撕打在剧中扮演奸夫的英国男演员肯尼斯·黑格(Kenneth Haigh)。
>
> "你为什么这样对那个女孩?"她崩溃大哭道。
>
> 黑格躲开了她的殴打,一位同台演出的演员赶来帮他,两人把盖勒小姐拉到舞台侧边,女演员维维恩·德拉蒙德(Vivienne Drummond)赶紧出来谢幕。
>
> 事后,盖勒小姐称,那场戏让她联想到自己的生活,称自己无法忍受黑格在戏中的虐待。
>
> 她在后台冷静下来后向大家道歉,众人没有责难她,让她离开了。[2]

同样,有报道称:"当演员们在弗吉尼亚州为一群登山运动员表演木偶戏时,一位醉酒的观众用步枪向其中一个扮演魔鬼的木偶开了火。"[3]在不同的时间维度下,随着时间的流逝,一些观众会渐渐把广播和电视剧中的舞台角色当成是真实的人,他们通过给广播台和电视台写一些关于建议、劝告、支持的信件,记录这些奇怪的想法。[4]

---

[1] Schafer, *Pardon My Blooper*, p.58. 省略号为原文所有。

[2] *San Francisco News*, March 13, 1958.

[3] Hanck, "A Frame Analysis of the Puppet Theater," citing Paul McPharlin, *The Puppet Theatre in America* (New York: Harper & Brothers, 1949), p.204.

[4] 对这类英国观众的详细描述见于 Arthur Koestler, *The Act of Creation* (New York: Dell Publishing Co., 1967), pp.302-303。

日常行为中也存在一种重要的降调类型。至少在西方社会,每个语言社群都有一个涵盖了非正式用语、俚语、脏话、亵渎神灵的话语等表达方式的语料库,但这些语料库只适合同样年龄和性别的群体使用,甚至必须是关系亲近的同伴,才适合使用这类话语。个体的语言能力涉及对情境或环境的正式程度和微妙程度的细致评估,需要个体时时检查自己的措辞,使之与情境保持一致。换言之,每个言说者使用的基调都在不断变动。当个体对语言的控制力减弱(这通常发生在个体愤怒、疲劳、醉酒或惊讶时),就会发生暂时的降调,他们会使用一些更"直接"的表述。例如,当费城(和大多数其他美国城市一样)的警察要通过警车广播向调度台讲话时,就不得不使用正式用语、警示语和法律术语,然而:

> 一天晚上,在一名警官(向调度台)描述一个越狱犯的特征时,他上气不接下气,又想要尽快报告这件事情,最终失去了耐性,说道:"那个黑鬼的脑袋破了,因为我狠狠地揍了他一顿。"调度台立刻切断了他的信号,开始重复他的描述,并概括道:"嫌疑人的脑后可能有伤口,是警官在追捕过程中所致。"[1]

显然,降调往往发生在需要重新调音的活动中。因此,1966年,当连环漫画《蝙蝠侠》被搬上电视荧幕时,它打造了超级英雄的"阵营"——随后还播放了《超人》(*Superman*)、《青蜂侠》(*The Green Hornet*)和《人猿泰山》(*Tarzan*)。观众发现他们自己一边对这些电影嗤之以鼻,一边"真实地"卷入了电影情节。

在所有框架相关的问题中,我们都要意识到,降调常常出现在商业奇幻作品中,这让转换过的降调的框架变得更加复杂。当电视观众开始认真而严肃地观看《蝙蝠侠》时,漫画内容就变成了现实。[2] 不过,最著名的例子无疑来自塞万提斯(Cervantes),他笔下的小说主角*起初只是在观看木偶戏表演,偶尔用自己的学术观点补充旁白,但渐渐地,堂吉诃德被剧情吸引,直至忘乎所以——他拔剑从木偶做的摩尔人中救下唐·盖菲罗斯(Don Gaiferos),直至毁掉了整个小剧场都没能冷静下来。事后,他

---

① 　Jonathan Rubinstein, *City Police* (New York: Farrar, Straus & Giroux, 1973), p.86.

② 　例如,*The New Yorker*, March 12, 1966。

* 　指堂吉诃德。——译者注

必须为自己的行为付出代价,掏钱赔偿了剧场的损失。① 在这方面,好莱坞也有自己的经典之作——"发现之吻"(discovery kiss)。出于种种原因,女主角接受了男主角的一个吻,她原本只盼着自己能轻松地熬过这个吻,但吻到一半时,女主角突然发现自己萌生了真实的情感和爱意,这大约得益于男主角特殊的吻技。在韦尔斯的广播剧《世界大战》(*War of the Worlds*)中,扮演播音员的演员因眼前的景象而崩溃,他显然是受到"**兴登堡号爆炸焚毁**"这一真实记录的影响。②

在考虑"降调"时,我使用的案例大多来自一些过度卷入活动的观众的行为。但在正常情形下,观众的行为也会发生一定程度的降调。戏剧从开场起就吸引旁观者自发地卷入戏剧情节,旁观者会发现自己深深地陷入了一个仿真的世界,这便是所谓的"降调"。但旁观者不会完全丧失自我——这种平衡恰恰是妥善安置演员和观众所必需的东西。当某人向一群听众讲述故事时,类似的情况也会发生——讲述者一开始就会向听众明确区分两个"我":一个是讲故事的人,另一个是故事中的人物,前者将以后者的视角来讲述故事。但随着故事讲述的深入,听众被故事吸引,两个"我"发生融合,半数听众都会觉得讲故事的人和故事中的人是同一个人。③

---

① Miguel de Cervantes Saavedra, *Don Quixote*, trans. Samuel Putnam(New York：Viking Press, 1949), pt. 2, chap.26. 同样参见 Alfred Schutz, *Collected Papers*(The Hague：Martinus Nijhoff, 1962), 2：149-150。塞万提斯不是第一个对降调进行调音的人：

> 正如观看木偶戏的堂吉诃德一样,琼森(Jonson)在《巴塞洛缪博览会》(*Bartholomew Fair*,1614)中描写的可怜受骗者和《燃杵骑士》(*The Knight of the Burning Pestle*, 1607)中市民的妻子内尔(Nell)意识到他们看到的只是影子的舞蹈——然后遗忘;在米德尔顿(Middleton)的《昆伯勒市市长》(*Mayor of Quinborough*, 1616—1620?)中,西蒙(Simon)对一位不愿把手提包交给他保管的演员失去了耐心;在匿名作者的《勇敢的威尔士人》(*Valiant Welshman*, 1610<>1615)中,愚蠢的莫里翁(Morion)看了一场假面剧,就爱上了仙后。[Anne Righter, *Shakespeare and the Idea of the Play*(London：Chatto & Windus, 1964), p.83.]

② 一些收听韦尔斯广播剧的听众因反应激烈而变得和演员一样出名。但是,大多数人从广播剧一开始就用错了框架,因此,人们可能会说他们的反应是降调,但没有表现出降调过程。

③ 有时,读者不得不遵循布莱希特(Brecht)(布莱希特是德国剧作家、戏剧理论家、导演和诗人。他别出心裁地创造了"史诗戏剧",主张演员高于舞台角色,演员需要表现舞台角色而非融入舞台角色,要求演员既能随时沉浸于舞台角色中,也能随时跳出舞台角色。——译者注)的做法,有意识地检查降调过程。我曾在某个专业会议上听一位男士朗读他妻子的论文,后者因临时有事无法到场。当读到文本中的第一个"我"时,他顿了顿,补充道"即我妻子"(或类似的词),以提醒观众这里存在层级。有趣的是,一分钟之后,当读到文本中的第二个"我"时,他只是稍微改变了语调,并抬起左手小指(观众很容易看到他的手指,因为他的手一直抓着讲台边缘)。相较于他先前的小心谨慎,现在这些独立的符号似乎足以确定合适的框架,即能够证明他正在替代别人发言;因此,他更像是另一个听众而非作者。注意,在这种情况下,演讲录音无法记录这根翘起的手指所发挥的功能,传统的副语言描述和分析可能也好不到哪里去。

这种观点甚至可以拓展到对掠夺性捏造的分析中。当多疑的受骗者卸下全部疑虑，完全相信了那些为了骗他而设计的东西，那么，非真实就变成了真实，只不过这种转变是捏造而非调音。尽管这里没对分层做出规定，但活动的框架分层正是捏造者孜孜以求的东西。

b. 与"降调"相对的是"升调"，即参与者与现实的距离越来越远，框架的层级也在未经授权的情况下不断增加。例如在赌局中，相对于"豪赌"而言，赌注定得越低，赌博的乐趣就越少；风险越小，赌额越大，笑声就越响亮、欢快。因此，当试用期的发牌员在培训学校晨练时，他们一开始会根据自己的身家投入合适的赌注，但没过多久，他们的训练"似乎"变成了真正的赌局，从那一刻开始，他们的赌注越来越高，风险越来越大，直到整场模拟发牌和模拟赌局在欢声笑语中结束。在这种情况下，实习发牌员和别的学员没什么两样，都容易在练习的过程中把他们要做的事当成玩笑（仿佛在这种时候开开玩笑只会影响活动的练习状态，却不会对活动正式进行的情境构成威胁——这确实是种值得关注的可能性）。这样的行为增添了练习情境的趣味性，直到参与者打破活动练习框架的限制，让眼前的活动变成一个赤裸裸的、令人捧腹的恶作剧。

一般来说，责任——尤其是对高位者（superordinate）的责任将阻止个体对一些活动的"升调"，防止活动脱离本不应转换的现实。即便是演员也会用这种方式防止观众轻率地对待舞台作品。但在电影这一类非现场娱乐活动中，只有少数观众会怀有"严肃"对待表演的责任感并排斥这些活动的"升调"。这是一篇英国影迷对约翰·韦恩（John Wayne）的某部电影所作的影评：

> 我不想告诉你发生了什么，也不想毫无意义地谈论表演，但我确实应该评价一下笑声。如今，剧院的观众很容易被那些并不好笑的事情逗笑，而他们的笑声简直不堪入耳。最不堪的是，这种笑声伤害了演出现场那些有血有肉的演员，就算是在电影院里，这种笑声也会令人不适和尴尬。许多优秀的电影都被这种不合时宜的笑声破坏了。

> 这种笑声的烦人之处在于，它一旦开始，就很难停下来。只要有一个人咯咯咯地傻笑出声，就会迅速感染其他人，引发更多的笑声。

在我观看电影《宝城艳姬》（*Legend of the Lost*）*时，就发生了这种事——那是一场公演，不是为评论家准备的特别演出。当漂亮的洛伦小姐（Miss Loren）摘下图瓦雷克（Tuareg）人的头巾时，观众哄堂大笑，电影此前营造的气氛荡然无存。当布拉齐先生（Mr. Brazzi）看着他父亲的遗骨，说出"我知道他已经死了——他们杀了他——就是为了让他落到这种下场！"这番话时，观众也在笑。当他在月光下抚摸熟睡的洛伦小姐，而她迷迷糊糊地问出"怎么了，保罗？你想和我谈谈吗？"时，观众发出了嚎叫。此后，电影中的探险者发现了一座已变成废墟的城市，其中一个人说："这里是罗马。"另一个人问道："你确定吗？"前者回答："你看这些建筑就知道了。"这时，观众疯狂地摇晃着他们的椅子。可悲的是，电影里展示的废墟是真实的古罗马城市［冒险家们确实找到了大莱波蒂斯（Leptis Magna）**］，但那时的观众已经没有心情相信任何事。①

当然，在既没有演员**也没有**陌生观众的情形下，个体似乎更容易对自己的行为进行"升调"。不难想象，私人影院和电视剧更容易招致各方面的"升调"：

在某项针对 40 个芝加哥下层黑人家庭的电视观看行为的研究中，我们通过反复观察得到一项重要的意外发现：这些黑人具备一种与演员进行互动的幽默品质，他们似乎一直在与电视角色进行玩笑式的对话。此时的黑人观众在很大程度上将媒体关系个人化了，让自我投入了电视演员正在进行的互动。他们要么将自己视作互动的第三方，要么将自己视为实际的互动参与者。在这种关系中，黑人观众通常以一种轻松、幽默、自由的个人化方式机敏地应答表演者：责备、哄骗电视剧中的舞台角色，直接回答舞台角色的问题，在危险来临时警告或赞美舞台角色，等等。大部分电视观众都认同演员的表演是严肃的，因此这些下层黑人观众轻浮而快乐的回应方式促使我

---

* 《宝城艳姬》，又译《宝城妖姬》《失落的传说》，是一部 1957 年上映的美国夺宝探险电影，讲述两位冒险家和一个蛇蝎美人共同前往撒哈拉大沙漠的一座迷城寻宝的故事。旅途中，冒险家为了女主角不断争风吃醋，引发了不少波折和冲突。——译者注
** 大莱波蒂斯遗址是北非保存最为完好的一处古罗马城市遗址，1982 年被列入世界遗产名录。——译者注
① C. A. Lejeune，见其电影专栏 *The Observer*（London），January 26, 1958。

们重新思考其他一些因素。正因为他们表达这种关系的话语是如此诙谐,才更值得深思:幽默往往掩盖了基本的敌意,而这样的理解指引了我们的研究。[1]

这种"伪快乐"(pseudo-jovial)的怀疑论观点必定基于这种假设:参与媒体关系的观众倾向于将这一关系转译成具体的、互惠的、个人的相遇……尽管下层黑人热衷于回应媒体及其呈现,但他们似乎并未真的将它当回事——他只是"打开这些媒体",相信这些媒体也将反过来作用于他们。[2]

4. 对参与者而言,所有的社交活动似乎都会受到"情绪失控"和基调转换的影响,但是脚本化的戏剧表演和表演性的比赛受到的影响更甚,这大概是因为这些活动具有复杂的框架结构。我们可以认为,这些社会设定对应着某些特定的框架破裂。

a. 例如,舞台区和观众区之间通常有一条界线。"直白",即真实的交流只能发生在表演框架之外的某个时刻。这种设定当然是脆弱的:

> 森林山,纽约,9 月 2 日(美联社)[Forest Hills, N.Y., Sept. 2 (AP)]——昨天,洛杉矶的厄尔·科切尔(Earl Cochell)被草地网球协会(Lawn Tennis Association)禁赛,因为他在周三参加了佛罗里达州迈阿密举办的全国网球锦标赛,在与加德纳·马洛伊(Gardner Mulloy)的对决中表现不当。
>
> ……

---

[1] Alan F. Blum, "Lower-Class Negro Television Spectators: The Concept of Pseudo-Jovial Skepticism," in Arthur B. Shostak and William Gomberg, eds., *Blue-Collar World* (Englewood Cliffs, N.J.: Prentice-Hall, 1964), pp.431-432. 布卢姆(Blum)认为:

> 媒体关系倾向于创造一个专属于它自己的世界——独特的现实、事件、角色和身份——但它主要由一个黑人难以进入的白人世界所主导。当媒体向黑人观众发出邀约,他们才得以在媒体世界里扮演某个角色,某种身份,参与某个事件,进入某个背景。黑人群体深知,这些经验仅限于白人。因此,他必须非常专注地投入,以屏蔽外部现实的观念,这些观念往往与他卷入的媒体关系相矛盾。作为一种互动关系,媒体关系具有自己的阐释基模,而这种阐释源于白人社会言说者的视角。黑人与媒体的每一次相遇,都需要我们重新评估演员在媒体上的互动、他对社交和亲密关系的表演以及他的魅力和吸引力。黑人观众无法内化互动的目标(即便他们想这么做),因为他们无法完全认同媒介的现实语境。(p.433)

[2] *Ibid.*, p.432. 自言自语的升调方法与民间幽默"重组结局"的升调方法相同,比如"床笫之间"。

29 岁的科切尔赢下了与马洛伊的第一局比赛，但从第二局一开始，他便频频丢球，渐渐处于下风。显然，他觉得自己输定了，便开始用左手击球，故意扮丑耍滑头。

观众嘘声一片。

科切尔朝他们大吼，甚至走向裁判席，想抓过话筒说话，幸亏工作人员阻止了他。

不过，尽管他没有抢到话筒，但观众都听到了他的声音。①

昨晚，38 岁的康奈尔·麦克尼尔（Cornell MacNeil）在帕马戏院（Parma's theater）内获得了满堂喝彩。他出生于明尼阿波利斯市，曾居住在新泽西州的克利夫赛德公园（Cliffside Park），现居于罗马。

但在周六晚上，当他参演威尔第的歌剧《假面舞会》（*Un Ballo in Maschera*）时，观众在前两幕戏中一直对着麦克尼尔和另外两位意大利联合主演［男高音弗莱维诺·拉博（Flavino Labo）和女高音路易莎·马拉基亚诺（Luisa Maragkiano）］起哄。

在第三幕戏中，麦克尼尔开始表演咏叹调，但观众的一阵嘘声打断了他的歌声，也打断了乐队的演奏。

他转身面向观众，大吼一声"够了，你们这群白痴！"，随后下台离开。

观众涌向舞台，甚至冲进了后台。警察也赶到了现场。麦克尼尔一走出更衣室就遇到了聚集在后台的愤怒的观众，双方扭打在一起。②

换言之，个体会被突发的情绪"淹没"。以下例子在空间、时间、内容三个方面区别于本章第一次提及的绞刑案例：

过去，人们能在不同程度上行使向名人发出正式邀请的特权，但随着时间的推移，这种特权渐渐被人们淡忘了。1872 年，当亨利·温赖特（Henry Wainwright）被执行死刑时，市长和治安官向他们的 60 个朋友发出了邀请。温赖特被带上绞刑架时，完全没想到现场会聚集那么多观众，他顿时脸色煞白，回过神后就啐了一口："你们这

---

① An Associated Press release, September 3, 1950.

② *San Francisco Chronicle*, December 28, 1964.

些畜生,特意过来看人死,是吗?"其中一个受邀者告诉亨利·欧文,那番话给他留下了巨大的心理阴影:"从那之后,我对自己感到恶心,觉得自己很卑鄙,为此羞愧难当。"①

b. 另一种打破表演框架的特定的情形是:在表演即将开始或结束的关键时刻,某些演员突然"情绪失控"或"降调",其结果是,他们搞砸了对某个角色(或舞台角色)的扮演,拖延了表演的进程——换言之,架构被打破了。下文一个来自某场竞赛表演的例子:

原定昨晚在奥克兰礼堂(Oakland Auditorium)举办的加州重量级拳王12回合赛没能如期进行。

原因是,挑战者威利·理查森(Willie Richardson)在裁判发出指令之前,多次用脚飞踢冠军罗杰·里斯彻(Roger Rischer),进而引发了一场小骚乱。裁判取消了威利的比赛资格,宣布他被无限期禁赛。

11月2日,在圣何塞的一场重量级比赛中,理查森被里斯彻击倒在地。在裁判将拳手们召回赛场中央时,他突然从角落里冲出来,毫无征兆地飞踢里斯彻的腹部。

他的经纪人也被这一行为吓了一跳。尽管经纪人和裁判维恩·拜比(Vern Bybee)努力制止了理查森,后者还是冲向了里斯彻。里斯彻被踢后退到一个角落,痛苦地捂着腹部。

起初,我们以为这件事是一场表演,就连里斯彻也在事后称,他以为这是个"恶作剧"。但当狂怒的理查森挣脱控制,试图再一次踢里斯彻时,大家才反应过来他动了真格。很快,约1400名观众将拳击场团团围住。

里斯彻对此的回应是:"理查森觉得这场比赛让他挨了一生中最惨的一顿揍,他像蔫了的茄子一样崩溃。他陷入了恐慌,紧接着失控了——我如果像他一样处于惊恐状态,可能也会做出同样的事情。"②

c. 除了上述这些与表演有关的框架破裂之外,还有一种行为将打破框架。此处必须进行说明。

前面提到,舞台上的戏剧角色通常是在模拟互动,他们并不在意公然观看表演的观众。演员处于表演框架中,有权利和义务维持这种虚构的

---

① Atholl, *Shadow of the Gallows*, pp.86-87.

② 报道见于 Jack Fiske, *San Francisco Chronicle*, February 11, 1965。

表演,但同时,旁观者也会在演出时表现得仿佛他们的赞扬声不会被舞台上的人听到一般。观众可以放声大哭、大笑(情绪失控),但只要是与剧情产生了共鸣,这些情况就不算是**真正意义上的**框架破裂。确实,摇滚音乐会几乎能容忍任何狂热呼喊的观众行为。由于观众与演员是相互隔离的,观众完全有权这么宣泄情绪,这样的放纵是可以被忽视的现实,一种舞台下的现实:正如人们可以把舞台行为当成真正发生的事情,人们也可以把这些台下行为当成非真实发生的事情。即使观众反应冷淡,毫无热情,只要台上的演员不受影响,演员的框架还是能够有效地管理这些情绪。需要重申的是,忽略这些行为是很容易做到的事情,原因在于:相对于演员竭力维持的表演领域而言,观众在表演**期间**的所作所为不过是框架外的行为。但要是某个观众逗笑了演员,真正的框架破裂就发生了:

> 周二晚上,《这就是爱》(*Here's Love*)在科伦上演,当第二幕剧演了五分钟时,第三排的一个男子突然跳起来,大声喊道:"天哪,我走错剧院了!"随后,他一步一步挪到过道上,奔向正在上演《卡米洛特》(*Camelot*)的另一剧场。《这就是爱》的演员们都震惊了,演出瞬间冷场,被迫中断。①

此处,我们还得考察另一种特殊的观众类型,他们通常出现在广播、电视中,即演播室现场的观众。智力竞赛、访谈节目、脱口秀和其他"参与式"节目的观众享有和戏剧观众一样的权利,他们像是坐在单向隔音镜后观看表演,并做出反应。不过,现场观众的权利有所扩展。无论何时,只要某位嘉宾或演员出现一丁点儿口误,将自己或他人置于不合理的处境中,观众就可能哄堂大笑,仿佛框架已经破裂,他们无须继续保持得体的行为。这是因为,人们将这些细小的差错视为笑料,它们折射出一个不那么严肃、可以抛弃的自我——正如人们会把这些差错招致的笑声当成赞赏和框架之外的内容一样。

公然发笑的规则同样适用于(或确切地说,针对)某个观众:出于某些原因,这个人需要倾听节目内容,而这种行为遵循着不同于收听广播的标准。相应地,观众有时也会出于责任感而大笑,以此证明节目组设计的

---

① Herb Caen, *San Francisco Chronicle*, November 6, 1964.

笑料发挥了作用,它们逗笑了框架之外的观众,因而节目没有出现什么严重的失误。主持人会热情地鼓励一些观众参与节目,要么鼓励他们回应节目,要么自己回答观众的问题。这些行为都不会打破框架,因为主持人的目标是让某些观众变成一个临时的剧班成员,一个临时的表演者。① 如果表演者——招募来的观众或主持人——真的对自己的行为引发的公然大笑感到生气,他就会被当成一个不合格的、完全没有幽默感的人。因为个体只有参与真实的台下互动时才能生气并且得到体谅,而这意味着他对自我行为所表达的不严肃的自我进行了错误的框架化。(因此,临时演员的责任不在于时刻表现得当,而是要用良好的幽默感对待自己的失误和观众的反应,而他们一直履行着**这样的**责任。)因此,所有这类节目都有一个特点,那就是不断地被重新确立为有趣的场景。如果主持人或正式的嘉宾想说些只有在现实互动中才会提及的"严肃"内容,他们得使用特殊的引号,仿佛这样就能在节目中暂时提及一些框架之外的内容。②

我们可以从另一个特殊的方面来论证关于观众权利的一般性观点。前面提到,无论是业余运动还是职业运动,都有一个有趣的特征:它们允许别人观看,是"公开的"活动。某人准备开球或滑雪下坡时,只要有人在场,他就得像专业选手那样接受旁观者的审视。但如果这个人坐在公园的长椅上看书,或是在街上与朋友聊天,他就不会被人盯着看,至少不会像运动员那样被围观——"盯着别人看"是对他人领域的侵犯,是一种带有敌意的无礼行为。为什么会有这样的差别?

我认为,这一问题的答案是,体育运动使个体进入了一种框架,而个体的严肃自我无法参与其中,此时,体育运动的特殊领域取代了日常事务所处的领域。在体育运动的领域中,参与者和观看者的严肃自我

---

① 在正规的舞台表演中,表演者直接与观众交流是件非常严肃的事情,因为这种做法需要演员完全搁置自己扮演的舞台角色。在这种情况下,整场表演的基本要点是维持舞台角色所能够存有的存在领域。当人们转而把目光下放到(如果允许这样表达的话)电视脱口秀节目时,会发现表演者越来越多地以他自己的身份出现,而观众也享有越来越多的权利去释放自己的情绪(或有越来越多的义务忍受表演者的情绪失控)。这些变化的相关性并不难以理解,这些表演者都完成了从扮演一个陌生角色到扮演不严肃的自我的转变。

② 参见 Helen Hogan, "Some Bracketing Devices Used on Television Talk Shows"(未发表文章:University of Pennsylvania, 1970)。

都处于框架之外，他们不在场，也不会被看到。既然观众"不在"框架之中，运动员就有义务维持虚构情节的发展，像舞台上的演员那样假装观众不在场。① 注意，当两个网球运动员以封闭的方式交流细节时，就完全忽略了旁观席的观众。

有人认为，观众通常享有在框架之外哭或笑的权利，因为我们假定舞台角色和观众并不完全处在同一个领域内，进而体现了一种松散性。还有哪些地方会发生这种松动呢？

当与地位明显低于自己的人进行现实互动时，如果对方做出一些滑稽的行为，我们会理所当然地觉得自己有权利释放情绪。例如成年人对待儿童的方式：当我们看到小孩子想做某件事却没成功，或是用非常幼稚的方式完成某件事，我们常常会微笑，或干脆放声大笑，这种常见的反应建基于成年人的权利，他们认为，儿童还不太具备开启或掌控对话的资格。一开始，我们还能周到地拓展他们参与对话的权利，一旦这种慈悲之心被耗尽，他们的任何差错都会被我们抓住，成为我们释放自我情绪的理由，我们于是不再为实现社会平等参与的幻想而对儿童多加照顾。这样一来，儿童成了表演者，我们获得了作为观众的权利。另一个例子是，当外国人在使用我们的语言时闹了笑话，我们也会控制不住自己的情绪。不过，最能证明这一点的莫过于王室成员，他们比任何人都需要宽容地对待地位比自己低的人，至少要宽容地对待这些土著居民：

> 哥打基纳巴卢，马来西亚（合众国际社）[Kota Kinabalu，Malaysia（UPI）]——英国王室访问婆罗洲*首府时，一位来自穆鲁特**印第安人部落（Murut Indian）的神枪手想要用一把有毒的吹箭枪献技，最终出了洋相。
>
> 当地官员陪同女王夫妇和他们的女儿安妮公主（Princess Anne）

---

① 团队运动的专业选手常常展现出奋力拼搏、热情充沛的样子，他们的粉丝也是如此。对他们而言，团队比赛是非常严肃的活动——考虑到这类比赛需要兼顾收入和声望，这种认知也不足为奇。但另一种解释是：尽管运动员可以把体育运动当成值得为之奋斗的终身职业，但从整体上说，体育运动是非严肃的娱乐生活的一部分。因此，调动参与者积极性的热情并未带动他的严肃自我。这涉及个体完全卷入活动的许可而非原因，后者当然与专业运动员能够获得的丰厚报酬相关。

* 加里曼丹岛的旧称，其旧首府为山打根。——译者注

** 穆鲁特，马来西亚沙巴州第三大土著民族，也是婆罗洲人数最少的土著民族，世界上最后放弃猎头习俗的民族。——译者注

一同游览时，菲利普亲王（Prince Philip）想要见识一下穆鲁特人的吹箭技术。官员迅速清理出一片靶场，并找到一个硬纸板作为靶子。伊丽莎白女王对她的丈夫说："亲爱的，小心点儿。这是有毒的。"

这位穆鲁特勇士光着膀子，瞄准纸靶，竭力想要吹出毒镖，却什么也没发生。

"也许它卡住了。"菲利普亲王为他开脱道。

于是，穆鲁特人在地上用力敲了敲吹箭枪，想把毒镖敲松。

他再次拿起吹箭枪，用尽全力吹，飞镖还是没能射出来。

最终，穆鲁特人厌恶地放弃了，径直快步离开。紧接着，女王一家爆发出一阵大笑。①

5. 前文曾提及，个体打破框架的方式要么是无法在互动中有效地组织自我，要么是转换了基调。我们有理由认为，个体也可以打破某个初级框架（无论是否经过转换）中的行为，进入一个完全不同的框架。因此，怒火中烧的司机**有时**会蓄意伤人，追击其他司机或者行人；曲棍球运动员有时会忘记进攻只是比赛和运动的一部分，把球棍当成伤人的棍棒；棒球投手有时也会做出同样的草率举动。

然而，这个观点很难服众。原因在于，初级框架诸多明显的转换背后还存在另一种转换：在同等条件下，被特定框架压制、限制的反应会转化为另一种"更直接的"、层级更少的反应。饥肠辘辘的人在获得食物后开始狼吞虎咽；强烈的性欲演变成强奸；好不容易走到出口的人开始惊慌失措地狂奔起来；两人之间的插科打诨变成赤裸裸的言语攻击……当上述情形中的任意一种发生时，类似于降调的事情就发生了。此时，表面的矜持荡然无存。

例如，1947 年，（据说）沙特阿拉伯王储埃米尔·沙特（Emir Saud）在访问美国期间去了好莱坞，这让爱搞恶作剧的吉姆·莫兰（Jim Moran）抓住了难得的机会。在真正的王储离开美国那晚，莫兰出现在西罗餐厅（Ciro's Restaurant）一张为晚宴预留的餐桌旁，他的几个朋友应邀打扮成侍从——

进餐间隙，王储突然大声地对某位仆人说了些什么，那位仆人深

---

①　*The Evening Bulletin*（Philadelphia），February 28，1972.

鞠一躬，走到演奏台旁，用浓重的口音告诉杰里·沃尔德（Jerry Wald），殿下喜欢听《婆娑起舞》（*Begin The Beguine*）*。话音刚落，管弦乐队立刻演奏了这个曲子。乐曲结束时，王储点了点头以示赞赏，紧接着从腰带上取下一个山羊皮小袋子，从里头拿出许多珠宝。他将这些珠宝全部铺在桌上拨弄着，想挑块特别的宝石作为礼物。最终，他相中了一块闪闪发光的巨大钻石（其实只是价值 30 美元的紫水晶），交给了仆人，低声吩咐了几句。仆人再次走向演奏台，将宝石递给了沃尔德先生。大厅里每一个目睹了这出戏的全部细节的人，都开始窸窸窣窣地小声议论起来。

……

最后，王储起身准备离开餐厅。他拍了拍手，一个仆人立刻过来为他整理长袍。大厅里的人都看着王储一行人穿过空荡荡的舞池走向出口。突然，只听得咣当一声，王储的山羊皮小袋子掉了下来，所有珠宝都撒在锃亮的地板上。仆人纷纷停下来捡珠宝，但王储严厉地制止了他们，蛮横地挥着手招呼他们离开。于是，四名阿拉伯仆人丢下了珠宝，随他们"尊贵的殿下"继续走向大门。几乎是在一瞬间，西罗餐厅里的人一拥而上，开始疯抢散落各处的珠宝，甚至许多好莱坞名流——不论男女——都趴在地上捡珠宝。桌椅被碰得东倒西歪，甚至一些服务员也加入了争抢的行列。

王储和仆人头也不回地大步走出餐厅，坐上豪华轿车快速离开——恶作剧任务完成。①

此处有两点值得讨论：第一，对于"阿拉伯贵宾"之外的人而言，这种争抢（如果确有争抢）意味着他们置身其中的活动框架发生了骤变：从一场夜宴餐桌旁的谈话变成对贵重物品赤裸裸的争抢。但我们也可以认为，人们在看到铺在桌上的珠宝时，欲望就已经被激起，只是那时他们尚且能够控制住自己的欲望；在王储的羊皮袋裂开的一瞬间，欲望的"降调"发生了——它促使人们采取公开、直接的行动。

---

* 又译《来跳比根舞》，由美国著名音乐家科尔·波特（Cole Porter）创作。——译者注

① H. Allen Smith, "Some Shots That Found Their Marks," in Alexander Klein, ed., *The Double Dealers* (Philadelphia: J. B. Lippincott Co., 1958), pp.53 – 54, reprinted from Smith's *The Compleat Practical Joker* (New York: Doubleday & Company, 1953).

　　第二点关乎这一事实：在人们口口相传的通俗作品（和部分印刷文本）和虚构故事中，英雄或恶棍打破框架的桥段屡见不鲜。几乎所有的道德故事都会采用极端的框架破裂将情节推向高潮，而这些框架破裂实际是作者深思熟虑的结果。因此，无论这种颠覆在日常生活中是否常见，这些赤裸裸地展露自我的意象都是我们描绘人际交往的重要元素。

　　二次利用（secondary utilization）印证了上述观点。由于框架化过程具有错综复杂的特征，因此，经过的框架破裂还能再调音。例如，在电影《糊涂侦探》中，剧本要求唐·亚当斯（Don Adams）和他的"客人"唐·里克斯（Don Rickles）穿着黑色的间谍衣，手挽着手，但两人显然无法进入电影框架，反倒不断爆发出阵阵大笑。这些电影过程被保留了下来，当两位主角作为"嘉宾"出席约翰尼·卡森（Johnny Carson）的节目（1968 年 7 月 12 日播出）时，节目组播放了这些片段。演播厅的观众和演员在现场看到这些电影拍摄过程中的笑场片段，也跟着哈哈大笑。然而，电视机前的观众看到的是一个关于笑场花絮如何引发观众爆笑反应的**录播**片段，也就是说，相比演播厅的观众和演员，他们距离原始事件更远。可见，原始的框架破裂大概是所有框架破裂中最"自然而然的"、最出乎意料的一个（我们当然可以称之为"真实的""实际的""切实的"框架破裂）。不过，在电影里扮演间谍的唐·亚当斯和唐·里克斯靠在墙上的画面（即使在我们这个滑稽的时代）也并不那么真实。

第十一章 消极经验的制造

一

当个体进入某个被框架化的活动流后，便立刻自发地卷入其中，并时不时检视自己的卷入状态。人们在活动中的卷入程度千差万别，一种极端是感到厌烦（包括那种对被迫关注的事物的防御反应），另一种极端是完全沉浸其中。除了情感保留（affective reserve），还有可能存在认知保留（cognitive reserve），即个体始终对框架及其转换心存疑虑，随时准备重新框架化正在发生之事。而认知保留与情感保留一样，因人而异。

无论出于何种原因，当个体意识到自己打破了框架，他的信念和专注的性质将突然改变。他对眼下活动的保留态度突然受到冲击，至少在一时之间，他可能会深陷困境；他完全沉浸在自己的失当行为带来的挫败感中，执着于寻找失败的原因。不管他与先前错失的事物保持何种距离，做了多少保留，至少在眼下，他无法按照自己的意志控制正在发生之事——他毫无防备地被推入困境。他想在一个被完全框架化的领域占据一席之地，却找不到可用的框架，或是原有的框架不再适用，或是无法接受眼前可用的框架，这让他无计可施，深陷泥潭，举步维艰。经验是当前情境带给个体的东西和个体带给当前情境的东西的融合，这意味着：即便在一开始，经验也会形成某种形式；但如果找不到形式，经验也便无从谈起。对个体而言，现实混乱不堪，一地鸡毛。此时，他所拥有的是"消极经验"（negative experience）——消极经验具有不同于非消极经验的特征，后者是一种组织性的、有序的、肯定的反应。

在框架分析的问题上，面对面并非一种技术性的限制，它涉及个体间的评估，这些评估要么通过间接的方式进行，要么源自个体对场景的直接感知。但在卷入的问题上，面对面变得更具限制性。在考虑消极经验时，我们几乎只考虑了两个或以上的人直接在场的情形。简言之,"社会情境"。原因在于,当有其他人直接在场时,个体对"正在进行之事"的感知似乎最容易受到威胁。不过,我们也要考虑在电影、电视、印刷品中以商业形式呈现的社会情境片段,虽然有人可以独自观看,但这些东西本质上仍然是社会性的。

当框架被打破时,一种典型的面对面现象就会出现,即消极框架的语境。一旦人们对此加以研究,就会清楚地看到,这种无序性(disorganization)*原本便栖身于更广泛的组织性(organization)之中。

当个体情绪失控时,他的确不必完全承认令自己陷入窘境的事情。他可以停止行动,推翻棋局,叫停让自己丢脸的事——哪怕只是暂时的。他可以开启自我保护机制,拒绝承认已经发生的事情。① 他可以选择退出活动框架,并确保自己还能重新进入该框架。他表面上放弃了对自我所处情境的控制,以证明自己的所作所为是诚实的、真挚的、值得信赖的;因为显然,如果他当下不能做任何谋划,其他时候也很难做出什么邪恶的事情。他不仅表现出一副毫无心机、失去控制的样子,还展示出疲于应付的模样,释放出表明自己已被击垮的信号。对于那些令他失控的人来说,这是一种带有侵略性的收获;对于目睹这一切的观众而言,这是一种间接的侵略性收获。

互动的无序性还具有其他组织性的层面。就算个体的工作就是确保大多数参与者积极卷入正在发生之事,他也没办法完全控制事态的发展,总有一些人可能忘乎所以、失去自制力。能让一些人"高度卷入"的事物,对于另一些人来说可能就是过度卷入。事实上,在某些活动中,有人无法控制自己意味着大多数人都沉浸其中。例如,摇滚音乐会往往安排专人炒热气氛,让观众的情绪达到高潮,使他兴奋得几乎能拆掉现场的墙,随后,"气氛组"得让观众冷静下来,直到下一次人为设计的高潮出

---

　* 戈夫曼文中的"disorganization"意指"无序的、非组织性的"现实状态,这种状态与有序运行的日常活动相对,强调框架破裂带来的一系列后果:现实生活的脱轨、互动的失效、个体产生消极的经验。不过,戈夫曼同时强调这种"无序性""非组织性"并非凭空发生,而具有其内在的逻辑,且本身与框架息息相关,可以通过框架分析捕捉其特点。因而他说,"这种无序性原本便栖身于更广泛的组织性当中"。——译者注

　① 参见"Embarrassment and Social Organization," in *I. R.*, pp.110–112。

现。[1] 同样,如果马戏团的酷刑表演让大部分观众感到恐惧,那么一些观众自然会因为过度沉浸其中而失控、呕吐。[2] 游乐园的飞天椅能让一些人体验到刺激而愉悦的恐惧——罗杰·凯卢瓦(Roger Caillois)称之为**一种放纵的快感**,另一些人却会受到严重的惊吓,即这种体验"对他们来说过头了"。因此,在一些组织性的娱乐活动中,某些人的"情绪失控"只是有效管理的偶然产物,这并不意味着人人都失控了。

至此,我们可以提出本章的中心观点,即关于无序活动的组织性作用的观点。前文提到,观察他人的个体(旁观者)也会参与活动框架,并在活动中倾注自己的情感和认知。当被观察的对象心烦意乱之时,旁观者也会为他担忧。但随着社会距离的缩短,对当事人而言过头的东西可能恰好能够保证旁观者在事件——包括当事人遭遇的框架问题——中的卷入。他们也许会脱离自己先前的卷入状态,仿佛他自己打破了框架,而事实上,是别人打破了框架。(成百上千的例子可以证明,"被动参与"并不像人们想象的那么被动。例如,小丑突然像块石头一样摔倒,观众哈哈大笑,这是因为他们将自我的肌肉组织反应和情感投射到小丑的行动中,当小丑摔倒时,观众就会发现,他们没能准确预测小丑的举止、引导性行为以及将要发生之事的框架。在这个意义上,观看就是行动。)不过,参与者不会被旁观者的框架中断所干扰,因为后者毕竟没有正式参与他们眼前的场景。因此,旁观者的"情绪失控"不会造成连锁反应,他们只是搭了趟便车。当然,对于打破框架的人和旁观者来说,这种脱离可能很短暂,但这种短暂的抽身、片刻的释放可能会让每个人以更加自在的心态重新适应框架。

50 年代后期,问答类电视节目中出现了一些有趣的丑闻。[3] 为了让观众高度卷入节目,制作人会刻意挑选一些在性格和行为上更容易达到这一目的的参赛者。鉴于很难找到"合适的"候选人,节目组自然会对参赛者进行培训,让他们的行为能够最大限度地吸引观众的注意力、激发观

① 拉尔夫·格利森(Ralph Gleason)介绍过这一点。参见 "Twisters' Audience Grabs the Show," *San Francisco Chronicle*, January 29, 1962。

② 例如,参见 Dan Mannix, *Memoirs of a Sword Swallower* (New York: Ballantine Books, 1964), pp.140-141。

③ 参见 "TV Quiz Business Is Itself Quizzed about Fix Charges," *Life*, September 15, 1958; "Quiz Scandal (Cont.)," *Time*, September 8, 1958; Jack Gould, "Quiz for TV: How Much Fakery," *The New York Times Magazine*, October 25, 1959。

众的卷入。这么一来,只要答题过程没有受到干扰,参赛者就都能完美地完成任务。所以,在答题棚里,参赛者表现出冥思苦想、汗流浃背、几乎要打破面部框架的状态,以这种方式说服观众,让观众相信这是个"真实的"竞赛,引发观众的卷入。

戏剧的主要实践是生产虚构的不同的信息位阶,此时,框架破裂可以促使观众卷入剧情,这一点颇为有趣。戏剧中有一类不为人知的隐藏的舞台角色,他将戏剧变成一场骗局。当然,这类舞台角色(捏造者)本身也会上当,被其他舞台角色以各种方式欺骗。观众通常知道一部分秘密,却不了解全部真相。直至最后一幕上演,框架才会被澄清,被蒙在鼓里的舞台角色将感到震惊、懊恼或惊喜。但对观众而言,这种设计能让他们更深地卷入剧情。(下文会提到,观众卷入戏剧的另一个原因是:他们觉得"隐藏的舞台角色"始终藏在幕后,甚至就躲在场上的两个布景背后。)类似的情况也出现在小说和其他商业化的虚构作品中:喜剧的主角被迫维持一个漏洞百出的捏造,但很快就会被揭穿;反派通常故意维持一个恶劣的捏造,并在谎言败露之时名誉扫地。主角与反派都会因事情败露而懊恼不已,读者却不然,后者只需确保自己可以专注于剧情。

个体的"情绪失控"不仅会让自我陷入混乱,也会使他人卷入框架。但这只是故事的一半。框架破裂不只涉及个人的失序,还深刻地影响其他内容。

如果整个框架被动摇并出现问题,人们此前的卷入(和此前保持的距离)也肯定会被打破,无论发生什么变化,人们经验的内容都将发生戏剧性的改变。当然,人们很难用积极的方式确定自己未来将要经历的事情,但可以清晰地指明自己尚未经历过什么。换言之,人们很容易把曾经发生之事当成一种先在的概念并全盘接受。所以,我们需要再次讨论消极经验的问题。

另一个问题是,如果只是为了确保既定框架的连续性(continuity)和可行性(viability),人们似乎乐于接受一些细微的框架破裂。事实上,无视轨道能够包容许多框架外的活动,只要这些活动"恰当地"保持安静,并处于能被框架无视的范围之内。隐藏渠道也容许类似的释放。因此,在拘谨的派对中,朋友之间的交头接耳既是打破框架的方式,也是维持框架的方式。的确,每一种情境中都可能会有人短暂地打破框架。下述例子源自一篇探讨美术模特这一角色的行为要求的文章；文章指出，当模特赤裸着在学生面前摆出造型时，学生应当避免引起模特的注意：

> 在工作时间里，模特也无法避免一些生理性释放。她可能不小心做出诸如打呵欠、挠痒痒等一些不符合"作为审美对象的模特"的标准的行为，但事实上，这些举动恰恰表明这是一具活生生的人类身体，她有着正常的生理需求和生理功能。此时，她可能会无视这些行为，以减弱其影响；或是狡黠一笑，与观众共谋，达成这样的默契："我们都是人。"①

正是通过公然进行这样的释放，表演者回应了诘问或其他麻烦事，而这些琐事提高了他与观众的无视能力。表演者冒着打破框架的风险，希望迅速重建情境的初始定义，但此时必须无视的东西也变少了。（正是依据这种可能性与其他一些特别的设计，人们得以区分正统戏剧的表演者和他的影视同行：影视演员囿于自己的表演，无法停下来安抚观众焦躁不安的情绪。）即便是比赛或竞赛的参与者也会遭遇令人分心的事情，他们可以暂停比赛来解决这些事情（尽管未必有效）。下述情况可能（曾经）发生：在一场网球锦标赛进行得如火如荼时，观众席上的一个小女孩跌跌撞撞地误入球场，这件事和比赛毫无关联，却中断了比赛。此时，离她最近的运动员弯下腰，把球拍递给了她。

二

鉴于消极经验具有不同的功能，可以预料的是，人们可能会刻意制造出这样的经验。现在，我想要回顾一些存在消极经验的场景，并始终牢记，我不可能用积极的方式谈论它生产的内容，只能谈论那些无序的、破坏性的内容。

1. 相遇（encounter）。消极经验在舞台之外的、现实的言语互动的组织中占有一席之地，但可能不是其主要内容。

a. 第一种消极经验源自戏弄（tease）和嘲讽（taunt）：为维护同伴参与

---

① V. M. Frederickson, "'The Modeling Situation': A Structural Analysis"（未发表文章：University of California, Berkeley, 1962）。

者的利益,个体通过言语和身体行为让对手失控。① 此时,被戏弄者的参与者位阶降低,无法完整地参与活动(通常只能参与部分活动)。事实上,戏弄是吸引旁观者卷入活动框架的简单伎俩。名为"一打"或"回声"(sounding)的游戏就是一个例子,传统的愚弄和捉弄之类的活动也是如此。这是因为,当被戏弄的人受骗进入他人捏造的世界时,旁观这场捏造的人也想看到受骗者在框架被澄清后的懊恼反应。年轻人喜欢问的陷阱问题(trick question)或许是一个最简单的例子:出题人在给出设置好的答案时,会把问题和答案都转换成另一种意义框架,进而戏弄回答者,而这种行为在平时是不被许可的。② 同理,人们有时会故意把玩笑当真,或把一句严肃的话当成玩笑,被戏弄的人则不得不设法澄清框架,最后却突然发现框架已然被澄清,只有他自己如坠五里雾中。③

人们可以通过口头语言建立框架,这一框架既能被打破,也能打破预先建立的其他框架,而上述活动都会让人产生消极经验。

b. 消极经验的第二种类型是压力式说服,它致力于打破互动对象的面部框架,让其情绪失控。在警察审讯、心理治疗、小团体的政治洗脑中,有一种做法是细数对方通常没能注意或者隐瞒的内容,直到对方失去对情境、信息和关系的控制,进而暴露真实的自我,进入一段新关系。④ 人们可以利用类似的方式快速向他人求爱,即诱使对方提供一些通常不会向新认识的人提供的私人信息,让对方脱离先前的社会距离框架。

心理疗法尤其值得说明。无信仰者似乎对心理疗法的价值存在各种各样的怀疑,但陷入困境的人肯定会觉得,与心理治疗师建立联系是值得的,他们愿意定期咨询,为获得优待花费相当多的金钱。在治疗期间,他们也愿意忍受心理治疗师用各种直接或间接的方式解析他们遭遇的事情

---

① 在我们的社会中,女性在面对嘲弄时比男性更容易表现出脸红和其他抑制不住的反应。

② 参见选集:Iona and Peter Opie, *The Lore and Language of Schoolchildren* (London: Oxford University Press, 1967), pp.57–72。

③ 戏弄这一行为的角色结构很简单,它被被戏弄的人、戏弄者和见证这场玩笑的旁观者构成。尽管戏弄常常发生在非正式对话中,但它可能涉及更复杂的框架结构。因此,在舞台上表演的演员会用完全不符合舞台角色身份的方式打趣、嘲讽、戏弄对方,让对方情绪崩溃。观众也可能用同样的方式戏弄表演者。我认识的一个拉斯维加斯商人曾告诉我,有一次他和同居已久的舞女吵架,他故意在吻别时咬掉了她的门牙;后来,舞女只能小心翼翼地闭着嘴巴跳舞,而他坐在观众席前排,做鬼脸逗她笑,让她露出那个牙洞。

④ 见 *S. I.*, pp.34–35。

（即便他们并不赞同）。人们沉迷于心理疗法的原因是什么？尤其是在社交中碰壁的人，他们为何沉迷于此？

医学领域给出的答案是：这些人理智地意识到自己正在遭遇医学问题，需要医生为自己治疗。另一种答案是，诊疗对话的传统打破了日常的面对面交流的框架，此时，互动者本应受到保护，不受框架影响，也无须建立关系；这么一来，患者就陷入了一种特殊的关系。[①] 例如：

（1）患者保留的信息会被治疗师看个遍，治疗师对患者的认知甚至会超过患者对自己的了解。（因此，个体在人际关系中保守秘密的防御功能遭到破坏，而且这种权利并不对等。）

（2）患者的行为会被视作主要轨道之外的内容，例如，治疗师会把开始/结束仪式、语调、脸红、沉默、滑倒、发怒等（与角色相关的个人权利）当成需要解决的主要问题。[②]

（3）治疗师搁置了日常社交中的报复性原则，容忍患者进行各种各样的"表演"。治疗师坚信的学说是：病人的行为并不指向治疗师本人，而指向他扮演的"治疗师"角色；简言之，患者的行为并不那么真实，只是他们自己意识不到。

（4）日常生活互动往往要求人们保持得体、谦逊，但治疗师鼓励患者冲破这些规则的束缚。治疗师不仅关注患者的一些禁忌性幻想，还关注患者以自我为中心的、零零碎碎的日常反应，并对这些内容进行延伸性解读。另外，人们一般认为，专业人士不应该支持对方不谦虚的、不恰当的看法，但治疗师认为，当患者的自我置身于纷繁

---

① 此处受到罗伊·特纳（Roy Turner）早期观点的启发，他将框架分析运用于心理疗法。

② 这项实践的开始记录于 Brill, Introduction to the Modern Library Publication of Freud。Brill 对巴黎感到失望，他接受建议，来到位于苏黎世的精神病诊所。[这就是布格霍茨里诊所（Burghölzli Clinic），欧根·布洛伊勒（Eugen Bleuler）近期在诊所内引入了弗洛伊德的理论，1907—1908]：

布洛伊勒教授意识到弗洛伊德理论的价值后，他敦促自己的助手在医院里学习并检验这些理论，开启了精神病学的新时代，而我有幸到达现场。布洛伊勒教授是第一个把诊所开放给精神分析学的精神病学家……

……

在这个医院，弗洛伊德的精神无处不在。我们在进餐时频繁聊到"情结"，这个词的特殊的意义在那时产生。所有人都可能在应用自由联想法解释这个词时犯错。在场的妻子和女实习生可能会克制自由联想带来的坦率想法，但这无关紧要。女性和她们的丈夫一样渴望发现隐蔽机制。[*The Basic Writings of Sigmund Freud*, ed. and trans. A. A. Brill（New York：Modern Library，1938），pp.25-27.]

杂乱的事务的中心时,就会膨胀得足以占据整个舞台,因此,他们常常肯定患者对自己的评价,即治疗者正是基于"人格动力"*理论(这只是我这个外行人的一家之言)引导患者进行相关思考。

(5)自由联想(free-associate)**要求患者必须时刻准备思考他与任何亲密之人的关系,透露他在这些关系中隐藏的一切信息。因此,患者背叛了所有关系,包括组织、团体和其他结构。

(6)当患者接受了心理疗法的这些规则时,他会产生消极反应,也可能会对疗程和治疗师有所保留,这种情形本身是值得考虑的合理问题("负移情分析"***)。此外,患者和治疗师之间的疏离原本为患者提供了一种保护性的距离,但治疗破坏了这种安全距离,使之成为一个值得考虑的问题,而不是理所当然的基本立场。

除了戏弄、压力式说服等在对话式的相遇中产生消极经验的例子,我们还得思考另一个例子:格雷戈里·贝特森著名的"双重束缚"(double-bind)研究。① 贝特森认为,"引发精神分裂症的"(schizophrenogenic)个体在与爱人沟通时,常常给出矛盾而混乱的指示,导致对方难以理解他的意图和感情。无论精神分裂症患者病情如何(无论他们有何特别之处),自我否定式的言论和行动在他们的人际交往中非常常见。据说,这些行为出于"恶意",双重束缚者通过这些行为拒绝对方的提议,不满足对方的要求,即使对方找到一些证据,证明这种拒绝并非永久的,甚至可能根本不算拒绝,他们也只会引导自己为进入一段新关系做好准备,并且不会

---

* 人格动力学是心理学的一个术语,是一种研究个体行为内在原因的科学,旨在探究人格动力的形成机制和原理。代表性理论有弗洛伊德的人格理论、费斯汀格的认知失调理论、马斯洛的需求层次理论等。——译者注

** 自由联想是心理学的一个术语,其过程是:心理治疗师向患者呈现某种刺激(词语/图片),让患者自由随意地想象,说出浮现在脑海中的所有内容。为发掘隐藏在患者内心深处的情绪和致病因素,治疗师通常鼓励患者畅所欲言,不对患者的想法施加限制。——译者注

*** 负移情是出现在心理治疗中的一种情形,患者把治疗师当成对他的过去造成伤害、给他带来负面情感体验的对象,从而对治疗师产生敌意、不满、抗拒等情绪。——译者注

① 例如,参见 Gregory Bateson et al., "Toward a Theory of Schizophrenia," *Behavioral Science*, I(1956):251-264; Gregory Bateson, "Minimal Requirements for a Theory of Schizophrenia," *AMA Archives of General Psychiatry*, II(1960):477-491。还可参见 L. C. Wynne et al., "Pseudo-Mutuality in the Family Relations of Schizophrenics," *Psychiatry*, XXI(1958):205-220; Harold F. Searles, "The Effort to Drive the Other Person Crazy: An Element in the Aetiology and Psychotherapy of Schizophrenia," in his *Collected Papers on Schizophrenia and Related Subjects*(New York: International Universities Press, 1965), pp.254-283。

自以为是。此后，双重束缚者会不断地回想自己想要建立什么样的关系，会试探性地说些模棱两可的话，要么用开玩笑的语气，要么只透露表面意图，即一种调音或未经转换的陈述。无论对方选择如何解释这些话，都会受到支持其他解释的行为的制约。事实上，这是一种让人陷入圈套的方式。如果个体刻意表现出一副善解人意的样子，也可能造成双重束缚，使人产生消极经验，因为这会让接收者从相对积极的角度看待自己，却在暗地里质疑对方的回应是否真诚可信——而对方的回答可能经过刻意的措辞，目的就是让他心生疑虑。

三

尽管消极经验对舞台以外的、面对面的相遇有一定的影响，但我相信，消极经验的核心轨迹也出现在纯粹的表演中，例如表演赛（包括摔跤和轮滑赛）和戏剧脚本，无论后者是现场的、录制的、拍摄的、写出来的还是画出来的。自发地、轻松地卷入活动是日常相遇的一个重要特征，个体即便有所不满，也能找到继续日常交往的充分理由。纯粹的表演则不然，观众的专注力不仅是评判演出是否顺利的指标，也是其核心问题：表演者负责吸引观众，观众希望享受表演。因此，在这些表演中，一些方法具有特殊的价值，它们能够吸引观众注意，或至少能够证明眼下无法令人卷入之事并非真正的表演。**自反性的**自我指涉框架的破裂是一种值得关注的特殊框架破裂，治疗师和审问者可以利用它，镇定自若地用语言把患者/受审者的注意力从他们预期的故事线转移到维持故事线的框架化机制上。这是因为，尽管表演者可以充分利用鲜活的传统材料进行表演，但他同时必须依赖一种特定的框架之外的资源——他自己当前的努力。

在考虑纯粹表演中的消极经验的组织时，我们需要分别审视如下框架要素：

1. **架构**。一般来说，竞赛和戏剧脚本都具有清晰的时空架构，如果制片人粗暴地打破这些边界，观众就会产生消极经验。观众可能因此建立或推翻对正在发生之事的初步理解，并因此破坏已经产生的保留和距离。

例如，皮兰德娄使用过一个经典的时间架构。（他在戏剧中广泛地利用了框架，为当代戏剧模式奠定了基础，因此，我想详细地引用他的剧

本。）他的戏剧《今晚我们即兴演出》（*Tonight We Improvise*）* 就是其中一种模式：①

> 表演如期而至，剧院的**灯光**暗了下来，舞台边的**脚灯**缓缓亮起。
>
> 在毫无征兆地陷入黑暗后，观众刚开始还能保持专注，随后就因听不到帷幕拉开时常有的蜂鸣声而陷入骚动。而且，观众透过紧闭的**帷幕**，听到了舞台上激烈的争吵声——演员好像在抗议什么，另一些人则严厉地训斥他们，试图恢复秩序，平息骚乱。
>
> **一位乐团成员：**（环顾四周，大声问道）怎么了？发生了什么？
>
> **坐在剧院楼厅里的另一人：**听起来好像在打架。
>
> **坐在包厢里的第三人：这**可能是演出的一部分吧。②

---

*　《今晚我们即兴演出》《各行其是》《亨利四世》是皮兰德娄颇具代表性的"戏中戏三部曲"。这些戏剧使用戏中戏结构，打破了戏剧表演的舞台和观众席、剧情和现实、形式与内容等多方面的二分界限。在这些戏剧中，不仅舞台是表演空间，观众席、剧场走道等也是表演空间，例如，一些舞台角色可能从观众席出场走上舞台，或是从舞台径直走上剧场走廊……在叙事结构上，戏中戏通常是在原本正戏的叙事结构中嵌入戏剧之外的情节，例如，皮兰德娄擅长在一部戏剧中展现这部作品的构思过程，比如导演与演员商议舞台角色、演员对舞台角色产生异议、演员之间发生冲突等。在时空结构上，戏中戏的时空通常混杂着表演中的虚拟时空与其他故事情节发生的时空。在《今晚我们即兴演出》这部剧中，皮兰德娄一方面展现了女主角茉蜜娜为缓解父亲去世而导致的家庭经济危机，嫁给了疑心颇重的军官，最终因丈夫的无端怀疑而被软禁致死，另一方面将导演和演员之间的矛盾穿插于其中：导演要求演员不受剧作家的影响，进行即兴表演，但每个演员对舞台角色的诠释不尽相同，因此在舞台上对不上台词，无法维持正常的表演。皮兰德娄的戏中戏打破了传统的戏剧结构，观众在观剧过程中始终游离在现实世界和虚拟的戏剧世界之间，难分彼此，形成了耐人寻味的观看体验。——译者注

①　皮兰德娄用三种主要形式提出了表象和现实的议题以及框架的议题。戏剧《亨利四世》和《游戏规则》（*The Rules of the Game*）描述了第一个议题，演员以传统的方式扮演某个舞台角色。在第二个议题中，戏剧《六个寻找剧作家的角色》打破了表演者和舞台角色二分的一贯准则，但这种打破依然发生在舞台之内。在第三个议题中，皮兰德娄用各种各样的方式跨越了舞台与观众席的界线。

②　Luigi Pirandello, *Tonight We Improvise* (London：Samuel French, 1932)，pp.7-8（1930 年初演）。当然，这样的把戏并不算新颖，正如安妮·赖特（Anne Righter）的观点：

> 琼森的戏剧《爱的修复》（*Love Restored*, 1612）诞生于假面剧盛行的时代，彼时，国王尚未下令禁止戏剧使用面具。戏剧表演现场会发生各种各样的争吵，这些争吵通常表现得像没有排练过一般，被观众偶然间发现。这是法国滑稽剧的老把戏，比如，林塞（Lyndsay）在讽刺剧《三个庄园》（*Thrie Estaits*）中的公告或《富尔根斯和柳克丽丝》（*Fulgens and Lucres*）刚开始时的仆人对话。这些戏剧否认自己的本性，佯装与观众分享现实。［*Shakespeare and the Idea of the Play* (London Chatto & Windus, 1964)，pp.204-205.］

在皮兰德娄之前的一段时期或是同时期里，贾里（Jarry）、阿波里奈尔（Apollinaire）、超现实主义者（Surrealist）和达达主义者（Dadaist）也使用过这种法国把戏，他们的做法与布莱希特如出一辙。

[但**帷幕**并没有拉开，观众只听到**蜂鸣器**的声音。紧接着，剧院后台传来导演欣克福斯（Hinkfuss）不耐烦的声音，他暴躁地推开舞台后侧的门，沿着乐团中间的走道怒不可遏地冲了出来。]

欣克福斯导演：蜂鸣器为什么会响？蜂鸣器为什么会响？谁让它响起来的？到时候我自己会控制它！（欣克福斯一边咆哮着，一边离开过道，爬上连接舞台和管弦乐队的三级台阶……）观众一定看到了帷幕后发生的事，这令我深感痛心。我必须请求大家的原谅——尽管我希望大家把这一切当成自然的开场白——

那位乐团成员：（高兴地打断）你瞧！我自己不就是这么说的吗？

欣克福斯导演：（冷酷而严厉地）先生，您希望看到什么？……

那位乐队成员：刚刚那些噪音都是演出的一部分。①

除了正统戏剧，广播中也能找到此类把戏，例如奥森·韦尔斯*对《世界大战》的著名改编就运用了这样一种架构方法：他先播报一则天气预报，随后将听众的注意力引入"拉蒙·拉奎罗（Ramon Raquello）及其乐队在纽约公园广场子午线音乐厅（Meridian Room）的演奏"，在此期间，广播台不断插播小说中的情节。就这样，韦尔斯吸引了第一批观众的注意力，这些观众尚未准备好将自己听到的内容视为戏剧框架，仍在等待韦尔斯开始讲述他的故事。② 一些现代小说家也会使用类似的方法：使用虚假的出版者说明或适合纪实文本、案例记录、传记或自传的序言，误导读者做出错误的设定，使他们进入一个最终会被澄清的欺骗性框架，确保读者积极地投入阅读过程，进而产生消极经验。惠特尼·巴利埃特（Whitney Balliett）的一篇书评印证了这一点：

---

① Pirandello, *Tonight We Improvise*, pp.8–9.

* 1938 年，奥森·韦尔斯改编并广播了赫伯特·乔治·韦尔斯（Herbert George Wells）的小说《世界大战》，在当时掀起轩然大波。《世界大战》讲述了一则虚构的故事：19 世纪末期，火星人因火星即将毁灭而来到地球，他们在英国发动战争，用领先英国的科技和武器摧毁英国城镇，屠杀英国人。作者韦尔斯从目击者和当事人的角度出发描写了这一惨烈的对战。奥森·韦尔斯是当时著名的戏剧天才，他对这部小说进行改编，利用广播电台将小说中一些骇人听闻的情节散播出去。尽管韦尔斯在广播开头和结尾都阐明这个故事是虚构的，但依然有大量民众以为火星人真的入侵了地球，因此争先恐后地逃跑避难，造成了多起踩踏避难事故。——译者注

② 广播的线性规划是可用的。事件报道见于 Hadley Cantril, *The Invasion from Mars*（Princeton, N.J.: Princeton University Press, 1940）。

"非小说"(non-novel)只是一种逃避,一种伪装,一种佯羞诈鬼的行动。它的形式可以是日记、一系列书信或是某个喝着酒、吃着饼干的人讲述的故事。它也可能是一本"回忆录",在"作者"死后由他的"朋友"编辑出版。它可能是一个漫长的梦境或梦魇、一个精神失常者讲述的故事,或者像纳博科夫(Nabokov)的小说《微暗的火》(*Pale Fire*)一样(它无疑是有史以来脚注最多的非小说),是被大量脚注包围的诗歌。这些掩饰方式让非小说文本富有含混性与矛盾性,也让作者获得双倍的关注。例如,诗人海登·卡鲁思(Hayden Carruth)精妙构思的非小说作品《附录 A》(*Appendix A*)[麦克米伦(Macmillan)],从"出版声明"就开始装腔作势:

> 虽然本声明是为了履行先前的合同义务而编写,但如果不是通过(最好被称为)半官方代理人的方式,它可能不会引起出版方的注意。该文本实际上是国家公共卫生局下属部门档案的一部分。它的出版合法且合理,但出于个人情感考虑,我们未对其做进一步说明。我们相信,只要读者读完整本书,就能理解我们为何要出版这样一本未经修订的书。本书的出版已征得作者同意,也得到俄亥俄州(Ohio)克罗辛顿(Crossington)的杰弗里·惠彻·卡鲁思(Geoffrey Whicher Carruth)先生的授权。[①]

另一个例子是卡尔海因茨·施托克豪森(Karlheinz Stockhausen)的音

[①] Whitney Balliett, in *The New Yorker*, January 4, 1964. 另一个与此相关的例子参见 Alberto Moravia, *The Lie*,它用日记的形式写作出版说明。一些读者能够逐渐识破这种骗局(这似乎就是一种最佳的安排),另一些读者则可能一直被蒙在鼓里:

格罗夫出版社(Grove Press)不断收到来自书店和读者的对斯蒂芬·施内克(Stephen Schneck)的《夜班经理》(*The Nightclerk*)的投诉。出版社迅速对此进行回应:"《夜班经理》是一本特别的书,其正文是从第 9 页某句话的中间开始的。这是作者的写作方式,也是我们的出版方式。大家买到的书没有任何装订错误!"(*San Francisco Chronicle*, November 1, 1965.)

在社会科学的文献中,讽刺作品的数量屈指可数,尽管如此,应那些严肃对待这类作品的学者的要求,这些作品几乎都重印过。(比如,Edgar Borgatta's "Sidesteps Toward a Nonspecial Theory," *Psychological Review*, LXI, 1954: 343–352。)

人们可以很好地区分小说家和自由职业的心理学家和精神科医生。前者希望读者能够发现故事是捏造的,至少对故事产生明显的怀疑;后者呈现的是流行的越轨行为的个案史料,模糊地呈现了虚构的,顶多是合成的个体特征,其余的文本则会让读者误以为他正在了解特定的一些人。一个绝佳的案例是 Theodore Isaac Rubin, *In the Life* (New York: Macmillan, 1961)。

乐表演:《颂歌》(*Hymnen*)。在开场时,这场表演播放了一段静电流的录音——一种经典的非表演声音,但在《颂歌》中,人们看完表演才发现那段电流声就是乐曲的开端。

还有一种模式是乔治·麦克唐纳·弗雷泽(George McDonald Fraser)的《弗莱什曼:1838—1842 年的弗莱什曼手稿》(*Flashman: From the Flashman Papers*, 1838-1842),这是一部介于矫正性骗局与讽刺作品之间的"传记"。该书护封上的简介采用了序言的口吻,读者要读上一段时间才会产生怀疑,而阅读过程会不断加深他们的怀疑:

> 哈里·弗莱什曼(Harry Flashman)曾是士兵、情人、决斗者、骗子、懦夫和英雄,他的这些经历在《名人录》(*Who's Who*)中足足可以占据 4 英寸宽的版面。他在文学作品中的出场并不光彩,他是《汤姆求学记》(*Tom Brown's Schooldays*)中被拉格比学校(Rugby School)开除的酗酒恶霸。此后,这个浪子在维多利亚时期的行踪就成了谜。直到 1965 年,人们在英国的一次家具拍卖会上偶然发现了这部作品,它是 20 世纪最伟大的文学作品之一。当时,一大摞手稿被藏在一个茶柜里,用牛皮纸精心包裹——这些手稿便被称为《弗莱什曼手稿》。
>
> 乔治·麦克唐纳·弗雷泽整理并校订了弗莱什曼晚年的个人回忆录,该手稿翔实地记录了弗莱什曼早期的职业生涯,包括他被逐出拉格比学校、在卡迪甘贵族轻骑兵团(Lord Cardigan's hussars)服役,甚至包括他参与喀布尔大撤退的那段不光彩的经历。[①]

当然,一些结束架构也会发挥作用。例如,演绎完谢德林*的《第一钢琴协奏曲》(*Concerto for Orchestra No.1*)后,在指挥家转身鞠躬、乐团成员

---

① *Flashman: From the Flashman Papers, 1839-1842*, edited and arranged by George MacDonald Fraser (New York: World Publishing Company, 1969). 此处,我引用了它的原标题,但它并不符合编辑惯例。直接引用使得我支持这种并不严谨的做法。引号的编辑学意义之一是,引号之内的内容是自成一体的,不能盲目确信。因此,引号可以给读者恰当的提醒,但实际上,这反而导致了错误引用。有趣的是,有的评论家会直接指出这一点,有的会放弃这种不严谨的做法,有的则视而不见。

* 此处为戈夫曼笔误,他误将罗蒂恩·谢德林(Rodion Shchedrin)的名字拼成了沙德林(Schadrin)。罗季翁·谢德林是苏联、俄罗斯作曲家,创作了多部交响曲、协奏曲,芭蕾舞剧《卡门组曲》《安娜·卡列尼娜》,歌剧《死魂灵》等,被誉为"民族音乐家"。——译者注

起立致意时,钢琴家将弹奏真正的尾声,其余乐团成员会迅速反应,协助他完成这项任务。在多马尔(Daumal)的达达主义戏剧(*En Gggarrded*)中,帷幕落下**后**人们还能听到某个观众的声音,这也是戏剧脚本的一部分。①

2. **舞台角色-观众的界线**(character-audience line)。戏剧表演中时常用到"直白"(dicect address)。② 在谢幕前或谢幕后,表演者(他可能扮演过或即将扮演某个舞台角色)跨过脚灯,直接向观众讲述一些"剧本之外"的内容,这种"公开交流"似乎与舞台角色全然无关。同样,这个人可以**自称**导演或剧作家,而不仅仅**是**扮演导演、剧作家的演员,借此,他突破了演员身份的限制。观众若是接受了他的说法,就会偏离当前剧本的内容。当然,小说家也能脱离传统模式,选择使用直白一类的技巧,约翰·巴思(John Barth)为我们提供了一个例子:

> 读者们! 你们这些顽固的、不可侵犯的、被小说文本牵着鼻子走的混蛋东西! 对,我说的就是你们,不然还有谁? 我就是要通过这篇荒谬的小说同你们对话。你们已经读到这里了,然后呢? 居然都读到这里了? 你们是出于什么可耻的动机读这本小说? 你们怎么不去看电视,看电影? 或是干脆盯着一堵墙,去和朋友打网球,抑或是向

---

① 参见 Gary Alan Fine, "Audience and Actor"(未发表文章:University of Pennsylvania, 1970)。

② 在莎士比亚之前的西方戏剧中,直白通常由小丑或傻瓜一类的特殊的舞台角色负责。如前所述,后期的戏剧并未发明这种模式,而是对这种动作模式进行了删减。事实上,即使是希腊戏剧(尤其是喜剧),也会使用直白,还会利用框架破裂。阿里斯托芬的戏剧《和平》(*Peace*)就是一个例子,在这部戏中,演员被托举到舞台上空,营造出壮观的空中效果:

特里伽乌斯(TRYGAEUS)(自我揭露):我这边配有船舵,可应不时之需,我的纳克索斯甲虫(Naxos beetle)也可以当作一艘船来用。

小女儿:那你要把它停在哪个港口呢?

特里伽乌斯:为什么这么问? 难道在比雷埃夫斯(Piraeus)没有甲虫螺(Cantharus)的港口吗?

小女儿:小心不要碰到任何东西,不然就会掉进太空;你如果摔痛了,就会变成欧里庇得斯(Euripides)笔下的悲剧人物。

特里伽乌斯(机器把他举得越来越高):我会小心的。再见!(对雅典人说)为了爱,我不怕这些危险。你们这三天内都别在这里放屁和拉屎,因为如果我的马嗅到空气中的任何味道,它都会把我从这希望之巅甩下来,使我头朝下摔下去。

[Whitney J. Oates and Eugene O'Neill, Jr., eds., *The Complete Greek Drama*, Vol. 2(New York:Random House, 1938), pp.675-676.]

意中人表白？其他事情无法满足你们、充实你们、改变你们？你们的
羞耻心上哪儿去了？[①]

唐·里克斯在夜总会的表演也会采用贬损观众的形式，即直接喊话
某位观众。这种情形偶尔也会发生在正式表演的间隙，通常是为了打破
舞台角色和观众之间的界限，只不过对于偶然性的交谈来说，无论是其亲
密程度还是贬损程度都明显越界了。[②] 但这种言论在事实上也会造成戏
剧框架的破裂，接收言论的观众被迫成为表演者，有时甚至还得扮演某个
舞台角色。这个观众因此"情绪失控"，吸引了其他观众的注意，成为其
他观众卷入戏剧的源头。

有时，戏剧会在观众当中安插一些托儿，让他们按剧本提示打断演
出，这也会让人产生观众直接对着戏剧角色说话的印象。皮兰德娄的戏
剧印证了这一点，但还有一些更通俗的例子，比如奥尔森（Olsen）和约翰
逊的电影《地狱机械舞》（Hellzapoppin）。

打破表演者和观众的界限是许多不同表演形式的特征，马戏团的表
演也是如此。例如下述这位研究日常生活的学者的观点：

> 在特定行为的发展过程中，我们能识别出一些渐进阶段，它们非
> 常接近民间故事中的连续转换模式……
>
> 任何基本行为都有这样的特征，而在民间故事中，人们往往能看
> 到某种转换或是多种转换的反转，其模式更加复杂。例如，在杂技表
> 演现场，主持人宣布要邀请一个女孩上台演出，此时，一个醉醺醺的
> 水手在观众中引发了骚乱，他开始与主持人争吵，直到表演开始的铃
> 声响起才消停（此时他已经醉得快站不住了）。水手声称自己比那
> 个女孩更懂得如何攀爬绳索，这番话吓跑了主持人从马戏团叫来的

---

① John Barth, *Lost in the Fun House* (New York: Doubleday & Company, 1968), p.127.

② 例如，对迟到的人说："坐下，你这个蠢货，不然我们要罚款了。"这种剧本之外的框架破
裂显然常常发生在音乐世界。1966 年 1 月 21 日，《时代》杂志刊登了一篇文章，里面罗列了一些
对待观众的不良行为，这为我们提供了一些参考：

> 前不久，古典吉他演奏者安德烈斯·塞戈维亚（Andrés Segovia）在芝加哥结束了一场演
> 出后，突然拿出一块大手帕，气喘吁吁地对着观众叫嚷。雅舍·海费茨（Jascha Heifetz）常常
> 用蔑视的眼神看着观众或者索性在情况不妙时转身离开。托马斯·比彻姆爵士（Sir Thomas
> Beecham）则更加粗鲁，他曾经直接从指挥台转过身，大声地向观众吼道："闭嘴，蠢货！"

帮手,随后他爬上了空中的吊杆。他仿佛从未碰过吊杆,没从半空中掉下来纯属运气好。但在下一刻,他突然脱掉了水手服,在吊杆上表演了一个漂亮的金鸡独立。这时主持人介绍道,他其实是世界上最厉害的走钢丝表演者。以这种戏剧化的方式拉开序幕后,他才按部就班地开始表演杂技动作。①

3. **角色-舞台角色通式**。这是刻意引发观众消极经验的一种最常见的形式。个体在扮演舞台角色时以演员的身份对自己或别人评头论足,或是关注一些他本不该注意的东西——这便是角色-舞台角色通式。其结果是造成了自反性的框架破裂,混淆了不同的存在层面。

这种情形的核心形象是丑角:

> 丑角用这种方式质疑现实,甚至消解现实,因为他以人的身份向我们呈现了现实的怪异本质。(如我们所见,丑角一次又一次地崩溃,但他其实只是在用一种比正式戏剧更为直接的方式呈现自己。)作为一个人,他的行为有时未免**过头**,正如他自己所言,他是一个碍手碍脚的人,他粗鄙而冷漠地对待现实或者现实的模仿。有时候他又做得**不够**。他的智力或理智常常"缺席"……②

电视和电影中的"角色固化"是体现角色和舞台角色的冲突的绝佳案例。人们常常将演员等同于他扮演的人物,即便他们选择出演这些人物只是为了证明选角的正确性。在演员职业生涯的后期,他所能扮演的

---

① Paul A. R. Bouissac, "The Circus as a Multimedia Language," *Language Sciences*, no. 11 (August 1970), p.6. 与之类似,电影展现出令人惊奇的能力。比如,唐·阿米奇(Don Ameche)扮演的人物试图说服索尼娅·赫尼(Sonja Henie)扮演的人物跟着他在冰上走,并告诉他这是安全的。与欧洲电影不同,美国电影可以在让受众感到惊奇的同时展现出第二语言的作用,但如果个人隐藏的能力涉及踢踏舞、唱歌、柔术或其他美国艺术,选角会更容易。当然,在合适的语境下,字迹也能发挥这样的作用,塞缪尔·泰勒·柯勒律治的经历中就有这样的例子:

此后,他在1791年进入剑桥大学耶稣学院,阅读了大量杂书,生活中负债累累。他麻烦不断,感情生活也颇为不顺,最终选择回到伦敦,以赛拉斯·汤姆金·康伯贝克(Silas Tomkyn Comberbacke)的名字应征加入第十五龙骑兵队。但他学不会骑马。有人认出了他写在马厩门板上的几行拉丁文,他的真实处境被人们发现,他的朋友联络上他并把他救了出来。[John W. Cousin, *A Short Biographical Dictionary of English Literature* (New York: E. P.Dutton & Co., 1933), p.89.]

② Willam Willeford, *The Fool and His Scepter* (Evanston, Ill.: Northwestern University Press, 1969), p.56.

舞台角色的类型已经完全固定。有时,为了跳出"自己"的限制,演员会饰演一些不同于自己一直以来扮演的角色类型的喜剧人物。[1]

这种转变也体现在儿童电视节目中:穿着戏服的大猩猩表演流行电视剧里的删减片段,以吸引观众的眼球,让他们一边心存疑惑,一边卷入这种与普通节目非常类似的表演。[2] 还有夜总会里用手势比画的哑剧表演:现场会播放一段著名的录音,声音的主人颇具辨识度,而演员在舞台上表演"双簧",让录音与毫不相干的身体联系在一起,或者说,让自己的身体与毫不相干的声音联系在一起。[3]（个人也会享受这种突破自我限制的乐趣。）这种舞台角色不断被塑造、颠覆的情况会令观众情绪"崩溃"。[例如比阿特丽斯·莉莉（Beatrice Lillie）的某场著名表演:她像往常一样穿着正式的长礼服,登场演唱一首著名的咏叹调,效果尚可。当观众正好奇她接下来会怎么做时,她提起裙子,滑着旱冰离开了舞台,这让她此前塑造的形象轰然倒塌。]在一些老式的派对游戏中也可能发生类似的事情:人们引导一个被蒙住眼睛的人做一些事情,后者并未觉得不妥,但在别人眼中,这些事与他的舞台角色形象极不相称。此时,被蒙住眼睛的人无意识地做出一些不恰当的行为,被迫成为滑稽的小丑。[4]

精湛的口技表演也能体现角色和舞台角色的冲突。皮兰德娄会在戏剧中让某个舞台角色详述自己从表演者变成舞台角色的机制。例如,哑

---

① 一个同样备受争议的例子是:从电影《我行我素》(*I Walk The Line*)开始,格雷戈里·佩克(Gregory Peck)就开始饰演警长的角色,这种道德高尚的舞台角色成为公众心目中佩克的形象。但久而久之,佩克年龄渐长,无力再扮演这类警长角色。最终,其个人形象变得混乱。佩克形象的崩盘正是由于他之前在电影里建立的刻板印象。此处参见这篇评论性文章:Jacob Brackman, "Films," *Esquire*, January 1970, pp.44 and 162。

② 参见 *Life*, October 2, 1970. 我们可以把这类节目与那种将人扮成猩猩的喜剧片进行对比,但这样的比较并不恰当。假猩猩的用意是愚弄剧中的其他舞台角色,既包括人,也包括其他"真"猩猩,这种行为将产生一种爆炸性的戏剧效果。让猩猩穿上人类的衣服并不是为了欺骗观众,而只是用一种幽默的反转来区分我们与它们。

③ 小丑表演中的双性人主题、滑稽电影和同性恋酒吧的表演等是另一种案例。此处参见 Willeford, *The Fool*, pp.179-187. 还有一些静态的例子。比如,在趣味展览会上的拼接摄影区,一个人把自己的头拼接在一个石膏制成的假人的脖子上,而这种行为完全不符合其社会身份。

④ 来自 Herb Caen, *San Francisco Chronicle*, April 8, 1966 的例子:

某天下午,人们在帕斯特街头看到有趣的一幕:一个女孩怀着近八个月的身孕,看起来极为傲慢。她趾高气扬地沿街走动,却不知道有人在她外套背后贴了一张纸条:"我只是**看起来**很聪明!"

巴的扮演者通过与口技者的互动塑造出楚楚可怜的舞台角色形象,还能与观众讨论自我的非现实人格。真正的哑巴不可能这么做,而在舞台上,开口"说话"的哑巴扮演者获得了一种特殊的地位,至少增强了观众对哑巴角色的信任。因此,哑巴对观众说:

"他很好,不是吗? 他都没有动嘴。"

"没有哪个口技者能不动嘴唇就说出'土豆'这个词,不是吗?"

(演员越来越大声地重复这个对话——这个对话相当于民间对埃庇米尼得斯悖论的表述。)①

我们可以在各种各样的脚本化呈现中发现角色和舞台角色的矛盾,但正统戏剧是该矛盾最主要的来源。例如,在戏剧《我们轰炸纽黑文》(*We Boomed in New Haven*)中,约瑟夫·海勒(Joseph Heller)借助自反性的框架破裂阐述自己的政治观点,还通过嘲弄观众的处境增强观点的直接性。例如这段话对角色-舞台角色通式的破坏:

亨德森(Henderson):他怎么可能死了,还被埋了?

斯塔基(Starkey):他不是真实的,我也不是真实的。我只是在伪装,我相信你们当中的所有人(他面向观众,根据自己作为演员的真实经历,修改了说话的细节)——在场的所有人都看过我以前扮演的各种角色,如你们所见,我演得很好。我演过许多比现在这个更重要的角色,也赚了很多钱。但是,在拍电影之余,我仍然愿意做一些严肃的、重要的事情——这就是我愿意花时间扮演这个船长角色的原因。(他转头对舞台上的男人们说)你们懂吗?(贝利和费希尔故作严肃地鼓了鼓掌。斯塔基沾沾自喜,没有意识到这是一种讽刺。)

贝利:这是你扮演过的难度最大的人物。

斯塔基:船长?

贝利:不,演员。(人们狂笑起来。)②

---

① 有趣的是,在电影、戏剧、夜总会演出、连环画和口技表演中,作者会让自己的舞台角色以自反性的方式打破框架,向观众揭示这些舞台角色的虚构性;尽管如此,小说中的角色通常不会这样做。确实,小说中的人物一旦塑造成功,就不可能再向读者说明自己是作者虚构的幻象。

② Joseph Heller, *We Bombed in New Haven* (New York: Dell Publishing Co., 1970), pp.94-95.

热内在戏剧《黑人》(*The Blacks*)*的黑人演员身上看到了白人演员与黑人演员的一些"共同点"。这一点也被海勒引述：

> 斯塔基(对观众说)：当然，现在实际上什么都没有发生。这是一场表演、剧院里的一场戏，我也不是一个真正的船长——我是一个演员。(因为激动，他的声音越来越高，仿佛有一架飞机从离他很近的地方起飞并渐渐远去，而他想盖过飞机的噪音)你们都知道我是×××(他说出自己的真名)，你们认为我×××(他又一次重复自己的名字)真的会让我的儿子去参加战争然后被杀死……而我只是站在这里和你们说话，什么也不做？(他知道接下来的剧情，但还是濒临崩溃，声音中透露出悲痛。)当然不会！这里没有战争。(在斯塔基咆哮的同时，巨大的爆炸声响起，他哽咽着，几乎要哭出来)现在这里根本没有发生战争！(他顿了顿，绝望地补充道)这里从未发生过战争，将来也绝不会发生战争。今晚没有人会被杀死。这只是……虚构的仿真……这是个故事……只是做戏……表演。[1]

4. 景观-游戏(spectacle-game)。仔细观察就可发现，表演者破坏架构的方法违背了社会情境与其包含的主要行动(内部领域)之间的惯常设定。观众席的灯光、开场白、序曲、前奏等活动能够紧密连接不同领域，但现在完全融入内部活动，让观众混淆了不同的领域。同理，表演者对其他特定框架要素的破坏也会波及所有被框架化的活动，使整场游戏淹没在景观中，混淆表演者和观众、舞台角色和旁观者的关系。例如，一旦一个舞台角色开始指出扮演自己的演员存在何种问题，也就点明了整场戏的问题；句法冲突(syntactical breach)就是这样一步步升级的。

所谓的荒诞戏剧为破坏极权主义提供了诸多案例——事实上，这种

---

* 《黑人》是让·热内创作的一部戏剧作品，试图用戏中戏的方式解构黑人与白人的权力关系。在剧中，一群黑人演员戴上白人的面具扮演白人统治者，舞台叙述者则通过直白告诉观众他们实际上是女工人、大学生或牧师助理。——译者注

① Joseph Heller, *We Bombed in New Haven* (New York: Dell Publishing Co., 1970), pp.218-219. 皮兰德娄使用过"真名恶作剧"(real-name-trick)的表述；韦尔斯在那次著名的"火星人入侵"的广播中使用了真实的地名作为火星人登陆的地点，还使用了真实的大学实验室名字，诸如此类的做法增强了广播的真实性。

例子多到我们能直接将其称作框架的戏剧。例如,热内在其作品《黑人》中如是说道:

> 阿钦博尔德(Archibald)(对观众说道):安静!今晚我们将为你们表演。但为了确保你们能舒服地坐在椅子上,享受已然开场的戏剧,请明确这一点:我们的演出不会对你们的宝贵的生命造成任何威胁。所以,请遵守剧场礼仪,不要在演出时随意攀谈(这是从你们那里学来的礼仪)。我们必须通过气派、举止和傲慢与你们保持基本的距离,因为我们也是演员。我讲完后,这里!(他狂暴地踩了踩脚)这里的所有事情都发生在应受谴责的脆弱世界。①

> 阿钦博尔德:对我们而言也是如此。他们说,我们只是成熟的孩子,那我们还剩下什么?戏剧!我们在戏剧中扮演舞台角色,我们看着自己——自我陶醉的黑人们逐渐消失在戏剧的水花中。②

> 阿钦博尔德:你自以为你爱她。但你只不过是个黑人、是个戏子,这两种人都不懂爱。今晚(也只有在今晚),我们不再是演员,尽管我们还是黑人。在这个舞台上,我们像罪人一样扮演着有罪的舞台角色。③

注意,当某个舞台角色使用**与框架相关的概念**评论整条活动主线时,他可以通过一些词语破坏方才表演的内容,并通过相同的词语获得特殊的现实性。

---

① Jean Genet, *The Blacks: A Clown Show*, trans. Bernard Frechtman (New York: Grove Press, 1960), p.22.

② *Ibid.*, pp.46-47.

③ *Ibid.*, p.47. 如前所述,热内指明了黑人角色的肤色,这与观众的肤色形成对照,这种肤色当然是扮演黑人的演员的特征之一。因此,戏剧框架受到现实的冲击,观众会看到,对我们而言,肤色地位(就像年龄和性别一样)造成的差异比舞台角色和演员之间的差异更深刻。当盖尔伯在戏剧《接头人》中假装维修时,尽管配乐是真实的,演奏音乐的人也是真实的,他们的名字都在演职人员表上,但扮演他的演员只是在表演。(然而,"真实"的概念在这里变得十分棘手。这些真实的音乐恰好完全适合在观众面前表演,因此也很适合这种令人不安的场景。所以,这里的真实并不那么真实。不是音乐家的人如果要在舞台上扮演演奏音乐的人,他必须真的能演奏音乐。如果戏剧中有杂耍的舞台角色,而且这个舞台角色要表演杂技,那么,杂耍演员就必须精通杂技。但是,如果舞台角色只是要谈论作为自己职业的音乐演奏和杂耍,那么,除英文对话之外,其他的事情都不是"真实的"。无论如何,我们要注意,尽管演员的肤色是"真实的",但与这一点相关联的东西及其真实性都是社会性的:可以想象,有朝一日,"肤色"将仅仅意味着皮肤的颜色。)

在 N. F. 辛普森（N. F.Simpson）的戏剧《回声嘹亮》（*A Resounding Tinkle*）中，第二幕戏由一个扮演作者的演员开场，他走到拉开的帷幕前，发表了一场冗长的开场演讲：

> 没错，这是非常癫狂的开场。下一幕戏会说明为什么要把这些事情都放在一起。这完全不是我写剧本的方式——你们必须明白这一点。①

此前，一些舞台角色已经评论过这部剧：

> 帕拉多克先生（Mr. Paradock）：我只能断断续续地记起我的台词。或者说，它似乎是一堆很零碎的东西，就像是某种难以名状的天堂里的牛奶*。
>
> 帕拉多克太太（Mrs. Paradock）：要是记不住台词，你可以编两句。
>
> 帕拉多克先生：实在编不出来我就不说话了。
>
> 帕拉多克太太：没有人会在意这种戏剧，没有人会在乎你的台词。你可以是飘飞在风里的八张床单，或者是从"Go"这个词开始的任何东西——人越多作者越高兴。反之亦然。所以，看在上帝分儿上，你无须因为记不住自己或是别人的台词而不安。尽管放下这件事，让美食治愈自己。②

观众原本对戏剧持有批判性的保留态度，但此时，这种保留被戏剧剥夺。他们直接卷入戏剧，无法像往常一样对戏剧保持戒备，无法确定自己的感受，也无法判断这是不是一场糟糕的戏剧。贝克特使用了同种方法：他的舞台角色一边表演，一边评论自己的表演。③ 盖尔伯的《接头人》对戏剧框架情节的破坏印证了这一点，该剧在一开始邀请了真正的音乐家在台上演奏音乐，舞台角色则伪装成导演和剧作家，从观众通道进入，若无其事地交谈，仿佛演出尚未开始。下述言论贯穿始终：

---

① （London：Faber & Faber, 1968），p.29.

* 此为西方社会常见的宗教隐喻，《圣经》中将天堂描述为处处流淌着牛奶与蜂蜜的地方。——译者注

② （London：Faber & Faber, 1968），p.11.

③ 参见 Hugh Kenner, *Samuel Beckett*（New York：Grove Press, 1961），"Life in the Box,"pp.133-165。

吉姆(Jim)(制作人):伙计,等等,我们还没开始呢！我这边还没结束,把那些灯关了。①

吉姆:我是这个文字魔术师发明的,他只想告诉大家:我和今晚在舞台上发生的一切纯属虚构。除了爵士乐,不要相信任何东西。我说过,我们支持这种即兴艺术的真实性,其他东西都没有自然主义的基础。完全没有,一点儿也没有——②

吉姆:我们为什么不在黑暗中演戏?杰伊伯德(Jaybird),我想到了一个好主意。③

杰伊伯德:(从观众席中走出来)停下!停下!你会毁了这部戏。你在做什么?重来重来!你要在第一幕就讲清楚全部情节。迄今为止,还没有人能完成这个戏剧任务。④

厄尼(Ernie):停!该死!该死!我谁也不信。没错,我已经帮你们卷好铺盖。你们干脆滚回家去再说我坏话:天哪,他还真会搞破坏。该死!你听到了吗?我不会相信你们这帮狗娘养的东西,也不会相信从观众席里冒出来的混蛋。为什么?因为我不指望你们搞明白这是怎么回事。你们就是一帮蠢货!你们为什么还站在这里?因为你们想看人笑话。你们想嘲笑我吗?你们根本不想了解我。其他人呢?事情发展到这一步,萨姆也不关心我和我的音乐……牛仔哪去了?他在哪儿?这混蛋最好回来……没用,根本没用,我只想要我的钱,我的薪水呢?我们理应得到报酬!杰伊伯德,我的钱呢?我要杀了你,听到没?⑤

作为内部架构的幕间休息也会被如此利用:

吉姆:嗯?善良的人们,幕间休息时不要被这些家伙给吓着了。无论他们对你们说什么,他们都真的会在下一幕剧中使用精确剂量的海洛因。这是他们的表演的报酬(除了电影片酬以外)。我们会在大厅出售一些土耳其软糖和别的东西。现在……观众席有人想要

---

① Jack Gelber, *The Connection* (New York: Grove Press, 1960), p.18.
② *Ibid.*, p.19.
③ *Ibid.*, p.21.
④ *Ibid.*, p.33.
⑤ *Ibid.*, pp.47–48.

香烟吗？

（灯光渐渐变暗）①

电影偶尔也会破坏自身建立的存在领域。例如,有一种伎俩是,让舞台角色评论某个著名影星的"独特"外貌,用"真名"指代他。有经验的制作人会使用布莱希特模式*,不断吸引观众关注整体舞台角色的虚构性,让观众不至于长时间停留在某个层次。一个影评人如此评论莱斯特(Lester)的电影《我如何赢得战争》(*How I Won the War*)：

> 例如,在防空洞里,傲慢的陆军上校正慷慨激昂地面向中尉演讲。在他结束这番慷慨陈词时,镜头突然切回了防空洞;当演讲完全结束时,帷幕缓缓落下。（莱斯特并未就此止步。此时剧院的观众很少,掌声也稀稀拉拉。）不同的事件开始迅速在不同的场景中重现,仿佛在模仿电影《去年在马里昂巴德》(*Marienbad*)中的设计**。音乐也充满嘲讽的意味：当镜头切到肮脏的沙漠鼠身上,我们能感受到与《阿拉伯的劳伦斯》(*Lawrence of Arabia*)***的配乐一样浮夸的、东方

---

① Jack Gelber, *The Connection* (New York: Grove Press, 1960), pp.53-54. 一些不那么有名的戏剧家也非常努力地破坏戏剧内部领域的连贯性,而这种连贯性是自我封闭的。下述内容节选自肯尼斯·泰南(Kenneth Tynan)的评论：

这一场景仿佛若饱经风霜而剥落的墙皮,或是一块巨大的、变味的烤面包片。两位演员走到台前,漫不经心地抱怨着他们要演的戏⋯⋯他们厌恶这些日复一日重复着的细碎对话。弗斯特先生(Mr. Foster)评论道："如果这些对话有意义的话,一切将与之无关。"

一位金发女演员加入了他们,但她充其量只是个外行,没有人告诉她要做什么⋯⋯随着作者[迈克尔·布莱恩特(Michael Bryant)饰演的一个暴躁角色]和隐士角色的出现,事情变得扑朔迷离。弗斯特和布莱恩特展开了一场持续的争论,但这场与作者的争论(以及其他争论)无关痛痒,因为作者总是赢家。[评论见于 James Saunders' *Next Time I'll Sing to You* (an "anti-play"), in *The Observer Week End Review*, London, January 27, 1963.]

* 布莱希特模式一方面强调演员本身的特质,希望演员可以从舞台角色身份中跳出来,让观众得以区分演员与舞台角色的不同特质,另一方面强调表演的虚构性,常常通过蒙太奇式的手法让观众意识到这只是一场表演,进而保证观众的"第三者"身份。——译者注

** 《去年在马里昂巴德》是法国导演阿伦·雷乃(Alain Resnais)执导的一部影片,改编自阿兰·罗布·格里耶(Alain Robbe-Grillet)的同名小说,描述了男人 X 与女人 A 在过去、现在和未来等不同时间线上的混乱情感故事。影片采用现实与记忆穿插的方式,给人一种真实与虚幻交叠之感。——译者注

*** 《阿拉伯的劳伦斯》是由戴维·里恩执导、彼得·奥图、亚利克·基尼斯等主演的冒险片。影片以土耳其入侵阿拉伯半岛为背景,讲述了英国陆军情报官劳伦斯带领阿拉伯游击队炸毁铁路、成功使阿拉伯各族维系在一起的故事。——译者注

式的黏腻感。电影时刻提醒我们,一切纯属虚构。当其中一个士兵变得歇斯底里时,另一个士兵转向观众,愤怒地吼道:"把摄像机拿开!"接着闪过这样一个镜头:两个伦敦小妞在电影院惬意地看着这幕糟糕的场景。最后,战争结束,两个士兵讨论着他们的战后生活,畅想着在某个关于越战的电影剧组找份工作。[这显然有别于电影《假面》(*Persona*)*中的"电影意识"。在《假面》中,伯格曼(Bergman)认为我们和他都被卷入了电影,但莱斯特想要表达的是:我们、他**和演员**都清楚地知道这是电影。]①

戈达尔(Godard)**也热衷于使用这种打破框架的破坏性方式。苏珊·桑塔格(Susan Sontag)曾在一篇文章中指出:

> 当然,这一过程强化了戈达尔电影中的自反性和自我指涉性,其最终叙事只呈现了电影本身的事实。为体现真实性,电影这一媒介必须在观众面前展现自身。戈达尔通过多种方式实现了这一点。例如,让某个演员在动作进行到一半时,快速转向镜头(转向观众)说些俏皮的旁白,或者故意使用一个糟糕的分镜。在电影《女人就是女人》(*A Woman is a Woman*)中,安娜·卡琳娜(Anna Karina)说错了一句台词,她询问自己是否说对之后,又重复了一遍这句台词。在电影《卡宾枪手》(*Les Carabiniers*)中,我们先是听到了一些咳嗽声和洗牌声,然后听到有个人,也许是作曲家或音响师,在片场发出了指令。在电影《中国姑娘》(*La Chinoise*)中,戈达尔常常用屏幕上一闪而过的打板镜头表明这是一部电影,或直接把镜头切给坐在后面的摄影师拉乌尔·库塔尔(Raoul Coutard)——戈达尔的大部分电影都采用

---

* 《假面》是英格玛·伯格曼执导,毕比·安德松、丽芙·乌曼等主演的影片。该片讲述了舞台剧女演员伊丽莎白因忘记台词而失声并入住精神病院,而护士阿尔玛在与她相处的过程中渐渐失去自我,悄然变成对方的另一个分身的故事。这部影片被称为伯格曼最神秘的电影,他大量使用跳接等剪辑技巧和脸部特写镜头,还灵活运用其他影像和声音,以高超的技巧探讨了人性。——译者注

① Stanley Kauffmann,"Looking at Films," in *New American Review*, no. 2 (New York: New American Library, 1968), p.167.

** 让·吕克·戈达尔是法国著名导演、编剧和制作人。他的影片多具有浓厚的自我意识,他自己常常出现在旁白中或是直接饰演某个工具性角色。——译者注

这种方式。①

在由阿兰·罗布-格里耶执导的电影《横跨欧洲的快车》(*Trans-Europ-Express*)中,让-路易·特兰蒂尼昂(Jean Louis Trintignant)为我们提供了另一个例子:

> 电影编剧阿兰·罗布-格里耶和妻子、朋友一起登上了从巴黎到安特卫普的高铁。这时,一个人鬼鬼祟祟地穿过车站,上了火车,闷闷不乐地挤进他们的车厢。过了一会儿,他突然起身离开,从车厢里消失,仿佛正被人跟踪似的。
>
> "那是让-路易·特兰蒂尼昂,"三人中的一人说出了那个演员的真名,"他在这儿做什么?"
>
> 罗贝-格里耶对朋友说:"我们来拍一部在欧洲高铁上进行毒品交易的电影。"
>
> 说完,他们开始讨论了起来,此时的电影镜头跟着特兰蒂尼昂来到安特卫普,在安特卫普转了一圈之后又返回了巴黎。当镜头切回罗贝-格里耶等三人时,他们还在去往安特卫普的火车上,讨论这部

---

① Susan Sontag, "Godard," in her *Styles of Radical Will* (New York: Dell Publishing Co., Delta Books, 1970), pp.169-170. 桑塔格用下面几行字清晰地描述了这种管理方式:

> 你马上会想到,在拍摄这个场景时,一些助理拿着打板,而另一些人必须要用另外的镜头拍摄戈达尔。如果不以电影为媒介,我们不可能揭开这些最后的面纱来体验电影。(p.170)

桑塔格只是没有意识到,不仅戈达尔和狡猾的电影制作人会采用这种欺骗性的手段,任何试图传达他所使用的框架的特征的人都可能使用这种方式,最后这种人所采取的立场必然会否认围绕**该**立场形成的框架(这也适用于希望别人注意到这种效果的人)。在行动者描述自己的行为时,他必然从事着一些无法被纳入描述的行为;他可以尝试去描述,但无法描述自己进行尝试的过程;他可以尝试描述自己尝试描述自己的描述的过程,但随后还有另一种具有其自身特征,且无法被描述的尝试。如果他能够努力表明自己是善意的,并坦率地承认自己无法真的无法掌控必须掌控的立场,那么,这种坦承依旧没有包含催生这种承认的立场。

或许,这就是"真诚"一词用起来自相矛盾的深层原因,这也适用于希望别人注意到这种效果的人。它既指那些刻意表现出一副坦率正直的样子的人(演员可能会在表演时这么做),也指那些的确坦率正直的人。任何体现了演员的坦率的表述,其本身一定是有效的表述,这个表述可能提供了能够有效地证明这种坦率性的证据。但是,这个表述不一定要提供这样的证据,就像演员不一定会因为真诚的表演而受到赞扬一般。

电影要怎么拍。①

正如框架指向(frame-directed)的言论可以破坏特定的转换,戏剧也可以设计台词,使剧情发生一系列变化,进而不断澄清框架,致使人们产生消极经验。皮兰德娄对此尤为擅长:

> 性格演员(女)＊:接下来我该做什么? **假装**打你? 剧本上没有写我要演的部分。我的台词从这来(她指着肚子,比画了个手势)。我从不拘泥于形式,懂吗? 你能抓住我,我才会把它给你。
>
> 欣克福斯("导演"):各位各位,请不要在观众面前这么做。
>
> 性格演员(女):我们已经整装待发啦,欣克福斯导演。
>
> ……
>
> 欣克福斯:但你们能用这种方式完成表演吗? 就这样在台前争执不休?
>
> 性格演员(女):没关系,没关系。
>
> 欣克福斯:没关系是什么意思? 你觉得观众会怎么想?
>
> 主角:他们会懂的,这种方式更能让他们理解。交给我们吧! 我们已经进入角色了。
>
> 性格演员(女):你要相信,这样演更能让观众理解,也更自然。现在的场景和表演都没什么问题,我们不会忘记你今晚的计划……
>
> ……

---

① Walter F. Naedele, *The Evening Bulletin* (Philadelphia), October 10, 1968. 拍一部以制作电影为主题的电影需要保持框架的一致性,上文提到的这些效果应与之相区别。因此,弗兰索瓦·特吕弗(François Truffaut)的电影《日以继夜》(*Day for Night*)把重点放在镜头最后的聚焦上,这样人们就可以在影片中看到"灯光"和"摄像机"在不同场景的"制作"过程中所处的位置,还能看到打板和重拍的过程。但是,影片框架中的"导演"始终在指导"演员"和"制作人员",这些参与者纠缠在一起,从未改变。影片展示的是为某个场景制造下雪效果的过程,而不是制造雪花的场景被制造出来的过程。更重要的是,戏中戏只会以碎片化的方式呈现,这是一种足够现实的方式,但它可以确保我们不会陷入其中。真正的电影导演也在电影中扮演"导演",这个导演代表了特吕弗,这是一种小小的自负;还可以选择让别人扮演自己,或者干脆使用一个虚构的人物,或者像韦尔斯的惯常做法一样,让自己扮演导演以外的其他舞台角色。[框架无法包括上述内容的全部复杂性。戏中戏是一种内部剧(domestic drama),它可能与一部电影的制作相关。]

＊ 性格演员是指擅长塑造人物形象的演员。这类演员塑造的舞台角色不同于演员自己,也不同于自己扮演过的其他舞台角色或是其他演员扮演的同一个舞台角色。他们具有较强的可塑性,能够塑造出别具一格的人物形象。——译者注

　　性格演员（女）：看！他（主角）在吹口哨，你看看！（随后她脱离角色身份，对欣克福斯说）一切都很顺利，不是吗？

　　欣克福斯：（眼中闪过一丝狡黠，似乎发现了摆脱困境、保全自己名誉的做法。）观众肯定能猜到演员们是在假装违抗我的命令，以为这是事先商量好的，目的是让表演看起来更真实。（在他密谋时，演员们突然停下来盯着他，像模特一样摆出各种惊讶的样子。导演欣克福斯立刻注意到这一点，他回头看向他们，向观众展示他们的姿态。）这样的惊讶也是假的。

　　主角：（气得发抖）卑鄙手段！观众一个字都不会信。我的抗议不是假的！（他像演出开场时一样拉开绿色帷幕，怒气冲冲地大步走下台。）

　　欣克福斯：（立刻自信地转向观众）演戏，演戏，这全是演戏——包括刚才的发脾气。①

　　如前所述，或许有人觉得，只有从达达主义开始的现代剧作家才会为了让受众产生消极经验而破坏维持戏剧领域的设定，这样的观点有失偏颇。早在 17 世纪，佛罗伦萨的剧院（The Florentine theater）已经存在这种关系（connection）：

　　我们手中有一封马西米利亚诺·蒙特库科利（Massimiliano Montecuculi）写给摩德纳公爵（Duke of Modena）的观众来信，信里详细描述了这种舞台恶作剧。总体而言，尚泰卢（Chantelou）在很久以后为贝尔尼尼（Bernini）写的回忆录多少有些失真，相比之下，芒太库丘利的信更为可信。"帷幕落下时，人们看到真真假假的人散列在舞台上，几乎就像是聚集在舞台另一侧看戏的观众。"尚泰卢补充道，现场其实有"两个剧场"，舞台上的这些人坐在"第二观众席"（second auditorium）上，贝尔尼尼还在中间插入了两个人以加强戏剧的错觉——这两个人本身是观众，能看到观众所见的一切，还能播报两个对立剧场的真实情况。"有两个吹牛的人（如尚泰卢所言，两人的扮演者是贝尔尼尼和他的兄弟）拿着纸笔假装画画，一人面向真正的观众，另

***

① Pirandello, *Tonight We Improvise*, pp.18-20.

一人则面向虚假的观众。"两人沉默地画了一会儿后攀谈起来,逐渐意识到他们各自看到的观众在另一个人眼中都是虚假的——这成了他们心照不宣的隐秘意图,目的是削弱观众的自我意识,使他们陷入一种令人愉快的现实混乱。当二人需要充分利用这个戏剧悖论时,他们决定"在舞台中间拉起一道帷幕,各自为自己的观众安排一场表演"。其中一场就是上面这出喜剧,它服务于真正的观众,但尚泰卢说:"这场戏不时被另一侧的笑声打断,仿佛另一侧发生了一些让人非常开心的事情。"由于观众看不到第二剧场,当前的现实感变得无可挑剔。演出结束后,两个吹牛的人又出现了,他们询问彼此的情况,紧接着,虚拟舞台的剧场经理登场——这让大家更加困惑——他表示自己只看到观众自行"在灯光和火炬的照耀下,坐车和骑马"离开,仅此而已。而根据尚泰卢的说法,这一场景是借由舞台中间的平台,或者通过象征着圣彼得大教堂(Piazza di San Pietro)的旋转三棱柱展示出来的。[1]

　　这种把戏是理解下述现代戏剧框架的基础:在汤姆·斯托帕德(Tom Stoppard)的戏剧《真探霍恩德》[*The Real Inspector Hound* (1968)]中,两个扮演评论家的演员在外舞台观看内舞台的表演,二人与内舞台的一些"演员"有私交;刚开始,内舞台的一位演员给一位评论家打了个电话,在接听电话的那一刻,后者便进入了内舞台世界,渐渐地,两位评论家卷入戏中,被误认为主角;此后,内、外两个舞台世界逐渐融合并相互渗透,这让评论家错愕万分。[2]

还有一种打破景观与游戏设定的显见方法:演出管理者用传统的方式聚集观众,按照自己向观众承诺的形式展开活动,却不进行传统的表

---

[1]　Richard Bernheimer, "Theatrum Mundi," *The Art Bulletin*, XXXVIII(1956): 243. 部分来自 Righter, *Shakespeare and the Idea of the Play*, pp.206-207。

[2]　尽管斯托帕德的戏剧只是一种围绕舞台角色与演员、舞台角色与观众之间的界限展开的构想,但与皮兰德娄的戏剧《六个寻找剧作家的角色》一样,它仍属于经典的戏剧形式,严谨地维持着观众和舞台角色之间的真正界限。然而,斯托帕德的戏中戏的秩序模式完全不同于与《哈姆雷特》的戏中戏。《哈姆雷特》的戏中戏并不是幻想,无论操作起来有多难,被篡改的戏中戏仍以合理的方式与国王的处境融合在一起。在斯托帕德的戏剧中,两出戏并没有现实的融合基础,只能通过"误认"这样的手段推动剧情发展。《哈姆雷特》和《真探霍恩德》都只是戏剧,所以我们常常把剧中的一切都当成非现实的,但二者之间仍存在有趣的区别。

演。例如,20 世纪 60 年代盛极一时的"即兴表演"(happening)* 就是一种空洞的娱乐表演。① 约翰·凯奇(John Cage)**用来展示偶然音乐的严肃音乐会是另一个例子——他保持了音乐会的各种传统,音乐却完全是随机演奏的,对于听众来说,它们纯粹是噪音。据说,凯奇的兴趣在于说教:当观众被迫履行承诺参与音乐会,做好了充分的准备,却发现演出没有按预期的方式完成,而这种"未完成"才是演出的目的时,他们才会意识到自己常常受到惯例的限制(在现实中,这种真实的表演往往促使观众对活动框架进行"升调"或"降调",来解释眼前发生之事)。无论如何,这些情况是一种自然实验,它们告诉我们,如果缺乏游戏的景观单独出现,即一个社会场合中未能出现应该发生的内部活动,现实将会如何发展。

有趣的是,精神分析学家 W. R. 拜昂(W. R. Bion)***在伦敦塔维斯托克诊所(Tavistock Clinic)发表了一篇关于群体心理疗法的文章。在该文中,他完美地践行了这种说教式的做法:强迫参与者反思自己所参与的活动的前提条件,其中包括社会场合和内部活动的区别。我不禁要详细地引用他的话:

> 1948 年,塔维斯托克诊所专家委员会(Professional Committee of the Tavistock Clinic)要求我用自己的方式进行群体治疗。
>
> ……
>
> 按照约定的时间,群体成员陆续抵达,他们寒暄了一会,但随着更多人抵达,整个人群反而陷入了沉默。片刻过后,对话断断续续地重新开始,紧接着是一场新的沉默。我知道,我就是这个群体的焦点,他们期待我有所作为,这让我有些心神不宁。我向他们倾诉自己的焦虑,并告诉他们,也许他们有误解,但我的感觉确实如此。

---

* "Happening"既可以译作"即兴表演",又可以译作"偶发艺术",指流行于 20 世纪 60 年代的戏剧表演形式,它融合了戏剧与舞蹈,多由业余艺术家表演,不拘泥于传统的艺术形式,强调即兴发挥和艺术活动的随机性,没有具体的情节,戏剧效果显著。——译者注

① 现在的我们很难相信即兴表演会发生。例如,参见 Michael Kirby, ed., *Happenings* (New York: E. P.Dutton & Co., 1966)。

** 约翰·凯奇,美国先锋派古典音乐作曲家,其代表作《4 分 33 秒》分为三个乐章,却没有音符。——译者注

*** W. R. 拜昂,英国精神分析学家,群体动力学研究的先驱。1940—1950 年间,他专注于群体过程的研究,之后转向精神分析的实务工作。——译者注

不过,群体成员对我的自我披露并不领情,甚至有些愤愤不平,因为我只顾袒露自己的感受,却没有体察他们对于我的期待。我没有与他们争辩,但仍为自己清楚地指出这一点感到满足——即使群体成员对我有所期待,他们也无法对我予取予求。但我更好奇,他们的期待到底是什么,又是什么唤起了这些期待。

尽管我们目前的关系面临着严峻的考验,但考虑到以往的友好关系,他们还是告知我一些信息。大部分群体成员都被告知我会"带领"这个小组:有的人说我关于群体的知识和研究声名远扬;有的人觉得我应该解释一下接下来要做的事情;另外一些人则认为这是某种研讨会或者是一个小型讲座。当我提醒他们,这些东西只不过是传闻时,他们仍觉得我是在否认群体领导者的地位。我颇有感触地告诉他们,尽管大家都对我怀有一些美好的期待和信念,但我不得不让大家失望,因为这些传言并不是真的。但群体成员坚信他们对我的期待是真实的,而我只是在挑衅他们,故意让他们失望。他们觉得,只要我想,我就能有不同的表现,而我现在这副嘴脸只是在向他们泄愤。我只能告诉他们,对于群体成员而言,承认这就是我行事的方式、我有权力这么做,也许是件困难的事。①

群体疗法与正统戏剧相差甚远,我们很难把它当成一种表演,但这种生产消极经验的方法进一步启发了我们。以学术讲课为例。在社会心理学的课堂上,大学生常常需要忍受一些老师的行为,后者故意讲一些笑话,然后"分析"学生的窃笑,将其用作课堂上的第一手例证,也就是征用了听众的批判性反应。此处,我们可以援引伊丽莎白·博特(Elizabeth Bott)的《精神分析和仪式》("Psychoanalysis and Ceremony")一文的结尾作为例子。这篇颇有价值的讲稿首次发表在一个专业协会上:

在我看来,哪怕是讲座的情境也有仪式性的成分。这种仪式没

---

① W. R. Bion, *Experiences in Groups* (London: Tavistock Publications, 1961), pp.29-30. 有趣的是,尽管拜昂非常不客气地否认了与会者对他和这场会面的合理期待,但他对这段经历的记录和出版符合规范,遵循了所有包括正字法、语法等方面的"期待",而且非常有效。当批评者希望用自己的方式修改书籍的正字法[例如斯派克·米利根(Spike Milligan)、约翰·列侬(John Lennon)、杰里·鲁宾(Jerry Rubin)、阿比·霍夫曼的做法]时,这种违背规范的行为至少需要像任何传统书籍的文本一样经过严谨的编辑和校对。

有卡瓦仪式（Kava ceremony）*那么复杂，但其中也存在一些戏剧化的角色。英国社会的独特历史缺乏连续性，但我们也能用一些象征符号表达一些难以言表的思想。我从你们的出勤和关注度里推测，你们之所以来到这里，是因为对这个学科感兴趣——同情的兴趣。但要是你们的兴趣与好奇没有伴随着批评、怀疑或至少是对这个学科和我这个演讲者的质疑，我就会很惊讶。同样，演讲者心怀复杂的情感。对于讲座而言，如果只考虑现实的原因，抬高的讲台、演讲者与听众之间的物理距离、扩音器、主持人、介绍、喝彩、提问等一切传统的设置都是必要的。但这些设置也给我们提供了一种环境，一种既能容忍我们表达相互矛盾的情绪，又能替我们控制这些情绪的环境。①

不过，近年来，这种讲座框架遭受到猛烈的抨击。在社会科学领域，一些教师有时会把讲座变成展示"群体过程"（group process）的舞台，在他们看来，现场演示的效果比有组织的相关主题讲座更好。借助群体心理治疗的方法，教师可以设定各种角色（或游戏），将学生的注意力吸引到实际的例证上，进而揭示课堂活动的社会组织性以及讨论小组的一般特征。当然，问题在于，我们能做到的**仅此而已**。所有的话题都被化约为同一个话题。此外，讲座无须事先准备，也无须按表面价值评判正在发生之事，因为它也是我们思考的主题。②

为了与舞台表演相区别，我们还可以考虑视错画（trompe l'oeil）**一类的艺术作品。这些画以等比例逼真地还原物品，或是逼真地绘制一幅画的背面，或是绘制一根绳子割开了包裹，露出了里面的画作。此类艺术品想要揭示的是，观众期望看到的绘画主题始终受框架限制。波普艺术作品也是如此。例如罗伊·利希滕斯坦（Roy Lichtenstein）的画作《杰作》

---

* 卡瓦仪式是斐济部落的一种隆重仪式，多用于勇士出征、欢迎新客、欢庆节日等情形。卡瓦是当地的一种胡椒树树根，可以被制成一种饮料，多用椰子壳盛放；受邀饮用的人需要双手击掌三下一饮而尽，并将椰子壳归还邀请者，再击掌三下，方算完成仪式。——译者注

① 见 J. D. Sutherland, ed., *The Psychoanalytic Approach* (London: Institute of Psychoanalysis by Bailliere, Tindall and Cassell, 1968), p.76.

② "A Curtain Raiser: Transcending the Totalitarian Classroom," in Michael Rossman, *On Learning and Social Change* (New York: Random House, 1972). 该书前 13 页提供了一个自我报告的样本。

** 视错画是一种追求画面立体感、逼真性的画法，常常会通过对线条、颜色、景别等元素的设计使人产生视觉错觉。——译者注

（*Masterpiece*）。画中一男一女是连载漫画中的两个舞台角色,利希滕斯坦在女性人物上方绘制了对话框,里面写着:"亲爱的布拉德,这是一幅杰作! 亲爱的,用不了多久,整个纽约的人都会为你的作品欢呼!"还有"新现实主义"*艺术,它们将日常的手工艺品粘贴在画布上,打破了边界(架构)的限制——这些边界通常分隔了艺术作品与悬挂它的空间。

索尔·斯坦伯格(Saul Steinberg)这位受人尊敬的框架漫画家向我们呈现了创作连环画的新方式,他笔下的舞台角色能自己在漫画周围刻上框线,也会和画中的某个漫画家顶嘴,还能画出一个和自己一样的舞台角色,而这个舞台角色正做着和他一样的事情。甚至连一些比较冷门的连环画(如下)都展现出皮兰德娄式的效果,但人们往往觉得这不是成熟的作品:

(2/7/72) 杰夫(Jeff):在这部连环画中,你是一个捧哏,而我是替罪羊——

马特(Mutt):(愤怒地从冰面上跳了起来)**我不是一个捧哏! 我不是一个演员! 我是一个人**——

(马特掉进了冰窟窿里。)

杰夫:(对冻成冰块的马特说)**好吧**,你是替罪羊,但在我看来,你就是捧哏。

(2/8/72) (这时,他们正从结冰的池塘走回家。)

马特:这不是在演艺圈! 这是在连环画里! 这里没有捧哏和替罪羊。我什么也不是。

杰夫:好吧,那我们是什么?

马特:我们只是两个普通的血肉之躯,做着普通人做的事情!

杰夫:你的意思是我们不是**仿真**的,而是**真正的人**?

马特:某种意义上是的! 我们和圣诞老人一样真实。

杰夫:(用看热闹而非朋友的语气说道)马特和杰夫日快乐(Merry Mutt and Jeff Day!)①

---

* 新现实主义艺术浪潮起源于 20 世纪 50 年代的法国,彼时的艺术家拒绝画框、边界等对艺术作品的限制,热衷于利用不同的手工艺品和工业制品(旧贴纸、废弃的塑料花、废弃的汽车和行李架等)创作画作,以展现工业化、城市化的天然之美。——译者注

① *The Evening Bulletin* (Philadelphia), February 7 and 8, 1972. 注意,漫画家也可以像剧作家和群体治疗专家一样利用一些舞台角色,通过分析框架呈现一场完整的表演。[彼得·汉德克(Peter Handke)的话剧《骂观众》(*Offending the Audience*)就是一个恰当的例子,这部话剧和它所做的框架分析一样可圈可点。]然而,画家、雕塑家和音乐家在这方面就没那么大的优势。

后文将指出，在未被授权的复杂框架问题上，日常对话比漫画更有说服力。

四

表演过程中产生的消极经验让我们再度转向框架活动的重要结构特征：轨道。在生活中，人们常常理所当然地将从属性轨道抛诸脑后，但在考虑玩乐的认知性时，它们是必须着重讨论的主题。我们曾在论述"无视轨道"时阐述过这一点，但我们仍能从从属性轨道的角度出发进行分析。

例如，在脱口秀中，表演者可能会大声而公开地与自己的同谋者交流，这些用以共谋的言论一般要通过隐蔽渠道传达，但在节目中，被排除在共谋网络之外的人明显也能听到这些"悄悄话"。他们也能自我共谋，一边说话一边打手势，以第三人称称呼现场的某个人。更明显的是，舞台角色的这种后台操作会被视为一种具有代表性的捏造，暴露在观众面前。当然，为了让谈话显得自然，一些调节谈话流程的机制也会暴露出来，包括使用提词板、提词器、计时信号等。

伪造编辑评注是利用定向轨道的最常见的方式。根据出版惯例，无论一篇文章的正文有多可疑，无论它的领域地位如何——不管它是传记、纪实作品、虚构小说还是诗歌——编辑在脚注中的评论都是真实可靠、无可非议的。（毕竟，就算是针对同一个文本的两个不同版本的评论，也是对文本的公开评论，因此无论该文本是一篇科学论文还是一则童话故事，其评论必定是真实的。）但是，正如编辑的前言可能故意欺骗读者，编辑评注也可能如此。例如，纳博科夫的小说《微暗的火》的前言和评注都是捏造的。这篇史诗以传统学术文体的形式呈现，诗歌下方标注的大量评论奠定了解释诗歌的基调。确切来说，这些评论只包括了一个冗长的前言、一篇拓展属性的评论和一个词汇索引。（当然，尽管我们知道这部看起来像史诗的作品实际上是一种滑稽仿作或一通胡言乱语，但我们不太愿意承认，对这些"滑稽仿作"和"胡言乱语"的评论本身也是一种滑稽仿作和一通胡言乱语，它们是框架之外的内容。）豪尔赫·路易斯·博尔赫斯（Jorge Luis Borges）采用同样的方法，在短篇小说［比如，《岔路口的花园》（*The Garden of Forking Paths*）、《皮埃尔·梅纳尔：〈堂吉诃德〉的作者》（*Pierre Menard, Author of Quixote*）、《扎希尔》（*The Zahir*）］的虚构文本中插入了学术性的编辑脚注。① 悬疑小说的作者也会将一些外国的、地方化的俚语插入脚注并加以解释，营造出一种纪录式或传记式的氛围，仿佛编辑或汇编者与文本材料的来源存在分歧——仿佛编辑可以基于读者利益或规范性考虑对原始文本稍加删减。事实上，这些脚注**来自**作者，他可以肆无忌惮地处理文本，决定笔下的虚构角色所说的一切事情，正因如此，阐释性的脚注几乎没有必要出现，除非是为了戏弄读者，让故事更逼真或者让讲故事的人比那些因循守旧的作者看上去更有学识。② 值得注意的是，小说也能利用多种声音强化文本表面的真实性，这不同于那些意在嘲讽、挖苦这些声音的做法，例如《芬尼根的守灵夜》(*Finnegans Wake*)*的第二部分第二章就体现了这种框架的可能性：

> 这是为科贝尔人(cobbeler)和"新市民"(brandnewburgher)² 准备的小屋和平房：²
>
> (注释：2."新市民"是维京式的方言，夏山区至今仍在使用，描述的是40岁左右、戴着帽子的德国人；为检查羊肉汤里的蘑菇酱是否放够了，他们会把两根手指放进沸腾的汤锅里绕一圈，再拿出来舔一舔。)

因此，人们也能进一步利用定向轨道制造消极经验。关键在于"连接词"。有人认为，连接词是组织经验的必要部分，也是定向轨道的一部分，却常常被人们忽视。确实，只有在特定情形下，人们才会注意到连接词的存在。例如，一个想成为小说家的人在学习入门的写作技巧时，必然会谨慎地对待连接词，避免重复或刻板地使用它们。但是，喜欢开玩笑的人也

---

① 博尔赫斯在《迷宫》(*Labyrinths*)(New York：New Directions, 1964)里翻译了这三则故事。当然，相比于其他现代短篇小说家，博尔赫斯更擅长利用框架。他之于自己的小说形式，就像皮兰德娄之于其戏剧。梦境、幻觉和警示寓言都无法将主体置入恰当的框架位置；当这些人物都脱离框架后，真正的主角才登场。

② 例如，莱恩·戴顿(Len Deighton)在《十亿美元的大脑》[*The Billion Dollar Brain* (New York：G. P.Putnam & Sons, 1966)]的第221页使用了**切断的**(abgeschaltet)一词，并在脚注中写道："行话：abgeschaltet的字面意思是关闭、从未使用。'浮出水面'(surface)形容某人被捕或叛变，而人们通常在事情发生很久之后才意识到这一点。"他还使用了"朋友"(friend)一词，并在脚注中说明了该词的用法：

斯托克(Stok)用了**伙计**(droog)一词。**伙伴**(tovarich)可以是你接触到的任何人，甚至是你讨厌的人；伙计是与你有亲密关系的人，你甚至会为了他做出一些违背国家利益的事情。(p.283)

* 爱尔兰作家詹姆斯·乔伊斯创作的最后一部长篇小说。——译者注

可能利用连接词开玩笑。例如，1965 年，尤内斯库的荒诞戏剧《秃头歌女》(*The Bald Soprano*)在格罗夫出版社付梓，该社没有采用传统方式(在人物名字后面加冒号或句号)，而是把舞台角色的"大头照"用作连接词。① 英国广播公司在 1950 年到 1960 年间推出的《傻瓜秀》(*Goon Show*)节目使用的文稿就是一种有趣的框架破裂实践②：节目的主要"成员"，彼得·塞勒斯(Peter Sellers)扮演的主角"青蝇"(Bluebottle)在舞台上大声说出了"不该说"的话——这些台词本该是台下的作者指导演员的说明。③ 另一个"小插曲"同样如此：在轮到自己发言时，对话的演员把连接词(例如"他说道")也大声地念了出来。④

五

我认为，在一切能让人产生消极经验的表演中，电视转播的摔跤比赛(又称"展演")是最容易分析的一种形式。显而易见，这些表演的目的在于吸引观众，让他们卷入节目，而实现这一目的的方式显然主要是框架攻击(frame attack)。因此，我们可以以摔跤表演为例论证迄今为止的分析。⑤

在传统意义上，摔跤比赛与拳击比赛一样，是带有时间架构的模型。按照惯例，这些架构具有显著的仪式性，拳击手一般不会在比赛开始之前或结束之后搏斗。然而，电视上的摔跤手经常这么做。

在传统意义上，拳击手和摔跤手只能在赛前、赛后对着观众直接说

---

① 读者看上一两页后就能适应这种表达方式，这些照片很快就能发挥和传统连接词一样的作用。这种排版其实是一种实验，这种实验通过各种方法刻画剧中人物的特征、行动和台词。

② *The Goon Show Scripts*，由 Spike Milligan 选编，London：Woburn Press，1972。

③ 可以料到，用文字描述这种行为可能产生框架歧义。在《傻瓜秀》的文本中：

西谷(Seagoon)：好吧，幼稚的小杂种，带我去弗雷德总统(President Fred)的指挥部，这些什锦甘草糖就归你了。

青蝇：哦！利科里什(Licorish)！我想想，我得注意我吃了多少。好吧，船长，快——跳进这个纸箱。快把船长用棕色的纸裹起来，贴上"炸药"标签，塞进指挥部的信箱。跳上路过的垃圾车，然后从左边溜走，在涨价之前买一顶礼帽。想想——这对青蝇来说不算什么。

(*Ibid.*, p.121)

④ 在《秃头歌女》中，尤内斯库让一些舞台角色说出其他舞台角色的台词，用框架游戏的方式结尾，这让我们意识到，"恰当的"归因既是对片段结构的限制，也是一种理所当然的东西。

⑤ 罗兰·巴特曾经对摔跤比赛进行过有趣的戏剧式分析，见 *Mythologies*，trans. Annette Lavers (New York：Hill & Wang，1972)，pp.15-28。

话,在比赛过程中则不行。① 但摔跤表演打破了这一设定,表演赛中的两个摔跤手(尤其是重量级那一方)不仅会对着观众比画手势、大吼大叫,有时甚至会威胁观众。

此外,在"真实的"体育运动中,裁判处于定向渠道之中,他像编辑一样负责控制全场,在必要时打断比赛,但在别的时段观众几乎注意不到他。在传统的摔跤和拳击比赛中,选手必须服从裁判的指令,但在比赛最激烈的时候,选手一时失控或违规也能得到观众的谅解。在电视上的摔跤比赛中,裁判的指令无法奏效——所以他必须不断接近选手,取消不听指令的选手的比赛资格,他自己也会受到攻击——这是严重违反框架规则的行为,就像一个无视所有标点符号的句子。

在传统的摔跤比赛中,所有人都优雅地维持着这项运动的内在架构,确保选手只是比赛中的竞争对手,而不是专注于杀戮的野兽。如果有人在比赛过程中摔倒,只要裁判发出信号,摔跤手就要立刻退出比赛框架,并做好准备,等待重新开始的信号。(摔跤手可以借机展示身体,用外在的方式表示放松,这对于观众而言则是令人愉悦的看点。)警告性的拍打也能让摔跤手立刻松手放开对手。当然,了解摔跤比赛中通常会发生的事情有助于我们理解选手进攻时做出的奇怪动作,尽管如此,摔跤表演首先还是要遵从这些内在架构。

摔跤比赛中的空间架构也是如此。在传统赛事中,当一人被摔出垫子后,裁判会在另一人的肩上轻拍一下,叫停比赛,让摔出去的人调整姿势并回到垫子上,重新参与比赛(如果弱势方四肢着地,对手可以自由地抱摔他)。一种罕见的情况是,如果一人被摔出赛台,参赛双方就会立刻脱离框架,此时,街头礼节取代赛场礼节在场上发挥作用。显然,摔跤手回到赛场的肢体动作框架不同于他抓抱或反击对手的框架,前者并不仓促,后者则经常是迅猛的。在表演性的摔跤比赛中,我们需要重点关注围绳和高架舞台,部分原因在于它们为违规行为赋予了意义,而违规行为在表演赛中比比皆是。一些摔跤手会踩到绳索或爬到绳索外面,比赛因此被迫暂停。有的摔跤手则被扔出赛场、扔到观众面前,或者在快要被对手打败时主动跑出赛场:一旦离开围绳(甚至逃离赛场),他们又会与观众、

_____

① 曲棍球、棒球和网球比赛对表演者和观众之间的交流有着更严格的规定。例如,比赛礼节要求运动员不能对开始和结束时的喝彩致谢,也不能理会观众的嘘声和喝倒彩声。运动员并不处于这些声音所属的框架中,但考虑到礼节与风度,选手之间偶尔可以进行口头交流。

裁判、对手争吵,有时会逼得这些人联合起来将他赶出赛场,否则无法继续比赛。①

如前所述,故事线依赖框架。一般来说,参赛者开始都会按照规则行事,除了一些精心设计的舞台角色——尤其是那些即将成为"反派"的人。紧接着,参赛双方会被分为英雄和反派,他们有着不同的外表和声誉。"反派"将率先打破规则,制造舞台角色间的差异——他不停地做出违规动作,而且屡教不改,裁判的口头警告毫无作用,除非他被击倒,否则绝不会停止这些鬼鬼祟祟的动作。他会威胁观众,和裁判讨价还价,在失利时厚颜无耻地要求别人怜悯。他掌掴英雄,像暴君一样轻蔑地踩在对方身上,将摔跤彻底变成纯粹的仪式。英雄的气势则因为对手的违规攻击而变弱,他在众目睽睽之下屡遭冒犯,因而畏缩不前。最终,他被反派激怒,义愤填膺地爆发出新的力量。随后,他占据道德高地,重塑摔跤的规则,降调为一头野兽,嘶吼、咆哮着准备杀戮,以同样违规的方式回击,最终赢得比赛。换言之,摔跤表演伪造的不是对摔跤技巧的展示(**很少有人这么做**),而是对传统框架的打破,打破的方式时而夸张,时而激烈。

六

因此,我们可以通过审视消极经验产生的情境和生成消极经验的各种结构性方式来思考这种经验形式。在上述差异背后有一个共同的主题。尽管贝克的生活剧院促使观众参与到戏剧中,进而几乎重构了剧院形式,但完整的戏剧框架依然保留了下来;尽管你可能在摩天轮上被吓得半死,但你最终能安全地回到地面,并形成"乘坐摩天轮并无风险"的框架;在交谈时,尽管女孩子可能突然低眉垂眼、霞飞双颊或是羞涩掩面、嗔怪对方,但她们依然能重新建立起像一开始那样礼貌交流的边界。因此,贝克剧院只从事戏剧表演,马戏团只提供游乐设施,互动的双方也只处于

① "车轮战"(Tag match)允许参赛者超出绳索圈出的边界,这似乎已经考虑到框架破裂的情形。尽管轮滑比赛与摔跤比赛表面上看起来不同,但就故事线和框架破裂而言,二者遵循着类似的剧本。其中一个区别是,在曲棍球比赛中,挑衅——至少在最初阶段——只会对比赛造成轻微的影响,但如果爆发了公开的搏斗,明显的初级框架就会被彻底改变;在摔跤比赛中,技术性的抱摔和对抗很快被降调为失控的公开打斗(比如,摔跤手跟着对手离开赛场)。另一个区别是,轮滑比赛的粉丝可能会觉得他们观看的比赛不像摔跤比赛那么"假"。

对话的乐趣中。同样的情形是:布莱希特时不时提醒观众不过是卷入了一个仿真的戏剧世界,戈达尔在电影里通过打板和摄影师(但不是电影拍摄时真正的打板和摄影师)引出主角。此处可以辅以沃尔特·克尔(Walter Kerr)的观点:

在戏剧《骚乱》(Riot)中,打在游行者身上的灯光渐暗,幽幽地预示着游击队即将袭击美国。这些人停止前进,踏步展开队列,走向观众。他们有节奏地喊着1—2—3,用力朝我们挥刺刀。此时,灯光熄灭,有人发出嗤笑声。戏剧这么设计的目的是让我们切实地体会到刀锋在喉的感觉(我们都知道这段剧情发生在大街上),但我们也深谙戏剧的本质,我们知道剧中的这些刺刀(如果它真是铁铸的,而不是木头或者橡胶做的)看上去确实会戳穿我们的喉咙,但它会在刺中我们之前停下来,一切都是假的。因为它们根本不会造成威胁,观众能做的只有咯咯笑。

还有一种情况是,剧中的几个人围绕消灭老鼠的问题展开激烈的辩论,剧场灯光聚拢在一个垃圾桶上,里面有两只活老鼠啃咬着什么。本该尖叫的观众此刻十分冷静,尽管老鼠就在舞台上,还能自由跑动,随时可能跑到观众席骚扰观众。但观众心中只有无数疑问:导演是怎么做到的? 是不是为了保证安全给老鼠下药了?等等。

进入剧院后,真实的事情立刻变成虚假的、捏造的,在音乐剧《巴克·怀特大时代》(Big Time Buck White)里,辩论家揪着某个观众,粗暴地将他扔到走道里。大家都知道,这个被暴力对待的倒霉蛋只是提前安插的托儿,绝不是真的观众,剧院经理不会冒着被起诉的风险,在光天化日之下将一个真正的观众踢打出去。戏剧中的动作越像一场真正的对抗,谎言就越明显,越昭然若揭。

"直接戏剧"(direct theater)是一种摒弃艺术性、追求现实性的戏剧。它内置了一个自动断流阀,把对现实的直接的呈现变成了一种技巧性的呈现。若非如此,直接戏剧在一开始就会比艺术更加诚实。[1]

但是,当然,这种虚假背后可能隐藏着真实的效果,尽管这种效果只是一种与框架相关的可能性。如果破坏戏剧框架能够突破观众的心理防

---

① 见"We Who Get Slapped," The New York Times, December 29, 1968。

线，让他们受到冲击，那么可想而知，一旦有人发现了这种违规行为并加以利用，别的导演、编辑也会效仿，反复使用这些伎俩。久而久之，这些效果将逐渐平庸、僵化，甚至成为一种框架惯例。电影中袒胸露乳的画面就是一个鲜活的例子。

至此，我们可以对戏剧脚本和表演性的比赛进行总结。无论在休闲娱乐和教学时利用框架破裂的传统多么古老，现如今的我们都正经历一种特殊的转向，而这种趋势反映在一系列实践之中。

60 年代，几乎所有的正统戏剧作品都有固定的框架，戏剧内容千差万别，但方法千篇一律。冒犯喜剧（insult comedy）风靡之后，电视节目主持人变得像脱口秀演员一样难以对付，他们会直接提及表演的后台要素（审查、赞助），也常常因为失误、计时错误、滑倒等问题闹笑话（他们本该小心翼翼地避免这些问题）；演员的情绪失控也受到积极的鼓励和煽动。[1] 人们甚至开始利用电视转播的特殊偶然性。例如，一些节目故意播放不同步的音画、弄塌模拟舞台的支柱、演员公然抢占屏幕中心位置、镜头故意录下演员摘掉麦克风后说的话或离开镜头后的动作。

体育竞赛也出现了同样的趋势，李·特维诺（Lee Trevino）* 的哗众取宠印证了这一点，他俨然把竞争性的高尔夫球赛当成了衬托自我的表演，他在球场上嬉笑玩闹，情绪失控，对着观众吼叫，陷入狂欢……但这样一位滑稽的选手仍然获得了比赛冠军。[3] 博·别林斯基（Bo Belinsky）**、乔·纳马思（Joe Namath）***以及富有表演天赋的罗马尼亚网球明星伊利耶·纳斯塔塞（Ilie Nastase）****都是这一新流派的代表人物。[2]

演讲者的风格（无论是政治性的、民间的还是学术性的）也发生了变化，更强调"坦率"与真诚。换言之，非语言的行为也成为一种表演，并且

① 见 Helen Hogan, "Some Bracketing Devices Used on Television Talk Shows"（未发表文章：University of Pennsylvania, 1970）。

* 李·特维诺，美籍墨西哥裔著名高尔夫球手，世界高尔夫名人堂成员，曾在电影中扮演自己。——译者注

③ 见"Lee Trevino: Cantinflas of the Country Clubs," *Time*, July 19, 1971。

** 博·别林斯基，美国拳击运动员，曾在电影《玩到底》（*Play It to the Bone*）中扮演自己。——译者注

*** 乔·纳马思，美国著名橄榄球星，曾在电影中扮演自己。——译者注

**** 伊利耶·纳斯塔塞，罗马尼亚职业网球运动员曾在电影中扮演自己。——译者注

② 见 Welles Twombly, "Here Comes Nasty," *The New York Times Magazine*, October 22, 1972。

更肯定表演者本身的需求。例如,尼克松总统在为一位英雄授勋时不小心弄掉了勋章,他忍俊不禁,不得不用手捂住脸。苏联领导人列昂尼德·勃列日涅夫(Leonid Brezhnev)最近也采取了同样的做法:

> 去年,勃列日涅夫把饮料洒到了美国国务卿威廉·P. 罗杰斯(William P. Rogers)的身上。周三,在国务院,勃列日涅夫又一次不小心把饮料洒在自己身上。
>
> 旁观者一时不知自己该笑还是该看向别处。直到勃列日涅夫自己和总统也被这件事情逗笑,观众才笑了起来,然后鼓起了掌。①

此处假定所有人都知道,尼克松、勃列日涅夫这些进行仪式性表演的人也只是普通人,他们无须对自己无意间的失误感到羞愧,但显而易见,就在不久前,国家元首还不会公开承认自己的失误。然而,现在似乎已经形成一种潮流:个体学会利用舞台角色或是角色的表演机制,通过戏剧性地呈现自反性的框架破裂,使观众自发地卷入框架。

七

1. 到目前为止,我已经考察了一些刻意为之的消极经验形式,它们的制造者要么是掌控事件进程的人,要么是某场演出的主角。不过,并非所有事情都有导演和主演,也不是所有事情都能够被巧妙地设计成消极经验的来源。事实上,像双人比赛一样容易操控的事件并不常见。比赛的结果通常由选手个人决定,如果他行为有失,观众立刻就会注意到。在某场拳击比赛中,选手马克斯·贝尔(Maxie Baer)围着对手卡尔内拉(Canero)*

---

① Lawrence M. O'Rourke, *The Evening Bulletin* (Philadelphia), June 22, 1973. 补充一点,政客在这些时刻决定进行表演(或者故意创造出这样的时刻,让人们做决定)是件非常微妙的事情,我们需要改变惯常的理解方式。面对这种"失误",还要求人们自发地、真诚地笑出来,就太过分了。

* 此处指的是马克斯·贝尔击败卡尔内拉、获得世界重量级拳王称号的比赛。贝尔是20世纪30年代美国著名的拳击手,1934年6月14日,他战胜卡尔内拉,荣膺世界重量级拳王称号。但他的职业生涯饱受非议,因为他相貌英俊,比赛时常因对女观众暗送秋波而分散注意力。他还把大量时间花在社交和与女性的交往中,这在某种程度上断送了他的美好前程。卡尔内拉是意大利著名拳击手,在输给马克斯·贝尔前,曾两次获得世界重量级冠军。原文中的 Canero 疑为戈夫曼笔误,应为 Carnera。——译者注翻翻起舞，还拍打了他的屁股。这种行为破坏了比赛框架，将一场正儿八经的比赛转变为一场不严肃的笑话。网球单打比赛也可能出现这种威胁框架的情况：

> 我见过的最匪夷所思的一场网球比赛是今天在罗兰·加洛斯球场（Stade Roland Garros）举办的法国锦标赛，俄罗斯头号选手托马斯·勒尤斯（Thomas Lejus）对战无排名的美国选手比尔·胡格斯（Bill Hoogs）。整场比赛持续了 3 小时，勒尤斯像"猫捉老鼠"一般戏弄胡格斯。在经历了 6：3、6：3、4：6、8：10、9：7 的苦战后，勒尤斯打出了制胜的一球。此前，俄罗斯选手安娜·迪米特里耶娃（Anna Dimitrieva）以 6：8、3：6 的比分输给澳大利亚选手费伊·托因（Fay Toyne），人们都觉得她没有尽力。事实上，两位选手"发挥失常"都是出于同一个原因：这两场比赛的赢家将与南非的对手对战。
>
> 去年，在英国，出于本国种族政策的考虑，俄罗斯选手两次退出与南非选手的比赛。而今天，勒尤斯声称他正饱受"脚痛"困扰。
>
> 当勒尤斯在第四局中以 5：1 的优势领先时，所有人都认为他赢定了。但渐渐地，他开始失去领先优势，观众很快意识到，他明显是不想赢下这场比赛。
>
> 他在第五局采取了和第四局相同的战术。每当到达赛点，勒尤斯就会出现两次失误，在看起来稳赢的时候输掉整场比赛。直到第五个赛点，勒尤斯看了一眼看台上的裁判，得知自己输球无望，便直接发球得分，结束了这场闹剧。①

人们可以辩称，这些表演者之所以没有造成更大的破坏，不是因为缺乏技巧，而是因为他们一般没有理由搞砸自己的表演。因此，在我们考虑过的消极经验中，基本的关系并未被破坏。不过，也有一些表面上活跃于框架之外的人会刻意让主导活动的人产生消极经验，这种行为很容易奏效，至少能够暂时奏效。

或许，合理的分析切入点是年轻人，他们不堪忍受社交场合的陈规陋俗，于是不断"挑战底线"——他们先是在特定的情境下违规，然后不断扩大违规行为的范围，直到成年人介入，阻止他们继续做出违规行为。一

---

① Tony Mottram in *The Observer* (London), May 23, 1965.

般来说,此类挑战由两个冒犯者协作完成,他们的行动始于戏谑、喧闹等
轻微的不良行为,随后逐渐累加、深入,直到最大限度地扰乱当前情境的
秩序,以至于他们的行为无法被无视轨道所容纳。有时,冒犯者会刻意创
造出一种可能发生意外的情境,突然停止彼此间的互动,打破平衡、破坏
情境,进而威胁情境边界与内部活动的关系。在此,请允许我补充一个例
子:西班牙的潘普洛纳市(Pamplona)会在每年七月的第二周举办奔牛节,
这本是一项非常神圣的仪式,但要引导牛群狂奔穿过城镇本是件麻烦事,
情绪高涨的公牛"演员"经常突破既定路线,冲进两边的观众群。此外,
镇上一些热血沸腾的年轻人们有权利,或许还有义务加入表演,他们刻意
逗弄公牛,让它们崩溃,进而打破框架。最终,这些成功破坏了表演秩序
的年轻人可能会受到赞许,也可能会受到惩罚——"胡闹"会触怒他们的
父亲、老师和警察,让他们抓狂不已。

　　标准的、最低限度的观众框架破裂是起哄(heckle),它容易实施,却
很难分析。有时,表演者对这些起哄视若无睹,把它们当成无视轨道的一
部分。此时,起哄可能增强情境的紧张感,但情境的定义不会随之改变。
如果观众想要跟着起哄者一起大笑着打破框架,就需要恰到好处地起
哄——"恰到好处"的意思是,不恰当的起哄言论重构了表演者或舞台角
色的冗长的活动片段,或是将这个活动转换成两步互动中的第一步,起哄
则变成了第二步,阐明了一句千真万确的格言。

　　可见,来自观众的干扰算不上什么干扰。摇滚音乐会的特点就是观
众超高音量的尖叫声,它们甚至盖过了舞台上的声音。当某个喜剧演员
被观众高声评论时,他既能稍作回应,也能直接无视,这并不会破坏他
的演艺事业,因为此时破坏框架的是观众,而不是演员本身;反之,如果
演员直接在台上做出同样的事情,哪怕说话的音量很小,也会影响表演
框架。无论一件事情多么微不足道,人们都能想象出一种使这件事变得
意义非凡的情境,进而威胁框架。在特定的情形下,一只猫能做的不只是
"看国王"*:

---

　　* "猫也有权见国王"(A cat may look at a king)是一句英文谚语,意指人人平等,微末之人
也享有权利。在封建时代,直视国王的脸是严重的冒犯行为,含有刺杀或"谋逆"之意。——
译者注

在西班牙塞维利亚(Seville)斗牛广场(plaza de toros)上，手足无措的斗牛士被一头鼻子正在喷气的愤怒公牛逼到了木栅栏后的安全区。当他们羞耻地愣在那里时，一只白猫从看台上窜进斗牛场，它无视怒气冲冲的公牛和整个斗牛仪式，在斗牛士们惊讶的目光中，在斗牛场里绕起了圈。当它结束漫步，消失在栅栏后时，人群里爆发出雷鸣般的掌声——这样的掌声通常只授予最勇敢的斗牛士。[①]

2. 在某些情况下，由低位者(below)自下而上造成的框架破裂较为轻微，它为我们打开了一扇门。在框架分析的问题中，这扇门只是将我们引向另一扇门。戏剧脚本(更不用说脱口秀)不仅需要观众的起哄，也需要表演者直接回应失误。框架破裂也能够被调音，这种调音使观众和表演者成为一个整体。例如，世纪之交，在老鲍厄里街(Old Bowery)的同名社区上演的情节剧中，约翰尼斯伯爵(Count Johannes)制造了一系列戏剧效果：

他来到老鲍厄里街时，那里的老主顾早已听说过他，正兴致勃勃地等他过来，整间屋子高朋满座、热闹非凡。剧院经理很了解这些观众，早早在舞台边拉起了一张网，但这张网不够高，挡不住旁听席观众的热情。伯爵刚开口说完"天使和上帝保佑我们"，胡萝卜、鸡蛋和西红柿就铺天盖地地从旁听席抛了过来。伯爵早已习惯了这样的轰炸，他径直向前走去；但扮演鬼魂的演员还不习惯，当一根胡萝卜砸中他的眼睛时，这个丹麦国王的鬼魂从舞台上捧起一堆"弹药"，冲到网前反击，精确地向观众扔了回去。

从那时起，每一幕戏都因为这样的轰炸达到高潮。伯爵始终精神饱满地表演，还特意在扮演女主角的埃冯尼娅·费尔班克斯(Avonia Fairbanks)小姐登场后引发了一场骚乱——尽管她和小丑一样身材娇小，但还是有意无意地吸引了观众的目光。伯爵朝着奥费利娅(Ophelia)说："你给我到修道院去！"此时，一个坐在舞台包厢里的观众插嘴道："亲爱的，别理他。"伯爵停止了表演，脱离了舞台角色，叫嚣着要把观众轰出去。结果，更多的鸡蛋、西红柿和胡萝卜朝他扔来，整个剧院都喧闹起来。在墓地那场戏中，伯爵没有拿起约里克(Yorick)的头骨，而是抓起一个卷心菜扔向观众，还修改了莎士

---

① 该事件的整版图片报道见 *Life*，June 6，1955。

比亚的台词:"啊! 可怜的卷心菜头! 看看你外面的这些兄弟们吧!"此举一出,更多鱼头、臭鸡蛋和卷心菜飞了过来。[1]

八

人们会发现,尽管框架破裂由低位者造成,但高位者,通常是表演者需要对此负责,框架破裂确实达到了这种效果。但当然,这可能涉及一些更有野心的事情,即低位者通过破坏高位者维持的框架规则来让对方难堪,让他失去声誉。我们无法通过这些行为了解框架破裂的组织作用,它们只是揭示了框架经验的局限性。真正值得讨论的是这些行为的形式与内容。注意,我们正在讨论一种特殊的麻烦,它是情境性的——或者说至少可以维持情境性。在社会场合中打破舒适与秩序需要采用一些方法,如此才能防止破坏框架的行为持续地影响情境;当破坏行为结束后,只有消极经验会留存下来。(那些设法重建秩序和主权的人的行为将对各方造成实质性的影响——使事态失控——有时,这似乎就是框架破坏者的目的。)有人也称其为"社会破坏"(social sabotage)。一些从业人员记录过不少案例,但迄今为止都没有人对它们进行组织化的分析,因此,它们并没有得到**系统性应用**,大多只是灵光一现的偶然想法。

社会破坏总是伴随着双重问题:对遭遇破坏的个体或群体而言,他们代表谁(如果有的话)? 对那些搞恶作剧的个体或群体而言,他们觉得自己代表谁(如果有的话)? 由低位者发起的破坏行为似乎带有一种个人性:个体或多或少以自己的名义行动,设法让一些人产生消极经验,哪怕这些人最终只是他们心中的假想敌。阿比·霍夫曼举过这么一个例子:"我喜欢冲击人们的思想,比如,走到某个人面前说:'在我进去那家店偷东西时,你可以帮我拿着这些钱吗?'"[2]在其他时候,当个体的目标是公共部门时,政治理念将会更直接地介入行动,破坏者也会基于更明确的集体利益(真实的或潜在的)而行动,而不仅仅是"为了他们自己"。同样,正如霍夫曼所述:

---

[1] William A. Brady, *Showman* (New York: E. P.Dutton & Co., 1937), pp.20-21. 这是一个微妙的定义问题:不同的戏剧传统对观众的反应有不同的要求。但我认为,情节剧代表的戏剧框架允许观众有所回应,而且,至少在某种程度上,观众和表演者共同模仿了普通的戏剧框架。

[2] *Revolution for the Hell of It* (New York: Dial Press, 1968), p.62.

　　我们出现在布鲁克林大学（Brooklyn College）并宣布："教室环境是自由的。"我们拆下课桌，把它们变成枪炮，共享怒火与艺术；我们把门当成黑板，关掉电灯，在黑暗中前行，让保安也成为我们的一员，摧毁他的身份、解放他，让他做任何想做的事情。我们的宗旨永远是：做你想做的一切。抓住机会，拓展你的边界。打破规则，抗议让你躲过一切惩罚。①

　　在思考社会破坏行为时，纯粹的骚乱和狂热并不算什么，重要的是与之相关的框架。因此，仅当某类目击者**在场时**才会产生严重的框架紧张。例如，1834 年，女性道德改良协会（Female Moral Reform Society）发起了一场反对妇女卖淫、反对双重性别道德标准的斗争，他们采取的行动具有一种微妙的力量：

　　这个协会的三位传教士拜访了公立救济院、城市医院和监狱的女病房，主持了祷告会，向大家分发了《圣经》和福音书。不过，他们在一个更具争议性的地方花了更多时间：他们有组织地拜访——或更确切地说，突然光顾了妓院，与妓女、嫖客一同祷告并对他们予以劝诫。这些传教士尤其喜欢在周日的清早到访，精力充沛地诵读着某段《圣经》中的话、祈祷文和赞美诗，在这个传统的神圣日子里逮住刚睡醒的妓女和嫖客。其他时候，传教士也常常站在知名妓院的马路对面，观察并记录嫖客的身份。传教士的到访有着重要的劝阻作用，很多看上去固执且无辜的男人会停留片刻，然后匆匆离去。此外，传教士还发现一些可疑的封闭式马车在周围绕了一个多小时，直到妓院外只剩下传教士时才离开。②

　　该协会的行动告诉我们，社会破坏是一个历史性问题，在任何时期都有类似的案例，只不过，当代之前的破坏实践也可以被视为一种鲜活的历史形式。

　　一些超现实主义的作品中曾出现社会破坏行为的先兆——尤其是安

---

　　① *Revolution for the Hell of It*（New York：Dial Press, 1968 ），p.157.

　　② 引自一篇有趣的论文：Carroll Smith-Rosenberg，"Beauty, the Beast and the Militant Woman：A Case Study in Sex Roles and Social Stress in Jacksonian America," *American Quarterly*，XXII（1971）：568-569。

德烈·布勒东(Andre Breton)的作品。① 例如,布勒东如此谈论电影迷:

> 我没有很好地理解电影情节,只能迷迷糊糊地**跟着剧情走**,这让我有些困惑,我只能询问坐在我身边的人。不过,第十区的一些电影院似乎是为我量身定制的地方,有时,我和雅克·瓦谢(Jacques Vaché)会在前游乐剧院(Théâter des Folies-Dramatiques)的管弦乐队那里坐下来吃晚餐。我们打开罐头,把面包切成片,拔下酒瓶塞子,像围坐在餐桌旁那样用平常的音调交谈,旁观者目瞪口呆地看着这一切,一句话也不敢说。②

这些方法也可以应用在军事领域。例如,各个政府机构在第二次世界大战期间构想的"心理战"计划。第二次世界大战结束之后,学院派的社会心理学家利用实验框架做出了贡献。之后出现了类似《真实镜头》(*Candid Camera*)*这样的电视节目。(从历史上来看,这并不是霍夫曼的发明,他只是对其稍做改进。)在 1968 年和 1972 年的竞选活动中,美国民主党和共和党用同样卑鄙的手段来攻击彼此。③

在各种形式的社会破坏中,本书主要关注"对抗"(confrontation)——这种行为正面、公开地破坏了社交场合(正式的活动框架)的基本规则,破坏者不屈服于权威,强硬地拒绝他人恢复秩序的请求。

现实的交谈中也存在对抗,只是没那么容易发生。交谈的主导者越容易受到从属方反常行为的影响,从属方就越有机会在对抗中占据上风。对一些固守成规的人而言——比如,皇室成员、不受欢迎的总统——类似的对抗数不胜数。近期,保罗教皇(Pope Paul)接见了六十位嬉皮士青年,这为我们提供了一个极佳的案例:

---

① 参见 Michael Delaney 的一篇未发表文章:University of Pennsylvania,1970。

② From his *Nadja*,trans. Richard Howard(New York:Grove Press,1960),p.37; first published 1928.

* 《真实镜头》是 1953 年在美国播出的电视喜剧节目,有多个系列。节目通常会谋划一些出人意料的事情,然后用镜头记录不同人的反应,以此营造喜剧效果。——译者注

③ 很显然,此处的革新者是迪克·塔克(Dick Tuck)(美国著名政治顾问——译者注)。据 *Time*(August 13,1973)报道:

> "这位心不在焉的教授只记得我在搞政治,却忘了其他事情,"塔克说道:"他让我提前安排尼克松的访问。"借此机会,塔克开始胡闹。他租了一个巨大的会场,却只邀请了寥寥数人,还用冗长、无聊的方式介绍这位候选人。最终轮到尼克松时,塔克请他就国际货币基金组织发表见解。

这（来自右翼媒体的批评）似乎还不够，教皇也受到了音乐家的批评。来自利物浦的约翰·贝德森（John Bedson）顶着一头乱糟糟的头发，他逼问教皇："如果你有权力禁止避孕药，那你为什么不停止征兵？为什么不命令所有的天主教徒不得参战？为什么不消灭意大利的军队？"

教皇大吃一惊，答道："我们没有这样的权力。"①

另一个案例与一个黑人青年学生有关，他说：

1966 年的夏天，我在一个帮助底层社会青年就业的联邦项目中学习，这个项目由加州就业局（California Department of Employment）管理，它更为人熟知的名字是 TIDE。这里的学生每周会在西奥克兰的青年机遇中心（Youth Opportunities Center of West Oakland）上五天的课。

……

不过，真正的雇主通常是那些公司代表，他们不打算雇用技术工人，他们来到 TIDE，**不是**为了招聘，而是为了向这些学生展示"一场好的面试是什么样的"。换言之，这只是一门"面试实用技巧"课程。他们通常会挑一个社会流动性更强的青年扮演求职者的角色，从头到尾演练一遍面试的情境。某些雇主甚至会让"求职者"出去，从敲门这个步骤开始面试。这个过程让学生们觉得滑稽可笑，一个学生对雇主说："伙计，既然你已经见过这只猫，为什么还要让它走出去再走进来？"

雇主装出一副正经的样子，以一句常见的寒暄开始了面试。

"我看过你的简历，你在高中踢过足球。"

"喜欢。"

"你喜欢踢球吗？"

"喜欢。"

此时，学生失去了耐心："伙计，我是来找工作的，不是来讨论足球的！"

……

这种模拟面试有时会忽视工作的本质。例如，在一场招聘卡车

①　*Time*, April 26, 1971.

司机的模拟面试中,学生们会向雇主询问销售人员的岗位是否空缺,或者询问行政职位的问题;有时,求职者也会直白地询问雇主的薪水,甚至询问雇主是否经验丰富——他们反转了局面,享受着面试雇主的机会。换言之,这些年轻人无视潜在雇主的身份,以对待同伴的方式对待他们。在某次参观工厂的活动中,负责人事的副总裁陪同在侧,但对于 TIDE 的学生来说,他只是另一种导游而已。当他告诉学生们工厂有大量非技术职位空缺时,学生们当场询问他能否雇用自己。副总裁答道:这只是参观,他没有权力立刻雇用任何人。一名学生看着他说道:"那么你只是在浪费我们的时间,不是吗?"①

正式的仪式往往戒备森严(如果只是为了核心人物的既得利益),糟糕的事情一般不会发生。不过,旧金山英巴卡迪诺广场(Embarcadero Plaza)*的巨型不规则喷泉的落成仪式是一个典型的例外:

> 这一天,阳光明媚,一支摇滚乐队正在演奏,政府高官们齐聚在喷泉顶部的平台上……成百上千的人聚集在广场上。突然,喷泉池里泛起涟漪,人群也开始移动,聚集到水池边。水池里有个人正站在齐腰深的水中跺脚,他黑发及肩,蓄着黑胡子,穿着黑色毛衣,手里还拿着一罐新的红色颜料。他从昨晚开始就在搞破坏,使劲在雕像上喷涂 **Québec Libres**(魁北克自由)的字样。他不是别人,正是这座雕像的设计师——艺术家阿尔芒·瓦扬古(Armand Vaillancourt)。
>
> 在喷泉顶部的平台上,托马斯·霍温(Thomas Hoving)和政要们正说着一些陈词滥调,而瓦扬古就在他们下方的水池里趟来趟去,往喷泉上喷涂更多的 **Québec Libres**。他时不时走到水池边,对着麦克风和镜头,用磕磕巴巴的英文大声诉说着他的愤怒。他说,景观建筑师哈普林(Halprin)和重建局(Redevelopment Agency)对他施压,迫使他妥协。破坏建筑外观?"我不是在乱涂我的雕塑。"他是在否认吗?"不,不,这是言论自由的乐趣。这座喷泉献给自由。解放魁北克! 解放东巴基斯坦! 解放越南! 解放全世界!"
>
> "如果我们的艺术家在观众之中,"重建局的执行主任赫尔曼(Herman)略带嘲讽地说道,"请他把手举起来,让我们为他鼓掌好

---

① David Wellman, "The Wrong Way to Find Jobs for Negroes," *Transaction*, April 1968, p.12.

* 此处原文拼写疑有误,应为 Embarcadero。——译者注

吗？"水池边，瓦扬古的脚还在水中晃荡，这位大师用手捂住嘴，发出一声哀号，仿佛经历了和印第安人的战争。①

这是个有趣的问题。一场庆典和一场对话一样，都有一条无视轨道。人们要么无视这条轨道上的行动，要么完全终止行动。但每一个社会事件或社会场合中总会发生一些无法用上述两种方式处理的事情。换言之，在正式场合中被指定为正式关注焦点的事情既不能忽视，也无法终止。在所有庆典活动中，个体都有权失去对自我行为的控制。（此外，在上述案例中，一些当地人看到的是被损毁的喷泉，他们怎会知道艺术家的雕刻少了什么，又怎会知道他在说什么？——艺术家的行为本身制造了一种失范的情境。）

在戏剧的现场表演中，观众可以公然攻击表演，拒绝戏剧的正式转换。破坏者的影响力与其身份紧密相关，尤其与他自身和当前表演的关系相关：

周日下午，黑豹党主席博比·西尔（Bobby Seale）打断了"对休伊·牛顿的模拟审讯"，他上台抨击美国黑人学生会的"政治剧"表演。

这场表演讽刺性地刻画了"牛顿审判"，还加入了一些结构性的即兴创作。但西尔称，这场表演纯粹是扯淡。西尔质问参与这场戏剧表演的黑人学生："你们现在坐在加州大学的象牙塔里，但在外面的黑人社区，无数黑人正在死去！"

该剧在惠勒礼堂演出，整个剧场被设计成一个模拟法庭。这场"模拟审讯"是对休伊·牛顿谋杀案背后问题的虚构解读。尽管剧中绝大多数角色都是白人，但他们都是由黑人学生会成员在脸上涂上白色油彩来扮演的。

西尔解释说，休伊·牛顿的母亲反对这场演出，他还要求所有黑豹党成员退出表演。

不过，这部剧的导演兼起诉律师的扮演者莱斯利·佩里（Leslie Perry）坚持说："我没有犯任何错误，为了这个表演，我甚至可以献出我的生命。"现场超过三分之二的观众是白人，他们感受到剧院里剑拔弩张的紧张氛围。当观众席一侧的某个黑人大喊"西尔先生，你错

---

① *Time*, May 3, 1971.

了!"时,坐在前排的一个白人女孩大吼一句:"闭嘴!"

贾奇·海伍德(Judge Haywood)在剧中扮演庭审法官,他试图重新控制情境,于是敲着小木槌说道:"有兴趣继续争辩的人,请到外面去。接下来的庭审将在没有任何干扰的情况下继续进行。"

在"法庭"平静下来之前,一个戴着小猪面具(这代表他是一个警察)的黑人演员一把扯下自己的面具和头盔,厌恶地将它们扔在地上。①

自上而下的破坏通常更容易管理,自下而上的破坏则更容易失控,"贝克斯-谢克纳(Becks-Schechner)事件"很好地突显了二者的差别。据汤姆·普里多(Tom Prideaux)报道:

开演前,演员聚集在没有帷幕的舞台上,巨大的布鲁克林音乐学院(Brooklyn's Academy of Music)已经人满为患,座无虚席;一些观众只能在片场边缘遥望,却发现台上根本没有任何布景……

这部戏剧名为《此刻天堂》(*Paradise Now*),是生活剧院的新作。生活剧院由一群才华横溢的年轻美国反叛者组建,他们崇尚自由,反对戏剧审查,彼此之间有着乌托邦式的兄弟情谊。为坚持这些信仰,他们进过监狱,一度流亡到欧洲。

《此刻天堂》的 37 个演员一个接一个地从舞台走到过道里,在观众面前停下脚步,高喊:"没有护照,我无权上路旅行。"

……

接着,演员改变了破坏表演框架的方式。他们开始吼着:"没钱你就活不下去!"

……

当演员重新呼喊时,我回到了座位上。他们一边喊着"我无权脱掉我的衣服",一边在过道里脱衣服。

此时,虽然觉得自己已经尽力参与了演员-观众的互动,但我还是转向理查德·谢克纳,比画了个解开领带的手势。谢克纳是我的朋友,也是《戏剧评论》(*Drama Review*)的编辑和评论家,他此刻就坐在过道的对面。我的举动似乎激发了谢克纳的热情,他的大胡子也掩盖不住他的笑容,他说:"好吧,让我们脱掉衣服。"随后,他像一个

---

① Debbie Heintz, in *The Daily Californian*, May 28, 1968.

即将上战场的英勇士兵，迅猛而果断地剥下自己的衣服，一件不落，包括短裤、鞋子甚至是袜子。

我实在是太过胆怯，不敢跟着他脱衣服，只能和周围几百个观众一样惊愕地看着他。谢克纳脱了个精光后站起来，对着观众快速而正式地鞠了一躬，然后猛地坐回座位里。他的女朋友把手放在他的膝盖上替他遮掩。

在正常情况下，谢克纳先生会做这样的事吗？他当然不会。否则他会激怒观众，也可能因为不雅地暴露裸体而被捕。但在《此刻天堂》演出的剧院做出这样的行为再合适不过，且像兄弟般温暖。但令人惊讶的是，过道里的演员只是象征性地脱下了比基尼和护具，惊恐且警觉地盯着谢克纳。[①]

此处隐含的框架非常有趣，涉及对框架的"降调"：观众对一场戏剧（尽管这都不算是戏剧）做出了真实的回应。戏剧表演的弱点展露在我们眼前，这正是对戏剧框架进行"降调"的关键所在。谢克纳先生恰到好处地破坏了戏剧框架，这一行为甚至可与声名狼藉的浪子弗朗西斯·达什伍德爵士的生活相媲美——后者创建了地狱火俱乐部，他的生活可以

---

① Tom Prideaux, "The Man Who Dared to Enter Paradise," *Life*, November 22, 1968. 框架分析需要关注一些反常的戏剧表演。因此，在生活剧院的一些作品中，当表演即将结束时，演员会几乎全裸着走上街头表演。这一行为打破的不是舞台角色和旁观者的框架边界，而是表演者与作为一个整体的观众之间的框架边界，以及剧院与外部世界的框架边界。尽管这或多或少是剧本的构思，但蜂拥而出的人群造成了剧团与街头维持秩序者的真实对抗，而这样的对抗并非演戏。威廉·博德斯（William Borders）曾报道过与生活剧院组织者贝克夫妇有关的司法事件。*The New York Times*, September 28, 1968：

纽黑文市，9月27日——警方今早逮捕了朱利安·贝克、他的太太朱迪丝·马利娜和其他八人。彼时，在贝克的生活剧院，一场演出刚结束，警方指控他们怂恿观众穿着不雅服装走上街头。

……

"警方误解了这件事的意义。"耶鲁大学戏剧学院（Yale Drama School）院长罗伯特·布鲁斯坦（Robert Brustein）说。但纽黑文市的警长詹姆斯·F.埃亨（James F. Ahern）回应道："据我们目前所知，艺术应当止于剧院大门，否则我们将用社区的标准加以管束。"

……

戏剧接近尾声时，贝克剧团的34名演员穿过耶鲁剧院的走道，带着几百名观众走上位于校园中心的约克街（York Street）。

观众们唱着《美丽的美利坚》（*America the Beautiful*），伴着歌声穿过半个街区。之后，警察拦住游行队伍，逮捕了贝克夫妇、三名乐队成员、一名耶鲁大学本科生和四名观众。

……

当贝克与支持者、共同被告站在刑事法庭外时，他为自己辩护道："我们是为了打破艺术与生活之间的障碍，这一障碍把大多数人挡在天堂的大门之外。"

成为小说家塑造一个让人产生消极经验的虚构角色的灵感来源,例如特里·萨瑟恩的《奇妙的基督徒》(*The Magic Christian*):

> 他(弗朗西斯爵士)按照惯例参加了"大旅程"(Grand Tour)*,但为了不走寻常路,他煞费苦心……在罗马开了一个可能产生严重后果的玩笑。在耶稣受难日(Good Friday),忏悔者齐聚西斯廷教堂(Sistine Chapel),他们一面佯装痛哭,一面轻轻地鞭打自己。弗朗西斯爵士加入了忏悔的队伍,轻轻地挨了一鞭,然后走进大教堂,躲在一根柱子后面。当忏悔者脱下上衣,光着膀子站在那里时,他从柱子后面窜出来,抽出藏在外套里的巨大马鞭,来回甩着鞭子抽打人群,直到整个教堂都回荡着痛苦的尖叫和恐慌的呐喊:"恶魔!"①

为了公正起见,我们可以补充另一个例子:当谢克纳执导的影片《狄俄尼索斯在 69 年》在影院上映时,也有人干了一件和谢克纳在《此刻天堂》演出的剧院所做之事一样的事情:

> 完全沉浸在电影中的观众被高声尖叫、撕咬和抓挠的声音吓了一跳。这种转变并非突然发生,而是经过了一个恋人们颇为熟悉的阶段:刺激被不断强化,动作从轻抚变成抓挠和撕咬。观众和演员的尖叫声此起彼伏,整个影院一片混乱。最终,彭透斯(Pentheus)被发现,他的内脏被捅,身负重伤,艰难地拖着残躯回到死亡仪式。
>
> 这些事情给人们留下了深刻的印象,却难以为继。类似的情节出现得越来越频繁之后,观众开始发呆、交谈或想与演员套近乎。放在平时,演员们或许乐意接受,但黑暗的影院里屡屡出现令人不快的事情。演员拒绝在这种爱抚下继续演出。一个女孩直率地说:"我加入这个剧团不是来和守塔的猥琐老头上床的。"②

时间架构和物理性的架构揭示了自下而上破坏框架的脆弱性。在剧院里,情况明显如此。不过,在有组织的社会空间中,这种脆弱性虽不那么明显,但依旧存在。为有效组织事物,任何地方的架构都会逐渐变得专业化(行为学称之为程式化),因而很容易受到干扰,使活动片段失去组

---

　　* "大旅程",指从前英国贵族子女遍游欧洲大陆的教育旅行。——译者注

　　①　Burgo Partridge, *A History of Orgies* (New York:Bonanza Books, 1960), p.148.

　　②　Richard Schechner, ed., *Dionysus in 69:The Performance Group* (New York:Doubleday & Company, 1970), unpaginated.

织性和秩序性。例如，许多学校使用响彻全校的铃声来宣告每节课的开始和结束，如此一来，这种电子计时工具便建立了课程活动的规律性。这种机械的规律也会招致他人的模仿和利用。例如，阿比·霍夫曼建议大家"向学校的上下课铃声开战。把闹钟带到学校，让它们每隔半小时而非一小时就响一次。"①

最近，自下而上的框架破坏出现在最神圣的国家法庭和州法庭中。人们对抗审讯框架的行为制造了一系列消极经验，最终目的大概是让法律的运作蒙羞。在一本关于"芝加哥庭审"（Chicago Trials）*的书的有用介绍中，德怀特·麦克唐纳（Dwight MacDonald）写了一段文字，我们以之为例进行分析：

> 在旧式的政治庭审中，控辩双方的穿着和举止会受到执政当局的严格限制，从对早期准革命者约翰·彼得·曾格（John Peter Zenger）**的那场审讯（他成功地驳倒了英国王室检察官对他出版煽动性作品的指控），到近期波士顿对斯波克博士（Dr. Spock）等人的审讯，情况都是如此。律师需要按照法官的指示就座，不会要求把生日蛋糕带上法庭；被告穿着西装，打着领带（或者穿着袜子和戴着假发），不能穿紫色的裤子、戴印第安发带或像阿比和杰里（Abbie and Jerry）在某次庭审中那样穿法官的长袍；他们不能发笑，不能辱骂他人，也不能抖机灵。观众不可以发出类似"好极了！"或者"哼哼！"的声音；事实上，他们什么都做不了。这是一种全方位的压制，辩方也必须表

---

① Hoffman, *Revolution*, p. 158. See also Rossman, *On Learning and Social Change*, throughout.

* "芝加哥庭审"指的是 20 世纪 60 年代发生在美国的一个著名事件："芝加哥七君子审判"。审判对象包括阿比·霍夫曼等七名"异皮士"成员，他们都是激进而反叛的青年，痴迷于反抗和革命，主张解放思想，改变资本主义的生活方式和行为准则，尤其推崇使用致幻剂进行革命。1968 年，这七人因煽动暴乱罪被捕，对他们的审判于 1969 年开始。这场审判是美国 20 世纪 60 年代第一个针对民间反政府组织的大审判，因而颇受关注。庭审现场与这七人一样不合常规：检方西装革履，刻板严谨；被告和律师则吊儿郎当，衣衫不整，嘴里嚼着零食，还肆意嘲笑法官，整个场面滑稽而怪异。——译者注

** 1735 年，纽约出版商约翰·彼得·曾格因在《新闻周报》发表批评纽约殖民地总督威廉·科斯比爵士（Sir William Cosby）的言论，被指控犯有诽谤罪："对政府进行无耻中伤和恶毒谩骂，试图煽动反政府情绪。"曾格因"煽动闹事"这一罪名被捕，律师安德鲁·汉密尔顿（Andrew Hamilton）为他进行无罪辩护，最终曾格被无罪释放。该案件被视为美国争取新闻自由的开端，确立了"事实真相可以替诽谤罪辩护"的原则。——译者注

现得仿佛认同最高法院的价值观和生活方式一般,哪怕事实并非如此。例如,1918 年根据《间谍法》(*Espionage Act*)* 对世界产业工人联盟(IWW)成员进行的大审判。①

　　然而,在新式的庭审策略中,要么是律师留着迥异于委托人的发型,要么根本没有律师。并且,就像在生活剧院和其他先锋派剧院一样,观众乐此不疲地参与庭审过程,他们在一些关键时刻突然拔高音调说话,甚至无视法官放声大笑——这一点更糟糕。被告也只在少数时候——在证人席上被询问“请回答这个问题,是或者不是”时——受到限制,他们可以有感而发,自由地评判庭审活动。迄今为止,芝加哥庭审为这种新式的自由庭审提供了最丰富的样本,这得益于辩方的巧妙策略(和法官的配合)……②

有趣的是,警察和电视摄像机的出现激发了这些“演员”的创造性,使他们有可能将现实的社会场合转换成争议性的、有观众围观的纷争事件。③

注意,在这些案例中,人们自下而上地破坏公共场合的框架,这可能会影响现场观众——甚至电视观众——的卷入,有时会造成严重的麻烦。但对于杂志读者来说,新闻报道将他们的整个经验封闭在一个与其他基调相绝缘的基调中,读者可能只对结果感兴趣。这又涉及框架规则:对于某场活动而言“太过了”的内容正好满足了新闻报道的要求——尽管它

---

　　* 《间谍法》是美国在第一次世界大战之后推行的法律。当时正值国际社会主义运动蓬勃发展,美国本土的劳工运动此起彼伏,社会主义宣传活动繁多。为遏制所谓社会主义的阴谋,掐灭共产主义的苗头,美国相继出台了《间谍法》《1918 反煽动法案》等法律。这些法律加强了对信息、刊物传递的限制,并加大了对“传播虚假信息或泄露机密信息”等行为的处罚力度。——译者注

　　① 　Mark L. Levine et al., eds., *The Tales of Hoffman* (New York: Bantam Books, 1970), p.xviii. See also Ronald P. Sokol, “The Political Trial: Courtroom as Stage, History as Critic,” *New Literary History*, Ⅱ(1971): 495-516.

　　② 　Levine, *Tales of Hoffmam*, p.xx.

　　③ 　参见 Elenore Lester, “Is Abbie Hoffman the Will Shakespeare of the 1970's?” *The New York Times*, October 11, 1970, and Hoffman, *Revolution*。另一种权威观点如下:

　　　你见过电视上的无聊示威吗? 这种示威只是在电视上显得很刺激,连警戒线看起来都振奋人心。电视创造了高于现实的神话。

　　　示威游行持续了若干个小时,但大部分时间什么也没发生。游行结束后,我们冲回家看六点钟的新闻,看电视上的回放。电视把整场活动压缩到两分钟,使其变成一支商业革命广告。[Jerry Rubin, *Do It !* (New York: Simon and Schuster,1970), p.106.]

们的戏剧性尚未达到传统戏剧剧本的标准。①

人们只需要将剧作家吸引观众的努力和心怀不满的人在一场具有新闻价值的表演中吸引社会控制者的努力结合起来，当代对公共框架的破坏就会变得明显，正如某个破坏者所述：

> 玩笑和戏剧并不是"真的"——正如本特利（Bentley）所言："身处闹剧的人与戏中人一样，他们可以宣泄怒火，却不用承担后果。"过去确实如此。如今，戏剧真切地与"现实"融为一体——从格洛托夫斯基（Grotowski）的对抗美学，到表演团（The Performance Group）对观众参与的规定，再到《此刻天堂》演出的剧院里大规模的"现场行动"，情况都是如此。相反，人们有时很难分清激进青年的政治行动与游击戏剧*。朝阿克斯特（Akst）上校脸上扔柠檬派，占据一座建筑然后要求特赦，这些都不是"真正的"反叛行为。这些行为真实且有意义，也会引发一系列后果。但与此同时，它们和艺术一样自成一体，是虚构的。人们很难像定义武装袭击那样定义这些行为。激进行动往往经过精心设计，介于战争和演讲之间，凝练了二者的特征，开辟了一个传统政治和美学都未涉足过的新领域。②

---

① 例如，Lester, "Abbie Hoffman"：

　　与传统的传道戏剧相比，天启戏剧（Theater of the Apocalypse）的优势在于展示而非传道，它创造出现实的片段，迫使人们选定自己的立场。传道戏剧的创造者和受众都是其信徒。它们常常假装向不信教的人布道，目的只是安抚自己的信徒。但是，无论观众的意愿和喜好如何，他们都会被天启戏剧所吸引。

　　《70年代的阴谋》（Conspiracy' 70）是新出的一部外百老汇（Off Broadway）戏剧，它可以证明，较之天启戏剧，旧式传道戏剧显得非常苍白与无力。这部戏剧重演了"芝加哥七君子审判"的片段，这直接违背了阿比的基本原则——不要告诉人们他们早已知道的事情。由于庭审材料完全公开，人们熟知所有细节，为增强趣味性，导演不得不加入许多拙劣的戏剧性内容——大量的讽刺表演、牵强附会的阐释、寡淡无味的点子，让庭审带有一丝"爱丽丝梦游仙境"的味道。被告和他们的证人被罩上一个愚蠢的神圣光环，而法官根本无力扮演一个喜剧性的艺术小丑。

　　真正的庭审是多么好的一出戏啊！

* 游击戏剧是20世纪60年代出现在美国的一种戏剧形式，与当时美国的政治环境和社会运动背景紧密相关，其特点是临时性、街头性、批判性和讽刺性，多在公共场合突然表演，目的在于吸引观众关注社会问题和政治问题，代表人物是阿比·霍夫曼。——译者注

② Richard Schechner, "Speculations on Radicalism, Sexuality, and Performance," *Tulane Drama Review*, XIV (1969): 106.

第十二章　经验的脆弱性

一

在上一章,本书考察了会对经验中专注的一面造成威胁的内容。我们先是讨论了一种出于娱乐目的的、善意的框架破裂,而后聚焦于另一种自下而上破坏框架的行为,这些行为会扰乱社会场合的秩序,足以让管理者陷入窘境。当然,后者指向的并不是框架破裂的组织性作用,而是框架经验的脆弱性。前文曾提及,经验的另一面——对正在发生之事的纯粹认知也是脆弱的。现在,我想将这两个方面整合起来并加以延伸。

假设人们对任何活动片段的感觉都与经验框架有关,这种框架化过程具有内在的脆弱性,那么相应地,无论框架的脆弱性如何,我们对于正在发生之事的感觉都会变得脆弱。当然,经验组织的脆弱性不一定就是社会生活的脆弱性;几十年前,一个人可以接受大家公认的公正审判,被判处绞刑,然后被如期处决,任何人都不会对真正发生了什么产生疑问。

前述章节曾间接提及这些内容。让人产生消极经验的方法很多,这些方法一开始便会让人建立错误的设想。因此,我们讨论过善意的欺骗和暂时的脆弱性。很多时候,只要稍稍转移重点,框架的脆弱性就会成为问题的焦点。

处理这些问题的常规方法主要涉及下述两个方面:何时需要质疑言说者、要通过何种行为核实他们的主张。不过,我关注的内容恰恰相反,我想理解人们如何看待自己与世界的联系。在这一层面上,行骗的诡计与察觉骗局的妙计一样具有启示性,前者甚至可能流传得更广。

在我们的社会中,一些不甚高明的骗术可以流行好几个世纪——传统的犯罪行话称之为"小拐小骗"(short con)。例如这个复制技术出现之前的例子:某个冤大头从一个"发明家"那儿购得一台据说能不断印出 20

美元的钞票的机器，但他启动机器后，只得到了白纸。在这个故事里，印刷机是一种模型，一模一样的假机器以此为模板被复制、捏造和建造出来。相应地，传统教育向我们传授了一系列应对这类骗局的防护措施，教会我们如何在这个充满恶意的城市中生存。此类民间忠告手册能防止我们上当受骗，它包含着我们对下述问题的认知：经验中的小插曲如何扎根于持续运转的世界，并暗示着这个世界的本质。当然，核心的观念是：如果一个活动片段能够持续足够长的时间、如果我们能够核查活动得以维系的自传材料，真相就会浮出水面。

二

　　我的关注点很特殊，但我遵循了一个常见的假设：我们的解释框架或多或少是够用的，一些明显的例外情况也能支持这一观点。

　　显然，既定表象在不同的场合有着不同的意义。一个人吃光了盘子里的饭菜，人们可能觉得他很饿，或很有礼貌，或暴饮暴食，或很节约。但正如我们所述，语境往往能替我们排除错误的解读，引入正确的解释。（事实上，语境是直接可用的事物，它只适用于某一种框架理解并排斥其他理解。）并且，当语境不足以发挥作用时，参与者会小心翼翼地展示必要的证据，仿佛一切都顺理成章。即使某样东西确实容易招致歧义和误解，并注定一直如此，人们依然会认为，只要付出努力，"事实"就会被揭示，错误也能被纠正。未经解释并不意味着无法解释。

　　现在细想一下双关语（wordplay）。每一个词，甚至每一个词语序列都有不止一种含义。除本意之外，一句口语明显可能还有双关意义、隐喻意义（当这个词的本义是字面意义时）或字面意义（当这个词的本义是隐喻意义时）。与某个词相关的非语言语境通常能帮我们排除其他可能的含义，如果我们为了快速地回应某个词，而不得不脱离上述语境，就会产生明显的误解，因为每个词都可能具有纷繁复杂的意义，而每一种可能的含义都是该词的意义结构的一部分。但一般来说，当参与者面对眼前的词语时，他会结合自己过去对这个词的理解，以及当前环境下的身势语言、其他词语和物品等语境来排除其他一切可能的含义。而且，这些规范的基础总是有效的，因为言说者提前核实过自己的表述方式，以确保自己能够排除其他可能的含义。[事实上，言说者有必要根据听众和情境来检查并修正自己的陈述，这要求他们检视自己将要使用的词语的含义，同时留出时间（顺利地）处理不恰当的、错误的、误导性的选词。]写作更是如此。事实上，哪怕作家只能完全依赖自己所写的文本来创造一种特定的语境，供读者检视自己对文本的理解，他（们）仍可以放心地这么做。毫无歧义的写作肯定不是自然而然地形成的，而是因为语法规范不允许文本产生歧义，这离不开长期训练的支撑，也离不开作者对草稿的全面检查，作者可以通过检查"揪出"没有被审查人员发现的歧义。[①]

不过，当言说者和作家很熟悉这些起纠正作用的东西，它们可能会暂时失效，从而创造出有趣的视错觉。双关语是一种形式。另一种形式是别出心裁的歧义，生成语法[*]学家通过这些歧义阐释了仅由直接成分构成的短语结构分析的局限性，并提倡利用深层结构、底层字符串或"句子核心"等方法消除系统的歧义。谜语是另一种形式，它构建了一个没有明显答案的问题，而出谜人最终给出的谜底是恰当的，因为这个答案本身能够重构问题的含义，进而使谜底成为一种可能的答案。同理，一些短篇小说会设计恶作剧式的结局，它们的写作方式更为精细：作者小心翼翼地编写小说内容，诱导读者做出一些明显的解读，直到最后一句话之前，读者都能从小说里找到细节巩固这一解读。然而，最后一句话将完全重构整个故事，当读者读到此处时，他们不得不回过头，用一种完全不同的视角审视整个故事。正如柏格森和其他人的观点，俏皮话（witticism）也是按照这种方式设计的，只不过，说俏皮话的人必须转换陈述中的一些词语和句子，因为这个陈述并未构建这样的再框架化：

A：他总爱开玩笑。（He's always running after a joke.）

B：我支持他的笑话。（I'll back the joke.）

或者像这种可以用角色-舞台角色通式进行分析的对话：

某位高中生记者：你认为罗密欧和朱丽叶有性关系吗？

---

① Leonard Bloomfield, *Language*（New York：Henry Holt & Company, 1946），pp.148ff. 这本书的作者提出了一个有趣的观点：当某个术语具有隐喻意义或多重意义，总有一种意义起主导作用，并常被使用，除非上下文的语境否定这个意义；如此，第二种意义就会显现出来。此处似乎忽略了上面提及的一个明显事实，即我们总是有意识地组织文字以消除歧义。

* 生成语法，也称转换-生成语法，是兴起于 20 世纪 50 年代的一种语言学说，创建人是 N. 乔姆斯基，他的代表作《句法结构》标志着这一学说的诞生。这种语法研究人的语言知识和语言能力，提倡用规则描述语法规律，因为人只具备听说能力，却并不知道话语背后的底层规则。所以，生成语法不像传统语法一样研究语言的使用，而以描写和解释语言能力为目标，试图通过语法假设和理论来揭示其规律。——译者注

约翰·巴里摩尔（John Barrymore）*：嗯，他们在芝加哥公司里的关系是这样。

不过，出谜语的人必须提前设计好要被转换的话语，说俏皮话的人则必须耐心等待，直到另一个人说出那句可供自己进行转换的话，这更好地证明了语言的安全性而非脆弱性。① 双关语似乎是在颂扬语境的力量，而不是否认这种力量的作用——语境限定了对话语的其中一种解读方式而非全部。被双关语捉弄的人面对的东西和纯粹的捏造完全不同，他不会发现自己被骗了，只会以为自己误解了别人说的话，而正确答案（与谎言完全不同）一直就在眼前，唾手可得。

广播喜剧这种体裁给世界制造了一些特殊的混乱，代表性的节目是《傻瓜秀》。在节目中，人的手指可以瞄准并且发射"真的"子弹；为快速收取煤气费，煤气局会派出一位通信员骑着防水自行车横渡大西洋；沃利策三兄弟（Wurlitzers）在代托纳海滩（Daytona Beach）上赛跑；**海洋干涸；电话铃声在世界各地响起，节目中提到的人都能接听这通他们本无法接听的电话。可见，就算在严肃的广播节目中，这种自由也能通过对世界组织来实现。因为广播听众依赖一些声音来建立并维持广播活动的语境，包括地点、天气、时间、同伴、场合和工作，他们势必会使自己陷入一个滑稽可笑的框架。原因在于，即时音效可以具体化、现实化各种双关语及其多重含义。[主角在面临敌人的威胁时，迅速地吃下一个苹果，创造出"第一苹果军团"（First Apple Corps）***，让千军万马经过的声音伴随着咀

---

* 约翰·巴里摩尔是 20 世纪初美国著名演员，以扮演自信潇洒的男主角和完美诠释莎士比亚戏剧而闻名，曾在 1936 年版的电影《罗密欧与朱丽叶》中扮演茂丘·西奥一角。——译者注

① 由同音异义、标点不当等问题造成的误解引出一个有趣的问题：一篇文本，最长要到什么程度，才能够让普通的读者或听众获得与文本含义截然不同的理解？为了"刻意"延长文本材料，使其获得错误的回应，我们应该如何组织语言？这些问题之下潜藏着一个重要的事实，即人们获取的信息越多，粗略理解导致的错误就越少。这是因为，有效信息的碎片可以彼此验证，这种信息的碎片越多，人们越可能做出无懈可击的解释。

** 沃利策三兄弟是德裔美国乐器大亨鲁道夫·沃利策（Rudolf Wurlitzer）的三个儿子。代托纳海滩是佛罗里达州的度假胜地。显然，沃利策三兄弟在海滩赛跑是现实中不可能出现的场景。——译者注

*** The Apple Corps 是一个多重双关语。它谐音"Apple Core"——苹果核（在广播剧中，这样的谐音创作十分常见）。它可以指代主角吃剩下的苹果核，也引申出"苹果军团"的含义，此处似乎还暗指英国著名的披头士乐队旗下唱片公司 Apple Corps。此外，First Corps 意为美国陆军第一军团。——译者注

嚼的声音同时播出。]同样,报纸的读者和动画电影的观众依赖简易的线条绘画方式,他们的世界也很容易以某种不可能的方式连接或断开。例如,在马克斯·弗莱舍工作室(the Max Fleischer Studio)*制作的短片《白雪公主》中,著名的贝蒂娃娃(Betty Boop)扮演了白雪公主。

莎士比亚喜剧是另一个例外,它证明了我们正确解读世界的能力:舞台角色因无知和误解而误入歧途,他伪装自己的身份,推进自己的计划,通过偷听和偷窥的方式发现别人的秘密骗局——这一切都让舞台角色在许多场景和几幕剧中脱离了现实世界。他们一开始就迈错了步子,还继续(或不得不继续)朝着错误的方向行进。因此,人们常说,喜剧展示出了这个世界存在的真实困惑。但我认为,莎士比亚喜剧给我们带来的更大启示在于,为了与这些事实和滑稽的场景保持距离,人们必须不断诉诸莎士比亚笔下那些荒唐可笑的方式。通常情况下,这种荒唐的剧情无法在真实世界中发生;为了推动剧情的发展,剧作家必须引入一个充满花招和诡计的趣味世界。因此,喜剧恰恰证明世界是清醒的,不是混沌的。

三

人们通常认为,事实不仅是观点问题;无论主体能否意识到,不同的事件之间都是相互联系的,幻觉、错觉或欺骗总体上也是如此。考虑到这一点,我也认为,框架错误不太可能长期存在。

上述这番话很难支撑社会生活的确定性,反而让我们思考它的可疑之处。首先考虑一下我们的框架化实践所暴露的脆弱性的一般来源。我得补充一点:当个体对所有存在领域,包括所有社会现实持怀疑态度时,他恰恰忽略了对这些来源的关注和分析,后面我将更详细地探讨这个问题。

1. 我们可以从前文的分析中得出一个结论:在不同时候,每个人必然会面对框架歧义,也会质疑自己在框架中扮演的角色,甚至会在不同场合错误地框架化一些事情。同样,他会在无意中成为骗局和幻觉的受害者,

---

* 马克斯·弗莱舍,又译麦科斯·费雪,美国著名制作人、演员、导演,其创建的费雪兄弟工作室参与制作的动画、电影超过 300 部,包括中国观众耳熟能详的《大力水手》(*Popeye the Sailor*)等。原文中的《白雪公主》并非 1937 年迪士尼推出的《白雪公主》动画电影,而是费雪兄弟工作室制作的动画短片,时长仅有 7 分钟。——译者注

随后发现这是对现实的捏造。在日常生活中，人们通过各种各样的方法伪造世界——让自己"意外地"出现在某处，和自己想遇见的人"偶遇"；巧妙地引导别人问出自己期望的问题；提问时"藏叶于林"，"自然"地隐藏自己对某个特定问题的兴趣，仿佛自己的兴趣与众人一致，没什么特别之处。

　　理论上讲，人们也可能错误地框架化所有短暂的活动片段。只要周遭的环境恰好有误导性，就会造成错觉和框架错误。不用怀疑，只要意图（intent）、道德败坏（immorality）和来源（resource）这三点在发挥作用，人们就会在"正在发生什么"这一问题上受到蒙蔽。人们可以轻易地捏造物证，赋予其适当的传记性，使之能为事件提供虚假的依据；人们可以制造出一个阴谋性的社会网络，它包含诸多目击者和双重虚假的无关联性——目击者之间互不关联（因此，他们心怀坦荡，不会预先串通）；目击者与他们看到的东西互不关联（因此，人们愿意相信他们不会从行骗中得到好处）。事实上，需要重申的是，无论用何种方法检视他人说的话，我们都为那些想要捏造现实的人提供了详细的诀窍；任何能增加捏造难度的事物同时也会让捏造变得简单。

　　2. 与力量（power）*相关的脆弱性更为具体。当个体受到的待遇取决于别人对他能力的评判，而他完全无力抵抗这种评判时，就容易导致长时间的错误的框架化。这里涉及行动者的转换：

　　　　南帕，爱达荷州（合众国际社）——［Nampo，Idaho（UPI）］——昨天，人们在爱达荷州一所为智力障碍者开办的州立学校中发现了一名智商高达 135 的男子。

　　　　约翰·马克斯医生（Dr. John Marks）是这所学校的负责人。他表示，这名身份不明的男子已经在该校待了 30 年。他还是个婴儿的时候，就被其父母当作智障者送入该校。但马克斯医生说，近期增加的检测项目显示，这名男子不是智障，他只是耳聋。

　　　　"这些年，他花了许多时间学习心算微积分，但无人知晓。"马克斯说。

　　　　但马克斯也提到，尽管这个男人智商很高，但他毕竟在特殊学校里待了 30 年，故而可能有一些社交缺陷。马克斯称，患者将接受特

---

　　* Power 在本书中有"力量""能力""权力"等多种含义。戈夫曼有时用该词形容人本身具备的技能或天赋，有时用其形容高位者或司法、政府等组织机构的"权力"，有时用其形容武器具备的杀伤性"力量"，但此处更为强调后两种宰制性的、组织性的"力量"，故择定该译法。——译者注

殊训练,为回归工作岗位做准备。[1]

事实上,如果组织机构规定,人们可以通过评估对个体进行分类、决定他未来的生活,就可能发生严重的错误。

强制执行的力量也与框架的脆弱性有关,例如这个判例:

> 法兰克福,肯塔基州(Frankfort, Kentucky)——昨天,肯塔基州最高法院裁定,如果一个女人假装怀孕诱骗男人结婚,法院可以判决二人的婚姻无效。
>
> ……
>
> 上诉法院称,这对夫妇曾发生婚前性行为,之后,女人谎称自己怀孕,以可能被学校开除和提起法院诉讼为由胁迫男人和她结婚。但结婚一周后,这名男子发现女人并没有怀孕。[2]

这个例子有趣之处并不在于个体在某件重要的事情上受到了蒙骗和误导,差点儿进入一种(某种意义上)虚假的新生活,也不在于法庭对捏造施加的法律性限制,而在于暗示我们"是什么创造了生活情境,而在该情境中又有什么东西不足为信"。

例如,一个男人持枪抢劫一家卖酒的商店,如果柜员发现他的手枪是坏的,那他的行为就不足为惧。但我们也要意识到,手枪此时被当作一种能够正常发挥作用的武器,懂枪的人能够正确使用它,使之发挥"正常的"功能。因此,手枪能够终止之前的场景,以武力强行开启一个新场景。在我看来,真正起作用的可能是:对情境的每一种定义、对惯常框架的每一种持续应用似乎都以一系列动机为前提,而一些极端手段会破坏这样的平衡。运用武力就能肆意打破这种平衡,这就是"力量"一词的含义之一。[3]

一把拥有这种力量的手枪,会让其持有者心存期待,以为自己能彻底重构即将发生的事情,成功控制现有局面,并开创新局面。然而,如果没

[1]　*San Francisco Sunday Examiner and Chronicle*, October 1, 1967.

[2]　*San Francisco Chronicle*, September 23, 1967. 法官厄尔·奥斯本(Judge Earl Osborne)提出了反对意见,他说:"很遗憾,当婚姻需要得到一切支持和力量的时候,本法院却做出了进一步削弱婚姻制度的裁定。"或许确实如此。

[3]　因此,有人认为,手枪无法发挥这种作用,因为它们在电影中被美化了;相反,正是因为它们能够发挥这种作用,才会在电影中被美化。一开始,我们往往把指着自己的真枪当成玩笑,这大概是因为玩笑很快就会结束,而我们可以毫发无损地继续维持严肃的现实生活。

有人认可他的意图和能力（"有能力"意味着他能够胜任某个角色），他确实有可能一败涂地，不仅无法抢劫商品，也控制不了局面：

> 昨晚，奥克兰警方成功破获一起自行车抢劫案，逮捕了两名猖狂的青年暴徒。
>
> ……
>
> 根据检察员吉尔·茨威格（Gil Zweigle）的说法，周日晚上，一名嫌疑人（17 岁）带着另一人（16 岁）提供的点 32 口径的左轮手枪，独自来到位于奥克拉山麓大道（Foothill boulevard, Oakland）6675 号的莱佩奇糖果店（LePage），意图实施抢劫。
>
> 他戴着破布做的面具，走到 57 岁的店主诺伯特·莱佩奇（Norbert LePage）面前，向他索要情人节当晚的收款。莱佩奇忙碌了一整天，正心烦意乱，便直截了当地答道："滚出去！"
>
> 这让"新手劫匪"倒吸了一口冷气，他磕磕巴巴地说道："但我手里有枪。"
>
> 莱佩奇一点儿也不害怕，抄起糖果盒就往嫌疑人面前的过道上扔。那些心形糖果盒都是一磅或五磅重，带有礼品包装，里面装着焦糖、坚果和水果等。在混乱的糖果攻击下，这名年轻人狂躁地开了一枪，最终两手空空仓皇而逃。
>
> 他逃出前门，莱佩奇紧跟其后，又向他扔了一把糖果。最终，嫌疑人跳上一辆车座很高的破自行车，消失在夜色中。[①]

3. 还有一种观点认为，在面对证据时，许多人都秉持着某些信念，尤其是宗教信仰。宗教信仰涉及数以百万计的"事实"，也得到许多派系复杂、历史悠久的宗教组织的支持。然而，不同社会的宗教问题会催生截然不同的信仰，人们选择宗教时也没什么可参考的根据。[②] 因此，想要辨别框架的对错，或是简单地区分错觉和自我欺骗，是一种过于乐观的想法。

[①] *San Francisco Chronicle*, February 17, 1966。为了确保趣味性，新闻中的措辞经过了精心雕琢，免不了要贬低盗贼。但必须意识到，如果这个年轻人是他所在州的少年组射击冠军，枪法很准，还配有一把点 22 口径的手枪，场面将如何发展。当然，如果是在电影中，店主仍然可以轻松地阻止男孩行窃，然后装作无事发生，深藏身与名。

[②] Peter Berger and Thomas Luckmann, *The Social Construction of Reality* (Garden City, N.Y.: Doubleday & Company, Anchor Books, 1966), p.119.

四

我们的经验框架具有一些普遍的脆弱性。因此,我们更要考虑错觉、幻觉和欺骗产生的具体条件以及造成这些框架脆弱性的实际方法——无论它们是否容易产生。

1. 如果说现实世界中的真实事件大多相互关联,那么,框架的不确定性很大程度上源自这些关联信息的局限性。如果活动只参考了一部分信息,就非常容易受到误导性框架的影响。随之而来的问题是:人们在何种情境下只能依靠这些有限的信息?

a. 如前所述,当某件事只发生过一次,而且明显独立于其他事件(例如,从远处传来的一声"怪响"),那它当然容易受到错误框架,尤其是错误框架化的影响。这个结论引出了另一个问题:在何种情况下,孤立的事件会发生? 最有趣的情形之一是自然灾害。这类事件造成的影响往往是突发性的,远离灾害中心地带的人们也能看到、听到或感觉到它的影响。某些人可能基于远处的信号先感知到自然灾难,但这种感知缺乏语境和连续性,不能作为确证或纠正细节的来源,至少无法马上确认。一位研究灾难的学者在矿震(地下土层隆起造成的震荡)发生后采访了当地居民:

> 五位没有当班的矿工没有把这次震动解释为"矿震"(有七人认为是"矿震"),而将其归咎于包括爆炸在内的各种其他原因:
>
>> 我还以为是孩子们在吉姆·布朗(Jim Brown)的房子下面放了炸弹。于是我问:"那是什么?"我朋友说:"我不知道。"接着,一个邻居走出来,她大喊:"那是什么?"我也只能回答:"我不知道。"
>>
>> 另外四个人的解释也是五花八门:"我以为厕所塌了。""我以为一辆转运车撞上了房子。""我以为是楼上的孩子们干的。""我的第一反应是暖炉爆炸。"[1]

在研究另一场矿震时,这位学者说:"那些没能正确识别出这场矿震的人对此有着形形色色的理解,他们以为这是'喷气式飞机撞破隔音板'

---

[1]　Rex A. Lucas, "The Influence of Kinship upon Perception of an Ambiguous Stimulus," *American Sociological Review*, XXXI (1966): 230.

'爆破''坦克爆炸''卡车撞上车库''打雷'。"①他同时评论道：

  在我研究的所有灾难中，人们几乎都会从正常的预期框架中找到一些新线索。例如，人们可能把龙卷风来临前的轰隆声当成火车的声音，把涌进客厅的洪水归咎于水管破裂。②

b. 发生在遥远过去的事件尤为脆弱，因为事情发生得越久，现在能收集到的证据就越少，就越依赖能够发现的任何证据。事实上，"证据"一词意味着，如要确定日常生活当下发生之事的性质，人们所能依赖的事实比现有的事实要少。（这并不是说训练有素的历史学家无法创造研究奇迹，他们当然可以深入追溯、揭示那些共时性事件的全貌，研究人们对历史事件的主张的可信度。然而，这些奇迹只是再次证实了事件之间的关联性，证实了所有事件都会留下传记式的痕迹。）③

c. 有时候，人们只能通过一人之口获知与某件事相关的信息，这个人就成为唯一的信源。"狼来了"的故事就是这么发生的，这提醒我们对已知世界的脆弱性保持警惕。注意：当渠道进一步窄化时，诸如电话、电报通信等信息的脆弱性将进一步增强。

d. 个体转述一件事时，可以对自己转述的内容进行编辑和修改，他很难不这么做。音频、视频录制设备也是如此，但视频似乎能更好地呈现整个活动流，给人留下更深刻的印象。矛盾的是，如果以记录的标准来衡量，如今所谓的记录性媒介（如磁带、照片、影像）恰恰值得怀疑。例如，记录意外事件或危险事件的前提是记录者必须持有记录设备，还得有一个能让他顺利操作设备的稳定环境。④ 每个勇于冒险的英雄背后可能都

---

① Rex A. Lucas, "The Influence of Kinship upon Perception of an Ambiguous Stimulus," *American Sociological Review*, XXXI（1966）: pp.235-236.

② *Ibid.*, pp.231-232. 卢卡斯（Lucas）在这篇文章中指出，如果一个人的亲属直接受到灾难的影响，那么，相比于未受影响的人，这个人更可能形成与灾难相关的认知。

③ 例如，见 Arthur Pierce Middleton and Douglas Adair, "The Mystery of the Horn Papers," *William and Mary Quarterly*, 3d ser., IV（1947）: 409-443, 节选自 Robin W. Winks, ed., *The Historian as Detective*（New York: Harper & Row, 1970）。

④ 一个例子是，1966 年，加利福尼亚和平警官协会（California Peace Officers Association）和金州电影制作公司联合制作了一部名为《紧急生产》（*Sudden Birth*）的纪录片，该片以医师助手为目标受众，目的是训练他们应对产妇突然分娩的情况。影片中，一位伯克利警察在车里按照并不专业的画外音指示一名产妇的接生。事实上，电影拍摄的是一场事先安排好的真实生产，拍摄地点不是高速路，而是阿尔塔贝茨医院（Alta Bates Hospital）的大楼内，产妇身处的汽车为了便于拍摄被截成两半。片中身穿伯克利警察制服、扮演巡警的人实际上是这名产妇的产科医生。（见 *Berkeley Daily Gazette*, February 28, 1966。）

有一个摄影师,他要应对各种困难,还得控制摄像机。然而,摄影师只**能**拍摄他**能**拍到的角度,偏差由此产生。这印证了前述观点:主人公可能大声地自言自语,述说自己经历过的事,但这不是在揣摩自己可以在录制设备面前说什么;作家可以坦率而直接地写下自己为创作此刻创作的文本经历或没经历的困难,但他无法评论自己写这篇评论的感觉,除非他是为了揭示这篇评论的评论背后没有被评论的内容。此外,电影"捕捉到的镜头"讲述的信息越多,制片人越有必要确认这些被记录下来的事情。[①] 一切都是真实的,但制片人能够剪辑出自己想要呈现的内容,而且不会告诉大家自己剪掉了什么。[②]

　　我认为,晚间电视新闻报道是体现记录性节目的问题的关键案例。[③]我们可以合理地假设,发达的广播网能让摄制组无远弗届地抵达新闻发生之地,让影片自己讲述新闻故事。这样一来,新闻从业者唯一的忧虑和压力是要比竞争对手做得更好。观众以为自己直接目睹了这一天的重大事件,只不过隔着一定的空间和短暂的时间差。然而,有人认为,观众并没有卷入时事,而是把新闻节目当成了一种特殊类型的娱乐,这种娱乐的原材料就是这些时事的录音和录像。此处的问题不仅说广播电视网本身要维护自己的立场和倾向,必须遵守政府规定,必须满足附属台的偏好和口味;也不仅是说,这些被报道的事件的发生只是为了能被记录下来;而是说,这些记录的拼接和组合本身受到节目的限制,需要达到节目的目标。事实上,报道只覆盖了一小部分事件,每个媒体网络都只在少数城市里有小型的制作团队。在新闻中心拍摄的大量影片素材中,只有很少的

---

　　① 　例如,电影《给我庇护》(*Gimme Shelter*)是梅索斯(Maysles)在阿尔塔蒙特(Altamont)的演唱会上拍摄的,但他在拍摄时并未透露这场演唱会将演变成电影。电影拍摄到的米克·贾格尔(Mick Jagger)(滚石乐队主唱——译者注)观看演唱会的画面也没有经过彩排或事先筹备。见 Pauline Kael, "Beyond Pirandello," *The New Yorker*, December 19, 1970,她在这篇文章中讨论过这个问题和其他框架问题。

　　② 　"新新闻主义"(New Journalism)倡导利用纪实性报道来捕获某一现场的"精神"。为达到这个目的,这类新闻通常"逐字逐句"地描述对话和手势,以满足被描绘的内容的需要,而读者很难找到明显的办法来确定自己框定这些内容的方式——无论这些内容是事实、虚构,还是诈骗。见,例如 F. W. Dupee, "Truman Capote's Score," *The New York Review of Books*, VI (February 3, 1966)。诺曼·梅勒(Norman Mailer)提出"虚拟传记"的构想,进一步推进了新新闻主义。现实中的任何人都能通过这种传记方式去做、去思考或感受任何事情,只需通过一种特殊的架构方式:"谁知道呢? 不过……"(Who is to say but that……)

　　③ 　见 Edward Jay Epstein, *News from Nowhere* (New York: Random House, 1973)。

一部分(甚至只是片段)最终能被采用。影片中的部分声音可能是用罐头的声音模拟出来的,新闻的画面可能包含在不同时间、地点拍摄的内容以及很久之前就制作好的、无日期的填充片段。(事实上,收集原始素材的人必须拍一些不受时间限制的空镜头。)只有评论员的开场白和结语肯定摄于当下。预期之外的"突发事件"很难派上用场,因为摄制组很难及时到场,就算勉强赶上,拍出来的影片质量也很低。因此,他们只能按计划报道或者报道持续时间较长的事。同时,现场工作人员只负责拍摄,剪辑是由新闻中心委员会的人完成的。为镜头赋予某种客观性的部分方式是,让镜头正对拍摄物,与视线齐平,制造出平视的感觉,[①]并与拍摄物保持着客观的交谈距离[②],而这种拍摄方式本身契合我们的文化品位。

e. 在某种程度上,纪录片的编辑权限受到一定的限制,因为被记录的往往是短时间内发生的真实事件,这些活动片段距今并不久远。但是,在多数情况下,当个体需要口头向自己或他人解释、分析某个组织或个人的发展特征时,他可以对事件的证据进行特殊的解读。在进行这种判断式的评估时,他获得的权利不受限制,可以随意拼凑自己想要的画面。

例如,如果同伴当下的行为让我们对他的过去产生了兴趣,进而想打探他过去的行为,试图以此证明他的个性和品格,证明他的品行始终如一;这会让我们陷入一场危险的框架游戏,我们可以在这场游戏中拼凑出任何画面,也有着强烈的动机参与这一过往。一种极端情况是,为确认某个熟人是否品行如一,我们开始翻旧账,回顾他的行为和态度,看他过去表面上的理智行为是否掩饰或预示了什么,过去表面上的失常行为又是不是为了合群而做出的无奈之举?但这只是极端情况,除此之外,不那么戏剧化的非难比比皆是。例如:同伴是否一直真诚,是否始终可信,他的头脑是否冷静,等等。在日常生活中,人们常常用个体过去的表现来证明他当下的品德。这种做法的危险之处是,它提出了一种可能性,但人们根本无法用可靠的方式证明它是正确的。这么一来,太阳底下无新事,新近发生的事情成为人们回顾其他事实、发现某种模式的借口——这种模式一直存在,只不过现在才被人发现。

----

① Gaye Tuchman, "The Technology of Objectivity: Doing 'Objective' TV News Film," *Urban Life and Culture*, II (1973): 7.

② *Ibid.*, pp.15-20.

2. 我已经简单谈论了信息受限所造成的框架脆弱性，现在要谈谈框架脆弱性的另一个基础：市场化信息（marketable information）。

一些企业的成功有赖于对信息渠道的严密监视与保护，以及对无须防备之人的忠诚度的暗中考察。就此而言，很多组织都具有脆弱性：政府机关需要保护对敌人具有政治价值的情报；管理部门需要保护会影响公司产品的市场价值的信息；科研机构需要保护能使竞争者受益的行业秘密；最后，策划犯罪的同伙也是如此，他们可以将有价值的犯罪计划卖掉，或者拿去和警察交易。

企业利益的捍卫者格外依赖信息控制，尤其是在对手已经得知他们正在保护重要信息，也知道是谁在保护这些信息时。此类信息的特殊之处在于：获取和传播它们不会留下太多痕迹，例如，不会惊动一花一木，不会破坏或改变任何物质性的东西。因此，不忠诚的人可能会兜售他接触到的秘密信息，直到别人使用这些信息时，他的盗窃行径才会曝光，这足以令他有恃无恐。更何况，这种"延迟"还降低了他被指认为罪犯的概率，缓解了他的处境。显然，需要保护信息安全的人很容易受到佯装忠诚之人的攻击和陷害。

3. 有些活动的结果取决于运气，例如赌博和彩票。如果决策机器的规则是人为设定的，那么整个决策过程都会被转换成构造和捏造，深陷其中的玩家则完全被操控，失去决策权。"运气"的特征是，至少在实际运作过程中，没有人能解释清楚它具体如何运作。只有作弊的结果由人控制。因此，当个体必须信赖决策机器的运作，而后者据称完全随机地做出决定，他便无法知道自己是否上当受骗。如果不弄清这一点，他就会陷入一个脆弱的世界，只能由一场引人入胜的游戏决定其宿命。问题不在于他可能会输掉赌注——这是另一种脆弱性——而在于他可能完全不知道发生了什么。

4. 零和博弈*的策略①（zero-sum games of strategy），即"评估博弈"为

---

*　零和博弈是一个社会学概念，它是指参与博弈的各方之间必须进行激烈的竞争，最终的结果必然是一方的收益和另一方的损失。博弈各方的收益和损失相加总和永远为"零"，双方不存在合作的可能。——译者注

①　涉及部分协作的"混合动机"博弈提供了许多相似的条件。

我们研究框架经验的脆弱性提供了特别的例证。① 一群人的博弈会催生一个领域、一个完全心理学意义上的栖息地。评估博弈产生的存在层面具有某些特殊特征：博弈的终极目的是压倒一切（以某种方式击败对手），为了达到这一目的，玩家会采取结盟互助的方式，这样一来，其中一方的行动就会对自己和其他玩家产生压倒性的影响。某些被明确定义的元素会变得具有决定性：资源（一些资源很明显，一些则很隐蔽，它们通常以具有特殊价值的博弈角色的形式出现。）、战术意图、可能的行动矩阵、博弈能力②，最后是"表达"（expression），即能够"透露"某个玩家处境信息的事件。以上所有因素构筑了一个有意义的行动领域，为玩家提供了采取行动的基础和理由。

在博弈中，每个玩家都要评估对手的情况并据此展开行动。当然，对手也会误导他们的评估，以击败评估者。评估者如果了解这一点，就必须意识到，他所获知的对手的信息很可能是刻意设计的，目的是令他产生错误的印象。博弈的结构就是如此，玩家必须基于一些与对手直接相关的事情和材料来明确自己的处境，那些他觉得合理的事物有可能被设计过，目的就是误导他、牵制他。

我们可以把评估博弈当作一种设定，它建构并体现了特定的框架脆弱性。这些博弈看起来还算能够忍受，有时候甚至能够完全吸引人们的注意力，原因在于，它们创造了一个存在领域，该领域独立于持续运转的世界，是一个"人造的"宇宙，既非虚构，又不真实。无论其最终的赌注是多少，情况都是如此。行动被分成相对自主的"持牌"或"发牌"，个体可能在某一轮中虚张声势，在下一轮中则发现别人虚张声势，等到再下一轮，自己又开始虚张声势，然后再看别人虚张声势……如此循环往复。只要其中一人表演了这出迷你剧，别人也会跟着表演。玩家只会基于某一

---

① 纯粹的估值博弈是有条件的，满足这些条件的情况各不相同，流行的娱乐游戏的玩法就能体现这种巨大的差异。例如，打扑克牌并不完全依靠虚张声势和吃牌，桥牌则要求玩家通过遵循叫牌和跟牌规则来披露自己手中牌的信息。在这种情况下，只有特定的游戏才能完全使用博弈论进行分析。

② 在游戏中，当玩家不了解彼此的身体技能时，可能会佯装谦虚并隐藏自己的能力，直到自己顺利进入游戏，如此便能防止机敏的对手防范自己，制造开局优势。对这一点的有力论证参见 Ned Polsky, "The Hustler," in his *Hustlers, Beats and Others* (Chicago：Aldine Publishing Company,1967), pp.41-116。

个特定的事件解读对手透露出的焦虑(以及他对别人的焦虑的解读),通常而言,没有人会对整个语境感到焦虑。换言之,人们彼此间达成了一致,欣然维持着一个人为制造的博弈领域。这种理解本身没有问题——除非有人作弊,招致别人的怀疑,或是博弈愈发白热化,玩家才会打破框架,落荒而逃或争斗不休。由于玩家会因对手的意图、解读和资源而感到焦虑,他也会对正在发生之事感到焦虑,但这些焦虑只会出现在某一轮博弈中,毕竟这只是一场游戏。我相信,这是赌徒能够忍受大起大落的输赢而不会完全失去理智的一个深层原因——深陷博弈的并非他们真正的"自我"。

　　评估博弈为行动者所处的情境引入了视错觉元素。正在发生之事"横看成岭侧成峰",像格式塔错觉一样飘忽不定、难以分辨,因此,行动者不知道事情是如其所见还是与之相反。在非博弈的情境中,所有事情都是严肃且真实的,行动者可以通过解释和概化情境的方式最大限度地利用博弈元素(例如,以博弈论为导向的国际关系顾问偶尔也会这么做),但情境中也有一些无法按上述方式处理的元素,协商的情节就是一个例外。在讨价还价时,买家在"能否买到某件商品"的问题上装作漫不经心、毫不在意,质疑物品的实际价值与标价不符,怀疑商家以次充好,或声称要货比三家,去别处用更优惠的价格买到同样的商品。(买家表明态度的口吻是温和还是强硬通常取决于当地的规则。)卖家则往往据理力争,极力证明商品的价值性和稀缺性(还不断强调它很快就会被其他顾客买走),他也会在"能否卖出这件商品"的问题上假装毫不在乎,声称自己受限于成本无法降价。换言之,买卖双方都想控制对方。[1] 事实上,这确实是一场控制竞赛。仲裁和合同谈判中的威胁和承诺也具有类似特征,这能让我们得出许多相同的观点。

---

[1]　下面这份关于半身雕像的报告极好地阐释了其中所涉及的捏造或控制(或一个尝试):

纽约大都会博物馆(New York Metropolitan Museum)在某场拍卖会上以 225 美元拍得一尊石膏半身雕像,但它可能价值 50 万美元。博物馆负责人詹姆斯·罗里莫(James Rorimer)介绍说,这尊半身像是列奥纳多·达·芬奇(Leonardo da Vinci)或是他的老师安德烈亚·德尔-韦罗基奥(Andrea del Verrochio)的原作。博物馆的人一直秘密关注着这尊雕像,直到拍卖结束后,他们趁无人在场时检查雕像,让一名小职员竞拍到这个拍品。(*San Francisco Chronicle*, October 27, 1965.)

更复杂的讨价还价可参见 Fuad I. Khuri, "The Etiquette of Bargaining in the Middle East," *American Anthropologist*, LXX(1968): 698–706。

　　我认为，关于讨价还价和其他协商形式的讨论并未给这些话题增添什么新的内容，但它们确实与更普遍的框架问题相关。怀疑别人不过是在虚张声势不仅意味着相信对方的行为不至于威胁情境，也意味着彻底重构自己的框架（或拒绝重构框架），因为这些原本具有威胁性的事件不会影响个体对情境的感知，能够定义世界的是另一个具有完全不同秩序的事实，即另一种正在发生的控制。与之相对，如果对方的行为确实威胁到个体对情境的定义，那它就不是"虚张声势"，而是"骗局"。

　　5. 不难理解，孤立的、单一的事件容易导致怀疑、质疑和错误的框架化，这将影响一个人对另一个人的情感表达。此处可以援引一个学术性的例子：

　　　　设想一下，当某人受到赞扬，他会如何把这种正面的证据转换成负面信息？第一，我可以质疑他的真诚，认为他也不相信自己讲的话，只是在用言过其实的赞美嘲讽我。第二，他只是称赞我所做的工作，因为他觉得我在其他方面一无是处，再没有别的东西值得称赞。第三，他或许是真心称赞我，但只是受到了我的蒙蔽，他让我更赤裸地暴露在别人眼前，没被我蒙蔽的其他人会客观评价我的工作并嘲笑我。第四，他只是暂时判断失误，等他清醒过来看透了我，会更加看不起我。第五，他并未依据完整的事实做出判断，甚至没有看到全部信息，而这些信息是评价我的工作时必不可少的证据。第六，这只是侥幸而已。尽管他没有判断失误，我也确实值得赞扬，但这只是因为我幸运，说明不了什么，这种偶然情况以后再也不会发生。第七，他只是以称赞为诱饵，想要控制我，如果我上了钩、中了他们的圈套，将来就只能为得到赞许加倍努力，以免受谴责。第八，就算本意并非如此，但他们暴露了我对赞美的渴望，暴露了我的自卑和羞耻感。第九，他们诱惑我争取一些遥不可及的东西，这种赞美会让我陷入不切实际的白日梦并走向自我毁灭。第十，他表现出一副只有他才能评判我的工作的样子，仿佛我自己无法正确判断工作的价值，必须永远依赖他或他的判断。

　　　　由此，诚挚的尊重被转换成了控制性的羞辱。[1]

---

　　① Silvan Tomkins, *Affect-Imagery-Consciousness* (New York：Springer Publishing Co., 1963), Vol. 2, pp.442-443.

　　然而,我们似乎不愿承认,亲密关系可能比正式关系更容易招致猜疑。接下来,我就要考虑这种可能性。

　　显然,经常在一起的两人有机会创造出一个私密的共享世界,他们了解彼此在这段关系之前的生平细节,一起开创、发展二人传记的新阶段。此外,他们深受彼此观点的影响,而这种影响越大,双方就越难被别人的观点动摇,如此便切断了其他的影响来源。(因此,**感应性精神病***和一些临床事实表明,领导被撤职会导致其追随者的错觉迅速坍塌。)此外,一方对另一方的感情、忠诚和尊敬源自其内心,只有前者自己知道,并能用符号传达、暗示和表明这一点,毕竟,他可能牢牢地掌控着这一点。总之,对后者而言,与前者的关系是他的世界的重要部分,前者可以牢牢掌控并伪造这种关系,而双方都对此心知肚明。注意,"伪造"这种关系不需要什么复杂的方法,也不必借助过多的设备或外界的帮助,只需要言语、触碰和眼神,在通常情况下,捏造者拥有足够多的这类资源。

　　不难理解,两个关系亲密的人会暗自思忖对方做某件事的真正意义,试图找出它对二人关系的影响。前面曾提及,这种怀疑常常发生在关系不那么亲密的人之间,但由此产生的不确定性与嫌隙不会持续很久,因为当事人还受到其他信源、事件的影响,他的注意力很快会转移到别的要事上。不过,在夫妻这类亲密关系中,彼此间的感情是否真挚始终是关键的问题,因此,这种关系中的怀疑往往有迹可循,而且会对个体的日常生活世界造成实际的破坏。莱恩(Laing)对此的看法颇为有益:

　　　　人际生活存在于人与人的联结中,每个人都会幻想别人的经验、
　　　　动机和意图,为此陷入猜测、假设、推理、相信、信任或怀疑,感到快乐
　　　　或痛苦。个体不仅会幻想自己的经历和意图,还会幻想他人如何幻
　　　　想自己的经历和意图,以及幻想别人如何幻想他如何幻想别人的经
　　　　历和意图,以此类推。①

　　这里涉及的问题不仅是对真情实感的猜疑。亲密关系中的人们往往

---

　　* 罹患感应性精神病的人往往受到某个居于主导或控制地位的人所坚信的妄想的影响,且通常与后者存在亲密关系或者共同利益关系,他全盘接受主导方的妄想,与对方产生共鸣,并出现类似的妄想。——译者注

　　① R. D. Laing, *The Self and Others* (Chicago: Quadrangle Books, 1962), 来自一篇附录:"A Shorthand for Dyadic Perspectives," p.171。

共同维持着一项事业，每个人都要做出应有的贡献。如果其中一人开始
怀疑另一人的忠诚或真诚，他就会顺藤摸瓜地怀疑与对方有关的事情都
是捏造。同样，对方也能轻而易举地实施捏造，因为他可以自主决定自
己的行为——这就是真正的二元民主（democracy of dyads）。一般来
说，大规模的组织只会被少数几人破坏，比如组织的管理者和掌握组织
秘密的人，其他别有用心者可以假装投入，但发挥不了太大的作用。但
在紧密结合的二元关系中，双方都是关键角色，都能够彻底颠覆和破坏
这段关系。

　　在亲密的二元关系中，一方能在家庭及其内部设施中捏造另一方的
日常生活世界，对后者进行控制。换言之，如果一方开始怀疑另一方，家
庭就是滋生怀疑的绝佳场所。例如，全职主妇在工作日也待在家中，但她
能找到许多正当理由离家——购物、跑腿办事、拜访闺蜜、参加聚会等，而
这会让丈夫心生疑窦，好奇自己的妻子到底离家去做了什么；遭到怀疑的
妻子无论有无正当理由离开家门，都会担心自己给丈夫留下无端离家的
印象。我并不是说，家庭中只会产生无凭无据的猜忌与怀疑。家庭主妇
的时间"说不清道不明"，因为在某种意义上，她不受任何人的监管①，能
够按照自己的意愿过上私密的生活。换言之，这是一种非常自由的生活。
正因如此，曾有一位郊区牧师组织起该教区的 12 位家庭主妇，让她们追
踪赌博集团的活动，而犯罪的赌徒和普通民众都被蒙在鼓里。② 与此同
时，人们一般认为，传统的物理边界能够保护家庭用品不受他人侵犯，
这就解释了为何下述例子中的家庭主妇能够把偷来的赃物藏在自己
家里：

> 　　底特律（合众国际社）——[Detroit（UPI）]——阁楼里整齐地堆
> 放着价值超过 20 万美元的珠宝、手表、稀有硬币、股权证、手枪和其
> 他小物件，旁边还有一叠枕套，总共 25 个——这是"枕套盗贼"的
> 标志。
>
> 　　警察转述海伦·安·海恩斯（Helen Ann Haynes）女士的话称，
> 她很高兴一切都结束了——她带警察到房屋西边的阁楼认赃时说了

---

① 　阿瑟·斯廷奇库姆（Arthur Stinchcombe）在一篇未发表的论文中论述了责任和违法活动
的问题，其观点颇具建设性。

② 　Reverend Albert Fay Hill, *The North Avenue Irregulars*（New York：Pocket Books，1970）.

这番话。

　　这位家庭主妇今年 26 岁,她承认,在过去的 8 个月,她在底特律犯下约 150—200 起入室盗窃案。在她家楼下,警察发现了更多精心洗熨过的枕套。

　　海恩斯告诉警察,为了报复别人,她的一个闺蜜曾教唆她闯入另一个女人家,但去年年底,闺蜜临阵退缩,于是她独自开始了盗窃生涯。

　　她之所以被发现,是因为她试图使用偷来的信用卡,让店员起了疑心。海恩斯逃出商店时遗落了偷来的支票、信用卡和她丈夫的卡车行车执照。

　　警方说,海恩斯因非法闯入被传讯,她声称自己也不知道自己为何要这么做。①

家庭设施本身也会招致有依据或无凭无据的怀疑:

亲爱的阿比:

　　我丈夫想让我自己和别人认为我疯了。他把我放在抽屉里的东西藏起来,我在家里找了好多天后,他又将那些东西放回原处,还对我说它们一直在那里。他把所有的钟都调快,弄得我都搞不清楚到底是几点时,他又把它们调回来! 他用难听的话咒骂我,并污蔑我做了伤天害理的事情,比如,和其他男人鬼混……②

这一案例还曾被改编成小说《煤气灯下》(*Gaslight*)③。

　　在一段关系中,个体的脆弱性既体现为容易受到他人蒙骗,也体现为容易相信别人说的根本不符合事实的“事实”,而无论这个“事实”是真是假,一旦话已出口,便覆水难收:

亲爱的阿比:

　　结婚近 20 年后,我的丈夫向我提出离婚,他说他需要一位妻子,

————————————

　　①　*The Evening Bulletin* (Philadelphia), July 22, 1970. 海恩斯要么在这方面天赋异禀,要么深谙人们的刻板印象:他们一般以为,只有行家和训练有素的人才会做出这种事情。

　　②　*San Francisco Chronicle*, February 7, 1966.

　　③　帕特里克·汉密尔顿(Patrick Hamilton)的戏剧《天使街》(*Angel Street*)最早描绘了类似的内容,后来这部戏剧被改编成电影《煤气灯下》,1966 年又被威廉·德拉蒙德(William Drummond)改编为小说,这无疑是一个漫长的框架化过程。

而非一个管家。

两年前，我们之间爆发过一场激烈的争吵。我对他说，和他做爱一点儿意思都没有，我只是佯装享受。

阿比，这根本不是我的真心话，我只是故意气他。但在那天之后，他再也没有碰过我，也不再亲我。

只要能让我和丈夫和好如初，我愿意做任何事情。我有一个美好的家庭，有听话的孩子们，我不想离婚。请告诉我该做些什么。[①]

最后，我们对于人的理解似乎与表达或指示（indication）的默会理论（tacit theory）相关。假设社会中存在着关系、感受、态度和性格等事物，而各种行为和姿态有意无意地为这些事物提供了直接的证据；但我们可以采取这样的立场，其中最主要的是与表达相关的信条（doctrine）、表演时使用的手势和支持某种归因的动机。这样就可以肯定地说，人们可以伪造情感、关系和态度，还可以在缺少必要的参照物时给出指示。此外，辨别真实的事物和虚伪的事物至关重要。但也有人认为，在每一种情形中，只有维持特定表象的不同动机是真实的，并且这种动机通常更稳定、更容易被人接受。在这种情况下，人际关系被定义成两个玩家的联合，它表示彼此间存在一种理想关系，每个人都会向对方保证，任何事物都无法拆散彼此，但事实上，这种二人世界十分脆弱。这种**指示**本身是真实的，它并不虚幻；在维持特定表象或是支持特定归因的问题上，只要其中任何一方（或双方）的动机发生了改变，表演本身也将随之迅速改变。

五

社会生活的弱点让参与者更容易受到欺骗和错觉、错误的事实关系和经验偏差的影响。现在让我们考虑一种特殊情况——骗子利用框架的脆弱性来行骗。

1. **补充设计**（back-up design）。当个体对自己卷入的活动产生怀疑，想要弄清楚自己是否错用了初级框架或基调，以确定自己是否上当受骗时，他会设法找出一些确凿的证据。个体越是怀疑自己所处的情境，

---

① *San Francisco Chronicle*, October 6, 1967.

就会发现越多看似确凿无疑的证据,由于他非常信赖这些证据,所以他尤其容易受到伪证的影响。类似的设计多种多样①:安排独立的"证人";"泄密";故意留下不易察觉的行动痕迹、小物件等线索,让敏感的观察者误以为自己偶然发现了它们;广泛散布伪证,引发错误解读;策划"重要考验"②;为去某个地方、做某件事编造合理的借口③;最后是利用报纸或广播造假——它们是独立于任何中介的信源。④

　　一个明显的问题是:补充设计的范围有多大、能持续多久?⑤ 从约翰·巴肯(John Buchan)的爱情故事到《碟中谍》一类的系列电视剧,当代小说和戏剧中流行着"大师"(virtuoso)的光辉事迹,一些补充设计正

---

① 详见 *S.I.*, pp.19-28, 58-70。

② 此处可参见下述案例:

> 这些便衣警察的主要职责是调查非法贩毒。对卧底而言,最难的是获取毒贩的信任,快速与他们熟络起来。警方帮助卧底执行任务的一种方式是,让卧底频繁光顾毒贩驻扎的酒吧,而警方在某天晚上发起"突袭",让顾客靠墙站成一排接受检查。带队警官在看见卧底时扇他一耳光,用化名叫他,查看他的犯罪登记卡。警官假装查看他的犯罪记录,对卧底说知道他吸毒的事情,警告他不许再踏进他的辖区。等警察离开后,卧底立刻受到毒贩子的热情欢迎。[Samuel Dash et al., *The Eavesdroppers* (New Brunswick, N.J.: Rutgers University Press, 1959), p.254。]

③ 个体可以提前对自己做的事情进行遮掩,如此一来,如果过去的独立信源遭到盘问,个体就会给出安全的答案。例如,一位法国医生曾经在诺曼底海岸帮助盟军维护关于德军防御工事的情报:

> 他镇定自若地策划着自己的抵抗行动。医生的身份可以让他接触到整片没有特工的区域,但他必须一直把自己当成医生,不能以特工的身份思考问题……他不会冒险探访海岸的任何地方,除非有电话传唤医生,给他提供托词。他把这些电话提前记录在日志中,同时,药剂师的记录为此提供了双重保险,可以再次证明他确实被人叫过去看病,还给人开了药。他那破旧的黑色格莱斯顿式提包里装着器械和听诊器,这些东西都能有效地掩护他探索防区地图的行动。[Richard Collier, *10,000 Eyes* (New York: Pyramid Books, 1959), pp.183-184.]

④ 例如:

> 接着,上尉(他还是一个间谍)给华沙发了封电报,称自己已经控制了亚当(Adam),只要华沙方面行动迅速,他们就可以招揽亚当为波兰情报机构工作。几天后,上尉交给亚当一些华沙方面制作的剪报,谎称这是德国当地的报纸。华沙当局完美地使用了德国的报道风格,绘声绘色地描述了这次枪击事件,并称,德方已认定亚当因为犯下谋杀罪而出逃。[Pawel Monat, *Spy in the U.S.* (New York: Berkley Publishing Corporation, Berkley Medallion Books, 1963), p.177.]

⑤ 参见 *R.P.*, pp.318-319 和 *S.I.*, pp.61-62 中的评论。

是围绕这一主题展开。① 还有，历史上的许多事件都牵涉巨大而混乱的利益，因此，人们相互勾结，制造阴谋，污蔑无辜的人，例如德雷福斯事件（Dreyfus Affair）*和美国的贝克尔-罗森塔尔案（Becker-Rosenthal case）。② 此类耳熟能详的例子反过来催生了另一种可能性：当无法确定是否存在

---

① 这些戏剧可能通过两种方式建立主人公与世界的反常关系。在第一种方式中，主人公周遭的整个世界都是捏造的，除了他自己之外，几乎所有东西都是假的。例如电影《36 小时》（36 Hours）（乔治·西顿导演并编剧）和电视连续剧《囚犯》（The Prisoner）[1969 年被托马斯·M.迪什（Thomas M. Disch）和王牌图书（Ace Books）改编出版]，这种方式有针对性地利用了人们所能想到的全部框架可能性。第二种方式是让主人公经历普通民众不可能相信的重大事件，让所有人质疑他，一步步堵死他在正常世界中的道路，让他相信他需要通过行动来警示世界。

商业奇幻电影用的是第二种方式，并且已经形成某种套路：主人公是一个遵纪守法的普通公民，是社会良好框架中的一个无辜者；由于被误认成另一个人，或是恰好目击了一个重要事件，或是帮助了陷入冲突的某个参与者，他意外卷入一场秘密斗争。紧接着，他会找到零碎的信息来证明一个秘密计划正在实施中，但没有人相信他——其他人要么是单纯的怀疑论者，要么全都受到蒙骗，要么故意隐瞒自己知道的阴谋。主人公必须躲避铺天盖地的追杀网络，在被杀之前让别人相信自己。最终，他说服（他认为）两个愿意相信自己的人，或至少得到了他们的同情。其中一人说服了更多人相信主角，另一人则是对手派来的卧底，他假意成为主角的朋友，让主角陷入更加危险的境地。最终，剧情会证明主角是对的，他对事件的解读确凿可信，赢得了女主角的芳心，还重建了世界，一切资源得以存续，彼此间的连续性与非连续性也得以巩固。

无论使用何种方式，这些商业电影都有助于我们更好地理解世界的构成方式，也启发那些研究世界的学者应该关注哪些问题。例如，电影《失踪的邦妮》[Bunny Lake Is Missing，改编自伊芙琳·派珀（Evelyn Piper）的同名小说]讲述了这样一个故事：一位母亲去伦敦看望自己的孩子，却发现孩子从学校消失了，没有人相信她有孩子，也没有人相信她的孩子失踪了。这里隐含着一个宇宙论的问题：什么样的设计能让人们怀疑这个女人丢了孩子的说法？贿赂、威胁能在多大程度上改变世界？他人的误解、"不想惹祸上身"的证人等阻碍会造成多大的困难？受害者的诉求在多大程度上会变得不可信？换言之，这些荒诞而反常的情况会在多大程度上重组世界秩序？

* 德雷福斯是法国陆军参谋部的一名犹太裔上尉军官，1894 年因"间谍罪"被革职流放，受尽凌辱。彼时，由于普法战争的影响，德法两国的关系剑拔弩张，欧洲的反犹主义浪潮日益高涨的背景下，德雷福斯的犹太裔身份让这起事件迅速政治化，法国右翼趁此发起反犹运动。德雷福斯一直坚称自己无罪，不少左派人士也积极为他发声，直指右派伪造证据，刻意构陷，要求重审案件，恢复德雷福斯的名声。此后，这起事件逐渐演变成为法国左右两派之间的政治斗争，也成为反犹太主义的标志性事件。1906 年，法国左派当政，重审此案，洗刷了德雷福斯的罪名。——译者注

② Andy Logan, Against the Evidence: The Becker-Rosenthal Affair (New York: McCall Books, 1970). 最近的一个例子是罗纳德·赖登诺尔（Ronald Ridenhour）最终成功揭露美国士兵在美莱村的罪行。（参见 Christopher Lydon, "Pinkville Gadfly," The New York Times, November 29, 1969.）要理解人们是如何管理阴谋的，就必须理解，人们是如何在没有阴谋或是没有最终证据的情况下宣称有阴谋的。

阴谋,或当阴谋根本不存在时,人们也能谎称阴谋存在。① 在我看来,阴谋中掺杂着不同的利益,这折射出我们对这个世界的强烈依赖:我们无法容忍他人长期捏造现实,哪怕对手的观点是正确的,我们也不会轻易相信。

2. 利用架构(bracket use)。一般而言,很多社会活动似乎都被架构划分成不同的片段,而在活动开始之前和结束之后会有一段后台时间。在这些时候,个体不仅没有扮演特定的角色,还卸下了防备;但只要活动正式开始,他们便不会如此。

不难理解,行骗者往往会在活动正式开始之前实施自己的计划,因为那时的受骗者最缺乏警惕性。这种让人产生消极经验的做法可能不只是出于娱乐目的,而是基于一些更深刻的原因。

以实验性恶作剧为例。在一项关于"对不同种族的态度"的研究中,研究者使用如下方法了解访谈员偏差:他们向一个班级的每个学生分发了一张量表,该表改编自**威权主义人格量表**,共设置了9个问题:

> 班上的所有学生(不分男女)都接受了测试,研究者刻意引导学生,让他们相信量表测试是研究的全部内容……
>
> 之后,另一名没有参与量表测试的工作人员找到这些学生,请求他们作为志愿者参加另一个实验。因为普通心理学专业的学生必须参与心理实验,所以他们并非"自由的志愿者"。工作人员为男同学预约了时间,让他们按约定时间到心理学大楼的一个房间做单独汇报。
>
> 当第一个学生到达指定房间时,他会看到里面已经坐着另一个学生(实际上是实验助理)。学生刚坐下,研究员就走进来告诉他,前一名学生还没有结束,然后离开。此时,另一位助理按照指示拿着一份请愿书从另一个门进来,解释了请愿书的目的,要求扮成学生的实验助理签名。扮成学生的助理根据事先安排好的顺序签名或是拒绝签名后,拿着请愿书的助理又要求这位学生签名,并记录他的反应……接着,研究员把他带进另一间实验室,让他在那儿填一张语义差异表格,目的是让实验看起来更真实。事实上,等他一走,这张表

---

① 例如, Jim Garrison, *A Heritage of Stone* (New York:G. P.Putnam's Sons, 1970); Edward Jay Epstein, *Counterplot* (New York:Viking Press, 1969)。

格就会被丢弃。

在上述步骤的框架内，一半学生会在等候室里遇到一位黑人助理，另一半人则遇到白人助理……

研究中使用的请愿书中的提案是：把图书馆周六晚上的开放时间延长至 8 点。研究者之所以选择这个提案，是因为它不会造成强烈的分歧。①

双人审讯也会使用同样的技巧，审讯员分别扮演两种不同的舞台角色：一人唱白脸，建立审讯框架；另一人则扮演框架之外的红脸：

当审讯者 B（不友好的警察）在审讯室待了一会儿后，审讯者 A（友好的警察）再次进入，斥责 B 的粗暴态度。A 让 B 离开，B 则装出一副厌恶被审讯的对象和 A 的样子，摔门而去。随后，A 继续采用友好而富有同情心的方式与被审讯的对象交流。

这样的技巧已经得到炉火纯青的应用：一位刑警扮演友善的审讯者角色，另一位警长则扮演严肃的角色。警长离开后，刑警会说："乔，我很高兴你什么都没告诉他。他对所有人都这样，不仅是和你一样的人，还有他部门里像我这样的人。我希望你能把真相告诉我，好让我嘲笑他、给他点儿教训，让他学着做个像样的人。"②

这么一来，被审讯的对象可能会觉得两名审讯者的转变是从一场戏变成另一场戏，但事实上，这是同一场戏，表演在他觉察之前就已开始，而他自己对整个过程一无所知。

国际政治中出现过一些令人不快的开场恶作剧（preopening play），例如炸弹信（letter bomb）。我们知道信中的消息可能令人不安，却没料到信封也可能有问题。问题并非始于阅读信息之时，而始于拿到信封的那一刻。

事前的架构能骗人，事后的架构也一样。人们可能在参与某个活动时倍加警惕、审慎多疑，却在活动结束后卸下防备、放松警惕。此时，他们可能因此付出代价：

---

① Philip Himelstein and James C. Moore, "Racial Attitudes and the Action of Negro- and White-Background Figures as Factors in Petition Signing," *Journal of Social Psychology*, LXI（1963）：268-269. 这个实验延续了上一组实验者制定的模式，在欺骗被试方面没有什么特别之处。

② Fred E. Inbau and John E. Reid, *Criminal Interrogation and Confessions*（Baltimore：Williams & Wilkins Co., 1962），pp.58-59.

这是真实的故事,还是新的诈骗花招,或是时常出现的荒诞故事? 故事是这样的——

一天早上,一位美国东北部某地的居民发现自己的车被偷了。两天之后,车被还回来,前座上贴了一张纸条,上面写着:对不起,因紧急情况借用了您的车……希望这两张体育比赛门票能"弥补给您造成的不便"。

车主兴高采烈地带着妻子去看比赛,回来后却发现自己家被洗劫一空。①

另一个例子是对监视的监视。如果一名特工要与自己的暗线联系人碰面,却又对他心存疑虑,就会提前在会面场所安排两个自己人,让他们在会面**结束后**留在原地,看看是否还有其他人监视这场会面。这是因为,如果真有"眼线"藏在附近,他们会在执行任务期间妥善地掩护和隐藏自己,一旦会面结束,他们觉得自己安全了,就会从藏身之处走出来。②

另一种欺骗形式源自起始架构和结束架构的互换。读心术表演常常使用"顺序误导"的伎俩,营造出读心师能够"读取"观众密封信息的假象:读心师首先"读出"自己事先安插在观众中的托儿的信息,让托儿谎称自己的信息密封在第一个信封中。说出第一个"预言"后,读心师顺理成章地证明自己确实能读心,然后打开第一个信封,大声"念出"上面的信息加以证实。事实是,托儿的信封放在最后,读心师打开第一个信封看到的其实是他第二次"预言"时要说的内容;当他打开**第二个**信封进行验证时,又会看到下一次"预言"的内容;以此类推。换言之,观众认为读心术实施于信的内容揭晓之前,它其实发生在那**之后**。③

关于架构的最后一个观点是,当个体脱离了一个压迫性的、无法维持自己的正义观的场景后,他会找一些与自己的困境绝无利益关系的人——例如密友、情人——来支持自己,这些人所处的框架会支持他。法律界的官员、医生和神职人员也属于这类人,他们似乎象征着社会对公正和真相的支持,代表着独立的判断,至少不会和被投诉的机构沆瀣一气。

---

① 　*The Evening Bulletin* (Philadelphia), January 25, 1972.

② 　一个关于控制的控制的案例可参见 Alexander Orlov, *Handbook of Intelligence and Guerrilla Warfare* (Ann Arbor: University of Michigan Press, 1963), p.118。

③ 　此处我受到马尔塞洛·特拉齐(Marcello Truzzi)的观点的启发。参见"one-ahead technique" in "Unfunded Research No. 3," *Subterannean Sociology Newsletter*, II (January 1968): 7。

当然,个体也相信他们与自己遇到的麻烦无关,但如果最终事实证明,这些人恰恰与问题相关,个体就可能产生严重的消极经验。例如:某位公民秘密地向警方举报某个犯罪分子,却发现双方互相勾结,沆瀣一气。对间谍来说也是如此。例如第一次世界大战前,俄国人发现了奥地利情报部门**负责人**阿尔弗雷德·雷德尔(Alfred Redl)*上校在性方面的特殊癖好,以此为要挟,最终策反了他,使他叛变:

> 雷德尔是奥地利人,十年来一直在奥地利充当俄国的首席情报员。他为了守住自己的秘密和金钱,不仅向俄国人出卖整个国家的秘密,也出卖根据**他的**指示对抗俄国的特工。同样离奇的是,一个俄国叛徒不知道雷德尔的背叛行为,把俄国打算进攻德意志和奥匈帝国的一份极为重要的作战计划告诉了雷德尔。随后,雷德尔拟写了一份假报告,模糊地指出俄国的背叛意图,并将其交给奥方政府,又把真正的计划还给俄国,出卖了那个俄国叛徒。俄国人千恩万谢,给了雷德尔一笔巨额奖金。①

雷德尔的背叛酿成了一场悲剧:塞尔维亚在第一次世界大战初期就已获悉奥地利关于巴尔干行动计划的所有细节,导致奥地利军队惨败并遭到屠杀。雷德尔罪不容诛。他的脆弱性是一种极具启发性的极端情况,一个国家的最高情报官员在某种意义上相当于终审法院,而终审法院在某种程度上是现实的守护者(但他却为外国人说话,是外国人的间谍)。连最高掌权者都表里不一、偷偷将你出卖给敌国,那还有什么东西值得相信? 况且,一个国家的最高政治职位似乎能让就任者与现实之间建立一种特殊的关系——国民坚信就任者即现实。如果最高领导人受骗或骗人,受损的不仅是他个人的声誉,现实的声誉也将受到牵连。

---

* 阿尔弗雷德·雷德尔是奥地利陆军情报机构的最高负责人,也是沙俄安插在奥地利的间谍。他在第一次世界大战期间将密码、信件、地图、军事命令、动员计划、奥地利境内交通状况等情报送给俄国人,同时出卖俄国安插在奥地利的间谍。1913 年,他的泄密邮件被截获,其间谍身份曝光,以叛国罪被捕,最后自杀。对于雷德尔的反叛,国际上有两种不同的声音:一些人认为,雷德尔需要对第一次世界大战中奥地利军队的战败承担重要责任;也有人认为,雷德尔不过是官僚内讧的牺牲品,他是因为得罪了奥地利上层官员才被扣上了间谍的帽子。戈夫曼显然更倾向于第一种解释。——译者注

① Allison Ind, *A History of Modern Espionage* (London: Hodder & Stoughton, 1965), pp.60-61. 在本书引用这个例子时,关于水门事件的调查(1973 年)尚未展开,而水门事件标志着美国的政治舞台成为这类阴谋故事的新来源。

3. **轨道骗局**(tracking deception)。由于人们将主要注意力放在活动的主要轨道和故事主线上,并使用截然不同的方式处理从属性轨道的问题,如果有人故意操纵轨道,就会让框架变得脆弱。尤其在这一层面上,消极经验的产生与活动领域的脆弱性相关。

一种情况是,人们几乎注意不到活动的背景特征,有人若想隐藏踪迹、扰乱秩序或从事其他不当活动,就可以利用这些区域。譬如,用动物粪便掩藏杀伤性的地雷,因为人们就算会看到地面,也不会注意到它们。① 同样,在战俘营中,俘虏也会利用活动的物理框架:

> 我们通过战俘营彼此联系:从操场捡来废弃的铅笔头,把信息写在厕纸上,再扔到地上,等着与我们合作的军官去捡。第一批红十字会包裹一到,我们就通过这种方式索要食物,然后就能迅速收到巧克力、糖、蛋卷和芝士!

> 我们会带上毛巾,假装用它们擦汗。在操场上转个一两圈后,就能发现一堆扫在一起的尘土,看上去很不起眼——灰尘下面就是装食物的包裹。我们假装不小心把毛巾掉在这堆垃圾旁边,等半个小时的运动结束后,再若无其事地把毛巾和包裹拿回牢房,在盥洗室里把食物分发给大家。②

如前所述,不起眼的东西往往能够很好地掩饰共谋的信息系统,我们可以再次以战俘的经历为例——此处的情境是战俘合作偷挖越狱隧道:

> 方法很简单:一人在墙面上挖隧道,另一人坐在牢房中的一个箱子上,通过钥匙孔目不转睛地观察走廊上的动静,第三人坐在离走廊几码远的大楼唯一入口处的石阶上看书或者做一些不相干的事情,第四人则在离牢房最远的操场上休息或运动。几个小时之后,外面两人会与里面两人交换位置。一旦有人察觉到德国人过来了,他就会立刻用一些别人很难注意的信号发出警报,例如,朝着那个人过来的方向擤鼻涕。收到这样的信号后,在墙上挖隧道的人将立刻停止作业。③

另一种因操纵轨道而产生脆弱性的情况是信源的愚蠢(informant's folly)。人们通常以为,尽管别人可能会记下或讨论自己的言行举止,但

---

① 见"Normal Appearances," in *R. P.*, p.292.

② P. R. Reid, *Escape from Colditz* (New York: Berkley Publishing Corp., 1956), pp.48—49.

③ *Ibid.*, p.17.

从属性渠道中的元素处于框架之外，它们既不会被记录，也不会被讨论。但事实并非如此。信源的愚蠢往往体现为：他们可能很怀疑或忌惮这样的记录，也会试图克制自己的行为，但很少成功。① 原因在于，如果个体完全在表演，他就必须将自己的行为流引导到一个主要轨道中，让人们关注这些行为；同时，他还得妥善处理从属性轨道的内容，并在活动过程中管理这些内容，而不是把它当作活动的过程本身。就算信源觉得自己的一些行为细节不该被讨论，记者仍会记录这些细节。例如，这篇对纽约帕维隆餐厅（Le Pavillon）*的美食报道记录了采访者对大厨亨利·苏莱（Henri Soulé）的追随者的观察：

> 我因为无法给酒店匿名［我曾为撰写别的文章中采访过莱文（Levin）先生］而备受煎熬，虽然我看到了酒店最好的一面：整洁的桌椅、优雅的领班，但斯图亚特（Stuart）（指莱文）简直糟糕透顶。他精通三门语言：法语、英语和意第绪语（Yiddish）。他和杰基·梅森（Jackie Mason）**一样，以为用法语插嘴能体现出酒店总管的优雅。当我评价香煎鳎鱼"很像保罗太太（Mrs. Paul）家的鱼柳"时，他怒而起身："保罗太太？你什么意思？"他戳着我的肩膀责骂道，"我们这里接待过施瓦茨太太（Mrs. Schwartz）"。紧接着，他用手掌拍了一下额头……抱怨我可能记下了他说过的每一句"妙语"。②

---

① *R.P.*，p.303.

* 帕维隆餐厅是位于纽约曼哈顿中城街区的知名法式餐厅，由巴西设计师伊赛·温菲尔德（Isay Weinfeld）与法国知名厨师丹尼尔·布吕德（Daniel Boulud）共同设计，Le Pavillon 这个名字致敬了亨利·苏莱 1941 年在巴黎创办的同名酒店。因此，戈夫曼称接受采访的莱文先生为亨利·苏莱的追随者。——译者注

** 杰基·梅森（1928—2021），美国知名喜剧演员、影坛常青树。——译者注

② Gael Greene，"Exorcising the Ghost at Le Pavillon，"*New York Magazine*，*September* 21，1970，p.65. 我们很难还原"无可奉告"（no comment）的变化历史。其中一个变化源自最近人们对非语言行为的兴趣，这意味着改变的不是接收者接收的内容，而是他准备报道的内容。这种发展有时和"新新闻业"有关。另一个影响因素是 20 世纪 60 年代《绅士》（*Esquire*）杂志上的人物描写风格，特别是从霍华德·休斯（Howard Hughes）这样的隐居者身上挤出一篇报道的方式。（通过详细描写某个人拒绝采访的方式，记者可以用这些材料凑出一篇文章。）同一时期的纽约文坛也发生了同样的转向，特别是梅勒、鲍德温（Baldwin）和一些与他们接触的不那么有名的作家。这些人在派对、酒吧或电话中"会面"，其中一位参与者（有时候是两位）很快就能写出一份详细记录这种互动风格的文章。参见 Seymour Krim，"Ubiquitous Mailer vs. Monolithic Me，"in his *Shake It for the World*，*Smartass*（New York：Dell Publishing Co.，Delta Books，1971），pp.125-151。

莱文先生的窘境值得我们细细审视,它很好地体现了社会互动框架的复杂性。个体在接受采访时,往往觉得自己能在对话中使用一些不会被报道的定向线索,或是谈论各种不宜公开谈论的话题。讽刺的是,记者不是一个只会机械地传送信息的人,他必然会拓展、确认自己与采访对象的关系,而这种关系决定了采访对象的行为流的双重性:他需要向采访者表明态度、说明情况,却无法向这则报道的市场受众做同样的事情。(在任何交谈中都会出现"不宜公开"的内容,因为总有一些无形的听众是言说者此刻不想面对的。)如果采访对象担心那些不宜公开的言行会被报道,他也会表明(拒绝的)态度,并认为**这种**表态不会被报道出来。换言之,公开的行为必然伴随着不宜公开的行为,这些行为即便被记录下来,也不宜描述得过于详细。① 我们会用不同的声音[或"语域"(register)]修饰自己的表达,使之与所处语境密切相关,而一旦脱离原始语境,这些话就会变得不合时宜。

4. 局内人的愚蠢(insider's folly)。当某个构造失信于人(不管是被人发现,还是自我供认,抑或是被人告知),框架因此被澄清时,被揭穿之人的困境往往会被接受,没有什么保留,常常比对最初的框架本身的保留还要少。受骗者、行骗者和信源等相关方都要接受这一点。同样,当个体控制他人时,他对这场冒险本身和共谋者的批判性的保留将明显减少。无论是对澄清框架还是建构虚假的框架来说,都有一个特殊的基础,它能让人们对正在发生之事深信不疑。因此,一些特殊的方式也会引发错误的信念——这就是局内人的愚蠢。

戏中戏热衷于利用愚蠢的局内人,其目的和其他制造消极经验的手法一样,都是欺骗观众,让他们深深卷入,沉浸于仿真世界。前面的章节曾提及,舞台角色可分为两组,一组扮演观众,另一组扮演舞台角色。舞台角色扮演的舞台角色(戏中戏里的舞台角色)只是一种戏剧性的构造,但在台上观看戏中戏的观众必须是其他东西,不能只是一种虚构。事实上也确实如此——他们是诱导台下的观众卷入并相信剧情的陷阱。莎士

---

① 因此,"无可奉告"是会被记者详细记录的一种回应方式,它代表着一种观点。我认识的一位语言学家直接对记者说"马上给你们回电话",这是用实际行动践行"无可奉告"。不过,记者没有报道这件事,至少目前没有。

比亚超越了口技艺人、漫画家和其他利用自反性框架破裂的行骗者，为我们提供了利用这种可能性的高级经验：

> 哎，我是一个多么下贱的奴隶！
>
> 不可思议，这位演员能把一个虚构的故事，伪装的感情，
>
> 表演得如此淋漓尽致。
>
> 他的灵魂如此自负，
>
> 为了她，他面容憔悴；
>
> 他眼含泪水，神情彷徨，
>
> 他泣不成声，周身颤抖。
>
> 但一切皆是白费功夫！
>
> 只为赫卡柏（Hecuba）！
>
> 赫卡柏是他的什么人，他又是赫卡柏的什么人？
>
> 他为何如此这般为她流泪？
>
> 他若是有着和我一样悲愤的理由和动机，
>
> 他又会怎么做？
>
> 他定会用泪水淹没这舞台……①

另一个理解戏中戏的要点是：在幕中之幕拉开之前，人们可以看到戏中戏的演员正在进行最后的准备工作。因此，买了票的观众可以看到舞台两边的情况，这导致他们很难被戏中戏吸引——尽管皮兰德娄偶尔会为了炫技故意吸引观众。但观众会发现，当他们不再相信戏中戏之时，就已经自动地相信了包含戏中戏的戏剧；他们越是清楚地认识到，戏中戏只涉及被表演出来的舞台角色，就越会以为是演员在扮演这些舞台角色。但事实并非如此，扮演这些舞台角色的其实也是舞台角色。换言之，瞥见"幕后"的某些景象会诱导个体形成这样的认知：他坚信自己看到了**某些东西**的后台。一旦你看到了"前台"与"后台"，就会形成一个整体的认知，笃信自己已经锚定框架。然而，你深信不疑之际，恰恰是你受

---

① *Hamlet*, Act II, Scene II. 诱骗人相信剧情当然只是戏中戏的一个功能，参见 Elizabeth Burns, *Theatricality: A Study of Convention in the Theatre and in Social Life* (London: Longmans Group, 1972; New York: Harper & Row, 1973), p.44；作者进一步指出，戏中戏还有其他功能，例如，制造插曲、预示未来、推进剧情等。也可参见 pp.48—49。

骗之时。①

除了娱乐性的戏剧外,现实生活中也存在对愚蠢的局内人的利用,最典型的例子是诈骗(swindle)。骗局的核心是诱导冤大头相信自己在参与一场欺骗他人的活动。行骗者常常为自己开脱说,受骗者内心也有偷窃的想法;但受骗者的想法并不在我们的讨论范围之内。此处讨论的是受骗者相信什么,而不是他在想什么。碰巧的是,在实施不法行为时,我们会觉得自己正在欺骗他人。正是这种感觉,而不是不法行为本身,使得我们深信我们与行骗者是一伙的。

在原始的骗局中,冤大头的新同伙和他们瞄准的受骗者是一路货色,即善于交际的陌生人;在更复杂的骗局里,角色之间的差别会比较大:

> 今天下午,一位 67 岁的女性报警称,她被花言巧语的骗子骗走了 4500 美元的积蓄。
>
> ……
>
> 上周二,她被骗走了 1500 美元。那天,她在第 29 街和里奇大道碰见两个骗子,他们手里拿着"捡到"的一包"钱",说可以和她平分,前提是她要先拿一些钱出来以示"诚意"。
>
> 据托马斯·麦卡斯克(Thomas McCusker)警官介绍,豪斯太太(Mrs. House)在这两个骗子的陪同下,到位于胡桃路 7 号街的费城储蓄基金会(Philadelphia Saving Fund Society)支行取出 1500 美元并交给了她们。骗子允诺,稍后会把要分给她的那部分钱送到她家。
>
> 今天,在豪斯太太等候二人时,两个自称警察的人找到她,声称要帮她抓住那两个骗子,但需要她付钱才能进行进一步的调查。
>
> 随后,他们一起去了豪斯太太被骗的支行,两名"警察"得知她

---

① 近期的电视商业广告就是这么做的。例如,当专业演员拍完一个商业广告,镜头会继续拍摄如下场景:演员结束拍摄任务,整个人放松下来,开始非常享受地使用自己代言的产品。

当然,这只是电视和广播广告利用框架手法表现自然状态的一个例子,广告制作者希望用这种自然的效果消除观众的疑虑。类似的技巧还有:一些广告会使用孩子的声音,营造一种自然纯真的感觉;采访时的街头噪音能让人们相信采访的真实性;开场的口误(false start)、停顿、旁白等会被用于模仿真实的对话;韦尔斯则启发人们采用另一种技巧:偶尔在公益现场插播宣传公司新产品的广告曲,以增强听众对产品的信任。

听众越是把这些微小的表达细节当成检验真实性的标准,广告商就越会追求这些东西。其结果是一种互动污染,即一种也会通过政治人物的公共关系顾问,或者更温和地说,微观社会学所传播的失序。

在布罗德和牛津街的分行也有账户后，便说服她把钱存进同一家银行。

三人一同前往两家分行各取出 1500 美元，两个男人帮她拿着钱，并在回到费城储蓄基金会支行后把"装钱"的信封还给她，让她把钱存进银行。

豪斯太太打开信封才发现里面是空的。此时，那两个男人也消失了。①

另一种情形是："银行工作人员"打电话给储户，请他协助自己揪出一个"涉嫌欺诈"的出纳员。储户需要假装取款进行协助，而他取出的现金会被打上记号，成为"银行工作人员"与出纳员"对峙"的证据。有时，储户的钱就这么被骗走了。② 行骗者根本不需要详述这个设计，只要用一些话术打消受骗者的疑虑，让他按指示去做那些他原本会怀疑的事情；受骗者上当的原因是，他以为这不是真的转账，而只是一场密谋。同样，提醒别人防范某种危险的不法行为的人大概率不是作恶者，因为人们一般不会监守自盗。这一切都会被行骗者利用。例如下述这件发生在 19 世纪中叶的事情：

> 1840 年到 1850 年间，被称为 Perter Funk * 的一些乡绅（假拍卖商）让市政当局颇为头疼。他们每年都会售卖假冒伪劣商品，从国民身上骗走大量钱财。当局尝试过各种途径制止这种行为，但无一奏效。1854 年，市长韦斯特维尔特（Westervelt）曾雇用一大批人举着"小心假拍卖"的牌子到百老汇游行，作为应对，Perter Funk 们也在自己的窗户上贴上了类似的标语。③

特工这一角色也会使用这种骗局。警察和政府在激进政治领域的贡

---

① *The Evening Bulletin* (Philadelphia)，May 5，1969. 这份报纸还曝光了 1973 年 5 月 30 日发生在同一个城市的同类骗局（"寡妇三周受骗两次"），这种连环骗局能让人们只关注第一组行骗者的结构特征，而他的同伙扮演警探的角色，凭借偷盗经验接近受害人。换言之，第一组行骗者只需要获得受害人的家庭住址并保持镇定，就算完成了"最艰巨的"任务。

② 对这种骗术的系列报道见于 *San Francisco Chronicle*，February 27，1965。

* Perter Funk，美国俚语，指的是在拍卖中抬高价钱的冒牌出价人。——译者注

③ Herbert Asbury，*Sucker's Progress* (New York：Dodd，Mead & Co.，1938)，p.182. 波士顿杀人狂使用的计谋是，询问应门的女性是否看到了小偷在她窗外张望，询问她的丈夫是否愿意帮忙寻找偷窥者，这样就能获得必要的信息，也为敲门找到了理由。参见 Gerold Frank，*The Boston Strangler* (New York：New American Library，1966)，p.335。

献已经广受宣传,我们可以从中窥见这种骗局的具体操作方式。特工积极参与小型犯罪活动、策划重大犯罪事件,因此掌握了未来可供检举的信息,获得了"同伙"的信任与支持,进而更好地隐藏了自己的身份——所谓见雀张罗。①

我已经援引了各种能够证明局内人的愚蠢的经典案例。这个案例库还能进一步拓展。情报工作中有一种所谓的"备用谎言"(reserve story):当特工最开始用来伪装自己身份的谎言被揭穿后,他就可以使用这个"备用谎言",装出一副不会再骗人的样子。② 在一些国家,避税是门高级艺术,商人们为了避税会准备三套账本:一本记录真实的营业额,一本交给收税员,第三本是被收税员抓包后重新递交的备用本。③ 送奶工是与家庭生活关系最密切的男性职业,他们可能会故意向主妇透露公司出售的牛奶变质的事情,让主妇们误以为自己掌握了一个关于产品信息的靠谱来源。④

正如精心设计的"情绪失控"不仅能诱使旁观者(比如,《世界大战》广播中的"播音员")卷入活动,它也能误导人们,让他们以为打破框架的人无法持续伪装,否则他不会一开始就崩溃。因此,在仲裁和集体谈判中,人们也可以使用假装发脾气、假装失控的策略。(软硬兼施的审问也

---

① 这一"标准结构"是个古老的故事,其中也映射出形式社会学的逻辑。1917 年,俄国临时政府成立委员会调查奥克瑞纳(Okhrana)("公共安全与秩序保卫部",通称"保卫部",是沙俄的秘密警察组织——译者注)时,以下情况浮出了水面:

奥克瑞纳的长官辩称他们从未刻意发起抗议,委员会所称的**间谍**只是"*秘密合作者*"。警察局长坚称,这些秘密合作者只负责收集政治情报,并没有被指示积极参与革命行动。但前奥克瑞纳成员被迫承认,任何秘密合作者都很难长期在这个革命团体中保持完全被动的姿态,至少要从事一些掩饰身份的活动。因此,许多年来,奥克瑞纳间谍组织暗杀、挑起袭击、踊跃号召流血革命。此外,由于举报非法印刷机的奥克瑞纳成员会得到奖励,所以一些警察就会自掏腰包制造这种印刷机,并称自己"发现"了它,要求按规定获得警察基金支付的报酬,这些做法屡见不鲜。通过上述种种方法,奥克瑞纳完全破坏了它负责维护的制度的合法性……在帝国行将就木之际,政治警察挑衅、引发暴乱,这是多么荒唐可笑——但这些做法本质上只是常规的侦查技术,是世界各地的民警部门在调查普通犯罪时都会使用的方式。[Ronald Hingley, *The Russian Secret Police* (New York:Simon and Schuster, 1970), p.113.]

欣利(Hingley)把奥克瑞纳的工作描述得荒唐可笑,或许也有些草率了。

② 参见 Oreste Pinto, *Spy-Catcher* (New York:Harper & Brothers, 1952), pp.42-43。
③ 参见一篇关于西班牙人的避税的报道:*San Francisco Chronicle*, February 20, 1966。
④ Otis E. Bigus, "The Milkman and His Customer:A Cultivated Relationship," *Urban Life and Culture*, I (1972), esp."Contrived Disclosure," pp.149-151.

会产生"愚蠢的局内人"的效果。)这或许可以启发我们思考正式社交场合的含义：盛装出席正式场合的人往往拘泥于社交礼仪，变得拘谨、僵硬，此时，部分参会者会刻意制造"台下时刻"，即向其他人表示彼此间无须拘礼，进而使人相信，尽管正式场合的人大多虚情假意，但至少他们不会如此。

5. **虚假的连接词**。一种观点认为，经验的基本特征是行为和言语与其来源相联系，而人们常常理所当然地默认这种关联，将其视为行动语境通常会提供的、可用于锚定活动的内容。有趣的是，一些人会在玩游戏时违背这种经验特征（譬如，给朋友打电话时暂时掩饰自己的声音），但这一般不会造成严重后果。不过，1968 年到 1972 年总统竞选期间的"恶作剧"是个重要的例外。[①] 当然，对参与革命运动或熟知革命传统的人来说，这个问题并不新鲜。当某一党派遭遇暴行时，公众往往会报以同情并谴责肇事者，这就引出了受害者是否自导自演的经典问题，尤其是在受害者本身是与他人存在利益纠纷的派系组织的情况下。人们不太了解日常生活是多么依赖与连接词相关的脆弱的安全感，也不太了解我们多么容易因此受到影响，并反过来形成弥散的焦虑感。——这就是生活的"巴尔干化"（Balkinization）[*]。

6. **框架圈套**（frame trap）。当个体受到误解，被他人错误地框架化他的言行举止时，他可能会进行解释和纠正，进而澄清误会。所以说，当个体因为一些原因错误地定义世界时，相反的证据很快就会出现。当骗局被揭露时——无论是被受骗者戳破，还是行骗者自行承认，抑或是被第三方揭露，人们都会重新达成共识。上述操作都有助于澄清框架。但我认为，无论有意还是无意，世界都会受到摆布，每一点新证据和每一次的努力都可能进一步巩固错误的观点，这么一来，个体会发现自己陷入了圈套，无法全身而退。

框架圈套的概念常常出现在一些审讯笑话中："你已经停止殴打你的妻子了吗？"我认为，更具启发性的是流氓赌棍克兰西少校（Major Clancy）

---

① 显然，其中一方或双方都使用了如下计谋：以提供餐饮的方式邀请人们参加集会；大张旗鼓地用豪车接送受邀嘉宾去筹款晚宴，但拒绝到场客人参加；反对派刻意雇用恶劣的极端分子，让他们用不当的方式支持另一派政党；党外人士举着标语牌展示党派内部的分歧；让一些根本不存在的组织以对方党派的极端派系为由并进行大肆宣传；打着新闻记者的幌子从事间谍活动；通过伪造签名、盗窃信头、伪造新闻稿等方式煽动党内不满。

* 原文是 Balkinization，疑似作者笔误，应为 Balkanization，巴尔干化。此处指日常生活中不可靠的连接词导致的一触即发的混乱。——译者注在王政复辟时期的框架化实践。我将详细引述其中的一个片段：

　　一天，克兰西走进一家位于圣保罗教堂墓地（St. Paul's Church-yard）的羊毛制品店，拿了很多码布料，说要做新制服。他把布料搬上车，对布商说自己没带够钱，让布商派个学徒跟他一起去取钱。说罢，少校骑马离开，学徒紧随其后。但少校并未按约回家拿钱，而是走进了一家理发店，在贵宾间里剃须。刮完胡子后，少校给了理发师5先令，说道："我给你这么多钱，但这不只是刮胡子的费用，我有更重要的任务交给你，只要你好好完成，我会再给你一大笔钱。这个任务是，等我走之后，你叫住那个正在等我的年轻人——他很害羞，你要严厉地逼问他，他才会承认自己生病了。你得想办法偷偷把他锁起来，给他检查身体，要是你发现他确实病了，就给他开点儿合适的药，给他治病。给你添麻烦了。不过，我会付给你很多钱。"这位理发师兼外科医师许诺会留心那个小伙子。少校上车后，让学徒去找理发师，说他会替自己给钱。学徒向理发师屈膝行礼、鞠躬致谢，后者将他领进一个私密的房间，锁了门，开始向他说教：你还是个孩子，不该那么早就嫖娼。学徒面红耳赤，以为对方疯了，理发师却说："看看，看看，你故作端庄也没用，你的主人已经透露了你的把戏，我一定要看看你是哪路货色。"学徒以为理发师被恶魔附身，连忙问他发生了什么、他想干什么，并说明自己只是想拿回布钱。理发师回答道："我必须听从你主人的命令，看看你是不是得了痘疹。既然受了委托，我就得履行职责。"学徒发誓说他没得痘疹，他的师父住在圣保罗教堂附近，派他跟着那个剃须的人来取布钱。理发师不想失信于少校，便完全不理会他的辩解，试图继续给他体检。他们的争吵逐渐变成互相撕扯，最后，理发师强硬地扯下了学徒的裤子，却发现他和正常人一样又干净又健康。理发师心满意足地完成了任务，学徒却饱受屈辱和虐待。他返回店铺，向师父原原本本地讲述了自己的经历，说自己一分钱都没拿到，还被一个理发师纠缠、推搡、强制体检。但布商也不知如何是好，只能对着门外苦笑良久，然后平静地坐下来，接受了自己的损失。[1]

尽管这件事的真实性有待考证，但它恰到好处地说明了纠正性的抗

　　① Theophilus Lucas, *Lives of the Gamesters* (1714), reprinted in *Games and Gamesters of the Restoration* (London: George Routledge and Sons, 1930), pp.135–136.

议如何进一步巩固了接收者对事实的误解。也有人用这种招数指控他人精神失常,将"患者"的抗议视为病症。更微妙的是,如果某个接受精神分析的人不赞同治疗师的解读,无论他是公开反对还是沉默地拒绝,治疗师都会把这种行为视为反抗,但精神分析的情境具有一种神奇的力量,能把"患者"对治疗师的口头否定转换成肯定。① 的确,日常行为存在着同一种趋势:通常情况下,我们把一种性格强加给某个人,这让我们忽略了他的反抗和其他职业信仰,把这些表达变成了对这种性格的人"唯一能够期望的东西"。换言之,解释性的词汇是自我封闭的。此时,我们面对着"口吐蟾蜍的女孩"的童话*,每一句解释都将进一步证实她试图澄清的东西。

　　最后一章详细讨论了几种艺术形式制造的消极经验,为框架圈套提供了佐证材料。我们必须考虑这两种假设:其一,对于每一种艺术,评论家都可以指出,大约十年前,现在被认为是完全可以接受的、有价值的艺术曾为人所不齿,甚至根本算不上艺术。一些当代艺术赞助人**已经注意到这些令人尴尬的评价。其二,出现在表演性社交场合的人总得投入一定的资源,也期待自己获得某种特定的体验。基于这两个假设,可以说,赞助人陷入了一种特殊的困境:他们暴露在似乎是无稽之谈的东西面前,他们不知道自己的愤怒是否恰当,而要确认这一点,他们就得暴露自己。在完全投身于这种景观之后,他们被一个游戏困住了,这个游戏的唯一意义可能是指导性的,即这是人们被任何东西困住的方式。

---

　　① 　我们可以从小说中找到以框架圈套为主题的固定套路,甚至还找到了一篇有趣的文章。这篇文章描述了一个人是如何设计让两个治疗师为彼此治疗的故事,他们都觉得自己是在治疗而不是被治疗。参见 Hellmuth Kaiser, "Emergency: Seven Dialogues Reflecting the Essence of Psychotherapy in an Extreme Adventure," *Psychiatry*, XXV (1962): 97–118。

　　* 　典故出自经典童话《森林中的三个小矮人》。这个童话讲述的是一个遭受继母虐待的女孩在大雪天穿着单衣出门采草莓,误入了小矮人的木屋。她帮矮人打扫房间后,三名矮人祝福她一天比一天美丽,说一句话吐一块金子,最终嫁给一位国王。继母的女儿依样画葫芦,却对矮人们态度傲慢,矮人们便诅咒她一天比一天丑陋,说一句话吐一只癞蛤蟆,最终不得好死。戈夫曼借用这则童话隐喻"解释的自我封闭性",即继母的女儿越想解释,人们就越觉得她面目可憎。——译者注

　　** 　艺术赞助人兴起于欧洲文艺复兴期间,这一群体推动了西方艺术的崛起和兴盛。他们身份高贵且热爱艺术,常常资助和挖掘有潜力的艺术家,活跃了整个艺术市场。赞助人根据喜好选择自己愿意资助的艺术家,为一些贫困潦倒的艺术家提供了物质保障;他们在艺术家的作品中植入自己的审美偏向和喜好,无形中影响了艺术风向。美第奇家族便是著名的艺术赞助人,资助过达·芬奇、米开朗基罗、拉斐尔等人。——译者注

约翰·史密斯在回顾彼得·汉德克的"戏剧"《穿过康斯坦斯湖的旅行》(*The Ride across Lake Constance*)时提出这么一个问题:"在何种情况下,戏剧不再是戏剧,而是一场骗局? 确切地说,所谓的艺术品在什么情况下不是艺术品,而是欺骗、恶作剧、无意义的游戏或骗局?"[1]我认为,这个问题的答案是另一个问题。人们能够严肃对待偶然音乐(aleatory music)*和安迪·沃霍尔(Andy Warhol)**的画作,有鉴于此,人们要如何填充音乐厅或画布(对汉德克而言,则是一个礼堂),才能让所有人都相信自己上当受骗了? 从定义上看,这个任务不是不可能完成吗?

一些被称作测试、实验的经验转换是框架圈套的另一种来源。在面对不确定的情况时,只要把这些不确定的事件当成一种对行动者的考验,一种高位者用来测试行动者是否值得他将获得之物的手段,那么,任何关于现实世界中的事物该如何发展以及什么事情应该发生的理论都能被保留下来。上帝为了考验约伯是否会丢掉自己的信仰,将他的世界弄得一团糟,而最终约伯通过考验,得到了他应得的回报。但在这种游戏规则下,每一个"约伯"都有理由把个人面对的灾难视作真正的考验。基奇太太(Mrs. Keetch)和末世论追随者就是这样解释他们失败的预言的——把预言解释为测试人们是否有资格、有准备、有能力的一种"练习"、一场"排练"、一次考验。[2] 如果一场测验能够奏效,那么其他隐藏的力量也能为世界带来便利,至少塞万提斯在自己的长矛被风车折断时是这么认为的:

"上帝保佑!"桑乔(Sancho)大喊,"大人,我不是告诉过您要仔细看看清楚吗? 那些不过是风车而已,没有人会看不出来,除非他脑子里的风车长另一个样子。"

"安静一点儿,桑乔兄弟,"堂吉诃德说,"这是战争的宿命,它比

---

① John Simon, "Fraud by Audience Participation," *New York Magazine*, January 31, 1972.

* 偶然音乐又叫"机遇音乐""不确定性音乐",起源于 18 世纪的音乐游戏,这些游戏用投骰子的方式抽取音乐片段,然后拼凑成曲。到 20 世纪中叶,现代主义音乐家们发扬了这种理念,在音乐创作或演奏过程中加入偶然性因素,渐渐形成一种音乐流派。——译者注

** 安迪·沃霍尔是波普艺术的集大成者,20 世纪最负盛名的艺术家。常常通过胶片制版、丝网印刷、橡皮或木料拓印等复制方法进行艺术创作,很大程度上引领了流行艺术的风潮。——译者注

② Leon Festinger, Henry W. Riecken, and Stanley Schachter, *When Prophecy Fails* (New York: Harper & Row, 1964), pp.148, 153.

其他任何东西都更容易发生变化。还有,我刚想起来,这一定是巫师弗雷斯顿(Freston)干的好事,为了剥夺我战胜巨人的荣光,他把巨人变成了风车。他如此恨我,但他的邪恶艺术最终还是无法战胜我这把正义之剑。"①

不难发现,除语言之外,行动和事件也能脱离与现实的联系。类似的例子还有:在特定情形下,攻击者和防御者的行动基本相同,这就让其中一方容易误判对方的行动,并且不得不继续这么认为,因为每一次的防御都会让人以为是在攻击:

> 今天,警察疑似抓到了近期运钞车抢劫案的嫌疑人。
>
> 一位运钞车司机警觉地发现一辆车尾随着自己,便通知了莫尔登(Malden)的警察。
>
> 警方发动突袭,拘捕了尾随者。
>
> 最初的报道称,他的车里有武器。
>
> 若是如此,他无疑拥有持枪许可。
>
> 警察事后查明,他是一个私家侦探,受雇替运钞公司监视周围的情况。②

或者,两个防御者都误解了对方的行动,把彼此当成了需要对付的对手:

> 昨天早上,在东帕罗奥图,一位餐厅老板和一位副警长都误以为对方是入室窃贼,继而爆发了枪战。
>
> 副警长恩金·博克隆德(Eugene Boklund)今年27岁,他的胳膊受了一点儿轻伤;餐厅老板亨利·C.莫拉(Henry C. Mora)今年52岁,他毫发无损地逃跑了。
>
> 当入室盗窃的警报铃响起时,两人几乎同时来到莫拉位于帕尔默街(Palmer Street)的餐厅。
>
> 莫拉以为博克隆德是窃贼,对着他大喊,让他趴下。汽车声淹没了莫拉的声音,博克隆德没有听到他的指示。
>
> 于是莫拉用猎枪开了一枪,副警长则用左轮手枪回击。

---

① Miguel de Cervantes Saavedra, *Don Quixote*, trans. Samuel Putnam(New York: Viking Press, 1949), pt.1, pp.63-64.

② *Boston Traveler*, October 24, 1966.

直到另外两名副警长赶到,强制两人缴械,枪战才结束。[①]

注意,这里不仅涉及错误框架化的问题,而且由于一个已经被误解的行为引发了另一个容易受到误解的行为,这样的互动发生后,后续的每一轮回应注定都会加深误解。

呼喊声、警报铃声专门用于警示危险,没有这类声音,就意味着什么事情都没有发生。但这也带来一个框架问题:个体拥有自身的警报系统,哪怕没听到警报声,也能随时保持警惕——这又是一种让个体变脆弱的方式。警报信号的可用性带来了更深层的框架问题:正如"狼来了"的故事,既然个体能在自己觉得必要时发出警报,那么他也能把警报当成玩笑;一旦人们把警报当成玩笑,真正的警报就不会受到重视,只会被当成类似的玩笑。同时,不严肃的基调不是唯一的圈套,任何其他转换都是如此:

> 昨天清晨,西 47 街 58 号的一家钻石店遭到盗窃,金库中价值 25 万美元的珠宝被盗。当时,防盗警报铃曾有响起,一名福尔摩斯保护协会(Holmes Protective Association)的警卫守在外面。
>
> 警报曾在一小时内响了两次。该警卫从凌晨 4∶07 起一直待在那里,直到 8∶00 时,隔壁有人告诉他:"嘿,警察来了,你们这儿被偷了。"
>
> ……
>
> 凌晨 3∶15 时,防盗警报第一次响起,福尔摩斯保护协会的警卫们迅速做出反应,却发现金库的门关得好好的,什么也没丢。
>
> 他们没有注意到,金库和诺瓦别墅酒店(Villa Nova Restaurant)之间那堵 8 英寸厚的灰泥砖墙上被挖了个两英尺见方的洞……
>
> 凌晨 4∶00 刚过,警报再次响起,福尔摩斯巡逻队又检查了一遍,最终认定系统出了错。他们致电维修人员,并让一个警卫守在商店门口。[②]

框架圈套的另一个重要来源根植于怀疑和正常的表象。如果说,个体会诉诸一些表明无罪的信号、无害的迹象来检查自己的周遭世界,那也可以说,那些可能伤害他的人恰恰会利用这些信号来伪装或掩饰自己构成的威胁。个体一旦起了疑心,就会被人引导去怀疑那些原本令他安心

---

① *San Francisco Chronicle*, March 17, 1965.

② Thomas F. Brady, *The New York Times*, April 5, 1969.

的迹象，而被他误解的人越是想要证明自己的清白，就越要利用他现在所怀疑的信号。①

六

迄今为止，我已经考察了许多情形，在这些情形下，个体对正在发生之事的看法变得不牢靠，反过来，个体的行动也会破坏他人所使用的框架。我并不是要编写一部欺诈宝典，而是要了解构建框架的方法。基于这一想法，我想进一步提出一些关于框架及其自身脆弱性的问题。

1. 仔细想想小说家、剧作家在基调和构造方面拥有的权利。他们热衷于使用反转（twist）和噱头（gimmick），也酷爱使用框架诡计（frame trick），这都不足为奇。作者一旦设计好一个经验片段后，就能轻而易举地通过一两行字给这段经验增加一个全新的边界，包括为创作者辩护，使其免受批评的内容。只需要通过反转，作者就能让此前的内容焕然一新，打开新的认知视角，让人们获得新的体验。（代价是：这种设计经不住反复观看，因为读者或观众一旦知晓了"真相"，就会在二次阅读或观看时失去新鲜感。）这也反映了日常活动中的基础框架的脆弱性。

正如本书曾详细讨论的内容，那些对周遭环境产生强烈疑心的人，会让我们注意到经验的脆弱性，因为人们完全可能因为某些理由怀疑一些看上去非常自然的东西。一些偏执狂极为关注周遭环境是否完全无害，这种苛求不是假装的。框架和周遭场景的本质让这种转换成为可能，这个病人的例子只能说明他怀疑的理由不够充分。如此，我们便能理解他因何而病。

2. 既定的经验片段发生的转换可能并不明显（就构造而言），这为我们正确理解转瞬即逝的表情提供了框架，意识到这一点非常重要。我们会在意个体在某些时刻——感到愧疚时、要压制笑声时、感到尴尬时、鬼鬼祟祟时——的表现，不仅是因为这些表现本身有失妥当，也是因为，这些迹象表明，在我们的世界里，有人感觉不安全，这或许是因为他生活在另一个世界或是对我们所处的世界有所戒备。这些一闪而过的表情至关

---

① 所谓的囚徒困境博弈是其组织化形式（这种情况下的圈套不可避免）：由于两个囚徒无法进行交流，考虑到个人利益，他们不可能达成默契。换言之，每个囚徒受审时都倾向于揭发对方，以获得合理回报。

重要,它们表明我们认为的此刻正在发生的事情可能并非如此,我们对它们的分层可能是错误的。同时,对方对我们的看法同样如此。

表现得"自然"不只是看上去泰然自若,而是要通过这种方式行动,让别人相信我们表面上的框架就是真实的框架。从功能上讲,这就是真诚和自发的含义。当与失能之人打交道时,我们很难不发笑;当与疯子相处时,我们很难不表现出恐惧;当面对警察时,我们很难不表现出心虚——我们展露的不是一个人,也不是我们自己,而是一个框架,我们不懈维护着的那个框架。这些情绪和反应只是偶然来自人,它们主要关乎框架,也只有通过框架的概念,我们对上述内容的关注才有意义。通常情况下,人们不会只怀疑一件事,而是会怀疑整个事件的框架。如果可疑之事在情境中无伤大雅,人们就不会将它当成例外。但对于成功维持的构造来说,无论它是善意的还是掠夺性的,可疑之事都会被当成例外。猜疑似乎是社会生活中的一种普遍的、基本的、结构性的可能性,分析猜疑是认识意义领域(包括现实领域)的框架特征的开端,也是最佳路径。

3. 现在必须仔细考虑一个类似的问题:无论行动者如何竭力伪装或掩盖,"真正的"事实依然可能露出马脚,使行动者受到他人的怀疑并失去信誉,而这种后果恰恰是行动者竭力避免的东西,因此,他可能会半遮半掩地通过暗示和双重含义来传递共谋信息。通过慎重地措辞,谨慎地使用语音语调和重音,他可以用一个词、一个词组或一句话表达一些内容;必要时他也可能否认这些内容。当然,所有这些内容都是众所周知的。由于框架化的实践不可避免地具有灵活性,上述一切是意料之中的事情。人们还需意识到,如果说接收者能够领会个体故意给出的暗示,那么他也能从暗示中解读出双重含义,哪怕它只有单一的含义。相应地,行动者也该担心别人无凭无据地用另一重隐含意义解读他的行为。精神病人的行为或许可以为此提供例证:

　　我和一位患精神分裂症的女士一起待了一个小时——她24岁,患有严重的妄想症。其间,她给我解读了一本日本围棋指导手册,这简直匪夷所思,让我如坠五里雾中。她似乎能在每一个词甚至每一个音节中找到隐藏的含义,还常常带着讽刺的微笑,意味深长地看着我,仿佛她确信我也知道她发现的这些秘密含义一般。在差点儿被她搞得精神崩溃之时,我突然意识到这个女人曾经受到多大的威胁、怀疑和孤立。她现在的行为和她母亲在她童年时期带她去电影院时的行为几乎一样——母亲反复命令她"现在**仔细想想！**"我觉得这位患者是将她母亲的命令移植到了和我的交流中，就像母亲试图让女儿在看电影的过程中感知到自己发现的同种秘密一样。这位母亲也是个严重的精神病患者，在女儿的整个成长过程中她都在不断地灌输这种观念。①

同样需要注意的是，就参照物而言，行为和物品似乎比文字更容易被二次解读。个体不仅会误以为某种事物与自己有关，还可能错误地将其形状和声音理解成经过编码的信息——要不然自己就会显得肤浅而迟钝。奥古斯特·斯特林伯格（August Strindberg）陷入的过度联系（over-connectedness）怪圈印证了这一点：

> 他独自一人走在蒙帕纳斯区（Montparnasse）的街道上，想要找回自己，支撑自己。散步时，他发现意义无处不在。用他的话来说："原来那些毫无意义的东西，现在吸引了我的注意力。"卢森堡花园里的花朵似乎向他点头，时而问候，时而警示。动物形状的云朵则变成不祥之兆。雕塑望着他，仿佛想要说些什么。他把排水沟里的碎纸屑拼凑在一起，这些信息似乎也代表着什么。他发现，路边书摊上的书似乎专门为他"摆"出了某个样子。一本皮质封面的书似乎是为他写的预言，他打开书本，一块木头碎片指向了某一句话。地上的小树枝的形状颇似某人名字的首字母，他担心这个人正在追杀他、想要杀害他。报纸上看似毫不相干的内容和他思忖已久的心事密切相关。周遭的一切对他来说充满意义，急迫地需要他进行解释。②

4. 我们还需提及另一种框架脆弱性。在日常生活中，参与者可以自发地（在不同程度上）卷入一个活动场景，也能捏造场景，完全置身事外。但还存在其他可能性。例如，个体可能以特殊的方式偏离事件，把一些事情当成孤立的组织化的事件，他自己并未组织或捏造这些事件，但其他人自发地参与其中。通过这种方式，个体在心里筑起一道藩篱，使自己在精

---

① Harold Searles, *Collected Papers on Schizophrenia and Related Subjects* (New York: New York University Press, 1965), pp.274-275.

② 来自 Donald L. Burnham, "Strindberg's Inferno and Sullivan's 'Extravasation of Meaning,'" *Contemporary Psychoanalysis*, IX (1973): 191-192。一些文章论述了因无法建立事物之间的联系而造成的精神崩溃，参见 Clifford Whittingham Beers, *A Mind That Found Itself* (New York: Long-mans, Green & Co., 1908), esp.pp.22-23, 24-26, 52, 54-55, 64, 70-72。

神上独立于周围其他人的世界。

最能印证这种框架脆弱性的例子发生在宗教改革时期、政治运动高涨时期，或是信徒的世界末日信仰被推翻时。费斯汀格（Festinger）和他的同事合作研究了一位世界末日教信徒：鲍勃·伊斯门（Bob Eastman），他是"一位主修教育行政管理的本科生"：

> 伊斯门参与了探索者（the Seekers）的每一次会面，在阿姆斯特朗之家（Armstrong home）耗费了大量时间。他戒了烟、酒、脏话和其他"陋习"，迅速成为这场运动中最得体、最认真的学生之一。
>
> ……
>
> 他了解"《圣经》中的他是谁"，并深入思考了"寻找灵魂伴侣"这个问题。他能够熟练地预测洪水，牢记这些预言并对此深信不疑，还基于这些预言重新规划自己的生活。为了提高自己对震动密度的感知能力，他不仅要坚定地放弃尘世的快乐（他在一些场合表示要"放弃尘世间的所有羁绊"），还常常在 12 月宣称自己"已准备好随时离去"。他依然坚持上课，但他说这只是为了保持表面上的正常，如果他直接退学，将引起大学同学的恐慌。他完全放弃了学业，把所有业余时间都花在"课程"上，毫不在意自己将无法通过现实中的多门课程。
>
> 他变卖有价值的财物以清偿债务，在钢城匹兹堡度过感恩节假期，"给所有事情画上句号"，向父母和朋友"告别"。但他没有卖掉他的车，因为他觉得，在末日来临时，这辆车是他和其他信徒的重要交通工具……①

一篇新闻报道提供了另一个例子：

> 昨天，一位旧金山的汽车销售员把自己的全部家当——220 美元抛到空中，他笃定地认为世界随时会毁灭。
>
> 警察介绍道，米尔顿·埃德温·海斯（Milton Edwin Hays）把自己当成了耶和华，在观景台把两张 100 美元和一张 20 美元的钞票扔到空中。

---

① Festinger, Riecken, and Schachter, *When Prophecy Fails*, p.78. 与之类似，应征入伍、等待入伍通知的年轻人会妥善处理所有事情，走完日常的例行程序，同时干点儿别的事情，但这样的行为是社会能够接受的。

目击者说，一位中年女性和两位少年捡起钞票后驱车离开了观景台。

不久之后，在金门大桥（Golden Gate Bridge）水侧的索萨里托（Sausalito）岔道，海斯因超速和闯红灯被拦下。

根据加利福尼亚高速公路（California Highway）的巡警牛顿·普林斯（Newton Prince）的说法，这位瘦削的司机说：

"我得到神谕，今天是世界末日。我正把尘世的物品扔到水里。我要去见造物主了。"①

——这些现代人的虔诚行为无疑印证了《哥林多前书》[First Letter of Paul to Corinthians（7：29-31）]的观点：

我们活在尘世的时间不会太长。在生命存续期间，已婚男士应像没有妻子一般活着；哀悼者不该伤感垂泪，快乐的人无须欣喜庆贺；买家不要企图留存买来的东西，也不要指望这世上的富人会充分利用财物。因为整个世界的框架正在消失。②

在稍小一点儿的范围内说，我们过分狂热地执着于政治阴谋和各种政治活动的"真实"含义；例如，把法国大革命解读为一小群共济会成员的阴谋。③

宗教或政治幻想并非导致这种片面思想的全部原因。譬如，为躲避古巴导弹危机，一些美国人逃离市中心，脱离都市生活；在大肆宣传放射性物质和其他辐射源期间，他们也是这么做的——我们很难否定他们的做法，这种否定甚至不怎么受欢迎。因为与其说是他们的解释逻辑出了问题，不如说是他们甘愿悬置自己的整个公民生活，按照这些已然形成的框架采取统一的行动。我们脚下的土地对他们而言只是幻影。

人们不需要把话题局限于潜在或真实的公共危机，也可以考虑一下发生在琐碎现实生活中的失意与不满。例如，对家庭生活和与之相伴的日常家庭行为：

---

① *San Francisco Chronicle*, August 27, 1965.

② *The New English Bible*（London：Oxford University Press, 1961），p.288.此处需感谢约翰·洛芙兰（John Lofland）的建议。

③ 参见 Edward Shils, "The Fascination of Secrecy：The Conspiratorial Conception of Society," in *The Torment of Secrecy*（Glencoe, Ill.：The Free Press, 1956），pp.27-33。

亲爱的阿比：

　　我的丈夫和我都是您的专栏的忠实粉丝——这大概是我们唯一的共同点。他是一位优秀的专科医学博士，但和他度过六年的婚姻生活后，我已经受够了。我的问题不是如何拯救这段婚姻，而是如何从中拯救自己，同时尽可能不伤害我的丈夫和两个可爱无辜的小孩，他俩还不到五岁。我和我的丈夫已经无法再用任何身体或精神的方式交流，我们之间的感情已荡然无存。他善良、大方但占有欲很强，而且很沉闷。他工作努力，能养家糊口，但是他一点儿也不解风情，甚是无趣。我试过一切方法，从二人旅行到培养新的兴趣爱好，试图找回从前的感觉，但都失败了。我已经厌倦了，也很痛苦。我的丈夫觉得一切都好，但我再也无法忍受这种无趣的生活，仿佛我们是 50 岁而不是 35 岁一样。在我见律师之前，如何才能让他明白一切都结束了？①

　　显然，框架与抑郁和躁狂等精神问题有关。尽管我们知道个体会以自己特有的方式在不同的场景中表演，但仍然会要求他在不同的场景中表现出不同的情感。在某种程度上，我们认为患抑郁症、躁狂症的人是那些明显拒绝遵守这些情感规则的人，他们仿佛坚持在不同的场景表演同一个自我、产生同样的情感反应。框架可以解释其中一些情况：个体之所以给人留下抑郁或躁狂的印象，是因为在别人眼中属于不同场景的内容，在他眼里则处于同一个场景中；他从一个长长的活动片段中截取了不同的内容，把它们置于一个框架内，别人则会根据框架的变化对这些内容进行划分。从某种程度上说，出错的不是他的情感，而是他的框架。

七

　　现在对框架及其脆弱性做最后的思考。立足于框架分析的理念，我们如何才能打乱世界的秩序？这是何人的世界？如果我们身处的世界具有某种认知结构，可供我们纠正那些时常出现的错误、欺骗和错觉，如何才能更好地让这种纠正失效？

———————————

　　① *San Francisco Chronicle*, March 17, 1966. 琼·迪迪翁（Joan Didion）的小说《顺其自然》（*Play It as It Lays*）体现了场景架构的作用，该书讲述了有好莱坞专业背景的舞台角色在国内应用舞台剧概念的故事。

我们或许可以通过重新审视转换的问题来找到答案。因为（如前所述）只要某种调音发生，最坚固的现实也容易发生系统性的改变。那么，反过来问：如果一个人想让世界，尤其是日常生活世界变得脆弱，那么他要如何对这个活动进行调音，并且创建调音？基于此，人们将意识到，要转换一个活动，就必须找到方法，一点一点地改变活动系统，这需要某种基础结构——一种活动模式、一种在整个活动过程中不断重复的结构性通式——的支撑。一旦发现了这种不断重复的设计，就能改变或转换与之相关的事物；当这个过程完成，就会产生一种生成性的影响，系统性地转换这一类型的所有事物，并系统性地破坏行为的原始意义。

此处所说的破坏（mischief）具有一种特殊的性质，它完全是一种个人行为，无须借助大量物资设备，唯一的条件是，破坏者必须以某种方式和置身于同一情境的其他人进行持续的互动。

我们可以以与交流器官有关的肢体和文化障碍为例开始讨论，譬如口齿不清、唇裂、口角流涎、面部抽搐、斜视、"常见的口音"等缺陷。这种秩序的缺陷将在基础结构层面对交流的准确度造成影响，因为在面对面的交流中，每个词、每一瞥都会产生新问题，或者说产生新的罪恶。这些行为散发着令人不悦的气味。当然，这正是通过转换实现的，它引入了一种系统性的逐项转换，否则，这些有缺陷的行为只是普通的活动片段。在上述例子中，我们讨论的是非自愿的转换——一种自我设计的（self-setting）框架圈套。这就是释放出"这是游戏"的信号时发生的事情，但在此处，行为被重新定义的个体并不希望发生这样的转换。现在的问题在于：个体会**自愿地**进行何种行为转换，来达到既不受他人反应的影响，又能避免情境被这些反应破坏的效果？

所谓"言说经营"（speech enterprise）可能是最温和、最常见的例子——个体有意识地改变自己的言说模式，尽力让自己的话语显得精致而优雅。这也有别于"装腔作势"（talking posh），即出于玩笑的目的刻意使用上流社会的说话方式。后者也是个值得考虑的例子。

在旁人眼中，"口音"可以用来确认言说者的社会出身，在没有当面接触的情况下识别言说者；在互动开始之前、结束之后，"口音"都是言说者的标志。如果个体刻意伪造某种口音，使其不"真实"，我们就会希望他暴露真实的口音，尤其是在长时间互动的情况下——此时，真实的口音确实容易暴露。

"真正的"口音包含着言说在基础结构层面的音韵特点,它们并非源自单词、短语,而是依附辅音、元音、辅音连缀以及由它们组成的词汇,还包括管理短语、句子的语法构成的声调轮廓。在语音学层面对个体的言说进行分析,即分析发声和措辞的特定元素,就能揭示个体口音的独特之处,进而归纳出能够描述这种口音的通式。依照该通式,人们能给无数单词和短语赋予口音。如果个体发自内心地学习这一通式,并将其应用在自己的言说实践中,他就能由内而外地"自然地"形成这种口音,无论讲话时间持续多久,他都不会暴露自己。这是一种成熟的语言学模仿方法;当然,这可能导致言说者的身份发生显著的改变。

前面曾提及,个体会在面对面的情境中表现出不同的行为风格,现在,我们将从这种行为风格转向面对面互动本身的特征。原因在于,如果某人想要了解让世界"失范"(anomicize)的方式,面对面的互动似乎是一个卓有成效的方向。无论何时,当两个或以上的人直接面对面相处时,就会有一套复杂的规范来管理他们的互动,这套规范关乎对参与单位的管理,情境性的、自我中心主义的领地权和关系展演等问题。如果互动双方展开了交谈,那么这些规范也将适用于对话的轮替组织和整个会面过程。注意,只要是在面对面的情境下,上述规范就会**不断**被确认。因此,无论个体是有意还是无心,无论个体是否失能,任何违反这些规范的行为都将造成衍生性的影响,使这些失范者参与的互动遭到破坏。该结论受到下面这些把戏的启发:在交流时,实验者故意和别人站得"过"近,并观察受试者的反应;小男孩隔着人行道与一个老太太保持同样的龟速,并观察她的行为;审讯员的皮带和鞋带被拿走,因此他每次出庭都是一副邋遢的模样。

越是概括并积累面对面互动的经验,就能获得越多用以故意脱离日常事件的框架的资源。讽刺的是,微观社会学的这种应用可能就是最有效的资源之一。

第十三章　关于交谈的框架分析

一

迄今为止,我们考虑了作为例子(example)、描述(depiction)、模型、典型(typification)、案例(case)的活动片段,它们各具代表性,且是常见的、纯粹的、例外的、极端的、受限的。上述活动以言说(speaking)为可能特征——有时甚至是必要特征。换言之,对这些片段的分析也是对言说行为的分析。正如上述活动片段可以进行转换(如调音和捏造),口头陈述(oral statement)当然也可以。例如,开玩笑可以含沙射影、暗箭伤人,严肃的指令也会被视为儿戏;货币复印机是一个彻头彻尾的骗局,公开发布的声明也可能如此;个体会因为某项工具性、物理性的活动而情绪失控(例如,没能成功地穿针引线),也会通过组织其说话方式来打破框架——语无伦次地脱口而出就是一种典型。

一个恰当的例子是,言语会使接收者错误地框架化一些事件。的确,语境有助于我们排除预期之外的意义,减少误解的产生;然而,如果缺少经验丰富和具有文化能力的解释者,周遭的环境自身不可能具备这种力量。因此,言语框架错误的源头之一,便是所谓的"文化无能"(cultural incompetency)。例如,这个无知的儿童犯下了一个"可爱的错误":

> 贺拉斯·斯通汉姆(Horace Stoneham)(旧金山巨人队的老板)三岁大的孙子彼得刚开始在位于百老汇大街(Broadway)的斯图亚特·霍尔(Stuart Hall)幼儿园上学时,一切都很顺利。"一加一等于几?"老师问他。"一个球和一根球棒。"彼得答道。①

---

① Herb Caen, *San Francisco Chronicle*, September 25, 1967. 这只是故意通过错误的框架化来俏皮地回应他人的方式。类似地,阿瑟·库斯勒(Arthur Koestler)用"异类联想"(bisociation)的概念,饶有趣味地探索了世界[*The Act of Creation* (New York: Dell Publishing Co., 1967), esp. pp.32-38]。

我认为,这个问题的意义远比其表面上看起来深刻。例如:

　　游客们:这人走进了吉拉德里广场(Ghirardelli Square)的双德尔马斯(Delmas & Delmas)首饰店,他看上了一个玉镯,问亨利·默里(Henry Murray)经理:"多少钱?"亨利答道:"一百五。"这人放下一美元纸币和两个二十五分硬币:"就买它了!"(你当然买不到!)①

这个例子揭示出一个"简单"的误解,个体基于这一误解做出了站不住脚的、很快受到了质疑的错误行为。这位游客之后会感到尴尬,部分原因在于他不小心暴露了自己——他自以为很了解珠宝,实则一窍不通。这一点反而印证了正确解读陈述的其中一个含义:避免解释者暴露自己的(文化和语言)能力缺陷。②

我们还能进一步解读游客和玉的故事:如果经理报出完整的价格,没有省略任何内容,游客就能迅速反应过来,收起对玉的兴趣,维持自己的良好形象,即他多少懂一些关于玉的知识,也见识过贵重玉器的世界。因而,正确地解读事件有助于解释者进行常规的自我防御,避免解释者做出站不住脚的、丢脸的行为,而这种行为往往难登大雅之堂。

概而言之,口头陈述为本研究提供了大部分的框架案例,例如,捏造、调音、框架破裂、框架错误和框架争议等。然而,在对这些形式的案例进行分类后,我们仍未能完全了解话语(utterance)的独特之处。就算我现在采用一种特殊的言说方式,即对话(conversation)、闲聊(chatting)或交谈(talk)等非正式方式,情况也好不到哪里去。非正式的言说方式假定说话者和倾听者之间可以轻松地轮换,无论参与者是有意为之还是一时兴起,③他都能沉浸在美好的、愉悦的闲散时光中。同样,

---

①　*San Francisco Chronicle*, June 26, 1968.

②　人们能够很好地区分个体到底是缺乏学习语言的能力,还是对一些专业技术领域一窍不通。当个体"错误地"使用了某个词、说了大话,他所谓的接受过良好教育的形象就会被破坏;当他按照指示,把不合适的工具递给汽车维修厂的工人,人们不会认为他在语言艺术方面存在缺陷,而会觉得他欠缺男子气概。

③　这一问题有时被归结为正式与非正式互动的差异,但这种区分忽略了下述事实:就算是在绝大多数正式的官方场合,当个体代表某个颇有声誉的组织发言,为其他人提供协调行动所需的信息时,他也会在陈述主要议题的过程中穿插各种各样的非正式信息,例如礼貌性的问候、玩笑或讽刺等。

这种非正式的言说中也会出现框架破裂①、框架争议②等问题,但言说活动的独特之处依然隐而未现。事实上,交谈是一个结构性的垃圾堆,人们能在里头找到以各种方式框架化文化活动的零碎废弃物(哪怕是短暂的交谈,也能让我们发现导致消极经验的不同技术结构,而这并未受到皮兰德娄的启发)。除了承认我们的交流能力必然会创造这样的垃圾,以及我们必然要在自己创造的垃圾堆中谋求生存以外,我们还能说些什么呢?

<h1 style="text-align:center">二</h1>

　　除了歧义、误解和其他典型的、短暂的混乱之外,前述章节中考察过的活动片段主要有一个持续性的组织特征。诸如舞台戏剧、精心策划的

---

　　① 如前所述,社会性别角色的刻板印象在非正式交谈中建立了关于情绪失控的不同标准。男性可以突然暴怒或表现出坚定的信念,女性却不能喜形于色,而要在感到尴尬或被冒犯时脸红并暂时退出交流。从定义上来说,非正式交谈并不涉及一个单一的、预先确定的议程,也不会细致地区分参与者的角色;因而,参与者突然造成的框架破裂并不会造成分歧和混乱。打破框架的参与者会成为众人关注的焦点,众人会宽容他、安抚他,让他恢复平静,因为他造成的框架破裂只会推迟或终止原来会发生的事情,但不会造成其他可怕的组织性的后果。

　　注意,这些细微的框架破裂既会发生在现实的非正式互动中,也会发生在戏剧表演中、电影院中。如贝拉·巴拉兹所说:

　　　　格里菲斯在早期的默片中安排了一系列与此类舞台角色有关的场景。电影的主角是一个中国商人。莉莲·吉什扮演的女乞丐被人追杀,晕倒在他家门口。中国商人把她带回家中悉心照料,女孩渐渐恢复了健康,脸上却依然挂着失魂落魄的悲伤,冷若磐石。就算她渐渐信任这个商人,也仍像惊弓之鸟一般。"你不能笑一笑吗?"中国商人问道。"我试试看。"莉莲·吉什答道。她拿起一面镜子,用手指戳着脸上的肌肉,勉强挤出一个笑容。当她转向中国商人时,脸上仿佛戴着一个痛苦的、甚至吓人的面具。但中国商人始终和善地看着她,直到她露出真正的笑脸。她的脸本身没有变化,但一种温暖的情感从心底照亮了她,这是一种无形的细微差别,她的"鬼脸"由此变成真实的表情。[*Theory of the Film* , trans. Edith Bone (New York : Roy Publishers, 1953), p.65.]

　　② 相关观点参见 Joan P.Emerson, " Negotiating the Serious Import of Humor," *Sociometry*, XXXII (1969) : 168−181。作者认为:

　　　　严肃的交谈往往不适合提及一些话题,但人们依然可以适当地开玩笑,而他人是否应该接受这些内容并没有明确的界限。因此,每一次交流都伴随着协商,开玩笑的人无法保证别人能接受他的玩笑,听笑话的人也可能会觉得自己受到了冒犯。(p.170)

　　　　当有人严肃地回应玩笑时,开玩笑的人会立刻开始讨论该如何定义玩笑,讨论谁应该为在严肃的对话中开玩笑负责。回应玩笑的人假装不清楚这是不是一个玩笑,为开玩笑的人留下解释的空间,让其能阐释玩笑的性质,这在一定程度上弱化了讨论的严肃性。几次交流后,开玩笑的人可能会重新回顾这个玩笑,证明它只是一个幽默的玩笑。(p.176)

骗局、实验和排练等活动一旦开始，便拒斥其他可能的框架，还必须在受到干扰时维持情境定义。这些活动一旦启动，就必须在运转的世界中找到一处切实可见（palpable）的地方，世界也必然会为它们开辟一处栖身之所。尽管这些框架容易发生各种各样的转换——它们首先是框架分析的依据——但这些重构将产生真实的结果，尤其是处在框架边缘的那些重构，它们必然在世界上占据真实的一隅。

　　仔细想想正式或非正式的话语在持续运转的周遭世界中被锚定的各种方式。人们说话时必须信赖能源、空气等物质资源，这倒不足为虑，除了那些待在太空舱里的人，他们对情境的调音类似《阿依达》（Aïda）* 的最后一幕。此外，谈话会产生物理声波，就算它们很快就会消散，但也能被录音，因此，狡猾的人会躲到隐蔽之处进行交流。更何况，面对面的交谈意味着参与者必须能看到彼此、能听到彼此的声音，这是管理这种交流系统的要求。换言之，参与者已经适应了或一直在适应一些可能会干扰对话的无关对象、人员或声音。这种与周遭世界的联系也可能与发声器官（vocal equipment）的使用有关，但与通过发声器官交流的信息没有多大关系。

　　组织任何有意义的话语都必须遵守语言规则。正如参与者必须使用发声器官，他还必须具备听说能力，而这些能力又和个体运用这些能力的现实社会情境密切相关，因为我们需要使用一些"索引式表达"（indexical expression），例如时间、地点、人物，它们对应的是交流发生的情境，而非交流中谈论的情境。此外，参与者受到礼仪规范的约束：他们要注意每一轮讲话的频率和时长，要回避一些话题，要慎重对待一些提到自己的内容，要或热情或勉强地投入聊天；通过上述手段，人际等级和社会关系得以维持。

　　但是，必须承认，上述讨论都没有抓住要点。它们回避了交谈的重要功能，因而否认了"话语在世界上占有一席之地"这一问题的重要性。原因在于，个体当然要依据别人对他说的话开展行动，这些行动反过来又将

---

　　* 《阿依达》是意大利著名歌剧，讲述了古埃及法老王时代，埃塞俄比亚公主阿依达和埃及将士拉达梅斯（Radames）之间凄美的爱情故事。彼时，埃及与埃塞俄比亚发生战争，埃及将士拉达梅斯为国出征大败埃塞俄比亚，却偷偷放走战败的埃塞俄比亚国王和自己爱慕的阿依达公主。此举被爱慕拉达梅斯的埃及公主记恨在心，她揭露了拉达梅斯的行为，导致拉达梅斯被判活埋之刑。该剧最后一幕描述了阿依达来到墓穴，与拉达梅斯共赴死的悲壮场景，整部剧在二重唱中落幕。——译者注

成为运转着的世界的密不可分的一部分。显然,大多数社会活动的协调,
更不用说紧密的团队合作,都假定自我相信的陈述(如果是不正确的)是
可能的,而且承诺和威胁是值得信赖的。①

　　非正式的交谈和迄今为止考虑过的种种行为之间的区别就在于,许
多非正式的交谈似乎没有嵌入浩瀚的社会议题,而只是行动者在流逝的
时光中把握自身的一种方式。这种"自我把握"总是选择性的,它所涉及
的活动片段转瞬即逝,松散地与周遭事件联系在一起。哪怕很多对话取
决于其他参与者先前的行为,也能决定参与者的后续行为,但它们的联系
仍然非常松散;因为在每一个紧要关头,个体都可以采取一系列的行动,
自由地选择自己想要实施的行为,至少在本书的分析中是如此。拳击比
赛、扑克游戏会在不知不觉间变得很不严肃,一旦如此,它们就很难自动
恢复到正常的状态。相较而言,闲聊的话题常常不断延伸,似乎非常适合
大大小小的间隙;而正是在闲聊的间隙中,一些短暂的、与周围的事物没
有关联的行为得以进行。交谈有其必要性,因为它为言说者提供了一种
方法,即便他放弃采取任何直接的行为去重新界定情境,也能与周围正在
发生的事情保持一致,进而拯救自我——这是交谈的核心功能。

　　这种关于松散性的观点得到了很多人的认可。不同于戏剧脚本中的
互动,在"自然的"对话中,人们很难当场给出完美的答复,也很难妙语连
珠、对答如流——即使这常常是交流的理想目标。事实上,在非正式交谈
中,如果你脱口而出的答复和深思熟虑的答案一样精彩,这场交流就会成
为一个**令人难忘的**事件。换言之,参与者往往难以企及自己能够注意到
的标准。而且,当个体想要加入某段对话时,他通常只能咕哝几句或是点
头。如果时机和语气合适,这样让出一两次说话的机会也未尝不可,而这
种让步在句法上相当于话语的延伸,人们往往会欣然接受这样的行为,因
为这意味着其他参与者无须等太久就能轮到说话的机会。(毕竟,交谈的
规则似乎是:别人必须发言时,其余的参与者都能心不在焉。)言说者常常
会为细微的自反性的框架破裂找理由,比如,回头解释或辩解自己刚才的
言语行为。这是一种自我生产、自我指涉、内在螺旋式上升的反应,必然
会让言说者脱离正在进行的互动,因为行动者在下一刻的反应完全依赖

---

　　①　人们普遍认为:如果一个言说者常常信口开河,他就会败坏自己的名声;其他人将质疑
他所说的一切,并试图纠正他的言论。正是这样一种规范,使言语变成行动。但事实上,正如接
下来要讨论的内容所示,一些结构性因素会让这种规范难以为继。

他自己在前一刻的行为。

　　我们因此发现了一个重要的观点：交谈与它发生的环境之间的联系是非常松散的。这意味着，交谈更容易受到调音和捏造的影响（无论这种影响是否被利用），因为这种松散性正是转换所需要的。可以预料，个体有时必须在一些场合（比如此前提到的脱口秀）直言不讳，对自己说的话负责（或是正儿八经地撒谎），但不严肃的东西和玩笑似乎具有某种标准特征，当他想要相对严肃地说一些东西时，就得借用一些特殊的架构："玩笑归玩笑""现在，我是认真的"。其他类似的附加语也能暂时对言语流进行降调。如果言说者的行动松散地嵌入世界，倾听者的解释和反应更是如此。后文将进一步考虑这一点。

　　与其他话语方式相比，非正式的言说（交谈或对话）与世界的联系更为松散。换言之，所有的言说活动都松散地嵌入世界，交谈是其中更为松散的一种。

　　因此，言说者对他所说的话有一种信念——无论正式与否，他都陈述了某种观点，表达了某种愿望、欲求或是倾向，表明了自己的态度，等等。这些证明昭示了个体的内心状态，其特征是：既能被证实，也能被否认。但是，人们几乎难以想象出这方面的确凿证据，更不用说找到这些证据。即便个体后来的行为证实或否定了他此前的内心状态，人们也不会大费周章地去核实或与他对质。换言之，世界的互联性并未带给我们多大帮助，因为个体为自己对某件事的感受所做的证明几乎改变不了什么（除了对交谈轮次和其他组织性要素的管理之外）。所以，个体在这方面的权力很大，无须在信念、态度和意图等的表达上保持一致。

　　更重要的是，申明自己的内心状态并不会占据多少说话的时间，下达指令、宣布决定、拒绝请求、提供帮助等行为同样如此。这些行为往往是间接地发生的，需要借助其他事物发挥作用，它们是活动片段生产出来的效应，但这种效应几乎没有告诉我们这个活动片段的细节。人们可以通过点头、一个单音节的词、一句格言或一则轶事来肯定地回答某个提问，但这种述行功能几乎没有告诉我们格言或轶事的结构。通常而言，我们可以说一个言说片段承载着表示肯定、否定、可能或提醒（"注意脚下"）的重担，但承载着这些重担的载体本身具有何种形象和特征？

　　我们接下来就要详细讨论，个体会在言说时耗费大量的时间证明自己当前的处境公平与否，寻找同情、赞许、开脱、理解、消遣的根据和原因。

相应地,倾听者的主要义务是像观众般表示欣赏。倾听者被言说者唤醒(stirred),但不一定要采取行动,只需要展现出自己被激活、被唤醒的样子。

这是因为,言说者通常会向听众讲述发生在自己身上的事情。有一点很重要:即便是为了呈现自我所见的冷冰冰的事实,个体也可能采取一种本质上具有戏剧性的方式,但这不是因为他必须照本宣科或夸大事实,而是因为他不得不采用戏剧化的方式,使出浑身解数重现、**重演**(replay)某个场景。他是在"播放"一段关于过去经历的录音带。词语(words)必然会转换它们指涉的事物,这一事实在框架研究中具有重要意义,但不是问题的关键。例如,当别人询问"你怎么买的这辆车?"时,"现金"这个答案只是指示"钱",但它本身并不是钱。然而,这不是本书的关注点。问题在于,当别人问及这一问题时,他也可以回答:"嗯,我继父的熟人刚开了家汽车经销店。有个周日我们去了他店里,他正在清点旧货,我们问他能不能……"尽管这也是一种回答(正如"现金"一词),但它表面上是一种邀约,即邀请对方听完一段故事,并随故事线的展开而产生共情。

重申一遍,故事或轶事不仅是对过去事件的转述(report),也是一种重演。更全面地说,它是实际的或潜在的参与者基于个体视角展开的陈述,基于此,被转述的事件发生了一些时间性的、戏剧性的变化。重演让听众身临其境般沉浸其中,重新体验这些曾经发生之事并产生共鸣。总之,"重演"不是对某件事的转述,而是对个人经历的叙述。

大部分非正式交谈的"重演性"都容易被忽视,因为人们常常会理所当然地忽视一些简短的话语的领域位阶。擅长讲故事的人往往能够驾轻就熟地讲述一个冗长的故事,但语言学家似乎不太欣赏这种故事性的重演,因为这些故事常常连篇累牍,讲故事的人匆匆忙忙,听众的素质也参差不齐。不过,如果冗长的故事可以成为重演的示例,那么简短的故事也可以。譬如,人们可以用多种方式叙述一个过去的事件:

> 那儿有一艘船,大浪袭来,把它冲走了。

或使用一个条件从句:

> 船就在那儿,一旦大浪袭来,它就会被冲走。

或使用将来时态[所谓的"预演"(preplaying)的可能性]:

> 船就在那儿，等大浪袭来，它将会被冲走。

或使用**现在进行**时态：

> 船在那儿！大浪正在卷走它。

除了这些例子之外，包括言说者在内的真实个体显然也可以在事件中扮演某个形象：

> 我坐在一艘船上，一道大浪袭来，把我冲走了。

上述例子表明，大部分简短的重演似乎都有一个主角，而这个人通常是言说者。

"重演"——叙述故事般的事情——很容易与另一个框架问题相混淆，用语言学术语来说就是"嵌入"（embedding）。此处需要简单谈谈这一点。

个体可能会转述的事件包括话语本身，无论是以自己的身份说（self-imputed），还是借他人之口来说：

> 我告诉约翰，"不行"。
> 约翰告诉我，"不行"。

这些话语可能包含其他层面的话语，语言学家用"嵌入"一词形容这一点：

> 约翰告诉我玛丽说"不行"。

不仅是"说"（或同类词）这个动词能产生这种插入（inserting）的效果，大量的嵌入式动词也能如此，例如：

> 约翰写道（看到、暗示道、感到、梦想着），玛丽写道（看到、暗示道、感到、梦想着）这艘船被冲走了。

这些动词还能相互作用，产生多重嵌入的效果：

> 约翰写道，玛丽说，哈里觉得船可能会被冲走。

考虑到一个人的陈述可能与另一个人（或前者自己）所作的陈述有关，一些被转述的话语将形成故事般的结构，因而也能被称作重演：

> 约翰回答我，"船刚刚还在这儿，一道巨浪把它冲走了。"

这打开了在重演中出现多重嵌入的可能性：

> 约翰告诉我，玛丽写道，这艘船刚刚还在这儿，下一秒它就被大浪冲走了。

此时，重演和嵌入很容易混淆的原因之一浮出了水面。在恰当的语境下，如果一个人提及其他人，即重演后者过去的陈述，这似乎是为了建立起个人的视角和时间起点，进而使原来的故事暂时发展成两个版本，而个体后续引用的陈述将成为其中一种结局——这也是一种重演方式。[1]

总而言之，交谈可能涉及对事件的转述——过去时、现在时、将来时、条件句、有或没有人物角色。转述往往能让人重新体验、回忆和细细品味逝去之事，而无论言说者最终希望诱发观众做出何种反应，他的表演都会产生这样的效果。

三

如果言说者为了启迪听众而转述自我的经历，他就仿若在播放一段过去、现在、未来或可能的活动片段的录音带，听众此时必然对故事情节一无所知，且渴望知道结局。**我们已经意识到信息位阶在解谜时的重要性，但我们并未意识到，如果言说者不能保持悬念，任何经验片段的呈现都会失去意义。**因为重演的悬念之于观众，如同无法预知之事之于现实生活的参与者，二者一样扣人心弦。

如前所述，在舞台作品中，演员知道所有的秘密和结果，但每个人在扮演舞台角色时都会表现得仿佛自己一无所知，其他舞台角色和观众也会以这种方式严肃地对待彼此。需要重申的是，观众愿意"抛开疑虑"，在演员的引导下一步步抵达戏剧的结局——尽管在某种意义上，这些演员早就知道结局。没有人会停下来说："无稽之谈！扮演国王的人早就知道王子要对国王下手，他为什么不做些什么呢？"此外，在虚构现实的小

---

[1] 在另一层面，"重演"也是个棘手的问题。如果个体说完一段话，却得到这样的回应："你在说什么？"，他可能会觉得自己有必要重复一遍刚才的话。（更有可能的是，他会表现得像在思考要不要重复）。结果是，个体对这一问题进行了循环陈述，这种陈述也可被称为重演，但在此处看来并不那么贴切。

说片段中,作者当然清楚所有的小说角色都知道(读者最终也会知道)结局,但没有哪个鲜活的表演者会像演员忠于自己表演的戏剧那样忠于作者写的书——除非他是以编辑的身份审视这本书。在故事中,特定的小说角色在特定时刻采取行动的前提是他对作者设定的结局一无所知,否则他的后续行动将毫无意义,而读者欣然接受了这种奇怪的设定。

　　在审视对话活动片段的重演时,这些结构性悬念的含义就会显现。在这些重演中,不仅听众必须在结局披露之前对其一无所知,置身于该片段的主人公也必须像戏剧中的舞台角色一样,佯装自己对结局一无所知(二者通常有所区别)。因此,听众必须完全相信言说者,暂且搁置这些事实:言说者知道即将发生的事情,故事中的个体,包括言说者以第一人称"我"的形式呈现的人物此刻也必然(在某种意义上)知道即将发生的事情。有趣的是,哪怕言说者曾经(在别处)讲过很多遍这个故事,听众也不会介意,更不会认为他没有自然地投入故事,不够享受讲故事的过程。只有当听众已经听过这个故事,尤其当他们在不同场合,从同一个言说者那里听过这个故事,言说者讲故事时的"投入"才会显得虚伪且不合时宜。简言之,言说者需要建立与故事的恰当关系,在讲述时表现得像初次讲述一样,但这种关系并非源自他自己,而是源自他与当前听众的初遇。他的讲述之所以显得真实而自然,是因为听众能够体验到真实的悬念,这种"自然"借用自听众。换言之,能给人留下深刻印象的表演的关键在于初次的倾听(hearing),而非初次的讲述(telling)。

　　悬念的元素非常重要,因为言说者常常竭尽所能地用它来发展潜在的听众。人们在将要开口或要继续说话时,会使用一些惯常的模糊限定语(hedge)(哈维·萨克斯称它们为"入场券"),用一些口令或手势获得听众的许可后再开始讲述,例如"你知道我在想什么吗?""听我说""你知道玛丽·简(Mary Jane)发生了什么吗?"等。如果得到了听众的许可,或者至少没有被明确地拒绝(一些较为强烈的拒绝形式是:"你早就跟我说过这个了。"),喋喋不休的言说者就会继续讲述。只有假设听众都不知道结局且对结局充满兴趣,并且很快会被告知结局,言说者继续讲述的故事听起来才充满戏剧性和趣味性。

　　归根到底,我的观点是:一般来说,言说者所做的不是为接收者提供信息,而是向观众表演戏剧。他们把大量精力花在表演而非信息上。不过,这种戏剧风格不是单纯的情感宣泄,或佯装自然的展演,抑或是我们嗤之以鼻的那种气喘吁吁的浮夸演绎。对话与戏剧之间的相似性远比上述形式深刻:言说者不是在自顾自地直陈事实,而是在讲述。他为了吸引听众的注意力,必须串联起那些早已确定的事件片段。换言之,他要将这些事件带回它们发生之时的信息位阶——视野(horizon)——中,哪怕这些信息位阶早已不复存在。[这也是为什么讲述者的语句会突然切换时态,例如:"他拒绝倒车(过去时),我回到自己的车里(现在时),撞了他一下(现在时),接着他便怒火中烧了(过去时)。"]①作为剧院观众的一员,我们愿意看到舞台角色表现得像不知道结局的样子,但演员其实完全知道剧情,这也不足为奇,因为每个人都会在非舞台的日常互动中经历这种认知搁置(suspend of knowledge)。只不过,日常生活的表演者常常担心听众不相信他讲述的是真实故事,但剧作家不会有这样的困扰。但无论是我们还是剧作家,都在演绎已知的片段——剧作家有剧本可依,我们则对已经发生或即将发生的事情了然于胸——**这种对续发事件(sequence-to-be)的完全可知正是个体无法在现实生活中做到的,尤其无法在人际互动中做到**。

显然,尽管舞台片段和个人讲述片段具有一个共同的特征,即都是预先设定的,但二者的这种预设性存在千丝万缕的差异。剧作家能够随心所欲地决定故事线的发展方向,但实诚的讲述者更尊重事情的实际的或可能的发展方向(比如预演)。此外,二者还存在一个不那么明显却颇为有趣的差异。

日常的非正式交谈的预设性主要体现在参与者重演自我经验片段的过程中。他通常会在轮到自己说话时重演整段经历,有时则会在连续的几轮陈述中把故事讲完,此时,其他人会表现出一副专注的样子,鼓励性地插插话或通过其他"后渠道"参与其中。如前所述,交谈回合(无论是一次发言或是连续的多次发言)和其他贡献(无论是他的还是别人的)之

---

① 参见 Boris A. Uspensky, "Study of Point of View: Spatial and Temporal Form," a preprint from his *The Poetics of Composition*; *Structure of the Artistic Text and the Typology of Compositional Form*, trans. Valentina Zavarin and Susan Wittig (Berkeley: University of California Press,1974), p.16。

间的关系可能相当松散,哪怕并不松散,互动各方也会小心翼翼地表现出一副松散的样子。

当然,任意两轮相邻的陈述之间、一个言说者的某一轮陈述与下一轮陈述之间具有相互决定性,但这种相互决定性通常不受意识的控制与支配,需要参与交谈的分析者自己去发现。同样,其中一个参与者描绘的故事为另一个参与者提供了一张"入场券",让他们能够"对号入座",将自己的经历与讲述者的故事联系起来。不过,听众也能放弃这样的机会,以免破坏对话的秩序。

戏剧和其他类似的活动片段为我们呈现了不同的图景。在非舞台的对话中,参与者能预先构思每一轮陈述的内容,但也会进行轮流陈述——个体的每一次陈述(除了第一句)都以前一个讲述者的陈述为基础。事实上,将整部戏剧推向高潮的结尾演讲可能是一开始就设计好的,因为剧作家往往在开始写作时就已拟定结局,然后再思索能让这种结局自然而然发生的开头和中间剧情。但无论如何,剧本创作都必须兼顾剧本前后内容的一致性,既要在展开一段陈述时考虑前文的语境,又要将先前出现过的陈述用在后续的脚本中。

现在的问题是,交谈有多少种设定(set up)? 即我们要提前设计好多少种回答(或开场陈述),才能获得预期之内的回应,以便顺水推舟地采取自己一直期望展开的后续行动? 理想条件下,对话或交谈并不涉及这些问题。事实上,一步到位(one-step)的设定很常见——人们寻求赞美,刻意引导交谈,将话题引至对自己有利的方向,等等。不过,这种"颠倒世界"(put the world backward)的做法受到一定的限制。过分刻意的努力——无论是不断积累一步到位的设定,还是三番五次的尝试,都为人所忌讳。① 的确,这不只是忌讳的问题,因为从本质上而言,日常的、非舞台的现实活动片段并不能预先设定行动−回应的序列,只能按部就班地一步步开展。这种结构上的松散性让日常生活片段有别于仪式片段,因

---

① N. K. Linton, "The Witness and Cross-Examination," *Berkeley Journal of Sociology*, X (1965). 根据作者的观点,庭审拷问的特点是,证人必须直面这样的威胁:审讯员通常会提出在当时看来无伤大雅的问题,目的是从证人口中获得让他们尴尬的答案,而这些令人尴尬的问题是审讯员一开始就设计好的。林顿(Linton)认为,如果非正式对话也表现出这样的特点,它就会像审讯中的拷问一样有失妥当。(p.9)

而，"预设"难以在日常生活中稳定地发挥作用，它在小说中往往运作得更好。

四

前面曾提及，许多交谈都由重演构成，如果讲故事的人不能始终保持故事的悬念，重演就毫无意义。可见，交谈的组织与框架密切相关，即与拟剧论密切相关。现在，我们必须意识到，完全不同的分析思路也能得出相同的结论。

我们将从语言学家默认的传统信息观开始讨论。这种信息观认为，个体是一种行动者，我们可以向他们提问、请求、发出命令或声明，然后他们就会应答。个体根据自我所见的事实做出应答，而这些事实储存并潜藏在他的脑海中，他可以选择坦率地、毫无保留地回答，也可以选择隐瞒信息、故意撒谎。个体可能会在应答时透露一些弦外之音，为一些善于察言观色的接收者提供额外的信息——接收者并不是在接收（transmit）信息，而是在收集（glean）信息。（有能力的信息提供者会故意利用这一渠道；接收者则会设法揭开这一骗局。）这就是所谓的互动的"黑箱"（black box）模式。[1]

这些简单的假设是理解个体能力的重要基础。这是因为，个体可以提供他觉得有效的相关信息，成为合作团队的一员。他也可以在必要时

---

[1] 毫无疑问，我们非常依赖这种"黑箱"模型，一些焦虑的、"精神失常"的人可以印证这一点。一篇著名的文章提出了可供参考的观点，参见 Victor Tausk, "On the Origin of the 'Influencing Machine' in Schizophrenia," *Psychoanalytical Quarterly*, II（1933）：519-556：

> 此时，我们需要把注意力放在精神分裂的某种症状上，即"自我界限的消失"（loss of ego boundaries）。这种症状表现为：病人抱怨"所有人"都知道他的想法，因为他感觉自己头脑中的想法没有被封闭，而是向全世界敞开、扩散，出现在所有人的脑海中。病人似乎意识不到自己是一个单独的精神实体、一个有着自我界限的个体。瓦格纳·耀雷格诊所（Wagner-Jauregg Clinic）有一个16岁的患者，每当我询问她的想法时，她都会欢快地大笑不止。她就诊后的病历显示：在很长一段时间内，每当我询问她，她都认为我是在开玩笑。她觉得我肯定很了解她的想法，所以她的想法理应出现在我的头脑中。（p.535）

陶斯克（Tausk）的大致观点是：一些患者认为自己是运行着一台机器的冷漠代理人，这些机器代替并控制他们的一系列行为，而个体自愿为此保密。然而，这类症状无法告诉我们更多关于疾病的信息，但阐明了许多关于正常能力和日常生活框架的根深蒂固的假设。

拒绝提供信息,甚至拒绝承认自己的不配合;甚至可以捏造事实,将明知虚假的信息提供给团队,成为一个捏造者。他以这两种主要的方式在团队中发挥着自己的作用,团队也依赖不同行动者长期的密切协作。

然而,这种功利主义的言说方式无法反映出个体在说话时实际做了什么。

在我看来,问题的关键在于言说者与自身的关系,正如他与交谈对象的关系。在戏剧表演和虚假陈述的情形中,个体可以扮演一个不是他"自己"的舞台角色,至少不是这个词意义上的他自己。但这些让步相对完整地呈现了这样一个基本观点:在日常生活中,个体通常代表自己言说,或是以"自己的"角色身份言说。然而,当我们研究言说,尤其是各种非正式的言说时,这种传统的观点仍然并不充分。

当言说者使用传统的架构方法,与我们约法三章,说他讲的内容只是在开玩笑或说他只是在重复别人说过的话,这意味着他想对自己说的话少负点儿责任。他将自己与言说内容分离开来,表明说这话的人不是他本身,或者强调自己是在开玩笑。稍后我会考察一些不那么明显,却更常见的撇清自我责任的形式,因为传统的言说方式无法让个体完全撇清自己的责任。

现在重新考虑一下这个基础假设:人类行动者将信息储存在颅腔(skull)内,使之隐藏在皮肤与骨骼下,而别人无法看到。面部特征不过是他们在面对面互动中使用的证据边界。除了不经意的情感流露,行动者(通常也愿意)会玩信息游戏,选择性地对前来问询的人隐瞒他们想要知道的信息。

这种行动者模式有助于实现一些目的,但这与前述章节中设定的各种互动系统并不完全契合。请允许我进行概括说明。玩牌时,公开的内容和隐藏的内容之间是割裂的,但这种割裂不是通过人的本性来实现的,而是通过纸牌排列、游戏规则的要求实现的,比如,玩家必须遵循关于花色的规则。在电视直播的摔跤比赛中,镜头的角度和表演者的配合使主角、反派和观众置身于同一张信息网络中,裁判则被置于另一张信息网络中,一切违规行为必须对他"隐藏"。在默片(和部分有声电影)里,舞台角色(尤其是主角)的内心戏不能让其他舞台角色知道,但要通过眼神、手势和姿势等表达方式传达给观众,让观众能跟上剧情的发展。夸张地展露意图也有助于实现这一点。在王政复辟时期，舞台角色不仅会通过手势展现意图和情感，还会通过独白和旁白向观众展示内心深处的想法。在小说中，作者很容易假设自己有着洞察小说角色的秘密想法的惊人权力，但在现实生活中，只有上帝能够洞悉这些内容。① 在木偶戏中，扮演动物的人类中介获得了一些权力：他们能理解其他(动物)角色的呢喃私语，然后将这些信息传达给观众，因为观众和(动物)角色无法直接交流。在漫画片段中，人们可以通过对话框中的文字了解漫画角色的内心想法，但漫画角色不能解读其他漫画角色的对话框里的想法。

在非舞台的、面对面的交谈中，尽管个体会在明面上装模作样，却在暗地里耍心思；也会在其他的互动情境中使用其他自然的边界掩饰自己，但回过头来看，传统的黑箱模式只是信息管理的一种可能的设定。有了这种开阔的视角，人们就会意识到，哪怕对日常交谈而言，黑箱模式也只是一种简化模型，因为行动者的想法总会以各种方式暴露，而不只是通过有意的陈述或无意识的流露。

最为明显也最不违背传统方法的问题是"共谋"。当三个或三个以上的人共同维持某种交谈状态时，他们可以通过彼此间的串通来交流信息，这就是一种经典的共谋形式。然而，自我共谋(self-collusion)也可能会发生——个体半遮半掩地就一些事情自言自语，却对在场的其他人隐瞒此事。此外，默片中的"流露"也时有发生：当一个电影角色表演完某个动作，其他电影角色会"流露"明显的反应。② 在电影中，行动者表现得仿佛看不到自己激起的反应一样，事实上，他至少能够模糊地意识到别人的反应。在一些佯装高雅的交流情境中，个体在忍俊不禁时会用手掩面，掩饰自己虚假的笑容和惊叹，但这样的反应本身揭示了他完全清楚正在发生之事。因此，即便是两人之间的单独交流，为听众量身打造的设定也

---

① 当然，小说家还可以实现其他假设。例如，他可以形成特定的时空视角，或采用上帝视角，或连续或间断地站在一个或多个叙述者的视角展开叙事。

② 在电影中，观众会把电影角色的"流露"视为正常人类的自然行为，而这种行为本身不值得关注。事实上，是电影还是人首先进行这样的实践是个悬而未决的问题。注意，除了利用视觉元素，有声电影还可以不费吹灰之力地利用声音的"流露"。尽管如此，有声电影似乎更依赖前一种方式，这大概是受到默片传统的影响。当然，有声电影会用背景音乐刻画电影角色的内心感受(李·安·德劳德让我想到了这一点)，默片有时会使用现场钢琴伴奏来达到相同的效果。但在默片中，电影角色只提供了文本，并未提供转换。

会占据上风。所以，只要与他人共谋，就会存在自我共谋。

　　此外，挖苦、讽刺、暗示和其他类似行为都会发生，这一切——重复一遍——行为让言说者能够评价接收者，并且，言说者完全知道接收者能够很好地理解这些言论，也知道言说者知道他能够理解这些言论。但是，双方都无法让对方对自以为理解的事情负责。此时，我们有控制地、系统地利用了单词和短语的多重含义，目的是用言语掩饰言语，在一群局外人面前成功实现了共谋。①

　　最后，简单的玩笑中也可能出现共谋行为。取笑、"开玩笑""愚弄""欺骗"等行为只有在接收者受到蒙蔽，框架尚未澄清之时才会生效。不过，遭受这番对待的人也许很清楚自己被捉弄了，也知道别人知道他知道这回事，却假装浑然不知，还会在真相揭晓之后假装大吃一惊——这样就更好地保证了玩笑的效果。（同样，个体可以大声地表达自己的愤怒、尴尬和困窘等；尽管有些不严肃，但这意味着他在互动中投入得足够多，承担了维持互动的责任。）

　　总之，个体会在互动中系统地处理各种信息，仿佛他不仅仅是一个黑箱——传统的黑箱模式将行动者面部特征当成证据边界，这种不符合事实的观点只适用于超理性的人。个体确实倾向于将自己分割成不同的部分，一部分对在场所有人保密，另一部分则向某些在场者透露或分享秘密（如前所述，这种情况假定了被排除在共谋之外的人不了解实情）。正因如此，言语互动明显与戏剧类似，但这么说并非全然出于贬义。**在戏剧表演中，即使扮演接收者的演员很清楚正在发生的事情，我们也必须也假定他完全不知情，如此才能理解隐晦的陈述与身势语的戏剧效果。**在特殊情况下，戏剧和三人交谈的情形都能还原为两人交谈的情境，而这种二人情境是言语互动的底层结构，双方都能在交流人数不足的情况下衍生出可被使用的多重实体，以确保交谈的顺利进行。在这种情境中，行动者的行为才符合黑箱模式；也可以说，行动者通过调适自己的行为确保自己与这种模式相契合，而这不过是一种人类天性。

---

　　①　公共政治演讲对这种歧义的控制和使用是最简单的例子：演讲者会向一些特别的听众传达其他大多数听众（他希望）都无法理解的第二重含义。这种方法有别于下述框架：在公共场合，演讲者利用特殊的声音和身体标记，公然让自己的话暂时专门针对特定的公众。

五.

通过考察重演和信息管理(information management)这两个问题，我们发现，个体行动者的传统模式并不适用于日常交谈，尤其不适用于非正式的、交流式的对话。要找到适合日常交谈的模式，就必须超越传统社会学分析的基础观念——传统社会学将个体分割为不同的角色，却没有进一步提炼。本书提出了许多修正这些理论的建议，此处将对这些建议进行最终的整合和澄清。

前述章节已经讨论了经验片段的其中一个特征：连接词，下文将从这一特征开始讨论。若要组织有意义的互动，就要准确匹配行为及其来源。言说互动通常能够做到这一点，但当一个教师尖叫着问出"谁说的?"这句话时，我们就可以说，来源和行为的匹配已经失效了。

在讨论连接词和行为的来源时，我们需要注意的第一点是，它们会和其他事物一样受到转换，尤其容易受到调音的影响。当我说：

> 我们读三年级时，很讨厌一个授课老师。他的眼神很不好，呃……我们坐在教室后排戏弄他，故意说错答案，他就会尖叫着问："谁说的?"

我就是这则小故事的来源，故事里还直接引用[①]了一句别人的陈述[②]。故事中的老师是经过调音——也可以说是"被插入"或"被嵌入"——的来源，而我使用的连接词（"他就会尖叫着问:"）可以确定该话语来源于

---

① 查尔斯·菲尔莫尔在一篇未发表文章"Pragmatics and the Description of Discourse"中提出，在英语中，除了直接引用和间接引用，嵌入也会出现在"再现式"的话语中。为此，菲尔莫尔举了一个例子："他可以再试试看吗? 他问他妈妈。"

② 该陈述隐藏了它所依赖的契约，一种我和他人都依赖的默契。毕竟，我并未向你们口头陈述此事，而将其转换成了印刷文本；这句话也不只针对你一个人，而是面向可能读到这一页书的所有读者。因此，本书的阐释本身要用引号括起来，只是这些括号需要把整本书都括起来。在所有阐释类书籍中，作者仿佛都在向读者说话："亲爱的读者……"，但实际上，这种交流经过了印刷的调音。此外，如果我从一个剧本中摘出一段交流，将它与大街上听到的一段真实交流进行对比，就会发现两种文本转换分别指涉不同的内容：前者明确指涉文本，后者则针对过去的真实行为。此外，文本的转换会完整地呈现文本内容，真实交流的转换则倾向于呈现事件概况，甚至保留悬念。至于这段脚注的地位（包括对这一脚注的评论，以及对该评论的评论），我依然秉持引言中提出的关于日常语言能力的观点。

谁。事实上,在本书最开始讨论连接词时,我就使用了这种方法。

　　我们要考虑的第二点能让我们看穿第一点的狡猾之处。在一次日常的自然交谈中,当一个人——我们称其为"约翰"——公开表达了一些内容,他就会在两种意义上成为这一声明的来源:他既是**当事人**(principal),又是**提出者**(originator)。当事人(此处指个人)需要对自己所说的话和自己表明的立场负责,而陈述的**发起人**(emitter)相当于在当前真实地发出清晰声响的发声盒(sounding box)。然而,当约翰接通玛丽的电话,替她询问哈里"玛丽问你今晚来不来"时,约翰就不再具有这种双重身份,他是发出邀请的人,但玛丽才是邀约的源头和对邀约负责的人,哪怕她没有"亲自"发出邀请。如果是约翰代表玛丽和她的室友向哈里发出邀请,那么,当事人就是包含着不止一个成员的一群人。

　　"发起人"一词本身会造成一些小麻烦。当约翰接通电话并说"你好"时,玛丽能从他的"语气"中感受到自己来电是否合乎时宜;如果约翰是在应门,别人也能从他的肢体动作和身体行为中了解这一信息,确认、否认、限定他当时当地说出的话的含义。换言之,约翰不只是发出自己的陈述,而且**激活**(animate)了这些陈述。

　　当约翰帮玛丽向哈里传递消息时,他的语气可能是中立的,没有伴随太多的动作。但这种信息传递带有特殊的副语言风格。如果约翰很反感玛丽,还知道哈里也是如此,他可能会捂住话筒,惟妙惟肖地模仿玛丽说话时的"表意性的"(expressive)特征(风格),同时传达玛丽说话的方式和言说的内容。事实上,只要个体在日常对话中直接引用某个不在场之人的话时,这些被引用的片段就会携带副语言的、身势语的信息,能够标记他所引用之人的年龄、性别、阶级等线索,让个体的陈述变得灵动。不管个体是否刻意地模仿对方,情况都是如此。因此,当约翰以自己的名义进行陈述时,他不只是替玛丽发出信息,也激活了它们。

　　一旦我们意识到信息来源具有当事人和激活者两种功能,并且,二者可以由不同的个体扮演时,我们就需要更加谨慎。这是因为,这两个要素分别在不同的框架层级上发挥作用,如果忽视这一点,我们就会对来源的概念产生极大的困惑。理解那通电话的要点不在于约翰和玛丽是不同的人,而在于与陈述(或行动)的内在意义相关的责任。与之相对,激活指的是其他东西,即信息传递的过程。如果约翰先挂掉玛丽的电话,再对哈里说?"我想知道今晚你是否愿意和我一起去找玛丽"时,当事人和激活者也稍有不同。这里的"我"(I)指代责任得以依附的实体,这个代词的特殊之处在于,它指涉的对象是激活者,①并不涉及个体激活信息的能力。当然,激活信息的有机体不难识别,他不是指代其他事物的符号,并不具有指示功能,只具备物理功能。(以此类推,激活者更类似于印出"我"这个词所用的墨水,而非该词指涉的对象。)

请注意,在涉及转述的交谈情境中发生嵌入时,激活者和当事人之间存在程度上的差异。约翰对玛丽的引用暗示了玛丽的双重角色,她不仅是自己陈述的激活者,而且,她的陈述("请转告哈里,我想知道他今晚会不会来找我")包含连接词"我想知道",这种嵌入式的陈述意味着她也是邀约的当事人。

重申一遍。尽管代词"我"确实指涉言说者,尽管言说者确实是一个特定的传记式实体,但这并不意味着人们每次使用该词时可以指涉这个实体的所有方面。原因在于,"言说者"可能是一系列不同元素的集合体,这些元素在某种程度上因人们关于身份的文化信仰联结在一起。所以,在下述陈述——"我冷得打战""由我负责""我出生在周二"——中,"我"所指代的内容是不断变化的,只是不容易进行描述。② 更明显的差别体现在下述情形中:当人们打断别人的陈述,说"我很抱歉"时,此处的"我"显然有别于人们因为两年前犯下的过错而受到别人指责时,说"我很抱歉"中的"我"。③

———————

① 在代词中,"我"和单数的、表示距离的"我们"[说这个词有距离感是因为应答者可能会用间接的方式回复,如"将军(General)现在想离开吗?"]似乎都是从言说者的角度来指代言说者,因此有别于东方主义的说法,例如,"这个低贱的野蛮人想要三加仑汽油",也有别于西方的版本,例如"这个作者……""这位记者……""这个目击者……"等。当然,王室口中的"我们"必然有别于普通人用复数形式指代的"我们"(该词的变化方式非常有趣),也有别于父母口中的"我们"(这个"我们"意味着"你"——这个问题稍后进一步讨论)。

② 参见路德维希·维特根斯坦的观点:*Philosophical Investigations*, trans. G. E. M. Anscombe (Oxford: Basil Blackwell, 1958), pt. 2, sec. 403-410。在提及自己应受责备或值得称赞的过往行为时,言说者会使用一套完整的表达,包括一些纯粹的手势,以明确区分当前接收者面前的"我"和他们正在讨论的、要为过去的言行负责的"我"。

③ 另举一例。在医学会议的提问环节,与会者可能会听到这样的问题:"我可以接着说吗? 去年我看到一个45岁的男性肥胖患者……"提问的医生根据自己的临床经验提出了这样的问题,其他医生则会客观地对待这种私人经验,就像对待一个官方语料库一般,而这样的做法无关人际交流的礼仪。来自著名诊所的医生也可能会说:"去年我们看到了一个……"在第一个医生的陈述中,第二个"我"可以被替换成任何人,第一个"我"则不然,二者证明了所指对象的差异。

　　激活者和当事人存在明显的区别,并且,当个体重演过往经历时,会在不同的框架层级表达"我"的想法,此时,位于不同层级的"我"指代"自我"(self)的不同侧影;由此,人们才会意识到第一人称代词的作用,以及要如何才能理解这一点。个体说:"我觉得我必须告诉你,那晚我焦虑不安,把一切都告诉了玛丽。"这句话隐含着三个标准的实体:其一是激活者(一个完全情境化的信息传递机器);其二是"正在陈述的自我",即正在对听众说话、对听众负责、与听众接触的言说者——这是言说者当下扮演的自我,这种自我与言说者激活信息的能力紧密啮合;其三是作为主角的自我,它是实施嵌入、转述行为的当事人,而言说者可能觉得这个人不同于以他的名义正在言说的自己。①

　　言说者不需要通过这些标准的实体进行陈述。以这段情节剧为例:

　　　　没有借口。你恨我理所应当。我也想恨我自己。

　　这句被充分激活的话也有点儿自相矛盾。毕竟,就算个体以评判罪犯的标准来界定自己(但别人认为他罪不至此),他也不可能完全是个坏人,只是他自我感觉如此。自嘲者就是这类人,但在某种程度上,自嘲者本身并非被贬低的那个自我。他不断评价自我,并证实这些评价;在这个

------

　　①　此处只是提出了一个"多重自我"的开放性问题,但并未给出答案。例如,1973 年,我有一次在听广播时注意到播音员提及某位音乐家的名字,他在之后的一小时内反复播放这位音乐家的歌。当广播要结束时,播音员说:"播音员(was),唐·史密斯[Don Smith]。"尽管这句话中没有明显的嵌入,但它依然涉及三个有着细微差别的实体:在最后一个小时进行播音的个体、在当下激活某条广播的个体以及隐藏在上述二者之后的持存主体——他从广播公司获得酬劳,还要缴税。如果他说"播音员是(was)唐·史密斯",听众就会认为正在说话的人不是唐·史密斯,而是别人;如果他说"播音员是(is)唐·史密斯",听众就会认为,尽管正在说话的人是唐·史密斯,但刚刚播音的人不是他。[有趣的是,播音员似乎不好意思使用"鄙人"(yours truly)这种老派的敬语,因为这似乎意味着他找不到更好的方式来表达自我的想法。]

　　当然,在一些特定的面对面交流情境中,个体只会显露出两个自我:激活所说话语的自我和实施他口中行为的自我。例如,拆弹员会对着麦克风描述他的行为:"我现在正要拧下炸弹底座;现在我已经拆掉了底座;我看到两根引线……"这一来,如果他出了问题,下一个拆弹员就能从录音中获悉原因;同时,别人也可以通过望远镜观察他的动作,只需要转换人称代词,别人就能转述拆弹员的行动。尽管后一种转述(例如高尔夫球赛的广播转播)也很常见,但前一种方式似乎对环境有着特别的要求。正在试鞋的顾客和视野受限的外科医生都会以第一人称的方式进行实况转述,但这些话混杂着许多自我指涉,而其中提及的自我有时与情境无关。

　　此处提及的多重自我的语义和语法问题尚未得到充分的探讨。

过程中,他隐藏了一个新的自我。

虽然关于来源的观点深化了转述、重演、嵌入的概念,但迄今为止,我考虑的内容还不够深入。如前所述,在当代美国中产阶级的交谈中,直接引用和间接引用都会把第一人称单数形式和第三人称单数形式当成嵌入的来源,还会使用连接词区分引用的片段和当前实际呈现的片段。然而,我们可以在不同的文化中找到不同的框架化实践。例如,在许多民间社群中,谚语、俗语、说教等内容似乎有很多用处,但这里的当事主体并非个人,而是人民的智慧一类的东西。在很多文化中,言说者甚至可以引用神兽、精神力量等观点。某些语言,例如美洲印第安语,是通过动词后缀,而非"代词-动词"的结构确定被转述的行动的来源的。①

在此,本书有必要进一步拓展这些框架概念。在我们的社会中,没有人会把讲述长篇故事当成一种很好的能力来培养,但其他社会似乎擅长利用这种讲故事的艺术。无论何时,顺便用一两句话给朋友重演某件往事,或者,一个经验丰富的说书人,对着一屋子翘首以盼的观众添油加醋地拓展故事情节,完整地演绎整个故事——这两种行为都是连续的。(诚然,听众会在这个过程中渐渐地变成观众。)正如激活者能够轻松地重演过去事件的片段,教师也能轻松地从手头的书上选个故事讲给学生们听——无论这个故事是历史、小说还是童话。在讲述这些故事时,教师会引述主角的陈述和行动,而这些内容与讲述者过去的经历无关。这种讲台上的讲述很容易变成一个成熟的戏剧表演。至少在某些方面,组织随口讲述的小故事与组织商业戏剧演出之间存在共性。

基于这种开阔的视野,我们就可以考察这一事实:激活行为可以在不同的距离上完成。木偶师能在一码开外控线,让木偶动起来;口技艺人得离他的玩偶很近,才能在背后操控玩偶进行表演,让玩偶"发出"更逼真的声音;棋子摆在棋手够得着的范围内;戏剧演员与被激活对象的距离更短,因为他只需控制自己的肢体和嘴唇——在某种程度上,人们在日常交谈中也是这么引述他人的话的。不过,当我们在日常生活中自言

---

① 温图语(Wintu)和通卡瓦语(Tonkawa)很好地印证了这一点,参见 Harry Hoijer et al., *Linguistic Structures of Native America*, Viking Fund Publication in Anthropology, No. 6 (New York: Viking Press, 1946), esp.p.310,此处需感谢乔尔·谢尔泽(Joel Sherzer)的建议。

自语的时候,我们是在何处激活自己的行为? 这一问题尚待考虑。

我们可以进一步对上述诸种情况进行提炼。当一个女演员在舞台上扮演西莉亚时,她激活了一个虚构的舞台角色。通过同样的物理构形,即她的身体,她还能游刃有余地扮演具有其他领域位阶的实体,例如某个历史人物、女神、僵尸、吸血鬼、丰满却呆板的女人。如果这个女演员是在幕后配音,她还能激活那些不需要征用自我形象的构形:鬼魂、毛绒玩具、会说话的椅子,等等。我们可以将女演员(或男演员)激活的构形统称为**形象**(figure),其中包括女演员在台下的真实生活中激活的东西。我们当然也能用"舞台角色"一词,但与"形象"相比,它更强调人类形态。

上述观点还能进一步提炼:在日常交谈中,个体会以当事人或发起者的身份采取相应的立场,对自己的言行举止负责,并且,他自己可能就是决定自己立场的人。然而,在许多互动系统中,一些类型的专家接手了对情境进行评估和判断的大部分或全部工作,他们指导我们在这些情境下应该做什么。例如,买股票的人未必要自己判断哪只股票更适合自己,因此,所谓的策略家(strategist)一定会有用武之地。

至此,我们基本完成了基本术语的构建:当事人、策略家、激活者和形象。参与日常交谈中的个体**能够**同时以上述四种功能发挥作用。然而,每当涉及转换时,这些功能将不再同时发挥作用。在戏剧《鸡尾酒会》中,西莉亚·科普尔斯通这个舞台角色是在仿真世界中发起剧中言论的人,是虚构的激活者,但(在首演中)真正的激活者是演员艾琳·沃思,真正的发起人则并不存在。该剧的作者是艾略特(Eliot),他设计了西莉亚的台词,却无须对西莉亚采取的立场负有社会责任,他只是写了一部虚构的公开戏剧和剧本——创作言论和发表言论是截然不同的两个问题。

六

研究神话和民间故事的学者需要辨别出现在他们故事中的各种非自然的行动者。显然,正统的戏剧舞台可以为这些神秘的形象设置布景,因为富有生命力的演员能让所有幻象(phantasm)鲜活、灵动起来。但是,研究普通的、真实的对话的学者肯定可以将他们自己限制在更本质的问题上;毕竟,言说者扮演着自己的形象,能够应对和自己一样的他者。不过,一旦对话涉及重演，我们就被迫放弃了稳定性。原因在于，尽管来自火星的双头绿巨人与安德鲁·杰克逊（Andrew Jackson）的鬼魂进行辩论的场景永远不可能发生，但从结构上而言，在真实的对话中重演这场论辩就像重演和邮递员的晨间交谈一样容易。这些幻想出来的舞台角色必须遵守框架规则，该规则规定，如果一个从句中出现了梦中人物这类主体，就不需要再使用代词和专有名词来表明其身份，因为这些代词和专有名词往往用以指代真实人物的身份。[①] 要探讨交谈框架的结构，首先必须对我们的文化常常征用的一些形象进行分类阐释，并分析这些形象使用的连接词。

1. **自然形象**（natural figure），此处特指有生命的、物理性的血肉之躯（动物身体或人类身体），它们拥有持续存在的个人身份。我们主要关注能够进行交流的人，即具备听说能力、能够成为言说对象并在交流中发挥作用的成年人。这些实体可以是当下真正的激活者和发起人，是唯一能够代表自身发声的形象。合格的自然形象自然会以特定的身份进行言说，即在言说时扮演一个特定的舞台角色。显然，这类言说者拥有独特的传记式的个人身份。（如前所述，喜剧中的舞台角色可以乔装打扮，让熟人认不出自己——夏洛克·福尔摩斯就这么干过，但我不建议人们在真实的互动中进行这种尝试。）

如前所述，自然形象使用的连接词很明显，他们可以通过听觉、感知唇部动作和匹配这些动作与言说内容来寻找并确定方位。如果这种最佳方法失效，他们还能使用许多次优的其他方法。但同时也带来了一些明显的问题。如前所述，当不同的自然形象在电视上进行交谈时，下一个言说者不仅要吸引上一个言说者的注意，还要确保摄像机镜头能够灵活切换，否则观众将无法确定正在说话的人是谁。电话交流带来一个更大的问题。我们能够辨别声音是否来自一个自然形象[②]，也多少能够区分刚

---

① 参见一篇颇具启发性的文章：George Lakoff, "Counterparts, or the Problem of Reference in Transformational Grammar," mimeographed (Bloomington, Ind.: Indiana University Linguistics Club, 1968)。具体形式参见 David K. Lewis, "Counterpart Theory and Quantified Modal Logic," *Journal of Philosophy*, LXV (1968): 113—126。

② 近期，人们想为一些语言机器编写造句说话的程序，还制造了一个差强人意的仿人类制品——毫无疑问，这项技术很快就能得到良好的改进。

刚说话的与正在说话的人是不是同一个自然形象,这种能力可被称为声源辨别。我们能"辨别"很多声音,但在一些只依赖声音的交流情境中,声音与言说者的联系显然并不稳固。下述是三种人们喜闻乐见的可能弱化声音与言说者的联系的有趣方式:模仿某个特别的人、模仿某个知名社会人物或模糊自己的独特的(和其他为人熟知的)身份特征。

2. **舞台形象**(staged figure)。这类形象包括从正统戏剧舞台、银幕、广播和漫画中衍生出来的虚构或传记式的舞台角色。他们保留了一些自然的外形,使用的连接词也类似于有能力的自然形象。舞台形象是行动和陈述的激活者和当事人,却从未真正扮演这两个身份,因为他们的整个行动发生在虚构的活动片段中,像戏剧就是剧作家、制作人、导演、演员等人共同协作的产物。因此,我们会认为某个人或多个人需要对整体的戏剧效果负责,却不能说某个舞台角色需要对他的陈述或行为负责。

自然形象代表他们自己,他们在想象中是真实的存在,但"想象的真实"可能不适用于所有的舞台形象。一些舞台形象会被当作真实的(尽管在特定的表演中,它们确实不是真的),另一些则不然;来自不同文化背景的人对此有着不同的想法。(儿童觉得舞台演员扮演的天使形象是真实的,父母则没那么天真。)换言之,舞台形象包含两类:自然的舞台形象和非自然的舞台形象。非自然的舞台形象有着多样的种类和构形方式:人物的动画角色、动物、纸制模型、木质框架,甚至是鬼魂、空白空间(empty space)等。

如前所述,舞台形象使用的连接词类似于自然形象。但是,如果实际的激活者没有使用自己的身体,就必须进行适当的调整:用器械模仿嘴唇的动作或用机械和灯光固定舞台形象的位置。如果舞台形象是不可见的幽灵之类的东西,我们就必须依赖另一个能够听到或看到这个形象的身体位置的舞台角色来锚定前者,或者通过这个舞台角色与幽灵的对话进行推断。另一种可行的连接方式是,用隐秘的方式展现物体的移动轨迹。

相较于自然的舞台形象,对非自然的舞台形象的管理更需要借助多样化的参与者位阶,一旦脱离真实的领域,人们反而期待更多样化的呈现舞台形象的方式。例如,舞台上的幽灵常常由观众看得见的演员扮演,这意味着,就算观众能看见"幽灵",(全部或部分)其他舞台形象也要假装看不到它们。相反,戏剧也可能一边(出于好意)想方设法让观众看不见幽灵,一边又要保证某些特定的舞台角色能够听到、看到幽灵。①

在漫画世界中,参与者的位阶更加复杂,值得我们进一步讨论。一些漫画形象能够相互交流,读者一般可以通过用当地语言印刷的对话(例如剧本)了解他们交流的内容——本书用的就是英文。通过这种方式,我们不仅能"听懂"人类漫画形象的言说,还能"听懂"各种动物形象的言说。此外,漫画中的动物能够进行跨物种的交谈,有时超出了人的认知范围,让人们难以识别它们交流时使用的文字。漫画家必须"声称"自己拥有特殊的能力(不只是语音学能力),能处理这些转换中不可识别的编码。一些动物形象[例如查尔斯·舒尔茨(Charles Schulz)的"史努比"(Snoopy)*]能够理解其他动物形象的谈话,还能在对话框中用人类的语言向读者传达对话信息。(与之相对的是电视里的飞龙表演,这种表演需要一个成年解说员藏在现场舞台背后进行转播,向观众解释这些动物透露给他的信息。)

在漫画中,内心想法(更确切地说是思想感受)通常会被转换为符合当地语言标准的句子,并通过对话框呈现出来——这确实是一种有趣的设定。② 不过,漫画世界的形象无法阅读对话框里的内容。(我猜测,漫画形象甚至无法阅读自己对话框里的内容。)

最后需要考察**言语表达**(expression speech)。成年人确实会与动物、牙牙学语的孩童和不小心撞上的家具展开一种非常特别的"交流",这一点鲜为人知。当人们用言语表达爱意、愤怒、认可、否定、承诺、威胁、警告

---

① 从框架的角度来看,这些形象与哈姆雷特父亲的鬼魂的领域位阶并不相同。这位绅士(指国王)是真实的,只是沉默寡言而已。所有形象都有别于幽灵,无论幽灵是否为人所见,它都只是人们想象的虚构之物。但如果我们仅仅因为它不是真实的,就忽略了这些基本的差异,那也会忽略其他适用于真实事件的分析模式。

* 《史努比》是1950年开始在美国《花生漫画》上连载的漫画,主角是一条名为"史努比"的狗和它的主人查理·布朗(Charlie Brown)。史努比能够直立行走,擅长扮演蛇、狮子、米老鼠、猎犬等动物形象。史努比在漫画中通过对话框表达自己的想法,经典名句"这是一个漆黑的暴风雨夜"(it's a dark and stormy night)源于此。——译者注

② 表面上看,正在发生之事所激发的情感反应不应该以句子的形式出现,因此,要呈现这些反应需要特殊的许可。在现实主义倾向的小说中[最著名的是《尤利西斯》(Ulysses)],人们发现,作为一种手段的"意识流"或"内心独白"可以通过断句及其他排版设计的方式,塑造真实的主体性。但此处的"成熟"也意味着幼稚。尽管小狗由感觉组成,但我们由句子构成,我们内心深处的自我由无声的言语表达构成。小说家和漫画家能了解笔下形象的思想不足为奇,因为这就是我们的思想——一种专门为别人设计的东西,一个装着各种句子的对话框。

等时,这些表达片段会带有适当的副语言色彩。一般而言,这些简短的句子并不属于情绪失控的范畴。言说者必然具备合格的语言能力,他似乎认为接收者能以某种方式理解他的话语,不会只停留在字面或单词的意义上进行解读。(我觉得这对动物而言是合理的假设,对儿童来说则不然。)言说者使用传统的句式,因为这是最容易表达感受、做出回应的外在形式。不同于自言自语,无论言说者眼前的交谈对象是健谈的同伴,还是路过的陌生人,言说者都得公开进行言语表达,不能害羞脸红,也不能推脱找借口。下面的例子相当引人注目:

> 一个中产阶级的女人把车停在银行门口,准备到银行存款。她下车时,对坐在副驾驶的贵宾犬说:"妈咪马上就回来。"
>
> 一个中产阶级的女人来到家门口,生气地对着挠门的狗说:"我告诉过你不许这样做。"

这让我们想到,人们在日常生活中也会用这样的话唤狗:"过来,拉德(Ladd)。"

漫画家会以两种方式拓展漫画形象对言语表达的使用:其一,漫画框架中的陈述比自然状态下更为随意——"自然状态下"指的是非舞台互动发生的场所,激活者和当事人等自然形象在此展开交流;其二,一些漫画形象能够进行言语表达,并认为接收者无法真的理解它们,但接收者通常能够理解这些话,只是没有告知言说者这一点。(史努比是一个非常特殊的形象,它不仅能理解英语,还能用英文书写、打字,而漫画中的其他自然形象都认可他的这种能力。)注意,漫画家自行设定了这种理解言语表达的方法,他们不会过于在意自己使用的设定。(正如所料,漫画家也会一时疏忽,让使用这种言语表达方式的漫画角色表现出"知道"自己的陈述能被人理解的样子。)木偶和电视飞龙表演的情况类似,二者都需要一个舞台形象作为中介,因为木偶和龙都不能直接与动物对谈,它们只能通过一些明显的反应来表达情感,再由中介向观众解释这些内容的意义。

3. **文本形象**(printed figure)。这是指小说中和传记中的形象,它们由文字而非演员或(漫画)图像构成。这些形象可以是自然的,也可以是非自然的。作者可以自行向读者揭示这些形象脑海和内心里的内容。除了我们前文考察过的连接方式外,自然形象还会使用一些印刷标记,例如大写字母、段落缩进等。

4. **被引用的形象**(cited figure)。自然形象能够描述其他角色和自己的行为举止,而这些行为可能是过去的、现在的、可能的、未来的。这些可被引述的行为以直接或间接引语的方式嵌入故事讲述者的话语。此处明显涉及活动的转换,通常是对某段经验片段的回放或预演——就像播放录音带一样。被引用的形象无疑要对他被转述的言行举止负责,"我"则是迄今为止最常见的一种指称。①

正如自然形象能够像播放录音带一样重演自己的经历,舞台形象和文本形象也能如此。而被引用的形象也能引用他人的言语和行动,形成前文提到的多重嵌入。(人能够理解的连续嵌入的数量限制因群体而异,

---

① 我们可以总结出一些转换规则。例如,菲尔莫尔的语用学指出,间接引语("转述引语")会改变指示词和引语的表达,使接收者能够准确理解话语的意义,而无须完全还原陈述者的原话。一个宇航员可能会对着陆机组的同事说:"我妻子说我永远到不了这里。"他觉得同伴肯定知道,他妻子并没有真的说过"这里"一词,因为只有登上月球的人才会这么说。他妻子说的可能是"月球""那里"或者"它"。同样,她可能说的是"你将"(you'll)而不是"我会"(I'd)。一般而言,这种间接引用还需要"后移"动词。最近,人们已经注意到将直接引语转换成间接引语(再框架化)时可能受到的一些限制。我引用了一篇有用的文章:V. N. Vološinov, "Reported Speech," in Ladislav Matejka and Krystyna Pomorska, eds., *Readings in Russian Poetics: Formalist and Structuralist Views* (Cambridge: M.I.T. Press, 1971):

> 对间接引语的分析指出:如果言说的所有情感特征没有附着于信息的内容而是附着于其形式,它们就不能被完全转换成间接引语。情感特征从形式到内容都需要转译,只有这样,它们才能成为间接话语结构的一部分或转变成主句,修饰言说动词。
> 例如,直接引语"干得好! 多棒的成就!"并不能转述为"他说干得好,多棒的成就"。这样的间接引语,相反,应该被转述为:
> 他说这项工作做得很好,这确实是个了不起的成就。
> 或者是:
> 他高兴地说这项工作做得很好,这确实是个了不起的成就。
> 在表达情感时,直接引语可以省略、删减许多内容;间接引语则不然,只有填充并完善这些内容,它们才能构成间接引语。(p.161)

更进一步的例子是,如果个体说完"我做梦都不想去"这句话后想直接引用这句对自己说的话,他必须说:"我对我自己说,'你做梦都不想去。'",才能免受间接引语的影响。

注意,人们管理转换的能力远远超过解释转换的能力。例如,宝路华手表公司曾经用整页的篇幅刊登这样一则广告图片:煎锅里放着一块钻石手表和一张写着"我爱你"的卡片,图片上方用一行解释性的标题写道:"献给每一个阴冷的早晨为你做早餐的她。"这样的商业广告不是性别歧视是什么?

这在经验的框架组织中是一个有趣的议题。①）然而，被引用的形象不能引用正在激活它自己的过程。不过，正如前文详细讨论过的内容，被引用的形象不能做的事情恰恰是会引发消极经验的事情。

这些关于被引用的形象的观点遵循了语言学对嵌入的处理方式。但我们也得关注此前从未探讨过的"插入"*问题。"自传式发言"是种常见的言说形式，言说者会在断言、请求或其他任何事情的开头加上对自我的指涉：

> 在我看来……（In my opinion…）
>
> 依我看……（If you ask me…）
>
> 我一直觉得……（I've always felt that…）
>
> 以我的经验……（In my experience…）

自我指涉的连接词后面紧跟着插入的内容，它不同于言说者的惯常表达，（据我推测）会让言说者将目光聚焦言说者自身，而不是聚焦这些话指向的其他形象。② 此外，我还得补充一点，使用这种拉开距离的方法的人往往给人留下一种印象，即他们避开了对话的谦逊原则，仿佛禁止言

---

① 自然形象的多重话语嵌入的限制是一个语言学层面的问题，它不同于多重骗局所涉及的框架层级的限制，但二者都涉及一个相同的基本问题。如前所述，语言学家容易将一般的转述和重演这一特殊的类别混淆，也可能忽略这一事实：嵌入可以通过一系列方式完成，不只依赖话语的转述。因此，自然形象的话语具有复杂性。从这个角度出发，问题的关键并不在于最内层的事情是行动还是话语，而在于，次内层包含一个"分层"动词，因为尽管被引用的形象可以转述、想到、梦见或看到其他人的行为，但他自己无法实施这些行为。

有趣的是，极端的分层问题往往被视为逻辑学家的领域，他们选择的分析案例似乎昭示着，他们以好玩而又复杂精练的脑力著称。事实上，这种能力会在人们意想不到的地方展现出来。例如，年幼的黑人女孩在城市里的非正式交流。这再次提醒我们，社会语言学的能力并不是正规教育或社会优势的产物。此处参见 Charles and Marjorle Goodwin, "The Construction of Accusations in the 'He-Said-She-Said,'" in C. Laughlin et al., eds., *Theory on the Fringe: Structure and Evolution in Human Society* (New York: The Free Press, forthcoming)。运用群体理论介绍三人交谈形式变化的例子可参见 Kenneth L. Pike and Ivan Lowe, "Pronominal Reference in English Conversation and Discourse: A Group Theoretical Treatment," *Folia Linguistica*, III (1969): 68–106。谁和谁说话，谈到了谁，谈话发生在什么样的语法背景下，这些问题生成了大量不同的组织片段，每个片段都能嵌入来自同一大类的第二个片段，以此类推。［感谢约翰·福特（John Fought）在这个问题上和其他方面予以惠助。］

* 此处原文"insertting"，疑为作者笔误，正确拼写为 inserting。——译者注

② Basil Bernstein, in "Social Class, Linguistic Codes and Grammatical Elements," *Language and Speech*, V (1962). 作者认为，在英语世界中，中产阶级通常比工人阶级更常使用这样的开场白。（pp.224,237）

说者自吹自擂的禁令不适用于他们，因为他们正在提及一个不完全是言说者自己的形象。（读者可能会注意到，我在上一句使用了"此外，我还得补充一点……"这个插入语，这并不妨碍我在探讨这句话的内涵时使用它。）讲故事的人可能会故弄玄虚地说，"你有没有听说……"，这种言说方式发挥着同样的作用：它是一种邀请对方与自己交谈的方式，与直率的要求相比，这种方式更容易让人发自内心地接受。简言之，言说者可以通过这种自我疏离式的转述形式来进行各种各样的陈述，哪怕这种框架最初看起来并不那么合适。①

对印刷文本的框架分析进行框架化的实践具有一些局限性。现在，我们有必要对这些局限性进行分析。迄今为止，我们讨论过人们通过日常语言完成想做之事的能力，但这种观点也有局限性。沃洛西诺夫（Vološinov）曾讨论过"嵌入"的问题，他认为：

> 然而，一则被转述的信息不只是言说的主题，它可以作为结构的一个完整单元自行进入言说、进入自身的句法结构。与此同时，它既保留了自身在结构上和语义上的自主性，又保证了将其纳入其中的言说语境的结构的完整性。②

随后他（像我一样）罗列了一些例子。尽管这些与嵌入有关的例子发生在言说过程中，但我们只能以印刷文本的形式将它们呈现在读者面前。如果间接引语的句法回应的是转述**产生**(in)的语境，而不仅是"与转述**相关**(about)的语境"，如果一些直接引语不能很好地用间接引语表达出来（像沃洛西诺夫描述的那样），那人们为什么不能认为，在某种程度上，在日常交谈中嵌入一句陈述的规则与我们在书面文字中嵌入"同一

---

① 人们也可能说，个体的每一句陈述都至少包含一个连接词，例如"我认为……"（"I aver that……"），因而，我们可以把所有表达都理解成某种转述。据此推测，询问是谁说了最后一句话可以重新获得连接词，正如这句回答，"这句话是我说的"。哪怕人们颇为认可这种可疑的声明，但我们仍需对下述问题进行解释：尽管个体已经表明自己的话中隐含着一个转述，并且与这个转述保持了一定的距离，但为什么还必须在言说时使用一些明确的连接词，突出"我认为""我觉得"这样的插入语？人们心照不宣地使用连接词的有趣观点可见 John Robert Ross，"［On Declarative Sentences，" in Roderick A. Jacobs and Peter S. Rosenbaum, eds., *Readings in English Transformational Grammar*（Waltham, Mass.; Ginn & Company, 1970），pp.222–272.］在作者看来，在分析时要把所有简单的陈述句当成内嵌独立从句的"述为句"，其中，"我"是被删除的名词短语，"说"是被删除的动词，"你"则是被删除的间接宾语。他认为，只有在深层结构中使用这些已经被删除的高级从句，才能借由语法规则解释反身代词（和其他语态）在使用层面受到的限制。

② Vološinov, "Reported Speech," p.149.

句"陈述的规则截然不同？若情况确实如此，我们该如何通过印刷文本说明二者的差异？人们当然可以在一间教室里阐明这个问题，在一本书中呢？有没有可能每个框架都是一个圈套，它系统地（至少是不费吹灰之力地）破坏了某些内容的传递，而另一个框架可以轻松地传递这些内容？

我试图阐明这类问题，但如果缺少这种模糊事物的传递方式，我们便不可能，也不容易进行阐释。

在现场演出的戏剧中，观众听到的陈述来自舞台上的"人体音箱"。如果某个舞台角色选择重复自己或其他演员说过的话，观众只能听到他对陈述的转述而非陈述本身，就会产生嵌入。戏剧的**印刷文本**(printed text) 非常清晰地记录了这一点：

> 约翰："不，我不会的！"
> 玛丽（转向哈里）："约翰说：'不，他不会的。'"

在小说文本中，这种对话的转换也没有任何问题：

> 约翰答道："不，我不会的！"
> 玛丽转向哈里："约翰说：'不，他不会的。'"

但如果我想讨论印刷文本中的这种交流，就会产生一个问题：人们很难用传统的方式区分"使用"和"提及"。自然对话和舞台戏剧一样，话语"直接"源自人体音箱，源自活生生的参与者。但这些话语要如何在讨论（比如交流）中被转换并呈现为当前的书面文本？在这本书的框架中，书面的陈述通常如下：

> "我说，约翰说：'不。'"

这句话中的"不"以嵌入的方式呈现，但如果是下面这句话，情况又会如何？

> 约翰说："不。"

我们是否可以这么理解——我为图一时方便，删掉了连接词"我说"，但如果需要解释，我可以随时还原这个默认的插入语？同样，第二个"不"是否也是一种隐含的嵌入？反过来，我是否想用"约翰说：'不。'"这行字替代约翰的某次日常对话，并告诉读者过于在意这句话只会混淆使用与提及？注意，这个问题不同于那个早已讨论过的相关问题，即我们是否可以默认个体**说出的**每一句陈述都省略了诸如"我认为"一类的连接词。

如果书面文字无法处理口语和书面语之间的所有差异，我们就无法避免类似的尴尬。出生在聋人家庭的失聪者会用手语讲故事，但人们可能永远无法完全说出这个故事与口头讲述的故事的差异。①

5. 戏仿与替代式言说（mockery and say-for）。我们已经区分了自然形象、舞台形象、文本形象和被引用的形象这四种形象，现在要讨论最后一种最容易被忽视的行为：个体（往往用矫揉造作的声音）扮演别人——后者可能在场，也可能不在场。个体按照自己的想法解读别人的言语和手势，但这并不是严格意义上的模仿，因为个体不想欺骗任何人；这也不是戏剧表演，因为这种激活片段往往非常短暂，不需要其他表演者的参与和配合。核心是个体扮演他人而非自我形象的过程，同时还要让观众明白，此时的他只是一个扮演他人的异类激活者（alien animator）。②因此，引人注目的既不是激活者，也不是他扮演的形象，观众不会对此感到惊奇。注意，这些细微的转换不只是生成了另一种被引用的形象；由于个体并未使用言说时会使用的连接词，因此，此处发生的事更接近舞台表演而非转述。

"替代式言说"体现在顺口溜式的歌曲和夜总会一类的娱乐活动中，例如，在夜总会里，表演者会跟着录音手舞足蹈。还有一些不那么正式的戏剧性的例子——"反转"（turn）是指，当表演者在台上或台下模仿一个知名人物时，他会被赋予特殊的表演者位阶。歌手也维持着一个特殊的非我（not-self），他与歌词中提到的形象存在密切联系，但没有人需要为这个形象负责。③

因此，在舞台上扮演某个戏剧角色的人也可以进行替代式言说。但

---

① 相关观点可参见 Aaron Cicourel，"Gestural Sign Language and the Study of Non-Verbal Communication"（未发表文章）。

② 我们似乎找不到什么理由来解释个体为什么不能脱离自我形象，这种现象可能会发生，但并不常见。

③ 我只是提出了一个关乎歌手与歌词描绘的"人"（歌词中的"我"）的关系的问题。这种复杂的关系是流行文化创造出来的一种景观。值得关注的是，数百万听众每天都会听歌，在这些歌曲中，歌手与歌词所描绘的形象存在复杂的关系，但只有少数学者关注了这个问题。人们偶尔会抖机灵，任性地关掉电视的声音，只观看歌手的动作姿势，无视歌词的意义，然后他们就会发现，歌手只会用手稍微比画比画动作（大概五六种姿势），但这已经是歌手为配合歌曲演唱能做出的最大努力。

这类行为的要点是,在舞台之外进行日常交流互动的人也能这样做,例如个体可以模仿婴儿、宠物①和同伴参与者等在场形象的话语,替他们说话。在一些文化中,提及某些专有名词或卓越能力,就能让人想到某个不在场的人。②“声音”(或“语域”)也是如此。个体会在非正式对话中使用一些刻板化的口音——儿语(baby talk)、种族口音、民族口音、性别化的表达等,以此表明一些行为和话语源自其他形象而非自己,而这样的形象是以类别而非传记方式被定义的。成年人常常会使用儿语卖萌,以示亲近(常见于现在的电视节目),儿童则常常通过儿语来消除自己和成年人打交道时的恐惧,但儿语还有一个重要的功能:成年人可以模仿儿语,替尚不会言语的幼儿回应他人,仿佛幼儿能(或者会)说话一般。人们也会用类似的口技为玩具猫、泰迪熊和其他萌物赋予生命。③ 当然,为完整地模仿一些交流,人们会在替代式言说之前或之后补充使用“言语表达”。

---

①　Erving Goffman, "Communication Conduct in an Island Community" (Ph.D. diss., Department of Sociology, University of Chicago, 1953), pp.153-154.

②　早在十年前,设德兰岛的居民(Shetlander)已将“模仿”发展成一种绝妙的消遣艺术。社区中有不少人因擅长模仿他人的言行举止而出名,例如一些以模仿詹姆斯·斯图尔特(James Stewart)、马龙·布兰多(Marlon Brando)而出名的喜剧演员。克劳迪娅·米切尔-克南(Claudia Mitchell-Kernan)的一项关于当代黑人英语的研究佐证了这一点:

> 标出(marking)本质上是一种个性化模式。标出者(the marker)不仅会尝试转述别人的话语,也会学习别人的说话方式,隐晦地表达自己对言说者的背景、人格和意图的看法。这种信息传递并不是概括性地介绍他人的个性和性格特征,而是通过再现的方式,时不时在言说中加入他人的一些表达性特征:从音韵特征到一些特定的内容等。个体通过再现他人的音韵或语法特征,刻意保留他人的错误发音、粗鄙俚语、乡下口音,尤其是模仿他的副语言信息,来表达信息的意义。[Claudia Mitchell-Kernan, "Signifying and Marking: Two Afro-American Speech Acts," in John Gumperz and Dell Hymes, eds., *Directions in Sociolinguistics: The Ethnography of Communication* (New York: Holt, Rinehart & Winston, 1972), p.176.]

③　这些“传声”(throwing-of-voice)的句法形式是模糊的。例如,一个女士会对她的猫说:“拔示巴(Jazebel)说它不喜欢肥皂,对吗?”只有这句话的非词汇特征能表明这是这位女士在按照自己的想法解读猫的意思。女主人可能可以用言语表达的方式这么转换这句话的意义:“我们不会伤害宝宝的,是吧?”

注意,在上述情况中,猫是没有语言能力的萌宠,猫的主人使用两种方法与之交流:一种是“父母模式”,它打通了自己与他者之间的区隔;另一种是用专有名词和亲属称呼代称动物,将它们当成可爱之人。这两种转换带来的后果是,当我们用书面文本表示这些话语时,特殊的框架歧义可能会出现,因为这些话要么针对没有语言能力的宠物,要么针对没有语言能力的人。因此,“如果我们这么做,爸爸会打我们的屁股”可被翻译为“如果你这么做,我会打你的屁股”或者(对于孩子来说)“如果我这么做,你会打我的屁股”。

七

连接词是能够明确正在说话之人、正在进行之事的一种工具。乍看之下，人们可能认为，包含形象的转述片段的全部意义在于建立语词、行动及其行为主体之间的联系。但也有人提出，转述片段的意义不止于此——言说者在重复别人的话时，也重复了那些已经出现或将要出现的表意内容。换言之，言说者可以在一定限度内模仿一些形象，复制他们的表达方式。所以，除连接词之外，被转换过的表意性的伴随内容也能标示直接引语。的确，听众可能错过了连接词，在连接词完成使命、已经消失之后才加入对话，但他们仍然能注意到言说者并非以自己的名义说话，只是在扮演一个正在说话的形象。此外，模仿要遵守一定的规则，受到一定的限制；具体的限制因文化而异，在特定的语言社区中则因人而异，而这些限制通常关乎模仿的合理性和恰当性。此外，我们也能在此处找到直接引用与间接引用的差别，后者显然更不容易被模仿。

与模仿规范类似，审查（censorship）规范也值得考虑。例如，在文学演讲（比如，现代英国小说）中，演讲人有权利也有义务引用一两个原文片段，大声阐释引用的内容，用以支撑自己的观点。这与评论家发表见解的方式类似。如今，出于对时间、地点、观众（以及某些当代小说的男性偏向）的考虑，演讲人必须有风度地忍受某些小说片段。关键是，演讲人可以与一些文本划清界限，但他很难用同样的方式与自己演讲时引用的内容撇清关系。一般而言，与引用他人说的话相比，演讲人会以更严格的标准对待自己演讲时说的话，毕竟他只是激活了前者，而不需要对前者负责。

模仿规范和审查规范都是与演讲框架相关的限制性的要素，这意味着，引用本身——比如，从直接引用到间接引用的转换——受到限制，一些特定材料很难被有效地引用。例如，在阅读别人的文章时，个体会遇到"我"一类的话语要素，它可能会导致降调，必须进行相应的转换。此外，笑话和双关语具有独立性，可以插入任何人的话语。就算能找到创造笑话和双关语的作者，声誉也只属于讲述者而非创造者——个体即便说明其来源，也不影响他因演讲获得的声誉（风趣或无趣）。然而，当演讲者将玩笑和双关语作为讨论的主题，自然地探讨一些示例时，他会发现这些例子不断地偏离"示例"的框架位阶,仿佛他真的在讲笑话或双关语一般,进而影响他的演讲声誉。因此,言说者可能会在示例一则笑话或双关语时挤眉弄眼,冷嘲热讽,仿佛这样就能维持其示例的框架——引用其他材料可能不需要进行这样的转换。

与演讲人类似,健谈的人在转述别人的话时也要遵守规范,这些规范所带来的限制甚至比演讲所受的限制更加严格。

基于这种框架视角,我们可以提出非正式交谈中的哪些特殊问题?

1. 在言说者重演自己的过往经历时,言说者和观众能够管理的剧班规模受到何种限制? 言说者每次能够回顾多长的经历?(此处的问题是,个体如何才能从对话参与者——他当然有权重演不同的简短经历——转换成专业的、多功能的健谈者和故事讲述者?)

2. 嵌入受到哪些纵向的限制? 即言说者能在多大程度上引用一个反过来引用了其他形象的形象? 诸如此类。

3. 根据本书的假设,自然形象在交谈时往往夹带着情绪、姿态、口音等复杂的表意性的元素,那么,言说者扮演别人时如何才能恰到好处地模仿这些元素? 例如,如果言说者要引用某个异性形象,他要如何模仿性别化的表达才不令人生疑?

4. 审查规则:个体有权引述一些他人使用的脏话和禁忌性话语而无须对此负责,但这样的权利何时会失效?

八

信息位阶和连接词的概念为个体呈现自我的过去经验片段奠定了基础,当事人、激活者以及形象的概念则进一步夯实了这些基础。现在我们还要介绍最后一个术语。

如前所述,在日常互动中,某个形象既可以是发布言论的当事人,也可以是激活者,而在舞台戏剧中,这三种功能是分开的。原因在于,尽管舞台角色可能表现得仿佛自己就是言说的激活者和当事人,但这只是虚构的戏剧剧情;严格来说,最终激活这些信息的人是演员,当事人则始终不存在。显然,即使剧作家亲自参演戏剧,结论也是如此。那么,如果朗读者向观众大声念出这些戏剧和故事,情况又会如何? 如果朗读者足够专业,他就能惟妙惟肖地模仿文本中的各种舞台角色,赋予每一个舞台角色独特的声音，并保留另一声音（可能是最接近"自己"的声音）来讲述文本的非对话部分，包括连接词和舞台指导。（他可能会省略文本中的部分连接词，因为他赋予每个舞台角色的独特声音足以发挥连接词的作用，适当的省略反而能增强戏剧性。不过，有时他也会失误，没能准确地匹配特定的声音和人物，导致连接词变得"模糊"。）

显然，在此处，我们必须将经验的组织牢记于心，否则本书的分析就站不住脚。朗读者是整个故事真正的激活者，是发声机器，但嵌入故事的舞台角色可以在他们自己的层面上提出并激活这些故事，变成被转换过的当事人和激活者，尽管经过转换，但他们也是提出者和激活者。

当我们转而考察默读小说或剧本的读者时，"谁真正激活了那一行行文字"的问题就变得疑云重重——读者似乎是真正的激活者，他的观众就是他本身。

这引出了本章所需的最后一个术语——"观众"。我们曾在讨论戏剧框架时提及，在西方社会中，观众以某种特殊的方式成为接收者，他们只需要承担有限的义务：付费、尽量安静地坐着、对演出表现出兴趣或欣赏、在表演结束时报以掌声。演员在舞台上说的话并不是**对**（to）他们说的，而是**为**（for）他们说的，他们的恰当反应是欣赏而非行动。该做出反应的是剧中的其他舞台角色，但他们的回应并不是"真实的"，只能代表舞台角色。此外，观众的欣赏不只针对演员，也针对演员扮演的舞台角色、戏剧制作人、导演、剧作家以及保证整体戏剧效果的一众工作人员。（所以，在谢幕之后，整个剧班都得回到台上向观众鞠躬致谢。）同理，当我们欣赏一部小说或戏剧时，情况也是如此。

在面对面的非正式交谈中，因为听众很少，所以每个参与者必须表现出自己不仅能够接收并理解对方的信息，还不会觉得对方过于夸张的样子。相较于多人的交流，交流分析的传统术语更适用于面对面的情境，因为观众的数量越多，越能分担接收者在交流中的责任。更重要的是，观众不仅要对言说者表示欣赏，也要对他呈现的整个场景（及其主人公）表示欣赏。重申一遍，断言、质疑、发号施令或感叹等传统的语言表达方式都没能切中肯綮。从表面上看，正在发生的并不是这类事情。有人可能会说，人们在面对面交流中寻求的是共情而非欣赏；事实也确实如此，但共情也可以是它自身的目的，是一种终极行动，是听众对言说者做出的一种完整的判断。

在戏剧表演过程中,无论在哪个节点上,观众与舞台角色各自的陈述和行动都是完全隔绝的。与舞台角色不同,观众只能通过后渠道做出反应,以一种调节过的、难以察觉的方式表示自己已被眼前的剧情触动——尽管他们很清楚,同样的表演会在明天呈现给另一批观众。真实的对话也是如此,交谈最需要、最渴望的东西不是观众喝彩般的反应和行动,而是一些呢喃低语——咕哝声、啧啧声、吸气声、"天哪"和"哇哦"——这些反应表明听众确实为言说者重演的经历所触动。

九

传统观念认为,个体本身会认同自己在日常互动中切割出的形象。从这个观点出发,我讨论了一些与框架相关的、能够削弱个体与形象之间的联系的理由:玩笑和其他可能涉及的调音能够大大减轻个体的责任;个体呈现的往往不是他自己,而是包含某个主角的一段故事,只是主角碰巧是他自己;个体可以有选择性地与周围的人分享自己的内心状态,就像一个戏剧演员借助表演将舞台角色的内心戏外化一样。

但是,激活者与激活行为之间的戏剧性关系是框架规则赋予参与者的特殊权利,并且只是其中的一方面。另一方面与之截然不同——个体有权将自己与自己扮演的角色(无论完美与否)区分开来,因为后者只具有有限的权利。这两方面的权利有着深刻的、句法层面的区别,如果不仔细审视其中的框架问题,就容易忽视二者之间的差异。例如,"个体惟妙惟肖地模仿一个不小心演砸了一场戏的形象"与"个体不小心搞砸了对某个形象的模仿"的差异就在于:前者关乎使自己与被激活的形象分离的标准权利;后者则关乎个体减轻自我行为责任的能力。我们要考虑的正是第二种情况——保护性的距离(protective distance)。因此,问题并不在于个体扮演谁,而在于他如何妥善管理角色扮演过程中的偶发事件。

第一种处理方式是:个体抑制住令人分心的行为,譬如一闪而过的面部框架破裂:走神、突然的微笑或爆笑、控制不住的怒火与谩骂、突然的脸红。还有一些更加短暂的让自己感到舒适的动作,例如:挠脸、揉鼻子、咳嗽、在座位上挪动。此外,还有一些事务会被视为框架外的活动,比如旁白、因私请假、阅读邮件等。框架之外的那部分自我维持着这些游离的次要卷入:涂鸦、咬指甲、吮手指和各种摄入(intake)行为(例如,吸烟、狼吞虎咽、细嚼慢咽）。最后，还有一些个体为保持体面而设计的行为，它们本该发生在隐蔽渠道，却被个体公开实施，比如检查领带和衣领、梳理头发、整理裙子，等等。

通过这些行为，个体标出了当前角色对他的最大限制——这是一种公开的承认与声明，意味着个体的激活者身份胜过（至少不同于）他在当下必须扮演的任何角色。个体仿佛是自愿让其他互动者瞥见自己的后台，因为他们并不追求完美无瑕的表演。

第二种处理方式关乎个体对借口和道歉的管理。个体搞砸某件事后，可以假装若无其事，并迫使目击者也假装什么都没有发生。的确，个体在正式场合常常采取这种策略，否则任何其他补救行为本身都有失妥当。或者，他可以悬崖勒马，暂停片刻，找借口解释或者道歉。有趣的是，这种认错行为常常被归类为一种礼貌和礼节，但事实绝非如此。这是因为，如果个体试图补救自己犯下的错误，他就是在要求其他当事人突然以不同的立场接受过错方的行为，接受一个扮演特定角色时出错的人。

当个体已经完成手头的事务，再口头致歉，这通常不会造成什么破坏；在请求原谅之前就找好借口同样如此。这种"事后诸葛亮"和"未雨绸缪"的做法是一种简单的再框架化，二者都能自然地嵌入当前的活动。然而，如果个体在交谈时出错，问题就更加复杂了，交谈者的关注焦点将从那些需要解释的错事转移到辩解本身。

举一个与非正式交谈无关的例子。在黄金时段播报全国新闻的播音员往往会以一种近乎完美的方式朗读台本，仿佛他们不是在念词，而是身临其境。如果不慎念错了某个词，播音员就会竭尽所能弥补错误，保证播报效果——他要么会装作无事发生，淡定地重读一遍念错的词，要么会忽略这个错误继续播报，仿佛他们不需要注意，也不需要修正这个错误。相反，在一些新兴的小众地方电台，播音员播报时犯了错也不要紧，他们能更自由地处理这些问题——他们会公开表达歉意、自责和怒意，甚至会向观众解释自己在词汇、短语、句子、语言和发音等方面一直存在的各种问题。通过这种方式，他们表现出一副专业播音员的样子，但这种"自救"措施反而会让节目蒙受更多损失。听众发现自己受邀进入了播音员的情境，而非被播报节目的情境。注意，由于个体说出的话必定指向他说过的（或即将说出的）另一些话，通常来说，广播一定会明确地区分评论性旁白的声音与个体的声音——这是自反性框架破裂的标志性特征。

"开场的口误"和语气停顿（或过多的语气词）也和借口类似，"嗯"（uhhh）是最常见的例子。当不习惯在麦克风前说话的人要在广播中讲话时，就会说出此类语气词。这些声音赋予言说者的话语一种连续性，它意味着，言说者哪怕不能立刻找到合适的话来应答，也一直在努力尝试。① 但这种连续性也需要观众的耐心，他们得容忍言说者的停顿，并根据言说者思考的时间做出反应，动员自己发挥听众应发挥的作用。

个体在扮演角色时也享有短暂的自由，可以抽出点儿时间伸伸懒腰或道歉。这些短暂违规的行为只是行动的影子，不容易为人察觉；当然，社会学领域长期忽视了这些问题。演员必须避免在演出过程中做出上述行为（除非剧本要求），才能快速激发我们对舞台角色的兴趣，让我们更清楚地意识到：尽管社会世界建立在由人维持的角色之上，但这些人的存在能够超越，也理应超越他们当下所扮演的任何角色。这些非常细微的举动背后隐藏着非常深刻的议题。

十

现在可以总结一下关于交谈的观点和框架分析的术语在这种互动中的应用了。

交谈可以在不同的框架片段中迅速转变——包括短暂的捏造（通常是善意的）以及各种调音。交谈还涉及转换的线索，这些线索可以明确交谈本身是否发生了变化、发生了何种变化。如果个体故意引起这种变化，人们就能发现一些标明活动起止（对过去片段或未来片段的重构从何开始，从何结束）的架构线索，因此，这些线索本身具有回顾性或前瞻性。（如果个体鲁莽地打探他人的隐私，惹怒了对方，他就可以质疑对方的框架，辩称"我不是那个意思"或"这只是一个玩笑"。）一个经过调音或捏造的活动片段常常紧跟着另一个经过转换的片段，并与未经转换的活动片

---

① 已经有相当多的语言心理学文献研究过犹豫现象（hesitation phenomenon）。例如，Frieda Goldman-Eisler, "A Comparative Study of Two Hesitation Phenomena," *Language and Speech*, IV, pt. 1 (1961): 18–26; H. Maclay and C. E. Osgood, "Hesitation Phenomena in Spontaneous English Speech," *Word*, XV (1959): 19–37; Donald S. Boomer , "Hesitation and Grammatical Encoding," *Language and Speech*," VIII (1965): 148–158。整体而言，这些研究的方法非常规范。不过，这些研究忽略了犹豫本身就是个体享有的一项核心的社会权利，也忽略了个体在犹豫时扮演的角色。这些学者过分注意方法上的规范性，却忽略了其他的重要内容。

段混杂在一起,就像情境中的日常活动片段一样真实。这些转换可能非常微妙,人们往往因为言说者的特殊意图而误解其话语,因此,问题的关键并不在于话语的字面意义。正如格赖斯(Grice)所言,接收者能从提问者抛出的问题中觉察他的意图——提问者要么想让接收者提醒自己一时想不起来的话,要么想测试接收者的知识水平,或者是逼他亲口承认某事,等等。① 此处的提问者并不是想为问题(question)找答案,而是想为他的质询(questioning)找答案。如果目的达成,字面上的回答就会变成一种内在层级,一种已经升调的东西。的确,就算是在一句简短的话语中使用隐喻,也需要时不时跳脱并回溯字面含义。② 言说者可以引用他人的陈述来充实自己的发言,他人当然也能如此。当言说者引述自己的话时,他可能用到"我"这个词,但这个"我"可能不同于正在言说的他自己(himself-at-the-moment),这样就能确保他是在用一种特殊的框架在言说,削弱这些话的分量,从而区分言说者和他在描述自我的过去经历时提到的那个自己。最终,整体的言说被零零碎碎的自反性框架破裂打破,而无论这些框架破裂是否有意为之,都能将接收者的注意力从言说内容转移到言说方式上,进而将交谈行为转换成主题。在西方社会中,每个群体的言说框架都可能持续发生这种剧烈的变化,每个正常人都能轻松拾获与框架相关的线索,并据此理解、判断他人的行为。如果对话的参与者无法

---

① H. P. Grice, "Utterer's Meaning and Intentions," *Philosophical Review*, LXXVIII (1969): 166-167.

② 显然,这不仅发生在西方人的交谈中,正如埃塞尔·艾伯特(Ethel Albert)对中非人的描述：

> 人们很难从字面上理解隆迪人(Rundi)的惯用语(包括俚语)。隆迪人的话语有着自成一体的文体惯例,如果仅按字面意思理解,就会产生歧义。论及一个革命者……言说者通常会说"没有人认识他,也没有人认识他的家人"。其实,言说者完全知道这些细节,也会继续讲述这个革命者的家族历史、同盟者、成功、失败和最终垮台的过程。他们习惯使用的介绍方式是一种消极的价值判断。如果言说者评价一个人"没有子嗣,无人送终",人们不能从字面上理解这句话,尤其当那个人的孩子就在现场之时。这句话的意思是,那个人的一些孩子已经去世,即"这位父亲的很多孩子都已不在人世"。语气略轻一点的陈述是"我去了某某家,但他家没有啤酒"。这句话意味着言说者已经喝到了啤酒,但对方准备的啤酒很少,他喝得不够尽兴;或指主人不够热情,使客人感到无趣。在隆迪人的传统中,父母会给第十一或第十二个孩子取名 **bujana**,"数百",意味着这是个大家族。这种习惯性的夸大在现实中屡见不鲜,尤其常见于经济或政治谈判、向他人索赔或赞扬他人的情境中——慷慨的人会被称为"姆瓦米"(mwami,意为"国王")或"伊玛纳"(Imana,意为"神")。["'Rhetoric,''Logic,' and 'Poetics' in Burundi: Culture Patterning of Speech Behavior," *American Anthropologist*, Special Publication, LXVI, pt. 2 (1964): 51.]

及时调整框架,他就只能听到一些杂乱无章且毫无意义的词语;听得越多,他越混乱。

一种观点认为,我们渴望得到他人的回应,但不是为了找到某个问题的答案或满足自己的要求,而是为了获得他人对我们表演的欣赏。我们很容易可以补充另一种观点:出于种种原因,如果能让作为激活者的自己与需要对自己的言行举止负责的形象保持一定的距离,我们会更有安全感。面对面互动或许是一种调适模式,它需要我们将自己的行为移出封闭的互动圈,只留下更容易调适的内容,即对行动的回顾,而非行动本身——在这种回顾中,他人的回应应该是欣赏而非抗拒;而且,回顾中的"我"常被用来指代故事主角,但它与这样称呼自己的言说者略有不同。无论出于何种原因,交谈的灵魂都在于重温与回味。

个体可以自然地说出述行话语,就像桥牌玩家在轮到自己叫牌时说:"三梅花"(Three clubs)。但这种述行话语抽空了语境,很难被自然的对话所接受。相反,个体会在脑海中构想出一个曾经出现或即将出现的场景。他们可以引用别人甚至是自己的话,也可以用滑稽的方式说话,仿佛说话的人来自某个被刻板化的阶级、国家、星球、种族、性别、宗教、职业;或者是《爱丽丝梦游仙境》(Alice in Wonderland)中的舞台角色或一个中国圣人;又或者是一个受到酒精、上帝或激情影响的人。他们在自己的话语中加入了各种模糊的说法、保留性的内容和其他可以撇清自己责任的措辞。为了做到这一点,他们通常会加入许多不必要的自我指涉。并且即便是在这样的表演中,言说者也可以用另一种声音为这些行为辩解,打破自己的框架。

因此,当个体面对面与熟人交谈时——此时我们应该全面地看待他,他在以自己的名义和自己的方式为自己行动——他把自己框定在人们的视野之外。据此说他扮演着一个角色,并借助该角色展现自身,是对完整性和真实性的一种偏见。他主演并激活了一场独角戏,这是他自己的表演,是他当下的行动。但个体以当事人而非此刻的自我的身份完成这种自我呈现,他激活的是不同于此刻的自我的形象。当然,他"表露了"自己的信念、关注点、感受和态度,记录了自己的"内心状态"。然而,这些展演并不是通达言说者内心的捷径,因为它们只与被激活的形象有关,与激活者本身无关。

自我与形象之间的松散性远不止如此。如果言说者陈述的信息与周遭世界明显脱节,倾听者就会更加随意地做出解释。原因在于,无论多么准确地理解了言说者试图唤起的内容,倾听者都会拒绝言说者的邀约。相反,倾听者可以对自己听到的内容进行升调,将其溶解为一个单一的整体,并将这些内容当成言说者推销自我的一种伪装,或一种拙劣的讨好,或一个老生常谈的故事,或对某种著名口音的趣味模仿。(对还原论者的分析显然始于家庭。)所以,覆盖在言说者快速转换的交谈框架之上的,或许是另一重源自倾听者的框架转换,后者有时只与倾听者相关。这为框架的多样性增添了一重多变性。

当然,在桥牌游戏中,玩家无论是在叫牌时,还是在玩牌时,都可以只说"三梅花"。这种交谈可以满足桥牌游戏的需求,但对于日常交谈而言,我们得仔细斟酌下述对话的框架结构。这是一场真实的桥牌游戏的录音。①* 玩家们人手一副牌:

> 玛丽莲(Marilyn):**出牌**……
>
> .
>
> .
>
> .
>
> 玛丽莲:海伦告诉你我稍后要过来找你——
>
> 玛丽:**出牌**——呃,那天**她**没有和你**打招呼**。你那会儿正和她通话,我坐在另一间办公室里,弗兰克·罗马诺(Frank Romano)也在那儿,我说,"海伦在和我朋友……"
>
> 萨拉(Sarah):(清了清嗓子)
>
> 玛丽:……(接上句"海伦在和我朋友")打电话。然后,罗马诺说:"海伦,替玛丽向她问好。"海伦只顾着和你唠叨,没替我向你打招呼就挂了电话。
>
> 玛丽莲:哦。嗯。
>
> 玛丽:但她应该说了……

---

① 对对话内容的录制和使用已获得玩家许可。录音由阿维拉·佩恩(Arvilla Payne)完成,再由盖尔·杰斐逊(Gail Jefferson)转成文字文本,她简化了我们通常会使用的正字拼写法,并在她觉得合适的地方用大写字母的方式标注了一些与游戏相关的表述(见对话中的黑体字部分)。有些时候,玩家专注于游戏,没有进行对话,她用一些点来表示这些没有对话的时间段,点的数量与停顿的时长相对应。

* 这段录音展示的是4个正在玩桥牌的女人的对话,她们一边出牌,一边闲聊,闲聊的内容混杂在与游戏相关的讨论中。——译者注玛丽莲:唔……

玛丽:因为我听到她和你提过一两次。说到了……

·

·

·

·

玛丽:账单还是什么别的东西……

·

·

玛丽莲:他们没告诉你我的要求是什么吗?

玛丽:没有。

玛丽莲:啊? 他们没有说吗?

玛丽:没有,他们没有细说,我刚刚才知道你和他们说过这些。

玛丽莲:(在玛丽说到"我刚刚才知道"几个字时出声)哦! 哈哈哈哈哈哈。你知道,那天我帮他们所有人都取了票,他们说:"嘿,我们要再打个电话给我们的好朋友玛丽莲之类之类的",然后交换这些票……

艾琳(Eileen):(在玛丽莲说到第一个"之类"时出声)唔……

玛丽:(在玛丽莲说到第二个"之类"时出声)对,他们说……

玛丽:(接上句)他们说你是他们的好朋友,玛丽莲。

艾琳:(在玛丽说到"好朋友"这个词时出声)**这是我最后一次出牌的机会了,唔……**

玛丽莲:(在艾琳说到"机会"这个词时出声)对,没错!

玛丽莲:所以我说"好……"

萨拉:(清了清嗓子)

艾琳:**飞牌(finesse)!**

萨拉:**如果飞牌的话,好吧。**

玛丽莲:(接她上一句话)所以我说,"好,我现在就要和你们做好朋友"。

萨拉:**唔,啊啊啊啊啊——好吧,她赢了所有牌!!!**

十一

过去十年间,全世界的人花费在看电视上的时间急剧增加。人们看的一小部分内容是寡淡无奇的语言、图像、图表,例如天气预报、政府工作报告、商业产品展示。大部分时间里,电视都在播放戏剧和喜剧,包括电影重播和与电影类似的剧目。令人惊讶的是,纪录片的受众在大幅增加,新闻报道也越来越倾向于"现实"。电视开始呈现有新闻价值的真实事件场景和对亲历者的采访,记者常常认为受访者仍然沉浸在事件中,试图通过一些问题窥见人们关注的现实。("你母亲逃出大楼的时候,你看到她的衣服着火了吗?")上述所有手段无疑都有助于为公众提供信息,但与此同时,电视节目也让政策或悲剧事件转换为电视脚本的原材料,对这些材料的重演让观众有机会间接地参与这些事件。无论此类事件会不会对人们的生活产生实质性的影响,它们都容易成为电视情节材料的来源。显然,掩盖真实事件的方式就是对它们进行现场报道。

我们早已对世界的戏剧化司空见惯,许多社会责任论观点正由此衍生。但这是另一个问题。我并不是说,我们突然变成被动的观看者,乞求世界向我们展现自身,好让自己暂时沉浸于世界的表演,而广告商和政客则为了迎合我们这种生活取向,孜孜不倦地灌输一些替代性的二手经验,并从中渔利。在我看来,我们自始至终都要做好应对这种沉迷的充分准备,也要准备好应对一些光怪陆离的嵌入效果。例如,体育项目的解说员使用"即时回放"或慢速回放来提升观众的兴奋度。原因在于,有一件事可以与我们现在花在看电视上的温馨时光相媲美——那就是我们为讲述自己的经历而做准备的时间或在开始讲述故事前的等待时间。诚然,我们似乎放弃了一些个人活动,将其交给更专业的人士处理,但我们并未放弃世界,而是放弃了一种融入世界的更为传统的方式。

十二

到目前为止,本书已指出,戏剧的框架结构与交谈(尤其是"非正式"交谈)的框架结构有着深刻的相似之处。而要对此进行总结,就得再次审视戏剧的实际内容,并将其与现实生活中发生的事情相比较。

1. 人们普遍认为,戏剧的关键特征是:戏剧中上演的事情并不是真实的,而是仿真的,它们不会真的发生。当然,在某种意义上,传记类戏剧描述的事情可能曾经发生;**相较于戏剧排练**,表演本身也能被认为是"真实的"。哪怕是一场仪式,都能产生真实的影响。

然而,戏剧生活的这种令人不悦的事实促使人们对自己的生活领域产生同样的疑问:日常生活有多真实?

传统答案提供了两种解释:一方面,个体参与着真实的、平淡的行动,他们也是这类行动的对象(我也这么认为);另一方面,尽管很少有人意识到这一点,但个体确实会耗费大量的时间,在幻想中抚慰自己的伤痕。他们要么想象最糟糕的事情发生在自己身上,或在金钱、性等事情上做着不切实际的白日梦;要么在脑海中"演练"在恰当的时机应该说的话,或在事情正在发生或已经过去时,在私下琢磨、反思自己说过的话。由于他们无法让别人说出自己想听的话,就只能在脑海中的微型舞台上草拟脚本,并指挥这些表演。

在我看来,在行动与幻想的平衡中,传统的观点更偏向于行动,却忽略了下述情形:倘若个体并未沉浸于幻想,他一整天都在与人进行日常交谈,并且,大部分的交谈都算不上是直接活动,那么,个体的生活就会像舞台表演一样脱离现实世界。个体并非直接陈述自己的观点,而是让一个"恰好是他自己"的舞台角色来输出观点,他自己却小心翼翼地在各方面回避该舞台角色。只要个体能够自由地规划闲暇时光或能忙里偷闲,他都可能抓住机会来讲个小故事,重新创造一个片段,播放一段录音带,在讲故事的同时扮演故事中的主角。就像在剧院中那般,此时的言说者只需要观众欣赏他的俏皮话(sally),无须观众像同伴一样做出反应——至少表面上是如此。

当然,有人会说,在讲述故事的闲散圈子中,个体也会精心挑选一些参与者,而且并不是每个人都能获得平等的讲述自己钟爱的故事的机会。因此,我们可以从对交谈的研究转向对圈子结构、关系网络、性别分工、社会性的阶级政治以及社会组织中其他基础结构的研究。然而,事实上,这些基础结构的社会功能是,对所有人报以同情的目光,在我们重拾老旧经验的残羹冷炙时冷眼旁观。我们是社会的载具,也是过热的引擎,即便已经关火,也会持续运转、燃烧。

2. 如果说"不真实"是戏剧表演的首要特征,那么它的第二个特征就是:它呈现的非真实性极具戏剧性。剧作家能在舞台上模拟日常生活中随处可见的事物,尽管这些事物被当成一场试验或一个骗局,而且只是短暂地出现在舞台上,但正因为它们**不是**戏剧,才会被搬上舞台。① （要不然,任何拥有录音机和打字机的人都能成为剧作家。)因此,舞台上发生的事之所以是戏剧,不在于(或不仅仅在于)它的非真实性,而在于它呈现出**一种**非真实性。这是我们此刻面临的问题。

想要找到答案,首先要关注戏剧框架所能囊括的内容,即哪些内容可以填充剧作家和他的剧班进行表演的现实时空。让我们暂且搁置"非真实性"的问题,思考另一个问题:剧作家花上两个小时的真实时间,在舞台上演绎真实的生活片段。如果缩短观众通常要与舞台保持的距离,让他们来替剧作家组织这些时间,他们会把现实生活中的哪些内容搬上舞台?相反,现实世界中的哪些东西因其本质而无法在舞台上完整地呈现?

第一,一些事物可以其原始形态出现在舞台表演的"真实"时空中,这些事物也会出现在真实的生活场景中,它们不是虚构的。演员可以点燃、熄灭或抽完一支香烟,搅拌和饮用一杯饮料,完整地说出一句问候,接听一通电话,翻阅一本杂志。可以说,戏剧"直接地"呈现了这些事件,它们的整个过程都发生在戏剧规定的时间和空间范围内。我暂不考虑准确使用"直接地"这个术语的难度②,也暂且搁置下述现实生活中的事实:人们见微知著,能用指示物表征含义远丰富于它的东西。因此,说"戏剧直接地呈现了事件的全过程"并不意味着观众可以借助指示物**完整地**看到这些事件。在舞台上或现实生活中,一个人的死亡可以用急救室的灯熄灭、头垂在胸前、玫瑰花瓣在指间飘落来表示;无论如何,死亡本身被视为随时都可能发生的事情。

第二,很明显,某些事件(在描述的意义上)无法在舞台上直接呈现。

---

① 在电影的案例中,色情电影的吸引力是一个明显的问题。这些电影直接违反了性暴露问题的电影框架规范。一些人认为,尽管受到监管,但色情电影仍努力地展现了一些内容;但也可以说,色情电影之所以能够呈现这些内容是**因为**它打破了电影框架,从而生产了一种可感知的消极经验。

② 关于这个概念的复杂性,参见 John Austin, *Sense and Sensibilia* (Oxford: Oxford University Press, 1962), pp.14-19。

它们要么像布鲁图斯(Brutus)给予凯撒(Caesar)的无情一击*一样早已结束;要么像人类的成长与衰老一样持续很长时间;要么像划船比赛一样无法发生在狭小的空间中;要么具有上述所有特征,例如工业革命。

如果戏剧必须涉及这些难以处理的事情,就只能间接地呈现它们。戏剧学提供了各种各样的技巧。人们可以借助场外的指示信息,用细微的局部事实来折射和证实更大整体的存在,譬如:战斗的声音从窗户传进房间、电话无人接听,这些迹象都表明远处的战争已经发生。人们可以在转述某事之前专门准备一段开场白来设置情境,也可以更隐蔽地让某个人回答或向另一个人提出问题,其目的是给旁观者提供必要的信息。(不管有什么理由,除了这些技巧之外,舞台角色只需在口头转述一个事件,仅此而已。)注意,舞台上表演的口角之争不仅间接证明了双方糟糕的关系,也直接呈现了一个事件。换言之,尽管它直接呈现了一场被转述的争吵,但它依旧是对争吵的间接转述。

除了使用开场白(或者尾声)增补信息,人们还能用一些更聪明的手段丰富舞台呈现的内容。譬如,剧作家解构真实的时间,在不同的场景和剧幕中连续呈现同一个舞台角色的不同年龄段。所以,某个舞台角色可能在第一幕戏里看起来很年轻,在第二幕戏里变成中年的模样,在第三幕戏里则变成老年人——通过这种方式,现实世界里耗时几十年的年龄更迭得以在舞台上呈现。①

对旁观者而言,直接呈现的事件通常比间接呈现的事件更加鲜活、灵动。毕竟,前者能借助各种感觉渠道(sensory channel)、通过各种指示物传达信息,而后者能够依赖的指示物与符号十分有限。

现在的问题是:剧作家会用何种事物来填充他们的舞台? 更确切地说,旁观者会对何种材料感兴趣并乐于卷入?

显然,未能直接影响舞台角色的现实事件很难激发他人的兴趣,但这样的事件设定了行动的语境,必须加以描述。例如,像工业革命这样的事情再怎么有趣,也很难吸引观众。

然而,也不是**所有**直接呈现的事情都引人入胜。例如,戏剧会完整地

---

　　* 布鲁图斯是罗马共和国末期的一位元老院议员,曾为凯撒大帝所器重。后因不满凯撒的独裁统治,参加了元老院刺杀凯撒的行动。——译者注

　　① 电影能使用的技巧更多,例如在早期的电影中,被风吹得快速翻动的日历可以表示季节的变化,等等。

展示一些任务式活动(如洗碗)和次要卷入(抽完一整支烟)，而这些活动甚是无趣。编辑也能把闲聊写进剧本，让舞台角色像在日常生活中一样唠嗑。这些行为都很难激发观众的兴趣；就算被呈现在舞台上，也会让观众觉得它们过于稀松平常，认为它们的存在只是为了突显现实性和日常性，或是为了串联起重要的情节，甚至是隐含着特殊意义的工具。所以，人们会看到许多被完整呈现却枯燥无味的行动，连扮演特定舞台角色、完成这些行为的舞台形象也可能使人兴味索然。

最后这一点可能带有误导性。在舞台上的桥牌游戏中，赌注可能只是象征性的，但舞台角色依旧会表现出一副兴致盎然，如痴如醉，难以自拔的样子。毕竟，这些舞台角色身处特殊的游戏领域。但观众置身何处？如果戏剧使用一些方法展示出"玩家"手中的牌和一些牌技，观众也可能会被这场桥牌游戏吸引，但如果是这样，他们何必去剧院？更好的选择是去当地的桥牌酒店，观看比分制的坐庄牌局；后者的门票更便宜，牌局也更精彩。

我认为，答案呼之欲出。剧作家使观众沉浸于一种类游戏的(game-like)活动，毕竟，如果观众没能卷入，戏剧必将彻底失败，而游戏是确保观众被剧情吸引的重要保障。在剧作家设计的游戏中，剧本中的舞台角色不会狭隘地把互动者当成玩家或对手，也不会通过一副牌或一盒棋子与对方展开博弈。舞台世界远比这荒谬。这是因为，在剧作家呈现的类游戏活动中，纸牌、棋子本身是类似人(personlike)的形象。下棋和出牌的动作决定了主人公的生活情境，并且影响深远。注意，这种决定性并非针对任何一种命运，而是针对那种人们能够**直接**感知到事件的发生和结局的命运，或者说，危机、转折点、顿悟，一种在现实时空达到顶点的命运。[①]（其中当然也包括交谈，因为交谈关乎忏悔、揭露、争吵、聚集等；虽然这些行为只能通过语言发生，但在现实生活中，它们至关重要。）这样就建立了游戏的悬念性，人们必须立足当下探寻即将发生的事情。简言之，结合个体的生活情境来理解一场游戏的事件性。当然，要实现这一点，戏剧必须

---

① 剧作家使用的素材和应用于现实对话中的素材具有相似之处。爱玩运气游戏(包括股票)的个体总喜欢向朋友或熟人重演某场牌局、比赛或交易。尽管他们有时会使出浑身解数吸引听众的注意力，但很少有人愿意真正倾听他们的故事。相比之下，人际活动是更有效的叙事材料，因为人们更愿意倾听互动性的内容。不过，与其说人们总是愿意听八卦，不如说八卦是人们总是愿意听到的内容。

提供舞台角色的背景信息,呈现他们的过去、未来和性格特点。但戏剧只能间接呈现上述内容,也只能提供行动的基础,例如,戏剧会呈现的只是一副牌,或发出的牌,而不是游戏。这场游戏是**戏剧性**的元素,它向人们展现了命运的决定性。

当然,正是因为这类事件,戏剧才变得充实起来,直到舞台上的决定性事件超出一部戏的体量,因为那么多事情不可能发生在现实生活的两小时内。在戏剧中,人们可以看到揭露、意外、打架、爱情最初的承诺、解雇和雇用、结婚/离婚协议、密谋、俘虏和逮捕、久别重逢、对好/坏消息的反应,诸如此类;也能看到婴儿从怀胎到出生,再到性别揭晓的过程;还能看到扇耳光、撞击、擦枪走火、流泪、哭诉、拥抱、灯影婆娑间的肌肤之亲。人可以在戏中一夜暴富,也可以一夜赤贫。由于各种已知原因,舞台角色迅速去世。新闻被生产出来,很快就得到了回应——西莉亚·科普尔斯通被蚂蚁吃掉了。

总之,我认为,戏剧不仅是虚构的、仿真的、"不真实的",而且超乎寻常地充斥着决定性的事件——例如转折点、人生道路的改变、曝光、重大决定——尤其是关乎舞台形象的虚构生命历程的重大事件。戏剧的另一重非真实性在于,每一个重大事件或转折点都是特定文化群体的构想。在我们眼中,失业、婚嫁、对不堪回首的往事的曝光等事件构成了个体社会生活的结构,奠定了个体的"情境"基调。毕竟,剧作家的创作必须立足于观众:相信个人生活确实具有结构性与历程性,相信决定性的力量可以被识别。这种信念也是一种文化知识,但也仅此而已。这些概念得到了人们的一致认可,但在某种意义上,这是一种贫乏的自然主义*式的描述。如果人格和生命真的能被描述出来,大众可能会认同某种错误的描述,或者顶多注意到微不足道的片面现实。事实上,人们对生命历程有着普遍的认知,这让以此为主题的戏剧呈现成为可能,而且,这种认知本身就是一种构想,**目的在于**实现其戏剧呈现。人类的天性与生活的危机让日常生活的戏剧化成为可能,否则,何以解释生活与戏剧的完美契合?

---

* 自然主义是文学艺术创作的一种方法,兴起于 19 世纪下半叶至 20 世纪初的法国。自然主义排斥浪漫主义的想象与抒情,也反对现实主义对事物的概括和阐释,强调对事物本来面目的描摹与还原,但拒绝深入揭露事物的本质,满足于对事物表象的刻画和记录,推崇绝对的客观与中立。——译者注

戏剧表演背后隐藏着西方文化对个体的两个基本假设：个体的职业、处境和个性都经过持续的发展，因此我们能够对它进行描述；但在社会情境中，这些核心的、长期的线索也会发生明显的破裂，被拼接、扭曲或强化。正因如此，戏剧可以挪用和复制这些特殊情境。

如果重新审视个体在非正式交谈中讲述的故事和摆出的姿态，非正式交谈与戏剧之间的微小差异就会变得明显。如前所述，现实生活中的个体很难完美地表现自己，也无法强求同伴在恰当的时机说出恰当的话。剧作家更关注戏剧的娱乐性和启示性，而自然形象更关注对自我立场的证明与辩护，这就是二者的区别所在。个体对自我生活的叙述、对过去经验片段的重演或预演，都无法真实地反映生活，它们只是被当下时刻排除在外的东西——至少被重演的经历不是对真实生活的反映。原因在于，个体对自己过去行为的评价，对未来的期许以及对自己过去为何这样做、未来打算如何做的讲述，只会涉及一些微不足道的事件。当他概述和回顾自己的生活和时光时，他就进入了一场描绘生活核心特征和主题的游戏。他对这些结构化事物的看法——即便这些结构与他自己有关——同样具有戏剧性，同样多变，同样回应了西方文化对动机来源的刻板印象，与舞台呈现的概念和其他商业化渠道间接呈现的概念如出一辙。其实，除了某些传记式戏剧，一般的戏剧不会以这种方式呈现内容。个体呈现的东西关乎个人及其生活世界，这些东西通常是一种抽象的概念，一种自我保护式的观点，一种精心挑选过的事实。我们最好把它们当成非专业剧作家拟写的剧本——个体将自己写成故事里的某个舞台角色，对过去的经验做出令人信服的阐释与解读。

进一步说，尽管舞台剧涉及的形象是人，而不是牌或棋，但（如前所述）这些剧本的游戏性得到了加强，因为剧作家倾向于利用一种封闭的资源，也就是说，一些曾经亮过相的人物也可以为后续剧情提供充分和必要的资源。就像玩游戏一样，观众可以根据相互关联的已知信息推测出相应的结果。通过这种方式，观众仿佛获得了上帝视角，可以审视整个相互关联的世界。理论上，观众可以像玩猜谜游戏一样，基于一开始出现的形象和相关各方推导出戏剧的结局。在游戏中，初期的互动往往与后续发生的事件紧密相关，舞台角色之间唇齿相依，每个舞台角色的行为必然与其他舞台角色有关。（戏剧——至少是非滑稽类的现代戏剧——不同于碰运气的游戏,不会让运气扮演重要角色。)如果要构思一出戏剧,剧作家必须从一开始就清晰地规划好他想要呈现的内容,还得让这些内容经受住后续剧情的验证。如果要为戏剧撰写结局,剧作家必须说明前述事件的结果、哪些事情与之相关,因为这是这些事件之所以被放在前面的主要原因。显然,这并不是组织当前的日常生活,尤其是城市生活的方式。新的舞台角色和关键人物可能在故事后期才出现,无须为此提前铺垫。在日常生活中,关键事件的转折带有偶然性,个体行为导致的后果与其原因未必完全对应。相比于经过精心设计的戏剧情节,日常生活则更接近布朗运动(Brownian movement)*。不过,在现实的非正式交谈中,如果个体要讲述与经验相关的故事,他可以(而且倾向于)一开始就根据结果来组织叙述过程。也可以说,所有故事形象的相互作用推动了故事线的发展,而正是基于所有的相互作用,而且只有依赖这些相互作用,故事线才得以发展。故事如同戏剧,意义在于展现人类行为与命运的互相依赖;这是策略性游戏的典型特征,却未必是日常生活的特征。

因此可以说,尽管个体呈现和承诺的事情确有发生,但他们讲述的故事似乎更接近戏剧,而非现实。由于自然形象无法差遣一群训练有素的演员,也没有太多时间打磨剧本,他们在叙事方面只是业余选手,不如剧作家那么专业,所以,人们并不会质问舞台呈现和个人呈现哪一种更贴近现实,毕竟个人只是在向愿意倾听的人讲述自我经验而已。

---

* 布朗运动是一种物理现象,由英国植物学家布朗发现。它描述的是悬浮在液体或气体中的微粒所进行的无规则运动。在高倍显微镜下,来自各个方向的液体分子会不断随机地撞击悬浮微粒,受到这种撞击的悬浮粒子会向各个方向运动,而这种运动通常是持续进行的、无规则的。戈夫曼借此隐喻日常生活中各种行为和事件的随机性和无规律性。——译者注

第十四章 结 语

一

1. 本书始于这样一种观察：我们（和许多其他人）能够并倾向于把具体的、有意义的现实活动当成一种模型，并在这种模型的基础上进行娱乐、欺骗、实验、彩排、做梦、幻想、仪式、解释、分析和慈善等活动的转换。这些事件的幻影以一种有别于现实日常活动的方式，生动地嵌入持续运转的世界。

这就是我们需要严肃对待日常活动的理由，这就是至高无上的现实的一部分。这表明我们可以沉迷于虚拟的存在层面，赋予不同的存在层面现实性，因而，在与现实的事物进行比较时，我们会发现，人在虚拟存在层面产生的经验是模仿性的、不牢靠的。詹姆斯和舒茨的观点也可以这么解读。但如果我们就这么聊以自慰，那未免过于简单化。

第一，人们常常把"真实"一词当成对比的标准。当我们认为某事物是不真实的，这一事实本身不一定是真实的，它也可以是事件的戏剧化形式。例如，戏剧的彩排、描绘彩排场景的一幅画或是这幅画的仿品，而上述所有前者都可以成为一种原始模型，这让人们认为至高无上的是关系而非物质。（例如，为保证一幅珍贵画作的安全而将其保存在大师仿作集中，在这种语境下，这幅水彩画就是一幅赝品。）

第二，在参与者眼中，日常现实活动片段或多或少是琐碎、冗长的，它们包含着不同的框架情节，而这些情节具有不同的领域位阶。一个人叮嘱完邮递员，向路过的情侣打了声招呼，然后坐进自己的车里，驾车离去——这些就是詹姆斯以来的学者脑海中浮现的日常的现实生活片段。不过，坦率地讲，交通系统是一个相对狭窄的角色领域，它不受人情的影响，却紧紧嵌入持续运转的世界。问候不仅是仪式秩序的一部分，在这个过程中,个体代表着他自己;也是一种嵌入现实世界的行动领域,只不过,这种嵌入是特定的、受限的。下达指令(吩咐邮递员寄信)属于职业角色的领域,但这种交流需要以另一个固定领域的闲聊为前提。寄信和收信(或开/关车门)展现了人的身体能力,它关乎另一种秩序——身体对近在咫尺之物的控制和管理。上路之后,开车就会成为例行公事,个体的思想可能游离于路况,在某些时候陷入幻想。如果他突然发现自己身处险境,就可能一边通过敏捷的身体动作进行躲避,一边默默祈祷,像一个原始人一样自然而然地融合理性与非理性,体现出鲜明的特点。(所有这些不同的框架活动都能用"角色"的概念进行探讨——例如郊区居民的角色,但对本书的分析而言,这个概念过于粗略。)

这些框架片段形成了层叠交错的不同分层,但这些存在系统性差异的层级都能转换成呈现在屏幕上的一个整体,使得整个框架的领域位阶迥异于原始的活动框架。然而,电影本质上不同于现实,它本身是一种复制品和不真实的实体,各种各样的框架及领域杂糅其中。

同理,电影放映本身就是日常的工作世界的一部分。我们很容易可以想象下述情境:某人去看电影,沉浸在电影情节中,把看电影当成自己夜生活的一部分——这一整套活动可能还包括就餐、聊天和其他实际活动。不难想象,个体会把看电影这晚的夜生活现实与描写了这一现实的电视剧进行比较。相反,在法庭上,个体为了提供不在场证明,会宣称自己在事发当晚真的去看了电影,强调这对他来说是稀松平常的事,而事实上,他的确在做别的事情。

2. 但此处存在一些更深层的问题——日常活动是一种原型,各种各样的复制品受其影响,以其为参照。当提出这一点时,我们便假定了模型可以是实际的东西,并且,如果确实如此,这个模型会比其他任何模仿它的东西更紧密地嵌入持续运转的世界。然而,在很多情况下,个体在严肃生活中所做的事情与文化标准紧密相关,也与建立于这些标准之上的社会角色有关,其中一些标准限定了人们可以做什么,不可以做什么。一些相关的传说源自社区的道德传统,这些道德传统可以在民间故事、小说、广告、神话、电影明星及其扮演的著名舞台角色、《圣经》和其他具有代表性的来源中找到。日常生活本身已足够真实,它常常表现为一种模式或模型,层层叠叠,影影绰绰,这些模式或模型本身是一种典型,其领域位阶往往相当不确定。① （明星作为模特展示名牌服装时，她的行为举止是对穿着日常服装走来走去的普通人的一种调音和模拟。简言之，一种对现实穿搭的**模仿**。但显然，她也是展示日常衣着打扮的模特，但她扮演的形象总是伴娘，永远不可能是新娘。）生活或许并未模仿艺术，但在某种意义上，日常行为模仿了礼仪规范，是一种典范性形式的姿态，而这些最初的理念更多在仿真世界而非现实世界中得以实现。

此外，人们必然会支持他们所理解的经验的组织，以期自我实现。他们发展出一个由警世故事、游戏、谜语、实验、新闻故事以及其他语言形式组成的语料库，这些语言形式巧妙地证明了与世界运行相关的框架的观点。（年轻人尤其容易被这些人为制造的清晰性所吸引，随后以自然的方式描绘周遭世界的场景。）这种观看视角符合人类本性，而人的本性之所以如此，部分原因就在于，持有这种观点的人学会了规约自己，进而使这种分析获得了相对他们而言的正确性。的确，社会生活持续不断地吸收人们对它的理解，并将其冻结于自身之中。（诚然，我的框架分析融合了主体自身采用的框架，在这个意义上，我的框架必定是另一种支持幻想的方式。）

二

1. 观察日常的生活片段可知，人们的现实行为关乎具身个体之间的面对面交往。对我们而言，清晰地区分这些行为和虚拟存在领域的复制品是件非常简单而轻松的事情。如果说这些复制品只是原型的转换，那么，所有能够揭示虚拟情境的组织的事物也只适用于这些复制品，不适用于现实世界。如此，框架分析就会变成对除日常行为以外的一切事物的研究。

不过，这种方法可能是最合适的，却不是最有益的。现实中的活动不仅有别于明显不真实的东西（例如梦境），也有别于运动、游戏、仪式、实验、实践和其他一些设计，包括骗局。上述活动未必全是幻想，况且这些日常活动的替代品以不同的方式区别于彼此。当然，日常活动本身也包含瞬息万变的框架，这些框架生产的事件与真实事件相差甚远。最后，非真实的存在领域中有许多组织的变量和要素，它们在不同存在领域中的

① 参见 Alfred Schutz, "Symbol, Reality and Society," *Collected Papers*, vol. 1（The Hague：Martinus Nijhoff, 1962），p.328。在此，我要感谢理查德·格拉特霍夫的建议。

显现方式和被利用的方式各不相同,但我们依然能在现实经验的独特组织中找到它们。

因此,我的观点是,我们必须把活动片段和参与其中的人物当成一个单独的问题来分析。存在领域是适合我们研究的对象,此处的日常生活也不是与其他领域相对立的特殊领域,它只是另一种领域。

当然,日常生活以外的领域和设定本身也是值得研究的对象。不过,它们在本书中还有另一种用途。我认为,社会分析的第一个对象应当是现实的日常行为及其结构和组织,但一些学者及其所研究的学科往往理所当然地看待日常生活的框架,始终没能注意到引导自己和学科的东西。存在领域的比较分析提供了一种破除这种自我无意识(unselfconsciousness)的方法。存在领域不同于日常生活,它提供了一种自然实验,通过被澄清(clarified)和澄清(clarifying)的方式展现并比较日常活动的特征。这种设计整合了日常生活的经验,可被视为一般主题的特殊变体,一种用其他方式分析事物的方式。看到这些差异(和相似之处)就能明白这一点。秘而不宣的内容会被公开、阐明和揭露。例如,在舞台和广播中,我们希望表演者能向观众呈现舞台角色的内心状态,确保故事情节的连续性,让观众知晓任意时刻发生的事情。日常生活中的人也会有这种想法。最明显的情况是,个体以为自己所做之事必定会招致误解与责备,殊不知,陌生人只是匆匆地瞥了他一眼,然后挪移开了视线。

2. 我们以一个日常生活的片段为范例。在这个片段中,三四个具身个体在面对面的情境下进行着一项实际的活动。对这样的场景及其参与者进行框架分析,我们能够发现什么?

首先,活动的轨道或渠道。本书假设存在一个主要活动、一条故事线以及一个相关的证据边界;同时也设定了至少四个从属性渠道,即一条无视轨道、一条定向轨道、一条交叠渠道和一条隐蔽渠道。

其次,层级。此处讨论的活动片段可能并不涉及层级,它既没有经过调音,也不是什么骗局。这种直接性确有可能存在。但这样的活动片段不太可能持续很长一段时间,而且需要努力维持才能确保其直接性。层级的缺失是值得我们进一步研究的东西。

最后,参与位阶的问题。在最初的分析中,如果两人以隐蔽的方式聊天,这就意味着双方完全认可对方的参与位阶,也意味着说话者和倾听者的角色是重叠的、可以互换的。

我们可以进一步拓展这些可能性。如果两个人的交流中出现了第三者，言说者就必须考虑，自己的发言是面向作为整体的一群参与者，还是只面向其中某个特定的人。如果是后一种情况，我们就必须区分发言所针对的对象和被排除在外的对象。[没能参与对话（尤其是长期如此）的人可能会脱离正常的参与位阶，逐渐把言说者和与他对话的人当成一个单独的整体，仿佛自己在观看一场网球比赛或一场舞台对白。]此外，第三者的加入为二人之间的密谋网络创造了可能性，进而产生了"串通者"和"被排除之人"的分野。另一种情况是，第三者并未真正参与交谈框架，他扮演旁观者的角色，而其他人通常礼貌性地忽视他的存在，因而，这个第三者将与其他人隔绝。将上述两人交流的情形或是三人交流的情形写成剧本在舞台上演出，就会生成表演者和观众的角色分野。

上述情形虽然简单，但这些被拓展的可能性加深了我们对完全与外界隔绝的、真实的二人交谈所能够包含的内容的理解。前文曾提及，两个人在交谈时可能会相互串通：要么发生自我共谋，即当其中一人说话时，另一人在一旁悄悄打手势；要么（可以说是）发生共谋式串通，即两个交流者同时扮演串通者和被排除者的角色。此外，其中一个参与者可以刻意地显化自己的反应，让另一人既能察觉他的意图，又能装作不知情，如此，另一人便能同时进行自我共谋和共谋式串通。通过这种方式，这两人的互动被设计、拓展成更复杂的东西。如果言说者一心取悦听众，眉飞色舞地重演自己的某段经历，倾听者（某种程度上也包括言说者）就会退出互动框架，发挥类似于观众的作用。此时的倾听者**和**言说者都可以对言说者呈现的内容表示赞赏。

简言之，组织多人互动的设定同样可以应用于二人交谈的情境，并获得结构性的作用。就像口头叙事会以时间顺序重组同时发生的事件，连环漫画则使得按照时间顺序发生的事件进入某种空间顺序。可见，鲜活的互动受制于维持自身运转的东西，所以事情发生的顺序比其他要素更重要。人们会通过各种隐秘的方式来争取说话的时机，以获得更好的效果。正因如此，当一个孩子摔倒在地、擦伤膝盖时，他会等到自己过完马路、回到父母身边才突然哭出来，仿佛摔跤是刚刚发生的新鲜热乎事儿一般。成年人也会因为一阵爆笑[①]、一腔怒火、突然的插嘴或是一个懊恼且

---

① 此处参见 Gail Jefferson，"Notes on the Sequential Organization of Laughter"（未发表文章，1974）。

尴尬的低头表情（或是其他任何真实的情绪失控）而打断某次对话，但他把控着这种破坏性行为发生的时间，使之巧妙地发生在对方讲话的某个关键时刻，让视野之外的观众能看到、听到引发他这种反应的东西。在此，我们并未像往常一样按顺序排列那些实际上同时发生的事情，而是把它们看成重叠交错的事物。通过这种方式，我们完全将框架实践变成一种普遍的谋略，进而维系了自身对人性的信念。在这种情况下，我们可以发现一些隐藏在美好的、文明的行为细节背后的野蛮的动物性。

3. 基于这一视角，我们可以转向一个核心但非常不成熟的概念——"参与者"（或玩家、个体）。同样，比较分析的方法能让我们阐明日常活动的假设，否则这个活动将始终不为人所知。例如，我们首先需要系统地探讨身体本身及其在框架中发挥的功能。

以国际象棋一类的棋盘游戏为例开始讨论。游戏的焦点是两组对立的棋子雕像（figurine），按照设计，它们按照规定的方式移动以相互对抗。走子互动的背后是两个棋手，他们都要依结果定输赢，并要自行判断自己棋子的走向，还得操控（激活）己方棋子的移动。

显然，无论国际象棋有多少种不同的设计方式，它们总体上是同一类游戏。这些形象可以是庭院广场中的真人。对棋局的判断和认知可能由委员会或电脑形成。对棋局的操纵可能由远程语音操控下的第三方执行，或是通过电子设备执行，又或是通过对弈双方自己在棋格中进行。当游戏只是出于"娱乐"时，对弈双方会在心里下注，并发挥认知功能，以这种精神上的赌注衡量自己的得失；但如果一场棋局的赌注是金钱、国家名誉或是团队分数，那么对弈双方以外的其他人当然也能作为支持者、队友等当事人直接参与其中。这也就是前文提及的几种功能：形象、策略家、激活者和当事人。

关于国际象棋，有两点值得一提：其一，尽管不同的实体都能发挥上述几种功能，但棋手的概念完全杂糅了这些功能，这一点毋庸置疑；其二，身体在棋局中的作用有限，出尽风头的是棋子本身，因为身体一般只能用来操控棋子，这种按部就班的操作不会出什么问题，也无关紧要。对手可以礼貌地请求对方按照自己的指示移动自己的棋子，这些动作都可以通过物理性的身体完成。问题恰恰在于棋手的认知功能（cognitive function）。

以两个男人在街头斗殴为例。人们可以根据不同的功能定义每一个斗殴者——存在利害关系的当事人或当事方、制定行动方案的策略家、这比国际象棋比赛的例子更加简单,因为这些功能可以单独发挥作用。(在专业的搏斗赛事中,教练具有同种认知功能;参赛双方的赞助人即便不是老板,也共享比赛的得失输赢。)斗殴与国际象棋还有一个明显的、颇具启示性的区别:在棋局中,棋子像人一样进行对抗;斗殴时,身体发挥了这项功能。棋类游戏的规则决定走子方式,而棋子从这些规则中获得自我的属性和力量,这一点毋庸置疑;在斗殴时,人类(或动物)从身体内部汲取力量(力气、技术、努力),这些力量甚至比认知功能更为重要。

在一些需要使用器械的、有组织的体育运动——例如网球、击剑、曲棍球——中,各方均有一个或多个参与者,他们在运动中扮演着特定的形象,而球棒、球棍、球板等器械将成为运动者身体的延伸。个体要经过长期的练习,才能确保自己熟练使用这些器械和工具,让它们发挥作用。在这个意义上,如何操控身体,引导身体力量的层面(plane)受到一定的限制。个体还得接受这类体育比赛设定的千奇百怪的目标、接受主办方对参赛器械和设备的精确测量、按要求使用这些工具和器械、看清划定比赛边界的标识,否则他的努力和技巧将毫无意义。因此,体育竞赛诱发的一系列行动具有不确定性和人为性。

现在可以提提舞蹈。编舞者承担了大部分的策略性工作。当然,身体在其中发挥着重要作用,但其作用绝不是完成了一场功利性的表演任务。舞蹈的目的是描绘一些总体设计,例如,用肢体表现情绪,用身体象征宿命。舞蹈需要舞者灵活运用身体的肌肉和骨骼,也需要进行一般训练和耐力训练,这些确实都是问题,但这一切都是为了象形。拳击手也可以像网球运动员一样做出优雅而简洁的动作,但这只是拳击运动的副产品,根本微不足道;对于拳击手而言,最重要的是在规则范围内有效地击倒对方。

如果把目光转向仪式和惯例,我们会发现另一种元素的组合。表面上,仪式不需要人们执行决策功能,传统、传说和礼仪已为整个活动拟定脚本。人的身体同样牵涉其中。尽管对仪式的表演也需要一定的练习,但举办仪式的正确方式能快速沉淀为一套不易出错的惯例。这些程序也不是功利性的。仪式的目的在于起到公开的、控制性的象征作用,它是一种完整的、规约性的展演。

想象一下高中生辩论的情境。辩论赛通常有两支队伍参加,每支队伍有两名或两名以上的辩手。参赛双方要口头陈述自己的观点、与对方争辩,裁判则基于内容和表达的标准对双方的论点进行判断。口头表达本身就是辩论赛的一个有问题的重要特征,辩手必须控制自己的声音、密切关注对方的发言和一些肢体动作。在辩论赛中,作为整体存在的身体退出了活动框架。选手一般站着进行辩论,但即便他坐在轮椅上,也能充分地参与比赛。

现在把目光转向日常活动,尤其是面对面的交谈。也许有人认为,就像高中辩论赛那样,在面对面的交谈中,只有论点和口头表达能力发挥着作用。这个观点未免过于狭隘。哪怕是口头做出的承诺,也将真实地影响未来。交流信号通过密切协作的肢体活动得以传达。人际交往礼仪就是这么表演的。

行动者的个性、社会地位、健康状态、意图和与他人的默契等琐碎信息是其行动的副产品。因此,在大多数非舞台的日常活动片段中,尽管行动者的身体行为是习得的、符合惯例的,他们确实是在表演一些动作,但这些动作仍可能被视为直接的、未经转换的。日常的身体动作不会被视为一种复制品(比如,行骗者假装的情感流露),也不会被视为一种象征(比如,一些当地居民在哀悼时公然表露情感)。然而,需要重申的是,这些动作会被视为行动者的存在的一种直接的征候、表达或实例——他的意图、意志、情绪、处境、个性。这种"直接性"(directness)是日常活动框架的显著特征,而最终,我们必须通过框架而非身体来理解它。

因此,日常行为被认为是潜在品质的直接实例或表征,它具有表意性,但基本不涉及苏珊·朗格意义上的象征性。当然,刻意设计的姿势和外观是一种具有象征意义的行动,它们更类似于我们从舞蹈中发现的东西,而非其他框架中产生的事物。除了表意性和象征性,日常行为还能构成或强或弱的武力威胁,或传递出进行性接触的意向(无论是否受到鼓励),后两种方式点明了身体的其他作用。此外,日常互动的特征在于,这些直接源自自我的发散物(emanation)会不断转变:一会儿是眼睛,一会儿是手,一会儿是声音,一会儿是腿,一会儿是上半身。

可见,在日常互动中,尽管身体受到各方面的限制,但它以一种非常复杂的方式发挥着作用,我们通过回顾它在其他活动框架中扮演的角色发现了这一点。

4. 人类的天性奠定了人们参与日常活动的行为基础。同样，我们可以用比较分析的方法来审视这个问题，此处，我们从人们在不同框架中展示的自我情感反应开始说起。

在戏剧和电影表演中，一个训练有素且高度敬业的演员能完全按照剧本的要求，扮演一个情感丰富或极度内敛的舞台角色。在前一种情况下，他将投入自我扮演的舞台角色，在层层重压之下崩溃，夸大自己的困境和感受，在观众面前求饶、哭泣、呻吟、诅咒，但这种情感表达方式在日常生活中并不适用。这是因为，演员及其所在的社会团体享有一套特定的表达方式，故而他愿意在舞台上面对一大群观众袒露自己的情感；但在日常生活中，哪怕是他自己也不愿意看到别人这样宣泄自己的情感，仿佛他在纵容他们一般。更重要的是，这些观众是直勾勾地盯着他，而不是委婉地无视他。

与日常生活相比，体育竞赛中的运动员往往会更夸张地表露自己的情感，尤其是懊恼的情绪。（正因如此，每个运动项目都会规定器械的用法。例如，棒球运动员在三振出局后把球棒扔到地上；网球运动员没有接住球时，网球会被打到后线上。）这些情绪失控往往发生在运动员完成某个动作、某种尝试或结束某个回合之后，因为在那一刻，个体不再以运动员的身份活跃在赛场上，他此时的行为与观众的欢呼声和嘘声——他可以忽略观众的这些反应——一样，都不会对比赛的领域产生多大的影响。如果棒球手在投球过程中扔下球棒，他就不是个称职的球员；如果他在三振出局之后扔下球棒，那他就只是在比赛暂停时——场上的球员都脱离比赛时——评论自己的球场表现。因此，如果高尔夫球员没能将球轻推入洞，他会生动地表现出一副痛苦的**样子**，正如舞台上扮演某个易怒的舞台角色的演员展现出的饱满情感；不过，二者的区别是句法上的，与经验结构相关。

演奏中的音乐家呈现出另一番图景。例如，一个指挥家会努力让自己的身体跟着音乐的节奏肆意摆动，尽管这些动作看上去既费力又混乱，但他模仿的毕竟是声音，而不是举止。如果音乐家在表演时失误，首选的应对策略是无视。如果这个人是乐团中的一员，却停下来宣泄自己的懊恼、愤怒或尴尬情绪，就会让整个乐团的表演陷入混乱——即使他只是暂时没有演奏。如果是在独奏或伴奏，音乐家就可以在某个节点停止演出，重新开始演奏出问题的那一节,但他只能在一场演奏中这么做一两次。在这么做时,他必须确保自己能在眨眼间处理这场意外事故,这样一来,出错的就不是那个完整的、真实的自我,而只是可舍弃的那部分自我。"眨眼间"意味着,他知道观众愿意配合这短暂的框架破裂,不会担心他真的失控,也不会觉得他的这点儿坚持莽撞无礼。注意,此处提及了一种技艺精湛的框架破裂,一场必须精心设计的表演,这是在日常互动中十分常见的成就,因为没有哪个观众会对表演怀有崇高的期望,只有犯错者自己会对自己所犯的错误耿耿于怀。

再看看流行歌曲的演唱。演唱的故事线通常涉及一些内心戏。如前所述,歌曲中的故事往往用第一人称单数来讲述。在舞台剧中,激活者和形象存在着技术性的差异,但在流行歌曲中,某种内在联系将二者整合在了一起。事实上,激活者的生活(如听众所知)越是符合歌中的困境,就越能打动听众。此时,"真诚"意味着把歌词唱得和真的一样。无论在何种情况下,歌手总能借歌曲表达出震撼人心的情感,它不需要经过舞台剧那般冗长的准备,只要 30 秒就能达到立竿见影的效果。当个体作为歌手时,他可以用歌喉表达心意,但作为日常互动者时他可能较少地流露自己的情感。如果说歌手只有在扮演歌手的舞台角色时,才会随心所欲地表达自己的情感,那也可以说,他只有在扮演交流者时不会这么做。这两种评论都不能说明这个人的本质,只强调了置身框架之中的形象。

自我情感反应这一概念是"情感表达"(emotional expression)的一部分。我们需要解决的另一个问题是无意识的自我表露。与日常实际行为框架相关的理论指出:行动者并不能完全控制自己的情感表达。在我看来,行动者就算设法隐瞒或伪造与自己相关的信息源,也永远无法得逞。就算他故意撒下弥天大谎,也很难不流露出一丝愧疚、犹豫或克制——这是人之本性使然。满嘴谎言的人会被认为是"精神病人"或(愿上帝宽恕我们)"反社会者"。无论如何,如果我们给他绑上电线,测谎仪——宇宙论的深层防卫——将告诉我们他确实无法违背人类本性。

总而言之,作为自然人,我们是受表皮所限的容器,信息和情感状态内在于其中。个体的公开表达有条不紊地管理着这些内容,但只要对其施压,他就会无意识地露出破绽。当个体进行一些虚张声势的游戏(例如扑克牌)时,人们会发现,他要么不动声色,克制大部分的表达,要么运筹帷幄,试图明目张胆地行骗——如果他在现实活动中也这么公然行骗却失败了,其声誉就会受损。①

答案显而易见。人往往无法完美地控制自己的情感,这不是一种动物性或神性遗传,而是与特定的框架(此处是日常行为的框架)相关的强制性限制。当日常行为框架变成虚张声势的游戏框架时,玩家确信自己在游戏的领域中掩饰情感只会被视为无伤大雅的、不严肃的玩笑,因此,他会做出夸张但令人信服的表演,旨在虚张声势,证明虚假的赌注和意图。换言之,只要能够进入特定框架,我们完全可以做到"厚颜无耻"——在这个框架中,我们可以心安理得地撒谎,把它当成游戏的一部分。如果行骗者得知自己参与的活动只是一场实验、一个无损于受骗者利益的活动、一种实际操作的示范,他也会进行同样精湛的表演。"正常的诚实"(normal honesty)是关乎真实的日常生活互动的规则,这一规则反过来又描述了一个更为普遍的结构性的特殊主题,即游戏中的一方可以有所隐瞒,可以自行决定自己要不要这么做,可以围绕游戏的规则努力调整自己的这一行为。

5. 核心是什么呢？个体总是在众人面前扮演特定的社会角色,但他通常会以一种特定的传记身份行事。在扮演这一社会角色时,他的行为举止会透露出其身份,以及一种比个体当前的角色扮演和角色本身更为包容和持久的东西——不是角色的特性,而是其本人的特性,包括个体的性格、一贯以来的道德品质、动物本性等。但是,脱离规定的角色身份的权利本身就是盘根错节的复杂问题,它与场合的"正式程度"、活动维持的层级、形象与激活这一形象之人的分离等有关。个体和他扮演的形象之间存在某种关系,但这种关系与互动系统(框架)有关,我们可以从中看到角色的扮演,也可以瞥见表演者的自我。可见,"自我"并非隐藏在

---

① 棋盘游戏中的"循环骗局"(So Long Sucker)就是一个绝佳案例。这个游戏的规则和过程都是组织化的,因此每一个玩家必须组建自己的游戏联盟。同时,如果玩家要赢,他就必须背叛他的盟友并加入另一个联盟,而之后他必须继续背叛这一联盟并寻找新的联盟,以此类推。显然,这个游戏通常不会因为玩家们拒绝继续游戏而结束。但在游戏失败之前,每个玩家都会拍着胸脯向其他玩家保证自己会对要加入的联盟保持忠诚,而实际上,他知道自己不可能做到这一点。参见 M. Hausner, J. F. Nash, L. S. Shapley, and M. Shubik, "So Long Sucker, a Four-Person Game," in Martin Shubik, ed., *Game Theory and Related Approaches to Social Behavior* (New York: John Wiley & Sons, 1964), pp.359-361。

事件背后的半遮半掩的实体,而是在事件中用来管理自己的可变准则。譬如,如果当前的情境规定个体必须正式伪装成某个样子,他就只能把自己隐藏在这种伪装背后。所以,情境决定了我们将在何处、用何种方式表现自己,而文化本身规定了我们对自身"实体"的信念,之后我们才能以这种方式展现出一些东西。

例如,拍卖师就是这样一种"舞台角色"——他并不敬畏托付给他的拍卖品,甚至会对一两件拍品冷嘲热讽,表示自己对卖家、买家和拍品的怀疑与不屑。他需要主持整场拍卖会,发表主观评论,用花言巧语哄骗买家,把他们玩弄于股掌之间。他会谴责那些在拍卖会上举牌出价的人,恬不知足地把整个拍卖会搅得天翻地覆。(诚然,上述情形都不妨碍他认真兜售主要的拍卖品,他个人甚至可能因此获得一定的声誉。)这位拍卖师似乎是一个特殊的人,只不过,拍卖行业中存在做这类事情的传统和机会,许多扮演拍卖师角色的人也会像他一样表现出这种傲慢无礼的个人风格,而这种风格恰恰是特殊的拍卖行业所推崇的。同理,空姐总是心不在焉地给乘客端咖啡,半笑不笑地提供服务,还会在取回咖啡壶时立刻收回笑意,美国任何一个柜台提供的服务都比空乘服务更具仪式感。但我看到的却是:

> 空姐语调轻松,仿佛在介绍一种新奇的可能性,她一边拿着咖啡壶,一边询问一名坐在靠走道位置的中年男子是否需要咖啡。这名男子点头以示肯定。空姐显然知道自己很快就能结束这一轮服务,于是偷偷瞟了一眼咖啡壶底,警示性地**咂了咂嘴**。这样的举动让她显得十分孩子气,进而让周围的乘客在忽略自身需求的情况下接受了她对事物的看法。在倒出最后一杯咖啡后,她假装认真地摇了摇咖啡壶,倒出最后一滴咖啡,然后像成年人一般露出得逞的微笑,接着将咖啡壶朝下一位女乘客扬了扬,戏谑地打破了框架——她一边扬起脸,假装高傲地抿紧嘴巴,一边迅速收回咖啡壶,大声地说了句:"我得回去再拿些咖啡过来。"

那位男乘客可能觉得,空姐把咖啡渣倒给了自己,但毕竟他邻座的女乘客错过了这一轮喝咖啡的机会。这种感觉被唤起后,他必须面对它,将它重新框架化成一种必要的背景,并使自己坦然接受空姐的行为——她以一种孩子气的方式演绎了一个滑稽的成年人角色。空姐和乘客形成了某种默契,知道彼此都没有严肃对待咖啡的问题,所以他们都能对咖啡的口味和温度有所异议。显然,这位空姐在生活中是个好女孩,她享受工作,充满活力,与人为善,颇具人格魅力。不过,这种非对抗性的服务方式不是她发明的,她也只能在合适的时候装模作样。年龄、性别和外貌是其人格的一部分,工作则是另一部分。空姐训练课上的所有女孩都被鼓励用同样的方式温暖世界,许多人也确实做到了这一点。因此,拍卖师和乘务员这两种职业呈现的不仅是角色以及扮演角色的特殊方式,还呈现了对现实事件进行调音的特殊方式。总而言之,当人们穿上某套制服时,就获得了一层外壳(skin)。框架的本质为自身的重新框架化划定了界限。

6. "自我"(oneself)是活生生的、可触摸的肉体吗？在日常生活的真实事件中,种种不同的功能通常叠加在一起;在其他存在领域,它们却以不同的方式单独发挥作用。和我们打交道的人也是如此。如果说当事人、策略家、激活者、形象等功能在特殊的存在领域中是分离的,那么,为什么各种分析都不能在日常现实中分离这些功能？正如梅洛-庞蒂(Merleau-Ponty)的尝试：

> 我们似乎没有充分地意识到,他者(the other)从未面对面地出现在我们眼前。即便在最激烈的讨论中,我直接面对我的对手,他也并不存在于那张狰狞的脸中,甚至不存在于那喋喋不休的声音或是试图说服我的意图中。对手从未被定位,他的声音、手势和身体的抽动都只是效果——一种舞台效果、一种仪式。这些动静的制造者伪装得如此巧妙,以至于我为自己的回应得以传递感到惊讶。这神奇的"扩音器"十分尴尬,它发出几声叹息,颤动几下,**显得颇有智慧的样子**。我们必须相信,那里有人存在。但他到底在哪里？他并不存在于那个过于紧张的声音里,也不存在于那张饱经风霜般布满皱纹的脸上,肯定也不存在于这样的装置(setup)**背后**——那后面只有"塞满器官的无尽黑暗",我对此了然于胸。他者的肉体就在我眼前,它存在于思考着的我和我身旁的身体**之间**——或者更确切地说,在我身边,引导着一个奇特的存在。他者的身体是我自己的副本,是一个经常徘徊在我周围,却不会现身的替身。他者的身体是我从别处得到的意料之外的回应,仿若一个物(thing)在奇迹般地诉说着我

的思想,或者说,似乎总是在替我思考、说话,因为它们是物,而我就是我自己。因而,在我眼中,他者总是存在于我所闻所见的边缘,他就是这么在我身边,紧靠着我,或是待在我身后,但他不存在于我目光暗淡之时,也不存在于我内心空洞之处。①

　　——梅罗-庞蒂对他人运用了大量分析,却忽略了以同样的方式分析自我。

---

① Maurice Merleau-Ponty, *The Prose of the World*, ed. Claude Lefort, trans. John O'Neill (Evanston, Ill.: Northwestern University Press, 1973), pp.133-134.

关键词英汉对照表

Transformation 转换
   Transformational depth 转换深度
   Retransformation 再转换
Typecasting 角色固化

Uncertainty 不确定性
Unconnectedness 无关联性

Use and mention 使用与提及
Utterance 话语

Vagueness 模糊性
Vital test 重要考验
Vulnerability 脆弱性